ଓଡ଼ିଆ ବୈଜ୍ଞାନିକ ଉପନ୍ୟାସ

ଓଡ଼ିଆ ବୈଜ୍ଞାନିକ ଉପନ୍ୟାସ

ଡକ୍ଟର ନିବେଦିତା ପଣ୍ଡା

ବ୍ଲାକ୍ ଇଗଲ୍ ବୁକ୍ସ
ଭୁବନେଶ୍ୱର, ଓଡ଼ିଶା

BLACK EAGLE BOOKS
Dublin, USA

ଓଡ଼ିଆ ବୈଜ୍ଞାନିକ ଉପନ୍ୟାସ / ଡକ୍ଟର ନିବେଦିତା ପଣ୍ଡା

ବ୍ଲାକ୍ ଇଗଲ୍ ବୁକ୍ସ : ଭୁବନେଶ୍ୱର, ଓଡ଼ିଶା • ଡବ୍‌ଲିନ୍, ଯୁକ୍ତରାଷ୍ଟ୍ର ଆମେରିକା

BLACK EAGLE BOOKS

USA address:
7464 Wisdom Lane
Dublin, OH 43016

India address:
E/312, Trident Galaxy, Kalinga Nagar,
Bhubaneswar-751003, Odisha, India

E-mail: info@blackeaglebooks.org
Website: www.blackeaglebooks.org

First International Edition Published by
BLACK EAGLE BOOKS, 2022

ODIA BAIGYANIKA UPANYASA
by **Nibedita Panda**

Copyright © **Nibedita Panda**

All rights reserved. No part of this publication may be reproduced, stored in a retrieval system, or transmitted, in any form or by any means, electronic, mechanical, photocopying, recording or otherwise without the prior permission of the publisher.

Cover & Interior Design: Ezy's Publication

ISBN- 978-1-64560-337-5 (Paperback)

Printed in the United States of America

ଉତ୍ସର୍ଗ

ଏକ ସୀମାହୀନ ଦିଗନ୍ତର ଅଦ୍ଭୁତ ପ୍ରେରଣାଦାତ୍ରୀ ଆଜି ଆରପାରିରେ । ସେହି ମୋର ପରମାରାଧ୍ୟା ମାଆ ଗୀତାଞ୍ଜଳୀ ପଣ୍ଡାଙ୍କ ସ୍ମୃତି ଉଦ୍ଦେଶ୍ୟରେ ।

– ନିବେଦିତା

ମୁଖବନ୍ଧ

ସ୍ରଷ୍ଟାଙ୍କ ସୃଷ୍ଟିରେ ମନୁଷ୍ୟର ସ୍ଥିତି ନିତ୍ୟ ପରିବର୍ତ୍ତନଶୀଳ। ଏହି ପରିବର୍ତ୍ତନ ହେତୁ ହିଁ ତାର ପ୍ରଗତି, ସ୍ଥିର ହୋଇ ରହିବା ତାର ଧର୍ମ ନୁହେଁ । ଗତାନୁଗତିକତା ଦେଇ ଚାଲିବା ତା'ର ଆଦର୍ଶ ନୁହେଁ । ଆଗକୁ ଅଗ୍ରସର ହେବା, ଅରମା ରାସ୍ତାରେ ନୂଆବାଟ କାଢ଼ି ଆଗେଇବା ତା'ର ଲକ୍ଷ୍ୟ । ଅଳ୍ପରେ ସନ୍ତୁଷ୍ଟ ନ ହୋଇ ଅଧିକ ପାଇଁ ଅନୁସନ୍ଧିତ୍ସୁରେ ସେ ଥାଏ ବ୍ୟାକୁଳ । ପ୍ରାଚୀନତାକୁ ସେ ଘୃଣା କରେନାହିଁ, କି ପ୍ରାଚୀନତାରେ ସର୍ବଦା ବାନ୍ଧି ହୋଇ ରହିବାକୁ ପସନ୍ଦ କରେନି । ତେଣୁ ସେ ସର୍ବଦା ପୁରୁଣା ଭିତରେ ନୂଆକୁ ଖୋଜେ, ନୂତନତାର ଅନ୍ୱେଷଣ କରେ । ଅନ୍ୱେଷଣ କରିବା ଭିତରେ ହିଁ ନୂତନ ବାର୍ତ୍ତା ତଥା ନୂତନ ଉଦ୍ଭାବନର ପରିପ୍ରକାଶ ଘଟେ । ତେଣୁ ଆଧୁନିକ ଯୁଗର ମଣିଷ ତା'ର ଅତୀତର ସୀମିତ ପରିବେଶକୁ ଛାଡ଼ି ଆଦରି ନେଇଛି ବିପୁଳ ବିଶ୍ୱକୁ । ବିଶ୍ୱର ସମସ୍ତ ମଣିଷ ହୋଇଯାଇଛନ୍ତି ଗୋଟିଏ ପରିବାର । ସବୁ ମଣିଷର ଦୁଃଖ, ଦୈନ୍ୟ, ଅଭାବ, ଅସୁବିଧା, ବ୍ୟଥା, ବ୍ୟର୍ଥତା, ଆଶା ଆକାଂକ୍ଷା ତଥା ଯାବତୀୟ ସମସ୍ୟା ହୋଇଯାଇଛି ତା ନିଜର । ଲେଖକର ଚେତନା ବଳୟ ଭିତରେ ଆଧୁନିକ ମଣିଷ ପାଲଟି ଯାଇଛି ଏକ ବିଶିଷ୍ଟ କେନ୍ଦ୍ରବିନ୍ଦୁ । ତାର ସମସ୍ୟା ସମାଧାନ, ତାର ଜୀଅନ୍ତା ସ୍ୱରୂପକୁ ଅଙ୍କନ କରିଛି ଆଧୁନିକ ସାହିତ୍ୟ । ତାର ପ୍ରକୃତି ଓ ପରିବେଶ, ସ୍ଥିତି ଓ ପରିସ୍ଥିତି, ଆବିଷ୍କାର ଓ ଉଦ୍ଭାବନକୁ ନେଇ ଅଙ୍କିତ କରିଛି ଏକ ବିସ୍ତୃତ ପରିବେଷ୍ଟନୀ। ଶିଳ୍ପ ବିପ୍ଳବ ଓ ଗଣତାନ୍ତ୍ରିକ ଆନ୍ଦୋଳନ ଯୋଗୁଁ ସମାଜରେ ନୂତନ ଆଭିମୁଖ୍ୟ ସୃଷ୍ଟି ହେବା ସହ ବ୍ୟକ୍ତିନିଷ୍ଠ ଜୀବନର ହୋଇଛି ପରିବର୍ତ୍ତନ । ବହୁମୁଖୀ ଚିନ୍ତାଧାରା ସାହିତ୍ୟରେ ହେଲା ପ୍ରତିଫଳିତ ।

ଉନବିଂଶ ଶତାବ୍ଦୀରେ ଏହି ଆଧୁନିକ ସାହିତ୍ୟର ହେଲା ନବଜନ୍ମ । ସାହିତ୍ୟ

ବହୁବିଧ ବୈଚିତ୍ର୍ୟରେ ହେଲା ବିମଣ୍ଡିତ । କବିତା, ଗଳ୍ପ, ଉପନ୍ୟାସ, ନାଟକ, ପ୍ରବନ୍ଧ, ସମାଲୋଚନା, ରମ୍ୟରଚନା, ଭ୍ରମଣକାହାଣୀ, ଜୀବନୀ, ଆତ୍ମଜୀବନୀ ପ୍ରଭୃତି ବିଭବରେ ହେଲା ବିଭବାନ୍ୱିତ । ନୂତନଚିନ୍ତା ଓ ଚେତନା ଦେଇ ଆଧୁନିକ ଜୀବନ ଦୃଷ୍ଟିରୁ ନୂଆ ନୂଆ ଫର୍ଦ୍ଦ ସବୁ ଉନ୍ମୋଚିତ ହେବାରେ ଲାଗିଲା । ଏହି ଆଧୁନିକ ସାହିତ୍ୟର ସମସ୍ତ ବିଭବ ମଧ୍ୟରୁ ଉପନ୍ୟାସ ହେଲା ଏକ ବାସ୍ତବଧର୍ମୀ କଳା । ଜୀବନର ବାସ୍ତବ ଅନୁଭୂତି ହିଁ ହେଲା ଉପନ୍ୟାସ । ସେଥିପାଇଁ ଯଥାର୍ଥରେ ଉପନ୍ୟାସକୁ ମାନବ ଜୀବନର ଅଭିବ୍ୟକ୍ତି ବୋଲି କୁହାଯାଏ । ମନୁଷ୍ୟ ଜୀବନର ବ୍ୟାପକ ଅଭିଜ୍ଞତା ସହ ସାମଗ୍ରିକ ଚିତ୍ରାନୁଭୂତି ହିଁ ଏହାର ଶରୀର ସମ୍ପଦ । ଏହାକୁ ସମାଜର ମୁଖପତ୍ର କହିଲେ ଅତ୍ୟୁକ୍ତି ହେବ ନାହିଁ ।

ଜୀବନକୁ ଆମେ ଅନୁଭବ କରୁ କିନ୍ତୁ ଆନ୍ତରିକତାର ସହିତ ଅନୁଭବ କରିବାରେ ଔପନ୍ୟାସିକର ସଫଳତା ନିହିତ । ଜୀବନର ପ୍ରତ୍ୟେକ ପରିସ୍ଥିତିକୁ ଔପନ୍ୟାସିକ ଅନୁଭବ କରେ । ସେଥିପାଇଁ ଉପନ୍ୟାସ ହେଉଛି ମାନବ ଜୀବନର ସୁଖ-ଦୁଃଖ, ହସ-କାନ୍ଦ, ଲୁହ-ଲହୁ, ଆବେଗ ଉତ୍କଣ୍ଠା ଇତ୍ୟାଦି ମାନବୀୟ ପ୍ରବୃତ୍ତିର କଳାତ୍ମକ ଅଭିବ୍ୟକ୍ତି । ଏଥିରେ ମନୁଷ୍ୟ ଜୀବନର ଅସରନ୍ତି ବଳିଷ୍ଠ ରୂପ ପ୍ରକାଶ ଲାଭ କରେ ।

ମନୁଷ୍ୟ ଜୀବନର ଯାବତୀୟ ଚିତ୍ର ପ୍ରକାଶିତ ହୁଏ । ଜୀବନର ନିଜସ୍ୱ ଗଭୀର ଅନୁଭବ ଓ ଅନୁଭୂତିର ବ୍ୟାପକତାକୁ ଉପନ୍ୟାସ ରୂପ ପ୍ରଦାନ କରେ । ସତେ ଯେପରି ମନେ ହୁଏ, ଉପନ୍ୟାସ ମଣିଷମାନଙ୍କୁ ଆବିଷ୍କାର କଲା ତାହାରି ପରିବେଶରେ । ମହାକାବ୍ୟର ବିଳୟ ପରେ ଆଧୁନିକ କାଳରେ ଯୁଗୀୟ 'ଏପିକ୍' ହିଁ ହେଲା ଉପନ୍ୟାସ' । ଏହା ସଭ୍ୟତାର ନବ ଅଧ୍ୟାୟର ପ୍ରକାଶ ବାହକ । ସମକାଳୀନ ସମାଜ ଜୀବନର ବାସ୍ତବ ଓ ବିଶ୍ୱସ୍ତ ଶିଳ୍ପକର୍ମ ଉପନ୍ୟାସ ମଧ୍ୟରେ ହିଁ ଅନୁଭୂତ । ଜୀବନର ନିତ୍ୟନୂତନ ପରିବର୍ତ୍ତନ ଓ ବହୁ ବୈଚିତ୍ର୍ୟରେ ଏହାର ଅଗ୍ରଗତି । ତେଣୁ କୁହାଯାଇପାରେ ଉପନ୍ୟାସ ହେଉଛି ବିଶାଳ ମନୁଷ୍ୟ ଜୀବନର ଏକ ବିସ୍ତୃତ କଳାତ୍ମକ ଅଭିବ୍ୟକ୍ତି ।

ସମୟର ଅତିକ୍ରାନ୍ତରେ ବର୍ଣ୍ଣନାଧର୍ମୀ ଉପନ୍ୟାସଠାରୁ ବିଂଶ ଶତାବ୍ଦୀର ବାସ୍ତବଧର୍ମୀ ଉପନ୍ୟାସ ଅଧିକ ପ୍ରାଣବନ୍ତ ମନେ ହୁଏ । ଜୀବନର ବାସ୍ତବତା ଏବଂ ଭବିଷ୍ୟତକୁ ପ୍ରକାଶ କରିବା ସହିତ ଜୀବନର ପରମ ବ୍ୟାଖ୍ୟାକାର ସାଜିଛି ଉପନ୍ୟାସ । ଉପନ୍ୟାସ ଯେଉଁ ଶ୍ରେଣୀର ହେଉ ବା ଯେଉଁ ସମୟର ହେଉ ତାହାର ପ୍ରଧାନ ଆଭିମୁଖ୍ୟ ହୋଇଛି ସମାଜର ମଣିଷକୁ ଆବିଷ୍କାର କରିବା ଏବଂ ମଣିଷ ଦ୍ୱାରା ସମାଜ ପାଇଁ ଉଦ୍ଭାବନ କରିବା । ସମୟର ପରିବର୍ତ୍ତନରେ ମନୁଷ୍ୟ ଯାନ୍ତ୍ରିକ ଯୁଗରେ ପଦାର୍ପଣ କରିଛି । ଶିଳ୍ପବିପ୍ଳବର ପ୍ରଭାବ ଫଳରେ ପୃଥିବୀରେ ଯେଉଁ ଅଭୂତପୂର୍ବ ପରିବର୍ତ୍ତନର ସୂତ୍ରପାତ ହେଲା, ବୈଜ୍ଞାନିକ ମନର ଅଧିକାରୀ ହୋଇ ମାନବ ଅନୁଭବ କଲା ଯେପରି ଗୋଟିଏ

ନୂତନ ପୃଥିବୀ ସୃଷ୍ଟି କରିବା ତାପକ୍ଷରେ ସମ୍ଭବ ହେବାକୁ ଯାଉଛି । ତା ମନରେ ଗଭୀର ଆଲୋଡ଼ନ ସହିତ ଆତ୍ମବିଶ୍ୱାସ ସୃଷ୍ଟି ହେଲା । ପ୍ରାଚୀନତାରୁ ଆପଣାକୁ ମୁକ୍ତ କରି ଆଧୁନିକ ପରିବେଶରେ ସେ ନିଜକୁ ଖୋଜିବାକୁ ବ୍ୟାକୁଳ ହେଲା ଓ ନୂତନ ନୂତନ ତଥ୍ୟ ଅନ୍ୱେଷଣରେ ଲାଗି ପଡ଼ିଲା ।। ତାର ବୈଜ୍ଞାନିକ ଦୃଷ୍ଟିଭଙ୍ଗୀ ଶାଣିତ ହେଲା । ଏହାକୁ ସମ୍ବଳ କରି ବିଜ୍ଞାନଧର୍ମୀ ଉପନ୍ୟାସ ସୃଷ୍ଟି ପାଇଁ ତା ଭିତରେ ଏକ ନୂତନ ପ୍ରବଣତା ପ୍ରକାଶ ପାଇଲା । ସେଥିପାଇଁ ବୋଧହୁଏ ସେ ବିଭିନ୍ନ ପ୍ରକାର ଉପନ୍ୟାସ ସହ ବୈଜ୍ଞାନିକ ଉପନ୍ୟାସର ମଧ୍ୟ ସୃଷ୍ଟି କଲା । ବିଜ୍ଞାନର ବିକାଶ ଦ୍ୱାରା ଏ ବିରାଟ ବିଶ୍ୱ ଆଜି ଏକ ପରିବାରରେ ପରିଣତ ହୋଇଛି । କାର୍ଲମାର୍କସ୍‌ଙ୍କ ସାମ୍ୟବାଦୀ ଭାବନା, ସିଗ୍‌ମଣ୍ଡ୍ ଫ୍ରଏଡ୍‌ଙ୍କର ସ୍ୱପ୍ନରହସ୍ୟ ବ୍ୟାଖ୍ୟା, ସାର୍ତ୍ରେଙ୍କ ସ୍ଥିତିବାଦୀ ଚେତନା, କାମ୍ୟୁଙ୍କ ଉଦ୍ଭଟ ଭାବଧାରା, ଆଇନଷ୍ଟାଇନ୍‌ଙ୍କ ଆପେକ୍ଷିକ ତତ୍ତ୍ୱ, ଡାରଉଇନ୍‌ଙ୍କ ବିବର୍ତ୍ତନ ବାଦ ଏବଂ ବିଜ୍ଞାନର ନବନବ ଉଦ୍ଭାବନ ମଣିଷର ଚିନ୍ତାରାଜ୍ୟରେ ଆଣିଛି ବିରାଟ ପରିବର୍ତ୍ତନ।

ଜୈବିକ ବିବର୍ତ୍ତନ ସହିତ ପୃଥିବୀ ପୃଷ୍ଠରେ ମନୁଷ୍ୟର ସାଂସ୍କୃତିକ ବିବର୍ତ୍ତନ କଳ୍ପନାଶ୍ରୟୀ ମନୁଷ୍ୟର ମାନସପଟକୁ କିଛି ମାତ୍ରାରେ କରିଛି ଆନ୍ଦୋଳିତ । ଭବିଷ୍ୟତ ପ୍ରବକ୍ତା ଭାବରେ ସେ ନିଜକୁ ଉପଯୋଗ କରିଛି । କଳ୍ପନା ପ୍ରବଣତାକୁ ନେଇ ସେ ନିଜର ବୌଦ୍ଧିକତା ଓ ସୃଜନଶୀଳ ପ୍ରତିଭାର ପ୍ରୟୋଗ ସହିତ ତାର ସାରସ୍ୱତ ଅନୁଚିନ୍ତାକୁ ବିସ୍ତାର କରିଛି । ତେଣୁ ସେ ଗଳ୍ପ, ନାଟକ, ଚଳଚ୍ଚିତ୍ର ସହିତ ସୃଷ୍ଟି କରିଛି ଉପନ୍ୟାସ ।

ଉପଭୋଗ୍ୟ ରୋମାଞ୍ଚକାରୀ ବର୍ଣ୍ଣନାଗୁଡ଼ିକ ଦର୍ଶନ କରି ଭିନ୍ନ ଏକ ଜଗତରେ ସେ ପ୍ରବେଶ କରିବା ପରି ମନେ କରିଛି । ତେଣୁ ସେ କିଛି ଭାବରେ ଭବିଷ୍ୟତ ପ୍ରତି ଅବଗତ ହେବା ସହ ସଚେତନ ମଧ୍ୟ ହୋଇଛି । ବୌଦ୍ଧିକତାର ଏହି ରୂପକୁ ସାଧାରଣ ଭାବରେ ସାଇନ୍‌ସ ଫିକ୍‌ସନ୍ ବା ବିଜ୍ଞାନ ତଥ୍ୟାଶ୍ରୟୀ କଥା ସାହିତ୍ୟ ଭାବରେ ଆଖ୍ୟାୟିତ କରାଯାଇଛି । ବୈଜ୍ଞାନିକ ଉପନ୍ୟାସର ସ୍ରଷ୍ଟା ଅସମ୍ଭବକୁ ଏପରି ସହଜଗମ୍ୟ ଭାବରେ ପ୍ରକାଶ କରିଛି ଯେ, ପାଠକ ବିଶ୍ୱାସ କରିନଥିଲେ ବି ଯୁଗ ଅନୁସାରେ ତାହା ବାସ୍ତବ ସତ୍ୟରେ ପରିବର୍ତ୍ତନ ହୋଇଛି । ତେଣୁ ବୈଜ୍ଞାନିକ ଉପନ୍ୟାସ ନୀରସ ନ ହୋଇ ସତ୍ୟର ସଂଗୁପ୍ତ ତଥ୍ୟକୁ ଆତ୍ମପ୍ରକାଶ କରିଛି ।

ଏହି ପରିପ୍ରେକ୍ଷୀରେ ବୈଜ୍ଞାନିକ ଉପନ୍ୟାସ ବିଜ୍ଞାନ ଜଗତରେ ହେଉଥିବା ଏବଂ ହେବାକୁ ଥିବା ନବୀନତମ ଆବିଷ୍କାର ଗୁଡ଼ିକର ସୂଚନା ଏବଂ ପରିଚୟ ଦେବା ସଙ୍ଗେ ସଙ୍ଗେ ମାନବ ଜୀବନ କିପରି ଓ କେତେ ପରିବ୍ୟାପ୍ତ ଏବଂ ପରିବର୍ତ୍ତନଶୀଳ ତାହା ବର୍ଣ୍ଣନା ମାଧ୍ୟମରେ ପ୍ରଦାନ କରାଯାଇଛି । ପ୍ରାଚୀନ କାଳର ମଣିଷ, ଯେଉଁ ମଣିଷ ଦିନେ ଜଙ୍ଗଲରେ ବାସ କରୁଥିଲା, କଞ୍ଚାମାଂସ ଖାଇ ଜୀବନ ଅତିବାହିତ

କରିଥିଲା, ସେହି ମଣିଷ ସଂପ୍ରତି କିପରି ପରିବର୍ତ୍ତନ ହୋଇ ସମୟର ଅତିକ୍ରାନ୍ତରେ ଆଜି ପହଞ୍ଚିଛି ବର୍ତ୍ତମାନ ପରିସ୍ଥିତିରେ । ତାହା କେବଳ ସମ୍ଭବ ହୋଇ ପାରିଛି ବିଜ୍ଞାନର ସହାୟତା ଯୋଗୁଁ । ଏହି ପ୍ରାଚୀନ, ବର୍ତ୍ତମାନ ଓ ଭବିଷ୍ୟତର ବାର୍ତ୍ତା ପ୍ରଚାର କରିଛି ବୈଜ୍ଞାନିକ ଉପନ୍ୟାସ ।

'ସାଇନ୍ସଫିକ୍ସନ୍' ବା ବିଜ୍ଞାନଧର୍ମୀ ଗଳ୍ପ ଉପନ୍ୟାସ ପାଶ୍ଚାତ୍ୟ ସାହିତ୍ୟରୁ ହିଁ ସ୍ୱୀକୃତ ହୋଇ ଆସିଛି । ଉନବିଂଶ ଶତକର ଶେଷ ପାଦକୁ ଏହାର ସୃଷ୍ଟି ହୋଇସାରିଥିଲା । ବିଶ୍ୱ ଉପନ୍ୟାସ ପରିପ୍ରେକ୍ଷୀରେ ଏଚ୍.ଜି. ୱେଲସ୍, ଜୁଲ୍‌ସଭର୍ଣ୍ଣେଙ୍କ ପରି ବହୁ ବିଶିଷ୍ଟ ଲେଖକମାନଙ୍କ ଦ୍ୱାରା ରଚିତ ହୋଇ ବୈଜ୍ଞାନିକ ଉପନ୍ୟାସ ଓଡ଼ିଆ ସାହିତ୍ୟକୁ ପ୍ରଭାବିତ କରିଛି । ଏଚ୍‌ଜି. ୱେଲ୍‌ସଙ୍କ "ଦି ଟାଇମ୍ ମେସିନ୍' (The Time Machine) ୧୯୮୫ ଏବଂ 'ଦ ୱାର ଅଫ୍ ଦ ୱାର୍ଲଡ୍' (The War of the World)(୧୮୯୪) ଜୁଲର୍ସ ଭର୍ଣ୍ଣେଙ୍କ "ଭୋୟାଗ୍ ଟୁ ଦ ସେଣ୍ଟର ଅଫ୍‌ଦ ଆରଥ" (Voyaga to the centre of the Earth) ଆଦି ଉପନ୍ୟାସମାନ ବେଶ୍ ଲୋକପ୍ରିୟତା ହାସଲ କରିପାରିଛି ।

ଓଡ଼ିଆ ସାହିତ୍ୟରେ ବୈଜ୍ଞାନିକ ଉପନ୍ୟାସର ସୃଷ୍ଟି ସ୍ୱାଧୀନତାର ପରବର୍ତ୍ତୀ କାଳରେ ଯାହାର ଅଗ୍ରଦୂତ ହୋଇଛନ୍ତି ଡକ୍ଟର ଗୋକୁଳାନନ୍ଦ ମହାପାତ୍ର । ସେ ହେଉଛନ୍ତି ପ୍ରଥମ ସ୍ରଷ୍ଟା । ତାଙ୍କ ଦ୍ୱାରା ରଚିତ ପ୍ରଥମ ଓଡ଼ିଆ ବୈଜ୍ଞାନିକ ଉପନ୍ୟାସ "ପୃଥିବୀ ବାହାରେ ମଣିଷ" ୧୯୫୨ ମସିହାରେ ପ୍ରକାଶିତ । ଔପନ୍ୟାସିକ ଗୋକୁଳାନନ୍ଦ ମହାପାତ୍ର ଏ କ୍ଷେତ୍ରରେ ଯେଉଁ ଉଦ୍ୟମ କରିଛନ୍ତି ତାହା ବାସ୍ତବରେ ପ୍ରଂଶସନୀୟ । ଗୋକୁଳାନନ୍ଦ ମହାପାତ୍ରଙ୍କ ପରେ ଏ କ୍ଷେତ୍ରରେ ଯୋଗଦେଲେ ଡଃ. ନୃସିଂହଚରଣ ପଣ୍ଡା, ଡଃ. ଦେବକାନ୍ତ ମିଶ୍ର, ଡଃ. ଅମୂଲ୍ୟ କୃଷ୍ଣ ମିଶ୍ର, ଡଃ. ପ୍ରତିଭାରାୟ, ଡଃ. ଜ୍ୟୋର୍ତିମୟୀ ମହାନ୍ତି, ଡଃ. ପ୍ରମୋଦ କୁମାର ମହାପାତ୍ର ପ୍ରମୁଖ ଔପନ୍ୟାସିକ ଏବଂ ଔପନ୍ୟାସିକାଗଣ ।

ବିଜ୍ଞାନ ଓ ସାହିତ୍ୟ ପରସ୍ପର ବିପରୀତ ହେଲେ ମଧ୍ୟ କଳ୍ପନା ପ୍ରସୂତ ବୈଜ୍ଞାନିକ ଉପନ୍ୟାସ ସୃଷ୍ଟି ଅସମ୍ଭବ ମନେହୁଏ । ବିଜ୍ଞାନ ନିରାଟ ବାସ୍ତବ ତଥ୍ୟକୁ ପ୍ରକାଶିତ କଲାବେଳେ ମଧ୍ୟ କଳାଗତ ରୁଚିକୁ ଅପେକ୍ଷା ରଖେ । ତେଣୁ ବୈଜ୍ଞାନିକ ଉପନ୍ୟାସ ବିଜ୍ଞାନର ଜଟିଳ ଓ ଲୁଚି ରହିଥିବା ସୂକ୍ଷ୍ମ ରହସ୍ୟାତ୍ମକ ତଥ୍ୟକୁ ଏପରି ଚମତ୍କାରପୂର୍ଣ୍ଣ ଶୈଳୀରେ ଉପସ୍ଥାପନ କରିଛି, ଯାହା ବିଜ୍ଞାନ ଓ ବିଜ୍ଞାନ ସମ୍ପର୍କିତ ଉପାଦାନଗୁଡ଼ିକ ଆପେ ଆପେ ବିଜ୍ଞାନସିକ୍ତ ସାହିତ୍ୟ ରୂପରେ ରୂପାୟିତ ହେବା ସହ ସାହିତ୍ୟ ଓ ସମାଜ କ୍ଷେତ୍ରରେ ବିଜ୍ଞାନର ମୁଖ୍ୟ ଉଦ୍ଦେଶ୍ୟକୁ ପ୍ରତିଫଳିତ କରିବାରେ ଯଥେଷ୍ଟ ସହାୟ ହୋଇପାରିଛି ।

ଓଡ଼ିଆ ସାହିତ୍ୟରେ ସଂଖ୍ୟା ଦୃଷ୍ଟିରୁ ବୈଜ୍ଞାନିକ ଉପନ୍ୟାସଗୁଡ଼ିକର ରଚନା ସ୍ୱଳ୍ପ ହେଲେ ମଧ୍ୟ ଏଗୁଡ଼ିକର ଆବେଦନ ଖୁବ୍ ବଳିଷ୍ଠ । ଏକବିଂଶ ଶତାବ୍ଦୀର ମନୁଷ୍ୟ ବୈଜ୍ଞାନିକ ଉପନ୍ୟାସ ଜରିଆରେ ଭବିଷ୍ୟତ କଥକ, ନୂତନ ତଥ୍ୟ, ନିଜର ଭବିଷ୍ୟତ ସଂପର୍କରେ ଜାଣିବା ପାଇଁ ଏହି ବୌଦ୍ଧିକ କାର୍ଯ୍ୟକୁ ଉଚିତ୍ ମନେକରିଛି ଏବଂ ପ୍ରଯୁକ୍ତିବିଦ୍ୟାର ଅଗ୍ରଗତି ସହିତ ତାଳ ଦେଇ ପ୍ରକାଶନର ପରିପାଟୀକୁ ମଧ୍ୟ ଅତ୍ୟଧିକ ପ୍ରାଣବନ୍ତ କରିବାରେ ସଫଳ ହୋଇପାରିଛି । ତେଣୁ ବିଜ୍ଞାନକୁ ଆଧାର କରି ଯେଉଁ ଉପନ୍ୟାସ ଗୁଡ଼ିକ ରଚିତ ତାକୁ ଅଧ୍ୟୟନ କଲେ ମନରେ ଆସେ ଅଜସ୍ର ଜିଜ୍ଞାସା । ଯାହାକୁ ଭିତ୍ତିକରି ଉକ୍ତ ପୁସ୍ତକର ପ୍ରବନ୍ଧଗୁଡ଼ିକ ସମାବିଷ୍ଟ । ନିଃସନ୍ଦେହରେ କୁହାଯାଇପାରେ ଯେ ଏଯାବତ୍ ଓଡ଼ିଆ ବୈଜ୍ଞାନିକ ଉପନ୍ୟାସକୁ ନେଇ ବିଶେଷ ସମାଲୋଚନା ପୁସ୍ତକ ପ୍ରକାଶ ପାଇନାହିଁ । ତେଣୁ ଏହି ପୁସ୍ତକରେ ସାତୋଟି ଅଧ୍ୟାୟରେ ବୈଜ୍ଞାନିକ ଉପନ୍ୟାସ ଗୁଡ଼ିକର ଅନୁଶୀଳନାତ୍ମକ ବ୍ୟାଖ୍ୟା କରାଯାଇ ତାର ଅନ୍ତର୍ନିହିତ ଉପାଦାନ ସବୁକୁ ଲୋକଲୋଚନକୁ ଅଣାଯାଇଛି ।

ମୋର ଏହି ପୁସ୍ତକଟିକୁ ପ୍ରକାଶିତ କରିବା ପାଇଁ ସଦୟ ସମ୍ମତି ପ୍ରଦାନ କରିଥିବା ସୁଦୂର ଆମେରିକା ନିବାସୀ, ବ୍ଲାକ୍ ଇଗଲ୍ ପ୍ରକାଶନୀ ସଂସ୍ଥାର ପ୍ରତିଷ୍ଠାପକ, ଓଡ଼ିଶାର ଜଣେ ସ୍ୱାଭିମାନୀ ଓଡ଼ିଆ ପୁଅ, କବି, ଅନୁବାଦକ ତଥା ସମ୍ପାଦକ ଭାବରେ ଖ୍ୟାତିଲାଭ କରିଥିବା ସୁସାହିତ୍ୟିକ ଶ୍ରୀଯୁକ୍ତ ସତ୍ୟ ପଟ୍ଟନାୟକଙ୍କ ନିକଟରେ ହାର୍ଦ୍ଦିକ କୃତଜ୍ଞତା ଜଣାଉଛି । ମୋତେ ସହାୟତା କରିଥିବା ମୋର ପୂଜ୍ୟ ଗୁରୁ ପ୍ରଫେସର ଡ. ସମର ମୁଦାଲିଙ୍କ ଦିଗ୍‌ଦର୍ଶନ ସର୍ବଦା ମୋ ପାଇଁ ଅବିସ୍ମରଣୀୟ । ତେଣୁ ଏଥି ନିମନ୍ତେ ଗଭୀର କୃତଜ୍ଞତା ଜ୍ଞାପନ କରୁଛି । କୃତଜ୍ଞତା ଜଣାଇବି ମୋର ପୂଜ୍ୟା କବି, କଥାକାର ଏବଂ ସମାଲୋଚିକା ଡକ୍ଟର ସଂଘମିତ୍ରା ଭଞ୍ଜଙ୍କୁ । ତାଙ୍କର ଉନ୍ନତ ଚିନ୍ତାମୂଳକ ଅଭିମତ ସର୍ବଦା ମୋ ପାଇଁ ଅନୁଗୃହୀତ । ବହୁ ଉତ୍ସାହ ଓ ପ୍ରେରଣା ପ୍ରଦାନ କରିଥିବାରୁ ସାଧୁବାଦ ଜଣାଇବି ଓଡ଼ିଶାର ଲବ୍ଧ ପ୍ରତିଷ୍ଠିତ ଲେଖକ ଡ. ପ୍ରମୋଦ କୁମାର ମହାପାତ୍ରଙ୍କୁ । ଏହି ପୁସ୍ତକର ସଫଳ ରୂପାୟନ ପାଇଁ ବିଶେଷ କୃତଜ୍ଞତା ଦେବି ମୋର ସ୍ୱାମୀ ଆଦିତ୍ୟ ରଞ୍ଜନଙ୍କୁ । କୃତଜ୍ଞତା ଜଣାଇବି ସେହି ଅଦୃଶ୍ୟ ଶକ୍ତିଙ୍କ ଆଶୀର୍ବାଦରୁ ଜୀବନର ଚଲାପଥରେ ଯାହାଙ୍କ ପ୍ରୋତ୍ସାହନ ସର୍ବଦା ମୋ ପାଇଁ ପ୍ରେରଣା ହୋଇ ରହିଛି, ସେହି ପୂଜ୍ୟ ଓ ଶ୍ରଦ୍ଧେୟ ପରିବାର ବର୍ଗଙ୍କୁ ।

ବିନୟାବନତା

ନିବେଦିତା

ସୂଚିପତ୍ର

ବୈଜ୍ଞାନିକ ଉପନ୍ୟାସର ପୃଷ୍ଠଭୂମି	୧୫
ବୈଜ୍ଞାନିକ ଉପନ୍ୟାସର ସଂଜ୍ଞା ଓ ସ୍ୱରୂପ	୪୬
ବୈଜ୍ଞାନିକ ଉପନ୍ୟାସର ସୃଷ୍ଟି ଓ ବିକାଶକ୍ରମ	୫୫
ଓଡ଼ିଆ ବୈଜ୍ଞାନିକ ଉପନ୍ୟାସର ପରିମଣ୍ଡଳରେ କିଛି ବିଶିଷ୍ଟ ଔପନ୍ୟାସିକ	୬୬
ଓଡ଼ିଆ ବୈଜ୍ଞାନିକ ଉପନ୍ୟାସର ଆତ୍ମିକ ବିଭବ	୧୧୮
ଓଡ଼ିଆ ବୈଜ୍ଞାନିକ ଉପନ୍ୟାସର ଆଙ୍ଗିକ ବିଭବ	୧୫୭
ବୈଜ୍ଞାନିକ ଉପନ୍ୟାସର ବୈଶିଷ୍ଟ୍ୟ	୧୯୫
ଉପସଂହାର	୨୦୦

ବୈଜ୍ଞାନିକ ଉପନ୍ୟାସର ପୃଷ୍ଠଭୂମି

ବିଜ୍ଞାନ

ସାଧାରଣ ଭାବରେ ବିଜ୍ଞାନ କହିଲେ ଆମେ ବିଶେଷ ଜ୍ଞାନକୁ ହିଁ ବୁଝିଥାଉ। ଏ ପୃଥିବୀ ପୃଷ୍ଠରେ ମନୁଷ୍ୟ ହେଉଛି ଏକ ସାମାଜିକ ପ୍ରାଣୀ। ସମାଜରେ ସେ ବାସ କରେ। ସମାଜ ଏବଂ ପ୍ରକୃତି ସହ ସେ ହୋଇଯାଏ ଅଙ୍ଗାଙ୍ଗୀଭାବେ ଜଡ଼ିତ। ସମାଜର ଚାଲିଚଳଣୀ, ରୀତିନୀତି, ଶିକ୍ଷା ଓ କାର୍ଯ୍ୟାନୁଭବରୁ ସେ ଅନେକ କିଛି ଜ୍ଞାନ ଲାଭ କରେ। ସେଥିପାଇଁ ସେ ପର୍ଯ୍ୟାପ୍ତ ଜ୍ଞାନର ଅଧିକାରୀ ତଥା ବୌଦ୍ଧିକ ଚେତନାର ଏକ ମୂର୍ତ୍ତିମନ୍ତ ବିଗ୍ରହ। ମନୁଷ୍ୟ ସାଧନା ଓ ଅଧ୍ୟବସାୟ ବଳରେ ଏହି ଯେଉଁ ବିଶେଷ ଜ୍ଞାନ ହାସଲ କରେ, ସେହି ଜ୍ଞାନକୁ ସଜାଇ ରଖି ଯଥାରୀତି ବିନିଯୋଗ କଲେ ବିଜ୍ଞାନର ଉତ୍ପତ୍ତି ଘଟେ। ଏହା ହେଉଛି ବିଜ୍ଞାନର ପ୍ରାଥମିକ ଉଦ୍ଦେଶ୍ୟ। କିନ୍ତୁ ବିଜ୍ଞାନର ପ୍ରଧାନ ଉଦ୍ଦେଶ୍ୟ ହେଲା, ସତ୍ୟର ଅନ୍ୱେଷଣ କରିବା, ସତ୍ୟକୁ ଖୋଜି ବାହାର କରିବା, ସତ୍ୟର ଆଢୁଆଳରେ ଲୁଚି ରହିଥିବା ତଥ୍ୟକୁ ଲୋକଲୋଚନକୁ ଆଣିବା ଏବଂ ପରିପ୍ରକାଶ କରିବା। ଏହି ବିଜ୍ଞାନ ବା 'Science' ଲାଟିନ୍ ଶବ୍ଦ 'Scientia'ରୁ ଉଦ୍ଭୁତ। 'Scientia'ର ଅର୍ଥ ହେଉଛି ଜ୍ଞାନ। ତେଣୁ ବିଜ୍ଞାନ କହିଲେ ଏକ ବିଶିଷ୍ଟ ଜ୍ଞାନ, ଅନୁଭବ ଜନିତ ଜ୍ଞାନ, ପରୀକ୍ଷାସିଦ୍ଧ ଜ୍ଞାନ ଏବଂ ତାତ୍ତ୍ୱିକ ଜ୍ଞାନକୁ ବୁଝୁ। ତେଣୁ ଏହା ସିଦ୍ଧାନ୍ତଶ୍ରୟୀ ଅଟେ, ବିଶ୍ୱାସଶ୍ରୟୀ ନୁହେଁ। ବିଜ୍ଞାନ ହେଉଛି, ଚିନ୍ତା କରିବାର ଏକ ପ୍ରକ୍ରିୟା। ବିଶ୍ୱକୁ ଏକ ବ୍ୟାପକ ଦୃଷ୍ଟିଭଙ୍ଗୀ ନେଇ ଅବଲୋକନ କରିବା ଏବଂ ବିଜ୍ଞାନ ମାଧ୍ୟମରେ ସାରାବିଶ୍ୱକୁ ସଂକୁଚିତ ମଧ୍ୟ କରିଦେଇପାରିବାର ଏହା ଏକ ପ୍ରୟାସ। ବିଶ୍ୱରେ ଅନୁଭୂତ ହେଉଥିବା ପ୍ରାକୃତିକ କ୍ରିୟା ପ୍ରତିକ୍ରିୟା ପ୍ରଣାଳୀର ସତ୍ୟତା ଆବିଷ୍କାର କରିବା ଧାରା ହିଁ ହେଉଛି ବିଜ୍ଞାନ।

ଜୀବନ ନିୟନ୍ତଣରେ ଆମେ ଯାହା ଅନୁଭବ କରୁ, ଯାହା ଦୃଶ୍ୟଲାଭ କରୁ,

ଯାହା ଶ୍ରବଣ କରୁ ତାହା ସଂପୂର୍ଣ୍ଣ ଭାବରେ ଠିକ୍ ବୋଲି କହିପାରିବା ନାହିଁ। ତାହା ଭିତରେ ଥାଏ ଅନେକ ତ୍ରୁଟି। ସେହି ତ୍ରୁଟିରେ ଦୋଷଟି କ'ଣ ଜଣେ ସାଧାରଣ ମଣିଷ ତାହା ଦେଖିପାରେ ନାହିଁ। ଅଥଚ ଗୋଟିଏ ଦୂରଦୃଷ୍ଟି ସଂପନ୍ନ ବ୍ୟକ୍ତି ବିଶେଷକୁ ବା ଜଣେ ବୈଜ୍ଞାନିକକୁ ହିଁ ତାହା ସହଜରେ ପରିଦୃଷ୍ଟ ହୁଏ। ସେହି ତ୍ରୁଟି କ'ଣ, ତାହା ନିର୍ଭୁଲ ଭାବରେ ଅନୁଧ୍ୟାନ କରି ତାକୁ ଗୋଟିଏ ତ୍ରୁଟିଶୂନ୍ୟ ବିଚାରବୋଧ ବୋଲି ବିବେଚନା କରିବା ଓ ଜନସମାଜକୁ ଏକ ସୁସ୍ଥ ସିଦ୍ଧାନ୍ତରେ ଉପନୀତ କରାଇବା ହେଉଛି ଏକ ବିଜ୍ଞାନ ଭିତ୍ତିକ ନ୍ୟାୟୋଚିତ ଅନୁଶୀଳନ। ଏହି ଅନୁଶୀଳନ ପାଇଁ ଯେଉଁ ପଦ୍ଧତି ଅନୁସୃତ ହୁଏ, ତାହା ହିଁ ହେଉଛି ବୈଜ୍ଞାନିକ ପଦ୍ଧତି। ତେଣୁ ଯାହା ସରଳ ଭାବରେ ବୁଝାଯାଏ ତାହା ହେଲା ବୈଜ୍ଞାନିକ ପଦ୍ଧତି। ପ୍ରକୃତି ଅନବରତ ଭାବରେ ଉତ୍ଥାନ କରିଚାଲିଛି ଅସୁମାରି ପ୍ରଶ୍ନ। ସେହି ପ୍ରଶ୍ନଗୁଡ଼ିକର ସମାଧାନ ପାଇଁ ଗବେଷକମାନେ ଚଳେଇଛନ୍ତି ଅନୁସନ୍ଧାନ। ପ୍ରକୃତିର ପ୍ରକ୍ରିୟା ସଂପର୍କରେ ବାସ୍ତବ, ନିରପେକ୍ଷ ଏବଂ ନିରାସକ୍ତ ଭାବନା ନେଇ ଯେଉଁ ପରୀକ୍ଷା ସହ ପର୍ଯ୍ୟବେକ୍ଷଣ କରୁଛନ୍ତି, ସେଥିରୁ ଉପଲବ୍ଧ ହେଉଥିବା ତଥ୍ୟମାନ ହିଁ ହେଉଛି ବୈଜ୍ଞାନିକ ପଦ୍ଧତି।

ବିକଶିତ ହେବା ଏବଂ ଆଗକୁ ଅଗ୍ରଗତି କରିବା ହେଉଛି ମଣିଷର ଧର୍ମ ଏବଂ ତାର ଚିରନ୍ତନ ପ୍ରବୃତ୍ତି। ସଭ୍ୟତାର ଉନ୍ମେଷ କାଳରୁ ତା ମନରେ ସୃଷ୍ଟି ହୋଇଛି ଅନେକ ପ୍ରଶ୍ନବାଚୀ। ତେଣୁ ତାର ସମାଧାନ ପାଇଁ ସେ ହୋଇଛି ଗଭୀର ଅନୁସନ୍ଧିତ୍ସୁ। ବ୍ୟକ୍ତି ବିଶେଷର ମୃତ୍ୟୁରେ ଏହି ଅନୁସନ୍ଧିତ୍ସାର ଇତି ମଧ୍ୟ ହୋଇ ନାହିଁ ବରଂ ଆଗେଇ ନେବାରେ ସହାୟ ହୋଇଛି। ସତ୍ୟର ଆବିଷ୍କାର କରିବା ଏବଂ ସେହି ସତ୍ୟର ଆଲୋକରେ ସାରା ବିଶ୍ୱକୁ ଆଲୋକିତ କରିବା ତଥା ମନୁଷ୍ୟ ସମାଜକୁ ସୁଖ, ଶାନ୍ତି ଏବଂ ସମୃଦ୍ଧିର ପ୍ରାଚୁର୍ଯ୍ୟତାରେ ଭରି ଦେବା ହିଁ ବୈଜ୍ଞାନିକ ସାଧନାର ମୌଳିକଲକ୍ଷ୍ୟ। ଏହି ଅନୁସନ୍ଧିତ୍ସାର ତପସ୍ୟାରୁ ବିଜ୍ଞାନର ଜନ୍ମ ଏବଂ ଏହାର ସିଦ୍ଧିରେ ବିଜ୍ଞାନର ଜୟଯାତ୍ରା।

ବିଜ୍ଞାନଯୁଗର ପରିଚୟ ପ୍ରଦାନ କରି ଅଧ୍ୟାପକ ଅମୂଲ୍ୟ କୃଷ୍ଣ ମିଶ୍ର ମତ ପ୍ରକାଶ କରିଛନ୍ତି ଯେ:- "ବହୁ ପୁରାକାଳରେ ମଣିଷର ଜ୍ଞାନର ପରିସର ଖୁବ୍ କ୍ଷୁଦ୍ର ଥିଲା। ତା'ପରେ ଧୀରେ ଧୀରେ ଅନୁସନ୍ଧିତ୍ସୁ ମନନେଇ ମଣିଷ ପ୍ରକୃତିର ଗୋଟିଏ ପରେ ଗୋଟିଏ ରହସ୍ୟର ଉଦ୍‌ଘାଟନ କରିବାକୁ ଲାଗିଲା। ସେତେବେଳେ ବ୍ୟବହାର କରିବା ପାଇଁ କୌଣସି ବୈଜ୍ଞାନିକ ଉପକରଣ ନଥିଲା; କିମ୍ବା ବିଶେଷ କ୍ଷତିକାରକ ମାରଣାସ୍ତ୍ର ବି ନଥିଲା। ଆବହମାନ କାଳରୁ ଜରା ଓ ବ୍ୟାଧି ମଣିଷର ଶତ୍ରୁହୋଇ ଚାଲି ଆସିଛି ଏବେବି ଅଛି, ଦୁର୍ଭିକ୍ଷ, ବନ୍ୟା, ମରୁଡ଼ି, ସବୁଥିଲା। ତଥାପି ଲୋକେ କହନ୍ତି

ପୁରାକାଳରେ ଶାନ୍ତିଥିଲା। ସୁଖର ପ୍ରାଚୁର୍ଯ୍ୟ ଥିଲା। ମରୀଚିକା ସମ ଆଦର୍ଶବାଦକୁ ଛାଡି ବିରାଟ ବାସ୍ତବ ଦୁନିଆ ପ୍ରତି ଦୃଷ୍ଟି ନିକ୍ଷେପକଲେ ଜଣାଯିବ ଯେ, ପୂର୍ବାପେକ୍ଷା ଆମେ ଅଧିକ ସୁଖୀ। ସ୍ପନ୍ଦନହୀନ ନିଶ୍ଚଳ ପାରିପାର୍ଶ୍ୱିକ ଅବସ୍ଥା କେବେହେଲେ ଶାନ୍ତିର ଉପାଦାନ ନୁହେଁ। ବୈରାଗ୍ୟ ସାଧନରେ ମୁକ୍ତି ମଣିଷର ଧର୍ମ ନୁହେଁ। ଦୁନିଆଁର ଜଞ୍ଜାଳଠାରୁ ଦୂରରେ ରହି ଶାନ୍ତିର ମନ୍ତ୍ରରେ ଗଗନ, ଭୁବନ ମୁଖରିତ କରିବା କେବଳ ପଳାୟନ ପନ୍ଥୀ ମାନବର କାର୍ଯ୍ୟ। ଦୁନିଆଁର ହର୍ଷବିଷାଦ, ରୋଗ ସ୍ୱାସ୍ଥ୍ୟ, ଅଭାବ ପ୍ରାଚୁର୍ଯ୍ୟ ଭିତରେ ରହି ସୁଖର ସନ୍ଧାନ ହେଲା ଆଧୁନିକ ମଣିଷର ଆଦର୍ଶ। ମଣିଷ ନିଜର କୌଶଳବଳରେ ଜଳ, ସ୍ଥଳ, ଆକାଶ ଉପରେ ଆଧିପତ୍ୟ ବିସ୍ତାର କରିଛି। ଆଖି ପିଛୁଳାକେ ଗୋଟିଏ ପ୍ରାନ୍ତରୁ ଆଉ ଗୋଟିଏ ପ୍ରାନ୍ତକୁ ବାର୍ତ୍ତା ପ୍ରେରଣ କରି ବ୍ୟବଧାନର ଦୂରତ୍ୱକୁ ସମୟର ନିକଟତ୍ୱରେ ପରିଣତକରି ପାରିଛି। ଆମୋଦପ୍ରମୋଦର ଅସରନ୍ତି ଭଣ୍ଡାର ଖୋଲି କର୍ମକ୍ଳାନ୍ତ ମନକୁ ଆନନ୍ଦର ଅବକାଶ ଦେଇପାରୁଛି। ବ୍ୟାଧିଗ୍ରସ୍ତ ଆବାଳବୃଦ୍ଧବନିତାକୁ ରାସାୟନିକ ଅମୃତ ସେବନ କରାଇ ମୃତ୍ୟୁର ବିଭୀଷିକାରୁ ରକ୍ଷା କରି ଶତସହସ୍ର, ଲୋତକାଦ୍ର ଚକ୍ଷୁରେ ହସର ପାରିଜାତ ଫୁଟାଇ ପାରୁଛି ଦୁନିଆର ଜଟିଳତା ଭିତରେ ବିଜଡ଼ିତ ହୋଇ ଆମେବାହାର କରିବାକୁ ଚାହୁଁ ଶାନ୍ତିର ଝରଣା। ପାରିପାର୍ଶ୍ୱିକ ଅସ୍ଥିରତା ଭିତରେ ବି ଭାସି ଉଠିବ ସୁଖ ଓ ଶାନ୍ତିର ଢେଉ। ଏ ସବୁକୁ ତ ନେଇ ମଣିଷ ବଞ୍ଚିବାକୁ ଚାହେଁ। ସେଥିପାଇଁ ବିଜ୍ଞାନ ବିଜୟର ଦୁନ୍ଦୁଭି ବାଦନ କରି କହୁଛି ସର୍ବେ ଭବନ୍ତୁ ସୁଖୀନଃ।"[୧]।

ଏ ଶୁଦ୍ଧ ଭାବନା ନେଇ ବିଜ୍ଞାନ ଆଗେଇ ଚାଲିଛି। ଦୂର ଅତୀତରେ ନୀଳ ଆକାଶରେ ପକ୍ଷୀମାନଙ୍କ ଉଡ୍ଡୀୟମାନ ଅବସ୍ଥା, ଧରଣୀ ରାଣୀର ଅପରୂପ ସୌନ୍ଦର୍ଯ୍ୟଭରା ସବୁଜିମା, ଦୂର ଦିଗ୍‌ବଳୟକୁ ସ୍ପର୍ଶ କରୁଥିବା ରତ୍ନାକରର ଉତ୍ତାଳ ତରଙ୍ଗ ଭରା ରୁଦ୍ର ସୁନ୍ଦର ରୂପ ପୁନଶ୍ଚ ରାତ୍ରିର ଅନ୍ଧକାର ଭିତରେ ପ୍ରକାଶ ପାଉଥିବା ଅସଂଖ୍ୟ ତାରକାବଳି, ଏସବୁ ମନୁଷ୍ୟ ମନରେ କେତେବେଳେ ସୃଷ୍ଟି କରୁଥିଲା ବିସ୍ମୟାତୀତ ତ ଆଉ କେତେବେଳେ ସୃଷ୍ଟି କରୁଥିଲା ଅସଂଖ୍ୟ ପ୍ରଶ୍ନବାଚୀ। ପୁନଶ୍ଚ କେତେବେଳେ ସେ ନିରୀକ୍ଷଣ କରୁ କରୁ ଏକ ଲୟରେ ଚାହିଁ ରହି ତାର ପ୍ରକୃତି ଓ ସ୍ୱରୂପକୁ ଆକଳନ କରିବା ପାଇଁ ଉଦ୍ୟତ ହେଉଥିଲା। ଏ ପ୍ରଶ୍ନ, ଏ କଳନା, ଏ ବିସ୍ମୟତା ସୃଷ୍ଟି ହେବାର କାରଣ : - ମନୁଷ୍ୟକୁ ବିଧାତାଙ୍କର ସର୍ବଶ୍ରେଷ୍ଠ ଦାନ ହେଇଛି ତାର ପ୍ରଜ୍ଞା। ଏହି ପ୍ରଜ୍ଞା ବଳରେ ମନୁଷ୍ୟ ତାର ସୃଷ୍ଟି ହେଉଥିବା କୌତୁହଳ, ତାର ଜିଜ୍ଞାସା, ତାର ସୃଷ୍ଟି ହେଉଥିବା ପ୍ରଶ୍ନବାଚୀ ସବୁ ସମାଧାନ କରିଛି। ଗଭୀର ଅନୁସନ୍ଧିତ୍ସୁ ଭାବରେ ବାହ୍ୟ ପରିବେଶରେ ଲୁକ୍କାୟିତ ହୋଇ ରହିଥିବା ରହସ୍ୟକୁ ଉନ୍ମୋଚନ କରିଛି। ପ୍ରକୃତିର

ନିୟମଗୁଡ଼ିକୁ ନିଜସ୍ୱ ନିୟନ୍ତ୍ରଣାଧୀନ କରିବା ପାଇଁ ପ୍ରୟାସୀ ହୋଇଛି। ତେଣୁ ସେ କରିଚାଲିଛି ନିରବଚ୍ଛିନ୍ନ ଭାବରେ ଅଧ୍ୟୟନ ଅନୁଶୀଳନ ଏବଂ ଅନୁସନ୍ଧାନ। ତେଣୁ ବିଜ୍ଞାନ ହେଉଛି ଅନୁସନ୍ଧିତ୍ସୁର ମନୋବୃତ୍ତି, ନୂତନତା ସୃଷ୍ଟି କରିବା ସହିତ ଜନ ସମାଜର ଉନ୍ନତି ସାଧନ କରିବାର ମନୋବୃତ୍ତି, ପ୍ରଗତି ପଥରେ ନିରବଚ୍ଛିନ୍ନ ଭାବରେ ଅଗ୍ରସର ହୋଇ ଆବିଷ୍କାର ଓ ଉଦ୍ଭାବନ ପାଇଁ ପ୍ରୋତ୍ସାହନ ସୃଷ୍ଟି କରିବାର ମନୋବୃତ୍ତି। ସତ୍ୟ ସନ୍ଧାନରେ ନିରନ୍ତର ଉଦ୍ୟମୀ ହେବା ହିଁ ଏହାର ଉଦ୍ଦେଶ୍ୟ। ମନୁଷ୍ୟଜାତିର ମଙ୍ଗଳସାଧନା କରିବା ଏହାର ପରମ କର୍ତ୍ତବ୍ୟ। ତେଣୁ କହିବାକୁ ଗଲେ ବିଜ୍ଞାନ ହେଉଛି ଏକ ପ୍ରାମାଣିକ ତଥା ପରୀକ୍ଷିତ ସତ୍ୟ।

ଜନସମାଜର କଲ୍ୟାଣ ସାଧନା ଯେପରି ସଂସ୍କୃତିର ପରମ ଏବଂ ମୌଳିକ ଲକ୍ଷ୍ୟ ହୋଇଥାଏ। ସେହିପରି ବିଜ୍ଞାନ ସଭ୍ୟତାର କଲ୍ୟାଣ ସାଧନାକୁ ନେଇ ତାର କର୍ତ୍ତବ୍ୟ ପ୍ରାରମ୍ଭ କରିଛି। ସଭ୍ୟତା ଓ ସଂସ୍କୃତିକୁ ନେଇ ଏକ ନୂତନତ୍ୱ ସୃଷ୍ଟି କରିଛି। ପ୍ରକୃତିର ନିଗୁଢ଼ ରହସ୍ୟ ଗୁଡ଼ିକୁ ଉନ୍ମୋଚନ କରି ଜନହିତକର କାର୍ଯ୍ୟମାନଙ୍କରେ ବିନିଯୋଗ କରିଛି। ଜନହିତକର କାର୍ଯ୍ୟ ତ କରିଛି ପୁନଶ୍ଚ ନୈତିକତା, ମୂଲ୍ୟବୋଧ, ଆଧ୍ୟାତ୍ମିକତା, ସୃଜନଶୀଳତା ଆଦିକୁ ମନୁଷ୍ୟ ସମାଜର ମଙ୍ଗଳ ନିମନ୍ତେ ଅଙ୍ଗୀକାର କରାଇପାରିଛି।

ନୈତିକତା ଓ ବିଜ୍ଞାନ

ଏକ ବାସ୍ତବ, ସନ୍ତୋଷଜନକ ସ୍ଥାୟୀ ସମାଜ ଗଠନ ପାଇଁ ନୈତିକ ନିୟମ କାନୁନ୍‌ର ଆବଶ୍ୟକତା ନିହିତ, ଏକଥା ସତ, କିନ୍ତୁ ସମାଜର ପ୍ରତ୍ୟେକ ବ୍ୟକ୍ତି ସାମାଜିକ ନିୟମକାନୁନ୍‌ର ପରିବେଷ୍ଟନୀ ଭିତରେ ରହିପାରିବା ଖୁବ୍ କଷ୍ଟ। କଷ୍ଟକର ହେଲେ ମଧ୍ୟ ସତ୍ୟର ଉପସ୍ଥାପନ ପାଇଁ ସତ୍ୟର ସନ୍ଧାନ କରିବା ହେଉଛି ବିଜ୍ଞାନ। ତେଣୁ ବୈଜ୍ଞାନିକମାନେ ଗବେଷଣାରେ ନିରପେକ୍ଷ ସତ୍ୟର ପ୍ରୟୋଗ କରିବା ସେମାନଙ୍କର ନୈତିକ ଦାୟିତ୍ୱ ବୋଲି ସର୍ବଦା ବିବେଚନା କରିଥାନ୍ତି। ଯଦି ତାହା ନହୁଏ ତାହାହେଲେ ହିତ ପରିବର୍ତ୍ତେ ସମାଜର ଅହିତ ସାଧନ ହେବ। ତେଣୁ ବୈଜ୍ଞାନିକମାନେ ଯେକୌଣସି ନୂତନ ଗବେଷଣାର ଆରମ୍ଭ କରିବା ପୂର୍ବରୁ ତାହା ସମାଜର ହିତସାଧନ କରିବ, କି କ୍ଷତି ସାଧନ କରିବ ତାହା ବାରମ୍ବାର ଚିନ୍ତା କରିବା ନିତ୍ୟାନ୍ତ ଦରକାର। ଯଦି ମଣିଷ ସମାଜର କ୍ଷତି କରିବାର ସମ୍ଭାବନା ଥାଏ ତାହାହେଲେ ସେ ଗବେଷଣାରୁ ନିବୃତ୍ତ ରହିବା ସମାଜ ପକ୍ଷରେ ହିତ। ବୈଜ୍ଞାନିକ ଗବେଷଣାର ଫଳାଫଳକୁ ଅନୈତିକ ଭାବରେ ପ୍ରୟୋଗ କରିବାର ସମ୍ଭାବନା ସଂପର୍କରେ ସଚେତନ ରହିବା ହିଁ ବିଜ୍ଞାନର ନୈତିକତା ରୂପେ ସ୍ୱୀକୃତ।

ମୂଲ୍ୟବୋଧ ଓ ବିଜ୍ଞାନ

ମାନବିକ ମୂଲ୍ୟବୋଧ ଦ୍ୱାରା ମନୁଷ୍ୟର ସ୍ଥିତି ପ୍ରଭାବିତ। ମନୁଷ୍ୟ ବଞ୍ଚିବାରେ ଏହା ଏକ ସ୍ୱଭାବସିଦ୍ଧ ନିୟାମକ। ସଂପ୍ରତି ମନୁଷ୍ୟ ହୃଦୟରେ ଯେଉଁ ମାନସିକ ସଂଘର୍ଷ ସୃଷ୍ଟି ହେଉଛି ତାହା ପାଇଁ କିଛି ମାତ୍ରାରେ ବିଜ୍ଞାନ ମଧ୍ୟ ଦାୟୀ। ମାନସିକ ନିରସ୍ତ୍ରୀକରଣ ଦ୍ୱାରା ସଂଘର୍ଷର ଅବସାନ କରି ମାନବିକ ମୂଲ୍ୟବୋଧର ପୁନଃପ୍ରତିଷ୍ଠା କରିବା ବିଜ୍ଞାନର ହିଁ ଦାୟିତ୍ୱ। ନୈତିକତା ଓ ମୂଲ୍ୟବୋଧ ସହିତ ଯଦି ବିଜ୍ଞାନ କାର୍ଯ୍ୟ ନକରେ ତାହାହେଲେ ମନୁଷ୍ୟ ସମାଜର କ୍ଷତି ନିଶ୍ଚିତ। ତେଣୁ ବିଜ୍ଞାନକୁ ରବିନ୍ଦ୍ରଙ୍କ ଆହ୍ୱାନ ଦେଇଛନ୍ତି "ନୈତିକତା ଓ ମୂଲ୍ୟବୋଧ ପାଇଁ ତୁ ଯଦି ସକ୍ରିୟ କାର୍ଯ୍ୟାନୁଷ୍ଠାନ ଗ୍ରହଣ ନ କରୁ ତେବେ ମାନବ ସମାଜର ବିଲୋପ ଅବଶ୍ୟମ୍ଭାବୀ।" ୨।

ବ୍ୟକ୍ତି ଏବଂ ସମାଜକୁ ସୁସ୍ଥ ଏବଂ ସମୃଦ୍ଧ କରି ଗଢି ତୋଳିବାରେ ବିଜ୍ଞାନ ଭିତ୍ତିକ ମୂଲ୍ୟବୋଧର ଉପଯୋଗ ସର୍ବାଦୌ ଗ୍ରହଣୀୟ। ତେଣୁ ମୂଲ୍ୟବୋଧର ବିକାଶ ଅତ୍ୟନ୍ତ ଆବଶ୍ୟକ। ପାରିବାରିକ ଜୀବନଠୁ ଆରମ୍ଭ କରି କର୍ମସ୍ଥଳୀ ପର୍ଯ୍ୟନ୍ତ, ପ୍ରତିବେଶୀମାନଙ୍କ ପ୍ରତି ଆଚରଣଠୁ ଆରମ୍ଭ କରି ସମଗ୍ର ମାନବଜାତି ପ୍ରତି କର୍ତ୍ତବ୍ୟ ସଂପାଦନ କରିବାରେ ନୈତିକ ମୂଲ୍ୟବୋଧର ଆବଶ୍ୟକତା ଅନସ୍ୱୀକାର୍ଯ୍ୟ। ତେଣୁ ଏଭଳି ପ୍ରଚେଷ୍ଟାକୁ ଉତ୍ସାହିତ ସହକାରେ ଗ୍ରହଣ କରିବା ବିଜ୍ଞାନ ପକ୍ଷରେ ଏକାନ୍ତ କାମ୍ୟ। ଏହା ବୈଜ୍ଞାନିକର ନୈତିକ ଓ ସାମାଜିକ ଦାୟିତ୍ୱ ମଧ୍ୟ। କାରଣ ସମାଜର ମୂଲ୍ୟବୋଧକୁ ସବୁଦିନ ଅକ୍ଷୁର୍ଣ୍ଣ ରଖିବା ପାଇଁ ଯଦି ନୈତିକ ଏବଂ ସାମାଜିକ ଦାୟିତ୍ୱ ପ୍ରତି ଅବହେଳା କରାଯାଏ ତାହା ହେଲେ ସମାଜର ହିଁ କ୍ଷତି ସାଧନ ହୁଏ। କାରଣ ବିଜ୍ଞାନ କେବଳ ତଥ୍ୟର ଉତ୍ସନୁହେଁ ଏହା ଆମର ସମାଜର ଆଚରଣ ଓ ବିଚାର କୁ ମଧ୍ୟ ପ୍ରଭାବିତ କରିଥାଏ। ପଣ୍ଡିତ ଜବାହାର ଲାଲ ନେହେରୁଙ୍କ ମତରେ - "ବୈଜ୍ଞାନିକ ମନୋବୃତ୍ତିର ବିକାଶ ପାଇଁ ନିଜର ଆଚରଣ ଓ ବ୍ୟବହାରରେ ଏକ ବୈଜ୍ଞାନିକ ଚିନ୍ତାଧାରା ପୋଷଣ ନ କଲେ ଭାରତରେ ଗଣତନ୍ତ୍ରର ସ୍ଥିତି ବିପନ୍ନ ହୋଇ ପଡ଼ିବ। ବିଜ୍ଞାନର ଅପବ୍ୟବହାର ଫଳରେ ବିଜ୍ଞାନ ଆଜି ମଣିଷକୁ ଯଥେଷ୍ଟ ଅବୈଜ୍ଞାନିକ କରିପକାଇଛି। ବୈଜ୍ଞାନିକମାନେ ମାନବିକ ମୂଲ୍ୟବୋଧକୁ ଯଥାଯୋଗ୍ୟ ଗୁରୁତ୍ୱ ଦେବାରେ ଅସମର୍ଥ ହୋଇଛନ୍ତି।" ୩।

ଆଜି ବିଜ୍ଞାନର ଅଭୂତପୂର୍ବ ବିକାଶ ମାନବ ସମାଜର ସମୃଦ୍ଧି ଦିଗରେ ମାନବ ସେବାକୁ ସାର୍ଥକ କରିବା ନିମନ୍ତେ ପୂର୍ଣ୍ଣମାତ୍ରାରେ ସହାୟକ।

ଆଧ୍ୟାତ୍ମିକତା ଏବଂ ବିଜ୍ଞାନ :

ଆଧ୍ୟାତ୍ମିକତା, ମନୁଷ୍ୟ ହୃଦୟରେ ମାନବିକତାକୁ ଜାଗ୍ରତ କରାଏ, ବିବେକ

ବୋଧର ଉନ୍ମେଷ କରାଏ, ସୃଷ୍ଟିର ବ୍ୟାପ୍ତି ଏବଂ ନିଜସ୍ୱ ଦିପ୍ତୀ ସହିତ ପରିଚିତ କରାଏ । ତେଣୁ ବିଜ୍ଞାନୀ ମଣିଷ ସ୍ରଷ୍ଟାଙ୍କ ସୃଷ୍ଟିକୁ ନେଇ ଭାବବିହ୍ୱଳ ଭାବରେ ଅନ୍ୱେଷଣ କଲାବେଳେ ସେ ସେହି ଦିବ୍ୟଚେତନା ସହ ତା'ର ମାନସିକ ଚେତନାକୁ ଏକାକାର କରାଇବାରେ ଅସମ୍ଭବ ମନେ କରେ। ଫଳରେ ଆତ୍ମାକୁ ଚିହ୍ନିବା ଓ ଆତ୍ମାର ସଂଜ୍ଞା ନିରୂପଣ କରିବା ତାପକ୍ଷରେ କଷ୍ଟସାଧ ହୋଇଥାଏ। ତା' ସତ୍ତ୍ୱେ ସେ ଆତ୍ମାର ସ୍ୱରୂପ-ସନ୍ଧାନ ପ୍ରକ୍ରିୟାକୁ ନିଜ ଭିତରେ ଉଦ୍‌ଜୀବିତ କରିଥାଏ।

ବାସ୍ତବରେ ଆଧାତ୍ମିକତାର ସଂଜ୍ଞା ଅତ୍ୟନ୍ତ ବ୍ୟାପକ, ଅତ୍ୟନ୍ତ ଗୁହ୍ୟ। ଯାହା ସଂପୂର୍ଣ୍ଣଭାବରେ ଅଭିବ୍ୟକ୍ତ କରିବା ଅତ୍ୟନ୍ତ କଷ୍ଟକର ବ୍ୟାପାର। ସାଧାରଣ ଭାବରେ କହିବାକୁ ଗଲେ ଆଧାତ୍ମିକତା ହେଉଛି ଈଶ୍ୱରଙ୍କ ପ୍ରତିଥିବା ଅନାବିଳ ପ୍ରେମ। ନିଜସ୍ୱ ଚିନ୍ତା ଏବଂ ଚେତନାରେ ଈଶ୍ୱରଙ୍କ ସାନ୍ନିଧ୍ୟକୁ ଉପଲବ୍ଧି କରିବା, ତାଙ୍କର ମହିମାରେ ଆତ୍ମହରା ହୋଇଯିବା, ତାଙ୍କଠାରେ ସମର୍ପଣ ଭାବ ପ୍ରକଟ କରିବା ହେଉଛି ଆଧାତ୍ମିକତା। ଅଧ୍ୟାତ୍ମିକତା ଅନୁଭବନୀୟ। ଈଶ୍ୱରାନୁଭୂତି ହାସଲ ପାଇଁ ଏହା ଏକ ଅନୁକୂଳ ମାଧ୍ୟମ ।

ତେଣୁ ବିଜ୍ଞାନୀ ସୃଷ୍ଟିକୁ ନେଇ ଯେଉଁ ଅନ୍ୱେଷଣ, ଅନୁସନ୍ଧାନ ଚଳାଇଥାଏ ତାହାର ଅଦୃଶ୍ୟରେ ମଧ ଈଶ୍ୱରଙ୍କର ଆଶୀର୍ବାଦ ନିହିତ ଥାଏ। ତେଣୁ ବିଜ୍ଞାନୀ ତାର ପର୍ଯ୍ୟବେକ୍ଷଣରେ ସୃଷ୍ଟି ଓ ସୃଷ୍ଟି ପ୍ରକ୍ରିୟାରେ ନିହିତ ଥିବା ନୂତନନୂତନ ଚିନ୍ତା, ଚେତନାର ବହିଃପ୍ରକାଶ ସହ ଆବିଷ୍କାର ଏବଂ ଉଦ୍ଭାବନକୁ ଚରିତାର୍ଥ କରେ।

ବିଜ୍ଞାନୀ ଯଦି ଆଧାତ୍ମିକବାଦୀ ନ ହୁଏ ତାହେଲେ ତାହାର ହୃଦୟରେ ବିବେକ ବୋଧର ଉନ୍ମେଷ ଘଟି ପାରିବ ନାହିଁ। ସୃଷ୍ଟିର ବ୍ୟାପ୍ତି ସଂପର୍କରେ ଏବଂ ନିଜର ସୀମିତ କ୍ଷମତା ସମ୍ବନ୍ଧରେ ସଚେତନ ମଧ ହୋଇପାରିବ ନାହିଁ। ଆଧାତ୍ମିକତାର ଅନୁଭବ ବିନା ତାର ଚିନ୍ତାର ବିଶୁଦ୍ଧକରଣ ହେବା ମଧ ଅସମ୍ଭବ ହୋଇ ପଡ଼ିବ। ସୃଷ୍ଟିର ସାର୍ବଜନୀନତାକୁ ମଧ କଳନା କରିବା କଷ୍ଟକର ମନେ ହେବ। ବିଜ୍ଞାନୀ ତାର ଚେତନାର ନବୀକରଣ ଏବଂ ବିବର୍ତ୍ତନ ଜନିତ ପରିକଳ୍ପନା ମଧ କରିପାରିବ ନାହିଁ। ବିଜ୍ଞାନୀ ଯଦି ଈଶ୍ୱରଙ୍କର ସ୍ଥିତିକୁ ଅସ୍ୱୀକାର କରେ, ତାଙ୍କ ପ୍ରତି ସନ୍ଦେହ ପୋଷଣ କରେ, ଦିବ୍ୟ ବାସ୍ତବତାକୁ ଅଦିବ୍ୟ ବା ଅସତ୍ୟ ବୋଲି ମନେ କରେ, ତାହା ଏକ ବିଡ଼ମ୍ବନା ମାତ୍ର। ଈଶ୍ୱରଙ୍କ ସୃଷ୍ଟିକୁ ବିଶ୍ଳେଷଣ କରିବା, ବିବେଚନା କରିବା ଏକ ଅସମ୍ଭବ ବ୍ୟାପାର ହେଲେ ମଧ୍ୟ ଏହା ବିଜ୍ଞାନଧର୍ମୀ ସକରାତ୍ମକ, ସଦ୍‌ଭାବନା ଦ୍ୱାରା ସଂପୂର୍ଣ୍ଣ ଭାବରେ ସମ୍ଭବ।

ବିଜ୍ଞାନର ବାସ୍ତବତା ହେଉଛି ବାହ୍ୟ ଏବଂ ଭୌତିକ ସଂସାରର ବସ୍ତୁଗୁଡ଼ିକ

ଯେପରି ପ୍ରତିଭାତ ହୁଅନ୍ତି ତାହା ବାସ୍ତବରେ ସେହିପରି ନୁହେଁ। ତାକୁ ନିରୀକ୍ଷଣ କରିବା, ତାକୁ ଗବେଷଣା କରିବା, ତାକୁ ପର୍ଯ୍ୟବେକ୍ଷଣ କରିବା ହେଉଛି ବିଜ୍ଞାନର ଆଭିମୁଖ୍ୟ। ତେଣୁ ବିଜ୍ଞାନୀ ପାଖରେ ପ୍ରେମ, ସ୍ନେହ, କରୁଣା, ବିନୟ, ବିଶ୍ୱାସ, ଆନନ୍ଦ, ମହାନତା, ଦୟା ଆଦି ରହିବା ନିତ୍ୟାନ୍ତ ଆବଶ୍ୟକ। ବିଜ୍ଞାନର ସୃଷ୍ଟି ଏବଂ ତାହାର ପ୍ରଗତି ଜଗତର ସ୍ୱାର୍ଥ ରକ୍ଷା ପାଇଁ ହିଁ ଉତ୍ସର୍ଗୀକୃତ। କର୍ତ୍ତବ୍ୟପରାୟଣତା, ନିସ୍ୱାର୍ଥପରତା, ସହନଶୀଳତା ଆଦି ବିଜ୍ଞାନୀ ପକ୍ଷରେ ଏବଂ ବିଜ୍ଞାନର ବିକାଶ କ୍ଷେତ୍ରରେ ଗ୍ରହଣୀୟ। ଔଦ୍ଧତାଭାବ ଯଦି ବିଜ୍ଞାନୀ ପ୍ରକାଶ କରିବ ତାହାହେଲେ ସେ ସୃଷ୍ଟିର ବାସ୍ତବ ଦୃଷ୍ଟିଭଙ୍ଗୀଠାରୁ ଦୂରେଇ ରହି ସତ୍ୟର ଅନୁସନ୍ଧାନରେ ବ୍ରତୀ ହୋଇପାରିବ ନାହିଁ।

ସହନଶୀଳତା, ନୈତିକତା, ଆଧ୍ୟାତ୍ମିକତା ବିନା ବିଜ୍ଞାନର ଅଗ୍ରଗତି ଅସମ୍ଭବ। ମନୁଷ୍ୟର ଜ୍ଞାନରୁ ହିଁ ବିଜ୍ଞାନର ଜନ୍ମ। ସତ୍ୟର ଅନ୍ୱେଷଣ କରିବା, ସତ୍ୟକୁ ଖୋଜି ବାହାର କରିବା, ସତ୍ୟର ଆଢୁଆଳରେ ଲୁଚି ରହିଥିବା ତଥ୍ୟକୁ ଲୋକଲୋଚନକୁ ଆଣିବା ଏବଂ ପରିପ୍ରକାଶ କରିବା ବିଜ୍ଞାନର ପ୍ରଧାନ ଉଦ୍ଦେଶ୍ୟ। ତେଣୁ ସମୟକ୍ରମେ ମନୁଷ୍ୟର ମନରେ ଏହି ଚିନ୍ତାଧାରାର ଏକ ମୌଳିକ ପରିବର୍ତ୍ତନର ସୂତ୍ରପାତ ହୋଇଛି। ସେ ବିଶ୍ଳେଷଣାତ୍ମକ ଦୃଷ୍ଟିଭଙ୍ଗୀ ନେଇ ଆଗେଇ ଚାଲିଛି। ମନୁଷ୍ୟର ସର୍ବାଙ୍ଗୀନ ଉନ୍ନତି ଯେପରି ବୈଷୟିକ, ମାନସିକ ଏବଂ ଆଧ୍ୟାତ୍ମିକତା ସହିତ ଜଡ଼ିତ, ସେହିପରି ବ୍ୟାପକ ଦୃଷ୍ଟିକୋଣରୁ ଅବଲୋକନ କଲେ, ବିଚାର କଲେ ଆଧ୍ୟାତ୍ମିକତା ବିନା ବିଜ୍ଞାନର ଲକ୍ଷ୍ୟ ସାଧନ ମଧ୍ୟ ଅସମ୍ଭବ।

ଆଧ୍ୟାତ୍ମିକତା ଏବଂ ବିଜ୍ଞାନର ଯଦି ସମନ୍ୱୟ ନ ଘଟେ, ତାହା ହେଲେ ମାନବିକତାର ବିକାଶ ହୋଇପାରିବ ନାହିଁ। ବିଜ୍ଞାନୀ ଏବଂ ଆଧ୍ୟାତ୍ମିକବାଦୀଙ୍କ ଉଦ୍ୟମରେ ହିଁ ସମାଜର ଅଧୋଗତିକୁ ରୋକାଯାଇ ପାରିଥାଏ। ଆଧ୍ୟାତ୍ମିକତାର ବିଶ୍ୱାସରେ ହିଁ ବିଜ୍ଞାନର ବିକାଶ ନିର୍ଭର କରେ। ତା'ସହ ସଭ୍ୟତାର ଅଭ୍ୟୁଦୟ, ନୂତନ ସଂସ୍କୃତି, ନୂତନ ଜୀବନଧାରା ଏବଂ ନୂତନ ଦୃଷ୍ଟିଭଙ୍ଗୀର ବିକାଶ ହୋଇଥାଏ। ଆଧ୍ୟାତ୍ମିକତା ଭିତରେ ହିଁ ବିଜ୍ଞାନର ବୀଜ ଲୁକ୍କାୟିତ। ପୁରାଣାନୁଯାୟୀ ପ୍ରଥମେ ସ୍ରଷ୍ଟାଙ୍କ ଦ୍ୱାରା ବିଶ୍ୱର ସୃଷ୍ଟି, ତାହା ପରେ ବିଜ୍ଞାନର ଅନ୍ୱେଷଣ। ତେଣୁ ଆଧ୍ୟାତ୍ମିକତା ଜ୍ଞାନ ହେଲେ ବିଜ୍ଞାନ ହେଉଛି ଜ୍ଞାନର ଅନ୍ୱେଷଣ। ତେଣୁ ଆଧ୍ୟାତ୍ମିକତା ଏବଂ ବିଜ୍ଞାନର ସଂପର୍କ ଅବିଚ୍ଛେଦ୍ୟ। ଜଣେ ବିଜ୍ଞାନୀ ପକ୍ଷରେ ଆଧ୍ୟାତ୍ମିକତା ସହ ଆଦର୍ଶର ଅବଲମ୍ବନ ଏକାନ୍ତ ଆବଶ୍ୟକ। ଏହି ସମ୍ପର୍କରେ- ନୋବେଲ୍ ପୁରସ୍କାର ପ୍ରାପ୍ତ କରିଥିବା ବୈଜ୍ଞାନିକ ପାଭ୍‌ଲୋଭ ଯୁବ ବୈଜ୍ଞାନିକମାନଙ୍କୁ ଆହ୍ୱାନ ଜଣାଇ କହିଥିଲେ - "ବିନୟ ତୁମର ଭୂଷଣ ହେଉ। ଧୈର୍ଯ୍ୟ ତୁମର ଆଭରଣ ହେଉ। ତୁମେ ଯେ ସର୍ବଜ୍ଞାନର ଆଧାର

ଏପରି ଧାରଣା ପୋଷଣ କର ନାହିଁ। ତୁମେ ଯେତେ ଜ୍ଞାନର ଅଧିକାରୀ ହୋଇଥାଅ ପଛେ 'ମୁଁ ନିହାତି ଅଜ୍ଞ' ଏହା କହିବା ପାଇଁ ତୁମର କୌଣସି କୁଣ୍ଠା ରହିବା ଉଚିତ୍ ନୁହେଁ। ଔଦ୍ଧତା ତୁମକୁ କବଳିତ କରି ନରଖୁ। କାରଣ ଔଦ୍ଧତା ତୁମର ଚରିତ୍ରର ନମନୀୟତାକୁ ନଷ୍ଟ କରି ଦେବ ଓ ତୁମର ଆଦର୍ଶର ମୃତ୍ୟୁ ଘଟାଇ ବାସ୍ତବ ଦୃଷ୍ଟିଭଙ୍ଗୀଠାରୁ ତୁମକୁ ଦୂରେଇ ରଖିବ। ସତ୍ୟାନୁସନ୍ଧାନରେ ବ୍ରତୀ ରହିବା ହିଁ ବୈଜ୍ଞାନିକର ପ୍ରଥମ ଓ ପ୍ରଧାନ କର୍ତ୍ତବ୍ୟ।" ୪। ଆଧ୍ୟାତ୍ମିକତା ବିଶ୍ୱାସରେ ହିଁ ବିଜ୍ଞାନୀ ତାର ଲକ୍ଷ୍ୟସ୍ଥଳରେ ପହଞ୍ଚିପାରେ।

ସୃଜନଶୀଳତା ଏବଂ ବିଜ୍ଞାନ :

ସୃଜନଶୀଳତା ହେଉଛି ଏକ ମାନସିକ ସ୍ତରୀୟ ଅନ୍ତର୍ନିହିତ ମୂଲ୍ୟାୟନ। ତେଣୁ ଏହାର ମୂଲ୍ୟାଙ୍କନ କରିବା ସହଜ ସାଧ୍ୟ ନୁହେଁ। ଏହା ନିର୍ଭର କରେ ସୃଷ୍ଟିର ସର୍ଜନା ଉପରେ। ବିଜ୍ଞାନ ଏବଂ କଳା ଉଭୟଙ୍କର ଜନ୍ମ ହୁଏ ଏକ ଗଭୀର ଚିନ୍ତନରୁ। ଏକ ସ୍ଥୁଳ ଦୃଷ୍ଟିକୋଣରୁ ବିଚାର କଲେ ବିଜ୍ଞାନର ବିକାଶ ପାଇଁ, ସୃଷ୍ଟିର ସତ୍ୟତା ପାଇଁ, ବିଭିନ୍ନ ତଥ୍ୟ ପାଇଁ, ବୈଜ୍ଞାନିକ ଗବେଷଣାଗାରର ଆବଶ୍ୟକତା ଲୋଡ଼େ। କିନ୍ତୁ କଳାକାର ତାର କଳାର ପରିସ୍ଫୁଟ ପାଇଁ ତାର ହୃଦୟରେ ହିଁ ସୃଜନ ଶକ୍ତିକୁ ସ୍ଫୁରଣ କରାଏ। ତେଣୁ ଏକ ବ୍ୟାପକ ଦୃଷ୍ଟି କୋଣରୁ ବିଚାରକଲେ କଳା ଏବଂ ବିଜ୍ଞାନର ଉତ୍ସ ପ୍ରାୟତଃ ସମାନ। ଉଭୟେ ସତ୍ୟ ସନ୍ଧାନରେ ବ୍ରତୀ। କଳା ଓ ବିଜ୍ଞାନ ଉଭୟଙ୍କର ଅଭିବୃଦ୍ଧି ପାଇଁ ସମାନ ଧରଣର ଅଧ୍ୟବସାୟ ଲୋଡ଼ା। ପ୍ରକୃତିର ଅସୁମାରି କ୍ରିୟା ପ୍ରକ୍ରିୟାର ମୌଳିକ ରହସ୍ୟକୁ ଉନ୍ମୋଚନ କରିବା ହିଁ ବୈଜ୍ଞାନିକମାନଙ୍କର ମହାନ୍ କାର୍ଯ୍ୟ। କଳାକାର, ସଙ୍ଗୀତଜ୍ଞ, କବିଠାରୁ ଆରମ୍ଭ କରି ବୈଜ୍ଞାନିକ ପର୍ଯ୍ୟନ୍ତ ଏମାନେ ସମସ୍ତେ ସତ୍ୟସ୍ଥାପନ ପାଇଁ ହିଁ ସୃଜନଶୀଳ ପ୍ରତିଭାର ସୁସ୍ଥ ଓ ପୂର୍ଣ୍ଣାଙ୍ଗ ପରିପ୍ରକାଶ କରିଥାନ୍ତି। ସୃଷ୍ଟିଶୀଳ, ପ୍ରତିଭାସଂପନ୍ନ ବୈଜ୍ଞାନିକମାନେ କଳାକାରମାନଙ୍କ ଭଳି ସୌନ୍ଦର୍ଯ୍ୟାନୁରାଗୀ, କଳ୍ପନା ପ୍ରବଣ, ଜିଜ୍ଞାସୁ ଏବଂ ଜ୍ଞାନ ପିପାସୁ।

ବୈଜ୍ଞାନିକର ସତ୍ୟ ଉତ୍‌ଥାପନ, କଳାକାରର ସୌନ୍ଦର୍ଯ୍ୟ ସାଧନ, ଆଧ୍ୟାତ୍ମବାଦୀର ମଙ୍ଗଳ ଅନୁଚିନ୍ତା ହେଉଛି ନିଜ ନିଜର ସୃଜନ ଶୈଳୀ। ତେଣୁ ପ୍ରତ୍ୟେକର ସୃଜନ ଶୈଳୀ ନିର୍ଭର କରେ ତାର ଚିନ୍ତନ ଉପରେ। ତେଣୁ ଚିନ୍ତା କରିବାର ଶକ୍ତି ହିଁ ପ୍ରତ୍ୟେକଙ୍କ ସୃଜନଶୀଳତାର ଭିତ୍ତି। ଅନ୍ୱେଷଣ, ପ୍ରୟୋଗ, ବିଶ୍ଲେଷଣ, ସଂଶ୍ଲେଷଣ ଯେପରି ବିଜ୍ଞାନ ବିଚାର ପାଇଁ ଗୋଟିଏ ଗୋଟିଏ ମାଧ୍ୟମ ସୃଜନଶୀଳତା ମଧ୍ୟ ଠିକ୍ ସେହିଭଳି ବିଶେଷ ଧରଣର ଲକ୍ଷଣ। କହିବାକୁ ଗଲେ ବିଜ୍ଞାନ ହେଉଛି ଏକ ବାସ୍ତବଧର୍ମୀ କଳା। ଆବିଷ୍କାର ଏବଂ ଉଦ୍‌ଭାବନରେ ଏହାର ଅଭିନବତ୍ୱ।

ନିରବଚ୍ଛିନ୍ନ ସାଧନା ଏହାର ପରମଲକ୍ଷ୍ୟ। ଏକ ନିର୍ଦ୍ଦିଷ୍ଟ ନୂତନ ଧରଣର ଫଳପ୍ରାପ୍ତିରେ ଏହାର ପରିପୂର୍ଣ୍ଣତା।

ଏକ ନୂତନ ସର୍ଜନାର ପ୍ରବାହମାନଧାରା ହେଉଛି ବିଜ୍ଞାନ। ସମତା ଓ ସଙ୍ଗତିରେ ଏହା ହୋଇଥାଏ ଗଣଧର୍ମୀ। ସର୍ଜନାରେ ଏହାର ସାର୍ବଜନୀନତା ନିହିତ। ବିଜ୍ଞାନର ପ୍ରୟୋଜନୀୟତାରେ ତାହାର ସର୍ଜନାକୁ ବିଚାର ମଧ୍ୟ କରାଯାଏ। ଯଦି କୁହାଯାଏ, ବିଜ୍ଞାନ ସହ କଳାର କୌଣସି ନିର୍ଦ୍ଦିଷ୍ଟ ସୂତ୍ର ନାହିଁ, କିନ୍ତୁ ବିଜ୍ଞାନ ଭାବ ଏବଂ କଳ୍ପନାର ଏକ ଦୁଃସାହସିକ କାର୍ଯ୍ୟ। ବୈଜ୍ଞାନିକ ତାର ଜୀବନ କାଳ ମଧ୍ୟରେ ସାର୍ଥକ କଳ୍ପନାକୁ ତଥ୍ୟମାଧ୍ୟମରେ ବାସ୍ତବରୂପ ଦେଇଥାଏ।

କଳ୍ପନା କଳ୍ପନାରେ ଥିଲେ ତାହା ଖୁବ୍ ସରଳ। କିନ୍ତୁ, ତାର ସମାଧାନର ପନ୍ଥା ତଥା ତାକୁ ଲୋକ ଲୋଚନକୁ ଆଣିବାର ପନ୍ଥା ସେଭଳି ସରଳ ନୁହେଁ। ଏହାର ସମାଧାନ ନିର୍ଭରକରେ ସୃଜନଶୀଳତା ଉପରେ। ଯଦି ବୈଜ୍ଞାନିକର କୃତି ପ୍ରୟୋଗାତ୍ମକ କ୍ଷେତ୍ରରେ ପ୍ରତିଧ୍ୱନିତ ହୋଇପାରିଲା ତାହାକୁ କୁହାଯିବ ଏକ ସଫଳ ସର୍ଜନା। ଏଥିପାଇଁ ଅନୁକୂଳ ପରିବେଶ ସହିତ ସମାଜର ଆନ୍ତରିକତା ମଧ୍ୟ ନିହିତ। କାରଣ, ଗୁରୁତ୍ୱ ପୂର୍ଣ୍ଣ ଆବିଷ୍କାର ହେଉ କିମ୍ବା ଉଦ୍ଭାବନ ହେଉ ଏହା ନିରବଚ୍ଛିନ୍ନ ଚିନ୍ତା ଏବଂ ଚେତନାରୁ ହୋଇଥାଏ ସମ୍ଭୂତ। ବିଜ୍ଞାନ ସହିତ ନୈତିକତା, ମୂଲ୍ୟବୋଧ, ଆଧ୍ୟାତ୍ମିକତାର ସମ୍ବନ୍ଧ ଯେପରି ଭାବରେ ନିହିତ, ସେହିପରି ଏ ଜୀବଜଗତ୍‌ରେ ଯାହା କିଛି ଘଟେ, ତାହାର ସଂପର୍କ ବିଜ୍ଞାନ ସହିତ ଥାଏ ସଂଶ୍ଳିଷ୍ଟ। ତେଣୁ ବିଜ୍ଞାନର ପ୍ରଭାବ ମନୁଷ୍ୟର ଦୈନନ୍ଦିନ ଜୀବନଠାରୁ ଆରମ୍ଭ କରି ସାହିତ୍ୟ ଉପରେ ମଧ୍ୟ ଏହାର ପ୍ରଭାବ ନିହିତ। ସାହିତ୍ୟ ଏବଂ ବିଜ୍ଞାନ ସଂପର୍କର ସୂତ୍ରଧର ହେଉଛି ସମାଜ ଏବଂ ଉଭୟଙ୍କର ଲକ୍ଷ୍ୟ ହେଉଛି ପ୍ରକୃତିକୁ ନେଇ ସତ୍ୟର ପରିପ୍ରକାଶ କରିବା ସତ୍ୟର ଉଦ୍‌ଭାବନ କରିବା ଏବଂ ସତ୍ୟର ଆବିଷ୍କାର କରିବା।

ସାହିତ୍ୟ ଓ ବିଜ୍ଞାନ :

ସାହିତ୍ୟ ଏବଂ ବିଜ୍ଞାନର ସଂପର୍କ ଅତ୍ୟନ୍ତ ଘନିଷ୍ଠ ତଥା ନିବିଡ଼। ସାହିତ୍ୟ କ୍ଷେତ୍ରରେ ଯଦି ସତ୍ୟର ଭିତ୍ତିଭୂମି ସୁଦୃଢ଼ ହୋଇନପାରେ ସତ୍ୟଠାରୁ ସାହିତ୍ୟ ଦୂରେଇ ରହେ ତାହା ହେଲେ ତାହା ଜୀବନଠାରୁ ମଧ୍ୟ ଦୂରେଇଯାଏ। ସେହିପରି ବିଜ୍ଞାନର ସ୍ଥିତି ଏବଂ ପରିସର ମଧ୍ୟ ବିସ୍ତୀର୍ଣ୍ଣ। ଯନ୍ତ୍ରଶିଳ୍ପଠାରୁ ଆରମ୍ଭ କରି ବୈଜ୍ଞାନିକ ଉଦ୍ଭାବନ, ଆବିଷ୍କାର ପର୍ଯ୍ୟନ୍ତ ସମସ୍ତ ବୈଜ୍ଞାନିକ ବିଭବ ସହ ସାରା ବିଶ୍ୱର ସାମାଜିକ, ଅର୍ଥନୈତିକ, ରାଜନୈତିକ ଚିନ୍ତାଧାରାରେ ବିଜ୍ଞାନର ବିସ୍ତୀର୍ଣ୍ଣ ଭୂମି ନିହିତ। ମନୁଷ୍ୟ ଜୀବନକୁ ସରସ ସୁନ୍ଦର ଭାବରେ ଗଢ଼ି ତୋଳିବାରେ ଉଭୟଙ୍କର ଅବଦାନ ଅତୁଳନୀୟ।

ଏ ବିଶ୍ୱରେ ପ୍ରଥମେ ଜୀବର ସୃଷ୍ଟି। ତାହା ପରେ ଜୀବନକୁ ଶୃଙ୍ଖଳିତ ଏବଂ

ବାସ୍ତବମୁଖୀ କରିବାରେ ସାହିତ୍ୟ ଏବଂ ବିଜ୍ଞାନର ଭୂମିକା ଗୁରୁତ୍ୱପୂର୍ଣ୍ଣ ମନେ ହୁଏ। ଜୀବନ ସହିତ ସାହିତ୍ୟ ସଂପୂର୍ଣ୍ଣ ଭାବରେ ଜଡ଼ିତ ଏବଂ ଦୈନନ୍ଦିନ ଜୀବନର ସମସ୍ତ ସମସ୍ୟା, ଆବଶ୍ୟକତା ଓ ଅନୁଭବ ସହିତ ବିଜ୍ଞାନ ପୂର୍ଣ୍ଣମାତ୍ରାରେ ଜଡ଼ିତ। ଅନୁରୂପ ଭାବରେ ମନୁଷ୍ୟର ଯାହା ଉପଲବ୍ଧି, ଯାହା ଅଭିଜ୍ଞତା, ସେହି ଅନୁଭୂତିକୁ ନେଇ ବିଜ୍ଞାନ କରିଛି ଅସୁମାରି ଆବିଷ୍କାର। ଜୀବନକୁ ସୁସ୍ଥ ସୁନ୍ଦର କରିବା ସହ ଜୀବନ ସହିତ ଅଙ୍ଗାଙ୍ଗୀ ଭାବେ ଜଡ଼ିତ ହୋଇଯିବା ଉଭୟଙ୍କର କାର୍ଯ୍ୟ। ସମାଜର ମଙ୍ଗଳ ସାଧନାରେ ଉଭୟ ସାହିତ୍ୟ ଓ ବିଜ୍ଞାନ ବ୍ରତୀ ହୋଇ ସମାଜ- ସେବାରେ ଉଦ୍‌ବେଳିତ। ମନୁଷ୍ୟର ଅତ୍ୟନ୍ତ ସୂକ୍ଷ୍ମାତିସୂକ୍ଷ୍ମ ଚିନ୍ତାଧାରା ସହ ଘନିଷ୍ଠ ହୋଇଯାଏ ସାହିତ୍ୟ ଏବଂ ସେହି ସୂକ୍ଷ୍ମ ଚିନ୍ତାଧାରାକୁ ଶୃଙ୍ଖଳିତ ଭାବରେ ଲୋକଲୋଚନରେ ପ୍ରକାଶ କରେ ବିଜ୍ଞାନ। ମନୁଷ୍ୟ ମନରୁ ସନ୍ଦେହ ଦୂର କରି ବାସ୍ତବସତ୍ୟକୁ ନେଇ ତଥ୍ୟରେ ପ୍ରମାଣିତ କରାଏ ବିଜ୍ଞାନ ଏବଂ ସେହି ସତ୍ୟକୁ ମାନବ ସମାଜ ଆଗରେ ଧରି ରଖେ ସାହିତ୍ୟ। ସାହିତ୍ୟ ମନୁଷ୍ୟର ଆତ୍ମା ଏବଂ ହୃଦୟ ସହ ଜଡ଼ିତ ହୋଇଥିବା ବେଳେ ବିଜ୍ଞାନ ଜଡ଼ିତ ହୋଇଥାଏ ମନୁଷ୍ୟର ବୌଦ୍ଧିକ କ୍ଷମତା ଏବଂ ମସ୍ତିଷ୍କ ସହିତ। ମନୁଷ୍ୟର ଚାଲି ଚଳଣି ଠାରୁ ଆରମ୍ଭ କରି ସାମାଜିକ ଜୀବନର ସାମଗ୍ରିକ ଅନୁଭୂତିର ସତ୍ୟତାକୁ ନେଇ କଳ୍ପନାରେ ରୂପ ପ୍ରକାଶ କରେ ସାହିତ୍ୟ। ତେଣୁ ସାହିତ୍ୟ ମନୁଷ୍ୟର ଭାବ ଉପରେ ବିଶେଷକରି ରେଖାପାତ କରେ ତ ବିଜ୍ଞାନ କରେ ମନୁଷ୍ୟ ବ୍ୟବହାର କରୁଥିବା ବସ୍ତୁ ଉପରେ। ବିଜ୍ଞାନ ତଥ୍ୟଭିତ୍ତିକ ଉପାଦାନ ଉପରେ ସତ୍ୟର ପରୀକ୍ଷା କରେ। ସତ୍ୟକୁ ଉନ୍ମୋଚନ କରେ। ସେହି ବସ୍ତୁନିହିତ ସତ୍ୟକୁ ନେଇ ଭାବ-ସତ୍ୟରେ ପରିବର୍ତ୍ତନ କରେ ସାହିତ୍ୟ। ମନୁଷ୍ୟ ହୃଦୟର ଅକୁହା କାହାଣୀ, ଆଶା, ଆକାଂକ୍ଷାର ବହିଃ ପ୍ରକାଶ, ଜୀବନର ଉତ୍‌ଥାନ ପତନ ସବୁ କିଛି ହୋଇଯାଏ ସାହିତ୍ୟ। କଳ୍ପନା ସହ ଆଦର୍ଶର ଉପଯୋଗରେ ସେହି ସାହିତ୍ୟ ହୋଇଥାଏ ଅଧିକ ରୁଚିଶୀଳ ଓ ହୃଦୟଗ୍ରାହୀ। ସମାଜରେ ଯୁଗ ଯୁଗ ଧରି ପ୍ରଚଳିତ ହୋଇ ଆସୁଥିବା କୁସଂସ୍କାର ଏବଂ ଅନ୍ଧବିଶ୍ୱାସକୁ ବିଜ୍ଞାନ ବିରୋଧକରେ। ତାକୁ ପ୍ରମାଣସିଦ୍ଧ ତଥ୍ୟ ମାଧ୍ୟମରେ ଲୋକଲୋଚନରେ ପ୍ରକାଶ କରେ। ସାଧାରଣ ଜନସାଧାରଣଙ୍କୁ ସତ୍ୟର ସାମ୍ନା କରାଏ।

ସଂପୂର୍ଣ୍ଣ ବାସ୍ତବତାକୁ ନେଇ ବଞ୍ଚିରହିବା ମନୁଷ୍ୟ ପକ୍ଷରେ ସମ୍ଭବ ନୁହେଁ। ତେଣୁ ସେ ବହୁ ସମୟରେ କଳାସିକ୍ତ କଳ୍ପନାକୁ ଆଶ୍ରୟ କରିଥାଏ। ସେହି କଳ୍ପନା ପୁଣି ବାସ୍ତବତାକୁ ନେଇ ପରିକଳ୍ପିତା। ବାସ୍ତବତା ଯଦି ନଥାନ୍ତା ତାହାହେଲେ କଳ୍ପନାର ପରିକଳ୍ପନା ମଧ୍ୟ ଅସମ୍ଭବ ହୁଅନ୍ତା। ସାହିତ୍ୟ ସବୁବେଳେ ସବୁକ୍ଷେତ୍ରରେ ମନୁଷ୍ୟ ମନର ଏହି ବାସ୍ତବ ସତ୍ୟକୁ ନେଇ କଳ୍ପନା କରେ।

ବିଜ୍ଞାନର ପ୍ରୟୋଗିକତା ମନୁଷ୍ୟକୁ ବଞ୍ଚିବାର ପ୍ରୟାସ ଯୋଗାଇଥିବାବେଳେ ସାହିତ୍ୟ ମନୁଷ୍ୟ ହୃଦୟରେ ମାନବିକତାର ସ୍ଫୁରଣ କରାଏ। ଯେଉଁଠାରେ ସାହିତ୍ୟ ତାର ସାମାଜିକ ଦାୟିତ୍ୱ ହରାଇବସେ, ସେତେବେଳେ ସାହିତ୍ୟର ଅବସ୍ଥା ଅବସନ୍ନ ହେବା ସହ ବିକଳାଙ୍ଗ ହୋଇପଡ଼େ। ବିକାଶରେ ମଧ୍ୟ ବାଧକ ସାଜେ। ସେହିପରି ବିଜ୍ଞାନର ଅପପ୍ରୟୋଗ ମନୁଷ୍ୟକୁ ଧ୍ୱଂସ ଆଡ଼କୁ ଅଗ୍ରଗାମୀ କରାଏ। ବିଜ୍ଞାନ ଏବଂ ସାହିତ୍ୟର ଏହି ଧ୍ୱଂସାଭିମୁଖୀ ଚିନ୍ତାଧାରାକୁ ରୋକିବାକୁ ହେଲେ ମନୁଷ୍ୟ ପକ୍ଷରେ ମାନବିକତା, ନୈତିକତା, ସାମାଜିକ ବାସ୍ତବତା ଏବଂ ଆଧ୍ୟାତ୍ମିକତା ଏକାନ୍ତ ଅପରିହାର୍ଯ୍ୟ। ସୃଷ୍ଟିଶୀଳତା, କଳ୍ପନା ପ୍ରବଣତା ଏବଂ କର୍ମକୁଶଳତାକୁ ନେଇ ତୁଙ୍ଗ ବୁଦ୍ଧିଜୀବୀମାନେ ଏକ ବୌଦ୍ଧିକ ପରିବେଶ ସୃଷ୍ଟି କରିବା ସହିତ ମନୁଷ୍ୟର ସାହିତ୍ୟିକ ମୂଲ୍ୟବୋଧରେ ଏକ ବିପ୍ଳବାତ୍ମକ ପରିବର୍ତ୍ତନର ଧାରାକୁ ଗ୍ରହଣ ଏବଂ ପ୍ରୟୋଗ କରିପାରିଛନ୍ତି। ଏହି ବୁଦ୍ଧିଜୀବୀମାନଙ୍କ ମଧ୍ୟରେ ଡ଼ାରଉଇନ୍, ଫ୍ରଏଡ୍, କାର୍ଲମାକ୍ସ, କିରକେଗାଡ଼, ନିତ୍ସେ ପ୍ରଭୃତି ଅନ୍ୟତମ।

ବିବର୍ତ୍ତନବାଦର ପ୍ରବର୍ତ୍ତକ ଚାର୍ଲସ ଡ଼ାରଉଇନ୍ :

ଊନବିଂଶ ଶତାବ୍ଦୀରେ ଚାର୍ଲସ ଡାରଉଇନ୍ ବିବର୍ତ୍ତନବାଦକୁ ନେଇ ଏକ ନୂତନ ତଥ୍ୟ ଘୋଷଣାକଲେ। ବିବର୍ତ୍ତନରୁ ବିବର୍ତ୍ତନବାଦ। ଏ ବିବର୍ତ୍ତନର ଧାରା ଭାବିଲା ବେଳକୁ ସଂପୂର୍ଣ୍ଣ ଭାବରେ ପୁରୁଣା। ବିବର୍ତ୍ତନ ଦ୍ୱାରା ହିଁ ଏ ସୃଷ୍ଟି ପରିଚାଳିତ। ବୃଷ୍ଟି ସହ ବହୁ ପ୍ରାକୃତିକ କାରଣରୁ ଏ ପୃଥିବୀର ପରିବର୍ତ୍ତନ ଘଟୁଛି। ଏ ପରିବର୍ତ୍ତନ ପ୍ରକ୍ରିୟାକୁ ବିଶିଷ୍ଟ ଇଂରେଜ ଭୂତତ୍ତ୍ୱବିତ୍ ଚାଲ୍ସ ଲାୟେକ୍ 'ବିବର୍ତ୍ତନ' ନାମ ଦେଇଥିଲେ ଏବଂ ପ୍ରଥମ କରି ଇଭୋଲ୍ୟୁସନ୍ (Evolution) ଶବ୍ଦଟି ବ୍ୟବହାର କରିଥିଲେ। ପୃଥିବୀରୁ ଲୋପ ପାଇଥିବା ଜୀବଜନ୍ତୁ, ବିଭିନ୍ନ ଅଞ୍ଚଳର ନୂତନ ଜୀବଜନ୍ତୁ ଓ ଦୁଇ ପ୍ରକାର ପ୍ରାଣୀଙ୍କ ମିଳନରୁ ଜାତ ସଙ୍କରଙ୍କୁ ଦେଖି ଅନ୍ୟାନ୍ୟ ବିଜ୍ଞାନୀମାନେ ମଧ୍ୟ ବିବର୍ତ୍ତନ ବାଦ ପ୍ରତି ଦୃଷ୍ଟି ଦେଇଥିଲେ। ଡ଼ୋକାଲସ୍‌ଙ୍କ ମତରେ- ଜୀବନର ଏକ ବିକାଶ କ୍ରମ ରହିଛି ଓ ଉଚ୍ଚଜାତିର ପ୍ରାଣୀମାନେ ନିମ୍ନଜାତିରୁହିଁ ସୃଷ୍ଟି ହୋଇଛନ୍ତି।

କିନ୍ତୁ ଡାରଉଇନ୍‌ଙ୍କ ବିବର୍ତ୍ତନବାଦର କେନ୍ଦ୍ର ବିନ୍ଦୁ ହେଉଛି ନେଚୁରାଲ ସିଲେକ୍‌ସନ୍ (Natural Selection) "ପୃଥିବୀରେ ଯେତିକି ସଂଖ୍ୟକ ପ୍ରାଣୀବଞ୍ଚିପାରିବେ, ଯେକୌଣସି ଜାତିରେ ତା' ଅପେକ୍ଷା ବହୁ ଅଧିକପ୍ରାଣୀ ଜନ୍ମ ହୁଅନ୍ତି। ଯେଉଁମାନେ ବଞ୍ଚିରହନ୍ତି ସେମାନଙ୍କ ସନ୍ତାନମାନେ ବିଶିଷ୍ଟ ଗୁଣକୁ ନେଇ ପୃଥିବୀକୁ ଆସନ୍ତି। ସମୟକ୍ରମେ ସେହିବିଶିଷ୍ଟ ଗୁଣଟିର ବିକାଶ ହୋଇ ଏକ ନୂଆ ଜାତି ସୃଷ୍ଟି ହୁଏ ଏବଂ ସେହି ବିଶିଷ୍ଟ ଗୁଣଟି ପରିବେଷ୍ଟନୀରେ ତିଷ୍ଠିବା ପାଇଁ ଆଗେଇ ନିଏ।" [୫]।

ଡାରଉଇନ୍‌ଙ୍କ ଏହି ବିବର୍ତ୍ତନ ବାଦ ଜ୍ଞାନର ସମସ୍ତ ବିଭାଗକୁ ସ୍ପର୍ଶ କରିବା ସହ ମନୁଷ୍ୟର ଚିନ୍ତାଧାରାକୁ ମଧ୍ୟ ସ୍ପର୍ଶ କରିଛି। ତା ସହିତ ନୃତତ୍ତ୍ୱ ଏବଂ ସମାଜ ବିଜ୍ଞାନକୁ ମଧ ବିଶେଷ ଭାବରେ ପ୍ରଭାବିତ କରିଛି। ଡ଼ାରଉଇନ୍‌ଙ୍କ ବିବର୍ତ୍ତନ ବାଦ ଉପରେ ଲିଖିତ ଗ୍ରନ୍ଥ ଓରିଜିନ୍ ଅଫ୍ ସ୍ପେସିସ୍ (Origin of Species) ଠାରୁ ନୃତତ୍ତ୍ୱର ସୃଷ୍ଟି ବୋଲି କୁହାଯାଏ। ମନୁଷ୍ୟ ସମାଜର ବିବର୍ତ୍ତନଶୀଳତାକୁ ସମାଜ ବିଜ୍ଞାନୀମାନେ ମତ ପ୍ରକାଶ କରି କହିଲେ – "ଜୀଅନ୍ତା ପ୍ରାଣୀପରି ସାମାଜିକ ଓ ରାଜନୈତିକ ଅନୁଷ୍ଠାନ ସବୁ ପରିବେଷ୍ଟନୀ ଅନୁଯାୟୀ ବଦଳିବା ଆବଶ୍ୟକ, ନଚେତ୍ ସମାଜର ହିଁ କ୍ଷତି ହେବ। ଡ଼ାର୍‌ଉଇନ୍‌ଙ୍କ ବିବର୍ତ୍ତନବାଦ ହେଉଛି ସୃଷ୍ଟିର ସତ୍ୟ ଉପରେ ଆଧାରିତ ଏକ ବୈଜ୍ଞାନିକତତ୍ତ୍ୱ। ଡ଼ାରଉଇନ୍‌ଙ୍କ ମତରେ ବିବର୍ତ୍ତନବାଦର କୌଣସି ଦାର୍ଶନିକ ତାତ୍ପର୍ଯ୍ୟ ଅଛି ବୋଲି ସେ ବିଚାର କରୁନଥିଲେ। କିନ୍ତୁ ଧର୍ମ ନୈତିକତା ଓ ଦର୍ଶନ ଉପରେ ବିବର୍ତ୍ତନବାଦର ପ୍ରଭାବ ବିଶେଷ ଭାବରେ ପଡ଼ିଛି। ବିବର୍ତ୍ତନବାଦର ନୀତିଶିକ୍ଷା ହେଲା ଗୋଟିଏ ଜାତିର ପ୍ରାଣୀ ତିଷ୍ଠି ରହିବା ପାଇଁ ଏକଜୁଟ ହୁଅନ୍ତି। ସେମାନଙ୍କର ସମୃଦ୍ଧି ସେମାନଙ୍କର ସହଯୋଗ ଉପରେ ନିର୍ଭର କରେ। ମନୁଷ୍ୟର ଗତି ଉର୍ଦ୍ଧ୍ୱମୁଖୀ। ସୁଦୂର ଭବିଷ୍ୟତରେ ବହୁମୁଖୀ ଉନ୍ନତି ଘଟି ମନୁଷ୍ୟ ଆହୁରି ମହାନ୍ ହେବ ବୋଲି ସେ ବିଶ୍ୱାସ କରୁଥିଲେ।" ୬।

ବାସ୍ତବରେ ମନୁଷ୍ୟର ମାନସିକତାରେ ସୃଷ୍ଟି ହେଉଥିବା କାର୍ଯ୍ୟକଳାପ ଗୁଡ଼ିକ ଯୁଗ ଯୁଗର ପରିବେଷ୍ଟନୀକୁ ନେଇ ପରିକଳ୍ପିତ ହୋଇଥାଏ। କିନ୍ତୁ ମନୁଷ୍ୟ ଯେଉଁ ତାର ପ୍ରାରମ୍ଭକୁ ଦେବତାଙ୍କଠାରୁ ବୋଲି ବିଚାର କରେ ସଂପୂର୍ଣ୍ଣ ଭାବରେ ମନୁଷ୍ୟର ସୃଷ୍ଟି ତାହା ନୁହେଁ। ମନୁଷ୍ୟର ସୃଷ୍ଟି ତଥା ତାର ପୂର୍ବାବସ୍ଥା ପ୍ରଥମେ ନୃବାନର ଥିଲା। ଜୈବିକ ବିବର୍ତ୍ତନ ପ୍ରକ୍ରିୟାରେ ସେ ଆଜି ମଣିଷରେ ପରିବର୍ତ୍ତିତ ହୋଇଛି ଏବଂ ତାର ମାନସିକ ଚେତନାର ମଧ ବିବର୍ତ୍ତନ ଘଟିଛି। ବିବର୍ତ୍ତନବାଦ ମନୁଷ୍ୟର ଚେତନା ବଳୟକୁ ପ୍ରଶମିତ କରିବା ସହିତ ଚିନ୍ତାଦୃଷ୍ଟିକୁ ମଧ ଗଭୀର ଭାବରେ ପ୍ରଭାବିତ କରିଛି। ଚିନ୍ତା କଳ୍ପନାର ଗତାନୁଗତିକତାକୁ ଚୂର୍ଣ୍ଣୀଭୂତ କରି ଏକ ନୂତନଧାରା ସୃଷ୍ଟି କରି ସାହିତ୍ୟରେ ମଧ୍ୟ ପ୍ରତିଫଳିତ ହୋଇଛି।

ଫ୍ରଏଡ୍‌ଙ୍କ ମନସ୍ତତ୍ତ୍ୱ:

ସିଗ୍‌ମଣ୍ଡ ଫ୍ରଏଡ୍ ହେଉଛନ୍ତି ଫ୍ରୟେଡୀୟବାଦ ବା ମନୋବିଶ୍ଳେଷଣର ପ୍ରବର୍ତ୍ତକ। ଊନବିଂଶ ଶତାବ୍ଦୀର ଶେଷାର୍ଦ୍ଧ ତଥା ବିଂଶ ଶତାବ୍ଦୀର ପ୍ରଥମାର୍ଦ୍ଧରେ ଫ୍ରଏଡ୍‌ଙ୍କ ମତବାଦ ବିଶେଷ ଭାବରେ ପ୍ରଭାବିତ କରିଥିଲା। ଭାରତୀୟ ସମାଜ, ବିଜ୍ଞାନ, ରାଜନୀତି, ଅର୍ଥନୀତି, ଧର୍ମ ଓ ସଂସ୍କୃତି ଉପରେ ଫ୍ରଏଡ୍‌ଙ୍କ ଏହି ମନୋବିଶ୍ଳେଷଣ ପଦ୍ଧତି ସ୍ୱପ୍ନରହସ୍ୟ

ତତ୍ତ୍ୱ ସହ ଯୌନଚେତନା ପ୍ରଭୃତି ଆଧୁନିକ ମନୁଷ୍ୟ ଜୀବନର ମୂଲ୍ୟବୋଧକୁ ମଧ୍ୟ କିଛି ମାତ୍ରାରେ ପରିବର୍ତ୍ତନ କରିଦେଇଛି । ମନୁଷ୍ୟର ଚେତନମନ ଅପେକ୍ଷା ଅବଚେତନ ମନକୁ ଯଥେଷ୍ଟ ପରିମାଣରେ ପ୍ରଭାବିତ କରିଛି । ଫ୍ରଏଡ୍ ମନକୁ ତିନୋଟି ସ୍ତରରେ ବିଭକ୍ତ କରିଛନ୍ତି । 'ଚେତନ' (conscious) ଅଚେତନ (unconscious) ଏବଂ ଅବଚେତନ (subconscious) । ଚେତନ ମନରେ ମନୁଷ୍ୟ ବାହ୍ୟ ଜଗତକୁ ନିରୀକ୍ଷଣ କରେ । ଅଚେତନମନରେ ସ୍ୱପ୍ନ ଦେଖେ । ଅବଚେତନ ମନରେ ତାର କାମନା ବାସନାର ପ୍ରତିଫଳନ ଘଟିଥାଏ । "ଫ୍ରଏଡ୍ ନିଜେ ଚିକିତ୍ସା ଦ୍ୱାରା ବ୍ୟକ୍ତି ମନର ଅତଳ ଗୌହରରେ ଜମାଟ ବାନ୍ଧି ରହିଥିବା ଇଚ୍ଛାକୁ ପ୍ରକାଶ କରିଥିଲେ । ପ୍ରକାଶମାନ ବା ଦୃଶ୍ୟମାନ ଚେତନ ମନ ତଳେ ଅବଚେତନ ମନର ଅବସ୍ଥାନ । ଏହି ଅବଦମିତ ମାନସିକ କ୍ରିୟା ଗୁଡ଼ିକ ସଞ୍ଜ୍ଞାନକ୍ରିୟାଠାରୁ ସଂପୂର୍ଣ୍ଣ ପୃଥକ୍ ।" ୭ । "ମନୁଷ୍ୟର ଜାଗ୍ରତମନ ଏବଂ ଅର୍ଦ୍ଧଚେତନମନ ଅବଚେତନମନର ନିର୍ଦ୍ଦେଶରେ ପରିଚାଳିତ ହୋଇଥାଆନ୍ତି । ଅବଚେତନମନର କେନ୍ଦ୍ର ବିନ୍ଦୁରେ ଅଛି କାମଚେତନା ଯାହା ପ୍ରକାଶିତ ହେବା ପାଇଁ ଅହରହ ସୁଯୋଗ ଅପେକ୍ଷାରେ ଥାଏ । ଫ୍ରଏଡ୍‌ଙ୍କ ମତରେ ସ୍ୱପ୍ନରେ ଦେଖୁଥିବା ବଗିଚା, ଜଳ, ଶିଡିଚଢ଼ିବା, ଫଳ, ଗୃହ, ବାଡ଼ି, ସର୍ପ, ଅଗ୍ନି, ଛେଳି ପ୍ରଭୃତି କାମେଚ୍ଛା ପରିପୂର୍ତ୍ତିର ଏକ ଏକ ପ୍ରତୀକ ।" ୮ ।

ଫ୍ରଏଡ୍ କେତେକ ମାନସ ବ୍ୟାଧିଗ୍ରସ୍ତ ରୋଗୀଙ୍କ ଉପରେ ପ୍ରୟୋଗକରି ଏହି ସବୁ ସିଦ୍ଧାନ୍ତରେ ଉପନୀତ ହୋଇ ମନୁଷ୍ୟ ଜୀବନକୁ ଅନୁଶୀଳନ କରିଥିଲେ । ତାଙ୍କର ଏହି ତଥ୍ୟ ଗୁଡ଼ିକ - ଦି ଇନ୍‌ଟରପ୍ରେଟେସନ୍ ଅଫ୍ ଡ୍ରିମ୍ (The Interpretation of Dreams), ଥ୍ରୀ କଣ୍ଟ୍ରିବ୍ୟୁସନ ଟୁ ଦି ଥିଓରି ଅଫ୍ ସେକ୍‌ସ (Three contribution to the theory of sex), ଇନ୍‌ଟ୍ରୋଡ୍ୟୁକ୍ଟୋରି ଲେକ୍‌ଚର୍‌ସ ଅନ୍ ସାଇକୋଏନାଲେଟିକ୍ (Introductory Lectures on psychoanalytic) ଆଦି ଗ୍ରନ୍ଥରେ ଲିପିବଦ୍ଧ କରିଛନ୍ତି । ମନୋବୈଜ୍ଞାନିକ ଫ୍ରଏଡ୍ ମନସ୍ତତ୍ତ୍ୱଜଗତରେ ଯେଉଁ ବୈପ୍ଳବାତ୍ମକ ପରିବର୍ତ୍ତନ ସୃଷ୍ଟି କଲେ ତାହାର ପ୍ରଭାବ ବିଂଶ ଶତାବ୍ଦୀର ସମାଜକୁ, ବୈଜ୍ଞାନିକମାନଙ୍କୁ ଏବଂ ସାହିତ୍ୟିକମାନଙ୍କୁ ମଧ୍ୟ ଗଭୀର ଭାବରେ ପ୍ରଭାବିତ କରିଛି ।

କାର୍ଲମାର୍କସ୍‌ଙ୍କ ସାମ୍ୟବାଦ:

ବାସ୍ତବର ସ୍ୱରୂପ ଉଦ୍‌ଘାଟନ କରିଛି ସାମ୍ୟବାଦ । ଏହାର ପ୍ରବର୍ତ୍ତକ ହେଉଛନ୍ତି କାର୍ଲମାର୍କସ । ସାମ୍ୟବାଦକୁ ବୈଜ୍ଞାନିକ ସମାଜବାଦ ମଧ୍ୟ କୁହାଯାଏ । ଅଷ୍ଟାଦଶ ଓ ଊନବିଂଶ ଶତାବ୍ଦୀରେ ଏହା ଇଉରୋପୀୟ ସାମାଜିକ ଜୀବନରେ ଆଣିଥିଲା ଏକ

ବିରାଟ ପରିବର୍ତ୍ତନ। ଭୌତିକବାଦର ପୃଷ୍ଠଭୂମି ଉପରେ ମାର୍କସଙ୍କ ଦର୍ଶନ ପରିଚାଳିତ ତା ସହ ମାର୍କସଙ୍କ ଚେତନା ସତ୍ୟର ସାପେକ୍ଷ ମଧ୍ୟ। ନିରପେକ୍ଷ ସତ୍ତାକୁ ଦ୍ୱନ୍ଦାତ୍ମକ ଭାବେ ସ୍ୱୀକାର କରେ ମାର୍କସବାଦ। ବସ୍ତୁ ସତ୍ୟକ ନେଇ ଯେପରି ବିଜ୍ଞାନ ତଥ୍ୟ ପ୍ରକାଶ କରେ ସେହିପରି ସାମ୍ୟବାଦ ବସ୍ତୁ ସତ୍ୟର ପ୍ରତିଷ୍ଠା କରି ସମାଜବାଦୀ ବାସ୍ତବତାର ସ୍ୱରୂପ ଉଦ୍‌ଘାଟନ କରେ। ପୁଞ୍ଜିବାଦୀ ସମାଜର ସମାଜ ପ୍ରତି ଥିବା ବିକୃତିକୁ ମଧ୍ୟ ପ୍ରକାଶ କରେ।

କାର୍ଲମାର୍କସ ତାଙ୍କର ବୈପ୍ଳବିକ ଦର୍ଶନ ସାମ୍ୟବାଦୀ ଚିନ୍ତାଧାରା ଦ୍ୱାରା ସମାଜକୁ କିପରି ଏକ ଶୋଷଣମୁକ୍ତ ସମାଜରେ ପରିବର୍ତ୍ତନ କରାଯାଇପାରିବ, ଏକ ନୂତନ ସମାଜଗଠନ ଦିଗରେ ପ୍ରୟାସୀ ହୋଇ ସାମ୍ୟବାଦୀ ଚିନ୍ତାଧାରାକୁ ଆଗେଇ ନେଲେ, ବିଂଶ ଶତାବ୍ଦୀର ଲେଖକମାନଙ୍କ ଚିନ୍ତାଧାରାରେ ମଧ୍ୟ ଏହା ଗଭୀର ରେଖାପାତ କଲା। ଏହି ସାମ୍ୟବାଦ ସଂପର୍କରେ ମାର୍କସବାଦୀ ଆଲୋଚକମାନେ ମତପ୍ରକାଶ କରି କହିଛନ୍ତି – "ପୁଞ୍ଜିବାଦୀ ସାହିତ୍ୟ ସତ୍ୟର ସମ୍ମୁଖୀନ ହୋଇପାରେ ନାହିଁ ବରଂ ନିଷ୍ଠୁର ବାସ୍ତବତା ଉପରେ ଆଦର୍ଶର ରଂଗୀନ୍ ପରଦା ଢାଙ୍କି ତାହା ପ୍ରକାଶ କରେ। ତେଣୁ ଏ ସବୁକୁ ଦୂରେଇ ଦେଇ ବାସ୍ତବର ସ୍ୱରୂପ ମାର୍କସ ବାଦୀ ସାହିତ୍ୟ ଉଦ୍‌ଘାଟନ କରିଥାଏ।"[୯]।

ମାର୍କସ ତାଙ୍କ ସାମ୍ୟବାଦୀ ଦର୍ଶନର ନୀତିଗୁଡ଼ିକ ବୈଜ୍ଞାନିକ ତତ୍ତ୍ୱ ଉପରେ ପର୍ଯ୍ୟବେସିତ କରି ମାର୍କସ୍‌ବାଦକୁ ଦ୍ୱନ୍ଦାତ୍ମକ ବସ୍ତୁବାଦ, ଐତିହାସିକ ବସ୍ତୁବାଦ, ଉଦ୍‌ବୃତ୍ତ ମୂଲ୍ୟତତ୍ତ୍ୱ, ଶ୍ରେଣୀ ସଂଘର୍ଷ, ବିପ୍ଳବ, ସର୍ବହରାର ଏକଛତ୍ରବାଦ, ରାଷ୍ଟ୍ରର ବିଲୋପ ସାଧନ, ଶ୍ରେଣୀ ବିହୀନ ସମାଜ ପ୍ରତିଷ୍ଠା ଭାବରେ ଗ୍ରହଣ କରିଛନ୍ତି ଏବଂ ଏହି ସବୁକୁ ନେଇ କାଲ୍‌ମାର୍କସ ସୃଷ୍ଟି କରିଛନ୍ତି ଏକ ଯୁଗାନ୍ତକାରୀ ରାଜନୈତିକ ଦର୍ଶନ। ଅନ୍ୟାୟ, ଅତ୍ୟାଚାର ବିରୋଧରେ ଏହା ଏକ ତୀବ୍ର ପ୍ରତିବାଦ। ମାର୍କସଙ୍କ ଏହି ବୈଜ୍ଞାନିକ ସମାଜବାଦ ଦର୍ଶନ ଉଭୟ ପ୍ରାଚ୍ୟ ଓ ପାଶ୍ଚାତ୍ୟ ସାହିତ୍ୟ କ୍ଷେତ୍ରରେ ଏକ ସ୍ୱତନ୍ତ୍ର ଧାରା ସୃଷ୍ଟି କରିବାରେ ସମର୍ଥ ହୋଇଥିଲା। ବୁଦ୍ଧିଜିବୀମାନଙ୍କ ଦ୍ୱାରା ଏହା ସମର୍ଥ ହୋଇ ଥିଲା ସତ, କିନ୍ତୁ ଏ ସାମାଜିକ ଜୀବନର ମୂଲ୍ୟବୋଧ ଗୁଡ଼ିକ ସଂପୂର୍ଣ୍ଣ ମାତ୍ରାରେ ସମାଜ ପାଇଁ ଶୁଭଙ୍କର ମନେ ହୋଇନାହିଁ। କେବଳ ଏକ ନୂତନ ସମାଜ ଗଠନରେ ଅନୁକୂଳ ବାତାବରଣ ସୃଷ୍ଟି କରିବାରେ ସମର୍ଥ ହୋଇଛି।

ପାଶ୍ଚାତ୍ୟ ଜଗତର ଅନ୍ୟତମ ଦର୍ଶନ 'ଅସ୍ତିତ୍ୱବାଦ':

ଆଧୁନିକ ବସ୍ତୁବାଦୀ ସଭ୍ୟତାର ପ୍ରଭାବ, ପ୍ରାଚୀନ ମୂଲ୍ୟବୋଧର ହ୍ରାସ ଏବଂ ମନୁଷ୍ୟ ମନରେ ଯେଉଁ ଭୟ, ଆଶଙ୍କା, ଦ୍ୱନ୍ଦ୍ୱ, ସଂଘର୍ଷ, ସ୍ୱପ୍ନଭଙ୍ଗ, ନିଃସଙ୍ଗତା ପ୍ରଭୃତି ଅନୁଭବ ସୃଷ୍ଟି ହୋଇଛି ସେ ସବୁ ଅନୁଭବରୁ ମନୁଷ୍ୟ ନିଜକୁ ଦୂରେଇବା ପାଇଁ ଯେଉଁ

ଉଦ୍ୟମ ତା ମନ ଭିତରେ ଲାଗି ରହିଛି ତାହା ହେଉଛି ଅସ୍ତିତ୍ୱବାଦ ବା ସ୍ଥିତିବାଦର ପ୍ରଧାନ ଲକ୍ଷ୍ୟ। ଅସ୍ତିତ୍ୱବାଦର ଅନ୍ୟନାମ ସ୍ଥିତିବାଦ ମଧ୍ୟ। ମନୁଷ୍ୟ ତାର ସ୍ୱତନ୍ତ୍ର ସ୍ଥିତିକୁ ସବୁକ୍ଷେତ୍ରରେ ଜାହିର କରିବାକୁ ଚାହେଁ। ତାର ସ୍ଥିତିର, ତାର ଅସ୍ତିତ୍ୱର ସ୍ୱରୂପକୁ ଦର୍ଶାଇବାକୁ ଯାଇ ଅସ୍ତିତ୍ୱବାଦୀମାନେ ପ୍ରକାଶ କରିଛନ୍ତି। ଯଥା- ଶ୍ରୀ ଶରତ କୁମାର ମହାନ୍ତିଙ୍କ ଭାଷାରେ........... " ଅସ୍ତିତ୍ୱବାଦୀମାନେ ଦେଖିପାରିଛନ୍ତି ଇତିହାସର କୁଟିଳଗତିରେ ମଣିଷ ଏପରିଏକ ଯୁଗରେ ପହଞ୍ଚିଛି ଯେ, ବ୍ୟକ୍ତିର ସ୍ଥିତି ଟଳମଳ। ଏଇ ସଙ୍କଟ ପ୍ରତି ମଣିଷର ଦୃଷ୍ଟି ଆକର୍ଷଣ କରିବାକୁ ଅସ୍ତିତ୍ୱବାଦୀ ଯଥାସାଧ୍ୟ ଚେଷ୍ଟା କରିଛି। ଅସ୍ତିତ୍ୱବାଦୀ ଗଜଦନ୍ତ ମୀନାରର ଦାର୍ଶନିକ ନୁହେଁ। ବ୍ୟକ୍ତି ସ୍ୱାତନ୍ତ୍ର୍ୟକୁ ମାରିଦେବା ପାଇଁ ଯେଉଁ ପ୍ରକ୍ରିୟା ଚାଲିଛି ତାର ପ୍ରତିରୋଧ କରିବା ପାଇଁ ଅସ୍ତିତ୍ୱବାଦୀ ସଂକଳ୍ପବଦ୍ଧ। ଊନବିଂଶ ଶତାବ୍ଦୀର ଅସ୍ତିତ୍ୱବାଦୀ ଗଣ ହୃଦୟଙ୍ଗମ କରିଥିଲେ ଯେ, ମଣିଷମାନଙ୍କୁ ବସ୍ତୁରେ ପରିଣତ କରିବାର ଗୋଟିଏ ପ୍ରକ୍ରିୟା କାମ କରିଛି। ମନୁଷ୍ୟ ରୂପୀ ବସ୍ତୁଗୁଡିକ ଶୁଦ୍ଧ ଶୁଦ୍ଧ ବିଜ୍ଞାନ ଅନୁଶୀଳନ କରିବ ଓ ଟେକ୍‌ନୋଲୋଜି ସେମାନଙ୍କୁ ନିୟନ୍ତ୍ରଣ କରିବ। ପ୍ରକୃତିର ଅତ୍ୟାଚାରରୁ ରକ୍ଷା ପାଇବା ପାଇଁ ମଣିଷ ଯେଉଁ ନିରାପତ୍ତା ଖୋଜିଲା, ତାହା ସର୍ବବ୍ୟାପୀ ହୋଇ ଶେଷରେ ମଣିଷକୁ ଧ୍ୱଂସ କରିବାକୁ ବସିଛି। ବିଜ୍ଞାନବଳରେ ପ୍ରକୃତି ଉପରେ କର୍ତ୍ତୃତ୍ୱ ବିସ୍ତାର, ମନୋବିଜ୍ଞାନବଳରେ ବ୍ୟକ୍ତିର ନିୟନ୍ତ୍ରଣ ଓ ସାଙ୍ଗଠନିକ କତ୍ତୃତ୍ୱ ବଳରେ ସମାଜ ଉପରେ ସବାର ହେବା ଦ୍ୱାରା ଯେଉଁ ନିରାପତ୍ତା ମିଳେ ତାହା ବହୁମୂଲ୍ୟର ବିନିମୟରେ ଆସିଥାଏ। ସେ ମୂଲ୍ୟ ହେଉଛି ନିଜେ ମଣିଷ। ପ୍ରକୃତି ଉପରେ ପ୍ରଭୁତ୍ୱ ବିସ୍ତାର କରିଥିବା ମଣିଷ ନିଜତିଆରି ଯନ୍ତ୍ରର ଦାସ ହୋଇପାରିଛି। ବସ୍ତୁ ଜଗତ ସମ୍ବନ୍ଧରେ ପ୍ରଚୁର ଜ୍ଞାନ ହାସଲ କରିଥିବା ମଣିଷ ନିଜ ଜୀବନର ଗୁରୁତ୍ୱପୂର୍ଣ୍ଣ ପ୍ରଶ୍ନ ଗୁଡ଼ିକ ବିଷୟରେ ଅଜ୍ଞ। ବିଂଶଶତାବ୍ଦୀର ବହୁ ମନୋବିଜ୍ଞାନୀ, ସମାଜ ବିଜ୍ଞାନୀ ଓ ଚିନ୍ତାଶୀଳ ବ୍ୟକ୍ତି ଏ ବିଷୟରେ ଆଲୋଚନା କରିଛନ୍ତି। ଗଣ ମଧ୍ୟରେ ମିଶିଯାଇଥିବା ମଣିଷ କିପରି ନିଜର ଅନ୍ତର୍ନିହିତ ଶକ୍ତି ଗୁଡ଼ିକର ବିକାଶ କରିପାରିବା ଫଳରେ ତାର ଜୀବନ ବ୍ୟର୍ଥ ହେଇଛି, ସେ କଥା ସେମାନେ ଚେତାଇ ଦେଇଛନ୍ତି। ମାତ୍ର ଏକ ଶତାବ୍ଦୀର ଅଧିକକାଳ ପୂର୍ବେ କିଅର କେଗାର୍ଡ଼ ଓ ନିତ୍‌ସେ ଏହି ସମସ୍ୟା ଗୁଡ଼ିକୁ ଖୋଲି ଦେଖାଇ ଦେବାରେ ଯେଉଁ ବିସ୍ମୟ ଜନକ ସାଫଲ୍ୟ ଅର୍ଜନ କରିଛନ୍ତି, ତାହା ଅନୁପମ। କାରଣ ଦାର୍ଶନିକ ଭାବେ ଆଧୁନିକ କାଳର ମଣିଷର ସଂକଟ ଓ ତା' ଜୀବନର ଭୀତିପ୍ରଦ ଅବସ୍ଥାର ମୂଳ କାରଣ ଗୁଡ଼ିକ ଦେଖିପାରିବାର ଅନ୍ତର୍ଭେଦୀ ଦୃଷ୍ଟି ସେମାନଙ୍କର ଥିଲା। ପୁଣି ମନୋବିଜ୍ଞାନୀ, ସମାଜ ବିଜ୍ଞାନୀ ଓ ବିଜ୍ଞ ପଣ୍ଡିତଙ୍କ ପରି ସେମାନେ କେବଳ ଆଧୁନିକ ଯୁଗକୁ ବିଶ୍ଳେଷଣ କରିନାହାନ୍ତି। ବିରାଟ ଆର୍ଟିଷ୍ଟଭାବେ

ଆମ ସମ୍ମୁଖରେ ଏ ଯୁଗର ଚିତ୍ରକୁ ଏପରି ଫୁଟାଇଛନ୍ତି ଯେ, ଆମେ ଏହାର ଗ୍ରାସରୁ ରକ୍ଷାପାଇବାକୁ ଆକୁଳ ହେବୁ।" ପୁଣି - "ବ୍ୟକ୍ତିକୁ ଗିଳି ଦେବା ପରି କାଳ କିପରି ସୃଷ୍ଟି ହେଲା ? ମଣିଷର ରୁଗ୍ଣଚିନ୍ତା ବିପଥଗାମୀ ଦର୍ଶନ ଏଥିପାଇଁ ଦାୟୀ। ମଣିଷର ଜୀବନକୁ ଦର୍ଶନରୁ ନିର୍ବାସିତ କରି ଦର୍ଶନକୁ ବିଜ୍ଞାନର ଆଦର୍ଶରେ ଗଢ଼ିବାର ଧାରା ବାହିକ ଉଦ୍ୟମ ଦିଗରେ ଏକ ବିଶେଷ ଭୂମିକା ଗ୍ରହଣ କରିଛି। ଆଧୁନିକ ଦର୍ଶନର ଜନକ ଭାବେ ପରିଚିତ ଫରାସୀ ଦାର୍ଶନିକ ଦେକାର୍ତ୍ତେ (୧୫୯୬ - ୧୬୫୦)ଙ୍କ ଠାରୁ ଏ ଧାରାର ଆରମ୍ଭ। ଦେକାର୍ତ୍ତେ ଜଣେ ବିରାଟ ଗଣିତଜ୍ଞ ଓ ପଦାର୍ଥ ବିଜ୍ଞାନୀ। ଗାଣିତିକ ବିଜ୍ଞାନର ଢ଼ାଞ୍ଚାରେ ସେ ଦର୍ଶନକୁ ଗଢ଼ିବାକୁ ଚାହିଁଲେ। ଉଦ୍ଦେଶ୍ୟ ଦର୍ଶନକୁ ସଂଶୟ ହୀନ କରିବା। ବିଜ୍ଞାନ ଭୌତିକ ବସ୍ତୁମାନଙ୍କର ପରିମେୟ ଓ ପରିମାଣାତ୍ମକ ଅଙ୍ଗକୁ କେବଳ ସ୍ୱୀକାର କରେ। କାରଣ ମାପି ହେଉଥିବା ପରିମାଣକୁ ଗାଣିତିକ ନିୟମାଧୀନ କରାଯାଇ ପାରିବ। ଦେକାର୍ତ୍ତେ ଘୋଷଣା କଲେ ଯେ, ବସ୍ତୁର ଅସଲ ଧର୍ମ କେବଳ ପରିମାଣାତ୍ମକ। ଅନ୍ୟାନ୍ୟ ଗୁଣ ମଣିଷର ମାନସର ପ୍ରଭାବମାତ୍ର। ଏହାର ଅର୍ଥ ଗୁଣହୀନ ଜଗତହିଁ ସତ। ଆମେ ଅଙ୍ଗେ ନିଭାଉଥିବା ରୂପ, ରଙ୍ଗ, ରସର ଜଗତ ବାସ୍ତବ ଠାରୁ ଭିନ୍ନ। ରୂପ, ରଙ୍ଗ, ରସରଜଗତକୁ ବାସ୍ତବତାଠାରୁ ଅଲଗା କରିଦେଇ ଦେକାର୍ତ୍ତେ ଯେଉଁ ଦ୍ୱୈତବାଦର ମୂଳଦୂଆ ପକାଇଲେ, ତାହାର ଫଳ ଅତି ସୁଦୂର ପ୍ରସାରୀ ହୋଇଛି।" ୧୦।

ପାଶ୍ଚାତ୍ୟ ଜଗତର ଏହି ସବୁ ତୁଙ୍ଗ ବୁଦ୍ଧିଜୀବୀମାନଙ୍କ ବୈପ୍ଳବିକ ଆହ୍ୱାନ, ବିଜ୍ଞାନ ଭଳି ସାହିତ୍ୟରେ ମଧ୍ୟ ଏକ ନୂତନ ଧାରା ଅଗ୍ରଗତି କରାଇବାରେ ସମର୍ଥ ହୋଇଛି।

ବିଜ୍ଞାନର ବିକାଶ ଓ ପ୍ରଭାବ:

ସାଂପ୍ରତିକ ଯୁଗ ବିଜ୍ଞାନର ଯୁଗ। ବିଜ୍ଞାନର ବିକାଶ କ୍ରମବର୍ଦ୍ଧିଷ୍ଣୁ ହୋଇଛି ଏ ଶତାବ୍ଦୀରେ। ବିଜ୍ଞାନ କେବଳ ବାହ୍ୟ ପରିବର୍ତ୍ତନରେ ପରିବର୍ତ୍ତନ ଆଣିଛି ତାହା ନୁହେଁ ବାସ୍ତବରେ ମନୁଷ୍ୟର ଦୃଷ୍ଟିକୋଣଠୁ ଆରମ୍ଭ କରି ତାର ଚିନ୍ତାଧାରା, ତାର ସର୍ଜନା, ତାର କଳା, କୌଶଳତାରେ ମଧ୍ୟ ନୂତନ ଆଭିମୁଖ୍ୟ ସୃଷ୍ଟି କରିଛି ଏବଂ ଆଗକୁ ମଧ୍ୟ ଏଥିପାଇଁ ପ୍ରୟାସ ଜାରି ରଖିଛି।

ରେନେସାଁ ଯୁଗର ବିଜ୍ଞାନ:

ମନୁଷ୍ୟଠାରେ ନିହିତ ଥିବା ଲୁକ୍କାୟିତ ଶକ୍ତିର ବିକାଶ ଘଟାଇ ନିଜର ଉଦ୍ୟମ ବଳରେ ମନୁଷ୍ୟ କିପରି ଏକ ସୁଖକର ଏବଂ ସଂସ୍କୃତି ସଂପନ୍ନ ଜୀବନ ପୃଥିବୀରେ କଟାଇପାରିବ ତାହା ହେଲା ରେନେସାଁ ଯୁଗର ଲକ୍ଷ୍ୟ। ଯୁଗଯୁଗ ଧରି ଗତାନୁଗତିକ

ଧାରାର ପରିବର୍ତ୍ତନ ଆଣି ସାମାଜିକ ପରିବର୍ତ୍ତନ ସହ ବୌଦ୍ଧିକ ଜାଗରଣକୁ ୟୁରୋପୀୟ ଚିନ୍ତାରାଜ୍ୟରେ ପ୍ରତିଷ୍ଠା କରିବା ହେଉଛି ଏ ଯୁଗର ଅନ୍ୟତମ ଆହ୍ୱାନ।

ପ୍ରଥମ କରି ପଞ୍ଚଦଶ ଶତାବ୍ଦୀରେ ଜର୍ମାନୀର ପ୍ରଯୁକ୍ତିବିଦ୍ୟାର ବିଶେଷଜ୍ଞ ଗୁଟେନ୍‌ବର୍ଗଙ୍କ ମୁଦ୍ରଣଶିଳ୍ପ ପ୍ରତିଷ୍ଠା ମନୁଷ୍ୟର ସାଂସ୍କୃତିକ ଇତିହାସରେ ଏକ ମାଇଲଖୁଣ୍ଟ ପରି ମନେ ହୁଏ। ସେହିପରି ଏହି ଶତାବ୍ଦୀରେ ଭାସ୍କୋଡ଼ାଗାମା, କଲମ୍ବସଙ୍କ ପରି ଦୁଃସାହସୀ ଜଳଯାତ୍ରୀଙ୍କ ନୂତନ ଭୂଖଣ୍ଡ ଆବିଷ୍କାର ବାସ୍ତବରେ ୟୁରୋପୀୟମାନଙ୍କ ମନରେ ଏକ ନୂତନ ଦୃଷ୍ଟିକୋଣ ସୃଷ୍ଟି କରିବାରେ ସହାୟ ହୋଇଥିଲା। ସେମାନେ ଇଟାଲୀରେ ନୂତନ ଭାବେ ଆବିଷ୍କୃତ ନୂତନ ଦେଶର ବୃକ୍ଷ ଓ ପ୍ରାଣୀଙ୍କୁ ଆଗ୍ରହ ସହକାରେ ନିରୀକ୍ଷଣ କରିବା ସହ ତାଙ୍କ ମନରେ ନୂତନ ଉଦ୍ଦୀପନା ଜାଗ୍ରତ କରିଥିଲେ। ଏହି ନୂତନ ଭୂଖଣ୍ଡର ଆବିଷ୍କାର ୟୁରୋପୀୟ ଜନମାନସକୁ ପ୍ରସାରିତ ହୋଇ ଏକ ନୂତନ ନବ ଜାଗରଣ ସମଗ୍ର ୟୁରୋପରେ ଉତ୍‌ଥିତ ହୋଇଥିଲା। ଇଟାଲୀ ୟୁରୋପୀୟ ନବଜାଗରଣରେ ଅଗ୍ରଣୀଭୂମିକା ଗ୍ରହଣ କରିଥିଲା। ତାହାର ପ୍ରଭାବ ଫ୍ରାନ୍‌ସକୁ ମଧ୍ୟ ସଂଚାରିତ ହୋଇଥିଲା। ପାଶ୍ଚାତ୍ୟ ସାହିତ୍ୟରେ ୧୪୫୩କୁ ରେନେସାଁର ଜନ୍ମ ବୋଲି ଧରାଯାଏ। ଗ୍ରୀକ୍‌ର ଜ୍ଞାନ ବିଜ୍ଞାନର ପ୍ରସାର ଫଳରେ ରେନେସାଁର ଅଭ୍ୟୁଦୟ ହୋଇଥିଲା। ପୁଣି ବିଶିଷ୍ଟ ଚିତ୍ରକର, ଇଞ୍ଜିନିୟର, ଉଦ୍ଭାବକ, ପଦାର୍ଥବିଜ୍ଞାନୀ, ପ୍ରାଣୀ ବିଜ୍ଞାନୀ ଓ ଦାର୍ଶନିକଭାବରେ ୟୁରୋପୀୟ ଚେତନାରେ ଖ୍ୟାତିଲାଭ କରିଥିବା ଲିଓନାର୍ଡ଼ୋ ଦା ଭିନିସ୍‌ଙ୍କ ବହୁ ପ୍ରତିଭା ଏହି ସମୟରେ ହିଁ ହୋଇଥିଲା ଦୃଶ୍ୟାୟିତ। ସେଥିଲେ ବହୁ ପ୍ରତିଭାର ଅଧିକାରୀ। ଜଳତରଙ୍ଗ ପରି ଶବ୍ଦ ଏବଂ ଆଲୋକର ତରଙ୍ଗ ପ୍ରକୃତି ଉପରେ ସେ ନିର୍ଭୁଲ ଅନୁମାନ ପ୍ରକାଶ କରିଥିଲେ। ଆଗାମୀ ଯୁଗର ବହୁ ବୈଜ୍ଞାନିକ ସତ୍ୟ ଓ ଉଦ୍ଭାବନର ସୂଚନାମାନ ପ୍ରକାଶ କରି ସେ ବିଜ୍ଞାନ ଜଗତରେ ଏକ ବିସ୍ମୟ ସ୍ଥାନ ସୃଷ୍ଟି କରିପାରିଥିଲେ। ଲିଓନାର୍ଡ଼ୋଙ୍କ ମତରେ – ଯେଉଁ ବିଜ୍ଞାନ ସମସ୍ତ ନିଶ୍ଚୟତାର ଜନନୀ ପରୀକ୍ଷାର ଭିତ୍ତି ଉପରେ ପ୍ରତିଷ୍ଠିତ ନୁହେଁ ତାହା ବୃଥା ଓ ପ୍ରମାଦ ପୂର୍ଣ୍ଣ।" ୧୧।

ପାଶ୍ଚାତ୍ୟ ରେନେସାଁ ଯୁଗର ବିଜ୍ଞାନରେ ଯୁଗସ୍ରଷ୍ଟା ଭାବରେ ଲିଓନାର୍ଡ଼ୋ ଆବିର୍ଭାବ ହୋଇ ୟୁରୋପୀୟ ବାୟୁମଣ୍ଡଳରେ ଏକ ନୂତନ ବୀଜ ବପନ କରିଥିଲେ। ପୁନଶ୍ଚ ଏହି ସମୟରେ ଆଉ ଜଣେ ଦାର୍ଶନିକ ବର୍ଣ୍ଣାଡ଼ିନୋ ଟେଲେସିଓ ଇଟାଲୀରେ ଆବିର୍ଭାବ ହୋଇଥିଲେ। ତାଙ୍କର ମତ ଉପସ୍ଥାପନ କରି କହିଥିଲେ- "ପ୍ରକୃତଜ୍ଞାନ ପ୍ରକୃତିର ପର୍ଯ୍ୟବେକ୍ଷଣରୁ ମିଳେ।" ୧୨।

ଏହି ସମୟରେ ଏହି ପରି ବହୁ ବିଶିଷ୍ଟ ପ୍ରତିଭାବାନ୍ ବ୍ୟକ୍ତି ପ୍ରକୃତିକୁ ପର୍ଯ୍ୟବେକ୍ଷଣ କରି ପରୀକ୍ଷାମୂଳକ ଗବେଷଣା ଦ୍ୱାରା ନୂତନ ନୂତନ ବିଜ୍ଞାନ ଭିତ୍ତିକ

ତତ୍ତ୍ୱ ଉଦ୍ଭାବନ କରିଥିଲେ। ଏହି ସମୟରେ ଅର୍ଥାତ୍ ୧୪୫୪ରେ ଛାପାକଳ ଆବିଷ୍କାର ପରେ ୧୪୭୫ରେ ପ୍ରକାଶିତ ହୋଇଥିଲା 'ଯୋଗ୍ରାଫିଆ'। ଏହା ହେଉଛି ବିଜ୍ଞାନ କ୍ଷେତ୍ରରେ ପ୍ରଥମ ବିଶିଷ୍ଟ ବିଜ୍ଞାନଗ୍ରନ୍ଥ। ୧୪୮୨ରେ ବିଶ୍ୱବିଖ୍ୟାତ ଗ୍ରୀକ୍ ଗଣିତଜ୍ଞ ଇଉକ୍ଲିଡ୍‌ଙ୍କ ଜ୍ୟାମିତି ଛପା ହୋଇଥିଲା। ଏହାପରେ ବିଜ୍ଞାନର ଆବିଷ୍କାର ଧାରା ସମୟାନୁକ୍ରମେ ଆଗେଇ ଚାଲିଥିଲା। ଇଂଲଣ୍ଡର ରାଜବୈଦ ଉଇଲିୟମ୍ ଗିଲ୍‌ବର୍ଟଙ୍କ ଅବଦାନ ମଧ୍ୟ ଚୁମ୍ବକବିଜ୍ଞାନ ଏବଂ ବିଦ୍ୟୁତ୍ କ୍ଷେତ୍ରରେ ବିଜ୍ଞାନର ବିକାଶ ଧାରାକୁ ବିକଶିତ କରିଥିଲା।

ବିଜ୍ଞାନର ବିକାଶ ଭିତ୍ତିଭୂମିରେ ପ୍ରଥମ ସ୍ମରଣୀୟ ବ୍ୟକ୍ତିତ୍ୱ ହେଉଛନ୍ତି ଷୋଡ଼ଶ ଶତାବ୍ଦୀର ଫ୍ରାନ୍‌ସିସ୍ ବେକନ୍। ଦୂରଦ୍ରଷ୍ଟା ବେକନ୍ ଜାଣିପାରିଥିଲେ, ଦିନେ ମନୁଷ୍ୟ ଭବିଷ୍ୟତରେ ପ୍ରକୃତିର ରହସ୍ୟକୁ ଉନ୍ମୋଚନ କରିବାରେ ସମର୍ଥ ହେବ ଏବଂ ତାହାର ଗବେଷଣା ଜନିତ ଅନୁସନ୍ଧାନ ମାଧ୍ୟମରେ ଉପକୃତ ହେବ। ବାସ୍ତବରେ ତାହା ସତ୍ୟରେ ପରିଣତ ହୋଇଛି। ସମକାଳୀନ ଲେଖକମାନଙ୍କୁ ମଧ୍ୟ ପ୍ରୋତ୍ସାହନ ଦେଇ ନୂତନ ସର୍ଜନା ଆଡ଼କୁ ଆଗେଇ ନେଇଛି। ଏହା ପ୍ରଥମେ ଇଂଲଣ୍ଡର ଲେଖକମାନଙ୍କ ମନରେ ହିଁ ପ୍ରଭାବ ବିସ୍ତାର କରିଥିଲା। ସେହି ସମୟରେ ବେକନ୍‌ଙ୍କ ରଚନା ବିଶ୍ୱର ସବୁଠାରୁ ଶ୍ରେଷ୍ଠ ସାହିତ୍ୟ ମଧ୍ୟରେ ପରିଗଣିତ ହୋଇଥିଲା। ବେକନ୍ ଅସାଧାରଣ ମୌଳିକ ଶକ୍ତି ସହ ଅଗାଧ ପାଣ୍ଡିତ୍ୟର ଅଧିକାରୀ ଥିଲେ। ସେ ମାନବଜାତିକୁ ଆହ୍ୱାନ ଦେଇ ଘୋଷଣା କରିଥିଲେ - "ମଣିଷର ଚିନ୍ତା ଓ ଜ୍ଞାନ ଗବେଷଣା କ୍ଷେତ୍ରରେ ବୈପ୍ଳବିକ ପରିବର୍ତ୍ତନ ଆବଶ୍ୟକ। ଶାସ୍ତ୍ର ପୁରାଣ ଘାଣ୍ଟି ପୁରୁଣା କଥାକୁ ଘୋଷିଲେ ଜ୍ଞାନର ଅଗ୍ରଗତି ହେବ ନାହିଁ। ତେଣୁ ବେକନ୍ ଆରିଷ୍ଟୋଟଲ୍‌ଙ୍କ ଆର୍ଗାନନ୍ ଅଚଳ ହୋଇ ଗଲାଣି ଦର୍ଶାଇ ସେ ତାଙ୍କର ମହାନ ଗ୍ରନ୍ଥ ନିଉ ଅର୍ଗାନନ୍ ଲେଖିଥିଲେ।" ୧୩।

ଦମ୍ଭ ଏବଂ ଆତ୍ମପ୍ରତ୍ୟୟ ହିଁ ମନୁଷ୍ୟକୁ ଅସାଧ୍ୟ ସାଧନ କରାଇବାରେ ସହାୟ ହୋଇଥାଏ। ତେଣୁ ଆଜି ମନୁଷ୍ୟ ଏହି ସାଧନା ଦ୍ୱାରା ପ୍ରକୃତି ଉପରେ ବିଜୟ ହାସଲ କରିପାରିଛି। ପରୀକ୍ଷାମୂଳକ ବୈଜ୍ଞାନିକ ପ୍ରଣାଳୀର ବ୍ୟବହାରକୁ ବାଦ୍ ଦେଇ ପ୍ରକୃତିର ରହସ୍ୟକୁ ଉଦ୍‌ଘାଟନ କରିବା ଅସମ୍ଭବ ମନେ କରିଛି।

ସପ୍ତଦଶ ଶତାବ୍ଦୀ ହେଉଛି ବିଜ୍ଞାନ ବିକାଶର ବିଶିଷ୍ଟ ସମୟ। ଏହି ସମୟରେ ନିଉଟନ୍, ଗାଲିଲିଓ ଓ ଲକେଙ୍କ ଭଳି ବିଶିଷ୍ଟ ଚିନ୍ତାନାୟକମାନେ ନିଜସ୍ୱ ଉଦ୍ଭାବନ ଏବଂ ବୌଦ୍ଧିକ ଅବଦାନ ଗୁଡ଼ିକରେ ମନୁଷ୍ୟ ଚେତନାର ଉତ୍ତରଣ ଘଟାଇବାକୁ ସଫଳ ହୋଇଛନ୍ତି। ଦାର୍ଶନିକ ଫ୍ରାନ୍‌ସିସ୍ ବେକନ୍ ଏବଂ ଅନ୍ୟମାନେ ବୈଜ୍ଞାନିକ ପଦ୍ଧତି ମାଧ୍ୟମରେ ନିରାସକ୍ତ ଏବଂ ବାସ୍ତବବାଦୀ ଚିନ୍ତାଧାରା ପ୍ରତି ସହମତ ପ୍ରକାଶ କରି

ଅଗ୍ରଗାମୀ ହୋଇଥିଲେ । ଏହି ସମୟରେ " ଜ୍ୟୋତିର୍ବିଦ୍ୟା କ୍ଷେତ୍ରରେ ଇଂଲଣ୍ଡରେ ଯେଉଁ ନୂତନ ସମ୍ଭାବନାର ସଂକେତ ମିଳିଥିଲା ତାହା କେତେଜଣ ମୁଷ୍ଟିମେୟ ସ୍ରଷ୍ଟାର ମନରେ ପ୍ରଭାବ ବିସ୍ତାର କରିଥିଲା । ଏହି ସ୍ରଷ୍ଟାମାନଙ୍କ ମଧ୍ୟରେ ଜୋନ୍ ଡ଼ୋନେଙ୍କ ନାମ ବିଶେଷ ଭାବରେ ସ୍ମରଣୀୟ । ନୂତନଜ୍ଞାନ ମଣିଷକୁ ତାର ପାରମ୍ପରିକ ଚିନ୍ତାଧାରା ପ୍ରତି କିପରି ସନ୍ଦିଗ୍ଧ କରିଥିଲା, ଡ଼ୋନେ ତାହା ତାଙ୍କ ସୃଷ୍ଟି ଭିତରେ ବ୍ୟଞ୍ଜିତ କରିଥିଲେ । ତାଙ୍କ ଭାଷାରେ ....

"And new philosophy calls all in doubt
the element of fire is quite put out
the sun is lost & earth & no man's ur
can well divert him where to look for it" [14]

ସପ୍ତଦଶ ଶତାବ୍ଦୀରେ ଇଂଲଣ୍ଡରେ ପ୍ରତିଷ୍ଠା ହୋଇଥିବା ରୟେଲ ସୋସାଇଟି, ଲେଖକ ଏବଂ ବୈଜ୍ଞାନିକମାନଙ୍କ ପ୍ରତି ବୌଦ୍ଧିକ ଚେତନାର ଏକ ଅନୁକୂଳ ବାତାବରଣ ସୃଷ୍ଟି କରିବାରେ ସହାୟ ହୋଇଥିଲା । ଏହି ସମୟରେ ଡ଼୍ରାଇଡ୍ରେନ୍ ପରି ଅନେକ ଲେଖକ ଯଥା - ଓ୍ୱେଲର, ଡ଼େନିହାସ୍, କାଉଲେଭଳି ଅନେକ ସୁପ୍ରସିଦ୍ଧ ସାହିତ୍ୟିକମାନେ ଏହି ରୟେଲ୍ ସୋସାଇଟି ସହ ଜଡ଼ିତ ଥିଲେ । ଏହି ସମୟରେ ବୈଜ୍ଞାନିକ ରୋବଟ୍ ବୟେଲେ (Robert Boyle) ମଧ୍ୟ ବିଜ୍ଞାନର ଅନୁସନ୍ଧାନ ସହିତ ନିଜେ ନିଜ ଜୀବନକୁ ସାହିତ୍ୟ ସାଧନାରେ ଛନ୍ଦି ଦେଇ ତାଙ୍କର ଏକ ସ୍ୱତନ୍ତ୍ର ପରିଚୟ ସୃଷ୍ଟି କରିପାରିଥିଲେ ।

ଅଷ୍ଟାଦଶ ଶତାବ୍ଦୀରେ ପାଶ୍ଚାତ୍ୟ ଜଗତର ବିଜ୍ଞାନ ସହ ସାହିତ୍ୟର ସଂପର୍କ ଘନୀଭୂତ ହୋଇଛି ଏବଂ ଏକ ନୂତନ ସମ୍ଭାବନାର ମାର୍ଗ ଉନ୍ମୋଚିତ ହୋଇଛି । ଏହି ସମୟରେ ବିଶିଷ୍ଟ ଲେଖକ ଜୋନାଥନ୍ ସୁଇଫଟ୍ ସାହିତ୍ୟ ସଂପର୍କୀୟ ପାରମ୍ପରିକ ବିଚାର ଧାରା ସହ ବୈଜ୍ଞାନିକ ବିଚାରଧାରାକୁ ସଂଯୋଗ କରାଇଥିଲେ । କିନ୍ତୁ, ତାହା ସଂପୂର୍ଣ୍ଣ ଭାବରେ ବିକଶିତ ହୋଇପାରିନଥିଲା ।

ପାଶ୍ଚାତ୍ୟ ଜଗତରେ ଉନବିଂଶ ଶତାବ୍ଦୀ ହେଉଛି ବିଜ୍ଞାନ ସହ ସାହିତ୍ୟର ସଂପର୍କର ନୂତନ ମୂଲ୍ୟାୟନର ସମୟ । ପୁଣି ଏହି ସମୟରେ ଫଲଟନ୍‌ଙ୍କ ଷ୍ଟିମ୍ ବୋଟନିର୍ମାଣ, ମୋର୍ସଙ୍କ ଟେଲିଗ୍ରାଫର ପ୍ରଚଳନ, ଆଲେକଜାଣ୍ଡାର ଗ୍ରାହମ୍ ବେଲଙ୍କ ଟେଲି ଯୋଗାଯୋଗ, ଏଡିସନଙ୍କ ବିଜୁଳିବତୀ ନିର୍ମାଣ, ଅଭୂତପୂର୍ବ ନୂତନତା ସୃଷ୍ଟି କରିଥିଲା । ଏହି ସମୟରେ କବି ଓ୍ୱାର୍ଡ଼ସ୍ ଓ୍ୱାର୍ଥଙ୍କ ଲିରିକେଲ୍ ବେଲେଡ଼୍ସ ଏକ ନୂତନ ଦୃଷ୍ଟିଭଙ୍ଗୀ ସୃଷ୍ଟି କରିଥିଲା ସାହିତ୍ୟ ଏବଂ କଳାକୁନେଇ । ଓ୍ୱାର୍ଡ଼ସ୍ ଓ୍ୱାର୍ଥ ଯେଉଁ ମତ

ପ୍ରଦାନ କରିଥିଲେ ତାହା ପ୍ରତ୍ୟେକ ଜ୍ଞାନ ଏବଂ ବିଜ୍ଞାନ ମଧ୍ୟରୁ କବିତା ହେଉଛି ଶୁଦ୍ଧ, ସାତ୍ତ୍ୱିକ ଭାବନାର ବହିଃ ପ୍ରକାଶ ମାତ୍ର ।

ମନୋବୈଜ୍ଞାନିକ ଧାରାକୁ ନେଇ ଏହି ସମୟରେ 'The Prelude' ନାମକ ଏକ ବୈଜ୍ଞାନିକ କବିତା ରଚନା କରାଯାଇଥିଲା । କଲେରିଜ୍ ଏବଂ ଶେଲୀ ମଧ୍ୟ ଏହି ସମୟରେ ସାହିତ୍ୟରେ ବିଜ୍ଞାନର ସମ୍ବନ୍ଧକୁ ଦର୍ଶାଇବା ସହ ସାହିତ୍ୟ ଏବଂ ବିଜ୍ଞାନର ସଂପର୍କକୁ ନିବିଡ଼ ବୋଲି ପ୍ରକାଶ କରିଥିଲେ । ବିଜ୍ଞାନର ବିକାଶ ପାଇଁ ଐତିହାସିକ ପ୍ରଚେଷ୍ଟା ମଧ୍ୟ କରାଯାଇଥିଲା । ରିଚାର୍ଡ଼ ତାଙ୍କର 'ପ୍ରିନ୍‌ସପୁଲ୍ ଅଫ୍ ଲିଟେରାରି କ୍ରିଟିସିଜମ୍' (Principle of literary criticism)ରେ ବୈଜ୍ଞାନିକ ଚିନ୍ତାଧାରାକୁ ଗୁରୁତ୍ୱ ଦେବା ସହ ତାଙ୍କ ଗ୍ରନ୍ଥକୁ ଏ ମେସିନ୍ ଫର୍ ଥିଙ୍କିଙ୍ଗ ଉଇଥ (A machine for thinking with) ବୋଲି ଦର୍ଶାଇଥିଲେ । ଏବଂ ତାଙ୍କ କୃତିରେ ପ୍ରକାଶ କରିଛନ୍ତି ଯେ- "ଜୀବନର ଯଥାର୍ଥ ମୂଲ୍ୟବୋଧ ସଂପର୍କରେ ବିଜ୍ଞାନ ହିଁ ଆମକୁ ସଚେତନ କରିଛି ଏବଂ ଜୀବନର ଏହି ମୂଲ୍ୟବୋଧର ଶିବ ସୁନ୍ଦର ରୂପ ପ୍ରକଟନ କରିବା ସାହିତ୍ୟର ଲକ୍ଷ୍ୟ ହେବା ଉଚିତ୍ ବୋଲି ଦର୍ଶାଇଛନ୍ତି ।" ୧୫ ।

ଇଂଲଣ୍ଡରେ ଊନବିଂଶ ଶତାବ୍ଦୀବେଳକୁ, ରାଣୀ ଭିକ୍‌ଟୋରିଆଙ୍କ ଶାସନ କାଳରେ ବିଜ୍ଞାନର ବିକାଶ ସମ୍ଭବ ହୋଇସାରିଥିଲା । ବିଜ୍ଞାନର ବିକାଶରେ ବିଶ୍ୱର ପ୍ରଗତି ନିର୍ଭରଶୀଳ । ବିଜ୍ଞାନ ସହ ମନୁଷ୍ୟ ଏତେ ସଂଶ୍ଳିଷ୍ଟ ଯେ, ସେ ବେଳେବେଳେ ବିଜ୍ଞାନ ବିନା ବଞ୍ଚିବା କଷ୍ଟକର ହୋଇ ପଡ଼େ । ଜୀବନର ପ୍ରତ୍ୟେକ କ୍ଷେତ୍ରରେ ମନୁଷ୍ୟ ବୈଜ୍ଞାନିକ ପଦ୍ଧତି ଅବଲମ୍ବନ କରିବାକୁ ପଛାଉନାହିଁ । ତେଣୁ ସେ ଜୀବନର ବିବିଧ ସମସ୍ୟାର ସମାଧାନ ପାଇଁ ବିଜ୍ଞାନର ସାହାଯ୍ୟ ଅପରିହାର୍ଯ୍ୟ ମନେ କରିଛି । କହିବା ବାହୁଲ୍ୟ ଯେ, ବିଂଶ ଶତାବ୍ଦୀର ମାନବୀୟ ସଭ୍ୟତା ଓ ସଂସ୍କୃତିକୁ ନେଇ ଉତ୍ତୋରତ୍ତର ବିକାଶ ଘଟାଇବା ସଙ୍ଗେ ସଙ୍ଗେ ବସ୍ତୁବାଦୀ ସଭ୍ୟତାର ବିକାଶ ପ୍ରକ୍ରିୟାଟି ମଧ୍ୟ ତ୍ୱରାନ୍ୱିତ ରୂପ ଧାରଣ କରାଇଛି ।

ବିଂଶ ଶତାବ୍ଦୀରେ ମନୁଷ୍ୟ ଚେତନାର ଉତ୍ତରଣ ଘଟୁଛି । ନିଜସ୍ୱ ମୌଳିକ ଚିନ୍ତନ ଏବଂ ବିଜ୍ଞାନର ବ୍ୟବହାରିକତାରେ ନିଜସ୍ୱ ବୁଦ୍ଧି ପ୍ରୟୋଗର ପ୍ରଦର୍ଶନ କରିଛି । "ବିଂଶ ଶତାବ୍ଦୀର ସ୍ୱାତନ୍ତ୍ର୍ୟ ହେଉଛି ଯେ ଏହି ଶତାବ୍ଦୀର ପ୍ରାରମ୍ଭକାଳରେ ସମସାମୟିକ ଦୁଇଜଣ ଯୁଗସ୍ରଷ୍ଟା ବୈଜ୍ଞାନିକଙ୍କର ଆବିର୍ଭାବ ଘଟିଛି, ମ୍ୟାକ୍‌ସ ପ୍ଲାଙ୍କ୍ ଓ ଆଲବର୍ଟ ଆଇନ୍ ଷ୍ଟାଇନ୍ । ମନୁଷ୍ୟର ବୌଦ୍ଧିକ ଓ ସାଂସ୍କୃତିକ ଇତିହାସରେ ପ୍ରଥମ ଥର ପାଇଁ ଏଭଳି ଦୁଇଜଣ ବୈଜ୍ଞାନିକଙ୍କ ବିଜ୍ଞାନ ଭିତ୍ତିକ ଅବଦାନ ସମଗ୍ର ପୃଥିବୀକୁ ଆଲୋଡ଼ିତ କଲା । ପ୍ଲାଙ୍କ କ୍ୱାଣ୍ଟମ୍ ତତ୍ତ୍ୱର ଭିତ୍ତି ପ୍ରସ୍ତର ପ୍ରତିଷ୍ଠା କଲେ ଏବଂ ଆଇନ୍ ଷ୍ଟାଇନ୍ ଏହି

ତତ୍ତ୍ୱଟିର ଶୈଶବାବସ୍ଥାରେ ଏହାର ମହତ୍ତ୍ୱ ପ୍ରତିପାଦନ କରିବା ସଙ୍ଗେ ସଙ୍ଗେ ବିଶେଷ ଆପେକ୍ଷିକ ତତ୍ତ୍ୱ ଓ ସାର୍ବତ୍ରିକ ଆପେକ୍ଷିକ ତତ୍ତ୍ୱ ପ୍ରତିଷ୍ଠା କଲେ। ଉଭୟ ଆପେକ୍ଷିକ ତତ୍ତ୍ୱ ଓ କ୍ୱାଣ୍ଟମ୍ ତତ୍ତ୍ୱର ପରିପୁଷ୍ଟି ତଥା ପ୍ରୟୋଗିକ କ୍ଷେତ୍ରରେ ଏହି ଦୁଇଟି ମହନୀୟ ତତ୍ତ୍ୱର ବହୁମୁଖୀ ଉପଯୋଗ ଯୋଗୁଁ ହିଁ ଚଳିତ ଶତାବ୍ଦୀରେ ଭୌତିକ ବିଜ୍ଞାନର (ପଦାର୍ଥ ଏବଂ ରାସାୟନ ଶାସ୍ତ୍ର) ତ୍ୱରାନ୍ୱିତ ସମୃଦ୍ଧି ସାଧିତ ହୋଇଥିଲା।"[୧୬]।

ଏହି ସମୟରେ ବସ୍ତୁବାଦୀ ସଭ୍ୟତା ଏବଂ ସଂସ୍କୃତିର ରୂପରେଖ ପରିବର୍ତ୍ତନରେ ସାହାଯ୍ୟ କରିଛି ନୂତନ ଭାବେ ଉଦ୍‌ଭାବିତ ହୋଇଥିବା ଟ୍ରାନ୍‌ଜିଷ୍ଟର, ଟେଲିଭିଜନ୍, ପ୍ଲାଷ୍ଟିକ୍, ପେନସିଲିନ୍, କମ୍ପ୍ୟୁଟର ଓ ୱାର୍ଲଡ଼୍ ୱାଇଡ୍ ୱେବର୍ ବହୁମାତ୍ରାରେ ପ୍ରୟୋଗରୁ, ଜ୍ଞାନ ହିଁ ଶକଳ ଶକ୍ତିର ଉତ୍ସ ବୋଲି ବିଂଶ ଶତାବ୍ଦୀର ବିଜ୍ଞାନ ବାର୍ତ୍ତା ସମଗ୍ର ଜଗତକୁ ସଂଚାଳିତ ହୋଇଛି।

"ପ୍ରଳୟଙ୍କରୀ ନିଉକ୍ଲିଆର୍ ବୋମାଗୁଡ଼ିକର ପ୍ରସ୍ତୁତି କରଣ ଏବଂ ବାସ୍ତବ କ୍ଷେତ୍ରରେ ତଥା ପରୀକ୍ଷା ମୂଳକ ଭାବରେ ସେଗୁଡ଼ିକର ବିସ୍ଫୋଟନ; ମାନବଜାତିର ଇତିହାସରେ ପ୍ରଥମ ଥର ପାଇଁ ଚନ୍ଦ୍ର ପୃଷ୍ଠରେ ପଦପାତ ଏବଂ ଇଲେକ୍‌ଟ୍ରୋନିକ୍ କମ୍ପ୍ୟୁଟର ଗୁଡ଼ିକର ପ୍ରସ୍ତୁତି ଓ ତ୍ୱରାନ୍ୱିତ ମାର୍ଗରେ ସେଗୁଡ଼ିକର ସମୃଦ୍ଧି ସାଧନ – ଏହି ତିନୋଟି ଘଟଣା ପ୍ରବାହ ବିଂଶ ଶତାବ୍ଦୀର ବିଜ୍ଞାନର ଇତିହାସରେ ତିନୋଟି ଯୁଗାନ୍ତକାରୀ ସ୍ମରଣୀୟ ଘଟଣା।"[୧୭]।

ଏକ ଜ୍ଞାନାଶ୍ରୟୀ ସମାଜ ପ୍ରତିଷ୍ଠା ପାଇଁ ତୁଙ୍ଗ ଚିନ୍ତାନାୟକ ମାନଙ୍କ ବୈଜ୍ଞାନିକ ଉଦ୍ୟମ ହିଁ ସମ୍ଭବ କରିଛି। ଏକ ବିଜ୍ଞାନ ସମ୍ମତ ସନ୍ତୁଳିତ ସମାଜ ପ୍ରତିଷ୍ଠା ପାଇଁ ମାତ୍ର ଏ ଧରଣର ପ୍ରଚେଷ୍ଟା ପୂର୍ଣ୍ଣମାତ୍ରାରେ ସମ୍ଭବ ହୋଇପାରିନାହିଁ।

ଏକବିଂଶ ଶତାବ୍ଦୀରେ ଏହି ପ୍ରଚେଷ୍ଟାକୁ ଫଳପ୍ରସୂ କରାଯାଇପାରିବ ବୋଲି କେତେକ ଜ୍ୟୋତିର୍ବିଜ୍ଞାନୀ ସଂପୂର୍ଣ୍ଣ ଆଶାୟୀ। ତେଣୁ ସେମାନେ ସାମାଜିକ, ଅର୍ଥନୈତିକ, ରାଜନୈତିକ, ଏବଂ ଆଧ୍ୟାତ୍ମିକଚେତନାର ଜାଗରଣ ଘଟାଇ ପୃଥିବୀ ପୃଷ୍ଠରେ ଏକ ପରିପୋଷଣକାରୀ ସମାଜ ଗଠନରେ ପ୍ରୟାସୀ ହୋଇଛନ୍ତି। ସେମାନଙ୍କ ଦୃଷ୍ଟିରେ ମନୁଷ୍ୟ ନିଜର ଜୀବନ ଧାରଣ ପାଇଁ ପ୍ରକୃତିରୁ ବ୍ୟବହାର କରୁଥିବା ସମ୍ବଳଗୁଡ଼ିକର ସଦ୍‌ବ୍ୟବହାର ସହ ଭବିଷ୍ୟତ ସଂରକ୍ଷଣ ପାଇଁ ସଚେତନ ହେବ ଓ ଭବିଷ୍ୟତରେ ଏହାର ସୁ ବିନିଯୋଗକୁ ସଂଚାଳନ କରିବ। ସଭ୍ୟତା ଏବଂ ସଂସ୍କୃତିର ପରିବର୍ତ୍ତନ ଘଟାଇବାରେ ଏହା ସଂପୂର୍ଣ୍ଣ ଭାବରେ ସମର୍ଥ ହେବ ବୋଲି ସେମାନଙ୍କର ଆଶା। ତେଣୁ, ମନୁଷ୍ୟ ଚେତନାର ଉତ୍ତରଣ ଘଟାଇବା ସଙ୍ଗେ ସଙ୍ଗେ ତାର ଜୀବନଧାରଣର ମାନ ଅଭିବୃଦ୍ଧି ସକାଶେ ପ୍ରଯୁକ୍ତି ବିଦ୍ୟା ଓ ବିଜ୍ଞାନକୁ ଆଧାର କରି ସେମାନେ ନୂତନ

ନୂତନ ଉଦ୍‌ଭାବନ ପାଇଁ ଉଦ୍ୟମଶୀଳ। "ଏହି ଶତାବ୍ଦୀର କେତୋଟି ଅବିସ୍ମରଣୀୟ ଉଦ୍‌ଭାବନ ହେଉଛି – ଟ୍ରାନ୍‌ଜିଷ୍ଟର୍, ଲେଜର, ମାଇକ୍ରୋଚିପ୍, ଯୋଗାଯୋଗ ରକ୍ଷାକାରୀ କୃତ୍ରିମ ଉପଗ୍ରହ, ବହୁବିଧ ଉପଯୋଗୀ ପ୍ଲାଷ୍ଟିକ୍ ଓ ପଲିମର, ମିଶ୍ରଧାତୁ ଉଦ୍ଭାବନ, ଶଙ୍କର ବିହନ ଗୁଡ଼ିକର ଉତ୍ପାଦନ, ପଶୁଗୁଡ଼ିକଠାରୁ କିପରି ଅଧିକ ପରିମାଣର ମାଂସ ଓ ଦୁଗ୍ଧ ପାଇଁ ଉତ୍ପାଦନ ଉପଯୋଗୀ ଔଷଧ ଗୁଡିକର ଉତ୍ପାଦନ, କମ୍ପ୍ୟୁଟର ମାଧ୍ୟମରେ କୃତ୍ରିମ ବୁଦ୍ଧିର ସର୍ଜନା, ସମୁଦ୍ରଗର୍ଭର ଜଳରାଶିରୁ ମୂଲ୍ୟବାନ ଧାତୁ ଓ ଜୈବବସ୍ତୁ ଉତ୍ତୋଳନ , ବହୁବିଧ କାର୍ଯ୍ୟ ସାଧନକାରୀ ବିମାନ ଗୁଡ଼ିକର ପ୍ରସ୍ତୁତି, ବିମାନଚଳାଚଳର ବହୁଳ ପ୍ରୟୋଗ, ମହାକାଶ ପର୍ଯ୍ୟଟନ ଓ ଚନ୍ଦ୍ରପୃଷ୍ଠରେ ପଦପାତ, ରୋବଟ ଗୁଡ଼ିକର କାର୍ଯ୍ୟ ଦକ୍ଷତାର କ୍ରମାଗତ ଅଭିବୃଦ୍ଧି, ଶଲ୍ୟ ଚିକିତ୍ସା ଓ ଶିଳ୍ପକ୍ଷେତ୍ରରେ ନିର୍ଭର ଯୋଗ୍ୟ କୌଶଳ, ଜିନ୍ ଥେରାପିର ଆୟମାରମ୍ଭ ପ୍ରଭୃତି କାର୍ଯ୍ୟାନୁଷ୍ଠାନ ଗୁଡ଼ିକ ଏହି ଶତାବ୍ଦୀରେ ସମ୍ଭବ ହୋଇଛି।" [୧୮]।

ସମୟାନୁକ୍ରମରେ ଶବ୍ଦ ତରଙ୍ଗଠାରୁ ଆରମ୍ଭ କରି କମ୍ପ୍ୟୁଟିଙ୍ଗ୍ ପର୍ଯ୍ୟନ୍ତ ସମୃଦ୍ଧି ସାଧନାର ବିକାଶରେ ବିଂଶ ଶତାବ୍ଦୀ ଆଗେଇ ଚାଲିଛି। ମନୁଷ୍ୟ ନିଜସ୍ୱ ସୃଜନଶୀଳ ପ୍ରତିଭାର ଉପଯୋଗରେ ମାନବ ଜାତିର କଲ୍ୟାଣ ସାଧନ ପାଇଁ, ସାମାଜିକ, ରାଜନୈତିକ, ଅର୍ଥନୈତିକ ଦୃଷ୍ଟିରୁ ବିଜ୍ଞାନକୁ ଉପଯୋଗ କରି ଚମତ୍କାରୀ ଉଦ୍ଭାବନ ସବୁ ସୃଷ୍ଟି କରିଛି ଏବଂ ଆହୁରି ମଧ୍ୟ ସମୟ ସାପେକ୍ଷରେ ତାର ନିରବଚ୍ଛିନ୍ନ ଗବେଷଣା ଜାରି ରଖିଛି। ବୈଷୟିକ ବସ୍ତୁବାଦୀ ସଭ୍ୟତାର ବିକାଶରେ ସେ ଅଗ୍ରସର ହୋଇ ଭବିଷ୍ୟତକୁ ଏକ ଯୁଗାନ୍ତକାରୀ ଜ୍ଞାନାଶ୍ରୟୀ ସମାଜ ପ୍ରତିଷ୍ଠା ପାଇଁ ସେ ହୋଇଛି ପ୍ରୟାସୀ।

ସଭ୍ୟତା ଏବଂ ସଂସ୍କୃତିକୁ ନେଇ ବିଶ୍ୱର ପ୍ରତ୍ୟେକ କ୍ଷେତ୍ରରେ ପ୍ରତ୍ୟେକ ଦଶନ୍ଧିରେ ନୂତନନୂତନ ଆବିଷ୍କାର ଏବଂ ଉଦ୍ଭାବନ ଜନ୍ମଲାଭ କରିଛି। ଏହା ମନୁଷ୍ୟ ଜୀବନର ସୁଖ ଏବଂ ସୁବିଧା ପାଇଁ ଅଭିପ୍ରେତ। ତେଣୁ ଏହି ପରିପ୍ରେକ୍ଷୀରେ ବିଗତ ବର୍ଷ ଗୁଡିକର ଭାରତର କେତୋଟି ଅପୂର୍ବ ସଫଳତା ନିମ୍ନରେ ପ୍ରଦତ୍ତ କରାଯାଇଛି।

୧.୨୦୧୪ ସେପ୍ଟେମ୍ବର ୨୪ ଥିଲା ଭାରତୀୟ ମହାକାଶ ବିଜ୍ଞାନ କ୍ଷେତ୍ରରେ ଏକ ଐତିହାସିକ ଦିନ। ଲୋହିତ ଗ୍ରହ ମଙ୍ଗଳର କକ୍ଷ ପଥରେ ମାନବ ବିହୀନ ଅନୁସନ୍ଧାନ କାରୀ 'ମଙ୍ଗଳଯାନ'କୁ ପ୍ରଥମ ପଦକ୍ଷେପରେ ସଫଳତାର ସହ ପ୍ରବେଶ କରାଇବାରେ ସଫଳ ହୋଇଥିଲେ ଭାରତୀୟ ମହାକାଶ ଗବେଷଣା ସଂସ୍ଥା (ଇସ୍ରୋ)ର ବିଜ୍ଞାନୀମାନେ। ଲୋହିତ ଗ୍ରହରେ ଜୀବଜଗତର ସନ୍ଧାନ କରିବା ଓ ସେଠାକାର ପରିବେଶରେ ଜୀବନ ଉତ୍ପତ୍ତିର ସମ୍ଭାବନା ସଂପର୍କିତ ବିଷୟକୁ ନିରୀକ୍ଷଣ କରିବା 'ମଙ୍ଗଳଯାନ'ର ଥିଲା ମୁଖ୍ୟ ଉଦ୍ଦେଶ୍ୟ। [୧୯]।

୨. ସର୍ବାଧିକ ସୌରଶକ୍ତି ସଞ୍ଚୟର ନୂତନ ପଦ୍ଧତି ଆବିଷ୍କାର କରିଛନ୍ତ ଅଷ୍ଟ୍ରେଲିଆର ଦଳେ ଗବେଷକ। ସେମାନଙ୍କ ଦ୍ୱାରା ପ୍ରସ୍ତୁତ ସ୍ୱତନ୍ତ୍ର ଧରଣର ପରିଶୋଧନ ଯନ୍ତ୍ର ଓ ଦର୍ପଣ ମାଧ୍ୟମରେ ୪୦.୪ ପ୍ରତିଶତ ଶକ୍ତି ସଂଗୃହୀତ ହୋଇପାରିଛି, ଯାହା ଏକ ନୂଆ ରେକର୍ଡ଼। ଏଥିରୁ ଉତ୍ପାଦିତ ବିଦ୍ୟୁତ୍ ଶକ୍ତିକୁ ବ୍ୟବସାୟିକ ଉଦ୍ଦେଶ୍ୟରେ ବ୍ୟବହାର କରାଯାଇପାରିବ। କୋଇଲା ପେଟ୍ରୋଲ ଡ଼ିଜେଲ୍ ଭଳି ପାରମ୍ପରିକ ଇନ୍ଧନର ବିକଳ୍ପଭାବେ ସୌରଶକ୍ତିକୁ ଭବିଷ୍ୟତରେ ବହୁଳ ଭାବରେ ବ୍ୟବହାର କରାଯାଇପାରିବ। [୨୦]

୩. ଡ଼ିସେମ୍ବର ୮, ୨୦୧୪ ଦିନ ବେଲ୍‌ଜିୟମର କାଥଲିକ୍ ବିଶ୍ୱବିଦ୍ୟାଳୟର ଗବେଷକମାନେ ଏକ ନୂତନ ପଦ୍ଧତି ଆବିଷ୍କାର କରିଛନ୍ତି। ରାସାୟନିକ ରୂପାନ୍ତରୀକରଣ ପ୍ରକ୍ରିୟା ସାହାଯ୍ୟରେ କାଠଗୁଣ୍ଡରୁ ପେଟ୍ରୋଲ ଭଳି ଇନ୍ଧନ ପ୍ରସ୍ତୁତ କରାଯାଇ ପାରିବ ବୋଲି ପରୀକ୍ଷା କରିଛନ୍ତି। ଉଦ୍ଭିଦକୋଷରେ ଥିବା ସେଲୁଲୋଜ୍ (ଶ୍ୱେତସାର ଜୈବିକପଦାର୍ଥ) କୁ ପ୍ରଥମେ ହାଇଡ୍ରୋକାର୍ବନ ଚେନ୍‌ରେ ପରିଣତ କରାଯିବ। ତାହାପରେ ସେଥିରେ ଥିବା ଗାସୋଲିନ୍ ଓ ଅମ୍ଳଜାନ୍‌କୁ ଅଲଗା କରାଯିବ। ଶେଷରେ ତାହା ପେଟ୍ରୋଲରେ ପରିଣତ ହେବ। ଖାଦ୍ୟ ରୂପେ ବ୍ୟବହାର କରାଯାଉନଥିବା ବୃକ୍ଷର କାଠଗୁଣ୍ଡ ସହ କୁଟା,ଘାସ, ସୂତା, ପୁରୁଣା କାଗଜ, ପ୍ଲାଷ୍ଟିକ୍ ଭଳି ପଦାର୍ଥର ସେଲୁଲୋଜ୍‌କୁ ଏହି ଉଦ୍ଦେଶ୍ୟରେ ବ୍ୟବହାର କରାଯାଇ ପାରିବ ବୋଲି ପ୍ରକାଶ କରିଛନ୍ତି। [୨୧]

୪. ସେହିପରି ବୈଜ୍ଞାନିକମାନେ ସୁନାକୁ ମଧ୍ୟ ଗଛରୁ ସଂଗ୍ରହ କରିପାରିବେ ବୋଲି ପରୀକ୍ଷା କରିଛନ୍ତି। ଫାଇଟୋମାଇନିଂପଦ୍ଧତି (ମାଟିରୁ ଅଧିକ ଧାତବ ପଦାର୍ଥକୁ ଶୋଷଣ କରିବା ପଦ୍ଧତିର ନାମକରଣ କରାଯାଇଛି ଫାଇଟୋମାଇନିଂ) କୁ ପ୍ରୟୋଗ କରି ସୁନା କିପରି ଗଛରୁ ଉତ୍ପାଦନ କରାଯାଇପାରିବ ସେ ସମ୍ବନ୍ଧରେ ପନ୍ଦରବର୍ଷ ତଳେ ଅନ୍ତର୍ଜାତୀୟ ଖ୍ୟାତି ସମ୍ପନ୍ନ ଇଟାଲି, ନିଉଜଲ୍ୟାଣ୍ଡ ଏବଂ ଫ୍ରାନ୍‌ସର କେତେକ ବୈଜ୍ଞାନିକ ଭାରତରେ ଫଳୁଥିବା ସୋରିଶଗଛ ଉପରେ ଗବେଷଣା ଚଳାଇ ଜାଣିପାରିଥିଲେ ଯେ ଏହି ଗଛରୁ ୧ ମିଲିଗ୍ରାମ ସୁନା ମଳୁଥିବା ବେଳେ ଅନ୍ୟସାଧାରଣ ଗଛରେ ୦.୧ ମି.ଗ୍ରା ଓଜନର ସୁନାଥାଏ। ଆମେରିକାର କେତେକ ବୈଜ୍ଞାନିକ ଫାଇଟୋମାଇନିଂ ପଦ୍ଧତିକୁ ଅବଲମ୍ବନ କରି ଗାଜର ବିଟ୍, ପିଆଜ ଏବଂ ମୂଳା ପ୍ରଭୃତି ଉଦ୍ଭିଦଗୁଡ଼ିକରୁ ମାଟିରୁ ସୁନା ଶୋଷଣ କରି ନିଜ ତନ୍ତୁରେ ରଖିପାରନ୍ତି ତେଣୁ ସୁନା ପାଇବାକୁ ହେଲେ ଏହି ସବୁ ଉଦ୍ଭିଦକୁ ପ୍ରଥମେ ବାଛିବା ଉଚିତ୍ ବୋଲି ମତଦାନ କରିଛନ୍ତି। [୨୨]

୫. ୩ ମାର୍ଚ୍ଚ ୨୦୧୬ ଦିନ ଅନ୍ତର୍ଜାତୀୟ ମହାକାଶ କେନ୍ଦ୍ରରେ ଆଉ ଏକ ରେକର୍ଡ଼

ସୃଷ୍ଟି କରିଛନ୍ତି ୩୪୦ ଦିନ ବିତାଇ ନିକଟରେ ପୃଥିବୀକୁ ପ୍ରତ୍ୟାବର୍ତ୍ତନ କରିଥିବା ଆମେରିକୀୟ ମହାକାଶଚାରୀ ସ୍କଟ୍‌କେଲି ତାଙ୍କ ସହ ରୁଷ୍ ମହାକାଶଚାରୀ ମିଥାଇଲ୍ କୋର୍ନିଙ୍କୋ ଓ ଥିର୍ଖେଇ ଉଲକୋଭ ମଧ ଫେରିଆସିଛନ୍ତି। ସ୍କଟକେଲି ୨୦୧୫ ମାର୍ଚ୍ଚ ୨୭ରେ ସୋୟୁଜ୍ ଦ୍ୱାରା ମହାକାଶ ଯାତ୍ରା କରିଥିଲେ। ଏହା ଥିଲା ନାସାର ସର୍ବ ପ୍ରଥମ ଦୀର୍ଘ କାଳୀନ ଅଭିଯାନ। ମହାକାଶରେ ଦୀର୍ଘ ସମୟ ରହିଲେ ମଣିଷ ଶରୀରରେ କିଭଳି ପ୍ରତିକ୍ରିୟା ହୁଏ ତାହା ଜାଣିବା ପାଇଁ ସ୍କଟ କେଲିଙ୍କୁ ମହାକାଶକୁ ପଠାଯାଇଥିଲା। ପ୍ରତ୍ୟାବର୍ତ୍ତନ ପରେ ୫୨ ବର୍ଷୀୟ କେଲିଙ୍କ ଉଚ୍ଚତା ଦୁଇ ଇଞ୍ଚ ବଢ଼ିଯାଇଥିବାର ଜଣାଯାଇଥିଲା। ମହାକାଶରେ ନିମ୍ନ ମାଧ୍ୟାକର୍ଷଣ ପ୍ରଭାବ ଯୋଗୁଁ ପୁଣି ପୃଥିବୀ ପରିବେଶରେ ଦୁଇଦିନ କଟାଇବା ପରେ ତାଙ୍କର ପୂର୍ବର ସ୍ୱାଭାବିକ ଉଚ୍ଚତା ଫେରି ଆସିଥିଲା ବୋଲି ଜଣାଯାଇଛି[୨୩]।

୬. ଭାବନାକୁ ଶବ୍ଦ ରୂପ ଦେବାରେ ମଧ୍ୟ ବିଜ୍ଞାନ ନୂତନ ସଫ୍ଟୱେର ସୃଷ୍ଟି କରିପାରିଛି। ବିଶେଷତଃ ସାମାଜିକ ଗଣମାଧ୍ୟମ , 'ଫେସ୍‌ବୁକ୍' ପକ୍ଷରୁ ଏଭଳି ଏକ ସଫ୍ଟୱେର ବିକଶିତ କରାଯାଇଛି , ଯାହାଦ୍ୱାରା ମନୁଷ୍ୟର ଭାବନା ଆପେ କମ୍ପ୍ୟୁଟରରେ ଟାଇପ ହୋଇଯିବ। ଏଥିପାଇଁ କିବୋର୍ଡ ଦରକାର ହେବ ନାହିଁ , ଏହା 'ସାଇଲେଣ୍ଟ୍ ସୁଇଚ୍' ଭାବରେ ନାମିତ ହୋଇଛି। ଏହି ସଫ୍ଟୱେର ମାଧ୍ୟମରେ ଜଣେ ମଣିଷର ଭାବନା ପ୍ରତି ମିନିଟ୍‌ରେ ପ୍ରାୟ ୧୦୦ଟି ଶବ୍ଦରେ ଟାଇପ୍ ହୋଇପାରିବ। ଭବିଷ୍ୟତରେ ବାକ୍‌ଶକ୍ତି ହରାଇଥିବା ଲୋକମାନେ ଏହାଦ୍ୱାରା ବିଶେଷ ଭାବରେ ଉପକୃତ ହୋଇପାରିବାର ସମ୍ଭାବନା ରହିଛି ବୋଲି ବୈଜ୍ଞାନିକମାନେ ଆକଳନ କରିଛନ୍ତି। [୨୪]।

୭. ୟଠାହ ବିଶ୍ୱବିଦ୍ୟାଳୟର ଜଣେ ସ୍ନାୟୁରୋଗ ଗବେଷକ, ଦଳେ ରୋବୋଟିକ୍ ଇଞ୍ଜିନିୟରଙ୍କ ସହାୟତାରେ ଏକ ସ୍ୱତନ୍ତ୍ର ଯନ୍ତ୍ର ବିକଶିତ କରିଛନ୍ତି। ଏହାକୁ ରୋବୋଟରେ ଖଞ୍ଜି ମସ୍ତିଷ୍କର ଅସ୍ତ୍ରୋପ୍ରଚାର ସମ୍ଭବ। ଏହାଦ୍ୱାରା ମସ୍ତିଷ୍କର ଅସ୍ତ୍ରୋପ୍ରଚାର ଅନ୍ୟ ଯେ କୌଣସିପଦ୍ଧତିଠାରୁ ନିରାପଦ। ସଂକ୍ରମଣ ଆଶଙ୍କା ମଧ୍ୟ କମ୍। ଏହାଦ୍ୱାରା ଅଳ୍ପ ଖର୍ଚ୍ଚ ଓ କମ୍ ସମୟରେ ତ୍ରୁଟି ଶୂନ୍ୟ ଭାବେ ଅସ୍ତ୍ରୋପ୍ରଚାର ହୋଇପାରୁଥିବା ପ୍ରକାଶ ମଧ୍ୟ ହୋଇଛି । [୨୫]

୮. ୨୦୧୭ ଭେଷଜ ବିଜ୍ଞାନ ବା ଚିକିତ୍ସା ଶାସ୍ତ୍ରକୁ ଉଲ୍ଲେଖନୀୟ ଅବଦାନ ପାଇଁ ଆମେରିକାର ତିନି ଜଣ ବୈଜ୍ଞାନିକ ପାଇଛନ୍ତି ନୋବେଲ୍ ପୁରସ୍କାର। ଜେଫରି ହାଲ୍, ମାଇକେଲ୍ ରୋସବାସ୍ ଏବଂ ମାଇକେଲ୍ ଡବ୍ଲ୍ୟୁ ୟଙ୍ଗ୍। ଶରୀରର ଜୈବିକ ଘଡିକୁ ନିୟନ୍ତ୍ରଣ କରୁଥିବା ଆଣବିକତନ୍ତ୍ର ବା ମଲିକୁଲାର ମେକାନିଜମ୍ ଆବିଷ୍କାର ପାଇଁ। ଜୀବ ଜଗତ, ପଶୁପକ୍ଷୀ ଏବେ ମଣିଷର ଜୈବିକ ଘଡି କିପରି ପୃଥିବୀର ପରିକ୍ରମାଣ

ସହ ତାଳ ଦେଇ କାର୍ଯ୍ୟ କରୁଛି ତାହାର ସୁନ୍ଦର ବର୍ଣ୍ଣନା ଏହି ବୈଜ୍ଞାନିକମାନେ ସେମାନଙ୍କର ଗବେଷଣାରେ କରିଛନ୍ତି । ଏହି ଜୈବିକ ଘଡିର କାର୍ଯ୍ୟକୁ ସର୍କାଡିଆନ୍‌ରିଜମ୍ ମଧ୍ୟ କୁହାଯାଏ । ଏହି ସର୍କାଡିଆନ୍‌ରିଜମ୍ ଜୀବଜଗତର ନିଜ ଖାଦ୍ୟ ପ୍ରଣାଳୀ ହରମୋନ କ୍ଷରଣ ଏବଂ ଶରୀରର ତାପମାତ୍ରା ଆଦିକୁ ନିୟନ୍ତ୍ରଣ କରିଥାଏ । ଜୈବିକ ଘଡି ସମ୍ପର୍କରେ ଗବେଷଣା କରି କେଉଁ ଜିନ୍‌ଟି ଏଥିପାଇଁ ଦାୟୀ ତାହାକୁ ଏମାନେ ଚିହ୍ନଟ କରିଛନ୍ତି । ଏହି ବୈଜ୍ଞାନିକମାନଙ୍କର ଆବିଷ୍କାର ଭେଷଜ ବିଜ୍ଞାନ କ୍ଷେତ୍ରରେ ଅଧିକ ଗବେଷଣା ପାଇଁ ଭବିଷ୍ୟତରେ ମଧ୍ୟ ବିଶେଷ ସହାୟକ ହୋଇପାରିବ । [୨୬]

ବାସ୍ତବରେ ମନୁଷ୍ୟ ଏ ବିଶ୍ୱବ୍ରହ୍ମାଣ୍ଡକୁ ଜାଣିବା ପାଇଁ ଏବଂ ବୁଝିବା ପାଇଁ ତାର ଗବେଷଣା ଅବ୍ୟାହତ ରଖି ଆସିଛି । ମନୁଷ୍ୟ ପକ୍ଷରେ ଅନ୍ୱେଷଣ ଏବଂ ପର୍ଯ୍ୟବେକ୍ଷଣ ସୃଷ୍ଟିର ପ୍ରାରମ୍ଭରୁ ଗଢି ଚାଲିଛି । ଏବେବି ତାର ଧାରା ଅବ୍ୟାହତ , ଭବିଷ୍ୟତକୁ ମଧ ବୈଜ୍ଞାନିକମାନେ ସେହି ପ୍ରାଚୀନତା ଆଧାରରେ ଆହୁରି ନୂତନନୂତନ ତଥ୍ୟ ଅନ୍ୱେଷଣ କରି ଆବିଷ୍କାର ସହିତ ବିଭିନ୍ନ ଉଦ୍ଭାବନକୁ ଜନ୍ମ ଦେବେ । ପ୍ରାଚୀନତାକୁ ନେଇ ହିଁ ନୂତନତାର ଆବିଷ୍କାର ହୋଇଥାଏ, ଯେପରି ସାଧାରଣ ଭାବରେ ଆମ ଦେଶରେ ପ୍ଲାଷ୍ଟିକ୍ ସର୍ଜରୀ ହେଉ ବା କିମ୍ବା ଅନ୍ୟ ଅସ୍ତ୍ରୋପଚାର ପ୍ରକ୍ରିୟା ନୂଆ ନୁହେଁ । ଏହା ଭାରତରେ ପୁରାକାଳର ଶଲ୍ୟ ଚିକିତ୍ସାର ରୂପ ନେଇ ଉତ୍‌କ୍ଷିପ୍ତ ହୋଇଥିଲା । ଯେପରି ଗଣେଷଙ୍କ ମୁଣ୍ଡରେ ହାତୀ ମୁଣ୍ଡ ଯୋଡ଼ା ହେବା ଘଟଣା ବର୍ତ୍ତମାନର ପ୍ଲାଷ୍ଟିକ୍ ସର୍ଜରୀ ସହ ତୁଳନୀୟ । ସେହିପରି ଜେଏଲ୍ ବେୟର୍ଡ଼ ଟେଲିଭିଜନ୍ ଉଦ୍ଭାବନ କଲେ । ଏହା ପୂର୍ବରୁ ସିଦ୍ଧ ସାଧକମାନେ ଅତ୍ୟଧିକ ଯୋଗସାଧନାର ଅଧିକାରୀ ହୋଇ ଦିବ୍ୟଶକ୍ତି ବଳରେ ନିଜସ୍ୱ ହୃଦୟରେ ବିଶ୍ୱବ୍ରହ୍ମାଣ୍ଡର ଉତ୍ପତ୍ତି ଓ ବିକାଶକୁ ଦୃଶ୍ୟାୟିତ କରିପାରିଥିଲେ । ଆଧୁନିକ ଯୁଗର ଏରୋପ୍ଲେନ୍ ପ୍ରାଚୀନ କାଳର ବା ବୈଦିକ ତଥା ପୁରାଣ ଯୁଗର ପୁଷ୍ପକ ବିମାନ ସହ ତୁଳନୀୟ । ଏହା ଆକାଶ ପଥରେ ବ୍ୟବହୃତ ହେଉଥିଲା । ସ୍ଥଳପଥରେ ମଧ୍ୟ ଅନଶ୍ୱ ରଥର ବ୍ୟବହାର ସାଧାରଣତଃ ପରିଲକ୍ଷିତ ହେଉଥିଲା । ଏକ ରଥକୁ ଅଶ୍ୱ (ଘୋଡ଼ା) ମାନେ ଟାଣନ୍ତି କିନ୍ତୁ ଅନଶ୍ୱରଥ ବିନା ଘୋଡ଼ାରେ ଚାଲେ । ତେଣୁ ଏହାକୁ ଯନ୍ତ୍ର ରଥ ବୋଲି କୁହାଯାଏ । ଯାହା ଏବେ ମୋଟର କାର୍ ସହିତ ତୁଳନୀୟ । ପ୍ରାଚୀନ କାଳରେ ମୁନି, ଋଷିମାନେ ତଥା ସିଦ୍ଧସାଧକମାନେ ପାଦୁକା ଯାନରେ ଦୂର ସ୍ଥାନକୁ ଗମନାଗମନ କରୁଥିଲେ । ଏହା ସାଂପ୍ରତିକ ଯୁଗର ରକେଟ ପଦବାଚ୍ୟ । ସେହିପରି ଗର୍ଭାଶୟ ବାହାରେ ଶିଶୁ ସୃଷ୍ଟି (ଆଇଭିଏଫ୍) ପ୍ରକ୍ରିୟାରେ ଭେଷଜବିଜ୍ଞାନରେ ରବର୍ଟ ଜି. ଏଡ୍. ଓ୍ୱାଡ୍ ନୋବେଲ୍ ପୁରସ୍କାର ପାଇଥିଲେ । ଏହି

ପଦ୍ଧତି ଦ୍ୱାପର ଯୁଗର ମହାଭାରତ ସମୟରେ କୁମାରୀ କନ୍ୟା କୁନ୍ତୀଙ୍କ ଆକସ୍ମିକ ସନ୍ତାନ ପ୍ରସବ ଦୃଶ୍ୟାୟିତ ହୁଏ। କୁନ୍ତୀଙ୍କ ଗର୍ଭ ବାହାରେ କର୍ଣ୍ଣ ଜନ୍ମ ହେବା ସହ ତାଙ୍କ ଅନ୍ୟ ପୁତ୍ରମାନେ ମଧ୍ୟ ଅନୁରୂପ ଭାବରେ ଜନ୍ମ ହେବା ପୌରାଣିକ ଉପାଖ୍ୟାନ ଆଇଭିଏଫ୍‌ର ପ୍ରାଚୀନ ରୂପ।

ଏହି ସବୁ ବୈଜ୍ଞାନିକ ଆବିଷ୍କାର ଓ ଉଦ୍ଭାବନ ପ୍ରାରମ୍ଭରୁ ହିଁ ଥିଲା। କାରଣ ମଣିଷ ଜୀବନ ସହ ବିଜ୍ଞାନ ଏବଂ ଆତ୍ମଜ୍ଞାନ ଓତଃପ୍ରୋତ ଭାବରେ ଜଡିତ। ବେଦଶାସ୍ତ୍ରରେ ଯେପରି ବୈଜ୍ଞାନିକ ତଥ୍ୟ ନିହିତ ଯାହାଦ୍ୱାରା ମନୁଷ୍ୟ ପରବର୍ତ୍ତୀ ସମୟରେ ଗବେଷଣା ଏବଂ ଅନୁସନ୍ଧାନ ଦ୍ୱାରା ବିକଶିତ କରିପାରିଛି। ତେଣୁ ସ୍ୱର୍ଗତ ଗୋଲକବିହାରୀ ଧଳ ଯଥାର୍ଥରେ କହିଛନ୍ତି – "ଆଧୁନିକ ବିଜ୍ଞାନର ଯୁଗ ବହୁଦିନରୁ ଏହି ପୃଥିବୀକୁ ଆସିଥିଲେ ମଧ୍ୟ ଆମେ ସେ ବିଷୟରେ ବିଶେଷ ଚିନ୍ତା କରିନଥିଲୁ। ବେଦସୃଷ୍ଟି ଠାରୁ ଆଜି ପର୍ଯ୍ୟନ୍ତ ଆମ ବାପା, ଅଜା ଆଦି ପୁରୁଷମାନେ ବିଜ୍ଞାନକ୍ଷେତ୍ରରେ ଯାହା ସବୁ କରିଥିଲେ ତାହା ଅନେକ ଦିନରକଥା।"[୭]।

ଉତ୍‌ଥାନ ପତନ ଦେଇ ମାନବ ସଭ୍ୟତା ଏବଂ ସଂସ୍କୃତିର ଅଗ୍ରଗତି ହୋଇଥିବାରୁ ଏହା ନୂତନ ବୋଲି ଅବବୋଧ ହୁଏ। ଦେଖିବାକୁ ଗଲେ ବିଶ୍ୱର ସାମାଜିକ, ଅର୍ଥନୈତିକ, ରାଜନୈତିକ, ସାଂସ୍କୃତିକ ଜୀବନ ଭିତ୍ତିର ବହୁ ପରିବର୍ତ୍ତନ ଘଟିଛି। ତା ସହ ବହୁ ଚିନ୍ତାଶୀଳ ବ୍ୟକ୍ତି ଭବିଷ୍ୟତ ସଂପର୍କରେ ଆପଣାର ମନନଶୀଳତା ଉପଯୋଗ କରି ମଣିଷ ଓ ମଣିଷର ଉତ୍‌ଥାନ ସମ୍ପର୍କିତ ମତମାନ ଉପସ୍ଥାପନ କରିଛନ୍ତି। ମନୁଷ୍ୟ ପ୍ରାଚୀନ କାଳରେ ଜୈବବସ୍ତୁ ଉପରେ ନିର୍ଭରଶୀଳ ହୋଇ ଥିଲେ ହେଁ ବର୍ତ୍ତମାନର ବିଜ୍ଞାନ ଓ ବାଣିଜ୍ୟ ଦ୍ୱାରା ଭବିଷ୍ୟତକୁ ସମୃଦ୍ଧ କରି ପାରିବାର ଲକ୍ଷ୍ୟ ରଖିଛି। ସେଥିପାଇଁ ସେ ଭବିଷ୍ୟତର ସ୍ୱରୂପ ସଂପର୍କରେ ଚିନ୍ତା କରିବା ସହ ଭବିଷ୍ୟତର ରୂପ ସଂପର୍କରେ ଚିତ୍ତାକର୍ଷକ ଅନୁଚିନ୍ତନଗୁଡିକୁ ବୈଜ୍ଞାନିକ ବିଚାରବୋଧ ଦ୍ୱାରା ପରିପୁଷ୍ଟ କରୁଛି। ବିଜ୍ଞାନ କେବଳ ଉଦ୍ଭାବନ ଓ ଆବିଷ୍କାରକୁ ନେଇ ତାର ସୀମିତ ପରିବେଶ ସୃଷ୍ଟି କରିନାହିଁ। କଳ୍ପନା ପ୍ରବଣତା ଏବଂ ଦୂର ଦର୍ଶିତାକୁ ନେଇ ବୈଜ୍ଞାନିକ ଗଳ୍ପ, ଉପନ୍ୟାସ, ନାଟକ ଆଦି ବୌଦ୍ଧିକ ସୃଜନଶୀଳ କାର୍ଯ୍ୟରେ ମନୋନିବେଶ କରିଛି। ବିଶେଷ କରି ଅଷ୍ଟାଦଶ ଶତାବ୍ଦୀ ବେଳକୁ ଏହା ଜନମାନସରେ ପ୍ରଭାବ ବିସ୍ତାର କରିବା ସହ ରେନେସାର ପ୍ରତ୍ୟେକ୍ଷ ପ୍ରଭାବ ଦ୍ୱାରା ପ୍ରଭାବିତ ହୋଇଛି। ସାମାଜିକ ଜୀବନକୁ ମଧ୍ୟ ବିଶେଷ ଭାବରେ ଆଲୋଡିତ କରି ବିଜ୍ଞାନ ଭିତ୍ତିକ ଭାବ- ଭାବନାକୁ ସାରସ୍ୱତ ସୃଷ୍ଟି କ୍ଷେତ୍ରରେ ବିନିଯୋଗ କରିଛି। ଫଳରେ ବୈଜ୍ଞାନିକ ସାହିତ୍ୟର ବିକାଶ କ୍ଷେତ୍ର ପ୍ରଶସ୍ତ ହୋଇଛି। ୧୭୮୯ ମସିହାରେ ଜଣେ ପ୍ରବୀଣ ଲେଖକ ନିକୋଲାସ୍

ଏବମେ ରେଷ୍ଟିଫ୍ ଦେଲାବେଟୋନ୍ନ 'ଦି ଇୟର୍ ଟୁଥାଉଜେଣ୍ଟ୍' (The Year 2000) ନାମକ ଗୋଟିଏ ନାଟକ ରଚନା କରିଥିଲେ। ଏଥିରେ ସେ ବହୁ ସଂସ୍କାର ମୂଳକ ପଦକ୍ଷେପଗୁଡ଼ିକର କାର୍ଯ୍ୟକାରିତା ବିଷୟରେ ଦର୍ଶାଇବା ସହ ତାଙ୍କ ଲକ୍ଷ୍ୟ ଥିଲା ପୃଥିବୀ ପୃଷ୍ଠରେ ଏକ ଆଦର୍ଶ ସମାଜ ପ୍ରତିଷ୍ଠା କରିବା। ସେହିପରି ଊନବିଂଶ ଶତାବ୍ଦୀରେ ବୈଜ୍ଞାନିକମାନେ ମନୁଷ୍ୟର ଭବିଷ୍ୟତ ପ୍ରବକ୍ତା ଭାବରେ ବିଭିନ୍ନ ପ୍ରକାର ମେସିନ୍‌ର ବ୍ୟବହାରରେ ଜନସମାଜର ପ୍ରଗତିଶୀଳତାକୁ କିପରି ତ୍ୱରାନ୍ୱିତ କରାଯାଇପାରିବ ସେଥିପ୍ରତି ଦୃଷ୍ଟି ଦେଇଥିଲେ।

କଳ୍ପନା ବିଳାସୀ ଲେଖକ ଜୁଲସ୍ ଭର୍ଣ୍ଣେ ମଧ୍ୟ ଏହି ମନୋଭାବର ବଶବର୍ତ୍ତୀ ହୋଇ ଲେଖନୀ ଚାଳନା କରିଥିଲେ। ବିଜ୍ଞାନ ତଥ୍ୟାଶ୍ରୟୀ କାଳ୍ପନିକ ଉପନ୍ୟାସଗୁଡ଼ିକ ମାଧ୍ୟମରେ ଜନସାଧାରଣଙ୍କୁ ବିଜ୍ଞାନ ଓ ପ୍ରଯୁକ୍ତି ବିଦ୍ୟା ସଂପର୍କରେ ଚେତାଇ ଦେବା ପାଇଁ ସେମାନଙ୍କଠାରେ କଳ୍ପନା ପ୍ରବଣତା ତଥା ନବୀକରଣ କ୍ଷମତାର ଜାଗରଣ ଘଟାଇବା ପାଇଁ ତାଙ୍କ ଉଦ୍ୟମ ବିଶେଷ ଫଳପ୍ରଦ ହୋଇଥିଲା, ଯାହା ବିଜ୍ଞାନ ଓ ପ୍ରଯୁକ୍ତି ବିଦ୍ୟା ବଳରେ କାର୍ଯ୍ୟକାରୀ ହୋଇପାରିବାର ସମ୍ଭାବନା ରହିଛି। ସେପରି ପରିକଳ୍ପନାକୁ ହିଁ ସେ କାଳ୍ପନିକ ଉପନ୍ୟାସର ବିଷୟବସ୍ତୁ ରୂପେ ବାଛିଥିଲେ। ଏଥିପାଇଁ ତାଙ୍କୁ ବିଜ୍ଞାନର ଇତିହାସରେ ପ୍ରଯୁକ୍ତି ବିଦ୍ୟାର ପ୍ରଥମ ପ୍ରମୁଖ ଭବିଷ୍ୟତ ପ୍ରବକ୍ତା ଭାବରେ (First major prophet of Technology) ସମ୍ମାନିତ କରାଯାଇଛି। ଜୁଲ୍‌ସ ଭର୍ଣ୍ଣେ ୨୦୦୦ ମସିହାର ପୃଥିବୀର ଅବସ୍ଥା ସଂପର୍କରେ ଏକ କଳ୍ପନାଶ୍ରୟୀ ପୁସ୍ତକ 'ଏନ୍ ଆଇଡିଏଲ୍ ସିଟି' (An Ideal City) ରଚନା କରି ୨୦୦୦ ମସିହାର ବିଜ୍ଞାନର ଅଗ୍ରଗତି ସହ ମନୁଷ୍ୟର ଜୀବନଧାରଣ ଶୈଳୀ କିପରି ଚିତ୍ତାକର୍ଷକ ତାହା ବର୍ଣ୍ଣନା କରିଛନ୍ତି।

ଯୁକ୍ତରାଷ୍ଟ୍ରଆମେରିକାର ଜଣେ ଭବିଷ୍ୟତ ପ୍ରବକ୍ତା ଏଡ୍‌ ୱାର୍ଡ଼ ବେଲ୍ଲାମି ମଧ୍ୟ ୨୦୦୦ ମସିହାର ପରିସ୍ଥିତି ସହ ସାମାଜିକ ଅର୍ଥନୈତିକ ପରିସ୍ଥିତିର ଏକ ପରିକଳ୍ପନା କରି 'ନ୍ୟାଶନାଲିଜିମ୍' ବା ଜାତୀୟତା ନାମକରଣ କରିଥିଲେ ଏବଂ ତାଙ୍କର 'ଲୁକିଙ୍ଗ ବେକ୍‌ୱାର୍ଡ୍' (Looking Backward) ଶୀର୍ଷକ ପୁସ୍ତକ ରଚନା କରିଥିଲେ। ଏଥିରେ ଥିବା ସମାଜବାଦୀ ଚିନ୍ତାଧାରା (Socialist Ideas) ଜନମାନସକୁ ଗଭୀର ଭାବରେ ସ୍ପର୍ଶ କରିଥିଲା।

୧୯୦୩ ମସିହାରେ ଉଇଲିଆମ ୱାଲ୍ଲାସ୍ କୁକୁ ନାମକ ଜଣେ ବିଶିଷ୍ଟ ସାମ୍ବାଦିକ ତଥା ଲେଖକ ତାଙ୍କର "ଏ ରାଉଣ୍ଡ ଟ୍ରିପ୍ ଟୁ ଦି ଇୟର୍ ୨୦୦୦" (A round trip to the year 2000) ନାମକ ପୁସ୍ତକ ରଚନା କରିଥିଲେ। ଏହି ପୁସ୍ତକରେ ୨୦୦୦

ମସିହାର ପ୍ରାକ୍ ପରିସ୍ଥିତି ଯଥା- ପୁଞ୍ଜିବାଦର ବିକାଶ, ସାଧାରଣ ଶ୍ରମିକମାନଙ୍କ ପ୍ରତି ଅମାନୁଷିକ ଅତ୍ୟାଚାର, ଶ୍ରମିକ ପରିବର୍ତ୍ତେ ମଗ୍‌ଲଗ୍‌ସ (Muglogs) ନାମକ ରୋବଟ୍ ଗୁଡ଼ିକର ବ୍ୟବହାର, ଶ୍ୱାସକ୍ରିୟା ଚଳାଇବା ପାଇଁ Air trust ର ବ୍ୟବହାର; ସୂର୍ଯ୍ୟ କିରଣର ଉପଯୋଗ ପାଇଁ Sun trust ର ବ୍ୟବହାର ଇତ୍ୟାଦି ଭବିଷ୍ୟତ ଜୀବନର ପରିସ୍ଥିତିକୁ ଅତ୍ୟନ୍ତ ଚମତ୍କାର ଭାବରେ ଉପସ୍ଥାପନ କରିଥିଲେ।

କେବଳ ପୁସ୍ତକ ରଚନା କ୍ଷେତ୍ରରେ ଭବିଷ୍ୟତର ସମ୍ଭାବ୍ୟ ପରିସ୍ଥିତି ସଂପର୍କରେ ବିଜ୍ଞାନ ସୂଚନା ପ୍ରଦାନ କରି ନାହିଁ। ଚଳଚ୍ଚିତ୍ର ମାଧ୍ୟମରେ ମଧ୍ୟ ସୂଚନା ପ୍ରଦାନ ସମ୍ଭବ ହୋଇଛି। ୧୯୨୩ ମସିହାରେ ଫ୍ରିଜ୍ ଲାଙ୍ଗ୍‌ଙ୍କ 'ମେଟ୍ରୋ ପୋଲିସ' ଚଳଚ୍ଚିତ୍ରରେ ପରିବେଶିତ ବିଭିନ୍ନ ଘଟଣା ଓ ତା'ର ପାରିପାର୍ଶ୍ୱିକ ପରିବେଶ ଚିତ୍ରଣ ଏହାର ଏକ ସାର୍ଥକ ନମୂନା। ୧୯୯୦ ମସିହାରେ ଜିନ୍ ମାର୍କକୋଟେ ଚିତ୍ରଶିଳ୍ପୀ ଚିତ୍ର ମାଧ୍ୟମରେ ପ୍ରଯୁକ୍ତିବିଦ୍ୟାର ଅବଦାନ ସଂପର୍କରେ ଅନେକ ଗୁଡ଼ିକ କରାମତି ଦୃଶ୍ୟାୟିତ କରାଇଥିଲେ। ସେହିପରି ଜର୍ନ ସବ୍ୟାକ ନାମକ ଜଣେ ବ୍ୟକ୍ତି 'ଆମାଜିଙ୍ଗ୍ ଷ୍ଟୋରିଜ୍' ନାମକ ଏକ ମାଗାଜିନ୍ ପ୍ରକାଶ କରିଥିଲେ। ଏହାର ପ୍ରଚ୍ଛଦ ପଟରେ ଲେଖାଥିଲା - "ଆଜି ଯାହା କଳ୍ପନା ବିଳାସ ରୂପେ ପ୍ରତୀତ ହେଉଛି ଆସନ୍ତା କାଲି ତାହା ବାସ୍ତବତାରେ ପରିଣତ ହେବ" : Extravagnt fiction today cold fact tomorrow।[୨୮]।

'ଫେମସ୍ ଫେଣ୍ଟାଷ୍ଟିକ୍ ମିଷ୍ଟ୍ରିସ୍' (Famous Fantastic Mysteries) ନାମକ ଆଉ ଏକ ପତ୍ରିକାରେ 'କ୍ରାଇମ୍‌ସ୍ ଅଫ୍ ଦ ଇୟର ଟୁ ଥାଉଜେଣ୍ଡ' (Crimes of the year 2000) ଶୀର୍ଷକ ଏକ ଆଲୋଚନାରେ ବହୁଗୁଡ଼ିଏ ନୂତନ ବୈଜ୍ଞାନିକ ଯାନ୍ତ୍ରିକ କୌଶଳର ବ୍ୟବହାର ପ୍ରକାଶ ପାଇଥିଲା; ଯାହା ଏବେ କାର୍ଯ୍ୟକାରୀ ମଧ୍ୟ ହୋଇ ସାରିଲାଣି। ଯଥା- ଦୋଷୀମାନଙ୍କୁ ଧରିବା ପାଇଁ ଅଣ୍ଟାରେ ଲୁଚାଇ ରଖାଯାଇ ପାରୁଥିବା ଅତି ଛୋଟ ଛୋଟ ଟେପ୍ ରେକର୍ଡ଼, ଅପରାଧୀଙ୍କ ବାସ୍ନା ବାରିପାରୁଥିବା ସୁଗ୍ରାହୀ ଯନ୍ତ୍ର, କୌଣସି ଅସୁବିଧା ପରିସ୍ଥିତିରେ ସହାୟ ହେଉଥିବା ହାତ ଘଡ଼ି, ବ୍ରେସ୍‌ଲେଟ୍, ପ୍ରଭୃତି ରୋମାଞ୍ଚକାରୀ ବର୍ଣ୍ଣନା ପାଠକମାନଙ୍କୁ ନୂତନତା ବିଷୟରେ ଅବଗତ କରାଇ ପାରିଛି। ତା ସହ ପ୍ରଶାସନିକ ଏବଂ ପରିଚାଳନାଗତ ବିଭାଗ ଗୁଡ଼ିକରେ, ଯୋଗଯୋଗ କ୍ଷେତ୍ରରେ, ସେବାକାରୀ କ୍ଷେତ୍ରଗୁଡ଼ିକରେ ଏସବୁର ବ୍ୟବହାର ହୋଇ ସାରିଲାଣି। ବୈଜ୍ଞାନିକମାନେ ୨୦୦୦ ମସିହାକୁ ନେଇ ଯେଉଁ କଳ୍ପନା କରିଥିଲେ ତାହା ବାସ୍ତବରେ ବହୁମାତ୍ରାରେ ପ୍ରୟୋଗ ହେବା ସହ ସତ୍ୟତାରେ ମଧ୍ୟ ରୂପାୟିତ ହୋଇଛି।

ସମୟର ପ୍ରବାହରେ ମନୁଷ୍ୟ କେବଳ ସମୟ ସାପେକ୍ଷିକ ଭାବରେ ତାର ଚିନ୍ତାଧାରାକୁ ସ୍ଥିର ରଖିନାହିଁ। ସମୟର ଗତିଶୀଳତାକୁ ଲକ୍ଷ୍ୟରଖି ଭବିଷ୍ୟତକୁ ତାର

ଦୃଷ୍ଟି ନିକ୍ଷେପ କରିଛି ଏବଂ କିଛି ମାତ୍ରାରେ ସଫଳ ମଧ୍ୟ ହୋଇଛି। ତାର ବୈଦ୍ଧିକ କ୍ଷମତାକୁ ନେଇ ଭବିଷ୍ୟତ ପ୍ରବକ୍ତା ଭାବରେ ବିଶ୍ୱକୁ ବିଚାର କରିଛି। ତାର ସଫଳତା ଏତେମାତ୍ରାରେ ଅଗ୍ରଗତି କରିଛି ଯେ, ସୃଜନଶୀଳତାକୁ ମଧ୍ୟ ସ୍ପର୍ଶ କରିଛି। ବିଜ୍ଞାନ ଓ ସାହିତ୍ୟ ସଂପର୍କିତ ଚିନ୍ତାଧାରାକୁ ପ୍ରଭାବିତ କରିଛି। ଆଧୁନିକ ଯୁଗରେ ବିଜ୍ଞାନ ଓ ସାହିତ୍ୟର ସଂପର୍କ ନିବିଡ଼ତର ହୋଇଯାଇଛି।

ବିଜ୍ଞାନ ଆଜି ସାହିତ୍ୟ ମାଧ୍ୟମରେ ତାର ନୂତନ କୌତୁହଳତାକୁ କରିଛି ପ୍ରକାଶ। ତାର ନବନବ ଶବ୍ଦର ସମ୍ଭାରରେ ସାହିତ୍ୟକୁ ନୂତନତ୍ୱ ପ୍ରଦାନ କରିବା ସହ ଜନସମାଜକୁ ମଧ୍ୟ କରିଛି ପ୍ରଭାବିତ। ବସ୍ତୁଜଗତ, ଜୀବଜଗତ, ମହାକାଶ ସମ୍ବନ୍ଧରେ ନିହିତ ଥିବା ବିବିଧ ସତ୍ୟତା ବିଷୟରେ ଅବଗତ କରାଇଛି। ସମୟର ଗତିଶୀଳତାରେ ନୂତନ ଆବିଷ୍କାର ଏବଂ ଉଦ୍ଭାବନର ଇତିବୃତ୍ତ ସହିତ ପରିଚିତ କରାଇଛି। ତେଣୁ ବୈଜ୍ଞାନିକ ସାହିତ୍ୟକୁ ଆଧୁନିକ ଯୁଗର ନବପୁରାଣ କହିଲେ ଅତ୍ୟୁକ୍ତି ହେବନାହିଁ। ସାହିତ୍ୟ କେବଳ ପ୍ରାଚୀନ ସଭ୍ୟତା ଅଭ୍ୟନ୍ତରରେ ଆବଦ୍ଧ ହୋଇ ରହି ନାହିଁ, ଯନ୍ତ୍ର ସଭ୍ୟତା ଆଡ଼କୁ ମଧ୍ୟ ତାର ପରିବେଷ୍ଟନୀକୁ କରିଛି ବିସ୍ତୃତ। ତେଣୁ ବିଜ୍ଞାନ ଆଜି ସାହିତ୍ୟକୁ ଯେପରି ପ୍ରଭାବିତ କରିଛି ସେହିପରି ସାହିତ୍ୟ ମଧ୍ୟ ତାର ବିଭିନ୍ନ ଶାଖା ପ୍ରଶାଖାରେ ବିଜ୍ଞାନର ନୂତନ ସୃଜନଶୀଳତାକୁ ପ୍ରକାଶ କରିଛି ଗଳ୍ପ, ଉପନ୍ୟାସ, ନାଟକ, ଚଳଚ୍ଚିତ୍ର, କାର୍ଟୁନ୍ ଆଦି କଳାକୃତି ମାଧ୍ୟମରେ। ବିଶ୍ୱର ସତ୍ୟତାକୁ ଏବଂ ଭବିଷ୍ୟତକୁ ନେଇ କଳ୍ପନା ଜଗତରେ ସୃଷ୍ଟି କରିଛି ନୂତନ ଆବିଷ୍କାର ସହ ନୂତନ ବୌଦ୍ଧିକ ତଥ୍ୟାବଳୀର ଶିହରଣ। ପାଠକ ପାଠ କରି ଭିନ୍ନ ଏକ ଜଗତରେ ପ୍ରବେଶ କଲା ପରି ମନେ କରିଛି। ବୌଦ୍ଧିକତାର ଏହି ରୂପକୁ ସାଇନ୍ସ ଫିକ୍‌ସନ୍ ବା ବିଜ୍ଞାନ କଥାଶ୍ରୟୀ କଳ୍ପନା ବୋଲି ନାମକରଣ କରାଯାଇଛି। ପୃଥିବୀ ପୃଷ୍ଠରେ ବହୁ ବୈଜ୍ଞାନିକଙ୍କ ଜନ୍ମ, ସେମାନଙ୍କର ଗବେଷଣା, ସାହିତ୍ୟ ସମ୍ବନ୍ଧୀୟ ସେମାନଙ୍କର ସର୍ଜନାଶୀଳତା ପ୍ରଭୃତି ବୈଜ୍ଞାନିକ ସାହିତ୍ୟକୁ ଋଦ୍ଧିମନ୍ତ କରିଛି। ଏହି ସୃଜନଶୀଳ ବୈଜ୍ଞାନିକ ସାହିତ୍ୟ ସମ୍ବନ୍ଧରେ ଅଧ୍ୟାପକ ଦେବକାନ୍ତ ମିଶ୍ର ଯଥାର୍ଥରେ କହିଛନ୍ତି – "ବୈଜ୍ଞାନିକ ଚିନ୍ତନ ଓ କଳ୍ପନା ପ୍ରବଣତାକୁ ଆଶ୍ରୟ କରି ଭବିଷ୍ୟତର ସମ୍ଭାବ୍ୟ ଚିତ୍ର ଅଙ୍କନ କରିବା ପାଇଁ ଏବଂ ବିଜ୍ଞାନର ଅବଦାନ ଗୁଡିକ ମାଧ୍ୟମରେ ମନୁଷ୍ୟର ବ୍ୟକ୍ତିଗତ ଓ ସାମାଜିକ ଜୀବନର ଭବିଷ୍ୟତର ଚିତ୍ରାଙ୍କନ କରିବା ପାଇଁ ଯୁଗେ ଯୁଗେ ଉପନ୍ୟାସକାର ଓ କଥାକାରମାନେ ଲେଖନୀ ଚାଳନା କରିଅଛନ୍ତି। ଏ ପ୍ରକାର ସୃଜନଶୀଳ ସାହିତ୍ୟ ମନୁଷ୍ୟର ଚିତ୍ତ ବିନୋଦନ କରିବା ସଙ୍ଗେ ସଙ୍ଗେ ଭବିଷ୍ୟତର ରୂପରେଖ ସଂପର୍କରେ ସମ୍ଭାବ୍ୟ ଚିତ୍ର ଯୋଗାଇ ପାରୁଛି। ଏଣୁ ଆଗାମୀ ଯୁଗର କୌଣସି ଅପ୍ରତ୍ୟାଶିତ ବା

ଅସ୍ୱାଭାବିକ ଘଟଣା ପ୍ରବାହ ତାହାର ମାନସ ପଟରେ ଅଯଥା ଆତଙ୍କ ବା ଉଦ୍‌ବେଗ ସୃଷ୍ଟି କରିପାରୁନାହିଁ। ଭବିଷ୍ୟତରେ ଧକ୍‌କା ସମ୍ଭାଳିନେବା ପାଇଁ ଏ ପ୍ରକାର ସାହିତ୍ୟ ଘଟଣା ଘଟିବାର ବହୁ ପୂର୍ବରୁ ମନୁଷ୍ୟକୁ ମାନସିକ ପ୍ରସ୍ତୁତି ଯୋଗାଇ ଦେଉଛି"।[୨୯]।

ଯାହାଦ୍ୱାରା ମନୁଷ୍ୟ ସତର୍କତା ମଧ୍ୟ ଅବଲମ୍ବନ କରିପାରିଛି ଏବଂ ଆଗତଭବିଷ୍ୟତ ଉପରେ ଅବଗତ ହୋଇପାରିଛି। ବିଜ୍ଞାନର ପୃଷ୍ଠଭୂମିରେ ହିଁ ବୈଜ୍ଞାନିକ ଉପନ୍ୟାସ ତାର କାୟାକୁ ବିସ୍ତାରିତ କରିଛି।

ପାଦଟୀକା

୧. ଅମୂଲ୍ୟକୃଷ୍ଣ, ସର୍ବେ ଭବନ୍ତୁ ସୁଖୀନଃ -ବିଜ୍ଞାନ ଗୌରବ, ପୃ-୮୪ , ପ୍ରଥମ ସଂସ୍କରଣ
୨. ସ୍ୱାଇଁ, ଡଃ ନିତ୍ୟାନନ୍ଦ - ବିଜ୍ଞାନର ବର୍ଣ୍ଣାଳୀ , ପୃ-୩୪
୩. ତତ୍ରୈବ, ପୃ-୩୭
୪. ତତ୍ରୈବ, ପୃ-୪୨
୫. ମହାନ୍ତି, ଶରତ କୁମାର- ବିଜ୍ଞାନ ଦୃଷ୍ଟି, ପୃ.-୮୦/୮୫
୬. ତତ୍ରୈବ, ପୃ - ୮୯/୯୦
୭. ମୁଖାର୍ଜୀ, ସ୍ମୃତିରଞ୍ଜନ- ଫ୍ରଏଡ୍ ଓ ମନଃସମୀକ୍ଷଣ -୧, ଉତ୍କଳ ସାହିତ୍ୟ, ୨ୟ ଭାଗ ୮ମ ସଂଖ୍ୟା, ପୃ-୩୮୨
୮. ନାୟକ, ଡ଼ଃ. ଲାବଣ୍ୟ - ଓଡ଼ିଆ ମନସ୍ତାତ୍ତ୍ୱିକ ଉପନ୍ୟାସ, କୋଣାର୍କ, ୬୯ ତମସଂଖ୍ୟା ଉପନ୍ୟାସ ଶତବାର୍ଷିକୀ , ପୃ-୧୩୦
୯. ଶତ୍‌ପଥୀ, ବିଜୟ କୁମାର- ଓଡିଆ ସାହିତ୍ୟରେ ପ୍ରଗତିବାଦୀ ଧାରା, ପୃ-୮୪
୧୦. ମହାନ୍ତି, ଶ୍ରୀ ଶରତ କୁମାର - ଅସ୍ତିତ୍ୱ ବାଦର ମର୍ମ କଥା, ପୃ-୭/୮
୧୧. ତତ୍ରୈବ, ପୃ-୩୬
୧୨. ତତ୍ରୈବ, ପୃ-୩୭
୧୩. ତତ୍ରୈବ, ପୃ-୩୮/୩୯
୧୪. କବି, ଚିନ୍ମୟ - ସାହିତ୍ୟର ଦିଗ୍‌ବଳୟ , ପୃ-୭୭
୧୫. ତତ୍ରୈବ, ପୃ-୮୦
୧୬. ମିଶ୍ର, ଦେବକାନ୍ତ-ବିଂଶ ଶତାବ୍ଦୀର ବିଜ୍ଞାନ ଓ ପ୍ରଯୁକ୍ତି ବିଦ୍ୟା , ପୃ-୧୦
୧୭. ତତ୍ରୈବ, ପୃ-୪

୧୮. ତତ୍ରୈବ, ପୃ-୩୧
୧୯. ସମ୍ବାଦ- ୨୬ ସେପ୍ଟେମ୍ବର -୨୦୧୪
୨୦. ସମ୍ବାଦ-୨୨ ଡିସେମ୍ବର- ୨୦୧୪
୨୧. ସମ୍ବାଦ-୧୦ ଡିସେମ୍ବର- ୨୦୧୪
୨୨. ସମାଜ- ସାପ୍ତାହିକ- ୨୧ ଅଗଷ୍ଟ-୨୦୧୫
୨୩. ସମ୍ବାଦ- ମାର୍ଚ୍ଚ ୩- ୨୦୧୬
୨୪. ସମ୍ବାଦ- ଏପ୍ରିଲ ୨୪- ୨୦୧୭
୨୫. ସମ୍ବାଦ- ମେ ୮- ୨୦୧୭
୨୬. ସମ୍ବାଦ- ଅକ୍ଟୋବର ୩- ୨୦୧୭
୨୭. ଧଳ, ଗୋଲକ ବିହାରୀ-ବିଜ୍ଞାନର ଭାଷା ଓ ବିଜ୍ଞାନର ପ୍ରସାର -ବିଚାର ଆଲୋଚନା, ପୃ-୧୩୪
୨୮. ମିଶ୍ର, ଦେବକାନ୍ତ- ବିଂଶ ଶତାବ୍ଦୀର ବିଜ୍ଞାନ ଓ ପ୍ରଯୁକ୍ତି ବିଦ୍ୟା- ପୃ-୧୦୧
୨୯. ମିଶ୍ର, ଦେବକାନ୍ତ- ଗତ ପଚିଶ ବର୍ଷ ମଧ୍ୟରେ ରଚିତ ବୈଜ୍ଞାନିକ ସାହିତ୍ୟ - କୋଣାର୍କ ରଜତ ଜୟନ୍ତୀ ବିଶେଷାଙ୍କ, ପୃ-୬୪

ବୈଜ୍ଞାନିକ ଉପନ୍ୟାସର ସଂଜ୍ଞା ଓ ସ୍ୱରୂପ

ବିଜ୍ଞାନକୁ ନେଇ ବା ବିଜ୍ଞାନର ତଥ୍ୟକୁ ଅନୁଶୀଳନ କରି ଯେଉଁ ଉପନ୍ୟାସ ରଚନା କରାଯାଏ ତାହାକୁ ବୈଜ୍ଞାନିକ ଉପନ୍ୟାସ କୁହାଯାଏ। ଅତୀତ, ଭବିଷ୍ୟତକୁ ନେଇ ପରିବର୍ତ୍ତିତ ପୃଥିବୀର ପ୍ରଗତିଶୀଳତା ବିଜ୍ଞାନ ଦ୍ୱାରା କିପରି ସମ୍ଭବ ହୋଇଛି ତାହା ପ୍ରକାଶ କରିଥାଏ ବୈଜ୍ଞାନିକ ଉପନ୍ୟାସ। ମନୁଷ୍ୟ ଯେଉଁ ପରିକଳ୍ପନା କରେ ଏବଂ ପରିକଳ୍ପନାକୁ ଯେତେବେଳେ ଯାନ୍ତ୍ରିକ କୌଶଳ ଦ୍ୱାରା ସମ୍ଭବ କରିପକାଏ, ସେହି ପରିପ୍ରକାଶ କଳା, ବୈଜ୍ଞାନିକ ଉପନ୍ୟାସରେ ରୂପପାଏ। ସେଥିପାଇଁ ଔପନ୍ୟାସିକ ଗୋକୁଳାନନ୍ଦ ମହାପାତ୍ର କହିଥିଲେ- "ବୈଜ୍ଞାନିକ ଔପନ୍ୟାସିକମାନଙ୍କୁ ବିଜ୍ଞାନ ଓ ଟେକ୍ନୋଲୋଜିର ପଥ ପ୍ରଦର୍ଶକ ବୋଲି ଧରାଯାଏ"। ୧।

ବୈଜ୍ଞାନିକ ଔପନ୍ୟାସିକ, ବିଜ୍ଞାନର ନୂତନତଥ୍ୟ, ଉଦ୍‌ଘାଟନର କଳା କୌଶଳରେ ବୈଜ୍ଞାନିକ ଉପନ୍ୟାସ ରଚନା କରିଥାଏ। ତାହା ଦ୍ୱାରା ଉପନ୍ୟାସ ନିରସ ନ ହୋଇ, କେବଳ ତଥ୍ୟ ଭିତ୍ତିକ ନହୋଇ ପାଠକକୁ ପାଠକର କଳ୍ପନାକୁ ଜାଗ୍ରତ କରିବା ସହ; ଜ୍ଞାନର ଆହରଣକୁ ପ୍ରଶମିତ କରିଥାଏ। ସାଇନ୍ସ ଫିକ୍‌ସନ୍ ଉଦ୍ଦେଶ୍ୟରେ ବ୍ରୁସ୍‌ଷ୍ଟ୍ରଲିଙ୍ଗ୍ ତାଙ୍କର 'ଏ ସେଞ୍ଚୁରି ଅଫ୍‌ସାଇନ୍‌ସ ଫିକ୍‌ସନ' (A centure of science fiction) ଶୀର୍ଷକ ଏକ ପ୍ରବନ୍ଧରେ ଲେଖିଛନ୍ତି – "Science fiction is a fun - house mirror for a society wared by raging technological advances. Science fiction does not want or need to make much scence. It seeks astonishment, terror, wornder, ecstasy & dread. It is spectacular & mystic - an oxygen'tent for society's days dream". ଅର୍ଥାତ୍ ବୈଜ୍ଞାନିକ କଥା ସାହିତ୍ୟ ହେଉଛି ମନୁଷ୍ୟକୁ ବା ମନୁଷ୍ୟର ମାନସିକ ଚାହିଦା ପୂର୍ଣ୍ଣ କରିବାରେ, ମନୁଷ୍ୟକୁ ଖୁସି ପ୍ରଦାନ କରିବାର ଏକ ଗନ୍ତାଘର ପରି କାର୍ଯ୍ୟ କରିଛି। ବୈଷୟିକ ପ୍ରଗତିର ଅତି ଶଯ୍ୟ ମନୁଷ୍ୟର ମାନସ ପଟରେ ଯେଉଁ ଭାବାବେଗ ଓ

ଉଦ୍ଦୀପନ ସୃଷ୍ଟି କରିଛି, ସାଇନ୍ସ ଫିକ୍‌ସନ ତାହାକୁ ଆବର୍ଦ୍ଧିତ କରାଇବା ପୂର୍ବକ ତଦନୁରୂପ ମାନସିକ ଅବସ୍ଥାର ସ୍ଥାୟିତ୍ୱକୁ ଆହୁରି ବଳବତ୍ତର କରାଇଛି। ଏଥିରେ ବର୍ଣ୍ଣିତ ଘଟଣାଗୁଡ଼ିକୁ ମନୁଷ୍ୟର ମାନସପଟରେ ପ୍ରଯୁକ୍ତି ବିଦ୍ୟାର ସଂମ୍ଭାବ୍ୟ ବହୁମୁଖୀ ଉପଯୋଗ ଦିଗରେ ଆଶାର ସଂଚାର ଘଟାଇଛି। ଉଚ୍ଚ ଆକାଂକ୍ଷୀ ମନୁଷ୍ୟ ଯେଉଁ ଦିବା ସ୍ୱପ୍ନ ଦେଖିଛି ତାହା ପୂରଣ କରିଛି ସାଇନ୍ସ ଫିକ୍‌ସନ୍। ସମାଜ ପାଇଁ ଅମ୍ଳଜାନର ଉତ୍ସ ଭଳି କାର୍ଯ୍ୟ କରିଛି। ସାଇନ୍ସ ଫିକ୍‌ସନର ରଚୟିତାମାନଙ୍କୁ ବ୍ରୁସ୍ ଷ୍ଟର୍ଲିଙ୍ଗ କହିଛନ୍ତି - "ସାଇନ୍‌ସଫିକ୍‌ସନ୍‌ର ରଚୟିତାମାନେ ବୈଜ୍ଞାନିକ ବା ପ୍ରଯୁକ୍ତି ବିଦ୍ୟାର ବିଶେଷଜ୍ଞ ନୁହନ୍ତି। ସେମାନେ ଆମ ସମାଜର ଦିକ୍‌ଦର୍ଶକ ବା ଭିଜ୍‌ନାରୀ ଭାବରେ କ୍ରିୟାଶୀଳ ହୁଅନ୍ତି। Science fiction is visionary by design & prophetic only by accident."।[୨]।

ସେହିପରି ବିଶ୍ୱବିଖ୍ୟାତ ଲେଖକ ଫରହାମେଣ୍ଡଲ୍‌ସନ୍ (Farah Mendelsohn) ବୈଜ୍ଞାନିକ ଉପନ୍ୟାସ ଉପରେ ମତ ଉପସ୍ଥାପନ କରି କହିଛନ୍ତି - "ବୈଜ୍ଞାନିକ ଉପନ୍ୟାସ ହେଉଛି ଏକ ଯୁକ୍ତି ମୂଳକ ଚିନ୍ତାଧାରା ଯାହା ବିଶ୍ୱବ୍ରହ୍ମାଣ୍ଡକୁ ନେଇ ଉପସ୍ଥିତ ହୋଇଥାଏ"।[୩]।

ବୈଜ୍ଞାନିକ ବିଶିଷ୍ଟ କଥା ସାହିତ୍ୟିକ ଆଇଜାକ୍ ଆସିମୋଭ୍ (Isaac Asimov) କହିଛନ୍ତି - "ସାହିତ୍ୟର ଏକ ବିଶିଷ୍ଟ ଶାଖା ହେଉଛି ବୈଜ୍ଞାନିକ ଉପନ୍ୟାସ। ବିଜ୍ଞାନ କ୍ଷେତ୍ରରେ ମନୁଷ୍ୟର ପ୍ରଗତି ଓ ପ୍ରଭାବ କେତେଦୂର ଅଗ୍ରଗାମୀ ହୋଇପାରିଛି ତାହା ପ୍ରକାଶ କରେ ବୈଜ୍ଞାନିକ ଉପନ୍ୟାସ"।[୪]।

ବାସ୍ତବରେ ମନୁଷ୍ୟ ତାର ଇଚ୍ଛା ଶକ୍ତି ବଳରେ ଯେଉଁ ଶିକ୍ଷା ଲାଭ କରିଛି ଏବଂ ତାକୁ ନେଇ ଯେଉଁ କାର୍ଯ୍ୟ କରିଛି, ଆକର୍ଷଣୀୟ ଅଦ୍ଭୁତ ତଥ୍ୟକୁ ନେଇ କିପରି ବସ୍ତୁ ଭିତ୍ତିକ ବିଷୟବସ୍ତୁର ଆବିଷ୍କାର କରିଛି ତାହା ବୈଜ୍ଞାନିକ ଉପନ୍ୟାସ ମନୁଷ୍ୟକୁ ଅବଗତ କରାଇପାରିଛି।

ଅତୀତ, ବର୍ତ୍ତମାନ ଏବଂ ଭବିଷ୍ୟତକୁ ନେଇ ଏକ ଦୁଃସାହସିକ ପରିକଳ୍ପନା ହେଉଛି ବୈଜ୍ଞାନିକ ଉପନ୍ୟାସ। ମନୁଷ୍ୟ ଯେଉଁ ପଞ୍ଚମହାଭୂତକୁ ନେଇ ସୃଷ୍ଟି ହେଉଥିବା ବିଶ୍ୱରେ ଅବସ୍ଥାନ କରେ ତାର ଅନୁଭବକୁ ଆଧାର କରି ନୂତନ ଅନ୍ୱେଷଣ, ଉଦ୍ଭାବନ ଏବଂ ଆବିଷ୍କାର କରେ ବୈଜ୍ଞାନିକ ଉପନ୍ୟାସ। ଭବିଷ୍ୟତରେ ଘଟିବାକୁ ଥିବା ବୈଜ୍ଞାନିକ ବିକାଶଶୀଳତା ଏବଂ କାର୍ଯ୍ୟକାରୀତା ବିଷୟରେ ବର୍ଣ୍ଣନା କରିବା ସହ ମହାକାଶ ମଣ୍ଡଳକୁ ନେଇ ଅନ୍ୟ ଏକ ବିଶ୍ୱ, ବିଶ୍ୱବ୍ରହ୍ମାଣ୍ଡ ପରିସରର ଭବିଷ୍ୟତ ବର୍ଣ୍ଣନା କରିଥାଏ।

ବୈଜ୍ଞାନିକ ଉପନ୍ୟାସ ସାମୟିକ ଘଟଣାବଳୀର ପ୍ରକୃତି ଉପରେ ନିହିତ। ଯାହା ବିଶେଷ ଭାବରେ କାରିଗରୀ କୌଶଳ ବା ଶିଳ୍ପଜ୍ଞାନ ସମ୍ବନ୍ଧୀୟ। ଲେଖକର ଆଗତ ଭବିଷ୍ୟତ ଉପରେ ଗଭୀର ଚିନ୍ତା ଏବଂ ଅନୁମାନ ନିହିତଥାଏ। ମନୁଷ୍ୟ ଯେଉଁ ବିଶ୍ୱରେ ବଞ୍ଚି ରହେ ଏବଂ ଯେଉଁଠାରେ ତାର ଅସ୍ତିତ୍ୱ ଦିନେ ଲୋପ ପାଏ ସେହି ବିଶ୍ୱର ସାମୟିକ ବାସ୍ତବିକତା ଏବଂ କାଳ୍ପନିକତାକୁ ନେଇ ବୈଜ୍ଞାନିକ ସମଗ୍ର ଜାତି ପାଇଁ ନିଜସ୍ୱ ଅନ୍ତଃଦୃଷ୍ଟି ଅନ୍ତର୍ନିବିଷ୍ଟକରେ। ମନୁଷ୍ୟ ନିକଟରେ ପ୍ରକୃତିକୁ ନେଇ ଏବଂ ପ୍ରକୃତିର ଗତିଶୀଳତାକୁ ନେଇ ଯେଉଁ ପ୍ରଶ୍ନ ଗୁଡ଼ିକ ଉଙ୍କିମାରେ ତାହାର ସମାଧାନ ସହ ବିସ୍ତାରିତ ରୂପ ପ୍ରକାଶ କରିଛି ବୈଜ୍ଞାନିକ ଉପନ୍ୟାସ।

ବୈଜ୍ଞାନିକ ଉପନ୍ୟାସ ଏକ ଅଭିନବ ସୃଜନଶୀଳତାର ପରିପ୍ରକାଶ ଘଟାଇବାରେ ସହାୟ ହୋଇଛି। ଏହି ସୃଜନଶୀଳ ପ୍ରତିଭା ଏବଂ କଳ୍ପନାକୁ ଗ୍ରହଣ କରି ପ୍ରକୃତିର କ୍ରିୟା, ପ୍ରକ୍ରିୟାକୁ ଔପନ୍ୟାସିକ ଅନ୍ତଃଚକ୍ଷୁରେ ନିରୀକ୍ଷଣ କରେ। ପ୍ରକୃତିରେ ସୃଷ୍ଟି ହେଉଥିବା ନୂତନତାକୁ କିପରି ମନୁଷ୍ୟ ତାର ଦୈନନ୍ଦିନ ଜୀବନରେ ତାର ବ୍ୟବହାର ଉପଯୋଗ କରିପାରିବ ସେହି ଅନୁସନ୍ଧିତ୍ସା ନେଇ ନିଜସ୍ୱ ବିଚାର ବୋଧ, ଆତ୍ମଅବବୋଧ, କଳ୍ପନା ପ୍ରବଣତା ଏବଂ ଅନୁଶୀଳନକୁ ବିଶ୍ଳେଷଣ କରେ। ତେଣୁ ବୈଜ୍ଞାନିକ ଉପନ୍ୟାସ ପାଠକକୁ କୌତହଳ, ରୋମାଞ୍ଚ ତଥା ଆନନ୍ଦ ସହ ଭୟ ଓ ଆତଙ୍କ ପ୍ରଦାନ କରିବାରେ ଏକ ବିଶେଷ ଭୂମିକା ଗ୍ରହଣ କରିଥାଏ।

ବୈଜ୍ଞାନିକ ଉପନ୍ୟାସର ଏହି ଯେଉଁ ପ୍ରୟାସ ଭବିଷ୍ୟତରେ କିପରି ବାସ୍ତବ କ୍ଷେତ୍ରରେ ରୂପାୟିତ ହେବ, ଏହି ସଂଭାବନାକୁ ଅସ୍ୱୀକାର କରାଯାଇ ନପାରେ। ଭବିଷ୍ୟତ ପର୍ଯ୍ୟନ୍ତ ମଧ୍ୟ ଅପେକ୍ଷା କରାଯାଇ ପାରିବ ନାହିଁ। କାରଣ ବୈଜ୍ଞାନିକ ଉପନ୍ୟାସ ଭବିଷ୍ୟତର ଆକଳନକୁ ନେଇ ତାର ବିଷୟବସ୍ତୁ ବିଶେଷ ଭାବରେ ପ୍ରତିପାଦିତ କରିଥାଏ। ଏଥିରେ ପ୍ରକାଶିତ ହେଉଥିବା ଲେଖକର ଅନୁଭୂତି ରସୋତୀର୍ଣ୍ଣ ଭାବରେ ଉପନ୍ୟାସକୁ ପୂର୍ଣ୍ଣତାପ୍ରାପ୍ତି କରାଇଥାଏ। ଅନୁଭୂତି ଏବଂ କଳ୍ପନା ବୈଜ୍ଞାନିକ ଉପନ୍ୟାସର ମୁଖ୍ୟ ଅବଲମ୍ବନ ହୋଇଯାଏ। ସାଧାରଣ ମଣିଷ ଯାହା ଜାଣିପାରେ ନାହିଁ; ବୈଜ୍ଞାନିକ ଉପନ୍ୟାସ ପରୋକ୍ଷଭାବରେ ତାହା ଜନସାଧାରଣଙ୍କ ନିକଟରେ ସୂଚେଇ ଦିଏ। ମନୁଷ୍ୟର ଆଶା, ଆକାଂକ୍ଷା, ଭୟଭ୍ରାନ୍ତିକୁ ସ୍ଥାନ ଦେଇଥାଏ। ପାରମ୍ପରିକ ଅନ୍ଧବିଶ୍ୱାସ ଜନିତ କୁସଂସ୍କାରକୁ ବିନାଶ କରିଥାଏ। ବାସ୍ତବତଥ୍ୟକୁ ଗୁରୁତ୍ୱ ଦିଏ। ମହାକାଶ ମଣ୍ଡଳଠୁ ଆରମ୍ଭ କରି ପୃଥିବୀ ପର୍ଯ୍ୟନ୍ତ ପ୍ରତ୍ୟେକ ପରିବେଶର ସ୍ଥିତିକୁ ଅବଗତ କରାଇବା ସହ ସଚେତନତା ମଧ୍ୟ ସୃଷ୍ଟି କରେ। କେବଳ ଏକ ପାକ୍ଷିକଭାବରେ ବୈଜ୍ଞାନିକ ଉପନ୍ୟାସ ସତ୍ୟର ସନ୍ଧାନକୁ ଲୋକଲୋଚନରେ ପ୍ରକାଶ କରେ ନାହିଁ। ବରଂ ସମାଜର

ପ୍ରତ୍ୟେକ କ୍ଷେତ୍ରର ବିକାଶରେ ସହାୟ ହୁଏ। ବୈଜ୍ଞାନିକ ଉପନ୍ୟାସ ଗୁଡ଼ିକ ସମାଜର ହିତାକାଂକ୍ଷୀ ହେବା ସହ ପରବର୍ତ୍ତୀ ସମୟରେ ଗବେଷକମାନଙ୍କୁ ମଧ୍ୟ ସହାୟ ହୋଇଥାଏ। ବୈଜ୍ଞାନିକ ଉପନ୍ୟାସରେ ସତ୍ୟତାକୁ ନେଇ ଯେଉଁ ପରିକଳ୍ପନା କରାଯାଇଥାଏ ତାହା ସମୟର ଅତିକ୍ରାନ୍ତରେ ବାସ୍ତବରେ ପରିବର୍ତ୍ତନ ହୁଏ। ଚିନ୍ତାଶୀଳ ବ୍ୟକ୍ତିମାନଙ୍କ ଏହି ଚିନ୍ତାଧାରା ବୈଜ୍ଞାନିକ ଉପନ୍ୟାସକୁ ଖୋରାକ୍ ଯୋଗାଏ। ଭବିଷ୍ୟତକୁ ଦୃଷ୍ଟି ଆଗରେ ରଖି ବୈଜ୍ଞାନିକ ଉପନ୍ୟାସ ଗତିଶୀଳ ହୋଇଥାଏ।

ବିଶେଷ ଭାବରେ ବୈଜ୍ଞାନିକ ଉପନ୍ୟାସରେ ବିଜ୍ଞାନର ଉଦ୍ଭାବନ, ଆବିଷ୍କାର ଏବଂ ଉପଯୋଗିତାର ଗୁରୁତ୍ୱ ଥିବାରୁ ସେହି ସଂସ୍ପର୍ଶୀୟ କାହାଣୀ ଔପନ୍ୟାସିକ ସୃଷ୍ଟି କରିଥାନ୍ତି। କାହାଣୀର ପ୍ରାରମ୍ଭ ଏପରି ଆକସ୍ମିକ ଭାବରେ ହୋଇଥାଏ ଯେ ପାଠକ ବିଜ୍ଞାନ ସଂପର୍କିତ ଧାରଣାକୁ ପାଠ କଲା ପରେ ଯାଇ ଅବଗତ ହୋଇପାରେ। ଅନ୍ୟାନ୍ୟ ଉପନ୍ୟାସ ପରି ଗଠନ କଳା ଦୃଷ୍ଟିରୁ ବୈଜ୍ଞାନିକ ଉପନ୍ୟାସକୁ ମଧ୍ୟ କ୍ରମାନ୍ୱୟରେ ଅବତରଣ କରାଯାଇଥାଏ।

ବୈଜ୍ଞାନିକ ଉପନ୍ୟାସରେ ବିଜ୍ଞାନଭିତ୍ତିକ କଥାବସ୍ତୁ ଥାଏ ସତ, କିନ୍ତୁ ସାମାଜିକ ପୃଷ୍ଠଭୂମି ଉପରେ ଏହା ହୋଇଥାଏ ପରିଚାଳିତ। ସାଧାରଣ ଉପନ୍ୟାସରେ ଚରିତ୍ର ଯେପରି ମୂଳ ଏବଂ ମୁଖ୍ୟ ଅଙ୍ଗ, ସେହିପରି ବୈଜ୍ଞାନିକ ଉପନ୍ୟାସରେ ମଧ୍ୟ ଚରିତ୍ର ମୁଖ୍ୟ ଭୂମିକା ଗ୍ରହଣ କରିଥାଏ। ଚରିତ୍ରର ଗତିଶୀଳତାରେ ବିଜ୍ଞାନର କାର୍ଯ୍ୟକାରିତା, ବିଜ୍ଞାନର ଅଗ୍ରଗତି ବିଷୟରେ ବର୍ଣ୍ଣନା କରାଯାଇଥାଏ। ସେଥିପାଇଁ ଔପନ୍ୟାସିକ କେତେଗୁଡ଼ିଏ ପ୍ଲଟ ଏବଂ ସବ୍‌ପ୍ଲଟ୍‌କୁ ନେଇ ବିଷୟବସ୍ତୁ ଉପସ୍ଥାପନ କରିଥାନ୍ତି। ପ୍ଲଟ୍ ଗୁଡ଼ିକର ଗଠନ ଶୈଳୀ ସରଳ ଭାବରେ ଉପସ୍ଥାପନା କରାଯାଇଥାଏ। ଉପନ୍ୟାସର ଆତ୍ମିକ ସହ ଆଙ୍ଗିକ ଗଠନ ଶୈଳୀକୁ ଲକ୍ଷ୍ୟ କରି ଚରିତ୍ରମାନଙ୍କର ମଧ୍ୟ ସତର୍କତା ଅବଲମ୍ବନ କରାଯାଇଥାଏ। ଯଦି ସତର୍କତାର ଟିକିଏ ବ୍ୟତିକ୍ରମ ଘଟେ ତାହାହେଲେ ଉପନ୍ୟାସର ଅସ୍ୱାଭାବିକତା ପାଠକ ନିକଟରେ ଧରାପଡ଼ିଯାଏ। ଉପନ୍ୟାସରେ ନାରୀ ଅପେକ୍ଷା ପୁରୁଷମାନଙ୍କ ଭୂମିକା ଅଧିକ ସକ୍ରିୟ ହୋଇଥିଲେ ହେଁ ଉଭୟଙ୍କୁ ଯଥାରୀତି ଗୁରୁତ୍ୱ ଦିଆଯାଇଥାଏ। ଯଦି ତାହା ନହୁଏ ତାହା ହେଲେ ଉପନ୍ୟାସଟି ପାଠକ ମନକୁ ଆକର୍ଷିତ କରିପାରିବ ନାହିଁ।

ବୈଜ୍ଞାନିକ ଉପନ୍ୟାସ ପାଠକମନରେ ଅଗୋଚରତଥ୍ୟ, ନୂତନ ଉଦ୍ଭାବନ, ଆବିଷ୍କାରକୁ ଉପସ୍ଥାପନ କରୁଥିବାରୁ ତାହା ପାଠ କରିବା ପାଇଁ, କୌତୁହଳ ସହ ମନରେ ଉତ୍କଣ୍ଠା ମଧ୍ୟ ଜାଗ୍ରତ ହୋଇଥାଏ। ସାଧାରଣ ମଣିଷର ବିଶ୍ୱାସ ବାହାରେ ବିଜ୍ଞାନ ନୂତନ ଅନ୍ୱେଷଣ, କାର୍ଯ୍ୟକାରିତାକୁ ଏପରି ପ୍ରୟୋଗ କରେ ଯେ, ପାଠକ

ମଧ୍ୟ ଦ୍ୱନ୍ଦ୍ୱରେ ପଡ଼ିବା ସହ ବିସ୍ମିତ ହୋଇଯାଏ । ବେଳେବେଳେ ବୈଜ୍ଞାନିକ ଉପନ୍ୟାସ ରୋମାଞ୍ଚ ମଧ୍ୟ ସୃଷ୍ଟି କରିଥାଏ । ନାୟକ ନାୟିକାଙ୍କ ପ୍ରେମ, ପ୍ରଣୟ, ବିରହ, ମିଳନରେ ବେଳେବେଳେ ଏହା ସାମାଜିକ ଉପନ୍ୟାସ ପରି ମଧ୍ୟ ମନେ ହୋଇଥାଏ । ନାୟକ ନାୟିକାଙ୍କ ରୋମାଞ୍ଚ ପୁଣି ବୈଜ୍ଞାନିକ ଆବିଷ୍କାର, ତଥ୍ୟକୁ ନେଇ ପରିକଳ୍ପିତ ହୋଇଥାଏ । ପ୍ରାୟତଃ ବୈଜ୍ଞାନିକ ଉପନ୍ୟାସରେ ନାୟକ ଜଣେ ବୈଜ୍ଞାନିକ ବା ବିଶେଷଜ୍ଞ ହୋଇଥିବାବେଳେ ନାୟିକା ଜଣେ ବୈଜ୍ଞାନିକା ହୋଇଥାନ୍ତି । ନାୟକ ନାୟିକା ଉଭୟ ବାସ୍ତବତାକୁ ନେଇ କଳ୍ପନା କରିଥାନ୍ତି ।

ଉପନ୍ୟାସର ଉପସ୍ଥାପନା ଶୈଳୀ, ଭାଷା, ଭାବ, ଦୃଷ୍ଟିରୁ ଖୁବ୍ ହୃଦୟସ୍ପର୍ଶୀ ହୋଇଥାଏ । ନିରସ ତଥ୍ୟକୁ ମଧ୍ୟ ଔପନ୍ୟାସିକ ଏପରିଭାବରେ ପ୍ରକାଶ କରିଥାନ୍ତି ଯେ, ତାହା ପାଠକକୁ ବିରକ୍ତିବୋଧ ମଧ୍ୟ ପ୍ରକାଶ କରିବାକୁ ଦିଏ ନାହିଁ । ବୈଜ୍ଞାନିକ ସତ୍ୟକୁ ଉପସ୍ଥାପନ କରିବା ପାଇଁ କିଛି ସୁମଧୁର କଳ୍ପନାର ଆଶ୍ରୟ ନେଇଥାନ୍ତି ଔପନ୍ୟାସିକ, ତାହା ସହ ଉପନ୍ୟାସରେ ସୁଲଭ ପ୍ରେମକାହାଣୀର ସମାବେଶ ମଧ୍ୟ ରହିଥାଏ । ବୈଜ୍ଞାନିକ ତଥ୍ୟର ଉପସ୍ଥାପନାକୁ ଏପରିଭାବରେ ବିଶ୍ଳେଷଣ କରାଯାଇଥାଏ ଯେ, ପାଠକ ନୂତନ ତଥ୍ୟ ବିଷୟରେ ଜାଣିବା ପାଇଁ ଆହୁରି ଆଗ୍ରହ ମଧ୍ୟ ପ୍ରକାଶ କରିଥାଏ । ବୈଜ୍ଞାନିକ ଉପନ୍ୟାସର ଭାଷା ଅନ୍ୟ ଧରଣର ଉପନ୍ୟାସର ଭାଷାଠାରୁ ଭିନ୍ନ । କାରଣ ବୈଜ୍ଞାନିକ ଉପନ୍ୟାସରେ ବୈଷୟିକ ଶବ୍ଦର ବ୍ୟବହାର ହୋଇଥାଏ । ବୈଷୟିକ ଶବ୍ଦର ବ୍ୟବହାରକୁ ସରଳ ଭାଷାରେ, ପାଠକ ବୁଝିପାରିବା ଭଳି ଭାଷାର ପ୍ରୟୋଗ ନକଲେ ତାହା ପାଠକ ହୃଦୟରେ ଭାବ ସୃଷ୍ଟି କରିପାରିବ ନାହିଁ । ପାଠକ ଉପନ୍ୟାସଟି ପାଠକରି ଯଦି ତାର ଅନ୍ତଃ ଭାବନାକୁ ସ୍ପର୍ଶ ନକଲା; ତାହା ହେଲେ ଉପନ୍ୟାସ ସହିତ ଔପନ୍ୟାସିକର ମର୍ଯ୍ୟାଦା ରହିପାରିବ ନାହିଁ । ତେଣୁ ଔପନ୍ୟାସିକ ଉପନ୍ୟାସରେ କେତେକ ପାରିବାରିକ ଶବ୍ଦଠାରୁ ଆରମ୍ଭ କରି ଆଞ୍ଚଳିକ ଶବ୍ଦର ମଧ୍ୟ ବ୍ୟବହାର କରିଥାନ୍ତି । ତେଣୁ ଉପନ୍ୟାସରେ ଔପନ୍ୟାସିକର ସୃଜନଶୀଳ ଶୈଳୀ ମୁଖ୍ୟ ଭାବରେ ଅବଲମ୍ବନ ହୋଇଥାଏ ।

ବିଶେଷ ଭାବରେ ବୈଜ୍ଞାନିକ ଉପନ୍ୟାସରେ ଔପନ୍ୟାସିକର ଭାବନା ସ୍ପଷ୍ଟ । ପାଠକକୁ ଯେମିତି ତାହା କାଳ୍ପନିକ ପରି ମନେ ନହୋଇ ସତ୍ୟତା ପରି ବୋଧ ହୁଏ । ପାଠକ ବିଜ୍ଞାନ ସହିତ ଏବଂ ବିଜ୍ଞାନର ଅସାଧାରଣ ନୂତନତ୍ୱ ସହିତ ପରିଚିତ ହୋଇଯାଏ । ବ୍ୟକ୍ତିଗତ ଜୀବନର ଚଳପ୍ରଚଳଠୁ ଆରମ୍ଭ କରି ଯାନ୍ତ୍ରିକ କୌଶଳ ବିଷୟରେ ମଧ୍ୟ ଧାରଣା ସୃଷ୍ଟି କରିଥାଏ । ତେଣୁ ବ୍ୟକ୍ତିଗତ ଜୀବନରେ ବିଜ୍ଞାନର ନୂତନ କୌଶଳ ସହିତ ପରିଚିତ ନଥିଲେ ବୈଜ୍ଞାନିକ ଉପନ୍ୟାସ ପାଠରେ ମଧ୍ୟ

ସଂପୂର୍ଣ୍ଣ ସଫଳତା ମିଳିନଥାଏ। ତଥ୍ୟ ସହ ଉପସ୍ଥାପନା ଶୈଳୀ ବୈଜ୍ଞାନିକ ଉପନ୍ୟାସକୁ ଲୋକମୁଖୀ କରାଇଥାଏ ଏବଂ ପଢ଼ିବା ପାଇଁ ଆଗ୍ରହ ସୃଷ୍ଟି କରାଏ। ଯନ୍ତ୍ରସଭ୍ୟତାର ଅଭ୍ୟୁଦୟ ଏବଂ ବିଜ୍ଞାନର ନୂତନ ଆବିଷ୍କାର, ଉଦ୍ଭାବନ, ବୈଜ୍ଞାନିକ ଉପନ୍ୟାସକୁ ଆହୁରି ଅଗ୍ରଗାମୀ କରିବାରେ ଖୋରାକ୍ ଯୋଗାଏ।

ସଂପ୍ରତି ବିଜ୍ଞାନ ଯୁଗରେ ବୈଜ୍ଞାନିକ ଉପନ୍ୟାସର ଭୂମିକା ବହୁଦିଗ୍‌ବଳୟ ମଧ୍ୟ ସୃଷ୍ଟି କରିଛି। ଏକ ପକ୍ଷରେ ବିଜ୍ଞାନ ନୂତନ ମୂଲ୍ୟବୋଧ ପ୍ରତି ଜନସାଧାରଣଙ୍କୁ ପରିଚିତ କରାଇ ପାରିବା ସହ ବିଜ୍ଞାନର ଅପପ୍ରୟୋଗ ବିରୋଧରେ ସଚେତନତା ମଧ୍ୟ ସୃଷ୍ଟି କରିପାରିବାରେ ସମର୍ଥ ହୋଇଛି। ଅନ୍ଧବିଶ୍ୱାସ ଓ କୁସଂସ୍କାର ବିରୋଧରେ ସଚେତନତା ସୃଷ୍ଟି କରିପାରିଛି। ଏକ ସାମାଜିକ ସୁସ୍ଥ ସମାଜର ପରିସ୍ଥିତି ଅନ୍ଧବିଶ୍ୱାସ ଏବଂ କୁସଂସ୍କାର ଦ୍ୱାରା ଭୟଙ୍କର ହୋଇପାରେ। ସାମାଜିକ ବ୍ୟାଧି ଭାବରେ ଏହା ମହାମାରୀରେ ପରିବର୍ତ୍ତନ କରିଦିଏ। ସାଧାରଣ ମନୁଷ୍ୟକୁ ସତ୍ୟତାଠାରୁ ଦୂରେଇ ନେଇ କୁସଂସ୍କାରର ମାତ୍ରାକୁ ବଢ଼େଇ ଦିଏ। ବଢ଼ାଏ ସତ, କିନ୍ତୁ ତାର ସମୟସୀମା ଅଳ୍ପଦିନ ଭିତରେ କ୍ଷୀଣ ହୋଇଯାଇ ଧୀରେ ଧୀରେ ଲୋପ ପାଇଯାଏ। ସେହି କୁସଂସ୍କାର ଏବଂ ଅନ୍ଧବିଶ୍ୱାସକୁ ସମୂଳେ ବିନାଶ କରିବାରେ ସକ୍ଷମ ହୋଇଛି ବିଜ୍ଞାନ ଏବଂ ବୈଜ୍ଞାନିକ ଉପନ୍ୟାସ। ଏହା ପ୍ରକୃତି, ବିଶ୍ୱ ଓ ଜୀବନକୁ ନେଇ ପ୍ରାମାଣିକ ତଥ୍ୟ ପ୍ରକାଶ କରିଛି। ଏକ ସୁସ୍ଥ ନିରାମୟ ସମାଜ ଗଢ଼ିବାରେ ବୈଜ୍ଞାନିକ ଉପନ୍ୟାସ ସହାୟ ହୋଇଛି। ଜୀବ ବିଜ୍ଞାନଠୁ ଆରମ୍ଭ କରି ଶଲ୍ୟ ଚିକିତ୍ସାର ବ୍ୟବହାର, ମସ୍ତିଷ୍କ ଏବଂ ହୃଦ୍‌ରୋଗରେ ଅସ୍ତ୍ରୋପଚାରର ସଫଳତା ଆଦିକୁ ହାସଲ କରିପାରିଛି। ଅନ୍ଧବିଶ୍ୱାସ ଓ କୁସଂସ୍କାରର ବ୍ୟାଧିକୁ ବିନାଶ କରିବାରେ ସକ୍ଷମ ହୋଇଛି ବୈଜ୍ଞାନିକ ଉପନ୍ୟାସ। ସମସ୍ୟାର ସମାଧାନ ପାଇଁ ପ୍ରେରଣା ଯୋଗାଇପାରିଛି। କାରଣ ବିଜ୍ଞାନ ଏବଂ କାରିଗରୀ କୌଶଳ ଦ୍ୱାରା ଅର୍ଥନୈତିକ ବିକାଶ ସମ୍ଭବ। କ୍ଷୁଧାର ଉପଶମ ପାଇଁ ଏ ପ୍ରଚେଷ୍ଟାର କରିଛି ଅନ୍ୱେଷଣ। ନୋବେଲ ବିଜେତା ଡ଼କ୍‌ଟର ନର୍‌ମାନ ବୋରଲରା କହିଥିଲେ "You cannot have political stability based on empty stomaches & proverty" ଜଠରର ଜ୍ୱାଳାହିଁ ମନୁଷ୍ୟର ଆଦି ସମସ୍ୟା।[୬]।

ତେଣୁ ସେ ଖାଦ୍ୟର ଅନ୍ୱେଷଣ ଆରମ୍ଭ କରିଥିଲା ଗିରିଗୁମ୍ଫାରୁ। ଯାଯାବର ଥିଲା, ତାର ଅନ୍ୱେଷଣ କୃଷିର ଉଦ୍ଭାବନ କରିବାରେ ସହାୟ ହେଲା। ବିଜ୍ଞାନର ନବ ନବ ଉଦ୍ଭାବନ ମାଧ୍ୟମରେ ପ୍ରାକୃତିକ ବିପର୍ଯ୍ୟୟକୁ ସାମ୍ନା କରିବାରେ ମଣିଷ ସକ୍ଷମ ହେଲା। ବୈଜ୍ଞାନିକ ପ୍ରଣାଳୀରେ କୃଷିଜାତ ଦ୍ରବ୍ୟର ଉତ୍ପାଦନ, ରାସାୟନିକ ସାରର ପ୍ରୟୋଗ, ଜଳସେଚନ ସୁବିଧା, ଅଧିକ ଉତ୍ପାଦନ କ୍ଷମ ବିହନ ବ୍ୟବସ୍ଥା ଦ୍ୱାରା ଖାଦ୍ୟ

ସମସ୍ୟାର ସମାଧାନ କରିବାରେ ସମର୍ଥ ହେଲା । ପାରମ୍ପରିକ ପ୍ରଗତିଶୀଳ ଓ ସାଂପ୍ରତିକ ପ୍ରଗତିଶୀଳ ଚିନ୍ତାଧାରାକୁ ନେଇ ବୈଜ୍ଞାନିକ ଉପନ୍ୟାସ ସମାଜର ହିତ ସାଧନ କରିଛି । ଅନ୍ଧକାର ଭିତରେ ଆଲୋକର ବାର୍ତ୍ତା ପ୍ରଚାର କରିଛି । ମନୁଷ୍ୟର ଉଜ୍ଜ୍ୱଳ ଭବିଷ୍ୟତର କାମନା କରିଛି । ଦାରିଦ୍ର୍ୟ, ଖାଦ୍ୟ ସମସ୍ୟା, ଜନସଂଖ୍ୟା ବୃଦ୍ଧି ସକାଶେ ଉଚିତ୍ ପଦକ୍ଷେପ ନେବା ପାଇଁ ଉପନ୍ୟାସ ମାଧ୍ୟମରେ ସଚେତନତା ସୃଷ୍ଟି କରିପାରିଛି ।

ମନୁଷ୍ୟର ଆତ୍ମିକ ବାସ୍ତବ ଚିତ୍ର ପ୍ରକାଶ କରିଛି । ମନୁଷ୍ୟକୁ ନେଇ ହିଁ ଉପନ୍ୟାସର ସୃଷ୍ଟି । ତେଣୁ ବୈଜ୍ଞାନିକ ଉପନ୍ୟାସ ମନୁଷ୍ୟର ଅନ୍ତଃ ପ୍ରକୃତି ସହ ବାହ୍ୟ ପ୍ରକୃତିକୁ ନେଇ ସୃଷ୍ଟି କରିଛି ଅନ୍ୱେଷଣ, ଉଦ୍ଭାବନ ଏବଂ ଆବିଷ୍କାର । ନିଜକୁ ନିଜେ ଏବଂ ନିଜସ୍ୱ କାର୍ଯ୍ୟଦକ୍ଷତାକୁ ନେଇ ସୃଷ୍ଟି କରିଛି କଳାର କୋଣାର୍କ ।

ବିଜ୍ଞାନକୁ ନେଇ ମନୁଷ୍ୟ ଜୀବନରେ ଯେଉଁ ସଫଳତା ହାସଲ କରିଛି ତାର ଅନୁରୂପ ଭାବରେ ଆତଙ୍କ ଏବଂ ଉଦ୍‌ବେଗ୍ ମଧ୍ୟ ଅନୁଭବ କରିଛି । ବିଜ୍ଞାନକୁ ଗଠନମୂଳକ କାର୍ଯ୍ୟରେ ଉପଯୋଗ କରିବା ପରିବର୍ତ୍ତେ ଧ୍ୱଂସାତ୍ମକ ମାର୍ଗରେ ବିନିଯୋଗ କରିଛି । ପରମାଣୁ ବୋମା, ନିୟୁଟ୍ରନ ବୋମା, ଉଦ୍‌ଯାନ ବୋମାର ଉତ୍ପାଦନ ଏକ ପ୍ରକାର ମହାଆତଙ୍କ ସୃଷ୍ଟି କରିବା ସହ ପୃଥିବୀର ଶାନ୍ତିରେ ବ୍ୟାଘାତ ମଧ୍ୟ ସୃଷ୍ଟି କରିଛି ।

ମନୁଷ୍ୟ ବିଜ୍ଞାନ ମାଧ୍ୟମରେ ଯନ୍ତ୍ର ଯୁଗ ସୃଷ୍ଟି କରିଛି । ସତେ ଯେପରି ସେ ଯନ୍ତ୍ର ବିନା ଚଳିବା ଅସମ୍ଭବ । ଯନ୍ତ୍ରକୁ ନିଜ ଦାସରେ ପରିବର୍ତ୍ତନ କରି ସେ ନିଜେ ଯନ୍ତ୍ରର କ୍ରୀତଦାସ ହୋଇପଡ଼ିଛି । ଏହି ଯାନ୍ତ୍ରିକ କୌଶଳକୁ ନେଇ ନୋବେଲ୍ ବିଜେତା ମରଲକ୍ସ (Malraux) ଲେଖିଥିଲେ :- "The machine is the master of the world. General Moters make lot of money with its machines, but with all its mercy it either makes more machines or invests in banks. And the latter is purely Symbolic gesture because the banks in turn it interests money in machines. In turn, once you have a machine power structure, all investments even under communism, go to words machines. The civilization which began with Napoleon is in crisis, there is no doubt." ।[୬]

ଏହି ବିଜ୍ଞାନର ଉତ୍‌ଥାନ ଓ ଉତ୍କର୍ଷକୁ ନେଇ ବୈଜ୍ଞାନିକ ଉପନ୍ୟାସ ସୃଷ୍ଟି ଜନସଚେତନତା ପାଇଁ ଅଭିପ୍ରେତ, ଅନୁରୂପ ଭାବରେ ବିଜ୍ଞାନର ବିନିଯୋଗ ଜନିତ ଆତଙ୍କକୁ ନେଇ ଜନସମାଜ ମଧ୍ୟରେ ସଚେତନତା ସୃଷ୍ଟି କରିବା ମଧ୍ୟ ବୈଜ୍ଞାନିକ ଉପନ୍ୟାସର ଅନ୍ୟ ଏକ ଲକ୍ଷ୍ୟ । ଔପନ୍ୟାସିକମାନେ ସମାଜର ଦିଗ୍‌ଦର୍ଶକ ଭାବରେ ପ୍ରତିକ୍ରିୟା ସୃଷ୍ଟି କରିଛନ୍ତି ବୈଜ୍ଞାନିକ ଉପନ୍ୟାସରେ । ଉପନ୍ୟାସର ପ୍ରତିକ୍ରିୟା ସାଧାରଣ

ଜନସମାଜକୁ ମଧ୍ୟ ଆନ୍ଦୋଳିତ କରିଛି। ତେଣୁ ଏ ବୈଜ୍ଞାନିକ ଉପନ୍ୟାସ ନୂତନ ଯୁଗର ପୁରାଣ କହିଲେ ଅତ୍ୟୁକ୍ତି ହେବ ନାହିଁ। ଯାହାର ପ୍ରବୃତ୍ତି ହେଲା ଯାନ୍ତ୍ରିକ ଯୁଗର ପ୍ରୟୋଗ ହେଲେ ମଧ୍ୟ ଆତଙ୍କ ଦିଗ ପ୍ରତି ଜନସମାଜକୁ ସଚେତନତା ପ୍ରଦାନ କରିବା।

ନୂତନ ଜ୍ଞାନ ଏବଂ ଭାବର ପରିପ୍ରକାଶ କରିଛି ବୈଜ୍ଞାନିକ ଉପନ୍ୟାସ। ବସ୍ତୁ ଜଗତ, ଜୀବଜଗତ ଏବଂ ମହାକାଶ ସମ୍ବନ୍ଧରେ ବିଭିନ୍ନ ସତ୍ୟର ଉନ୍ମୋଚନ କରିବା ସହିତ ସମୟର ଗତାନୁଗତିକତାରେ ନୂତନ ନୂତନ ଆବିଷ୍କାର, ଉଦ୍ଭାବନ ଏବଂ ଭବିଷ୍ୟତକୁ ନେଇ ସୃଷ୍ଟି ହୋଇଥିବା ଚିନ୍ତାଧାରା ସହିତ ପରିଚିତ କରାଇଛି। ବିଜ୍ଞାନକୁ ନେଇ ବୈଜ୍ଞାନିକ ଶକ୍ତିର ଯେପରି କୁବିନିଯୋଗ ନ ହୁଏ, ସମଗ୍ରମାନବ ସଭ୍ୟତା ଧ୍ୱଂସ ନ ପାଏ ତାହାର ସତର୍କବାଣୀ ପ୍ରଦାନ କରିଛି। "ବିଜ୍ଞାନ ସତେ ଯେପରି ଆଜି ମଣିଷ ସମାଜକୁ କହୁଛି ଯେ ତାର ଶକ୍ତି ବଳରେ ମଣିଷ ଯେପରି ଆଜି ଜଳ, ସ୍ଥଳ, ଆକାଶ ବିଜୟୀ, ଅନୁରୂପ ଭାବରେ ତାର ଶକ୍ତିର ସୁବିନିଯୋଗ ଦ୍ୱାରା କଳ୍ପିତ ସ୍ୱର୍ଗର ସକଳ ସୁଷମାର ଅଧିକାରୀ। ଅନ୍ୟ ଦିଗରେ ମଣିଷ ଯଦି ନିଜ ଭିତରେ ଥିବା ଜାନ୍ତବତାର ଚରିତାର୍ଥ ପାଇଁ ତାର ଶକ୍ତିର ଅପପ୍ରୟୋଗ କରେ, ତେବେ ମଣିଷ ଜାତି ଏ ଧରଣୀ ପୃଷ୍ଠରେ ଅଚିରେ ନିଶ୍ଚିହ୍ନ ହୋଇଯିବ। ଏହି ପୃଥିବୀ ସେତେବେଳେ ବି ସୂର୍ଯ୍ୟର ଚାରିପଟେ ଘୂରିବୁଲୁଥିବ କିନ୍ତୁ ପ୍ରଭାତ ଓ ରାତ୍ରିରେ ମହାଶୂନ୍ୟର ଅଖଣ୍ଡ ନୀରବତା ଓ ନିର୍ବେଦତା ପରି ଜୀବହୀନ, ପୃଥିବୀର ପୃଷ୍ଠ ସେହିପରି ନୀରବ ଓ ନିଥର ହୋଇ ରହିବ। ବିଜ୍ଞାନ ଏହି କଥା ବି ପ୍ରଚାର କରିଛି ସମାଜର ମଙ୍ଗଳ ପାଇଁ "।[୭]।

ବୈଜ୍ଞାନିକ ଚିନ୍ତା ଏବଂ କଳ୍ପନାକୁ ଆଶ୍ରୟ କରି ମନୁଷ୍ୟଜୀବନର ବ୍ୟକ୍ତିଗତ ଏବଂ ସାମାଜିକ ଜୀବନର ଭବିଷ୍ୟତ ଚିତ୍ର ଅଙ୍କନ କରିଛି ବୈଜ୍ଞାନିକ ଉପନ୍ୟାସ ଯାହା ପାଠକ ମଧ୍ୟ ଜାଣିବା ପାଇଁ ହୋଇଛି ପ୍ରୟାସୀ ଏବଂ ଆଗତ ଅସ୍ୱାଭାବିକ ଘଟଣା ହେଉ ବା ଆତଙ୍କ ହେଉ ସେଥିପ୍ରତି ତା ହୃଦୟରେ ଆଉ ଭୟ ସୃଷ୍ଟି ନ ହୋଇ ଭବିଷ୍ୟତ ଧକ୍‌କାକୁ ସହ୍ୟ କରିବାକୁ ସେ ସଂପୂର୍ଣ୍ଣ ମାତ୍ରାରେ ମାନସିକ ସ୍ତରରେ ହୋଇ ଯାଉଛି ପ୍ରସ୍ତୁତ। ତେଣୁ ବୈଜ୍ଞାନିକ ଉପନ୍ୟାସ ନବ ଯୁଗର ଆଶା-ଆକାଂକ୍ଷାକୁ ପ୍ରକାଶ କରିବା ସହ ନୂତନ ଜ୍ଞାନ ଓ ଭାବର ସାଜିଛି ସଂବାହକ।

■

ପାଦଟୀକା

୧. ମହାପାତ୍ର, ଗୋକୁଳାନନ୍ଦ - ପୃଥିବୀ ବାହାରେ ମଣିଷ, ପୃ- ମୁଖବନ୍ଧ

୨. ମିଶ୍ର, ଦେବକାନ୍ତ- ବିଂଶ ଶତାବ୍ଦୀର ବିଜ୍ଞାନ ଓ ପ୍ରଯୁକ୍ତି ବିଦ୍ୟା, ପୃ-୧୦୯, ୧୧୧

୩. Science fiction is an argument with the universe Farah

Mendelsohn, in foundation : The international Review of Science fiction issue 1988.

୪. Social science finction is that branch of literature which is concerned with the impact of scientific advance on human beings (Isaac Asimov, science fiction writer of America Bulletin- 1951)

୫. କବି, ଚିନ୍ମୟ – ସାହିତ୍ୟର ଦିଗ୍‌ବଳୟ, ପୃ-୮୮
୬. ତତ୍ରୈବ, ପୃ-୯୬
୭. ତତ୍ରୈବ, ପୃ- ୯୮

ବୈଜ୍ଞାନିକ ଉପନ୍ୟାସର ସୃଷ୍ଟି ଓ ବିକାଶକ୍ରମ

ବୈଜ୍ଞାନିକ ଉପନ୍ୟାସର ସୃଷ୍ଟି ତଥା ଆଧୁନିକ ଯୁଗର ଜ୍ଞାନ ଏବଂ ବିଜ୍ଞାନକୁ ନେଇ ସୃଷ୍ଟି ହେଉଥିବା ଚିନ୍ତାଧାରାର ବ୍ୟାପ୍ତି ଏପରିଭାବରେ ବୃଦ୍ଧିପ୍ରାପ୍ତ ହେଉଛି ଯାହା ସାହିତ୍ୟ ଜଗତର ଉପନ୍ୟାସ ବିଭାଗକୁ ମଧ୍ୟ ଏହା ବହୁଳ ଭାବରେ ପ୍ରଭାବିତ କରିଛି। ବିଜ୍ଞାନକୁ ନେଇ ସାହିତ୍ୟ ତଥା ଉପନ୍ୟାସ ସୃଷ୍ଟି କରିବାର ପ୍ରୟାସ ପ୍ରଥମେ ଦୃଶ୍ୟାୟିତ ହୋଇଛି ୟୁରୋପୀୟ ସାହିତ୍ୟରେ। ପାଶ୍ଚାତ୍ୟ ଜଗତର ଡ଼ାରଉଇନ୍, କୋପର୍ ନିକସ୍, ନିଉଟନ୍, ଗାଲିଲିଓ ଭଳି ବୁଦ୍ଧିଜୀବୀମାନଙ୍କ ଗଭୀର ଆଲୋଡ଼ନରୁ ବିଜ୍ଞାନ ସମ୍ପର୍କିତ ସାହିତ୍ୟର ସୃଷ୍ଟି।

ଜୀବନକୁ ଏକ ବୈଜ୍ଞାନିକ ଦୃଷ୍ଟିଭଙ୍ଗୀ ନେଇ ଦେଖିବାର ଇଚ୍ଛା ଏବଂ ବିଜ୍ଞାନର ଦ୍ରୁତ ବିକାଶ, ଜନସାଧାରଣମାନଙ୍କ ପାଖରେ ପହଞ୍ଚାଇବା ପାଇଁ କେତେକ ବୁଦ୍ଧିଜୀବୀ ଲେଖକ ଏହି ବୈଜ୍ଞାନିକ ଉପନ୍ୟାସ ଲେଖାରେ ବ୍ରତୀ ହୋଇଛନ୍ତି। ପ୍ରଯୁକ୍ତିବିଦ୍ୟା ଏବଂ ଯନ୍ତ୍ରଶିଳ୍ପର ପ୍ରଭାବ ଦ୍ୱାରା ବିଶେଷ ଭାବରେ ପ୍ରଭାବିତ ହୋଇ ଏହି ଔପନ୍ୟାସିକମାନେ ବୈଜ୍ଞାନିକ ତଥାଶ୍ରୟୀ , କାଳ୍ପନିକ ଉପନ୍ୟାସଗୁଡିକୁ ଜନ୍ମ ଦେଇଛନ୍ତି। ଯାହାକି ଭବିଷ୍ୟତର ପ୍ରବକ୍ତା ଭାବରେ ଏକ ଯୁଗପୋଯୋଗୀ ବାର୍ତ୍ତା ପ୍ରଦାନ କରୁଛି। ଏହି କ୍ଷେତ୍ରରେ ପାଶ୍ଚାତ୍ୟ ଜଗତର ଚିନ୍ତାନାୟକ ଥମାସ୍‌ମୁର୍‌ଙ୍କ ୧୫୧୬ ମସିହାରେ ପ୍ରକାଶିତ 'ୟୁଟୋପିଆ' ହେଉଛି ପ୍ରଥମ ପ୍ରୟାସ। ମୁର୍ ସମାଜରେ ଏହି ଗ୍ରନ୍ଥରେ କିପରି ଶୁଭକାରୀ ସଂସ୍କାର ଘଟାଯାଇପାରିବ ତାର ପ୍ରାଧାନ୍ୟ ପ୍ରଦର୍ଶନ କରିଛନ୍ତି। ତତ୍‌କାଳୀନ ପାଶ୍ଚାତ୍ୟ ସମାଜରେ ଶିଳ୍ପୀକରଣର ତ୍ୱରାନ୍ୱିତବିକାଶ ଘଟୁଥିବା ଅବସରରେ ଶିଳ୍ପପତିମାନଙ୍କ ଶ୍ରମିକମାନଙ୍କୁ ବିଭିନ୍ନ ପ୍ରକାର ଶୋଷଣ, ବିକାଶ ଶୀଳ

ରାଷ୍ଟ୍ରମାନଙ୍କରେ ଶିଳ୍ପ ବିକାଶର ଅଦ୍ୟାବସ୍ଥାରେ ଉପନୀତ ହୋଇଥିବାବେଳେ ଯେଉଁ ବିଲକ୍ଷଣ ଗୁଡ଼ିକ ପ୍ରତିହତ ହୋଇଛି। ତତ୍‌କାଳୀନ ପାଶ୍ଚାତ୍ୟ ସମାଜର ଶୋଚନୀୟ ପରିସ୍ଥିତି, ଅସ୍ୱାସ୍ଥ୍ୟକର ପରିବେଶ, ସ୍ଲମ୍ ଗୁଡ଼ିକରେ ଶ୍ରମିକ ମାନଙ୍କ ଦୂରାବସ୍ଥା, ଶିଶୁ ଶ୍ରମିକମାନଙ୍କ ପ୍ରତି ନିର୍ଯ୍ୟାତନା ପ୍ରଭୃତି ବିଘଟଣ ଗୁଡ଼ିକ ମୁର୍‌ଙ୍କ ମନରେ ଗଭୀର ରେଖାପାତ କରିଛି। ଏବଂ ଏଗୁଡ଼ିକର ପ୍ରତିକାର ବଳରେ ସୁସ୍ଥ ସମାଜର ପ୍ରତିଷ୍ଠା ପାଇଁ ଦିଗ୍‌ଦର୍ଶନ ପ୍ରଦାନ କରିଛନ୍ତି ଉକ୍ତ ଉପନ୍ୟାସଟିରେ।

ଆଧୁନିକ ବୈଜ୍ଞାନିକ କଥା ସାହିତ୍ୟର ଅନ୍ୟ ଜଣେ ବିଶିଷ୍ଟ ପୁରୋଧା ହେଉଛନ୍ତି ଫ୍ରାନ୍‌ସିସ୍ ବେକନ୍। ତାଙ୍କର 'ନ୍ୟୁ ଆଣ୍ଟାଲାନ୍‌ଟିକ୍ ପୋଷ୍ଟ୍ୟୁମସ୍' - ୧୬୨୭ (New Atlantic Posthumous-1627) ପୁସ୍ତକଟିରେ ବୈଜ୍ଞାନିକ ଉଦ୍ଭାବନର ଦ୍ରୁତ ବିକାଶ ଯଥା - ନ୍ୟୁ ଆର୍‌ଟିଫିସିଆଲ୍ ମେଟାଲ୍‌ସ (New Artificial Metals) ଭିଭିସେକ୍ସନ୍ (Vivisection) ଜେନେଟିକ୍ ମନିପୁଲେସନ୍ (Genetic Manipulation), ଟେଲିସ୍କୋପ (Telescopes) ମାଇକ୍ରୋସ୍କୋପ୍ (Microscopec), ଟେଲିଫୋନ୍ (Telephones), ଫେକ୍ଟୋରିସ୍ (Factories) ଏବଂ ସବ୍‌ମରଇନଜ୍ (Submarines) ପ୍ରଭୃତି ପରୀକ୍ଷାମୂଳକ ବୈଜ୍ଞାନିକ ଉଦ୍ଭାବନ ଆଦିକୁ ଦର୍ଶାଇଛନ୍ତି।

ଷଷ୍ଠଦଶ, ସପ୍ତଦଶ ଶତାବ୍ଦୀ ବେଳକୁ ଯାନ୍ତ୍ରିକ କୌଶଳ ସହ ମନୁଷ୍ୟର ସାମାଜିକ ପରିବର୍ତ୍ତନ ମଧ୍ୟ ଦ୍ରୁତ ବେଗରେ ସଂଘଟିତ ହୋଇଛି, ଏହାର ପ୍ରଭାବ ମନୁଷ୍ୟର ବ୍ୟକ୍ତିଗତ ଜୀବନକୁ ମଧ୍ୟ ପ୍ରଭାବିତ କରିଛି। ଏହି ସମୟରେ ଭବିଷ୍ୟତକୁ ନେଇ 'ଫ୍ରାନ୍‌ସିସ୍ ଚେନାଲ୍‌ସ' ରଚନା କରିଛନ୍ତି 'ସିକ୍‌ସ ପେଜ୍ ପଲିଟିକାଲ୍ ଟ୍ରେକ୍‌ଟ ଆଲିସସ୍ : ହିଜ୍ ଡ୍ରିମ୍ ଅଫ୍‌ଦ କିଙ୍ଗସ୍ ସେକେଣ୍ଡ୍ କମିଙ୍ଗ୍ ଟୁ ଲଣ୍ଡନ', ୧୬୪୪ (Six page political tract Aulicus : His Dream of the kings second coming to London 1644) ଏବଂ ଜେକ୍‌ସ ଗୁଟେନ୍ ରଚନା କରିଛନ୍ତି 'ଏପିଜନ୍ ଷ୍ଟୋରି ଅଫ୍ ଦ ଫ୍ୟୁଚର ସେନ୍‌ଚୁରି ୧୬୫୯' (Epigone Story of the future century 1659) ଏହି ସମୟରେ ସଂପୂର୍ଣ୍ଣ ଭାବରେ କଥା ସାହିତ୍ୟର ସମୃଦ୍ଧି ଆଗକୁ ଅଗ୍ରଗତି କରି ଚାଲିଛି। ଅତୀତକୁ ଅବଲୋକନ କଲାବେଳକୁ ଭବିଷ୍ୟତରେ ବହୁ ପରିବର୍ତ୍ତନ ଆସିଛି।

ଅଷ୍ଟାଦଶ ଶତାବ୍ଦୀ ବୈଜ୍ଞାନିକ ଉପନ୍ୟାସ କ୍ଷେତ୍ରରେ ପରିବର୍ତ୍ତନ ସହ ବୈଜ୍ଞାନିକମାନଙ୍କ ବୌଦ୍ଧିକତା ବିଶେଷ ଭାବରେ ଜନମାସନକୁ ପ୍ରଭାବିତ କରିଛି। ଏହି ସମୟରେ ମ୍ୟାରୀସେଲିଙ୍କ ୧୮୧୮ରେ ପ୍ରକାଶିତ "ଫ୍ରାଙ୍କୋନଷ୍ଟିନ୍" ଉପନ୍ୟାସ ଆଧୁନିକ କଥା ସାହିତ୍ୟ ଜଗତରେ ଏକ ନବଦିଗନ୍ତ ଉନ୍ମୋଚନ କରିଥିଲା। ଉକ୍ତ ଉପନ୍ୟାସଟିର ନାୟକ ଫ୍ରାଙ୍କୋନଷ୍ଟିନ୍ ଜଣେ ଯୁବ ବୈଜ୍ଞାନିକ। ଫ୍ରାଙ୍କୋନଷ୍ଟିନ୍ ନିଜ

ଗବେଷଣା ଗାରରେ ଏକ କୃତ୍ରିମ ଜୀବ ସୃଷ୍ଟି କରିଛନ୍ତି ଏବଂ ତାକୁ ବିଦ୍ୟୁତ୍ ଶକ୍ତି ସାହାଯ୍ୟରେ ପ୍ରାଣଶକ୍ତି ସଂଚାର କରାଇଛନ୍ତି । ଏହି କୃତ୍ରିମ ଜୀବଟି ଆଠଫୁଟ୍ ଲମ୍ବା ଓ ବିଭତ୍ସ ମୁଖମଣ୍ଡଳ ଯୁକ୍ତ ଜୀବରୂପେ ସ୍ଥାନୀୟ ଜନସାଧାରଣମନରେ ଭୟ ସୃଷ୍ଟି କରିଛି । ଏହି ଜୀବଟିର ନାମ ରୋବଟ୍ । ସେ ଜନସାଧାରଣଙ୍କ ସହିତ ନିଜକୁ ଖାପଖୁଆଇ ଚଳାଇ ପାରିନାହିଁ । ତେଣୁ ଏପରିକି ନିଜର ସୃଷ୍ଟିକର୍ତ୍ତାଙ୍କ ସଂପର୍କୀୟମାନଙ୍କୁ ହତ୍ୟା କରିଛି । ଶେଷରେ ଫ୍ରାଙ୍କୋନଷ୍ଟିନ୍ ନିର୍ବାସିତ ଜୀବନଯାପନ କରିବା କାଳରେ ସେ ମାନସିକ ଯାତନା ଦେଇ ମୃତ୍ୟୁବରଣ କରିଛି । ଉକ୍ତ ଉପନ୍ୟାସଟିରେ ମ୍ୟାରିସେଲି ମନୁଷ୍ୟର ଜ୍ଞାନ ଏବଂ ଉଭାବନକୁ ଗ୍ରୀକ୍‌ମିଥ୍‌ରେ ଉପସ୍ଥାପିତ କରିଛନ୍ତି ।

ପ୍ରଥମ ବିଶ୍ୱଯୁଦ୍ଧପରେ ବହୁ ବୈଜ୍ଞାନିକ ତଥ୍ୟକୁ ଆଧାର କରି ଉପନ୍ୟାସମାନ ରଚନା କରାଯାଇଛି । ଯୁଦ୍ଧରେ ବହୁ ପ୍ରକାର ମେସିନ୍‌ଗୁଡ଼ିକର ବ୍ୟବହାର ଦ୍ୱାରା ମାନବ ସମାଜର ବହୁ କ୍ଷତି ସାଧନ ହୋଇଛି । ଯନ୍ତ୍ର କୌଶଳଦ୍ୱାରା ଶତ୍ରୁପକ୍ଷର ବିନାଶ ଘଟାଇବା ପାଇଁ ମନୁଷ୍ୟ ଏହି ସବୁର ବ୍ୟବହାର କରିଛି । ବିଜ୍ଞାନ ଏବଂ ପ୍ରଯୁକ୍ତି ବିଦ୍ୟାର ଏପରି ପ୍ରୟୋଗ ଦ୍ୱାରା ମନୁଷ୍ୟ ଭାବନାରେ ଆଶାବାଦୀ ଚିନ୍ତା ପରିବର୍ତ୍ତେ ହତାଶାର ଭାବାବେଗ ସୃଷ୍ଟି ହୋଇଛି ଏବଂ ମନୁଷ୍ୟର ମାନସପଟକୁ ଗଭୀର ଭାବରେ ରେଖାପାତ କରିଛି । ଏହି ସମୟରେ ଇଂରାଜୀ ସାହିତ୍ୟର ବିଶିଷ୍ଟ ଔପନ୍ୟାସିକ ଏଚ୍.ଜି. ୱେଲସ୍ ବହୁ ବୈଜ୍ଞାନିକ ଉପନ୍ୟାସ ରଚନା କରି ଉପନ୍ୟାସ ସାହିତ୍ୟ ଜଗତରେ ଏକ ବିରାଟ ପରିବର୍ତ୍ତନର ସୂତ୍ରପାତ କରିଛନ୍ତି । ତାଙ୍କ ଦ୍ୱାରା ରଚିତ ୧୮୯୫ମ ପ୍ରକାଶିତ 'ଦି ଟାଇମ୍ ମେସିନ୍' (The time machine) ଉପନ୍ୟାସଟିରେ ଅମଣିଷ ଭାବରେ ଭୂମିତଳେ ବାସ କରୁଥିବା ମରଲକ୍‌ସ (Morlocks) ନାମକ ଅବହେଳିତ ବାସିନ୍ଦାମାନଙ୍କ ଜୀବନ ଶୈଳୀର କରୁଣଚିତ୍ର ବର୍ଣ୍ଣନା କରିବା ସହ ଶେଷରେ କିପରି ମରଲକ୍‌ସ ମାନେ ଏକ ବିପ୍ଳବଦ୍ୱାରା ଶୋଷଣକାରୀ ବାସିନ୍ଦାମାନଙ୍କୁ ପରାଭୂତ କରାଇଦେଇଛନ୍ତି ତାହା ବର୍ଣ୍ଣନା କରିଛନ୍ତି । ଏହା ବ୍ୟତୀତ ଔପନ୍ୟାସିକଙ୍କ ଦି ଇନ୍‌ଭିଜିବିଲ୍‌ମେନ୍ (The invisible man), 'ଦି ୱାର ଅଫ୍‌ଦ ୱାଲଡ଼ସ୍' (The war of the world) 'ଦି ଫାଷ୍ଟ ମେନ୍ ଅନଦ ମୁନ୍' (The first man on the moon), ଆଦି ଅନନ୍ୟ କୃତି । ଏହି ସବୁ ଉପନ୍ୟାସ ଗୁଡ଼ିକ ପରବର୍ତ୍ତୀ ଲେଖକମାନଙ୍କୁ ପ୍ରଭାବିତ କରିବା ସହ ବିଶ୍ୱର ପ୍ରତ୍ୟେକ ରାଷ୍ଟ୍ରଗୁଡ଼ିକରେ ବିଜ୍ଞାନ ତଥ୍ୟକୁ ଆଧାର କରି ଗଳ୍ପ, ଉପନ୍ୟାସ, ସହ ପତ୍ରପତ୍ରିକା ଗୁଡ଼ିକର ଚାହିଦା ମଧ୍ୟ ବୃଦ୍ଧିତ୍ୱ ପ୍ରାପ୍ତ ହୋଇଛି । ଜୈବିକ ପରିବର୍ତ୍ତନଠୁ ଆରମ୍ଭ କରି ମହାକାଶଯାନ ପର୍ଯ୍ୟନ୍ତ ରୋବଟ୍ ପରିକଳ୍ପନା, ବିଭିନ୍ନ ଗ୍ରହ, ଉପଗ୍ରହର ସ୍ଥିତି ପ୍ରଭୃତି ବିଜ୍ଞାନ ସମ୍ବନ୍ଧୀୟ ବିଷୟକୁ ଆଧାର କରି କାଳ୍ପନିକ ଗଳ୍ପ ଉପନ୍ୟାସ ରଚନାର ଆଗ୍ରହ ଆଗକୁ ଅଗ୍ରଗତି କରିଚାଲିଛି ।

ଊନବିଂଶ ଶତାବ୍ଦୀରେ ବିଜ୍ଞାନ ତଥ୍ୟାଶ୍ରୟୀ କାଳ୍ପନିକ ଉପନ୍ୟାସ ଗୁଡ଼ିକର ଧାରା ଜନସାଧାରଣଙ୍କୁ ବିଜ୍ଞାନ ଏବଂ ପ୍ରଯୁକ୍ତି ବିଦ୍ୟାର ନବୀକରଣତା ସଂପର୍କରେ ସଂପୂର୍ଣ୍ଣ ଭାବରେ ଅବଗତ କରାଇଛି । ଏହି ସମୟର ଚିନ୍ତାଧାରାକୁ ସ୍ୱନାମଧନ୍ୟ ଲେଖକ ଜୁଲସଭର୍ଣ୍ଣେ ତାଙ୍କର 'ଏନ ଆଇଡ଼ିଏଲ୍‌ସିଟି' (An Idealcity) ପୁସ୍ତକରେ ଉପସ୍ଥାପିତ ମଧ୍ୟ କରିଛନ୍ତି । ତା ସହ ଜୁଲସ୍ ଭର୍ଣ୍ଣେଙ୍କ 'ଟ୍ୱେଣ୍ଟି ଥାଉଜେଣ୍ଡ ଆଣ୍ଡ ଲିଗ୍‌ସ ଅଣ୍ଡର ଦି ସି' (Twenty thousand & leagues under the sea) 'ଦି ମିଷ୍ଟ୍ରିଜ୍ ଇଜ୍ ଲ୍ୟାଣ୍ଡ' (The Mysterious is land) 'ଫ୍ରମ୍ ଦ ଆର୍ଥ ଟୁ ଦି ମୁନ୍ ଏରାଉଣ୍ଡ ଦି ୱାରଲଡ୍ ଇନ୍ ଏଇଟି ଡ଼େଜ୍' (From the Earth to the moon Around the world in Eighty Day's) ଏହି ସବୁ ଗ୍ରନ୍ଥଗୁଡିକ ଏବେବି ଜନପ୍ରିୟତା ହାସଲ କରୁଛି ।

ବିଂଶ ଶତାବ୍ଦୀର ବୈଜ୍ଞାନିକ କଥା ସାହିତ୍ୟର ପରିସର ବହୁବିଧ ଭାବରେ ଜନମାନସକୁ ପ୍ରଭାବିତ କରିବା ସହ ଊନବିଂଶ ଶତାବ୍ଦୀର ଶେଷଭାଗରେ ମଧ୍ୟ ଏହା ମନୁଷ୍ୟର ବୌଦ୍ଧିକତାକୁ ସ୍ପର୍ଶ କରିଛି । ତେଣୁ ଊନବିଂଶ ଶତାବ୍ଦୀର ଶେଷ ଏବଂ ବିଂଶ ଶତାବ୍ଦୀର ପ୍ରାରମ୍ଭ ବେଳକୁ ବହୁ ସୃଜନଶୀଳ ବ୍ୟକ୍ତି ଏହି ବ୍ୟାପାରରେ ମନୋନିବେଶ କରି ବୈଜ୍ଞାନିକ ଉପନ୍ୟାସର ବ୍ୟାପ୍ତିକୁ ଆହୁରି ବିସ୍ତୃତ କରିଛନ୍ତି । ବିଂଶ ଶତାବ୍ଦୀ ସଂପୂର୍ଣ୍ଣ ଭାବରେ ଯାନ୍ତ୍ରିକ ଯୁଗରେ ପରିବର୍ତ୍ତନ ହୋଇଛି । ଆଧୁନିକ ଜନଜୀବନର ପ୍ରତିଟି ପରିସ୍ଥିତିରେ ପ୍ରଯୁକ୍ତି ବିଦ୍ୟାର ଗଭୀର ପ୍ରଭାବ ହୋଇଛି ଦୃଶ୍ୟାୟିତ । ଲେଖକର ସୃଜନତାରେ ପରିବର୍ତ୍ତନ ଆସିଛି । ଶିଳ୍ପ ବିପ୍ଳବ ଦ୍ୱାରା ଉତ୍ପାଦନ କ୍ରମୋନ୍ନୋତି ଯେପରି ହୋଇଛି ଶ୍ରମିକ ଏବଂ ପୁଞ୍ଜିପତି ମାନଙ୍କ ସଂପର୍କରେ ମଧ୍ୟ ଉତ୍କଟ ସମସ୍ୟା ଦେଖାଦେଇଛି । ଏହି ସବୁ ପ୍ରତିକ୍ରିୟାକୁ ନେଇ ଅନେକ ଲେଖକ ତାଙ୍କ ଲେଖନୀ ମାଧ୍ୟମରେ ସ୍ୱର ଉତ୍ତୋଳନ କରିଛନ୍ତି । ଶିଳ୍ପ ବିପ୍ଳବର ପ୍ରଭାବ ଏବଂ ତାର କୁପରିଣତିକୁ ନେଇ ଗୋଲ୍‌ଡ଼ସ୍ମିଥ୍ ତାଙ୍କର 'ଦି ଡେଜାଡ୍ ଭିଲେଜ୍' (The Deserted Village)ରେ ସମାଜ ଜୀବନର ତୀବ୍ର ପ୍ରତିକ୍ରିୟାକୁ ପ୍ରକାଶ କରିଛନ୍ତି । ଏହି ସମୟରେ ଏଲ୍‌ଡ଼ାସହକ୍‌ସେଲ୍ ସାଂପ୍ରତିକ ଜୀବନର ସମକାଳୀନ ପରିସ୍ଥିତି ଏବଂ ବୈଜ୍ଞାନିକ ବସ୍ତୁବାଦ ସହ ହିଡ଼ୋନିଜିମ୍ କୁ ନେଇ 'ପଏଣ୍ଟ କାଉଣ୍ଟର ପଏଣ୍ଟ' (Point Counter Point) ଏବଂ 'ଦି ବ୍ରେଭ୍ ନ୍ୟୁ ୱାରଲଡ୍' (The Brave New world) ଦୁଇଟି ଉପନ୍ୟାସ ରଚନା କରିଛନ୍ତି ।

ଏହି ସମୟରେ ଷ୍ଟାର୍ ୱାର୍‌ସ, ଷ୍ଟାରସିପ୍, ପ୍ରତୀୟମାନ ବାସ୍ତବତା (Virtual Reality) ଅନୁପ୍ରଯୁକ୍ତ ବିଦ୍ୟା ବା (Nano - Technology) ପ୍ରଭୃତି ବିଷୟଗୁଡ଼ିକୁ ନେଇ ସର୍ଜନାତ୍ମକ କୃତି ତିଆରି କରିବାରେ ଲେଖକମାନେ କ୍ରିୟାଶୀଳ ହୋଇଛନ୍ତି ।

ଏହା ଦ୍ୱାରା ପ୍ରଯୁକ୍ତି ବିଦ୍ୟାର ଅଗ୍ରଗତି ସହ ମୁଦ୍ରଣଶିଳ୍ପର ସମୃଦ୍ଧି, କମ୍ପ୍ୟୁଟର ତଥା ସଫ୍‌ଟୱେର ତିଆରି କ୍ଷେତ୍ରରେ ପାରଦର୍ଶିତା, ସିଡ଼ିରୋମ୍ ପ୍ରଭୃତି ଆଧୁନିକ ବ୍ୟବସ୍ଥା ଗୁଡ଼ିକ ପ୍ରୟୋଗ କରି ଔପନ୍ୟାସିକମାନେ ସାଧାରଣ ଜନସାଧାରଣଙ୍କ ଜୀବନରେ ଆମୋଦ ପ୍ରମୋଦ, ରେମାଞ୍ଚ, ଶିହରଣ ସୃଷ୍ଟି କରିବା ପୂର୍ବକ ମନସ୍ତାତ୍ତ୍ୱିକ ଚାହିଦାକୁ ପୁରଣ କରିବାରେ ସମର୍ଥ ମଧ୍ୟ ହୋଇଛନ୍ତି। କିନ୍ତୁ ପ୍ରଥମ ବିଶ୍ୱଯୁଦ୍ଧ ସମୟରେ ମାନବ ସଭ୍ୟତାର ଯେଉଁ ଭୟଙ୍କର କ୍ଷତି ସାଧନ ହୋଇଥିଲା, ସେଥିପାଇଁ ବିଜ୍ଞାନ ମଧ୍ୟ ଦାୟୀ ଥିଲା। ତେଣୁ ୟୁରୋପୀୟ ଚିନ୍ତାଶୀଳ ବୁଦ୍ଧିଜୀବୀମାନେ ଏଥିପ୍ରତି ସଚେତନତାକୁ ଲକ୍ଷ୍ୟ ରଖି ଉପନ୍ୟାସ ରଚନା କରିବା ସହ ଅକୃତିମ ଜୀବନ ସୃଷ୍ଟି ଏବଂ ମାନବ ସମାଜର କ୍ଷତିକୁ ମଧ୍ୟ ତାଙ୍କ ଉପନ୍ୟାସରେ ସ୍ଥାନ ଦେଲେ। ଏହି ସମୟରେ ଚେକୋସ୍ଲୋଭାକିଆର କାରେଲ୍‌କାପେକ୍ ନାମକ ଜଣେ ମହାନ ଔପନ୍ୟାସିକ ବୈଜ୍ଞାନିକ ଉପନ୍ୟାସ କ୍ଷେତ୍ରରେ ଆଉ ଏକ ବିସ୍ମୟତା ସୃଷ୍ଟି କରିଥିଲେ। ସେ ୧୯୨୧ ମସିହାରେ ପ୍ରକାଶ କଲେ "ରୋସ୍‌ମସ୍‌ରୁ ୟୁନିଭରସାଲ୍ ରୋବଟସ୍" ନାମକ ବୈଜ୍ଞାନିକ ଉପନ୍ୟାସ। ୧୯୨୩ ମସିହା ଇଂରାଜୀଭାଷାରେ ଏହା ଅନୁବାଦ ହୋଇ ସମଗ୍ର ବିଶ୍ୱରେ ବିଶେଷ କରି ଉପନ୍ୟାସ ସାହିତ୍ୟକୁ ପ୍ରଭାବିତ କରିଥିଲା। ମ୍ୟାରି ଗଡ଼ଉଇନ୍‌ଙ୍କ 'ଫ୍ରାଙ୍କୋନଷ୍ଟିନ୍' ଉପନ୍ୟାସର ଫ୍ରାଙ୍କୋନଷ୍ଟିନ୍ ପରି କାପେକ୍‌ଙ୍କ ରୋମସ୍ ସୃଷ୍ଟି କରିଥିଲା ରୋବର୍ଟ ନାମକ କୁତ୍ରିମ ମଣିଷ। ଏହି ରୋବଟ ଗୁଡ଼ିକ ପ୍ରୟୋଗ କରି ମନୁଷ୍ୟ ଯୁଦ୍ଧରେ ନିଜର ସ୍ୱାର୍ଥ ସାଧନ କରିବା ସହ ବିପକ୍ଷ ପକ୍ଷର କ୍ଷତି ସାଧନ କରିଛି।

ଔପନ୍ୟାସିକମାନେ ଏପରି ମନୋଭାବକୁ ନେଇ ଯେଉଁ କଳାତ୍ମକ କୃତି ଗୁଡ଼ିକ ରଚନା କରିଛନ୍ତି ତାହା ଉପନ୍ୟାସ ଜଗତ ସହ ପାଠକ ପାଠିକା ମାନଙ୍କ ମାନସପଟକୁ ମଧ୍ୟ ଭୟମିଶ୍ରିତ ଭିନ୍ନ ଏକ ସ୍ୱାଦର ଆବେଗ ସୃଷ୍ଟି କରିଛି। ଏହି ସମୟରେ ମନୁଷ୍ୟ ଚନ୍ଦ୍ରପୃଷ୍ଠରେ ଅବତାରଣ କରି ଏକ ଅବିସ୍ମରଣୀୟ ଐତିହାସିକ କୀର୍ତ୍ତି ସୃଷ୍ଟି କରିଛନ୍ତି। ମହାକାଶ ବିଜ୍ଞାନର ସମୃଦ୍ଧି ସାଧନ ସହ କଳ୍ପନା ବିଳାସୀ ଲେଖକ ମହାକାଶକୁ ନେଇ, ମହାକାଶରେ ମନୁଷ୍ୟର ଅପୂର୍ବ ସାହସିକ ପଦକ୍ଷେପକୁ ନେଇ ପରାକ୍ରମତାକୁ ନେଇ ଗଳ୍ପଉପନ୍ୟାସ ରଚନା କରାଯାଇଛି। ଏହି କ୍ଷେତ୍ରରେ ଆର୍ଥରସି:କ୍ଲାର୍କ ହେଉଛନ୍ତି ଜଣେ ପ୍ରମୁଖ କଥା ସାହିତ୍ୟିକ। ଷାଠିଏରୁ ଅତ୍ୟାଧିକ ବୈଜ୍ଞାନିକ କଥା ସାହିତ୍ୟର ସେ ହେଉଛନ୍ତି ରଚୟିତା। ତାଙ୍କ ଗ୍ରନ୍ଥ ଗୁଡ଼ିକ ମଧ୍ୟରେ 'ଚାଇଲ୍‌ଡହୁଡ୍ ଏଣ୍ଡ' (Childhood End), 'ଦି ସିଟି ଏଣ୍ଡ୍ ଦି ଷ୍ଟାର' (The city and the star) 'ରେନ୍‌ଡିଭେ ଉଇଥ ରାମ୍' (Rendezvous with Rama), 'ଟୁ ଥାଉଜେଣ୍ଡ ୱାନ୍ ଏ ସ୍ପେଶ୍ ଓଡେଶୀ' (2001: A space odyssey), 'ଥ୍ରୀ ଥାଉଜେଣ୍ଡ୍ ୱାନ୍; ଦି ଫାଇନାଲ ଓଡ଼େଶୀ' (3001, The final Odyssey) ପ୍ରଭୃତି କୃତି ଗୁଡ଼ିକ ପାଇଁ ଆର୍ଥର୍ ସି.କ୍ଲାର୍କ୍ ଅନ୍ତରାଷ୍ଟ୍ରୀୟ ସୁଖ୍ୟାତି ହାସଲ ମଧ୍ୟ କରିଛନ୍ତି। କ୍ଲାର୍କଙ୍କ 'ରେନ୍‌ଡିଭେ ଉଇଥ ରାମ୍' (Rendezvous with Rama) ଏକ ଉପଭୋଗ୍ୟ ତଥ୍ୟ ପୂର୍ଣ୍ଣ ସଫଳ ଉପନ୍ୟାସ। ଏହି ଉପନ୍ୟାସ ପାଇଁ କ୍ଲାର୍କ୍ ହ୍ୟୁଗୋ, ନେବୁଲା ଏବଂ 'ଜନ୍ ଡ୍‌ବ୍ଲୁ କେମ୍‌ବେଲ୍ ମେମୋରିଆଲ୍ ଏୱାର୍ଡ' (John W. campbell memorial Awared) ପ୍ରଭୃତି ସମ୍ମାନ ଦ୍ୱାରା ସମ୍ମାନିତ ହୋଇଛନ୍ତି।

ବିଜ୍ଞାନ ତାର ନୂତନ ଉଦ୍ଭାବନରେ ନୂଆ ନୂଆ ସଫ୍‌ଟ୍‌ୱେଆର ଆବିଷ୍କାର କରିବା ସହ ନିଜସ୍ୱ ବୌଦ୍ଧିକତାର ପରାକାଷ୍ଠାକୁ ପ୍ରଦର୍ଶନ କରିବାରେ ସଫଳ ହୋଇଛି। କମ୍ପ୍ୟୁଟର ଏବଂ ରୋବଟ୍‌କୁ ଆଧାର କରି ବୈଜ୍ଞାନିକ ଔପନ୍ୟାସିକମାନେ ସାଧାରଣ ଜନତାଙ୍କ ମନରେ ଅପୂର୍ବପୁଲକ ଏବଂ ରୋମାଞ୍ଚ ସୃଷ୍ଟି କରିବାରେ ସଫଳ ହୋଇଛନ୍ତି। ଏହି କ୍ଷେତ୍ରରେ ଲ' ଅଫ୍ ରୋବେଟିକସ୍ ରଚନା କରିବା ସହ ପ୍ରଯୁକ୍ତି ବିଦ୍ୟାର ବହୁବିଧ ଘଟଣାରାଜିକୁ ଆଧାର କରି ଅନେକ ପାଞ୍ଚ ଶହରୁ ଅଧିକ ଉପନ୍ୟାସ ରଚନା କରିଛନ୍ତି ଆଇଜାକ୍ ଆସିମୋଭ୍। ତାଙ୍କ ଲେଖକ ଜୀବନର ଶୁଭାରମ୍ଭ ଘଟାଇଥିଲେ ବୈଜ୍ଞାନିକ କଥାସାହିତ୍ୟ ମାଧ୍ୟମରେ। ତାଙ୍କ ଦ୍ୱାରା ପ୍ରଥମ ବୈଜ୍ଞାନିକ ଉପନ୍ୟାସ ହେଲା 'ପେବଲ୍ ଇନ୍ ଦି ସ୍କାଏ' (Pabble in the sky)। ଉପନ୍ୟାସଟି ଡ଼ବ୍‌ଲଡ଼େ ଆଣ୍ଡ କମ୍ପାନୀ ଆନୁକୁଲ୍ୟରେ ୧୯୫୦ ମସିହାରେ ପ୍ରକାଶିତ ହୋଇଥିଲା। ତା ସହ ୧୯୫୦ ମସିହାରେ ଆସିମୋଭ୍‌ଙ୍କ 'ପାଇରୋବଟ୍' ଏବଂ ପରେ 'ରେଷ୍ଟଅଫ୍‌ଦି ରୋବର୍ଟସ୍' ପ୍ରକାଶିତ ହେବା ପରେ ପାଠକ ମହଲରେ ଖୁବ୍ ଚାଞ୍ଚଲ୍ୟତା ସୃଷ୍ଟି କରିଥିଲା। କୃତ୍ରିମ ମଣିଷ ଜୀବନ୍ତ ମଣିଷକୁ ଧ୍ୱଂସ କରିବା ପରିବର୍ତ୍ତେ କଲ୍ୟାଣ ଦିଗରେ ପ୍ରୟୋଗ କରାଯାଇ ପାରିବ ବୋଲି ସେ ଏହି ଉପନ୍ୟାସଦ୍ୱୟରେ ନିଜର ଆଭିମୁଖ୍ୟକୁ ସ୍ପଷ୍ଟ କରିଥିଲେ। ଆଧୁନିକ ବୈଜ୍ଞାନିକ ଉପନ୍ୟାସଗୁଡିକରେ ସେ ଦେଇଥିଲେ ନୂଆ ରୂପ ଓ ଦିଶା। ତେଣୁ ତାଙ୍କୁ ଆଧୁନିକ ବିଜ୍ଞାନ ଉପନ୍ୟାସର ଜନକ କୁହାଯାଏ। ଲେଖକଙ୍କ ଜନ୍ମଦିନ ଅନୁଯାୟୀ ୨୦୧୨ ମସିହାରୁ ଜାନୁୟାରୀ ୨ ତାରିଖରେ ବିଶ୍ୱସ୍ତରରେ ପାଳିତ ହେଉଛି 'ବିଜ୍ଞାନ ଉପନ୍ୟାସ ଦିବସ' ବା ସାଇନ୍ସ ଫିକ୍‌ସନ ଡେ।

ବୈଜ୍ଞାନିକ ଉପନ୍ୟାସ ରଚନା କ୍ଷେତ୍ରରେ ଆଉ ଜଣେ ଜନପ୍ରିୟ ଲେଖକ ହେଉଛନ୍ତି ରବର୍ଟ ଏ: ହେନ୍‌ଲିନ୍। ହେନ୍‌ଲିନ୍‌ଙ୍କ ଉପନ୍ୟାସଗୁଡ଼ିକ ଖୁବ୍ ଚିତ୍ତାକର୍ଷକ। ତାଙ୍କ ଉପନ୍ୟାସରେ ବିଂଶ ଶତାବ୍ଦୀର ଭବିଷ୍ୟତକୁ ଏକ ନୈରାଶ୍ୟ ବ୍ୟଞ୍ଜକ ଭାବରେ ଅନୁଧ୍ୟାନ କରିଛନ୍ତି। ତାଙ୍କ ବିଚାର ଅନୁଯାୟୀ "ପ୍ରଯୁକ୍ତି ବିଦ୍ୟାର ତ୍ୱରାନ୍ୱିତ ସମୃଦ୍ଧି ସାଧିତ ହେଉଥିଲେ ମଧ୍ୟ ଏହି ଶତାବ୍ଦୀରେ ମନୁଷ୍ୟର ଦାରୁଣ ନୈତିକ ଅଧପତନ ଘଟିବ। ସାମାଜିକ ଅନୁଷ୍ଠାନ ଗୁଡ଼ିକରେ ବିଶୃଙ୍ଖଳା ବ୍ୟଭିଚାର ପରିଲକ୍ଷିତ ହେବ।

ଗଣ ଉତ୍ପାଦନ (Mass production) ପଦ୍ଧତି ନିର୍ଭରଶୀଳ ସଭ୍ୟତା ବିଜ୍ଞାପନ ସର୍ବସ୍ୱ ଓ ବସ୍ତୁ ସର୍ବସ୍ୱ ରୂପ ଧାରଣ କରିବା ଫଳରେ ମନୁଷ୍ୟର କାମନାର କୌଣସି ଅନ୍ତ ରହିବ ନାହିଁ। ଏବଂ ଏଥିପାଇଁ ଅର୍ଥ ଓ କ୍ଷମତା ପାଗଳ ମନୁଷ୍ୟଠାରେ ଗଣ ମାନସିକତା ବିକୃତି (Mass Psychosis) ପରିଲକ୍ଷିତ ହେବ ବୋଲି ଦର୍ଶାଇଛନ୍ତି।" ।[୧]।

ଏପରି ସବୁ ଭିନ୍ନ ଭିନ୍ନ ସ୍ୱାଦର ବୈଜ୍ଞାନିକ ଉପନ୍ୟାସମାନ ରଚିତ ହୋଇଛି। ଏହା କିଛି ମାତ୍ରାରେ ସତ ହୋଇଥିଲେ ମଧ୍ୟ ବେଳେ ବେଳେ ପାଠକବର୍ଗଙ୍କୁ ଅବାସ୍ତବ ପରି ମନେ ହୋଇଛି।

ବିଂଶ ଶତାବ୍ଦୀର ଶେଷ ପାଦରେ ଜେ.ଜି. ବାଲ୍ଲାଡ଼ ମଧ୍ୟ ଏକ ଅନ୍ତରାଷ୍ଟ୍ରୀୟ ସୁଖ୍ୟାତି ଅର୍ଜନ କରିଥିବା ବୈଜ୍ଞାନିକ ଉପନ୍ୟାସର ଲେଖକ। ତାଙ୍କର ଉପନ୍ୟାସରେ ମନୁଷ୍ୟର ମନୋଭାବ, ତା'ର ଭାବନା ଏବଂ ଅନୁଭବ ଗୁଡ଼ିକ କିପରି ପରିବର୍ତ୍ତନ ଘଟିବ ତାହା ଚିତ୍ତାକର୍ଷକ ଶୈଳୀରେ ବର୍ଣ୍ଣନା କରିଛନ୍ତି। ବାଲ୍ଲାଡ଼ଙ୍କ ଦ୍ୱାରା ରଚିତ ଉପନ୍ୟାସଗୁଡ଼ିକ ଭବିଷ୍ୟତରେ ମନୁଷ୍ୟର ମାନସିକତାକୁ ମଧ୍ୟ ପ୍ରତିଫଳିତ କରିଛି। ଏ ସମସ୍ତ ଉପନ୍ୟାସଗୁଡିକୁ ଅନୁଧ୍ୟାନ କଲେ ବୈଜ୍ଞାନିକ ଉପନ୍ୟାସର ବିକାଶଧାରା ଆଗକୁ ଅଗ୍ରଗତି କରିଚାଲିଛି। ସ୍ୱାଧୀନତା ପରବର୍ତ୍ତୀ ସମୟରେ ଅର୍ଥାତ୍ ୧୯୫୦ ମ. ପରବର୍ତ୍ତୀ ସମୟରେ ବୈଜ୍ଞାନିକ ଉପନ୍ୟାସର ପ୍ରଭାବ ଭାରତୀୟ ଲେଖକମାନଙ୍କୁ ମଧ୍ୟ ପ୍ରଭାବିତ କରିଛି। ବୈଜ୍ଞାନିକ ସାହିତ୍ୟର ସୃଷ୍ଟି ତଥା ବିଜ୍ଞାନର ପ୍ରସାର ପାଇଁ, ବିଜ୍ଞାନର ସୁଫଳ ପାଇଁ ବିଭିନ୍ନ ପ୍ରଦେଶ ମାନଙ୍କରେ ବିଜ୍ଞାନ ପ୍ରଚାର ସମିତି ଏବଂ ବିଜ୍ଞାନ ଲେଖକ ସମିତି ମାନ ଗଠନ କରାଯାଇଥିଲା। ବୈଜ୍ଞାନିକମାନେ ଆବିଷ୍କାର କରିଥିବା ସତ୍ୟ କିପରି ଜନ ସମାଜର କଲ୍ୟାଣରେ ବିନିଯୋଗ ହୋଇପାରିବ ସେଥିପ୍ରତି ଭାରତୀୟ ଲେଖକମାନେ ସଚେତନ ହୋଇ ଏହି ସବୁ ସମିତି ଗଠନ ପାଇଁ ପ୍ରୟାସୀ ହୋଇଥିଲେ। ବଙ୍ଗଳା ଭାଷାରେ ମଧ୍ୟ ଅନେକ ବୈଜ୍ଞାନିକ ଚିନ୍ତାର ପ୍ରତିଫଳନ ଊନବିଂଶ ଶତାବ୍ଦୀର ମଧ୍ୟ ଭାଗରୁ ତଥା ତା ପୂର୍ବରୁ ପତ୍ରପତ୍ରିକା ମାନଙ୍କରେ ପ୍ରକାଶିତ ହୋଇ ସାରିଥିଲା। ବିଶେଷ କରି ଇଂରାଜୀ ଶିକ୍ଷାର ପ୍ରସାର ଫଳରେ ହିଁ ଭାରତରେ ବୈଜ୍ଞାନିକ ଚିନ୍ତାଧାରାର ଦ୍ରୁତ ପ୍ରସାର ଘଟିଥିଲା। ବଙ୍ଗଳା ସାହିତ୍ୟରେ ନବଯୁଗର ପ୍ରଥମ ପର୍ଯ୍ୟାୟରେ ବୈଜ୍ଞାନିକ ଚିନ୍ତାଧାରାକୁ ଜନପ୍ରିୟ କରାଇ ପାରିବାରେ ଅକ୍ଷୟ କୁମାରଙ୍କ ପ୍ରବନ୍ଧ ସାହିତ୍ୟର ଭୂମିକା ଅନନ୍ୟ। ବୈଜ୍ଞାନିକ ଚିନ୍ତାଧାରାକୁ ନେଇ କନକବନ୍ଦୋପାଧ୍ୟାୟ ମତ ପ୍ରକାଶ କରିଛନ୍ତି - "ବୈଜ୍ଞାନିକ ଚିନ୍ତାକୁ ପ୍ରବନ୍ଧର ମାଧ୍ୟମରେ ପ୍ରକାଶ କରିବା ଥିଲା ଅକ୍ଷୟ କୁମାରଙ୍କ ଜୀବନର ସାଧନା xxx ବୁଦ୍ଧିନିଷ୍ଠ ବୈଜ୍ଞାନିକ ଚେତନା ସଂପନ୍ନ ମନରୁ ଏହାଙ୍କର ପ୍ରବନ୍ଧ ସମୂହ ଉଦ୍ଭୁତ ହୋଇଛି" ।[୨]।

୧୮୪୨ ମସିହାରେ ବଙ୍ଗଳା ଭାଷାରେ 'ବିଦ୍ୟାଦର୍ଶନ' ନାମକ ପତ୍ରିକା ଏବଂ ୧୮୭୨ ମସିହାରେ 'ବଙ୍ଗଦର୍ଶନ' ନାମକ ପତ୍ରିକା ପ୍ରକାଶ ପାଇଥିଲା। ଏହି ପତ୍ରିକାମାନଙ୍କରେ ବିଜ୍ଞାନ ତଥା ବିଜ୍ଞାନଭିତ୍ତିକ ଲେଖାମାନ ପ୍ରକାଶ କରାଯାଉଥିଲା। ୧୯୫୦ ମ. ପରେ ବଙ୍ଗଳା ଭାଷାରେ ଅନେକ ବୈଜ୍ଞାନିକ ଗଳ୍ପ ଏବଂ ବୈଜ୍ଞାନିକ ଉପନ୍ୟାସ ମାନରଚିତ ହୋଇଥିଲା।

ବଙ୍ଗଳା ସାହିତ୍ୟ ପରି ଆସାମୀୟ ସାହିତ୍ୟରେ ମଧ୍ୟ ସ୍ୱାଧୀନତା ପୂର୍ବରୁ ବୈଜ୍ଞାନିକ ଉପନ୍ୟାସମାନ ରଚିତ ହୋଇଛି। ୨ୟ ବିଶ୍ୱଯୁଦ୍ଧ ସମୟରେ ଯେତେବେଳେ ଜାପାନ୍‌ରେ ଆଟମ୍‌ବମ୍ ପଡ଼ିଥିଲା ସେହି ସମୟରେ ଆସାମର ଲେଖକ ବଡ଼ ଠାକୁର 'ଆଟମ୍‌ବମ୍' ନାମକ ଉପନ୍ୟାସ ଲେଖିଥିଲେ। ଉପନ୍ୟାସଟି ଆତ୍ମିକ ଦୃଷ୍ଟିରୁ ଦୁର୍ବଳ ଥିଲେ ହେଁ ଆଙ୍ଗିକ ଦୃଷ୍ଟିରୁ ଏହା ଥିଲା ଉଚ୍ଚମାନର। ଏହି ସମୟରେ ଆସାମୀୟ ଲେଖକ ଗୌରବ କୁମାର ଛାଲିଆ ମଧ୍ୟ ବୈଜ୍ଞାନିକ ଉପନ୍ୟାସ ରଚନାରେ ବ୍ରତୀ ହୋଇ ଥିଲେ। ଏହା ବ୍ୟତୀତ ବିଜ୍ଞାନଭିତ୍ତିକ ଗଳ୍ପ, ଉପନ୍ୟାସ ରଚନା କରି ଆସାମୀୟ ସାହିତ୍ୟରେ ବିଜୟ କୃଷ୍ଣଦେବ ଶର୍ମା, ଦୀନେଶ ଚନ୍ଦ୍ର ଗୋସ୍ୱାମୀ, ବନ୍ଦିତା ଫୁକନ୍, ନବକାନ୍ତ ବରୁଆ, ରବୀନ୍ଦ୍ର ନାଥ ଗୋସ୍ୱାମୀ ପ୍ରଭୃତି ଖୁବ୍ ସୁନାମ ଅର୍ଜନ କରିଛନ୍ତି। ଆସାମୀୟ ଭାଷାରେ ବହୁ ବୈଜ୍ଞାନିକ ଉପନ୍ୟାସ ଓ ଗଳ୍ପର ଅନୁବାଦ ମଧ୍ୟ କରାଯାଇଛି। 'ଦି ଇନ୍‌ଭିଜିବୁଲ ମେନ୍' ହେମବାଳା ଦାସ ଅନୁବାଦ କରି ୧୯୫୬ ମସିହାରେ ପ୍ରକାଶ କରିଛନ୍ତି। ୧୯୬୨ ମସିହାରେ ଭର୍ଣ୍ଣେଙ୍କ 'ଏରାଉଣ୍ଡ ଦି ୱାଲର୍ଡ଼ ଇନ୍ ଏଇଟି ଡ଼େଜ୍' ଉପନ୍ୟାସ ମହେନ୍ଦ୍ର ବରୁଆଙ୍କ ଦ୍ୱାରା ଅନୁବାଦିତ ହୋଇ ପ୍ରକାଶ ପାଇଛି। ୧୯୬୫ ମସିହାରେ ଭର୍ଣ୍ଣେଙ୍କ 'ଫ୍ରମ୍ ଦ ଆର୍ଥ ଟୁ ଦି ମୁନ୍' ଉପନ୍ୟାସଟି ଅନୀଲ କୁମାର ଶର୍ମାଙ୍କ ଦ୍ୱାରା ଅନୁବାଦ ହୋଇ ପ୍ରକାଶ ପାଇଛି। ଏହା ବ୍ୟତୀତ ଅନେକ ଇଂରାଜୀ ବୈଜ୍ଞାନିକ ଉପନ୍ୟାସକୁ ଆସାମୀୟ ଭାଷାରେ ଅନୁବାଦ କରାଯାଇଛି। ସେହିପରି କନ୍ନଡ଼ ସାହିତ୍ୟର ଜଣେ ବିଶିଷ୍ଟ କଥାକାର ହେଉଛନ୍ତି - ରାଜଶେଖର ଭୋଷ୍ଣୁରମଠ (Rajshekhar Bhoosnoomath) । ତାଙ୍କ ଉପନ୍ୟାସ ଗୁଡ଼ିକ ମଧ୍ୟରେ ମେନବନ୍‌ତରା (Man - vantara), ଅପୋରେସନ୍ ୟୁଏଫ୍‌ଓ (Operation UFO) ଇତ୍ୟାଦି ଅନନ୍ୟ। ତାଙ୍କ ବୈଜ୍ଞାନିକ ଉପନ୍ୟାସ ଲେଖିବାର ଉଦ୍ଦେଶ୍ୟ ହେଲା; ସାଧାରଣ ମନୁଷ୍ୟମାନେ ବିଜ୍ଞାନ ସମ୍ପର୍କିତ ଧାରଣାକୁ ଅବଗତ ହୋଇପାରିବେ। ଏହି କ୍ରମରେ ବଙ୍ଗଳା କିମ୍ବା ଆସାମୀୟ ଭାଷା ସହ ବୈଜ୍ଞାନିକ ଉପନ୍ୟାସ ରଚନା ଗୁଜରାଟୀ, ମରାଠୀ, କନ୍ନଡ଼, ହିନ୍ଦୀ ସାହିତ୍ୟର ପୃଷ୍ଠା ମଣ୍ଡନ କରିଛି। ପ୍ରଥମେ ପ୍ରଥମେ ଏହା ପତ୍ରପତ୍ରିକାରେ ପ୍ରଚାରିତ ହେଉଥିଲେ ହେଁ ପରେ ଏହା ସ୍ୱତନ୍ତ୍ର ସାହିତ୍ୟରେ ପରିବର୍ତ୍ତନ

ହୋଇ ପ୍ରଭାବିତ ମଧ୍ୟ କରିଛି । ଏବେ ବିଭିନ୍ନ ଭାରତୀୟ ଭାଷାର ବୈଜ୍ଞାନିକ ଉପନ୍ୟାସ ସବୁ ପୁସ୍ତକାକାରରେ ପ୍ରକାଶିତ ହୋଇ ବୈଜ୍ଞାନିକ ଉପନ୍ୟାସ ସାହିତ୍ୟର ଶ୍ରୀବୃଦ୍ଧି ସାଧନକୁ ସମୃଦ୍ଧି କରିଛି । ଓଡିଆ ସାହିତ୍ୟରେ ମଧ୍ୟ ଏହାର ଏକ ସ୍ୱତନ୍ତ୍ର ଧାରା ଅବଧାରିତ ହୋଇପାରିଛି । ସେହି ସ୍ୱତନ୍ତ୍ର ଧାରାର ବିସ୍ତୃତି ଓଡିଆ ବୈଜ୍ଞାନିକ ଉପନ୍ୟାସକୁ ମଧ୍ୟ ସ୍ପର୍ଶ କରିଛି । ଓଡିଆ ସାହିତ୍ୟରେ ବୈଜ୍ଞାନିକ ଉପନ୍ୟାସର ସୃଷ୍ଟି ସାର୍ଥକ ଭାବରେ ସ୍ୱାଧୀନତା ପରବର୍ତ୍ତୀ ସମୟରେ ସଂଘଟିତ । ସ୍ୱାଧୀନତା ପୂର୍ବରୁ କେବଳ ଗୋଦାବରୀଶ ମିଶ୍ରଙ୍କ 'ଘଟାନ୍ତର' ଉପନ୍ୟାସରେ ବିଜ୍ଞାନ ସମ୍ପର୍କିତ କିଛି ଆଦ୍ୟ ସଂକେତ ଦୃଶ୍ୟାୟିତ ହୁଏ, କିନ୍ତୁ ତାହାକୁ ବୈଜ୍ଞାନିକ ଉପନ୍ୟାସ ଭାବରେ ଗ୍ରହଣ କରାଯାଇନାହିଁ । ସ୍ୱାଧୀନତା ପରେ ହିଁ ବିଜ୍ଞାନକୁ ନେଇ ଉପନ୍ୟାସ ରଚନା କରିବାର ପ୍ରୟାସ ସୃଷ୍ଟି ହୋଇଥିଲା । ପ୍ରଥମେ କିନ୍ତୁ ବିଜ୍ଞାନକୁ ନେଇ ଓଡିଆ ଭାଷାରେ କେତୋଟି ସ୍ୱାସ୍ଥ୍ୟ ସମ୍ବନ୍ଧୀୟ ପାଠ୍ୟପୁସ୍ତକ ରଚିତ ହୋଇଥିଲା ।

୧୯୪୯ ମସିହାରେ ଓଡିଶାରେ ଲଣ୍ଡନର ରୟାଲ ସୋସାଇଟି (Royal Society of London) ପରି କଟକ ସହରରେ 'ବିଜ୍ଞାନ ପ୍ରଚାର ସମିତି' ନାମକ ଏକ ସଂଘ ଗଠନ କରାଯାଇଥିଲା । ଏହି ସମିତିର ମୁଖ୍ୟ ଉଦ୍ଦେଶ୍ୟ ଥିଲା ବିଜ୍ଞାନକୁ ଲୋକାଭିମୁଖୀ କରାଇବା ଏବଂ ବୈଜ୍ଞାନିକ ତଥ୍ୟ ସମ୍ବଳିତ ଲେଖାମାନ ପ୍ରକାଶିତ କରିବା । ଏହି ସମିତିର ଡଃ ପ୍ରାଣକୃଷ୍ଣ ପରିଜା, ଡଃ ରାଧାନାଥ ରଥ, ଡଃ ଗୋକୁଳାନନ୍ଦ ମହାପାତ୍ର ପ୍ରମୁଖ ବିଜ୍ଞାନ ଭିତ୍ତିକ ପ୍ରବନ୍ଧମାନ ରଚନା କରି ପତ୍ରପତ୍ରିକାରେ ପ୍ରକାଶ କରିବାର ପ୍ରାରମ୍ଭ କରିଥିଲେ । ବିଂଶ ଶତାବ୍ଦୀ ବେଳକୁ କେତେକ ଯୁବ ଲେଖକ ଓଡିଆ ଭାଷାରେ ବିଜ୍ଞାନ ସମ୍ବନ୍ଧୀୟ ଲେଖାମାନ ଉତ୍କଳ ସାହିତ୍ୟ, ସହକାର, ଶଙ୍ଖ, ଚତୁରଙ୍ଗ, ନବଭାରତ, ଡଗର ଆଦି ପତ୍ରିକାମାନଙ୍କରେ ପ୍ରକାଶ କରିଥିଲେ । ସେହି ସମୟର ଯୁବକମାନଙ୍କ ମଧ୍ୟରେ ରେଭେନ୍‌ସା ମହାବିଦ୍ୟାଳୟର ତତ୍‌କାଳୀନ ଅଧ୍ୟକ୍ଷ ପ୍ରାଣକୃଷ୍ଣ ପରିଜା ମଧ୍ୟ ଥିଲେ । ସେ ମଧ୍ୟ ଜୀବ ବିଜ୍ଞାନ ସମ୍ବନ୍ଧୀୟ ବହୁ ପ୍ରବନ୍ଧ ଲେଖି ପାଠକମାନଙ୍କର ବିଜ୍ଞାନ ପ୍ରତି ଆକର୍ଷଣ ସୃଷ୍ଟି କରିଥିଲେ । ଏହି ସମୟରେ ପଣ୍ଡିତ ନୀଳକଣ୍ଠ ଦାସ, ଡଃ ବଂଶୀଧର ସାମନ୍ତରାୟ, ଡଃ ହରିବନ୍ଧୁ ମହାନ୍ତି ପ୍ରଭୃତି ଅନେକ ଲେଖକ ବିଜ୍ଞାନ ଭିତ୍ତିକ ସାହିତ୍ୟ ସୃଷ୍ଟି କରିବାରେ ମନୋନିବେଶ କରିଥିଲେ । ଦ୍ୱିତୀୟ ବିଶ୍ୱଯୁଦ୍ଧ ସମୟରେ ଡଃ ବନ ବିହାରୀ ପଟ୍ଟନାୟକ, ଡଃ ରାଧାଚରଣ ପଣ୍ଡା, ଡଃ ଗୋପାଳ ଚନ୍ଦ୍ର ପଟ୍ଟନାୟକ ପ୍ରଭୃତି ସ୍ୱାସ୍ଥ୍ୟ ସମ୍ବନ୍ଧୀୟ ଅନେକ ପୁସ୍ତକ ରଚନା କରିଥିଲେ । ଏହି ସମୟରେ ବିଶେଷ କରି ସ୍ୱାସ୍ଥ୍ୟ ବିଜ୍ଞାନ ସମ୍ବନ୍ଧୀୟ ରଚନାମାନ ପ୍ରକାଶ ପାଇଥିଲା । ବିଜ୍ଞାନର ବିଭିନ୍ନ ଦିଗ ଆଲୋଚନାର ପରିସରଭୁକ୍ତ ହୋଇ ବୈଜ୍ଞାନିକ ସାହିତ୍ୟର

ବିସ୍ତାରିତ ରୂପ ପ୍ରକାଶ ପାଇଥିଲା। ଏହି ସମୟରେ ନିର୍ଦ୍ଦିଷ୍ଟ କେତେକ ଭାଷାର ରଚିତ ପୁସ୍ତକର ଅନୁବାଦ ମଧ୍ୟ ହୋଇଥିଲା । ଯଥା- 'ଆଜିର ବୈଜ୍ଞାନିକ' (ଗୋପାଳ ମିଶ୍ର), 'ପୃଥିବୀ ପାଇଁ ଜଳ' (ଅଧ୍ୟାପକ ଶ୍ରୀଧର ଦାସ), 'ଅନନ୍ତ ପଥର ଯାତ୍ରୀ' (ଅଧ୍ୟାପକ ଶୈଳ ବିହାରୀ ଶର୍ମା), 'ବିଦ୍ୟୁତ୍ ଶକ୍ତିର କାହାଣୀ' (ଅଧ୍ୟାପକ ଶରତ ଚନ୍ଦ୍ର ମିଶ୍ର), 'ବିଶ୍ୱର ମୌଳିକ ଦାନ' (ଡଃ ଗଦାଧର ମିଶ୍ର), 'ପୃଥିବୀ ଓ ମହାକାଶର ମଧ୍ୟସ୍ଥଳ' (ଅଧ୍ୟାପକ ଶରତ ଚନ୍ଦ୍ର ମିଶ୍ର), 'ବିଶ୍ୱର ଆହ୍ୱାନ' (ଡଃ ଗଦାଧର ମିଶ୍ର), 'ପରମାଣୁର ରହସ୍ୟ' (ଡଃ ହରିହର ମିଶ୍ର), 'ଆଲୋକର ବେଗମପାଳି' (ଅଧ୍ୟାପକ ଶରତ ଚନ୍ଦ୍ର ମିଶ୍ର), 'ଯାନ୍ତ୍ରିକ ମାନବ'(ଗୋପାଳ ମିଶ୍ର) ପ୍ରଭୃତି ।

୧୯୬୦ ମସିହା ପରେ ବହୁଳ ଭାବରେ ବିଜ୍ଞାନ ସାହିତ୍ୟ ସ୍ରଷ୍ଟା ବିଭିନ୍ନ ପତ୍ର ପତ୍ରିକାରେ ବିଜ୍ଞାନ ଭିତ୍ତିକ ପ୍ରବନ୍ଧ, ଗଳ୍ପ, ଉପନ୍ୟାସ ଓ ନାଟକ ଆଦି ରଚନା କରି ବୈଜ୍ଞାନିକ ଉପନ୍ୟାସ ସାହିତ୍ୟର ଧାରାକୁ ମଧ୍ୟ ପରିବ୍ୟାପ୍ତ କରିଛନ୍ତି। ଏ ଦିଗରେ ଗୋକୁଳାନନ୍ଦ ମହାପାତ୍ରଙ୍କ ୧୯୫୨ମସିହାରେ ଲିଖିତ 'ପୃଥିବୀ ବାହାରେ ମଣିଷ' ଓଡିଆ ସାହିତ୍ୟର ପ୍ରଥମ ବୈଜ୍ଞାନିକ ଉପନ୍ୟାସ। ଏହି ଉପନ୍ୟାସ ପ୍ରକାଶ ପାଇବା ପରେ ଓଡିଆ ଭାଷାରେ ବିଶ୍ୱବିଖ୍ୟାତ ବୈଜ୍ଞାନିକ ଔପନ୍ୟାସିକ ଏଚ.ଜି. ୱେଲସ୍‌ଙ୍କ ଗୋଟିଏ ଦୁଇଟି ବହିର ଅନୁବାଦ ପ୍ରକାଶ ପାଇବା ସମୟରେ ମହାପାତ୍ରଙ୍କ 'ପୃଥିବୀ ବାହାରେ ମଣିଷ' ଉପନ୍ୟାସଟି ଓଡିଆ ସାହିତ୍ୟ କ୍ଷେତ୍ରରେ ଚହଳ ସୃଷ୍ଟି କରିଥିଲା। ଓଡିଆ ଭାଷାରେ ବୈଜ୍ଞାନିକ ଉପନ୍ୟାସ ରଚନା ସହଜ ବ୍ୟାପାର ନୁହେଁ। ତେଣୁ ଏହି କ୍ଷେତ୍ରରେ ବିଶିଷ୍ଟ ଔପନ୍ୟାସିକ ନିତ୍ୟାନନ୍ଦ ମହାପାତ୍ର, ଗୋକୁଳାନନ୍ଦ ମହାପାତ୍ରଙ୍କ ଏହି ଉଦ୍ୟମର ପ୍ରଶଂସା କରି ଲେଖିଛନ୍ତି – "କଥା ସାହିତ୍ୟର କଳ୍ପନା ସାରା ବିଷୟ ବସ୍ତୁ ବାଛିବା ଖୁବ୍ ଆଧୁନିକ ନ ହେଲେ ହେଁ ଓଡିଆରେ କ୍ୱଚିତ୍ ଦେଖିବାକୁ ମିଳେ। 'ପୃଥିବୀ ବାହାରେ ମଣିଷ'ର ଲେଖକ ଅଧ୍ୟାପକ ଗୋକୁଳାନନ୍ଦ ମହାପାତ୍ର ଏ ଦିଗରେ ଯେଉଁ ଉଦ୍ୟମଟି କରିଛନ୍ତି ତାହା ନିଶ୍ଚୟ ପ୍ରଶଂସା ପାଇବାର କଥା। ମାତ୍ର ପ୍ରଶଂସାରେ ତାଙ୍କର ଦାବି ସେ ଆହୁରି ଦୃଢତାର ସହିତ ଉପସ୍ଥାପିତ କରିପାରିଛନ୍ତି। ମୌଳିକ ଚିନ୍ତା ଦ୍ୱାରା ଯେତେ ନୁହେଁ ତତୋଧିକ ତାଙ୍କର ବୈଜ୍ଞାନିକ ଅହେତୁକ ସମ୍ଭାବନାକୁ କଥାର ଉପଜୀବ୍ୟ କରି। xxx ଶ୍ରୀଯୁକ୍ତ ମହାପାତ୍ର ଅବଶ୍ୟ କେବଳ ଭୌତିକ ସମୃଦ୍ଧିର କଳ୍ପନା ଆଗାମୀକାଲିର ପଟ୍ଟଭୂମି ଉପରେ ଅଙ୍କନ କରିଛନ୍ତି। ସେ ପାଠକମାନଙ୍କୁ ପୃଥିବୀ ବାହାର ମଙ୍ଗଳଗ୍ରହକୁ ନେଇ ଯାଇଥିଲେ ସୁଦ୍ଧା ତାଙ୍କର କଳ୍ପନା ପୃଥିବୀ ଭିତରେ ହିଁ ଆବଦ୍ଧ। ମଙ୍ଗଳ ଗ୍ରହର ଆଧୁନିକ ନାନାଦି କଳ୍ପିତ ବୈଜ୍ଞାନିକ ସମୃଦ୍ଧି ଦେଖାଇଲାବେଳେ ସେ ଗଣିତ ଜ୍ୟୋତିଷ ଶାସ୍ତ୍ରକୁ ଅବଜ୍ଞା କରି ନାହାନ୍ତି କି ବୈଜ୍ଞାନିକ ସମ୍ଭାବନାଠାରୁ ଦୂରକୁ

ଖସି ପଳାଇ ନାହାନ୍ତି । ମାତ୍ର ଆଜିର ମଙ୍ଗଳ ଗ୍ରହର ସୂଚନା ଦେଇ ସେ କେବଳ ପୃଥିବୀର ଭାବି ଅର୍ଦ୍ଧ ଶତାବ୍ଦୀର ବୈଜ୍ଞାନିକ ପ୍ରଗତିକୁ ହିଁ କଳ୍ପଲୋକରୁ ଟାଣି ଆଣି ଭାଷା ଲୋକରେ ବିକଶିତ କରିପାରିଛନ୍ତି" ।[୩]

ଏହାପରେ ଓଡିଆ ଉପନ୍ୟାସର ଧାରା କ୍ରମଶଃ ଅଗ୍ରଗତି କରି ଚାଲିଛି । ଯଥା- ଗୋକୁଳାନନ୍ଦ ମହାପାତ୍ରଙ୍କ 'କୃତ୍ରିମ ଉପଗ୍ରହ', 'ଚନ୍ଦ୍ରର ମୃତ୍ୟୁ', 'ସ୍ପୁଟନିକ', 'ମୃତ୍ୟୁ ଏକ ମାତୃତ୍ୱର' , ଦେବକାନ୍ତ ମିଶ୍ରଙ୍କ 'କୃତ୍ରିମ ମଣିଷ' ,ନୃସିଂହ ଚରଣ ପଣ୍ଡାଙ୍କ 'ଦଗ୍ଧ ଗୋଲାପର ଚିରବସନ୍ତ', ଜ୍ୟୋର୍ତିମୟୀ ମହାନ୍ତିଙ୍କ 'କଲମି- ମଣିଷ', 'ନିର୍ଝରିଣୀ', 'ମୃତ୍ୟୁର ତ୍ରିଭୁଜ', ପ୍ରମୋଦ ମହାପାତ୍ରଙ୍କ 'ବିସ୍ଫୋରିତ ପୃଥିବୀ', 'ପାତାଳ ମଣିଷ', 'ଜହ୍ନ ରାଇଜ ପରେ', ବିଷ୍ଣୁପ୍ରସାଦ ବାହାଲିଆଙ୍କ 'ଶତାବ୍ଦୀର ଆହ୍ୱାନ', ଅମୂଲ୍ୟ କୃଷ୍ଣ ମିଶ୍ରଙ୍କ 'ବିଜ୍ଞାନର ଛନ୍ଦ', ପ୍ରତିଭା ରାୟଙ୍କ 'ସମୁଦ୍ରର ସ୍ୱର' 'ଅରଣ୍ୟ' ପ୍ରଭୃତି ବୈଜ୍ଞାନିକ ଉପନ୍ୟାସ ଓଡିଆ ସାହିତ୍ୟରେ ବିଶେଷ ଜନପ୍ରିୟ ହୋଇପାରିଛି ।

ଏହି ସବୁ ଦୃଷ୍ଟିରୁ ବିଚାର କଲେ ବିଜ୍ଞାନ ଓଡିଆ ବୈଜ୍ଞାନିକ ଉପନ୍ୟାସ କ୍ଷେତ୍ରରେ ଆଣିଛି ଯୁଗାନ୍ତକାରୀ ପରିବର୍ତ୍ତନ । ଏହାର ସ୍ୱରୂପ ଏବଂ ଆଭିମୁଖ୍ୟ ବିସ୍ତୃତ । ସ୍ୱାଧୀନତା ପରବର୍ତ୍ତୀ କାଳରେ ଓଡିଆ ଉପନ୍ୟାସ ଜଗତରେ ବୈଜ୍ଞାନିକ ଉପନ୍ୟାସ ଏକ ସ୍ୱତନ୍ତ୍ର ବୈଜ୍ଞାନିକ ବିଚାରବୋଧ ଭାବରେ ନିଜକୁ ପରିଚିତ କରାଇପାରିଛି । ବିଗତ ପଚାଶ ବର୍ଷ ମଧ୍ୟରେ ଏକ ନୂତନ ଅଧ୍ୟାୟ ସୃଷ୍ଟି କରିବା ସହ ସମୃଦ୍ଧି ପଥରେ ଏହା ଆସ୍ଥାଭାଜନ ହୋଇପାରିଛି । ଏଣୁ ଓଡିଆ ବୈଜ୍ଞାନିକ ଉପନ୍ୟାସର ସ୍ଥିତି ଓ ବ୍ୟାପ୍ତି ଏବେ ବେଶ୍ ଉତ୍ସାହପ୍ରଦ ।

■

ପାଦଟୀକା

୧. ମିଶ୍ର, ଦେବକାନ୍ତ- ବିଂଶ ଶତାବ୍ଦୀର ବିଜ୍ଞାନ ଓ ପ୍ରଯୁକ୍ତି ବିଦ୍ୟା, ପୃ-୧୧୬- ୧୧୭

୨. ବନ୍ଦୋପାଧ୍ୟାୟ, କନକ - ବାଙ୍ଗଲା ସାହିତ୍ୟର ଇତିହାସ, ପୃ-୩୬୬

୩. କର, ଡକ୍ଟର ବାଉରୀବନ୍ଧୁ -ସ୍ୱାଧୀନତା ପରବର୍ତ୍ତୀ ଓଡିଆ ଉପନ୍ୟାସ , ପୃ-୬୨

ଓଡିଆ ବୈଜ୍ଞାନିକ ଉପନ୍ୟାସର ପରିମଣ୍ଡଳରେ କିଛି ବିଶିଷ୍ଟ ଔପନ୍ୟାସିକ

ଡକ୍ଟର ଗୋକୁଳାନନ୍ଦ ମହାପାତ୍ର :

ସୃଷ୍ଟିର କମନୀୟତାରେ ବିଜ୍ଞାନର ସତ୍ୟତାକୁ କଳାରେ ପରିବର୍ତ୍ତନ କରିଥିବା, ଓଡ଼ିଆ ବୈଜ୍ଞାନିକ ସାହିତ୍ୟର ପ୍ରମୁଖ ପ୍ରତିଭାଧର ହେଉଛନ୍ତି ଡଃ. ଗୋକୁଳାନନ୍ଦ ମହାପାତ୍ର।

ଏହି ଯୋଗଜନ୍ମା ପୁରୁଷ ୧୯୨୨ମସିହା ମେ ମାସ ୨୪ତାରିଖ ଦିନ ଭଦ୍ରକ ସହରସ୍ଥ କୁଆଁସ ଗ୍ରାମରେ ଜନ୍ମ ଗ୍ରହଣ କରିଥିଲେ। ପିତା ଥିଲେ ବିଜୟ ଗୋବିନ୍ଦ ଏବଂ ମାତା ଥିଲେ ଫୁଲଦେବୀ। ଗୋକୁଳାନନ୍ଦ ଥିଲେ ମାତା ପିତାଙ୍କର ପଞ୍ଚମ ତଥା ଶେଷ ସନ୍ତାନ। ବୟସାନୁକ୍ରମେ ସେ ତାଙ୍କର ପ୍ରାଥମିକ ଶିକ୍ଷାର ପ୍ରାରମ୍ଭ କରିଥିଲେ କୁଆଁସ ଗ୍ରାମର ଉପ୍ରାବିଦ୍ୟାଳୟରେ। ବାଲ୍ୟକାଳରୁ ପ୍ରାରମ୍ଭ କରି ତାଙ୍କ ଛାତ୍ର ଜୀବନର ଶେଷ ପର୍ଯ୍ୟନ୍ତ ଜଣେ ବିଦ୍ୟାନୁରାଗୀ ଛାତ୍ର ଥିବାରୁ ଶିକ୍ଷକମାନଙ୍କର ସେ ଥିଲେ ପ୍ରିୟପାତ୍ର। ତୃତୀୟ ଶ୍ରେଣୀ ପାସ୍ କରିବା ପରେ ପିତା ବିଜୟ ଗୋବିନ୍ଦଙ୍କ ସନ୍ନିପାତରେ ମୃତ୍ୟୁ ହୋଇଥିଲା। ଏହାପରେ ଗୋକୁଳାନନ୍ଦ ଭଦ୍ରକର ନାରାୟାଣଚନ୍ଦ୍ର ମାଇନର୍ ସ୍କୁଲ୍‌ରେ ନାମ ଲେଖାଇଲେ। ସେହି ବିଦ୍ୟାଳୟରେ ମାଟ୍ରିକ୍ ପଢ଼ିବା ସମୟରେ ବାଲେଶ୍ୱର ଜିଲ୍ଲାରେ ପ୍ରଥମ ଶ୍ରେଣୀରେ ଉତ୍ତୀର୍ଣ୍ଣ ହୋଇ କୃତିତ୍ୱର ସହ ବୃତ୍ତି ଲାଭ କରିଥିଲେ। ଏହାପରେ ଆଇଏସ୍‌ସି ପଢ଼ିବା ପାଇଁ ରେଭେନ୍‌ସା ମହାବିଦ୍ୟାଳୟରେ ନାମ ଲେଖାଇଲେ। ଏହି ସମୟରେ ଦୁର୍ଯୋଗକୁ ତାଙ୍କ ଭଉଣୀ ନେତ୍ରମଣିଙ୍କ ଦେହାନ୍ତ ହେବା ସହ ପାରିବାରିକ ଆର୍ଥିକ ଅବସ୍ଥା ମଧ୍ୟ ଅତ୍ୟନ୍ତ ଶୋଚନୀୟ ହୋଇ ପଡ଼ିଥିଲା। ମାନସିକ ଅଶାନ୍ତିରେ ସେ ଆଇ.ଏସ୍.ସି ପରୀକ୍ଷାରେ ୨ୟ ଏବଂ ବି.ଏସ୍.ସି ରସାୟନ ବିଜ୍ଞାନ ସମ୍ମାନ ନେଇ ଦ୍ୱିତୀୟ ସ୍ଥାନରେ କୃତକାର୍ଯ୍ୟ ହୋଇଥିଲେ। ଏହାପରେ ଭିଣୋଇ

କିଶୋରୀ ମୋହନଙ୍କ ପ୍ରେରଣାରେ କଲିକତା ପ୍ରେସିଡେନ୍‌ସି ମହାବିଦ୍ୟାଳୟରେ ଏମ୍‌ଏସ୍‌ସି ପଢ଼ିବା ପାଇଁ ନାମ ଲେଖାଇଲେ। ଏହି ସମୟରେ ମାଆ ଏବଂ ଭାଉଜଙ୍କ ପ୍ରେରଣାସିକ୍ତ ପ୍ରସ୍ତାବରେ ସେ କୁଆଁସ ଜମିଦାର ବିନୋଦ ବିହାରୀ ରାୟଙ୍କ ଜ୍ୟେଷ୍ଠାକନ୍ୟା କୁମୁଦିନୀଙ୍କୁ ବିବାହ କରିଥିଲେ।

ପ୍ରେସିଡେନ୍‌ସି ମହାବିଦ୍ୟାଳୟର ହିନ୍ଦୁ ହଷ୍ଟେଲ୍‌ରେ ରହି ରସାୟନ ବିଜ୍ଞାନରେ ସ୍ନାତକୋତ୍ତର ଶିକ୍ଷା ହାସଲ କରିବା ସମୟରେ ଗୋକୁଳାନନ୍ଦ ତାଙ୍କର ରସାୟନ ବିଜ୍ଞାନ ସଂପର୍କିତ ଜ୍ଞାନଦୀପ୍ତ ପାଣ୍ଡିତ୍ୟ ପ୍ରଦର୍ଶନ କରି ସେହି ବିଶ୍ୱବିଦ୍ୟାଳୟର ରସାୟନବିତ୍ ଯୋଗେନ୍ଦ୍ର ଚନ୍ଦ୍ର ବର୍ଦ୍ଧନଙ୍କୁ ମୁଗ୍ଧ କରିଥିଲେ ଏବଂ ତାଙ୍କର ପ୍ରିୟଛାତ୍ର ହୋଇ ପଡ଼ିଥିଲେ। ଏହି ସମୟରେ ଗୋକୁଳାନନ୍ଦ ବଙ୍ଗଳା ଭାଷାର ବିଜ୍ଞାନ ସାହିତ୍ୟ ପ୍ରତି ଆକୃଷ୍ଟ ହୋଇ ପଡ଼ିଥିଲେ। ଏହି ଆକୃଷ୍ଟତା ହିଁ ତାଙ୍କୁ ଓଡ଼ିଆ ବୈଜ୍ଞାନିକ ସାହିତ୍ୟ ରଚନା ପାଇଁ ପ୍ରେରଣା ଯୋଗାଇଥିଲା। ତେଣୁ ସେ ଜ୍ଞାନ ଆହରଣ ପାଇଁ ବିଜ୍ଞାନ ବିଷୟନିଷ୍ଠ ବଙ୍ଗଳା ଗ୍ରନ୍ଥମାନ ପଢ଼ିବା ସହ ଇଂରାଜୀ ଗ୍ରନ୍ଥମାନ ପଢ଼ିବା ପାଇଁ ଯତ୍ନଶୀଳ ହୋଇଥିଲେ। ପାଠ ପଢ଼ିବା ସହ ଗୋକୁଳାନନ୍ଦଙ୍କ ଲେଖନୀ ମଧ୍ୟ ଗୋଟିଏ ପରେ ଗୋଟିଏ କୃତି ସୃଷ୍ଟି କରିଚାଲିଥିଲା। ଏମ୍,ଏସ୍.ସି ପଢ଼ିସାରିଲାବେଳକୁ ଲେଖକ ପଚିଶ ଗୋଟି ବୈଜ୍ଞାନିକ ପ୍ରବନ୍ଧ ରଚନା କରିସାରିଥିଲେ।

ଏହି ସମୟରେ କଲିକତା ଆକାଶବାଣୀ ତରଫରୁ ମଧ୍ୟ ବୈଜ୍ଞାନିକ ପ୍ରବନ୍ଧ ଲେଖିବାର ସୁଯୋଗ ପାଇଥିଲେ। ୧୯୪୫ମସିହାରେ ଓଡ଼ିଶାରେ ରେଡ଼ିଓ ବ୍ୟବସ୍ଥା ହୋଇନଥିଲା। ସେହି ସମୟରେ ଭାରତ ସରକାରଙ୍କ ତରଫରୁ କଲିକତା ରେଡ଼ିଓ ଷ୍ଟେସନରେ ରାତି ନ'ଟା ସମୟରେ ଅଧଘଣ୍ଟା ଓଡ଼ିଆ ପ୍ରୋଗ୍ରାମ୍ ପ୍ରଚାରିତ ହେଉଥିଲା। ଏହି ପ୍ରୋଗ୍ରାମ୍‌ଟି ବିଜ୍ଞାନ ବିଷୟରେ ହିଁ ପ୍ରସାରିତ ହେଉଥିଲା। ତେଣୁ ସେହି ସମୟରେ କଲିକତାରେ ଓଡ଼ିଆ ଭାଷାରେ ବିଜ୍ଞାନ ସଂପର୍କୀୟ ଲେଖା କେବଳ ଗୋକୁଳାନନ୍ଦ ଲେଖିଥିବାରୁ ପ୍ରତିମାସରେ ଅନ୍ତତଃ ଗୋଟିଏ ଲେଖାଏଁ ଲେଖା ଦେବା ପାଇଁ ତାଙ୍କୁ ଅନୁରୋଧ କରାଯାଇଥିଲା। ସ୍ୱଲିଖିତ ବିଜ୍ଞାନ ଲେଖାମାନ ଲେଖି କଲିକତା ଷ୍ଟେସନରୁ ପାଠ ଲେଖକ ନିଜେ କରୁଥିଲେ। ଏଥିପାଇଁ ତାଙ୍କୁ ପାରିଶ୍ରମିକ ମଧ୍ୟ ଦିଆଯାଉଥିଲା। ଯାହା ଲେଖକଙ୍କୁ ଆର୍ଥିକ ସାହାଯ୍ୟ ଦେବା ସହ ବୈଜ୍ଞାନିକ ପ୍ରବନ୍ଧ ଲେଖିବା ପାଇଁ ଖୁବ୍ ପ୍ରୋତ୍ସାହନ ଯୋଗାଇଥିଲା। କଲିକତାରୁ କୃତିତ୍ୱର ସହ ଏମ୍.ଏସ୍.ସି ପାସ୍ କରି ସାରିବା ପରେ ଗୋକୁଳାନନ୍ଦ ୧୯୪୮ମସିହାରେ ରେଭେନ୍‌ସା ମହାବିଦ୍ୟାଳୟରେ ରସାୟନ ବିଜ୍ଞାନର ଅଧ୍ୟାପକ ଭାବରେ ଯୋଗଦେଲେ। ଏହି ସମୟରେ ଗୋକୁଳାନନ୍ଦ ତାଙ୍କର ଯୁବ ସହକର୍ମୀ ତଥା ଅଧ୍ୟାପକମାନଙ୍କୁ ବିଜ୍ଞାନ ସଂପର୍କୀତ ପ୍ରବନ୍ଧମାନ ଲେଖିବା

ପାଇଁ ଉତ୍ସାହିତ କରିଥିଲେ। ୧୯୪୯ ମସିହା ଅଗଷ୍ଟ ୭ ତାରିଖ ଦିନ ତାଙ୍କର କେତେକ ବିଜ୍ଞାନ ପ୍ରେମୀ ବନ୍ଧୁଙ୍କୁ ନେଇ ଓଡ଼ିଶାରେ ବିଜ୍ଞାନ ପ୍ରଚାର ସମିତି ନାମରେ ଏକ ସମିତି ଗଠନ ପାଇଁ ଉଦ୍ୟମଶୀଳ ହୋଇଥିଲେ। ଏହି ସମିତିର ମୁଖ୍ୟ ଉଦ୍ଦେଶ୍ୟ ଥିଲା ବିଜ୍ଞାନ ଭିତ୍ତିକ ସାହିତ୍ୟ ସୃଷ୍ଟି କରିବା ଏବଂ ତାର ପ୍ରଚାର ପ୍ରସାରକୁ ତ୍ୱରାନ୍ୱିତ କରିବା। ଏହି ସମିତିରେ ଡକ୍ଟର ରାଧାନାଥ ରଥ ଏବଂ ଡ଼କ୍ଟର ଗୋକୁଳାନନ୍ଦ ମହାପାତ୍ର ସଂପାଦକ ଭାବରେ ମନୋନିତ ହୋଇଥିଲେ। ଏହି ସମିତି ଓଡ଼ିଶାର ଏପରି ଏକ ସମିତି ଯେଉଁଥିରେ ସ୍ଥାୟୀ ସଭାପତି କି ସ୍ଥାୟୀ ଉପସଭାପତି ମନୋନିତ ହୋଇ ନାହାଁନ୍ତି। ସଂପାଦକ ହେଉଛନ୍ତି ଏହି ସମିତିର ମୂଖ୍ୟ ପରିଚାଳକ। ସେମାନଙ୍କ ପରିଚାଳନାରେ ପ୍ରତିପନ୍ଦର ଦିନରେ ଥରେ ରବିବାର ଦିନ ପାଠଚକ୍ର ଅନୁଷ୍ଠିତ ହୁଏ ଏବଂ ବିଷୟର ସବିଶେଷ ଆଲୋଚନା ହୋଇଥାଏ। ପ୍ରବନ୍ଧଗୁଡ଼ିକରେ ବ୍ୟବହୃତ ହେଉଥିବା ପାରିଭାଷିକ ଶବ୍ଦ ଗୁଡ଼ିକର ପ୍ରତିଶବ୍ଦ କ'ଣ ହେବ ତାହା ଉପରେ ବିଶେଷ ଧ୍ୟାନ ଦିଆଯାଏ। ବୈଜ୍ଞାନିକ ପ୍ରବନ୍ଧଟି କିପରି ସବୁ ଶ୍ରେଣୀର ଲୋକମାନଙ୍କ ନିକଟରେ ଆଦୃତ ହୋଇ ପାରିବ ସେଥିପ୍ରତି ଆଲୋଚନା ଚକ୍ରରେ ବିଶେଷ ଦୃଷ୍ଟି ଦିଆଯାଏ।

ରେଭେନ୍‌ସା ମହାବିଦ୍ୟାଳୟରେ ଅଧ୍ୟାପକ ଥିବା ସମୟରେ ଡକ୍ଟର ଗୋକୁଳାନନ୍ଦ ମହାପାତ୍ର ପ୍ରବନ୍ଧ ରଚନା ସହ ଉପନ୍ୟାସ ରଚନା କରିବାକୁ ପ୍ରେରଣା ପାଇଥିଲେ। ତାଙ୍କର ଜଣେ ବନ୍ଧୁଙ୍କ ଠାରୁ ଇଂରାଜୀ ବୈଜ୍ଞାନିକ ଉପନ୍ୟାସର ରଚୟିତା ଏଚ୍.ଜି. ୱେଲସ୍‌ଙ୍କ ଉପନ୍ୟାସ ବିଷୟରେ ଶୁଣି ତାକୁ ପାଠ କରିବା ସହ ଇଂରାଜୀ ଭାଷାର ଅନ୍ୟାନ୍ୟ ବୈଜ୍ଞାନିକ ଉପନ୍ୟାସ ମାନ ମଧ୍ୟ ପାଠ କରିଥିଲେ। ସେହି ଉପନ୍ୟାସ ଗୁଡ଼ିକର ପ୍ରତ୍ୟକ୍ଷ ପ୍ରଭାବରେ ପ୍ରଭାବିତ ହୋଇ ନିଜେ ଓଡ଼ିଆ ଭାଷାରେ ଭିନ୍ନ ଭିନ୍ନ ରୁଚିର ବୈଜ୍ଞାନିକ ଉପନ୍ୟାସ ରଚନା କରିବାରେ ବ୍ରତୀ ହୋଇଥିଲେ। ୧୯୬୧ ମସିହା ଏହି ସମୟରେ ଲେଖକ ଉଚ୍ଚତର ଗବେଷଣା ପାଇଁ ଆମେରିକା ଯାଇଥିଲେ। ଆମେରିକାର ବ୍ରେଣ୍ଡାଇସ୍ ବିଶ୍ୱବିଦ୍ୟାଳୟରେ ବୃତ୍ତି ପାଇ ଡି.ଏସ୍.ସି ଉପରେ ଗବେଷଣା କଲେ। ଠିକ୍ ଏହି ସମୟରେ ଆମେରିକାର ବିଶ୍ୱପ୍ରସିଦ୍ଧ ଦୁଇଶହରୁ ଊର୍ଦ୍ଧ୍ୱ ଲୋକପ୍ରିୟ ବୈଜ୍ଞାନିକ ପୁସ୍ତକ ତଥା ଉପନ୍ୟାସ ଲେଖକ ଆଇଜାକ୍ ଆସିମୋଭଙ୍କ ସଂସ୍ପର୍ଶରେ ଆସିଥିଲେ। ଯାହା ତାଙ୍କୁ ଓଡ଼ିଆ ବୈଜ୍ଞାନିକ ଉପନ୍ୟାସ ଲେଖିବା ପାଇଁ ବିଶେଷ ପ୍ରେରଣା ଯୋଗାଇଥିଲା। ଆମେରିକାର ରହଣି ସମୟରେ ଲେଖକ ଗବେଷଣା ସମୟ ବ୍ୟତୀତ ଅନ୍ୟ ସମୟରେ ପାର୍କମାନଙ୍କ ପାଖରେ ଥିବା ପାଠାଗାର ମାନଙ୍କରେ ବହୁ ପୁସ୍ତକ ପଢ଼ିବାର ସୁଯୋଗ ପାଇଥିଲେ। ଏହି ସମୟରେ ତାଙ୍କ ଭ୍ରମଣକାହାଣୀ 'ନୀଳଚକ୍ରବାଳ ସେପାରେ' ଏକ ଉଚ୍ଚକୋଟୀର ପର୍ଯ୍ୟଟନ ପୁସ୍ତକ ରୂପେ ପ୍ରକାଶ

ପାଇଥିଲା। ଶ୍ରୀଯୁକ୍ତ ମହାପାତ୍ର ଆମେରିକାରେ ବହୁଦିନ ରହି ଗବେଷଣା କରିବାକୁ ଚାହୁଁଥିଲେ ହେଁ ପରିସ୍ଥିତିର ତାଡନାରେ ସେ ଭାରତକୁ ଫେରିସଆସି ରେଭେନ୍‌ସା ମହାବିଦ୍ୟାଳୟରେ ଯୋଗଦେଇ ଅଧ୍ୟାପନା ସହ ଗବେଷଣା କାର୍ଯ୍ୟରେ ମନୋନିବେଶ କଲେ। ଅଧ୍ୟାପନା ଓ ଗବେଷଣା ସହ ତାଙ୍କର ବୈଜ୍ଞାନିକ ଉପନ୍ୟାସ ରଚନାର ଅଭିପ୍ରାୟ ତାଙ୍କୁ ସଫଳତା ଆଡ଼କୁ ଆଗେଇ ନେଇଥିଲା। ଠିକ୍ ଏହି ସମୟରେ ଗୋକୁଳାନନ୍ଦଙ୍କ ନିକଟକୁ ବୈଜ୍ଞାନିକ ପୁସ୍ତକ ଏବଂ ବୈଜ୍ଞାନିକ ଉପନ୍ୟାସମାନଙ୍କର ପ୍ରକାଶନ ପାଇଁ ବିଭିନ୍ନ ପ୍ରକାଶକଙ୍କ ସୁଅ ଛୁଟିଥିଲା। ସେମାନଙ୍କର ସହଯୋଗରେ ସେ ଅନେକାନେକ ବୈଜ୍ଞାନିକ ଉପନ୍ୟାସ ପ୍ରକାଶ କରି ସମଗ୍ର ଭାରତରେ ଜଣେ ଲୋକ ପ୍ରିୟ ବିଜ୍ଞାନ ଲେଖକ ଭାବରେ ନିଜକୁ ପ୍ରତିଷ୍ଠିତ କରିପାରିଛନ୍ତି।

ଜୁଲାଇ ମାସ ୧୦ ତାରିଖ ୨୦୧୩ ମସିହା ଦିନ ଏହି ମହନୀୟ ବ୍ୟକ୍ତିତ୍ୱଙ୍କ ଦୀପଶିଖା ପୃଥିବୀ ପୃଷ୍ଠରୁ ଲିଭିଯାଇଥିଲା। ସେ ଚାଲିଯାଇଥିଲେ ହେଁ ଓଡ଼ିଆ ସାହିତ୍ୟରେ ଯେଉଁ ସୁଦୂର ପ୍ରସାରୀ ସାରସ୍ୱତ ବଳୟ ସୃଷ୍ଟି କରିପାରିଛନ୍ତି ସବୁଦିନ ପାଇଁ ତାହା ବିସ୍ମୃତି ପଥରେ ଚିର ଜାଜ୍ୱଲ୍ୟମାନ ହୋଇ ରହିଥିବ।

ସାରସ୍ୱତ ସୃଷ୍ଟି

ସତ୍ୟକୁ ନେଇ ତଥ୍ୟ ମାଧ୍ୟମରେ ସାହିତ୍ୟ ସୃଷ୍ଟି କରିବା କଷ୍ଟ। କଷ୍ଟ ହେଲେ ମଧ୍ୟ ଏହି ଅସାଧ୍ୟକୁ ସାଧନ କରିଥିବା, କୁନି କୁନି ପିଲାମାନଙ୍କଠାରୁ ଆରମ୍ଭ କରି ସାଧାରଣ ଜନତା ପର୍ଯ୍ୟନ୍ତ, ଯେପରି ବୁଝିପାରିବେ ସେହିପରି ସରଳ ଶବ୍ଦର ପ୍ରୟୋଗରେ ବୈଜ୍ଞାନିକ ତଥ୍ୟ ମାଧ୍ୟମରେ ଶିଶୁ ବିଜ୍ଞାନ ସାହିତ୍ୟଠୁ ଆରମ୍ଭ କରି ଗଳ୍ପ, ଉପନ୍ୟାସ, ଲୋକପ୍ରିୟ ବିଜ୍ଞାନ ଗ୍ରନ୍ଥମାନଙ୍କର ରଚୟିତା ହେଉଛନ୍ତି ଡ଼କ୍ଟର ଗୋକୁଳାନନ୍ଦ ମହାପାତ୍ର।

ଶ୍ରୀଯୁକ୍ତ ମହାପାତ୍ରଙ୍କ ପ୍ରଥମ ଲେଖାଥିଲା 'ପରମାଣୁ ବୋମାର ଆବିଷ୍କାର'। ଏହି ଲେଖାଟିକୁ ୧୯୪୫ ମସିହାରେ ଓଡ଼ିଶାର ବାମଣ୍ଡାରୁ ଡକ୍ଟର ମାୟାଧର ମାନସିଂହଙ୍କ ସଂପାଦନାରେ ପ୍ରକାଶ ପାଉଥିବା ଶଙ୍ଖ ପତ୍ରିକାକୁ ପଠାଇଥିଲେ। କିନ୍ତୁ ଦୁର୍ଯୋଗ ବସତଃ ପ୍ରବନ୍ଧଟି ପ୍ରକାଶ ପାଇବା ପୂର୍ବରୁ ହଜିଯାଇଥିବାରୁ ତାହା ଅପ୍ରକାଶିତ ହୋଇ ରହିଯାଇଥିଲା ପୁଣି ଲେଖକ ଡଃ ମାନସିଂହଙ୍କ ଅନୁରୋଧରେ ତାଙ୍କର ଦ୍ୱିତୀୟ ଲେଖା 'ଆଧୁନିକ ବିଜ୍ଞାନକୁ ଆଲକାତରାର ସାହାଯ୍ୟ' ଶୀର୍ଷକ ଲେଖା ପଠାଇଥିଲେ। ଏହି ଲେଖାଟି ୧୯୪୬ ମସିହା ଜୁଲାଇ ମାସରେ 'ଶଙ୍ଖ' ପତ୍ରିକାରେ ପ୍ରକାଶ ପାଇଥିଲା। ୧୯୪୮ ମସିହାରେ ଲେଖକଙ୍କ 'ବିଜ୍ଞାନ ବିସ୍ମୟ' ନାମକ ଏକ ପୁସ୍ତକ ପ୍ରକାଶ କରିଥିଲେ। ୧୯୫୦ ଏବଂ ୧୯୫୧ ମସିହାରେ 'ବିଜ୍ଞାନର କୃତିତ୍ୱ' ପ୍ରଥମଭାଗ ଓ ଦ୍ୱିତୀୟ ଭାଗ ବହୁ ଫଟୋଚିତ୍ର ସହ ପ୍ରକାଶ ପାଇଥିଲା। ୧୯୫୨

ମସିହାରେ 'ପରମାଣୁର ଆବିଷ୍କାର' ନାମରେ ଖଣ୍ଡିଏ ବୃହତ ପୁସ୍ତକ ରଚନା କରି ବିଜ୍ଞାନ ପ୍ରଚାର ସମିତିକୁ ଦାନ କରିଥିଲେ। ପୁସ୍ତକଟି ବହୁ ଲୋକପ୍ରିୟତା ମଧ୍ୟ ହାସଲ କରିଥିଲା। ଲେଖକ ଉକ୍ତ ପୁସ୍ତକରୁ ପାଇଥିବା ରୟାଲ୍‌ଟି ବାବଦର ସବୁ ଅର୍ଥକୁ ଏହି ବିଜ୍ଞାନ ପ୍ରଚାର ସମିତିକୁ ଦାନ କରିଥିଲେ। ଏହି ସମୟରେ ପରମାଣୁ ଶକ୍ତିର ବିନିଯୋଗକୁ ନେଇ ତାଙ୍କର ପ୍ରଥମ ବୈଜ୍ଞାନିକ ଉପନ୍ୟାସ 'ପୃଥିବୀ ବାହାରେ ମଣିଷ' ରଚନା କଲେ। ଏହା ପ୍ରକାଶ ପାଇବା ପରେ ତାଙ୍କର ପ୍ରଥମ ଗଳ୍ପ ପୁସ୍ତକ 'ଉଡ଼ନ୍ତା ଥାଳିଆ'ରେ ଆଠଗୋଟି ସମନ୍ୱିତ ଗଳ୍ପ ପ୍ରକାଶ କରିଥିଲେ। ୧୯୫୭ ମସିହା ସୋଭିଏତ୍ ରୁଷ ମହାକାଶକୁ ସ୍ପୁଟନିକ ପ୍ରେରଣ କରିବା ପୂର୍ବରୁ ଗୋକୁଳାନନ୍ଦ ପ୍ରକାଶ କରିଥିଲେ, 'କୃତ୍ରିମ ଉପଗ୍ରହ' ନାମକ ଆଉ ଏକ ଉପନ୍ୟାସ। ଏହା ପରେ ପ୍ରକାଶ କଲେ 'ସୁନାର ଓଡ଼ିଶା', 'ମଧ୍ୟାହ୍ନର ଅନ୍ଧକାର' ଆଦି ଉପନ୍ୟାସ। ଲେଖକ ଆମେରିକାରେ ଥିବାବେଳେ ଆମେରିକାର ଅନୁଭୂତିକୁ ପାଥେୟ କରି 'ନୀଳଚକ୍ର ବାଲ ସେପାରେ' ଶୀର୍ଷକରେ ଏକ ପର୍ଯ୍ୟଟନ ଗ୍ରନ୍ଥ ଏବଂ 'ପାଶ୍ଚାତ୍ୟ ସ୍ମୃତି', ନାମକ ଅନ୍ୟ ଏକ ଭ୍ରମଣାନୁଭୂତି ପୁସ୍ତକ ରଚନା କରିଥିଲେ। ଏହି ସମୟରେ 'ଚନ୍ଦ୍ରର ମୃତ୍ୟୁ', 'ମୃତ୍ୟୁ ଏକ ମାତୃତ୍ୱର', 'ନିଶ୍ଚଳ ପୃଥିବୀ' ଆଦି ଅନ୍ୟାନ୍ୟ ଉପନ୍ୟାସ ରଚନା କରି ଓଡ଼ିଆ ବୈଜ୍ଞାନିକ ଉପନ୍ୟାସ ଜଗତକୁ ସଂବୃଦ୍ଧି କରିଥିଲେ। ଡଃ. ଗୋକୁଳାନନ୍ଦ ମହାପାତ୍ର ଗଳ୍ପ ଉପନ୍ୟାସ ସହିତ ତାଙ୍କ ବନ୍ଧୁ ଅଧ୍ୟାପକ ହରିହର ପଟ୍ଟନାୟକଙ୍କ ସହଯୋଗରେ ହାଇସ୍କୁଲ ଶ୍ରେଣୀର ପିଲାମାନଙ୍କ ପାଇଁ ଓଡ଼ିଆ ଭାଷାରେ ବହୁ ବିଜ୍ଞାନ ପୁସ୍ତକ ରଚନା କରିଥିଲେ। ଯାହା ଫଳରେ ହାଇସ୍କୁଲର ପିଲାମାନେ ପାଠ୍ୟପୁସ୍ତକ ସମ୍ବନ୍ଧୀୟ ଯେଉଁ ଅସୁବିଧା ଭୋଗ କରୁଥିଲେ ତାହା ଆଉ ରହି ନ ଥିଲା।

ଶ୍ରୀଯୁକ୍ତ ମହାପାତ୍ର ତାଙ୍କ ପିତାଙ୍କ ସ୍ମୃତିରେ 'ବିଜୟ ସ୍ମୃତି ପ୍ରକାଶନ' ନାମରେ ଏକ ପ୍ରକାଶନ ସଂସ୍ଥା ପ୍ରତିଷ୍ଠା କରିଥିଲେ। ଏହି ପ୍ରକାଶନ ସଂସ୍ଥାର ଦାୟିତ୍ୱ ତାଙ୍କ ସ୍ତ୍ରୀ କୁମୁଦିନୀଙ୍କୁ ଅର୍ପଣ କରିଥିଲେ। ଲେଖକଙ୍କ 'ଉଡ଼ନ୍ତା ଥାଳିଆ' ଓ ଏହାର ରହସ୍ୟ' 'ପ୍ରତିବସ୍ତୁ ଏହାର ପ୍ରହେଳିକା', 'ଆଧୁନିକ ଚଳଚ୍ଚିତ୍ର', 'ଯନ୍ତ୍ର ମଣିଷ', 'ଆପେକ୍ଷିକ ତତ୍ତ୍ୱ', ଆଦିକୃତି ଗୁଡ଼ିକ ଏହି ସଂସ୍ଥା ଦ୍ୱାରା ପ୍ରକାଶିତ ହୋଇଥିଲା। ଲେଖକଙ୍କ ଅନ୍ୟାନ୍ୟ କୃତିଗୁଡିକ ହେଲା 'ଟେଲିଭିଜନ', 'ଆଧୁନିକ ଫଟୋଗ୍ରାଫି', 'ରେଡ଼ିୟମ୍ ଓ କିଉରି' 'ଟେଲିଗ୍ରାଫ୍ ଓ ଟେଲିଫୋନ୍', 'ବିଚିତ୍ର ବିଶ୍ୱ', 'ଚନ୍ଦ୍ର ଅଭିଯାନ', 'ବିଜ୍ଞାନ ଜଗତର ନୂଆ ନୂଆ ଉଭାବନ', 'ବୈଜ୍ଞାନିକଙ୍କ ମଜା କଥା', 'ଚନ୍ଦ୍ର ପୃଷ୍ଠରେ ମଣିଷ', 'ପରମାଣୁ ବୋମା' ଆଦି କୃତି ଗୁଡିକରେ ବୈଜ୍ଞାନିକ ଆବିଷ୍କାର ଏବଂ ଉଦ୍‌ଭାବନାକୁ ଦର୍ଶାଇବା ସହ ବୈଜ୍ଞାନିକ ସାହିତ୍ୟରେ କାହାଣୀ ଧର୍ମୀତାକୁ ମଧ୍ୟ ପ୍ରକାଶ କରିଛନ୍ତି।

ଲେଖକଙ୍କ 'ବିଜ୍ଞାନ ବିଚିତ୍ରା' ଏକ ଉପାଦେୟ ପୁସ୍ତକ ଭାବରେ ଲୋକପ୍ରିୟତା ହାସଲ କରିପାରିଛି। ଓଡ଼ିଶାର ସ୍ଥିତି, ଖଣିଜ ସଂପଦ ପ୍ରାକୃତିକ ସଂପଦ ଏବଂ ଏହାର ସଂରକ୍ଷଣକୁ ଅନୁଶୀଳନ ସହ ଅନୁସନ୍ଧାନ କରି 'ଓଡିଶାର ପ୍ରାକୃତିକ ସମ୍ପଦ ଓ ଶିଳ୍ପ ସମ୍ଭାବନା' ପୁସ୍ତକ ରଚନା କରିଛନ୍ତି। ଲେଖକ ରସାୟନ ବିଜ୍ଞାନ ସମ୍ବନ୍ଧୀୟ ବହୁ ଜଟିଳ ବିଷୟର ସରଳ ବ୍ୟାଖ୍ୟା ଚିତ୍ର ନେଇ 'ରସାୟନ ଶବ୍ଦକୋଷ' ନାମକ ଏକ ଲୋକପ୍ରିୟ କୃତି ରଚନା କରିଛନ୍ତି। ଶିଶୁମାନଙ୍କ ପାଇଁ ଛୋଟ ପିଲାମାନେ ଯେପରି କାହାଣୀ ମାଧ୍ୟମରେ ବିଜ୍ଞାନକୁ ବୁଝିପାରିବାରେ ସକ୍ଷମ ହେବେ ସେଥିପାଇଁ 'ତୁମକୁ ସତ ମୋତେ ମିଛ', 'ବାୟୁ ଓ ତତଲା ବରଫ', 'ଅଜାଙ୍କ ମଜାକଥା' ନାମକ ଏକ ସିରିଜି 'କାଗଜ କୁଆଡୁ ଆସେ', 'କାଚ କେମିତି ତିଆରି ହୁଏ', 'ଆମ ପରିବେଶ' ଆଦି ବିଷୟକୁ କଥୋପ କଥନ ଶୈଳୀରେ ଲେଖକ ଉପସ୍ଥାପନା କରିଛନ୍ତି। ଉକ୍ତ କୃତି ଗୁଡ଼ିକରେ ବୈଜ୍ଞାନିକ ଶବ୍ଦର ବ୍ୟବହାର ହୋଇଥିଲେ ମଧ୍ୟ ଭାଷା ଶୈଳୀ ଦୃଷ୍ଟିରୁ ଏହା ସାରଲ୍ୟ ଏବଂ ସର୍ବଜନଗ୍ରାହୀ। ଔପନ୍ୟାସିକ ନିଜସ୍ୱ କୃତିଗୁଡିକ ପାଇଁ ସମ୍ମାନର ଅଧିକାରୀ ମଧ୍ୟ ହୋଇଛନ୍ତି। ୨୦୧୦ ମସିହାରେ କଳିଙ୍ଗ ସମ୍ମାନ, ୧୯୮୬ ମସିହାରେ ଓଡିଆ ସାହିତ୍ୟ ଏକାଡେମୀ ସମ୍ମାନ ଓ ଓଡିଆ ବୈଜ୍ଞାନିକ ସାହିତ୍ୟ ରଚନା ପାଇଁ ଆର.କେ. ପରିଜା ସମ୍ମାନ ପ୍ରାପ୍ତ କରିଛନ୍ତି।

ଲେଖକଙ୍କ ବୈଜ୍ଞାନିକ ଉପନ୍ୟାସ :

୧. ପୃଥିବୀ ବାହାରେ ମଣିଷ(୧୯୫୨)
୨. କୃତ୍ରିମ ଉପଗ୍ରହ (୧୯୫୮)
୩. ସ୍ପୁଟନିକ (୧୯୫୮)
୪. ମଧ୍ୟାହ୍ନର ଅନ୍ଧକାର (୧୯୫୯)
୫. ଚନ୍ଦ୍ରର ମୃତ୍ୟୁ (୧୯୬୬)
୬. ସୁନାର ଓଡ଼ିଶା (୧୯୭୩)
୭. ମୃତ୍ୟୁ ଏକ ମାତୃତ୍ୱର (୧୯୮୩)
୮. ନିଶ୍ଚଳ ପୃଥିବୀ (୧୯୯୦)
୯. ନିସ୍ତବ୍ଧ ଗୋଧୂଳି (୧୯୯୩)
୧୦. ଡାଇନୋସରରହସ (୨୦୦୭)

ପୃଥିବୀ ବାହାରେ ମଣିଷ :

ବିଜ୍ଞାନର ଭବିଷ୍ୟତ ରୂପରେଖକୁ ନେଇ 'ପୃଥିବୀ ବାହାରେ ମଣିଷ ' ଉପନ୍ୟାସଟି ପ୍ରକାଶିତ। ଓଡ଼ିଆ ଉପନ୍ୟାସ ସାହିତ୍ୟରେ ଏହା ସୃଷ୍ଟି କରିଥିଲା ନବ ଦିଗନ୍ତ।

ମଙ୍ଗଳଗ୍ରହରେ ଏକ ସୁସଭ୍ୟ ଜନସମାଜର ପରିକଳ୍ପନା ହେଉଛି ଏହାର ବିଷୟବସ୍ତୁ । ଔପନ୍ୟାସିକ ଉପନ୍ୟାସର ମୁଖବନ୍ଧରେ ପ୍ରକାଶ କରି କହିଛନ୍ତି " ପୃଥିବୀର ଦୁଇଜଣ ଯାତ୍ରୀ ସେଠାରେ ପହଞ୍ଚି ସେଠାକାର ମଣିଷ ସମାଜ ବିଜ୍ଞାନରେ କିଭଳି ଉନ୍ନତ, ତହିଁର ଯେଉଁ ଚିତ୍ରଣ ଦେଇଛନ୍ତି, ତାହା ହିଁ ହେଉଛି ଭବିଷ୍ୟତ ପୃଥିବୀର ଚିତ୍ରଣ । ଭବିଷ୍ୟତ ପୃଥିବୀର ବିଜ୍ଞାନ ଟେକ୍ନୋଲୋଜି ଉନ୍ନତିର କେଉଁ ରୂପରେଖ ନେବ, ତାହା ମଙ୍ଗଳ ଗ୍ରହର ବୈଜ୍ଞାନି ସଭ୍ୟତାରୁ ଅନୁମାନ କରାଯାଇପାରିବ ।" ୧।

ଉପନ୍ୟାସଟିରେ ନାୟିକା ଲରା ଏବଂ ନାୟକ ଅଧ୍ୟାପକ ରିଚାର୍ଡସନ୍ ପରମାଣୁ ଶକ୍ତିକୁ ନେଇ ରକେଟ୍ ତିଆରି କରିଛନ୍ତି । ସେହି ରକେଟ୍ ସାହାଯ୍ୟରେ ପୃଥିବୀବାସୀଙ୍କ ଅଜାଣତରେ ପୃଥିବୀରୁ ପଳାୟନ କରି ମଙ୍ଗଳ ଗ୍ରହରେ ପହଞ୍ଚିଛନ୍ତି । ମଙ୍ଗଳ ଗ୍ରହର ବିଭିନ୍ନ ଦୃଶ୍ୟ, ଉନ୍ନତ ବାସଗୃହ ନିର୍ମାଣ ସାଜସଜ୍ଜାଠାରୁ ଆରମ୍ଭ କରି ଲୋକମାନଙ୍କ ଭଦ୍ରୋଚିତ ବ୍ୟବହାର , ସାମ୍ୟବାଦୀ ଗଣତନ୍ତ୍ର ଶାସନର ବ୍ୟବସ୍ଥା, ବିଭିନ୍ନ କଳ କାରଖାନା, ବୈଜ୍ଞାନିକମାନଙ୍କ ଗୋଡି ମାଟି ପଥରରୁ ପରମାଣବିକ ଶକ୍ତିର ଉଦ୍‌ଭାବନ, ବିଶ୍ୱବିଦ୍ୟାଳୟ, କୃଷିକ୍ଷେତ୍ର ଏବଂ ବୃହତ୍ ସହରମାନ ଭ୍ରମଣ କରି ବିପୁଳ ଅନୁଭୂତି ସଂଗ୍ରହ କରିଛନ୍ତି । ଶ୍ରେଣୀ ହୀନ ସମାଜ ଗଠନ ହୋଇଛି ମଙ୍ଗଳଗ୍ରହର ଅଧିବାସୀଙ୍କ ଲକ୍ଷ୍ୟ । ସେଠାକାର ବୈଜ୍ଞାନିକ ସଭ୍ୟତାର ଅଲୌକିକ ଅଭିବୃଦ୍ଧି ଦର୍ଶନ କରି ସେହି ସମ୍ବନ୍ଧୀୟ ପୃଥିବୀବାସୀଙ୍କୁ ଜଣାଇବା ଉଦ୍ଦେଶ୍ୟରେ ନାୟିକ ଲରା ମଙ୍ଗଳ ଗ୍ରହରୁ ବହୁ ଯନ୍ତ୍ରପାତି ଧରି ପୃଥିବୀକୁ ଫେରିଆସନ୍ତି, କିନ୍ତୁ ଫେରିଆସୁଥିବା ସମୟରେ ଲରାଙ୍କ ପରମାଣୁ ଯାନଟି ଯାନ୍ତ୍ରିକ ତ୍ରୁଟି ଯୋଗୁଁ ଦୁର୍ଘଟଣାର ସମ୍ମୁଖୀନ ହୋଇଛି । ଅଚେତ ଅବସ୍ଥାରେ ସେ ନିଜକୁ ମରିଟାନିଆ ଜାହାଜରେ ପାଇଛନ୍ତି । ଜାହାଜର କ୍ୟାପ୍‌ଟେନ ଲରାଙ୍କୁ ପୋଲିସ ହାତରେ ଅର୍ପଣ କରିଛନ୍ତି । କାରାଗାରରୁ ବିଚାରାଳୟକୁ ନିଆଯାଇ ଲରାଙ୍କୁ ପଚରା ଉଚରା କରାଯାଇଛି । ବିଚାରପତି ସଠିକ୍ ଭାବରେ ତଥ୍ୟର ଅନୁସନ୍ଧାନ ନ କରି ପରମାଣୁ ବୋମା ତିଆରି ସାମଗ୍ରୀ ସହ ବେଆଇନ ଭାବରେ ରୁଷିଆକୁ ପଳାୟନ କରିଥିବାରୁ ରାଷ୍ଟ୍ରଦ୍ରୋହ ଅଭିଯୋଗରେ ମୃତ୍ୟୁ ଦଣ୍ଡ ହିଁ ଉପଯୁକ୍ତ ବୋଲି ଶୁଣାଇ ଦେଇଛନ୍ତି । କାରାଗାରର ଆବଦ୍ଧ କୋଠରୀ ଭିତରେ ଲରା ଭାବିଛନ୍ତି ତାଙ୍କ ଅତୀତ ଜୀବନର କାହାଣୀ । ପନ୍ଦର ଦିନରେ ପ୍ରକୃତ ସତ୍ୟକୁ ଉପସ୍ଥାପିତ କରିବା ପାଇଁ ଡାଏରୀ ମଧ୍ୟରେ ଲରା ରିଚାର୍ଡସନ୍‌ଙ୍କ ଅଧୀନରେ ତାଙ୍କର ଗବେଷଣା ଏବଂ ମଙ୍ଗଳ ଗ୍ରହକୁ ଯାତ୍ରାର ଅନୁଭୂତିକୁ ଲିପିବଦ୍ଧ କରିଛନ୍ତି । ଶେଷରେ ତାଙ୍କର କାରାଗାର ଭିତରେ ମୃତ୍ୟୁ ଘଟିଯାଇଛି । ଏହିଠାରେ ହିଁ କାହାଣୀର ପରିସମାପ୍ତି ଘଟିଛି । ଉପନ୍ୟାସଟିରପ୍ରାରମ୍ଭ ଆକସ୍ମିକତାରୁ କିନ୍ତୁ ପରିଣତି ହୋଇଛି ବିୟୋଗାତ୍ମକ । ବୈଜ୍ଞାନିକ ତଥ୍ୟ ସହ ସତ୍ୟର

ଅଗ୍ରଗତିରେ ଉପନ୍ୟାସଟି ଜୀବନ୍ତ ମନେ ହେଉଛି । ବିଜ୍ଞାନର ଉନ୍ନତି ସହ ମଙ୍ଗଳଗ୍ରହରେ ବର୍ଣ୍ଣନା ହୋଇଥିବା ଆଦର୍ଶବାଦ ସହ ବିଜ୍ଞାନବାଦର ଉଦ୍ଦେଶ୍ୟ, ଆଦର୍ଶ ଶାସନ ପାଇଁ ଆଦର୍ଶ ସରକାର ପ୍ରତିଷ୍ଠା, ସାମ୍ୟବାଦଏବଂ ଶୋଷଣ ବିହୀନ ସମାଜ ଗଠନର ବ୍ୟବସ୍ଥା ଯେଉଁ ରୂପରେଖ ପ୍ରଦାନ କରାଯାଇଛି ତାହା ପୃଥିବୀରେ ବିଶ୍ୱଶାନ୍ତି ରକ୍ଷା କରିବାରେ ଏକାନ୍ତ ଅପରିହାର୍ଯ୍ୟ ।

କଳ୍ପନା ବଳରେ ଔପନ୍ୟାସିକ ବୈଜ୍ଞାନିକ ତଥ୍ୟକୁ ସରଳ ସାବଲୀଳ ଭାଷାରେ ଉପସ୍ଥାପନ କରିଛନ୍ତି । କିନ୍ତୁ ଏସବୁ ତଥ୍ୟକୁ ଆଧୁନିକ ବିଶ୍ୱ ଗ୍ରହଣ କରିବା ପାଇଁ ଅସମର୍ଥ ବୋଲି ସୂଚିତ କରାଯାଇଛି । ରିଚାର୍ଡସନ ଚରିତ୍ରରେ ବିଶ୍ୱର ବିଜ୍ଞାନ ଭବିଷ୍ୟତ ଅନ୍ଧକାର । ଆମର ବିଜ୍ଞାନଠାରୁ ଅନ୍ତରୀକ୍ଷର ଅନ୍ୟଗ୍ରହରେ ଥିବା ବିଜ୍ଞାନ ଅଧିକ ଉନ୍ନତ ବୋଲି ସୂଚନା ଦିଆଯାଇଛି । ରିଚାର୍ଡସନ ଓ ଲରାଙ୍କ ମଧ୍ୟରେ ଯେଉଁ ହୃଦୟର ଆକର୍ଷଣ ରହିଛି ତାହା ଉପନ୍ୟାସ ସୁଲଭ ମନେ ହେଉଛି । ଲରା ତାଙ୍କ ହୃଦୟରେ ଅଖଣ୍ଡ ରାଜତ୍ୱ କରିଛନ୍ତି । ଔପନ୍ୟାସିକଙ୍କ ଏହି ରୋମାଣ୍ଟିକ କଳ୍ପନା ବୈଜ୍ଞାନିକ ତଥ୍ୟାବଳୀର ଉପସ୍ଥାପନାରେ କିନ୍ତୁ ବ୍ୟାଘାତ ସୃଷ୍ଟି କରିନାହିଁ । ଚରିତ୍ରର ମହତ୍ତ୍ୱ ଅପେକ୍ଷା ବୈଜ୍ଞାନିକ କଳ୍ପନାର ଐନ୍ଦ୍ରଜାଲିକତା ଏଥିରେ ବିଶେଷ ଭାବରେ ଦୃଶ୍ୟାୟିତ ହୋଇଛି ।

କୃତ୍ରିମ ଉପଗ୍ରହ

ଔପନ୍ୟାସିକ ଗୋକୁଳାନନ୍ଦ ମହାପାତ୍ରଙ୍କ 'କୃତ୍ରିମ ଉପଗ୍ରହ' ହେଉଛି ଦ୍ୱିତୀୟ ଉପନ୍ୟାସ । କୃତ୍ରିମ ଉପଗ୍ରହକୁ ପ୍ରଧାନ ବିଷୟବସ୍ତୁ ଭାବେ ଗ୍ରହଣ କରି ଏକ ସୁନେଲି ଭବିଷ୍ୟତ ସ୍ୱପ୍ନର ରୂପରେଖ ପର୍ଯ୍ୟବେସିତ କରାଯାଇଛି । ଔପନ୍ୟାସିକ ଉପନ୍ୟାସଟିର 'ପଦେ ଅଧେ' ରେ ପ୍ରକାଶ କରି କହିଛନ୍ତି- "ପୃଥିବୀର ବିଭିନ୍ନ ରାଜନୈତିକ ମତାବଲମ୍ବୀ ଦେଶମାନେ ସହବସ୍ଥାନ ନୀତି ପ୍ରତି ସନ୍ଦିହାନ ଥିଲେ ହେଁ ଭାରତୀୟମାନଙ୍କର ଆସ୍ଥା ଓ ଆସକ୍ତି ସର୍ବଦା ଜାଗ୍ରତ ।ଭିନ୍ନ ଭିନ୍ନ ଦେଶ ମଧ୍ୟରେ ତିକ୍ତ ମନୋଭାବ ସୃଷ୍ଟି ନକରି ବନ୍ଧୁତା ସୃଷ୍ଟି କରିପାରିଲେ ପୃଥବୀରେ ଶାନ୍ତିର ଆଶା ଯେ ଅଧିକ ଉଜ୍ଜ୍ୱଳ ହୋଇ ଉଠିବ ଏବଂ ସହାବସ୍ଥାନ ନୀତି ଅଧିକ ଦୃଢ଼ ହେବ ଏହା ପ୍ରତ୍ୟେକ ଭାରତୀୟ ହୃଦୟଙ୍ଗମ କରନ୍ତି । ଏହି ମହାନ୍ ଅନ୍ତର୍ଜାତୀକ ସମସ୍ୟାକୁ ସମ୍ମୁଖରେ ରଖି ଏହି ଉପନ୍ୟାସ ରଚନା କରାଯାଇଛି । ବିଭିନ୍ନ ଦେଶର ସ୍ୱାର୍ଥତ୍ୟାଗୀ ଭିତରେ କିପରି ଦେଶଦେଶ ଭିତରେ ବନ୍ଧୁତା ଦୃଢ ହୁଏ ସେହି ଧାରଣାର ମୂଳଦୁଆ ଉପରେ ଠିଆ ହୋଇଛି ସାରା ଉପନ୍ୟାସଟି ।" [୨]।

ଭାରତର ପଞ୍ଚଶୀଳ ନୀତି ବିଶ୍ୱର ବିଭିନ୍ନ ଦେଶ ମଧ୍ୟରେ ସହାବସ୍ଥାନ ଏବଂ ଭାତୃତ୍ୱ ଭାବ ପ୍ରତିଷ୍ଠାର ସହାୟକ ହୋଇ ପାରିଛି ।

'ପୃଥିବୀ ବାହାରେ ମଣିଷ' ଉପନ୍ୟାସର ପ୍ରାରମ୍ଭ ପରି ଉକ୍ତ ଉପନ୍ୟାସର ପ୍ରାରମ୍ଭ ମଧ୍ୟ ହୋଇଛି ଆକସ୍ମିକତାରୁ। ରୁଷ୍‌ର ଲେନିନ୍ ମାନମନ୍ଦିରରେ ସଭାପତି ପାଲାଭିନ୍‌ଙ୍କ ଅଧ୍ୟକ୍ଷତାରେ ବୈଜ୍ଞାନିକମାନଙ୍କ ଗୁପ୍ତ ଅଧିବେଶନ ବସିଛି। ମନୁଷ୍ୟ ରହିବା ଭଳି ଉପଗ୍ରହ ତିଆରି ହୋଇ ମହାଶୂନ୍ୟକୁ ପ୍ରେରଣ କରାଯିବ ତାହା ହେଉଛି ସଭାର ମୁଖ୍ୟ ଉଦ୍ଦେଶ୍ୟ। ରୁଷ୍‌ର ବୈଜ୍ଞାନିକମାନଙ୍କ ଅକ୍ଳାନ୍ତ ପରିଶ୍ରମ ବଳରେ କୃତ୍ରିମ ଉପଗ୍ରହ ତିଆରି ସମାପ୍ତ ହୋଇଛି। ମହାକାଶଯାତ୍ରୀ ଦଳର ଡିରେକ୍ଟର ରୂପେ ବୈଜ୍ଞାନିକ ଆଲେକ୍ସି ମାଡୋଭସ୍କି ନିଯୁକ୍ତି ପାଇଛନ୍ତି। ମହାଶୂନ୍ୟକୁ ଉପଗ୍ରହରେ ଯାତ୍ରା ପୂର୍ବରୁ ଆଲେସ୍କି ତାଙ୍କ ଜନ୍ମସ୍ଥାନ ସହ ତାଙ୍କ ପ୍ରେୟସୀ ମେରିନାଙ୍କ ସହିତ ସାକ୍ଷାତ୍ କରିଛନ୍ତି। ଯେଉଁଦିନ ଆଲେସ୍କି ଲାଢ଼ାକିସ୍ଥାନକୁ ଫେରି ଆସିଛନ୍ତି, ମେରିନା ଆଲେସ୍କିଙ୍କ ବିରହରେ ଆତ୍ମହରା ହୋଇପଡିଛନ୍ତି । ବୈଜ୍ଞାନିକ କ୍ରେଟିଟୋ ଅସୁସ୍ଥ ହେବାରୁ ତାଙ୍କ ସ୍ଥାନରେ କମିଶନର ଭାବେ ବିଶ୍ୱରଶ୍ମୀ ଗବେଷଣାରେ ଡି.ଏସ.ସି. ଉପାଧିପ୍ରାପ୍ତ କରିଥିବା ମେରିନାଙ୍କୁ ନିର୍ବାଚିତ କରାଯାଇଛି। ମେରିନା ଯେତେବେଳ ଆଲେସ୍କିଙ୍କ ସହ ଉପଗ୍ରହରେ ମହାଶୂନ୍ୟକୁ ଯିବେ ଏହା ଜ୍ଞାତ ହେଉଛନ୍ତି ସେତେବେଳେ ସେ ଆନନ୍ଦିତ ହୋଇପଡିଛନ୍ତି । ଜଣେ ସହଯୋଗୀ ଭାବରେ ଲେନାଙ୍କୁ ମଧ୍ୟ ନିଯୁକ୍ତି ଦିଆଯାଇଛି। ଆଲେସ୍କି ଏବଂ ମେରିନାଙ୍କୁ ତାଙ୍କ ପିତାମାତା ବିଦାୟ ଦେବା ପାଇଁ ଉପଗ୍ରହ ଛାଡିବା ସ୍ଥାନକୁ ଚାଲି ଆସିଛନ୍ତି। ସମସ୍ତ ପ୍ରସ୍ତୁତି ପରେ ଉପଗ୍ରହଟି ମହାଶୂନ୍ୟ ଅଭିମୁଖେ ଗତିକରିଛି। ଉପଗ୍ରହରେ ଟେଲିଭିଜନ ମାଧ୍ୟମରେ ପୃଥିବୀର ବାର୍ତ୍ତା ଏବଂ ଦୃଶ୍ୟର ସଂଯୋଗ ମଧ୍ୟ କରାଯାଇଛି । ମହାକାଶର ଅନ୍ୟାନ୍ୟ ଗ୍ରହ ସହ ମଙ୍ଗଳଗ୍ରହ କିପରି ପୃଥିବୀର ନିକଟତର ହେଉଛି ଏହାକୁ ନେଇ ସେହି ଉପଗ୍ରହରେ ଗବେଷଣା ଚାଲିଛି। ଦୂରବୀକ୍ଷଣ ଯନ୍ତ୍ର ସାହାଯ୍ୟରେ ମଙ୍ଗଳଗ୍ରହକୁ ନିରୀକ୍ଷଣ କଲାବେଳେ ଲେନା ଆଲେସ୍କିଙ୍କ ପ୍ରତି ଆକୃଷ୍ଟ ହୋଇପଡିଛନ୍ତି । ଏହାକୁ ନେଇ ନାରୀ ସୁଲଭ ଇର୍ଷା ଦେଖାଦେଇଛି ମେରିନାଙ୍କ ମନରେ। ମେରିନା ଆତ୍ମହତ୍ୟା କରିବାକୁ ଉଦ୍ୟମ କରିଛନ୍ତି। ଏହା ଜାଣି ଆଲେସ୍କିଙ୍କ ମନରେ କୋହ ଆସିଛି ଏବଂ ମେରିନାଙ୍କୁ ଭୁଲ୍ ମାଗିଛନ୍ତି। ଲେନା ଓ ମେରିନାଙ୍କ ମଧ୍ୟରେ ଆଲେସ୍କିଙ୍କୁ ନେଇ ପ୍ରତିଯୋଗିତା ଚାଲିଛି।

ହଠାତ୍ ଦିନେ ରାତିରେ ଆଲେସ୍କି ଜାଣିବାକୁ ପାଇଛନ୍ତି ଆମେରିକା ପ୍ରେରଣ କରିଥିବା ଉପଗ୍ରହଟି ମହାକାଶରେ ଅକାମୀ ହୋଇଯାଇଛି। ମାର୍କିନ୍ ଉପଗ୍ରହଟିକୁ ସଜାଡିବା ଏକାନ୍ତ ଉଚିତ୍ ମନେକରି ନିଜ ପଦବୀ ପ୍ରତି ଭୂକ୍ଷେପ ନ କରି ଚାଲିଯାଇଛନ୍ତି । ଫେରି ଆସିବା ସମୟରେ ତାଙ୍କ ରକେଟ୍ ଯାନଟି ଦୁର୍ଘଟଣାଗ୍ରସ୍ତ ହେବାର ଦୃଶ୍ୟ ଟିଭି ପରଦାରେ ଦେଖିବାକୁ ପାଇଛନ୍ତି ମେରିନା। ଆଲେସ୍କିଙ୍କୁ ବଞ୍ଚାଇବା ଉଦ୍ଦେଶ୍ୟରେ

ମେରିନା ସମସ୍ତଙ୍କ ଅଜାଣତରେ ଜଣିକିଆ ରକେଟ ଯାନରେ ମହାଶୂନ୍ୟକୁ ଡେଇଁ ପଡିଛନ୍ତି । ମେରିନାଙ୍କ ରକେଟ୍‌ରେ ନିଆଁ ଲାଗିଯିବାରୁ ମେରିନା ଅର୍ଦ୍ଧଦଗ୍ଧ ଭାବରେ ରକେଟ୍‌ରେ ତାଙ୍କର ପ୍ରାଣବାୟୁ ଚାଲିଯାଇଛି। ସେହିପରି ଆଲେକ୍ସିଙ୍କର ମଧ୍ୟ ରକେଟ୍‌ରେ ମୃତ୍ୟୁ ହୋଇଯାଇଛି। ଆମେରିକାବାସୀ ଆଲେକ୍ସି ଏବଂ ମେରିନାଙ୍କ ଶ୍ରାଦ୍ଧ ସଭା ପାଳନରେ ରାଜନୈତିକ ବୈଶମ୍ୟ ଓ ଦ୍ୱନ୍ଦ ଦୂର ହୋଇଯାଇଛି।

ଉପନ୍ୟାସଟିର ପରିଣତି କାରୁଣ୍ୟମୟ ହୋଇଛି। ମାନବିକତାର ଜୟଗାନ ସହ ସାମ୍ୟବାଦର ସ୍ୱର ଉପନ୍ୟାସଟିକୁ କରିଛି ମାର୍ମିକ। ଭାଇଚାର ସମ୍ପର୍କରେ ସାରା ବିଶ୍ୱ ମୁଖରିତ ହୋଇପଡିଛି। ମେରିନା ଏବଂ ଆଲେକ୍ସିଙ୍କ ମିଳନ ନହୋଇ ସେମାନଙ୍କ ମୃତ୍ୟୁ ଭାରତୀୟମାନଙ୍କ ଆତ୍ମତ୍ୟାଗକୁ କରିଛି ଦୃଢୀଭୂତ। ବିଶ୍ୱମାନବ ବାଦ ପ୍ରତିଷ୍ଠା କରିବାରେ ଉପନ୍ୟାସଟି ଯଥେଷ୍ଟ ସହାୟ ହୋଇଛି।

ସୁନାର ଓଡ଼ିଶା

'ସୁନାର ଓଡ଼ିଶା' ଉପନ୍ୟାସଟି ଗୋକୁଳାନନ୍ଦ ମହାପାତ୍ରଙ୍କ ତୃତୀୟ ଉପନ୍ୟାସ । "ଓଡିଶାର ଅସୁମାରି ପ୍ରାକୃତିକ ସମ୍ପଦକୁ ବ୍ୟବହାର କରି ତାହାକୁ କିପରି ଏକ ଧନଶାଳୀ ରାଷ୍ଟ୍ରରେ ପରିଣତ କରିହେବ, ତହିଁର ଏକ ବାସ୍ତବ କଳ୍ପନାକୁ ରୂପରେଖ ଦେବା ଉକ୍ତ ଉପନ୍ୟାସର ପ୍ରଧାନ ଉଦ୍ଦେଶ୍ୟ।"[୩] ଓଡ଼ିଶାକୁ ଦିନେ ଶିଳ୍ପ ସମୃଦ୍ଧ କରିବାର ସ୍ୱପ୍ନ ଦେଖି ସର୍ବପ୍ରଥମ କାର୍ଯ୍ୟକାରୀ ଉଦ୍ୟମ ଯେ କରିଥିଲେ ସେହି ମହନୀୟ ପୁରୁଷ ଉତ୍କଳ ଗୌରବ ମଧୁସୂଦନଙ୍କ ପାଦପଦ୍ମରେ ଔପନ୍ୟାସିକଙ୍କ ଉପନ୍ୟାସଟି ଉତ୍ସର୍ଗୀକୃତ । ଶିଳ୍ପ ସମସ୍ୟା ସମ୍ପର୍କିତ ଏକ ସୁବିସ୍ତୃତ ଯୋଜନା ପ୍ରସ୍ତୁତକରି ଉଦ୍ୟମ କରାଇଛନ୍ତି ଓଡିଶାର ଶିକ୍ଷିତ ଯୁବକ ନିକଟରେ । ଅନ୍ୟ ଦେଶ ତୁଳନାରେ ଓଡିଶା ଯେଉଁ କୁଲି ମଜୁରୀର ଦେଶ ବୋଲି ଖ୍ୟାତ ଅଛି, ପଛୁଆବର୍ଗରେ ଯେଉଁ ସ୍ଥାନ ପାଇଛି, ଔପନ୍ୟାସିକ ତାହାକୁ ଉଲ୍ଲଂଘନ କରି ଓଡିଶାର ପ୍ରଚୁର କିର୍ତ୍ତୀ ବିଭବର ପ୍ରୟୋଗକୁ ଦୃଶ୍ୟାୟିତ କରାଇ ଦେଇଛନ୍ତି ଉପନ୍ୟାସଟିରେ। ଓଡିଶା ଅର୍ଥନୀତିର ଯେଉଁ ସୁଦୂର ପରିକଳ୍ପନା ଥିଲା ତାହା ଆଜି ବାସ୍ତବ ରୂପ ନେଉଛି।

ଉପନ୍ୟାସଟିର ମୁଖ୍ୟ ଚରିତ୍ର ଅରୁଣ କୁମାର ଲଣ୍ଡନରେ ଇମ୍ପେରିଆଲ୍ ଇଞ୍ଜିନିୟରିଂ କଲେଜରୁ ସର୍ବଶ୍ରେଷ୍ଠ ସ୍ନାତକ ଭାବରେ ସ୍ୱର୍ଣ୍ଣ ପଦକ ହାସଲ କରିଛନ୍ତି। ବିଶିଷ୍ଟ ଶିଳ୍ପପତି ଜେମ୍‌ସ ମାଇକେଲ୍‌ସେନ୍‌ଙ୍କ କନ୍ୟା ଆଭା ଭାରତୀୟ କୃତୀ ଯୁବକ ଅରୁଣଙ୍କ ପ୍ରତି ଆକୃଷ୍ଟ ହୋଇ ପଡିଛନ୍ତି। ଜେମ୍‌ସ ମାଇକେଲ୍‌ସନ୍‌ଙ୍କ ଉପସ୍ଥିତିରେ ଅରୁଣ ଆଭା ସହିତ ମିଶି ଓଡିଶାର ଏକ ଶିଳ୍ପ ମାନଚିତ୍ର ତିଆରି କରିଛନ୍ତି। ଓଡିଶାର ବିଭିନ୍ନ ଅଞ୍ଚଳକୁ ନିରୀକ୍ଷଣ କରି ଅନେକ ଶିଳ୍ପ ଗଢି ଉଠିବାର ସ୍ୱପ୍ନ ସେମାନେ ଦେଖିଛନ୍ତି।

ସେହି ଶିଳ୍ପ ମଧ୍ୟରେ ରହିଛି ଆଲୁମିନିୟମ୍, ଇସ୍ପାତ, ଫେରୋକ୍ରେମ, ଆଇରନ, ନିକେଲ, କୋଇଲା, ସିସା, ଲୁହା, ସହିତ ଝୋଟ, ଚିନି ପ୍ରଭୃତି। ଘଟଣାକ୍ରମେ ନାୟକ ଅରୁଣ କୁମାର ସୁନା ଖଣିର ସନ୍ଧାନ ଓଡିଶାରେ ପାଇଛନ୍ତି। ତାକୁ ଉତ୍ତୋଳନ କରି ଖୁବ୍ ସ୍ୱଳ୍ପ ଦରରେ ବିଶ୍ୱ ବଜାରକୁ ଛାଡିଛନ୍ତି। ଏଥିରେ ଆମେରିକା ଅରୁଣଙ୍କ ପ୍ରତି ବିବ୍ରତ ହୋଇ ତାଙ୍କୁ ବନ୍ଦୀ କରି ନେଇଛି। ଅରୁଣଙ୍କ ଏପରି ପରିସ୍ଥିତିରେ ଆଭା ସୁଦୂର ଇଂଲଣ୍ଡରୁ ଓଡିଶାକୁ ଚାଲି ଆସିଛନ୍ତି। ଅରୁଣଙ୍କୁ ସାକ୍ଷାତ୍ କରି ସେ ହତବାକ୍ ହୋଇପଡିଛନ୍ତି ଏବଂ ତାଙ୍କ ସ୍ମୃତି ପଟରେ ଜାଗି ଉଠିଛି ଅରୁଣଙ୍କୁ ନେଇ ତାଙ୍କର ଅତୀତର ସ୍ମୃତି। ପୋଲିସ ଷ୍ଟେସନରେ ପହଞ୍ଚିବା କ୍ଷଣି ତାଙ୍କ ଭାବନାର ଅନ୍ତ ଘଟିଛି।

ଏହିଠାରେ ଔପନ୍ୟାସିକ ଉପନ୍ୟାସଟିର ସମାପ୍ତି କରିଛନ୍ତି। ଉପନ୍ୟାସର ପରିଣତି ସଂପୂର୍ଣ୍ଣ ଭାବରେ ସଫଳ ହୋଇପାରିନାହିଁ। ପାଠକକୁ ଦ୍ୱନ୍ଦ ଆଡକୁ ଟାଣି ନେଇଛି। ଗଳ୍ପର କେତେକାଂଶ ବାସ୍ତବ ଉପରେ ନିର୍ଭର କରିବା ସହ କଳ୍ପନାର ମଧ୍ୟ ସଂଯୋଗ ରହିଛି। ଔପନ୍ୟାସିକ ଉପନ୍ୟାସଟିରେ ଅତୀତ ପ୍ରାଚ୍ୟ ସଂସ୍କୃତିର କଳା ଐତିହ୍ୟର ମହନୀୟତାକୁ ଦର୍ଶାଇବା ସହିତ ବେଳେବେଳେ କାହାଣୀ ସ୍ଥଳରେ ଆଧୁନିକ ପାଶ୍ଚାତ୍ୟ ସଭ୍ୟତାର ନଗ୍ନ ରୂପକୁ ମଧ୍ୟ ଦର୍ଶାଇଛନ୍ତି। ବାସ୍ତବ ଏବଂ କଳ୍ପନାର ସଂଯୋଗରେ ଉପନ୍ୟାସଟି ଯଥାସମ୍ଭବ କୃତକାର୍ଯ୍ୟ ହୋଇପାରିଛି।

ସ୍ଫୁଟନିକ :

ଗୋକୁଳାନନ୍ଦ ମହାପାତ୍ରଙ୍କ ଉକ୍ତ କୃତିଟି ଏକ ସଂପୂର୍ଣ୍ଣ ଉପନ୍ୟାସ ନୁହେଁ। ସ୍ଫୁଟନିକ ଓ ମହାଶୂନ୍ୟ ଭ୍ରମଣ ସମ୍ବନ୍ଧରେ ବିସ୍ତୃତ ବିବରଣୀ ନେଇ ବୈଜ୍ଞାନିକ ପ୍ରବନ୍ଧଗୁଡିକର ସମାବେଶରେ ଉପନ୍ୟାସର ଛାଞ୍ଚ ଦେଇ ପୁସ୍ତକଟିକୁ ରଚନା କରିଛନ୍ତି। ପୃଥିବୀର ଶ୍ରେଷ୍ଠତମ ଉଦ୍‌ଭାବନକୁ ନେଇ ଲେଖକ ପଦେ ଅଧେରେ ପ୍ରକାଶ କରି କହିଛନ୍ତି – "ବୈଜ୍ଞାନିକ ତଥ୍ୟ ଓ ସତ୍ୟ ଉପରେ କାଳ୍ପନିକ କଥା ସୃଷ୍ଟି କରିବାରେ ସ୍ଫୁଟନିକର ବିଶେଷତ୍ୱ।" ୪।

ଉପନ୍ୟାସଟିରେ ଶ୍ରେଷ୍ଠ ଗଣିତଜ୍ଞ ଭାବରେ ଖ୍ୟାତି ଅର୍ଜନ କରିଛନ୍ତି ଅଧ୍ୟାପକ ମନୋଜ ମିତ୍ର। ନିଜେ ଗଠନ କରିଛନ୍ତି ଏକ ବଙ୍ଗୀୟ ବିଜ୍ଞାନ ସମିତି। ସମିତିରେ ଉଡନ୍ତା ଥାଳିଆର ରହସ୍ୟ ବିଷୟରେ ବକ୍ତୃତାଦେଇ ସମସ୍ତଙ୍କ ପ୍ରୀତି ଭାଜନ ହୋଇପଡିଛନ୍ତି ଅଧ୍ୟାପକ ମିତ୍ର। ସଭାରେ ଥିବା ବେଥୁନ୍ ମହାବିଦ୍ୟାଳୟର ଅଧ୍ୟକ୍ଷ ମିସ୍ ସେନ୍ ଅଧ୍ୟାପକ ମିତ୍ରଙ୍କ ବକ୍ତୃତା ଆଉ ଥରେ ଶୁଣିବାପାଇଁ ନିଜସ୍ୱ ମହାବିଦ୍ୟାଳୟକୁ ନିମନ୍ତ୍ରଣ କରିଛନ୍ତି। ବେଥୁନ୍ ମହାବିଦ୍ୟାଳୟର ସୁପ୍ରଶସ୍ତ ପ୍ରାଙ୍ଗଣରେ ଅଧ୍ୟାପକ ମିତ୍ର ସ୍ଫୁଟନିକ ବିଷୟକୁ ନେଇ ଉପସ୍ଥିତ ହୋଇଛନ୍ତି। ବକ୍ତୃତା ସରିବା ପରେ ମିସ୍‌ସେନ

ଅଧ୍ୟାପକ ମିତ୍ରଙ୍କୁ ତାଙ୍କ ଘରକୁ ଆତିଥ୍ୟ ଗ୍ରହଣ ପାଇଁ ଅନୁରୋଧ କରିଛନ୍ତି। ସମୟକ୍ରମେ ଅଧ୍ୟାପକ ମିତ୍ର ଏବଂ ମିସ୍‌ସେନଙ୍କ ବନ୍ଧୁତା ଘନିଷ୍ଠ ହେବାରେ ଲାଗିଛି।

ଅନ୍ୟପକ୍ଷରେ ଅଧ୍ୟାପକ ମିତ୍ର ଏବଂ ଶ୍ରୀମତୀ ମିତ୍ରାଦେବୀଙ୍କ ସମ୍ପର୍କରେ ଫାଟ ସୃଷ୍ଟି ହୋଇଛି। ଅଧ୍ୟାପକ ମିତ୍ରଙ୍କ ପରିବର୍ତ୍ତନର କାରଣ ମିସ୍‌ସେନ ବୋଲି ମିତ୍ରାଦେବୀ ଜାଣିପାରି ନିଜ ସ୍ୱାମୀଠାରୁ ଦୂରେଇ ଯାଇଛନ୍ତି। କିଛିଦିନ ପରେ ଅଧ୍ୟାପକ ମିତ୍ର ଯେତେବେଳେ ମିସ୍ ସେନ୍‌ଙ୍କ ଅସଲ ସ୍ୱରୂପ ଜାଣିପାରିଛନ୍ତି ମିସ୍‌ସେନଙ୍କ ପ୍ରତି ତାଙ୍କର ବିତୃଷ୍ଣା ଭାବ ବଢ଼ିବା ସହ ଅମିତା ଦେବୀଙ୍କ ଲୋତକପୂର୍ଣ୍ଣ ଚକ୍ଷୁ ତାଙ୍କ ଦୃଶ୍ୟପଟରେ ଦୃଶ୍ୟାୟିତ ହୋଇଛି।

ପୁନଶ୍ଚ ଅଧ୍ୟାପକ ମିତ୍ରଙ୍କୁ ମହାଶୂନ୍ୟ ଭ୍ରମଣ ଉପରେ ବକ୍ତୃତା ଦେବାପାଇଁ ଦିଲ୍ଲୀ ବିଶ୍ୱବିଦ୍ୟାଳୟ ଯିବାକୁ ପଡିଛି। ବକ୍ତୃତା ସମାପନ ପରେ ଜଣେ ଛାତ୍ର ମାଧ୍ୟମରେ ମହାଶୂନ୍ୟ ସମ୍ବନ୍ଧୀୟ ଉଚିତ୍ ତର୍କରେ ଅଧ୍ୟାପକ ମିତ୍ର ନିଜ ସ୍ତ୍ରୀ ଅମିତା ଦେବୀଙ୍କ ସହିତ ସାକ୍ଷାତ୍ ହୋଇଛି। ଆକସ୍ମିକ ଖୁସିରେ ଆତ୍ମହରା ହୋଇପଡିଛନ୍ତି ଉଭୟ ପତି ଓ ପତ୍ନୀ। କଥାବସ୍ତୁର ଏହିଠାରେ ପରିସମାପ୍ତି ଘଟିଛି। ଉପନ୍ୟାସଟିର କଥାବସ୍ତୁକୁ କେବଳ ତଥ୍ୟଭିତ୍ତିକ ଏବଂ ବିଶ୍ଲେଷଣାତ୍ମକ କରାଯାଇଛି, ଅଧ୍ୟାପକ ମିତ୍ର ଯାହା ତାଙ୍କ ବକ୍ତୃତା ମାଧ୍ୟମରେ ବର୍ଣ୍ଣନା କରିଛନ୍ତି। ଉପନ୍ୟାସର ଛାଞ୍ଚଦେବା ପାଇଁ ଅଧ୍ୟାପକ ମିତ୍ର ଏବଂ ଅମିତା ଦେବୀଙ୍କ କାହାଣୀକୁ ସଂଯୋଗ କରାଯାଇଛି। ଉପନ୍ୟାସର ସଂପୂର୍ଣ୍ଣ ବିଷୟବସ୍ତୁକୁ ଅନୁଧ୍ୟାନ କଲେ ଅମିତା ଦେବୀ ଗୃହିଣୀ ହେଲେ ମଧ୍ୟ ଜଣେ ଦୂରଦର୍ଶୀ ବୈଜ୍ଞାନିକା ଭାବରେ ଉପସ୍ଥିତ ହୋଇଛନ୍ତି। ଭାରତୀୟ ସଂସ୍କୃତିର ନଗ୍ନ ରୂପ ମଧ୍ୟ ଉପନ୍ୟାସଟିରୁ ଦୃଶ୍ୟାୟିତ ହୋଇଛି।

ମଧ୍ୟାହ୍ନର ଅନ୍ଧକାର :

ଆଧୁନିକ ଯୁଗରେ ବିଜ୍ଞାନ ଏବଂ ଗବେଷଣାକୁ ନେଇ ସ୍ୱାର୍ଥାନ୍ଧ ବ୍ୟକ୍ତିମାନଙ୍କ ଦ୍ୱାରା ଯେଉଁ ବ୍ୟଭିଚାର ଚାଲେ ତାହାକୁ ଉକ୍ତ ଉପନ୍ୟାସ ମାଧ୍ୟମରେ ବ୍ୟକ୍ତ କରାଯାଇଛି। ଔପନ୍ୟାସିକ ଉପନ୍ୟାସଟିରେ ପ୍ରକାଶ କରି କହିଛନ୍ତି – "ବୈଜ୍ଞାନିକ ଗବେଷଣା ଓ ଉଚ୍ଚ ଆଦର୍ଶର ଦ୍ୱାହି ଦେଇ କେତେ ଲୋକ ଯେ, ସାରା ଦୁନିଆକୁ ଶୋଷିବାକୁ ପଛେଇ ନାହାନ୍ତି ତହିଁର ନଗ୍ନ ରୂପ ପ୍ରକାଶ ପାଇବା ସହ ବୈଜ୍ଞାନିକ ଗବେଷଣା କିପରି ଅନେକ ସମୟରେ ପୁଞ୍ଜିପତିର ଇଙ୍ଗିତରେ ଚାଲେ ଓ ପୁଞ୍ଜିପତିର ଇଙ୍ଗିତରେ ନଚାଲିଲେ କୌଣସି ଆବିଷ୍କାର ଓ ଉଦ୍‌ଭାବନ କିପରି ଗ୍ରହଣଯୋଗ୍ୟ ନୁହେଁ ତହିଁର ବିଚିତ୍ର ଚିତ୍ର ଉପନ୍ୟାସଟିରେ ନିହିତ।"[୫]

ଉପନ୍ୟାସଟିରେ ଜଣେ ବିଶିଷ୍ଟ ଗବେଷକ ହେଉଛନ୍ତି ରମେଶ ପଟେଲ।

ଉଚ୍ଚଶିକ୍ଷିତା ରୀତା ରମେଶ ପଟେଲଙ୍କ ପ୍ରତି ଆକର୍ଷିତ ହେଲେ ମଧ୍ୟ ରମେଶ ବିବାହ କରିଛନ୍ତି ସରଳ ସ୍ୱଚ୍ଛ ଶିକ୍ଷିତା ଗ୍ରାମ୍ୟ ବାଳିକା ଉଷାଙ୍କୁ। କିଛିଦିନ ପରେ ସେ ସେଠ୍ ସୋନାରାମଙ୍କ ଇଣ୍ଡଷ୍ଟ୍ରିଜ୍‌ରେ ଡିରେକ୍ଟର ଭାବରେ ନିଯୁକ୍ତି ପାଇଛନ୍ତି। ସେହି ସମୟରେ ସେଠ୍ ସୋନାରାମ ନିର୍ଦ୍ଦେଶ ଦେଇଛନ୍ତି ଯେ, କାରଖାନାରୁ ଉତ୍ପାଦିତ ସାମଗ୍ରୀ ଯେପରି ଦୀର୍ଘ ସ୍ଥାୟୀ ନ ହେବ ସେ ବିଷୟରେ ଗବେଷଣା କରିବା ପାଇଁ, ମାତ୍ର ଗାନ୍ଧିଜୀଙ୍କ ଆଦର୍ଶରେ ଅନୁପ୍ରାଣିତ ହୋଇଥିବା ରମେଶ ବାବୁ ମାନବଧ୍ୱସଂକାରୀ ଅପମିଶ୍ରଣ ରୂପକ କୁକାର୍ଯ୍ୟ କରିବା ପାଇଁ ସ୍ପଷ୍ଟ ମନା କରି ଦିଅନ୍ତି। ପରେ ସେଠ୍‌ଙ୍କ ନିର୍ଦ୍ଦେଶରେ ତାଙ୍କର ପ୍ରାଇଭେଟ ସେକ୍ରେଟାରୀ କ୍ଲାରା ଦେବୀ ରମେଶ ବାବୁଙ୍କ ମନ ଭୁଲାଇବା ପାଇଁ ସମୁଦ୍ର ବେଳାଭୂମିକୁ ନେଇ ରମେଶ ବାବୁଙ୍କୁ ନିଜ ପ୍ରତି ଆକର୍ଷିତ କରିବା ପାଇଁ ଚେଷ୍ଟା କରିଛନ୍ତି। ମାତ୍ର ରମେଶ ବାବୁ କ୍ଲାରା ଦେବୀଙ୍କ ହୀନ ଉଦ୍ୟମକୁ କୁଠାରଘାତ କରି ଚାକିରୀରୁ ବହିଷ୍କାର ହୋଇଛନ୍ତି। ଦୁଃଖ ଦୈନ୍ୟରେ ଜୀବନ ଅତିବାହିତ କରି ଯକ୍ଷ୍ମାରୋଗ ବିଷୟରେ ଗବେଷଣା କରନ୍ତି। ପତ୍ନୀ ଉଷା ଯକ୍ଷ୍ମାରୋଗରେ ପୀଡିତା ହୋଇ ମୃତ୍ୟୁବରଣ କରିଛନ୍ତି। ଏ ପକ୍ଷରେ ସେଠ୍ ସୋନାରାମ ନିଜସ୍ୱ କର୍ମ ପାଇଁ ଗୋଇନ୍ଦା ବିଭାଗ ଦ୍ୱାରା ଧରା ପଡିଛନ୍ତି। ରମେଶ ବାବୁ ସରକାରଙ୍କ ତରଫରୁ ସହକାରୀ ସାକ୍ଷ୍ୟ ଏବଂ ସମସ୍ତ ଗୁପ୍ତ ତଥ୍ୟ ପ୍ରକାଶ କରିଥିବାରୁ ପ୍ରଶଂସିତ ହୋଇଛନ୍ତି। ଉପନ୍ୟାସଟିର ଏହିଠାରେ ପରିସମାପ୍ତି ଘଟିଛି। ନାଟକୀୟତା ଏବଂ ବୃତ୍ତାକାର ରୀତିରେ କଥାବସ୍ତୁଟିର ସଂପୂର୍ଣ୍ଣ କରାଯାଇଛି। ପୁଞ୍ଜିପତିମାନଙ୍କ ଦ୍ୱାରା ବିଜ୍ଞାନ କିପରି ଦାସ ହୋଇଯାଏ ଏବଂ କେତେକ ଆଦର୍ଶ ବ୍ୟକ୍ତିମାନଙ୍କ ଦ୍ୱାରା ମଧ୍ୟାହ୍ନର ଦିବାଲୋକର ଅନ୍ଧାରି କାରବାର କିପରି ବିଲୋପ ଘଟେ ଔପନ୍ୟାସିକ ଉପନ୍ୟାସଟିରେ ତାହା ଉଲ୍ଲେଖ କରିଦେଇଛନ୍ତି।

ଚନ୍ଦ୍ରର ମୃତ୍ୟୁ :

ଔପନ୍ୟାସିକଙ୍କ 'ଚନ୍ଦ୍ରର ମୃତ୍ୟୁ' ଉପନ୍ୟାସ ଏକ ଅନନ୍ୟ ସୃଷ୍ଟି। ଉପନ୍ୟାସଟିରେ ଚନ୍ଦ୍ରର ମୃତ୍ୟୁ ହିଁ ହୋଇଛି। ମାର୍କିନ ବୈଜ୍ଞାନିକମାନେ ଯେଉଁ ସମୟରେ ନାନା ପ୍ରକାର ଜଟିଳ ଯନ୍ତ୍ରପାତି ଦ୍ୱାରା ପ୍ରମାଣ କରି ଅବଗତ ହୋଇପାରିଛନ୍ତି ଯେ, ଚନ୍ଦ୍ରପୃଷ୍ଠରେ ଜନବସତି ସଂପୂର୍ଣ୍ଣ ଭାବରେ ଅସମ୍ଭବ। ପୃଥିବୀର ଏକ ଉପଗ୍ରହ ହେଉଛି ଚନ୍ଦ୍ର। ତେଣୁ ପୃଥିବୀ ପରି ଚନ୍ଦ୍ରପୃଷ୍ଠରେ ମଧ୍ୟ ଅତୀତରେ ସୁସଭ୍ୟ ମନୁଷ୍ୟ ସମାଜ ତିଷ୍ଠି ରହିଥିଲା, କିନ୍ତୁ ପରବର୍ତ୍ତୀ କାଳରେ ଜଳବାୟୁ ଏବଂ ମାଧ୍ୟାକର୍ଷଣ ଶକ୍ତିର ଅଭାବ ଯୋଗୁଁ କିପରି ଜୀବନ ନିର୍ବାହ କରିବା ଅସମ୍ଭବ ମନେହୋଇଛି ତାହା ଔପନ୍ୟାସିକ କଳ୍ପନା ମାଧ୍ୟମରେ ଉପନ୍ୟାସଟିରେ ଉଲ୍ଲେଖ କରିଛନ୍ତି।

ଉପନ୍ୟାସର କାହାଣୀକୁ ଦୁଇ ଭାଗରେ ବିଭକ୍ତ କରାଯାଇଛି। କାହାଣୀର

ପ୍ରାରମ୍ଭରେ ସାଧାରଣ ଚରିତ୍ରମାନଙ୍କୁ ପରିବେଷଣ କରାଯାଇଥିବାବେଳେ ଅନ୍ୟ ପକ୍ଷରେ ପାଞ୍ଚ ହଜାରବର୍ଷ ତଳର ଉତ୍କଳାବର୍ତ୍ତର ଚନ୍ଦ୍ରପୃଷ୍ଠକୁ ଆଗମନ କାହାଣୀକୁ ମୁଖ୍ୟ ବିଷୟବସ୍ତୁ ଭାବେ ଗ୍ରହଣ କରାଯାଇଛି। ସାଧାରଣ ଚରିତ୍ର ରମେଶ ମାଧ୍ୟମରେ ଉତ୍କଳାବର୍ତ୍ତର ସାକ୍ଷାତ ଏବଂ ଚନ୍ଦ୍ରପୃଷ୍ଠର କାହାଣୀକୁ ଆବେଗ, ଉତ୍କଣ୍ଠା ସହ ରୋମାଞ୍ଚକର ଘଟଣାର ସମିଶ୍ରଣରେ ଉପସ୍ଥାପିତ କରାଯାଇଛି। ପୃଥିବୀ ଯେତେବେଳେ ଅଜ୍ଞାନତାରେ ଜୀବନ ଅତିବାହିତ କରୁଥିଲା ସେହି ସମୟରେ ଚନ୍ଦ୍ରରେ ବୈଜ୍ଞାନିକ ସଭ୍ୟତା ଉନ୍ନତିର ଚରମ ସୀମାରେ ପହଞ୍ଚିଥିଲା। ପୃଥିବୀଠାରୁ ଚନ୍ଦ୍ର ଆକାରରେ ଛୋଟ ଥିବାରୁ ଚନ୍ଦ୍ରପୃଷ୍ଠ ମହାଶୂନ୍ୟକୁ ଅପସରିଯାଇଛି। ଫଳରେ ଚନ୍ଦ୍ରାଲୋକରେ ଜଳ ଓ ବାୟୁର ଅଭାବ ଦେଖାଦେଇଛି। ଚନ୍ଦ୍ରାଲୋକରେ ଏହି ଅଭାବର କ୍ଷତିପୂରଣ ପାଇଁ କେବଳପ୍ରାୟ ଏବଂ ପତ୍ନୀ ସାଙ୍ଗରୀନା ପୃଥିବୀ ପୃଷ୍ଠରୁ ଜଳ ଓ ବାୟୁ ଘେନିଯିବା ସହିତ, ସୈନ୍ଧବ୍ୟ ଉପତ୍ୟକାର ଉତ୍କଳାବର୍ତ୍ତଙ୍କୁ ମଧ୍ୟ ଚନ୍ଦ୍ରପୃଷ୍ଠକୁ ନେଇଛନ୍ତି। ଚନ୍ଦ୍ରାଲୋକରେ ଉନ୍ନତ ବିଜ୍ଞାନର ବ୍ୟବହାର ଓ ବ୍ୟାପକତାକୁ ଦୃଶ୍ୟାୟିତ କରି ଉତ୍କଳାବର୍ତ୍ତ ସ୍ତବ୍ଧ ହୋଇଯାଇଛି। ସେଠାରେ ଅବସ୍ଥାନ କରି ସାଙ୍ଗରିନା ନାମ୍ନୀ ଲଳନାକୁ ବିବାହ କରିଛି। ସମୟ ପରିପ୍ରେକ୍ଷୀରେ ଚନ୍ଦ୍ରାଲୋକରେ ପୁନଶ୍ଚ ଜଳ ଓ ବାୟୁର ଅଭାବ ଦେଖାଦେଇଛି। ଏହିସମସ୍ୟାର ସମାଧାନ ପାଇଁ ଉତ୍କଳାବର୍ତ୍ତ ଦଳପତିର ଭୂମିକା ଗ୍ରହଣକରି ଜଳର ସନ୍ଧାନରେ ସେମାନେ ବିଶ୍ୱର ଅନ୍ୟ କୌଣସି ଗ୍ରହରେ ପହଞ୍ଚିଛନ୍ତି। ସେଠାରୁ ଜଳର ସନ୍ଧାନ ପାଇ ଫେରି ଆସିବାରେ ଲକ୍ଷ ଲକ୍ଷ ବର୍ଷ ବିତିଯାଇଛି। ଏ ପକ୍ଷରେ ଚନ୍ଦ୍ରାଲୋକର ଅଧିବାସୀ ହଜାରହଜାର ବର୍ଷ ଭିତରେ ଜଳ ଓ ବାୟୁର ଅଭାବରୁ ମୃତ୍ୟୁବରଣ କରି ସାରିଛନ୍ତି। ଚନ୍ଦ୍ରର ମୃତଅବସ୍ଥା ଦୃଶ୍ୟାୟିତକରି ଉତ୍କଳାବର୍ତ୍ତର ପୃଥିବୀକୁ ଆଗମନ ଏବଂ ଆମେରିକାବାସୀଙ୍କ ଦ୍ୱାରା ତାର ବନ୍ଦୀ ହୋଇଛି। ସେ ସିନ୍ଧୁ ସଭ୍ୟତାର ସଂସ୍କୃତ ଭାଷା କହୁଥିବାରୁ ତାଙ୍କୁ କେହି ବୁଝି ପାରିନାହାନ୍ତି। ତେଣୁ କେତେଜଣ ଭାରତୀୟ ଗବେଷକ ମାଧ୍ୟମରେ ଉଚିତ୍ ଅନୁସନ୍ଧାନର ତଥ୍ୟ ଆମେରିକୀୟବାସୀ ପାଇଛନ୍ତି। ଗୋପନୀୟ ଭାବରେ ଉତ୍କଳାବର୍ତ୍ତ ବନ୍ଦୀଶାଳାରୁ ଅନ୍ତର୍ଦ୍ଧାନ ହୋଇଯାଇଛି।

ଉପରୋକ୍ତ ସମସ୍ତ କଥା ରମେଶ, ସେଣ୍ଟି, ଲିଜା, ମେରିଆଙ୍କୁ କହିବାବେଳେ ଆଶ୍ଚର୍ଯ୍ୟ ହୋଇଯାଇଛନ୍ତି। ଏହି ସମୟରେ ପୁନଶ୍ଚ ଆମେରିକା ପୋଲିସ ରମେଶଙ୍କୁ ଧରି ନେଇଛନ୍ତି। ଏତିକିରେ କାହାଣୀର ପରିସମାପ୍ତି ଘଟିଛି। ଉପନ୍ୟାସଟିରେ ଉତ୍କଳାବର୍ତ୍ତ ଜଣେ ବହୁପ୍ରାଚୀନ ସଭ୍ୟତାର ମନୁଷ୍ୟଭାବରେ ବୈଜ୍ଞାନିକ ତଥ୍ୟର ସୂଚନା ଦେଇଛି।

ବୈଜ୍ଞାନିକ ସତ୍ୟଉପରେ ଉପନ୍ୟାସଟି ପ୍ରତିଷ୍ଠିତ ହେଲେ ହେଁ ଏହା ଅତ୍ୟନ୍ତ ପରିକଳ୍ପନା ପରି ମନେ ହୋଇଛି। ମୂଳ କାହାଣୀର ଚରିତ୍ର ଗୁଡିକ ସଂସାରବାସ୍ତବତା

ରକ୍ଷା କରିପାରିନାହାନ୍ତି । ବରଂ ସାଧନା ଚରିତ୍ରଗୁଡିକରେ ଦୃଶ୍ୟାୟିତ ହୋଇଛି । ବୈଜ୍ଞାନିକ ଭାଷା ସହ ସରଳ ଭାଷାର ପ୍ରୟୋଗ, କ୍ଲିଷ୍ଟତର ସରଳ ବିଶ୍ଳେଷଣଧର୍ମୀ ବ୍ୟାଖ୍ୟା ପାଠକ ନିକଟରେ ଆବେଗ ସହ ଉତ୍କଣ୍ଠା ସୃଷ୍ଟି କରିବାରେ ସହାୟ ହୋଇଛି ।

ମୃତ୍ୟୁ ଏକ ମାତୃତ୍ୱର :

ଔପନ୍ୟାସିକ ଗୋକୁଳାନନ୍ଦ ମହାପାତ୍ରଙ୍କ 'ମୃତ୍ୟୁ ଏକ ମାତୃତ୍ୱର' ଏକ ନୂତନ ଧରଣର ବୈଜ୍ଞାନିକ ଉପନ୍ୟାସ । "ବୈଜ୍ଞାନିକ ଗବେଷଣାର ଭବିଷ୍ୟତ ରୂପରେଖକୁ ଆଖି ଆଗରେ ରଖି ବିଜ୍ଞାନର ରୂପ ଭବିଷ୍ୟତରେ କଣ ହେବ , କିପରି ହେବ ତାକୁ ନେଇ ଉପନ୍ୟାସଟି ରଚିତ" ବୋଲି ଔପନ୍ୟାସିକ ମତବ୍ୟକ୍ତ କରିଛନ୍ତି ।" ୬ ।

ଜଟିଳ ବୈଜ୍ଞାନିକତତ୍ତ୍ୱର ସରଳୀକୃତ ଉପାୟ, କେତେକ ନୂତନ ଉଦ୍‌ଭାବନ, ପ୍ରାଚୀନ ରୀତିର ପରମ୍ପରାକୁ ବୈଜ୍ଞାନିକ କୌଶଳ ମାଧ୍ୟମରେ ପ୍ରୟୋଗ, କେତେକ ବୃହତ୍ ରୋଗର ସରଳୀକରଣ ପଦ୍ଧତିରେ ଚିକିତ୍ସା, କୃତ୍ରିମ ଅଙ୍ଗରୋପଣ, ନାରୀ ପୁରୁଷ ପାଲଟିଯିବା ଦ୍ୱାରା ତାର ଆଚରଣ ବ୍ୟବହାର ସହ କିପରି ଶିଶୁଟି ତାର ମାୟା ମୋହ ହରାଇ ବସେ ଉପନ୍ୟାସଟିରେ ଚିତ୍ତାକର୍ଷକ ଶୈଳୀ ମାଧ୍ୟମରେ ବର୍ଣ୍ଣିତ । ମନସ୍ତାତ୍ତ୍ୱିକ ବିଶ୍ଳେଷଣ ଜରିଆରେ ଉପନ୍ୟାସଟି ରଚନା ହୋଇଛି ।

ଉପନ୍ୟାସର ମୁଖ୍ୟ ଚରିତ୍ର ଅତନୁ ପଟ୍ଟନାୟକ ଜଣେ କ୍ୟାନ୍‌ସର ବିଶେଷଜ୍ଞ । ପିତା ଡାକ୍ତର ରଣେନ୍ଦ୍ର ପ୍ରତାପ ଓ ମାତା ନମିତା ଆମେରିକାର ପ୍ରସୂତି ବିଜ୍ଞାନର ଅଧ୍ୟାପିକା ମେରୀ ଫ୍ରିଡ୍‌ମ୍ୟାନ୍‌ଙ୍କ ଅଧୀନରେ ଗବେଷଣା କରୁଥିବା ସମୟରେ ପରସ୍ପରକୁ ଭଲପାଇ ବିବାହ କରନ୍ତି । ସେମାନଙ୍କଠାରୁ ଅତନୁର ଜନ୍ମ । ଅତନୁ ଜନ୍ମ ହେବା ପରେ ନମିତାଙ୍କ ଲିଙ୍ଗ ପରିବର୍ତ୍ତନ ହୋଇଯିବାରୁ ସେ ପୁରୁଷ ପାଲଟିଯାଇ ନରେନ୍ଦ୍ର ନାମରେ ନାମିତ ହୁଅନ୍ତି । ପୁରୁଷ ହୋଇଯିବା ପରେ ନମିତାଙ୍କ ଅତନୁ ପ୍ରତି ମାତୃପ୍ରେମ କ୍ରମଶଃ କମି ଆସେ । ଏକାକୀ ରହିଲେ ମଧ୍ୟ ଇତି ମଧ୍ୟରେ ନରେନ୍ଦ୍ର ପୁନଶ୍ଚ ବିବାହ କରନ୍ତି । ନବ ବିବାହିତା ପତ୍ନୀଙ୍କଠାରେ ଅତନୁର ଦାୟିତ୍ୱ ସମର୍ପଣ କରି ଡାକ୍ତର ପଟ୍ଟନାୟକ ଏବଂ ନରେନ୍ଦ୍ର ବିଜ୍ଞାନ ଅଧିବେଶନରେ ଯୋଗ ଦେବା ପାଇଁ ଲଣ୍ଡନ ଅଭିମୁଖେ ଚାଲିଯାଆନ୍ତି । କିନ୍ତୁ ଫେରିବା ପରେ ଡାକ୍ତର ପଟ୍ଟନାୟକ ଅତନୁକୁ ଦେଖିବାକୁ ପାଇନାହାନ୍ତି । ନରେନ୍ଦ୍ରଙ୍କ ପତ୍ନୀ ଅତନୁକୁ ମାଡ ମାରି ବାହାର କରି ଦେଇଛନ୍ତି । ନ୍ୟୁୟର୍କର ଜଣେ ପାଦ୍ରୀ ରାସ୍ତା କଡରୁ ଅତନୁକୁ ନେଇ ଆସି ପାଳନ କରିଛନ୍ତି । ତାକୁ ଜଣେ ଡାକ୍ତର ବନାଇଛନ୍ତି । ତନୁଶ୍ରୀ ନାମ୍ନୀ ଜଣେ ଭାରତୀୟ ଝିଅଙ୍କୁ କମ୍ପ୍ୟୁଟର ପଦ୍ଧତିରେ ବିବାହ କରାଇଛନ୍ତି । ୟୁରୋପରେ ଅତନୁ ଜଣେ କ୍ୟାନ୍‌ସର ବିଶେଷଜ୍ଞ ଭାବରେ ସୁଖ୍ୟାତି ଅର୍ଜନ କରିଛନ୍ତି । ଇତିମଧ୍ୟରେ ନରେନ୍ଦ୍ର କ୍ୟାନ୍‌ସର ରୋଗରେ ଆକ୍ରାନ୍ତ ହେବାରୁ ନରେନ୍ଦ୍ରଙ୍କ ପତ୍ନୀ

ଅତନୁଙ୍କ ଦ୍ୱାରସ୍ଥ ହୁଅନ୍ତି । ଚିକିତ୍ସା ପାଇଁ କ୍ୟାନ୍‌ସର ରୋଗର ଔଷଧ ନ ବାହାରିବାରୁ ୧୫ବର୍ଷ ପର୍ଯ୍ୟନ୍ତ ଅତନୁ ନରେନ୍ଦ୍ରଙ୍କ ଲାକ୍ଷଣିକ ମୃତ୍ୟୁ ଘଟାଇ ତାଙ୍କୁ ଶୀତଳ କକ୍ଷରେ ସଂରକ୍ଷିତ ରଖନ୍ତି । କ୍ୟାନ୍‌ସର ଔଷଧ ବାହାରିବା ପରେ ଅତନୁ ନରେନ୍ଦ୍ରଙ୍କୁ ଚିକିତ୍ସା କରି ଘରକୁ ଫେରାଇ ଆଣନ୍ତି । ଏତିକିରେ ଉପନ୍ୟାସ କଥାବସ୍ତୁ ସମାପ୍ତ ହୋଇଛି ।

ଉପନ୍ୟାସଟିରେ ଚିକିତ୍ସା କ୍ଷେତ୍ରରେ ନୂତନ ଆବିଷ୍କାର ସହ ବିଜ୍ଞାନର ନୂତନ ନୂତନ ଯାନ୍ତ୍ରିକ ଆବିଷ୍କାର ଉପନ୍ୟାସକୁ ଉନ୍ନତମାନର କରିଛି । ପୁନଶ୍ଚ ପାଶ୍ଚାତ୍ୟ ଦେଶର ବର୍ଣ୍ଣନା ଥିଲେ ମଧ୍ୟ ଭାରତୀୟ ସଂସ୍କୃତି, ପରମ୍ପରାର ଖାଦ୍ୟପେୟର ମହନୀୟତା ହୋଇଛି ଦୃଶ୍ୟାୟିତ । ସାଧାରଣ ଭାଷାର ପ୍ରୟୋଗ ସହ ଉପନ୍ୟାସଟି ପଢିବା ପାଇଁ ଉତ୍କଣ୍ଠା ବଜାୟ ରଖିଛି ।

ନିଶ୍ଚଳ ପୃଥିବୀ :

ଔପନ୍ୟାସିକଙ୍କ 'ନିଶ୍ଚଳ ପୃଥିବୀ' ଉପନ୍ୟାସଟି ଆଗାମୀ ଯୁଗର ବାସ୍ତବତାକୁ ନେଇ ଲିଖିତ, ଯାହା ସଂପ୍ରତି ସମାଜରେ ପ୍ରାୟତଃ ପ୍ରୟୋଗ ହୋଇସାରିଲାଣି । ବିଜ୍ଞାନର ନୂତନ ଆବିଷ୍କାର, ଉଦ୍ଭାବନ ଏବଂ ଚିକିତ୍ସା କ୍ଷେତ୍ରରେ ନୂତନ ପଦ୍ଧତିର ପ୍ରୟୋଗ ଉପନ୍ୟାସଟିରେ ନିହିତ ।

ଗୋକୁଳାନନ୍ଦ ମହାପାତ୍ରଙ୍କ ଅନ୍ୟାନ୍ୟ ଉପନ୍ୟାସ ପରି ଉକ୍ତ ଉପନ୍ୟାସଟିର ପ୍ରାରମ୍ଭ ମଧ୍ୟ ଆକସ୍ମିକତାରୁ । ଉପନ୍ୟାସର ନାୟକ ଯୁବ ଶିଳ୍ପପତି ଦେବକିଶାନ ବାବୁ ନିଜସ୍ୱ କେଡିଲାକ୍ ଗାଡିରେ ଯାଉଥିବାବେଳେ ନିଜର କାର୍ ସଜାଡୁଥିବା ଅବସ୍ଥାରେ ଦେଖନ୍ତି ରୀତା ଗୋୟେଙ୍କାଙ୍କୁ । ପ୍ରଥମ ସାକ୍ଷାତ୍‌ରେ ଦେବକିଶାନ ରୀତା ଦେବୀଙ୍କ ପ୍ରତି ଆକୃଷ୍ଟ ହୋଇପଡନ୍ତି । ଉଭୟଙ୍କ ଭିତରେ ପ୍ରଣୟ, ପ୍ରଣୟ ପରେ ବିବାହ ସଂପନ୍ନ ହୁଏ । ସମୟ ଅତିକ୍ରାନ୍ତରେ ରୀତା ଦେବୀ ସନ୍ତାନର ମା ହେବାରୁ ବଞ୍ଚିତା ବୋଲି ଡାକ୍ତର ମତଦେବା ପରେ ରୀତା ଦେବୀ ଏବଂ ଦେବକିଶାନ ଆମେରିକାର ଡାକ୍ତରମାନଙ୍କ ପରାମର୍ଶରେ ସରୋଗେଟ୍ ମାତୃତ୍ୱର ସାହାଯ୍ୟ ଲୋଡନ୍ତି । ସରୋଗେଟ୍ ମା ସାହାଯ୍ୟରେ ଏକ ପୁତ୍ର ସନ୍ତାନ ଲାଭ କରି ଫେରି ଆସନ୍ତି ଭାରତକୁ । ଫେରିବା ପରେ ଦେବକିଶାନ ସାଂଘାତିକ ଅସ୍ଥି କର୍କଟ ରୋଗରେ ଆକ୍ରାନ୍ତ ହୁଅନ୍ତି। ଏହି ରୋଗର ଚିକିତ୍ସା ପାଇଁ ପୁନର୍ବାର ଉଭୟେ ଆମେରିକା ଗମନ କରନ୍ତି । ଡାକ୍ତରମାନେ ଦେବ କିଶାନଙ୍କୁ ଲାକ୍ଷଣିକ ମୃତ୍ୟୁକରାଇ ବୈଜ୍ଞାନିକ ପଦ୍ଧତିରେ ଶୀତଳ କକ୍ଷରେ ସଂରକ୍ଷିତ ରଖି ଦେଇଛନ୍ତି ଔଷଧ ବାହାରିବା ପର୍ଯ୍ୟନ୍ତ । ପଚାଶ ବର୍ଷ ପରେ ରୋଗର ଔଷଧ ବାହାରିବାରୁ ଦେବକିଶାନଙ୍କୁ ମୃତ୍ୟୁ ଅବସ୍ଥାରୁ ଉଦ୍ଧାର କରି ସଂସାରକୁ ଫେରାଇ ଆଣିଛନ୍ତି ସତ କିନ୍ତୁ ଦେବକିଶାନଙ୍କ ବୟସର ବୃଦ୍ଧି ନହୋଇ ସେହି ତିରିଶ ବର୍ଷ

ହୋଇଥିବାବେଳେ ରୀତା ଦେବୀଙ୍କ ବୟସ ସତୁରୀ ବର୍ଷ ବୟସରେ ପହଞ୍ଚିଛି । ନିଜ ଜନ୍ମିତ ପୁତ୍ର ରାମକିଶାନର ବୟସ ଏକାବନ ବର୍ଷ ହୋଇଛି । ନିଜ ବୟସଠାରୁ ବୟସ୍କପତ୍ନୀ ଓ ପୁତ୍ରଙ୍କ ସହିତ ଘର କରିବା ଦେବକିଶାନଙ୍କ ନିକଟରେ ଗଭୀର ମନସ୍ତାପ ଆଣିଦେଇଛି । କିଛିଦିନ ପରେ ପତ୍ନୀ ରୀତାଦେବୀ ମାନସିକ ଦୁଶ୍ଚିନ୍ତାରେ ଇହଧାମ ତ୍ୟାଗ କରିଛନ୍ତି । ଦେବ କିଶାନଙ୍କ ବୟସ ଏବଂ ରୂପ ନାତି ଶାମ କିଶାନ ସହିତ ଅବିକଳ ମିଶିଯାଇଛି । ଏହି ସମୟରେ ଶାମ କିଶାନର କାର୍ ଦୁର୍ଘଟଣାରେ ମସ୍ତିଷ୍କ ନଷ୍ଟ ହୋଇଯାଇଥିବାରୁ ଜଣେ ଅପରିଚିତ ବ୍ୟକ୍ତିର ମସ୍ତିଷ୍କ ପ୍ରତିରୋପଣ ଶାମକିଶାନଙ୍କଠାରେ କରାଯାଇଛି । ଦେବକିଶାନ ନାତିକୁ ମୃତ୍ୟୁ ମୁଖରୁ ଫେରାଇ ଆଣିଥିଲେହେଁ ସେ ପୂର୍ବ ଶାମକିଶାନର ବ୍ୟକ୍ତିତ୍ୱ ତାଠାରେ ଦେଖା ନଯାଇ ଅପିରିଚିତ ବ୍ୟକ୍ତିର ବ୍ୟକ୍ତିତ୍ୱ ଶାମକିଶାନଠାରେ ଦୃଶ୍ୟାୟିତ ହୋଇଛି । ଲୋକଟି ଅସାମାଜିକ ଥିବାରୁ ଶାମକିଶାନର ରୂପରେ ନାନା ଅସାମାଜିକ କାର୍ଯ୍ୟ କରି କୁକର୍ମରେ ଲିପ୍ତ ରହି ଦେବକିଶାନ ପରିବାରରେ ଅଶାନ୍ତି ସୃଷ୍ଟିକରିଛି । ଶେଷରେ ପରିବାରକୁ କୂଟଚକ୍ରାନ୍ତର ଶିକାରକରାଇ ନିଜେ ମୃତ୍ୟୁ ମୁଖରେ ପଡିଛି । ଏହିଠାରେ କାହାଣୀର ପରିସମାପ୍ତି ଘଟିଛି ।

ଉପନ୍ୟାସଟିର ପ୍ରାରମ୍ଭ ଆକସ୍ମିକତାରୁ ସୃଷ୍ଟି ହୋଇଥିବାବେଳେ ପରିଣତି ବିୟୋଗାତ୍ମକ । ବିଜ୍ଞାନର ଆବିଷ୍କାର, ପ୍ରତିରୋପଣ ଚିକିତ୍ସା ଏବଂ ଶରୀର ସମ୍ବନ୍ଧୀୟ ତତ୍ତ୍ୱଭିତ୍ତିକ ତଥ୍ୟ ଉପନ୍ୟାସଟିକୁ ନୂତନ ମୋଡ଼ ପ୍ରଦାନ କରିଛି । ପ୍ରେମ , ବିରହ, ହସ, କାନ୍ଦ ବିଷାଦରେ ଉପନ୍ୟାସଟି ପାଠକଙ୍କୁ ରସାପ୍ଳୁତ କରିବାସହ ବୈଜ୍ଞାନିକ ଭାଷାର ପ୍ରୟୋଗ ଉପନ୍ୟାସର ମାନକୁ ବୃଦ୍ଧି କରିଛି ।

ନିସ୍ତବ୍ଧ ଗୋଧୂଳି :

ଔପନ୍ୟାସିକ ଗୋକୁଳାନନ୍ଦ ମହାପାତ୍ରଙ୍କ 'ନିସ୍ତବ୍ଧ ଗୋଧୂଳି' ତିନିଶହ ଅଠଷଠି ପୃଷ୍ଠା ବିଶିଷ୍ଟ ଏକ ଦୀର୍ଘ ଉପନ୍ୟାସ । ନୂତନ ଧରଣର ବୈଜ୍ଞାନିକ ତଥ୍ୟକୁ ଉପନ୍ୟାସଟିରେ ପ୍ରକାଶ କରାଯାଇଛି । ଔପନ୍ୟାସିକଙ୍କ ମତରେ "ଉପନ୍ୟାସର ବିଭିନ୍ନ ଚରିତ୍ର ମାଧ୍ୟମରେ ଭିନ୍ନ ଭିନ୍ନ ବୈଜ୍ଞାନିକ ତଥ୍ୟ ପରିବେଷଣ କରାଯିବାର ପ୍ରୟାସ କରାଯାଇଛି । xxx ଓଡିଶାର ଅବହେଳିତ ଦୁଃସ୍ଥ ଗ୍ରାମ ତଥା ଏହାର ଅଧିବାସୀମାନଙ୍କୁ ଉନ୍ନତ କରାଇବାର ଏକ ସୁଚିନ୍ତିତ ଯୋଜନାର ରୂପରେଖ ଉପନ୍ୟାସଟିରେ ଦିଆଯାଇଛି ।"[୭]

ବୈଜ୍ଞାନିକ ଉପନ୍ୟାସ ହେଲେ ମଧ୍ୟ ଗାନ୍ଧୀବାଦୀ ଚେତନା ଏବଂ ବିନୋବାଙ୍କ ଦର୍ଶନ ଉପନ୍ୟାସଟିକୁ ଅନ୍ୟ ଏକ ମୋଡ଼ ପ୍ରଦାନ କରିଛି । ଔପନ୍ୟାସିକଙ୍କ ରଚିତ 'ଗ୍ରାମଦାନ' ଉପନ୍ୟାସର ସଂପୂର୍ଣ୍ଣ ଛାୟା ଉପନ୍ୟାସଟିରେ ହୋଇଛି ପର୍ଯ୍ୟବସିତ ।

ଉପନ୍ୟାସର ମୁଖ୍ୟ ଚରିତ୍ର ଦେବସ୍ନାନ ଜଣେ ଅଧ୍ୟାପକ ହେବା ସହ ଜଣେ

ଗବେଷକ ଏବଂ ସୁଲେଖକ। ପୁଅର ଅଧ୍ୟାପନା ଚାକିରୀକୁ ନାପସନ୍ଦ କରନ୍ତି ବାପା ନାରାୟଣ ବାବୁ। ପିତାଙ୍କ ଆଦେଶରେ ଦେବାସ୍ନାନ ବାବୁ ଆଇ.ଏ.ଏସ. ଚାକିରୀରେ ଯୋଗ ଦିଅନ୍ତି ଏବଂ ସହରରେ ଚାଲିଥିବା ବହୁ ଅସାମାଜିକ ସମସ୍ୟାର ସମାଧାନ କରନ୍ତି । ଠିକ୍ ଏହି ସମୟରେ କେମ୍ବ୍ରିଜ୍ ବିଶ୍ୱବିଦ୍ୟାଳୟରୁ ଦରଖାସ୍ତ ପାଇ ପି.ଏଚଡି କରିବା ପାଇଁ ଆଇ.ଏ.ଏସ. ଚାକିରୀରୁ ଇସ୍ତଫା ଦିଅନ୍ତି। ପୁତ୍ରର ଇସ୍ତଫା ବାପା ପୁଅ ମଧ୍ୟରେ କିଞ୍ଚିତ୍ ଫାଟ ସୃଷ୍ଟିକରେ। ଦେବସ୍ନାନର ନୂତନ ପଲିମର୍ ଆବିଷ୍କାରକୁ ନେଇ ବାପା ପୁତ୍ରର ଅଜାଣତରେ ଗର୍ବିତ ମନେ କରନ୍ତି। ପି.ଏଚଡି ଶେଷ କରି ସେ ପୁନଶ୍ଚ ପ୍ରାଧ୍ୟାପକ ଚାକିରୀରେ ଯୋଗ ଦିଅନ୍ତି। ରେଭେନ୍ସା ମହାବିଦ୍ୟାଳୟରେ ଏହି ସମୟରେ ବହୁ ବକ୍ତୃତା ପ୍ରଦାନ କରି ଦେବସ୍ନାନ ପ୍ରଶଂସିତ ହୁଅନ୍ତି। ଦୋଷ ନଥାଇ ଅଧ୍ୟାପକ ଚାକିରୀରୁ ଆତ୍ମସମ୍ମାନ ହାନିଘଟିବାରୁ ଚାକିରି ଛାଡି ବିନୋବାଙ୍କ ଆଦର୍ଶରେ ଅନୁପ୍ରାଣିତ ହୋଇଛନ୍ତି। ଗ୍ରାମ୍ୟ ବିକାଶରେ ବହୁ ଉନ୍ନୟନ ମୂଳକ କାର୍ଯ୍ୟ ହାତକୁ ନେଇ ନିଜସ୍ୱ କାର୍ଯ୍ୟଧାରା ପାଇଁ ଏମ.ଏଲ.ଏ ରୁ ଶିକ୍ଷାମନ୍ତ୍ରୀ ପଦରେ ଅଭିସିକ୍ତ ହୋଇଛନ୍ତି। ଶିକ୍ଷାମନ୍ତ୍ରୀ ଥିବା ସମୟରେ ଶିକ୍ଷା କ୍ଷେତ୍ରରେ ଚାଲିଥିବା ଦୁର୍ନୀତିର ଲୋପକରି, ଶିକ୍ଷାର ମାନବୃଦ୍ଧି ବ୍ୟବସ୍ଥା ଲାଗୁ କରିଛନ୍ତି। ଶିକ୍ଷାମନ୍ତ୍ରୀ ଦେବସ୍ନାନ ବାବୁଙ୍କ ଉଚିତ ସଂପନ୍ନ କାର୍ଯ୍ୟଧାରା ବିରୋଧୀ ଦଳରନେତାମାନଙ୍କ ପକ୍ଷରେ ଈର୍ଷା ଜାଗ୍ରତକରି ମିଥ୍ୟା ବାର୍ତ୍ତା ପ୍ରଚାର କରିଛନ୍ତି। ଦେବସ୍ନାନ ବାବୁ ମନ୍ତ୍ରୀ ପଦରୁ ଇସ୍ତଫା ଦେଇ ଗ୍ରାମର ରଚନାତ୍ମକ କାର୍ଯ୍ୟର ବିକାଶରେ ପୁନଶ୍ଚ ଲାଗି ପଡିଛନ୍ତି। ଏହି ସମୟରେ ନାରାୟଣ ବାବୁ ମଧ୍ୟ ପୁଅର କାର୍ଯ୍ୟକୁ ସମର୍ଥନକରି ଗଠନମୂଳକ କାର୍ଯ୍ୟରେ ଯୋଗ ଦେଇଛନ୍ତି। ପ୍ରଧାନମନ୍ତ୍ରୀଙ୍କ ପରାମର୍ଶରେ ମୁଖ୍ୟମନ୍ତ୍ରୀ ଦେବସ୍ନାନ ବାବୁଙ୍କୁ ଶାସନ କାର୍ଯ୍ୟକୁ ପୁନଶ୍ଚ ଫେରାଇ ନେବାକୁ ଆସିଥିଲେ ମଧ୍ୟ ଦେବସ୍ନାନ ବାବୁ ରାଜି ହୋଇନାହାନ୍ତି। ନିଜସ୍ୱ ଗ୍ରାମର ଆଖପାଖ ଅଞ୍ଚଳରେ ଥିବା ତମାଖୁ ଚାଷକୁ ନିଷେଧ କରିଛନ୍ତି। ତମାଖୁ ଚାଷ ବନ୍ଦ ହୋଇଯିବା ଫଳରେ ଦେବସ୍ନାନ ବାବୁଙ୍କୁ ବ୍ୟବସାୟୀମାନେ ହତ୍ୟା କରିବାକୁ ପଛାଇନାହାନ୍ତି। ମୃତ ଦେବସ୍ନାନ ବାବୁଙ୍କୁ ଦେଖି ପରିବାରର ସମସ୍ତ ସଦସ୍ୟସହ ଅନ୍ୟାନ୍ୟ ସମସ୍ତେ ହତବାକ୍ ହୋଇପଡିଛନ୍ତି। ପରିବେଶଟି ସଂପୂର୍ଣ୍ଣ ଭାବରେ ପାଲଟିଯାଇଛି 'ନିସ୍ତବ୍ଧ ଗୋଧୂଳି' ଏଇଠି ଉପନ୍ୟାସଟିର ପରିସମାପ୍ତି ଘଟିଛି।

ଉପନ୍ୟାସଟିର ଉପସଂହାର ବିୟୋଗାତ୍ମକ। ଏକ ମାନବବାଦୀ, ପରୋପକାରୀ, ଚରିତ୍ର ଭାବରେ ଠିଆ କରାଇଛନ୍ତି ଲେଖକ ଦେବସ୍ନାନ ବାବୁଙ୍କୁ । ଉପନ୍ୟାସଟି ଦୀର୍ଘ ହେଲେ ମଧ୍ୟ ମୁଖ୍ୟ କାହାଣୀ ଗୌଣକାହାଣୀ ସହିତ ସଂଶ୍ଲିଷ୍ଟ ହୋଇ ପରିସମାପ୍ତି

ପର୍ଯ୍ୟନ୍ତ ପାଠକର ଉତ୍କଣ୍ଠାକୁ ବଜାୟ ରଖିଛି । ଭାଷା ଶୈଳୀ ଦୃଷ୍ଟିରୁ ଉପନ୍ୟାସଟି ହୋଇଛି ଉନ୍ନତମାନର ।

ଡାଇନୋସର୍‌ର ହସ :

ଗୋକୁଳାନନ୍ଦ ମହାପାତ୍ରଙ୍କ 'ଡାଇନୋସର୍‌ର ହସ' ଉପନ୍ୟାସଟିରେ କୋଡିଏ କୋଟି ବର୍ଷ ତଳର ଏକ ଡାଇନୋସର୍‌ର ଦାୟାଦକୁ କିପରି ଗବେଷଣା ଦ୍ୱାରା ମୋଟା ବରଫସ୍ତର ତଳୁ ଅଣାଯାଇ ଟିସ୍ୟୁକଲଚର୍ ପଦ୍ଧତିରେ ନୂତନ ଜୀବନ ଦାନ ପ୍ରଦାନକରିବା ସହ ତାର ଶାରୀରିକ ବୃଦ୍ଧି କିପରି ବିଶ୍ୱ ପାଇଁ ତାଣ୍ଡବଲୀଳା ସାଜିଛି ଏବଂ ଶେଷରେ ତାର ମୃତ୍ୟୁ କିପରି କରାଯାଇଛି , ଏହି ମୁଖ୍ୟ ବିଷୟବସ୍ତୁକୁ ନେଇ ଉପନ୍ୟାସଟି ଅବଧାରିତ ।

ଉପନ୍ୟାସର ନାୟକ ବୈଜ୍ଞାନିକ ରଜତ ଶ୍ରୀବାସ୍ତବ ଏବଂ ନାୟିକା ବୈଜ୍ଞାନିକା ସୁଶାନ ହେୱାର୍ଡ । ଭାରତୀୟ ଗବେଷଣା କ୍ୟାମ୍ପ ଗଙ୍ଗୋତ୍ରୀର ଦକ୍ଷିଣ ମେରୁରେ ଘଟିଥିବା ଘୂର୍ଣ୍ଣିବାତ୍ୟା ଯୋଗୁଁ ମୃତ୍ୟୁ ସହ ସଂଘର୍ଷ କରୁଛି ରଜତ ଶ୍ରୀବାସ୍ତବ । ଆମେରିକାନ୍ କ୍ୟାମ୍ପରେ ଚିକିତ୍ସିତ ହେଉଥିବା ଅବସ୍ଥାରେ ସୁଶାନ ରକ୍ତଦାନକରି ତାର ଯତ୍ନ ନେଇଛି । ସୁଶାନର ସେବା ଓ ସାହାଯ୍ୟରେ ରଜତ କୃତଜ୍ଞତା ଜ୍ଞାପନ ପୂର୍ବକ ଆକର୍ଷିତ ହୋଇ ଜାଣିବାକୁ ପାଇଛନ୍ତି ଯେ, ଝିଅଟି ଜଣେ ବୈଜ୍ଞାନିକା । ଉଭୟ ଉଭୟଙ୍କ ପୁରାତନ ପ୍ରାଣୀବିଜ୍ଞାନ ବିଷୟରେ ଥିବା ଦକ୍ଷତା ସହ ପରିଚୟ ହୋଇଛନ୍ତି । ରଜତର ସଂପୂର୍ଣ୍ଣ ସୁସ୍ଥତା ପର୍ଯ୍ୟନ୍ତ ସୁଶାନ ଘରେ ଆତିଥ୍ୟ ଗ୍ରହଣ କରିଛି । ରଜତ, ସୁଶାନଘରେ ବ୍ୟବହାର କରୁଥିବା ଯାନ୍ତ୍ରିକ ଚାକରଠାରୁ ଆରମ୍ଭ କରି ଖାଦ୍ୟ ରାନ୍ଧିବା ସଫ୍ଟୱେୟାର ଆଦି ଦୃଶ୍ୟାୟିତ କରି ଆଶ୍ଚର୍ଯ୍ୟ ହୋଇଯାଇଛି । ରଜତ ଓ ସୁଶାନ ଯେତେବେଳେ ଦକ୍ଷିଣମେରୁର କୃତ୍ରିମ ଆକାଶର ସୌନ୍ଦର୍ଯ୍ୟକୁ ଉପଭୋଗ କରି ଚାଲିଛନ୍ତି ଏହି ସମୟରେ ଲେଖକ କିଛି ରୋମାଣ୍ଟିକ୍ ପରିବେଶର ସଂଯୋଜନା କରିଛନ୍ତି । କିଛିଦିନ ପରେ ରଜତର ଡାଇନୋସର୍‌କୁ ନେଇ ଏକ ଗବେଷଣାତ୍ମକ ନିବନ୍ଧ ପ୍ରକାଶ ପାଇଛି । ନିବନ୍ଧର ଆଲୋଚନା ଅନୁଯାୟୀ ଆର୍ଟାର୍କଟିକା ଭୂମିକୁ ଖନନ କରି ଡାଇନୋସର୍‌ର ଜୀବାସ୍ମର ଅବସ୍ଥିତିକୁନେଇ ପରୀକ୍ଷାପୂର୍ବକ ଭାରତ ସରକାରଙ୍କଠାରୁ ଅନୁମତି ପାଇଁ ଯୋଜନା ପଠାଇଛନ୍ତି । ଯୋଜନାଟି ଆମେରିକା ଏବଂ ଭାରତ ସରକାରଙ୍କ ଦ୍ୱାରା ଗୃହୀତ ହୋଇଛି ।

ଅନ୍ୟପକ୍ଷରେ ସୁଶାନ ସହ ତାର ପୁରୁଣା ବନ୍ଧୁ ଡେଭିଡ୍‌ର ସାକ୍ଷାତ୍ ହୋଇଛି । କେନେଡି କ୍ୟାମ୍ପରେ ଜଣେ ଇଞ୍ଜିନିୟର ଭାବରେ ଯୋଗ ଦେଇଛନ୍ତି ଡେଭିଡ୍ ଏବଂ ସୁଶାନ ସେହି କ୍ୟାମ୍ପରେ ଜଣେ ଜୀବବିଜ୍ଞାନୀ ଗବେଷିକା ଭାବରେ ବଛା ହୋଇଛନ୍ତି ।

ପୂର୍ବ ବନ୍ଧୁତାକୁ ନେଇ ଡେଭିଡ୍ ସୁଶାନ ସହ ବିବାହ ପ୍ରସଙ୍ଗକୁ ପ୍ରକାଶ କରିଛି, କିନ୍ତୁ ସୁଶାନ ଡେଭିଡଙ୍କୁ ସଂପୂର୍ଣ୍ଣ ନାସ୍ତିବାଣୀ ଶୁଣାଇ ଦେଇଛନ୍ତି। ଏ ପକ୍ଷରେ ରଜତ ଏକ ମାନଚିତ୍ର ଧରି ଇଞ୍ଜିନିୟରମାନଙ୍କ ସହିତ ବରଫ ଖନନ କରି କ୍ଷୁଦ୍ର ପ୍ରାଣୀଟିକୁ ମୃତ ଅବସ୍ଥାରେ ବାହାର କରିଛନ୍ତି। ମୃତ ପ୍ରାଣୀଟିର ସତୁରୀ ଭାଗ ଟିସୁ ନଷ୍ଟ ହୋଇଥିବାବେଳେ ତିରିଶ ଭାଗ ଜୀବନ୍ତ ରହିଛି। ଟିସ୍ୟୁକଲ୍‌ଚର ପଦ୍ଧତିରେ ପ୍ରାଣୀଟି ବୃଦ୍ଧି ପାଇବାରେ ଲାଗିଛି । ଅଳ୍ପଦିନ ଭିତରେ ପ୍ରାଣୀଟିର ରୂପ ପରିବର୍ତ୍ତନ ହୋଇ ଏକ ଡାଇନୋସର୍‌ର ଶାବକ ବୋଲି ଚିହ୍ନିତ ହୋଇଛି। କାଚ ଘର ଭିତରେ ଡାଇନୋସର୍‌ର ଶାରିରୀକ ଅଭିବୃଦ୍ଧି ବ୍ୟାଘାତ ହେବାରୁ ସୁଶାନ ଡାଇନୋସର୍‌ଟିକୁ ନିଜ ଘରକୁ ଆଣି ଆସିଛି ଏବଂ ତା ନାଁ ରଖାହୋଇଛି ଟାଇଟେନ୍। ସମୟର ଅତିକ୍ରାନ୍ତରେ ଜୀବଟି ବୃହତ୍ତାକାର ରୂପ ଧାରଣ କରିବାରୁ କ୍ୟାମ୍ପ ବାହାରେ ଏକ ସ୍ୱତନ୍ତ୍ର ପିଞ୍ଜରା ତିଆରିକରି ରଖାହୋଇଛି । କେତେଦିନ ପରେ ଆମେରିକାର ଏକ ଚିଡିଆଖାନାରେ ରଖିବା ପାଇଁ ନିଷ୍ପତ୍ତି ନେଇଛନ୍ତି ରଜତ ଓ ସୁଶାନ। ବିରାଟ କ୍ରେନ୍ ସାହାଯ୍ୟରେ ଜାହାଜ ଉପରକୁ ନେବା ସମୟରେ ସୁଶାନ ପ୍ରତି ପୁରୁଣା ଆକ୍ରୋଶ ରଖି ଇଞ୍ଜିନିୟର ଡେଭିଡ୍‌ଙ୍କ ଅସାବଧାନତା ଯୋଗୁଁ ସମୁଦ୍ର ଭିତରକୁ ଲମ୍ଫ ପ୍ରଦାନ କରିଛି ଟାଇଟେନ୍। ଟାଇଟେନ୍‌କୁ ଆଣିବା ଆଉ ସମ୍ଭବପର ହୋଇପାରିନାହିଁ। ସେ ଅତଳ ଗହ୍ୱରକୁ ଚାଲିଯାଇଛି । ରଜତ ଓ ସୁଶାନର ଗବେଷଣା ଧୂଳିସାତ ହୋଇଯାଇଛି। ଏଥିପାଇଁ ଦୋଷୀକୁ ସଶ୍ରମ କାରାଦଣ୍ଡ ଦିଆଯାଇଛି। ଡାଇନୋସର୍‌ଟିର ସମୁଦ୍ର ଭିତରକୁ ପଳାୟନ ଏହା ଆମେରିକା ସମେତ ପୃଥିବୀର ଏକ ବିରାଟ କ୍ଷତି ଭାବରେ ପରିଗଣିତ ହୋଇଛି।

ଏହି ଦୁର୍ଘଟଣା ପରେ ସୁଶାନ ଏବଂ ରଜତଙ୍କ ମନ ଭଲ ନଥିବାରୁ ରଜତଙ୍କ ମାଆ, ବାପା ପୁଅକୁ ଦେଖିବାକୁ ଦକ୍ଷିଣ ମେରୁକୁ ଚାଲି ଆସିଛନ୍ତି। ସୁଶାନ ଘରେ ବ୍ୟବହାର କରୁଥିବା ଆଧୁନିକ ବୈଜ୍ଞାନିକ ଯନ୍ତ୍ରପାତିକୁ ଦେଖି ରଜତଙ୍କ ମାଆ ଆଶ୍ଚର୍ଯ୍ୟ ହେବା ସହ ନିଜେ ବ୍ୟବହାର ପାଇଁ ଆଶାୟୀ ମଧ୍ୟ ହୋଇଛନ୍ତି। ରଜତ ଓ ସୁଶାନଙ୍କ ପରିବାରର ସହମତିରେ ଉଭୟଙ୍କ ବିବାହ ସଂପନ୍ନ ହୋଇଛି। ବହୁଦିନ ଗଲାପରେ ଡାଇନୋସର୍‌ର ଉତ୍ପାତ ଏପରି ଭାବରେ ବୃଦ୍ଧି ପାଇଛି ଯେ, ରଜତ ଓ ସୁଶାନ ଖବରକାଗଜରେ ପ୍ରକାଶ ପାଇବାର ଦୃଶ୍ୟ ଦେଖିବାକୁ ପାଇଛନ୍ତି। ଡାଇନୋସର୍‌ଟି ଯେତେବେଳେ ଷ୍ଟାଚ୍ୟୁ ଅଫ୍ ଲିବର୍ଟିକୁ ଭାଙ୍ଗି ଦେବା ଉପରେ ରହିଛି ସେହି ସମୟରେ ପ୍ରତିରକ୍ଷା ସଚିବଙ୍କ ଅନୁମତିରେ ସୈନ୍ୟବାହିନୀମାନେ ଶକ୍ତିଶାଳୀ ନିଉଟ୍ରନ ତୋପ ଦ୍ୱାରା ତାର ହତ୍ୟା କରିଛନ୍ତି। ଡାଇନୋସର୍‌ର ମୃତ୍ୟୁରେ ରଜତ ଓ ସୁଶାନଙ୍କ ଅଶ୍ରୁମୋଚନରେ ହିଁ ଉପନ୍ୟାସଟିର ପରିସମାପ୍ତି ଘଟିଛି।

ଡାଇନୋସର୍‌କୁ ନେଇ ଉପନ୍ୟାସର ମୁଖ୍ୟ କାହାଣୀ ଗଠିତ ହେବା ସହ ଔପନ୍ୟାସିକ ଗୌଣ କାହାଣୀରେ ରଜତ ଓ ସୁଶାନର ବିବାହକୁ ଦର୍ଶାଇଛନ୍ତି। ସାଧାରଣ ଭାଷା ସହ ବୈଜ୍ଞାନିକ ଭାଷାର ପ୍ରୟୋଗ ଉପନ୍ୟାସଟିରେ ବିଜ୍ଞାନର ନୂତନ ନୂତନ ଆବିଷ୍କାରକୁ ଲୋକଲୋଚନକୁ ଅଣାଯାଇଛି। ଟିସ୍ୟୁ କଲ୍‌ଚର ପଦ୍ଧତିରେ ନୂତନ ଜୀବନତ୍ୱ ପ୍ରଦାନ ଉପନ୍ୟାସଟିକୁ ସ୍ୱତନ୍ତ୍ର କରି ଗଢି ତୋଳିବାରେ ସହାୟକ ହୋଇଛି।

ଡକ୍ଟର ନୃସିଂହଚରଣ ପଣ୍ଡା :

ଆଲୋକ ଭିତରେ ଅନ୍ଧକାର: ଅନ୍ଧକାର ଭିତରେ ଆଲୋକର ଅନ୍ୱେଷଣ, ଏପରି ବିରୋଧାଭାଷରେ ଜୀବନ ଅତିବାହିତ କରିଥିବା ଦର୍ଶନ ପ୍ରତି ବାଲ୍ୟକାଳରୁ ଆକୃଷ୍ଟ ହୋଇଥିବା, ସଂସ୍କାର ଦ୍ୱାରା ଜଣେ ସଂସ୍କାରିତ ଲେଖକ ଭାବରେ ଆଦୃତ ହୋଇଥିବା ଲବ୍ଧ ପ୍ରତିଷ୍ଠିତ ସାହିତ୍ୟିକ ତଥା ବୈଜ୍ଞାନିକ ଭାବରେ ପ୍ରସିଦ୍ଧି ଲାଭ କରିଥିବା ବ୍ୟକ୍ତିତ୍ୱ ହେଉଛନ୍ତି ପ୍ରଫେସର ଡକ୍ଟର ନୃସିଂହଚରଣ ପଣ୍ଡା।

ଅପ୍ରେଲ ୨୦ ତାରିଖ ୧୯୨୯ ମସିହା ଚୈତ୍ର ମାସ ଶୁକ୍ଳପକ୍ଷ ଦ୍ୱାଦଶୀ ତିଥି ଦିନ ଲେଖକ ଭୂମିଷ୍ଠ ହୋଇଥିଲେ ଢେଙ୍କାନାଳ କାମାକ୍ଷାନଗର ଉପଖଣ୍ଡର ପରଜଙ୍ଗ ବ୍ଲକ ତଳବେରଣା ଗ୍ରାମରେ। ଏକ ମଧ୍ୟବିତ୍ତ ପରିବାରରେ ଲେଖକଙ୍କ ଜୀବନ ନିର୍ବାହ। ପିତାଥିଲେ ଅନ୍ତର୍ଯ୍ୟାମୀ ପଣ୍ଡା ଏବଂ ମାତାଥିଲେ କମଳା ଦେବୀ। ଲେଖକଙ୍କ ପିତା ସଂସ୍କୃତ କର୍ମକାଣ୍ଡ ସହ ଜ୍ୟୋତିଷଶାସ୍ତ୍ରରେ ପାଣ୍ଡିତ୍ୟ ହାସଲ କରିଥିବାରୁ ଗ୍ରାମରେ ସେ ଧୂରୀଣ ପଣ୍ଡିତ ଭାବରେ ପରିଚିତ ଥିଲେ। ସେହି ପାଣ୍ଡିତ୍ୟର ପ୍ରଭାବ ଲେଖକଙ୍କ ଉପରେ ମଧ୍ୟ ବାଲ୍ୟକାଳରୁ ଦୃଶ୍ୟାୟିତ ହୋଇଥିଲା। ଭାଇଭଉଣୀ ଆଠ ଜଣ ମଧ୍ୟରୁ ନୃସିଂହ ଥିଲେ ଭାଇମାନଙ୍କ ମଧ୍ୟରେ ଜ୍ୟେଷ୍ଠ। ଲେଖକ ଜନ୍ମ ହେବା ପରେ ତାଙ୍କ ମା ତାଙ୍କୁ ମାଲୁଣି ନାମକ ଏକ ପାଲୁଣିକୁ ଟେକି ଦେଇଥିଲେ। ପାଲୁଣି ଥିଲା ତାଙ୍କର ପାଳିତା ମାତା। ସାତଦିନ ପରେ ସେ ନିଜ ଘରକୁ ଆସିଥିଲେ। ଲେଖକ କହନ୍ତି- "ମୋ ମା ଥାଳଟିଏ ଧରି, ଯୋଗିନୀ ବେଶ ସାଜି ଭିକ୍ଷା ମାଗିଥିଲା। ସେହି ଭିକ, ଚାଉଳ ମୁଠାଏ ନ ଥିଲା ; କି କିଛି ପଇସା ନ ଥିଲା। ସାତଦିନର ବାଳୁତଟିଏ ମୁଁ ସେଇ ଭିକଥିଲି।" ୮।

ସେହିଦିନଠାରୁ ମାତା ତାଙ୍କୁ ଥାଳ ଏବଂ ବାପା ତାଙ୍କୁ ନୁରୁ ବୋଲି ଡାକୁଥିଲେ। ଲେଖକ ବାଲ୍ୟକାଳରେ ସାଙ୍ଗସାଥୀମାନଙ୍କ ସହିତ ବେଳେବେଳେ ଚପଳାମୀରେ ଥିଲେ ମଧ୍ୟ ସେ ଥିଲେ ନୀରବ ସ୍ୱଭାବର। ବୋଧେ ଶୈଶବର ଏହି ନୀରବତା ଲେଖକଙ୍କୁ ଜଣେ ସୁଖ୍ୟାତି ସଂପନ୍ନ ଦାର୍ଶନିକ, ବୈଜ୍ଞାନିକ, ସୁସାହିତ୍ୟିକ ହେବାରେ ପ୍ରଭାବିତ କରିଥିଲା।

ପାଞ୍ଚବର୍ଷ ବୟସରେ ୧୯୩୪ମସିହାରେ ଲେଖକ ଗ୍ରାମ ଚାଟଶାଳୀରେ ବିଦ୍ୟା ଆରମ୍ଭ କଲେ। ତାହା ପରେ ଛଅବର୍ଷ ବୟସରେ ସାନ୍ଧା ସ୍କୁଲରେ ନାମ ଲେଖାଇଲେ। ଆଠବର୍ଷ ହେଲା ବେଳକୁ ଗାଁ ସ୍କୁଲଟି ପୋଡିଯିବାରୁ ଲେଖକଙ୍କ ପାଠରେ ବସ୍ତାନି ଡୋରି ବନ୍ଧା ହେଲା। ୧୯୪୦ ମସିହାରେ ସାନ୍ଧା ଉଚ୍ଚ ପ୍ରାଥମିକ ସ୍କୁଲ ପୁନଃ ପ୍ରତିଷ୍ଠା ହେବାରୁ ଲେଖକଙ୍କ ପୁଣି ନାମ ଲେଖାହୋଇଥିଲା। ୧୯୪୨ ମସିହାରେ ବୃତ୍ତି ପରୀକ୍ଷାରେ ପ୍ରଥମ ସ୍ଥାନ ଅଧିକାର କରି ଧଳପୁର ମାଇନର ସ୍କୁଲରେ ନାମ ଲେଖାଇ ହଷ୍ଟେଲରେ ରହି ପାଠ ପଢିଲେ। ୧୯୪୪ମସିହାରେ ଲେଖକ ସପ୍ତମ ଶ୍ରେଣୀରେ ପଢିଲା ବେଳକୁ ପ୍ରଥମେ ତାଙ୍କ କବି ପ୍ରତିଭାର ଆଦ୍ୟ ସ୍ଫୁରଣ ଘଟିଥିଲା। ସେହି ସମୟରେ ଗୋଟିଏ କ୍ଷୁଦ୍ର କବିତା ପୁସ୍ତକ ରଚନା କରି ନିଜର କବିତ୍ୱ ଶକ୍ତି ପ୍ରଦର୍ଶନ କରିଥିଲେ। ତାହା ତାଙ୍କର ଦୁଇଜଣ ବନ୍ଧୁଙ୍କ ଦ୍ୱାରା ପ୍ରକାଶ ମଧ୍ୟ ହୋଇଥିଲା। କବିତାଟିର ନାଁ ଥିଲା 'ମାୟାର ସଂସ୍କାର'। ଏହି ସମୟରେ ସେ 'ଜହ୍ନର ଆରପଟ' ଶୀର୍ଷକ ଏକ ନାଟକ ମଧ୍ୟ ଲେଖିଥିଲେ। ଏହି ନାଟକ ରଚନା ଥିଲା ଶ୍ରୀଯୁକ୍ତ ପଣ୍ଡାଙ୍କ ଆଦ୍ୟ ଅନ୍ତିମ ପ୍ରୟାସ।

୧୯୪୫ ମସିହାରେ ଲେଖକ ଢେଙ୍କାନାଳ ବ୍ରଜନାଥ ବଡଜେନା ହାଇସ୍କୁଲରେ ଅଷ୍ଟମ ଶ୍ରେଣୀରେ ନାମ ଲେଖାଇଥିଲେ। ସେଠାରେ ବୃତ୍ତି ପାଇ ନବମ ଶ୍ରେଣୀପରେ ଦୁଇବର୍ଷ ହଷ୍ଟେଲରେ ରହି ବିଦ୍ୟା ଅଧ୍ୟୟନ କଲେ। ହାଇସ୍କୁଲରେ ପଢିଲା ବେଳକୁ ପ୍ରତିବର୍ଷ ପ୍ରଥମ ସ୍ଥାନ ଅଧିକାର ସହ ପ୍ରବନ୍ଧ, ବିତର୍କ, ନାଟକ, ଅଭିନୟ ସହ ଓଡିଆ, ସଂସ୍କୃତ, ଇଂରାଜୀ ତିନୋଟି ଭାଷାରେ ଦକ୍ଷତା ହାସଲ କରିଥିଲେ। ଗୁରୁ ସ୍ୱର୍ଗତ ମୁରଲୀଧର ଓ ସ୍ୱର୍ଗତ ବିଦ୍ୟାଧର ମହାନ୍ତିଙ୍କ ଇଂରାଜୀ ଶିକ୍ଷା ଲେଖକଙ୍କୁ ଜଣେ ଆନ୍ତର୍ଜାତିକ ଇଂରାଜୀ ଭାଷାର ଲେଖକ ଭାବରେ ପରିଚିତ କରାଇବାରେ ସହାୟ ହୋଇଥିଲା। ଛୁଟି ସମୟରେ ରାଧାନାଥ, ଗଙ୍ଗାଧର, କାବ୍ୟାବଳୀଠୁ ଆରମ୍ଭ କରି ଅମରକୋଷର କେତେକାଂଶ ଘୋଷି ଦେଇଥିଲେ। ଏ ସବୁର ପ୍ରଭାବ ଦିନେ ତାଙ୍କୁ ଜଣେ ବିଶିଷ୍ଟ ଲେଖକ ହେବାକୁ ପ୍ରୋତ୍ସାହିତ କରିଥିଲା। ଛାତ୍ର ଥିବା ସମୟରେ ବନ୍ଧୁ ଶାନ୍ତନୁ ଆଚାର୍ଯ୍ୟ, ସ୍ୱର୍ଗତ ସୁଶୀଲ ଦାସ (ଆଇ.ଏ.ଏସ.) ପ୍ରଭୃତି ସାହିତ୍ୟ ସ୍ରଷ୍ଟା ମଧ୍ୟ ଏକା ସମୟରେ ଓଡିଆ ସାହିତ୍ୟରେ ଲେଖନୀ ଚାଳନା କରିଥିଲେ। ପ୍ରତ୍ୟେକ ନିଜ ନିଜ ପରିସରରେ ଥିଲେ ସମୁନ୍ନତ।

ଲେଖକ ମାଟ୍ରିକ ପରେ ୨୫ଟଙ୍କା ବୃତ୍ତି ପାଇ ଆଇଏସସି ପଢିବା ପାଇଁ ଓଡିଶାର ସର୍ବଶ୍ରେଷ୍ଠ ମହାବିଦ୍ୟାଳୟ ରେଭେନ୍‌ସାରେ ନାମ ଲେଖାଇଲେ। ପ୍ରଥମ ଶ୍ରେଣୀରେ ଉତ୍ତୀର୍ଣ୍ଣ ହୋଇ ଆକସ୍ମିକ ଭାବରେ ମଥୁରା ବିଶ୍ୱବିଦ୍ୟାଳୟରେ ପ୍ରାଣୀ

ଚିକିତ୍ସା ବିଜ୍ଞାନରେ ଚାରିବର୍ଷ ଡିଗ୍ରୀ ପାଠ ପଢିଲେ । ଏହି ସମୟରେ ମହାବିଦ୍ୟାଳୟର ଅଧ୍ୟକ୍ଷ ଡକ୍ଟର ଗଜାନନ ପାଣ୍ଡେଙ୍କ ସାହାଯ୍ୟ, ସୁପରାମର୍ଶ ଓ ସମୟୋପଯୋଗୀ ପଥ ପ୍ରଦର୍ଶନ ଲେଖକଙ୍କୁ ବହୁ ଭାବରେ ଆଗ୍ରଗାମୀ ହେବାରେ ସାହାଯ୍ୟ କରିଥିଲା । ପ୍ରାଣୀ ଚିକିତ୍ସା ବିଜ୍ଞାନରେ ମଥୁରା ବିଶ୍ୱବିଦ୍ୟାଳୟରୁ ଚାରୋଟି ସ୍ୱର୍ଣ୍ଣପଦକ, ଆଗ୍ରା ବିଶ୍ୱବିଦ୍ୟାଳୟର କୁଳପତି ପଦକ ସହ ଡିଷ୍ଟିଙ୍କ୍‌ସନ୍ ଲାଭ କରି ସ୍ନାତକ ଡିଗ୍ରୀ ହାସଲ କଲେ । ୧୯୪୫ମସିହାରେ ଓଡିଶାକୁ ଫେରି ରାଜ୍ୟ ସରକାରଙ୍କ ଅଧୀନରେ ପ୍ରାଣୀ ଚିକିତ୍ସା ବିଭାଗରେ ଚାକିରୀ କଲେ । ନାନା ପ୍ରକାର ପ୍ରତିବନ୍ଧକର ସମ୍ମୁଖୀନ ହୋଇ ମଧ୍ୟ ଲେଖକ ଉଚ୍ଚତର ଗବେଷଣ ପାଇଁ ୧୯୬୦ ମସିହାରେ ଆମେରିକା ଯାତ୍ରା କଲେ ଏବଂ ଆମେରିକାର ମିଜୋରି ବିଶ୍ୱବିଦ୍ୟାଳୟରୁ ଏମ.ଏସ. ଡିଗ୍ରୀ ହାସଲ କଲେ । ଏହି ସମୟରେ ପାଞ୍ଚବର୍ଷ ରହଣୀ କାଳ ଭିତରେ ମିଜୋରି, କଲମ୍ବିଆ, କାନସସ୍ ସିଟି, ଲଣ୍ଡନ, ପ୍ୟାରିସ, ଜେନିଭା, ଆଦି ସହର ଭ୍ରମଣ କରି ବିଭିନ୍ନ ସଭ୍ୟତା ସହ ପରିଚିତ ହୋଇପାରିଥିଲେ । ଏହି ସମୟରେ ବିଭିନ୍ନ ବୈଜ୍ଞାନିକ ଅନୁଷ୍ଠାନମାନଙ୍କରେ ଶ୍ରୀଯୁକ୍ତ ପଣ୍ଡା ଯୋଗଶାସ୍ତ୍ର ଉପରେ ପାଠଚକ୍ରର ଭିତ୍ତି ପ୍ରବନ୍ଧମାନ ଉପସ୍ଥାପନ କରିବାର ସୁଯୋଗ ପାଇଥିଲେ । ସେତେବେଳେ ଲେଖକଙ୍କ ଏହି ଯୋଗଦର୍ଶନ ସମ୍ପର୍କିତ ଆଲୋଚନା ବିଭିନ୍ନ ସମ୍ବାଦପତ୍ରମାନଙ୍କରେ କିଛି ସଂକ୍ଷିପ୍ତ ଟିପ୍ପଣୀ ସହ ପ୍ରକାଶ ପାଇଥିଲା । ୧୯୬୨ ମସିହାରେ ସେ ଆମେରିକାରୁ ପ୍ରତ୍ୟାବର୍ତ୍ତନ କରି ଓଡିଶା କୃଷି ଓ ବୈଷୟିକ ବିଦ୍ୟାଳୟରେ ଯୋଗ ଦେଲେ । ପୁଣି ୧୯୬୬ ମସିହାରେ ଲେଖକ ପୁନର୍ବାର ଆମେରିକା ଗଲେ ପିଏଚ୍.ଡି କରିବାପାଇଁ । ୧୯୬୭ ମସିହାରେ ଆମେରିକାର ଶିକାଗୋରେ ଥିବା ସମୟରେ ତାଙ୍କର ମୁଣ୍ଡରେ ଆଘାତ ଲାଗିବାରୁ ସେ ଆପଣାର ଦୃଷ୍ଟିଶକ୍ତି ହରାଇ ବସିଲେ । ତାଙ୍କର ଦୃଢ ଇଚ୍ଛାଶକ୍ତି ହେତୁ ଦୃଷ୍ଟିହାନୀ ଘଟିବା ସତ୍ତ୍ୱେ ବି ସେ ପିଏଚ୍.ଡି ଗବେଷଣାକୁ ଅବ୍ୟାହତ ରଖିଥିଲେ । ଲେଖକଙ୍କର ଗାଇଡ ଡା. ସାଭେଜ୍ ଓ ଡ. ଡେଲ୍‌ଙ୍କ ସହାୟତା, ଡାକ୍ତର ଆଇଡ୍‌ଙ୍କ ପରାମର୍ଶରେ ଚିକିତ୍ସାର ସାତଦିନ ପରେ ଶ୍ରୀଯୁକ୍ତ ପଣ୍ଡା ଡାହାଣ ଆଖିରେ କିଛି ଦେଖିପାରିଥିଲେ । ବାମ ଆଖିର କିନ୍ତୁ ଦୃଷ୍ଟିଶକ୍ତି ହରାଇ ବସିଥିଲେ । ୧୯୯୬ମସିହାରେ ମୋତିଆ ବିନ୍ଦୁ ଅପରେସନ ପରେ ଲେଖକଙ୍କ ସୀମିତ ଦୃଷ୍ଟିଶକ୍ତି ଫେରି ଆସିଥିଲା । ଆମେରିକାରେ ସେ ଚିକିତ୍ସାଧୀନ ଥିବାବେଳେ ଲେଖକଙ୍କ ନିକଟକୁ ଅନେକ ପାଦ୍ରୀ ପୁଷ୍ପଗୁଚ୍ଛ ଉପହାର ଧରି ଆସିଥିଲେ । ସେହି ପୁଷ୍ପ ଗୁଚ୍ଛଗୁଡିକ ଲେଖକ ଗ୍ରହଣ କରିଥିଲେ । କିନ୍ତୁ ପୁଷ୍ପ ଗୁଡିକର ଭିନ୍ନ ଭିନ୍ନ ରଙ୍ଗ ଆକର୍ଷଣୀୟ ସୌନ୍ଦର୍ଯ୍ୟକୁ ଉପଭୋଗ କରିପାରି ନଥିଲେ । ଲେଖକ କହନ୍ତି– "ଏତେବର୍ଷ ଭିତରେ

ମୁଁ ଅନେକ ରଙ୍ଗର ଫୁଲ ଦେଖିଛି, କିନ୍ତୁ ସେଦିନ ଫୁଲର ରଙ୍ଗ ନଦେଖି କରି ଜୀବନର ବହୁତ କିଛି ହରାଇ ବସିଛି ବୋଲି ଉପଲବ୍ଧି କରିଥିଲି।"୯

ଏହି ଅନୁଭବକୁ ନେଇ 'କାହିଁକି ସେ ସୁନ୍ଦର' ଶୀର୍ଷକ ଏକ ପ୍ରବନ୍ଧ ଲେଖି ୧୯୭୮ ମସିହାରେ ସମ୍ବଲପୁର ବିଶ୍ୱବିଦ୍ୟାଳୟ ଦ୍ୱାରା ଭରତ ଚନ୍ଦ୍ର ନାୟକ ସ୍ମୃତି ସମ୍ମାନରେ ସମ୍ମାନିତ ହୋଇଥିଲେ। ୧୯୬୯ ମସିହାରେ ଆମେରିକାରୁ ପିଏଚ୍.ଡି ସାରି ସେ ଓଡିଶାକୁ ପ୍ରତ୍ୟାବର୍ତ୍ତନ ପରେ ଓଡିଶା କୃଷି ଓ ବୈଷୟିକ ବିଶ୍ୱବିଦ୍ୟାଳୟରେ ଯୋଗ ଦେଇଥିଲେ। ୧୯୭୧ ମସିହାରେ ରିଡର ପଦକୁ ଉତ୍ତୀର୍ଣ୍ଣ ହୋଇ ପରେ ପ୍ରଫେସର ଏବଂ ପରବର୍ତ୍ତୀ ଅବସ୍ଥାରେ ଡିନ୍ ଭାବରେ ଦାୟିତ୍ୱ ଗ୍ରହଣ କରିଥିଲେ। ଚାକିରୀରେ ୧୯ବର୍ଷ ପରେ ସମ୍ମାନ ସୂଚକ ଡକ୍ଟର ଅଫ ସାଇନ୍ସ(ଡିଏସସି) ଡିଗ୍ରୀ ଗ୍ରହଣ କରିଥିଲେ। ଚାକିରୀରୁ ଅବସର ଗ୍ରହଣ ପରେ ଲେଖକ ଗବେଷଣା ଉପଦେଷ୍ଟା ଭାବରେ ନିୟୋଜିତ ହୋଇ ଆପଣାର ଗବେଷଣାକୁ ଅବ୍ୟାହତ ରଖିବା ସହିତ ବିଜ୍ଞାନଧର୍ମୀ ସୃଜନଶୀଳ ସାହିତ୍ୟ ସୃଷ୍ଟି ଆଡକୁ ଦୃଷ୍ଟିନିକ୍ଷେପ କରି ଆଗେଇ ଚାଲିଥିଲେ ସେ ଦିଗରେ ସଫଳ ମଧ୍ୟ ହୋଇଥିଲେ। ବହୁ ଆଶା ନିରାଶା ଭିତରେ ଲେଖକଙ୍କ ଜୀବନ ଅତିବାହିତ ହୋଇଛି। ଏକ ବଡ ସ୍ପେକଟ୍ରମ୍ କହିଲେ ଅତ୍ୟୁକ୍ତି ହେବ ନାହିଁ। ସେ ଏକ ଗଡଜାତିଆ, ଢେଙ୍କାନାଳିଆ ପରିବେଶରୁ ଯାତ୍ରା ଆରମ୍ଭ କରି ନ୍ୟୁୟର୍କ, ଶିକାଗୋ, ଲଣ୍ଡନ, ପ୍ୟାରିସ, ବର୍ଲିନ ଆଦି ଭ୍ରମଣସ୍ଥଳରୁ ଫେରି ଆସିଛନ୍ତି ଆପଣାର ଉତ୍କଳୀୟ ପରିବେଶକୁ। ଉତ୍କଳୀୟ ପରିବେଶରେ ଥାଇ ସୃଜନଶୀଳ ଆଭିମୁଖ୍ୟର ସଫଳତା ପାଇଁ ଆନ୍ତର୍ଜାତିକ ଖ୍ୟାତି ଲାଭ କରିଛନ୍ତି। ଡିସେମ୍ବର ମାସ ୩୦ ତାରିଖ ୨୦୧୫ ମସିହା ଦିନ ଲେଖକ ଏହି ଇହଧାମରୁ ପରପାରିକୁ ଚାଲିଯାଇଛନ୍ତି ସତ କିନ୍ତୁ ତାଙ୍କର ବିୟୋଗ ଓଡିଆ ସାହିତ୍ୟ ଏବଂ ବିଜ୍ଞାନ କ୍ଷେତ୍ରରେ ଏକ ଅପୂରଣୀୟ କ୍ଷତି।

ସାରସ୍ୱତ ସୃଷ୍ଟି :

ଆଧୁନିକ ସାହିତ୍ୟରେ ଏକକୀତ୍ୱବୋଧ, ଜୀବନର ଅର୍ଥହୀନତା, ଜୀବନର ଯନ୍ତ୍ରଣା, ବିଷାଦ ବୋଧ, ମୃତ୍ୟୁ ଚେତନା, ମୃତ ଈଶ୍ୱର ଚେତନା, ପୃଥକୀଭୂତ ଚେତନାରେ ବଞ୍ଚି ନଥିବା ଜଣେ ବିଶୁଦ୍ଧତାବାଦୀ ବହୁଦେଶଦର୍ଶୀ ଲେଖକ ହେଉଛନ୍ତି ଡକ୍ଟର ନୃସିଂହଚରଣ ପଣ୍ଡା। ଜଗତ ବିଷୟରେ ଜଗତର ସୃଷ୍ଟି ବିଷୟରେ, ଜଗତର ସ୍ରଷ୍ଟା ବିଷୟରେ, ମନୋବିଜ୍ଞାନରେ ରହସ୍ୟବାଦ ସମ୍ପର୍କରେ ଯୋଗ ସାଧନାର ଆଧ୍ୟାତ୍ମିକ ଏବଂ ବୈଜ୍ଞାନିକ ବିଶ୍ଲେଷଣ କ୍ଷେତ୍ରରେ ଲେଖକ ହେଉଛନ୍ତି ଜଣେ ସଚେତନଶୀଳ ସୂକ୍ଷ୍ମଦର୍ଶୀ ସାଧକ। ତାଙ୍କର ଅନୁସନ୍ଧିତ୍ସୁ ଦୃଷ୍ଟିଭଙ୍ଗୀକୁ ନେଇ ମାନବତାରହିତ ଉଦ୍ଦେଶ୍ୟରେ ତାଙ୍କର ଲେଖନୀ ଥିଲା ଚଳଚଞ୍ଚଳ।

ଲେଖକଙ୍କ ସୃଜନଶୀଳତାର ପ୍ରଥମ ସୃଷ୍ଟି ୧୯୪୪ମସିହାରେ ପ୍ରକାଶିତ କବିତା ପୁସ୍ତକ ଥିଲା 'ମାୟାର ସଂସାର'। ଏହାପରେ ଲେଖକ ଜୀବନର ବନ୍ଧୁରତା ଭିତରେ କାଳାତିପାତ କରିଥିବାରୁ ଏବଂ ସାହିତ୍ୟ ସାଧନା ପାଇଁ ଅନୁକୂଳ ପରିବେଶରୁ ଦୂରେଇ ଯାଇଥିବାରୁ ଲେଖକଙ୍କ ଲେଖନୀ ଚାଳନା ଏକ ପ୍ରକାର ସୁପ୍ତ ହୋଇଯାଇଥିଲା ଦୀର୍ଘଦିନର ପରିସମାପ୍ତି ପରେ ୧୯୬୭ ମସିହାରେ କଟକ ଷ୍ଟୁଡେଣ୍ଟ ଷ୍ଟୋର ଦ୍ୱାରା 'ବିଜ୍ଞାନ ଓ ପ୍ରକୃତି' ନାମରେ ଏକ ପୁସ୍ତକ ପ୍ରକାଶ କଲେ। ୧୯୭୭ ମସିହାରେ ବିଜ୍ଞାନରପୁଟ ଦେଇ ଲେଖକ ଏକ ଛଦ୍ମ ଉପନ୍ୟାସ 'ମେଷପାଳକ' ରଚନା କରିବା ସହ ୧୯୮୧ ମସିହାରେ 'ଦଗ୍ଧ ଗୋଲାପର ଚିର ବସନ୍ତ 'ଲେଖକଙ୍କ ଅନ୍ୟ ଏକ ଉପନ୍ୟାସ। ୧୯୮୪ ମସିହାରେ 'ସପ୍ତ ସିନ୍ଧୁ' ଉପନ୍ୟାସ ରଚନା ପାଇଁ ଓଡିଶା ସାହିତ୍ୟ ଏକାଡେମୀ ଦ୍ୱାରା ପୁରସ୍କୃତ ହୋଇଥିଲେ। ଉକ୍ତ ଉପନ୍ୟାସଟିର ପ୍ରଥମ ଭାଗ ୧୯୮୧ ମସିହାରେ ଏବଂ ଦ୍ୱିତୀୟ ଭାଗ ୧୯୮୨ ମସିହାରେ ରଚିତ। ୧୯୮୩ ମସିହାରେ 'ଚଣ୍ଡାଶୋକ' ୧୯୮୫ ମସିହାରେ 'ଧର୍ମାଶୋକ', ୧୯୮୯ ମସିହାରେ 'ଖାରବେଳ' ଉପନ୍ୟାସ ପ୍ରକାଶିତ। ଏହି ଖାରବେଳ ଉପନ୍ୟାସ ପାଇଁ ଲେଖକ ୧୯୯୩ ମସିହାରେ ଶାରଳା (ଇଙ୍ଗା) ପୁରସ୍କାର ଲାଭ କରିଥିଲେ। ୧୯୯୦ ମସିହାରେ ଲେଖକ 'ଅଶାନ୍ତ ଅନଳ' ନାମକ ଉପନ୍ୟାସ ପ୍ରକାଶ କଲେ। 'ମେଷପାଳକ' ଉପନ୍ୟାସର ଏହା ଏକ ପୂର୍ଣ୍ଣାଙ୍ଗ ରୂପ। ୧୯୯୩ ମସିହାରେ ଲେଖକ ମାର୍କସବାଦ, ମାଓବାଦ, ନକ୍ସଲବାଦ ବନାମ ବେଦ ବେଦାନ୍ତ ସମଦର୍ଶନ ସମ୍ପର୍କକୁ ନେଇ ବିଶ୍ଳେଷଣ ଓ ବ୍ୟବଛେଦ କରି 'ବିଶ୍ୱମିତ୍ର ଉବାଚ' ନାମକ ଏକ ରାଜନୈତିକ ଉପନ୍ୟାସ ରଚନା କରିଥିଲେ।

ଏହି ଉପନ୍ୟାସ ବ୍ୟତୀତ ଲେଖକଙ୍କ ଅନ୍ୟକୃତି ଗୁଡିକ ହେଲା ୧୯୮୪ ମସିହାରେ 'ବିଜ୍ଞାନ ଓ ଭଗବାନ' ୧୯୮୭ ମସିହାରେ 'ଈଶ୍ୱର' ୨୦୦୧ମସିହାରେ' ବିଜ୍ଞାନ ଓ ପ୍ରାବଧିକୀ'। ଏହି ପ୍ରବନ୍ଧଗୁଡିକ କଥିତ ଭାଷାରେ ଲିଖିତ। ଲେଖକଙ୍କ ୧୯୮୯ ମସିହାରେ 'ସଙ୍ଗମ' ଓ ୧୯୯୭ ମସିହାରେ 'ଅଷ୍ଟମ ସ୍ୱର' ୨ଟି ଅପ୍ରକାଶିତ ଗଳ୍ପ ଶିଳ୍ପ ଦୃଷ୍ଟିରୁ ଅନନ୍ୟ। ଲେଖକଙ୍କ ଚାରିଖଣ୍ଡ କବିତା ସଂକଳନ ହେଲା ୨୦୦୦ ମସିହାରେ 'ଋତ- ଅନୃତ', ୨୦୦୨ ମସିହାରେ ଆଦିକାବ୍ୟ, ୨୦୦୬ ମସିହାରେ 'ଫେନ ଓ ତରଙ୍ଗ', ୨୦୦୯ ମସିହାରେ 'ନାଦବ୍ରହ୍ମ'। 'ଫେନ ଓ ତରଙ୍ଗ' କବିତା ପୁସ୍ତକ ପାଇଁ ୨୦୦୭ ମସିହା ଦଶମ କଳିଙ୍ଗ ପୁସ୍ତକ ମେଳାରେ ପୁରସ୍କୃତ ହୋଇଥିଲେ ଲେଖକ। ବେଦ ବେଦାନ୍ତଠାରୁ ଆରମ୍ଭ କରି ଜଗନ୍ନାଥଙ୍କୁ ଜଣାଣ କରୁଥିବା କବିର ଆର୍ତ୍ତନାଦ 'ତୋ ଆଖିରେ ମୁଁ ଦେଖିବି' ଆଦି ସୁଦୀର୍ଘ କବିତା କବିଙ୍କର ନିଜସ୍ୱ

ଭାବାବେଗର ଦ୍ୟୋତିକ। ମୋଟ ଉପରେ କଳା ରସ, ଆବେଗ ଓ ସଂବେଗରେ ପରିପୂର୍ଣ୍ଣ ଶ୍ରୀଯୁକ୍ତ ପଣ୍ଡାଙ୍କ କବିତାଗୁଡ଼ିକ ଏକାନ୍ତ ଭାବରେ ମର୍ମସ୍ପର୍ଶୀ ଓ ରସାସ୍ୱାଦୀ।

୧୯୯୨ମସିହାରେ ଲେଖକଙ୍କ ଲିଖିତ 'ମାୟା ଇନ ଫିଜିକ୍ସ' (Maya in Physics) ଇଂରାଜୀ ଭାଷାରେ ଲିଖିତ ଏକ ବୃହତ ପୁସ୍ତକ। ଲେଖକଙ୍କ ଆଉ ଏକ ଇଂରାଜୀ ପୁସ୍ତକ 'ଦି ଭାଇବ୍ରେଟିଙ୍ଗ ୟୁନିଭର୍ସ' (The Vibrating Universe) ୧୯୮୦ ମସିହାରେ ରଚିତ ମାଇଣ୍ଡ ଓ ସୁପରମାଇଣ୍ଡ (Mind & Super Mind) 'ସାଇକ୍ଲିକ ୟୁନିଭର୍ସ' (Cyclic Universe) ଲେଖକଙ୍କ ଅନ୍ୟତମ ସଫଳ ଗ୍ରନ୍ଥ। ଏ ସମସ୍ତ ବ୍ୟତୀତ ମେଡିଟେସନ୍ ସାଇନ୍ସ ଏଣ୍ଡ ପ୍ରାକ୍ଟିସ୍' (Meditation ,Science & Practice) 'ହଠଯୋଗ' (Hatha- Yoga) , 'ଇନ୍‌ଟରଗାରଲ୍ କସମୋଲୋଜି' (Intergral Casmology) ଆଦି ଗ୍ରନ୍ଥ ବେଶ୍ ଯୋଗ ସାଧନା ଉପଯୋଗୀ।

ପିଲାମାନଙ୍କ ଜିଜ୍ଞାସାକୁ ବଢାଇବା ପାଇଁ ତଥା ମାନବିକତାର ଉଦ୍ରେକ ପାଇଁ ଲେଖକ ଅନେକ ଗୁଡିଏ ଶିଶୁ ଉପଯୋଗୀ ରଚନା ପ୍ରସ୍ତୁତ କରିଛନ୍ତି। ସେଗୁଡିକ ମଧ୍ୟରେ 'ଗଛରୁ ପଡିଲା ଆତ' 'ଆମ ଆଖିକୁ ଦିଶୁ ନଥିବା ଜୀବ', 'ମାଙ୍କଡରୁ ମଣିଷ' ବେଶ ଲୋକପ୍ରିୟ। ଏଗୁଡିକ ସଂପୂର୍ଣ୍ଣ ଭାବରେ ବିଜ୍ଞାନ ଭିତ୍ତିକ ଉପାଦାନରେ ପ୍ରସ୍ତୁତ ହୋଇଥିବା ହେତୁ ସାହିତ୍ୟ ଜଗତରେ ଏଗୁଡିକର ସ୍ଥାନ ସ୍ୱତନ୍ତ୍ର।

ଗ୍ରନ୍ଥ ରଚନା ସହ ଶାଳମଞ୍ଜି, ନଡା, ଚା, କଫି, ଫିମ୍ପି ବିଷ , ଖୋଷାରି ବିଷ, ବିଲାତି ଦଳ ଆଦି ଜୈବିକ ପଦାର୍ଥ ଉପରେ ଲେଖକଙ୍କ ଗବେଷଣା ନିହିତ। ଏହାସହିତ ଜୀବାସାର କେ (Vitamin-k) ଶହ ଶତାଧିକ ବୃକ୍ଷ ତଥା ଗୁଳ୍ମ ପତ୍ରର ରାସାୟନିକ ବିଶ୍ଳେଷଣ କରିଛନ୍ତି ଲେଖକ।

ଲେଖକଙ୍କ କୃତି ଗୁଡିକରେ ଭାରତୀୟ ସମାଜ, ସଂସ୍କୃତି , ଐତିହ୍ୟ ଓ ପରମ୍ପରା ଯେଭଳି ଭାବରେ ବିଶ୍ଳେଷିତ ହୋଇ ଜନ-ଜୀବନରେ ଉପଯୋଗ ହୋଇଛି ବିଜ୍ଞାନଭିତ୍ତିକ ଗବେଷଣାଧର୍ମୀ ଆଲୋଚନା ମଧ୍ୟ ସେହିଭଳି ପ୍ରତିଫଳିତ ହୋଇଛି। ଫଳତଃ ତାଙ୍କ ସାରସ୍ୱତ କୃତିଗୁଡିକର ଉତ୍କର୍ଷ ଆନ୍ତର୍ଜାତୀୟ ସ୍ତରକୁ ସଂପ୍ରସାରିତ ହୋଇ ତାଙ୍କୁ ମହୀୟାନ କରିଛି।

ଡକ୍ଟର ନୃସିଂହଚରଣ ପଣ୍ଡାଙ୍କ 'ଦଗ୍‌ଧ ଗୋଲାପର ଚିର ବସନ୍ତ' :

୧୯୮୧ମସିହାରେ ପ୍ରକାଶ ପାଇଥିବା ଡକ୍ଟର ନୃସିଂହଚରଣ ପଣ୍ଡାଙ୍କ 'ଦଗ୍‌ଧ ଗୋଲାପର ଚିର ବସନ୍ତ' ଏକ ଭିନ୍ନ ସ୍ୱାଦର ବୈଜ୍ଞାନିକ ଉପନ୍ୟାସ। ୧୯୭୯ ମସିହାରେ ମାନସ ପତ୍ରିକାରେ ଏହା ପ୍ରଥମେ ପ୍ରକାଶିତ ହୋଇଥିଲା। ମାନବ ସଭ୍ୟତାର ଭବିଷ୍ୟତ ରୂପରେଖ, ଆଧ୍ୟାତ୍ମବାଦ ଓ ନୈତିକତା ସହ ବୈଜ୍ଞାନିକ ସମ୍ପର୍କ ଏବଂ

ଆଧୁନିକ ଶିଳ୍ପ ସଭ୍ୟତାର ଭବିଷ୍ୟତକୁ ଲକ୍ଷ୍ୟ ରଖି ଔପନ୍ୟାସିକ ଉପନ୍ୟାସଟି ରଚନା କରିଛନ୍ତି ।

"ଏ ପର୍ଯ୍ୟନ୍ତ ଅନେକ ବୈଜ୍ଞାନିକ ରାଷ୍ଟ୍ରନାୟକମାନଙ୍କ ହାତବାରିସି ହୋଇ ଧ୍ୱଂସାତ୍ମକ ଦିଗରେ ବିଜ୍ଞାନକୁ ଉପଯୋଗ କରିଛନ୍ତି । ଯଦି ବର୍ତ୍ତମାନ ଓ ଭବିଷ୍ୟତର ବୈଜ୍ଞାନିକମାନେ ସେୟା କରନ୍ତି, ତେବେ ମାନବ ସଭ୍ୟତାର ଭବିଷ୍ୟତ କଣ ହେବ ? ବିଶେଷତଃ ଆଜିର ମାରଣାସ୍ତ୍ର ଏବଂ ମହାକାଶ ଯୁଗରେ ବିଜ୍ଞାନୀ ଯଦି ଆଧ୍ୟାତ୍ମବାଦ ଓ ନୈତିକତାଠାରୁ ଦୂରରେ ରହେ, ତେବେ ପୃଥିବୀ ସଭ୍ୟତା ଯେ କୌଣସି ମୁହୂର୍ତ୍ତରେ ଲୋପ ପାଇଯାଇପାରେ । ଅନ୍ୟ ଏକ ପ୍ରଶ୍ନ ପୃଥିବୀର ବୌଦ୍ଧିକ ଗୋଷ୍ଠୀକୁ ଚିନ୍ତିତ କରି ରଖିଛି । ଆମେ ପୃଥିବୀର ଧାତୁ, ତୈଳ, ଉର୍ଜା ଉତ୍ସକୁ ପ୍ରାୟ ନିଃଶେଷ କରି ଦେଲେଣି । ଯଦି ଆମେ କୌଣସି ବିକଳ୍ପ ପନ୍ଥା ଯଥା ସମୟରେ ଉଦ୍‌ଭାବନ କରି ନପାରୁ, ତେବେ ଆଧୁନିକ ଶିଳ୍ପ ସଭ୍ୟତାର ଭବିଷ୍ୟତ କଣ ହେବ ? 'ଦଗ୍ଧ ଗୋଲାପର ଚିର ବସନ୍ତ' ଉପନ୍ୟାସଟି ଉକ୍ତ ସମସ୍ୟାଗୁଡିକ ଉପରେ ଆଧାରିତ ।" ୧୦ ।

ଉପନ୍ୟାସଟିର ମୁଖ୍ୟ ଚରିତ୍ର ବିଶ୍ୱଜିତ ପଟ୍ଟନାୟକ ଓରଫ ବିଶୁ ବାବୁ। ସେ ପ୍ରତିରକ୍ଷା ବିଭାଗର ଜଣେ ପଦସ୍ଥ ଅଧିକାରୀ ହୋଇ ମଧ୍ୟ ପ୍ରକୃତିର ଅପରୂପ ସୌନ୍ଦର୍ଯ୍ୟରେ ଜଗତକୁ ଉପଭୋଗ କରି ବଞ୍ଚିବାକୁ ପସନ୍ଦ କରନ୍ତି । ନୋବେଲ ପୁରସ୍କାର ବିଜେତା ବିଶୁ ବାବୁ ମରଣ ରଶ୍ମୀର ଆବିଷ୍କାର କରିଛନ୍ତି । ଏହା ମନୁଷ୍ୟ ପାଇଁ ଅତି ମାରଣାତ୍ମକ ଜାଣି ତାଙ୍କର ଆବିଷ୍କାରକୁ ଗୋପନୀୟ ରଖିଛନ୍ତି । କିନ୍ତୁ ନିଜ ଦେଶ ସରକାର ସହ ଅନ୍ୟ ଦେଶ ସରକାରମାନେ ଏହି ଗୋପନୀୟ ତଥ୍ୟକୁ ପାଇବା ପାଇଁ ତାଙ୍କ ଉପରେ ଚାପ ପକେଇଛନ୍ତି । ତଥାପି ନୀତି ଆଦର୍ଶବାଦୀ ବୈଜ୍ଞାନିକ ନିଜର ନୀତି ଆଦର୍ଶରେ ଅଟଳ ରହିଛନ୍ତି । ନୈତିକତା ପ୍ରତି ଗଭୀର ଶ୍ରଦ୍ଧା ଏବଂ ବିଶ୍ୱାସରେ ଜୀବନ ଅତିବାହିତ କରନ୍ତି ବୈଜ୍ଞାନିକ ବିଶ୍ୱବାବୁ। ବୈଜ୍ଞାନିକ ପ୍ରଥମେ ଜଣେ ମନୁଷ୍ୟ ହୋଇଥିବାରୁ ସେ ନୀତିନିଷ୍ଠ ହେବାକୁ ବାଧ୍ୟ ବୋଲି ବିଚାର କରନ୍ତି । କିଛିଦିନ ପରେ ଭାରତ ମହାକାଶକୁ ଉପଗ୍ରହ ପଠାଇବାରୁ ଉପଗ୍ରହର ଯାତ୍ରୀ ଭାବରେ ପ୍ରସ୍ତୁତି ହେବା ପାଇଁ ନିର୍ଦ୍ଦେଶ ଆସିଛି ବିଶୁବାବୁଙ୍କ ନିକଟକୁ । ବିଶୁ ବାବୁ ଉପଗ୍ରହରେ ଭ୍ରମଣ କରି ପ୍ରକୃତିର ଅପରୂପ ଶୋଭାରେ ବିମୁଗ୍ଧ ହୋଇ ପଡିଛନ୍ତି । ଏହି ସମୟରେ ଶ୍ରୀମାନ କନ୍ହେଇ ଲାଲ ମାନଚାନ୍ଦ ଭାରତର ବାୟୁସେନାର ଉପମୁଖ୍ୟ ଆସି ବିଶୁବାବୁଙ୍କୁ କହିଛନ୍ତି ଉପଗ୍ରହକୁ କିପରି ଶତ୍ରୁଙ୍କ କବଳରୁ ରକ୍ଷା କରାଯାଇପାରିବ । ଡ. ପଟ୍ଟନାୟକ ଏକାକୀ ତାଙ୍କ ଅଣ୍ଟାରେ ବାନ୍ଧିଥିବା ମେଖଳା ଯନ୍ତ୍ର ଦ୍ୱାରା ଶତ୍ରୁପକ୍ଷର ମୃତ୍ୟୁ ହୋଇଯାଇଛି । ସମସ୍ତ ତଦନ୍ତ ସରିଲା ପରେ ଯଥା ସମୟରେ ସେମାନେ ପୃଥିବୀକୁ ପ୍ରତ୍ୟାବର୍ତ୍ତନ କରିଛନ୍ତି ।

ବିଶ୍ବ ବାବୁଙ୍କ ପ୍ରୟୋଗଶାଳାରେ ତାଙ୍କର ସହକର୍ମୀ ଭାବରେ କାମ କରନ୍ତି ଡକ୍ଟର ପ୍ରିୟମ୍ବଦା । ଅତି ବିଶ୍ୱସ୍ତ, ନିଷ୍ଠାପର, ପରିଶ୍ରମୀ ନାରୀ ଭାବରେ ପ୍ରିୟମ୍ବଦାଙ୍କୁ ବିଶ୍ବ ବାବୁ ନିଜ ଝିଅ ପରି ଦେଖନ୍ତି । ପ୍ରିୟମ୍ବଦା ଏବଂ ବିଶ୍ବବାବୁ ପ୍ରକୋଷ୍ଠ ବନ୍ଦ କରି ଭାବି ଗବେଷଣାର ଯୋଜନା ବିଷୟରେ ଆଲୋଚନା କରୁଥିବା ସମୟରେ ପ୍ରିୟମ୍ବଦାଙ୍କ ସ୍ୱାମୀ ନିତ୍ୟାନନ୍ଦ ଉଭୟଙ୍କୁ ସନ୍ଦେହ ଦୃଷ୍ଟିରେ ଦେଖି ପରେ ପହଞ୍ଚି ପ୍ରିୟମ୍ବଦାଙ୍କ ସହିତ ଅକଥନୀୟ ଅତ୍ୟାଚାର କରିଛନ୍ତି । ପ୍ରିୟମ୍ବଦା ଅଚେତ ହୋଇପଡିବା ସହ ନିତ୍ୟାନନ୍ଦଙ୍କ ଗୋଡଖସି ମୃତ୍ୟୁ ହୋଇଯାଇଛି । ଦୀର୍ଘ ଚାରିମାସ ପରେ ପ୍ରିୟମ୍ବଦା ସଂପୂର୍ଣ୍ଣ ଭାବରେ ଭଲ ହୋଇ ଘରକୁ ପ୍ରତ୍ୟାବର୍ତ୍ତନ କରିଛନ୍ତି ।

ଏ ପକ୍ଷରେ ବିଶ୍ବବାବୁ ଯେତେବେଳେ ଜରୁରୀ ଗବେଷଣାରେ ବ୍ୟସ୍ତ ଅଛନ୍ତି ସେହି ସମୟରେ ପ୍ରତିରକ୍ଷା ମନ୍ତ୍ରୀ ଶ୍ରୀ ବାବୁ ଭାଇ ପଟେଲଙ୍କ ବାର୍ତ୍ତା ପାଇଁ ତିନିମାସ ଭିତରେ ମରଣ ରଶ୍ମୀ ଉଦ୍‌ଭାବନା କରିବା ପାଇଁ ଆଦେଶ ମିଳିଛି । ଡକ୍ଟର ପଟ୍ଟନାୟକ କିନ୍ତୁ ନାସ୍ତିବାଣୀ ଶୁଣାଇ ଦେଇଛନ୍ତି । ଏଥିରେ ମନ୍ତ୍ରୀ ଉତ୍ତ୍ୟକ୍ତ ହୋଇ ନିଜସ୍ୱ ପଦବୀରୁ ଇସ୍ତଫା ଦେଇଛନ୍ତି । କିନ୍ତୁ ଏ ଖବର ଶୁଣି ମନ୍ତ୍ରୀଙ୍କ ପତ୍ନୀ ଶ୍ରୀମତୀ ଆଭା ପଟେଲ ସ୍ୱାମୀଙ୍କୁ ଯଥେଷ୍ଟ ପ୍ରହାର କରିଛନ୍ତି । ପରେ ସମସ୍ତ କଥା ବିଚାର କରି ପ୍ରଧାନମନ୍ତ୍ରୀଙ୍କୁ ସାକ୍ଷାତ କରି ସ୍ୱାମୀଙ୍କ ତ୍ୟାଗ ପତ୍ରକୁ ପ୍ରତ୍ୟାହାର କରିନେଇଛନ୍ତି । ସ୍ୱାମୀଙ୍କଏପରି କାର୍ଯ୍ୟ ପାଇଁ ବିଶ୍ବବାବୁଙ୍କଠାରୁ ପ୍ରତିଶୋଧ ନେବା ଉଦ୍ଦେଶ୍ୟରେ ଆଭାଦେବୀ ମିନତୀ ମୁଖାର୍ଜୀଙ୍କ ଆଶ୍ରୟ ନେଇଛନ୍ତି । ଆଭାଦେବୀଙ୍କ ପରାମର୍ଶରେ ସୁଚିନ୍ତିତ ଯୋଜନା ତିଆରି କରାଯାଇଛି । ଓ୍ୱାସିଂଟନ ସମ୍ମିଳନୀରେ ଯୋଗ ଦେବା ସମୟରେ ମିନତୀ ଦେବୀଙ୍କ ମାଧ୍ୟମରେ ବିଶ୍ବ ବାବୁଙ୍କୁ ଅପଦସ୍ଥ କରାଯାଇଛି । ବିଶ୍ବ ବାବୁ ଚାକିରୀରୁ ନିଲମ୍ବିତ ହୋଇଛନ୍ତି । ମାତ୍ର ତାଙ୍କ ନୀତି ଆଦର୍ଶକୁ ଜଳାଞ୍ଜଳି ଦେଇନାହାନ୍ତି । ନିଜର ନିଷ୍ଠାପ୍ରତି ଅଟଳ ରହିଛନ୍ତି । ସତ୍ୟର ଜୟ ନିଶ୍ଚୟ ହେବା ସହ ଆଦର୍ଶ ପାଇଁ ଲଢେଇ କଲେ କଷ୍ଟ ଭୋଗିବାକୁ ପଡେ ବୋଲି ପତ୍ନୀଙ୍କୁ ବୁଝାଇଛନ୍ତି । କିଛିଦିନ ପରେ ବିଶ୍ବବାବୁଙ୍କ ନିକଟକୁ ଏକ ଚିଠି ଆସିଛି । ଚିଠିଟିରେ ତାଙ୍କ ପୁତ୍ର,ବିଭୂଦତ୍ତର ଅପହରଣ ହୋଇଛି । ଅପହରଣକାରୀମାନେ କିନ୍ତୁ ଟଙ୍କା ବଦଳରେ ବିଶ୍ୱବାବୁଙ୍କ ମରଣ ରଶ୍ମିର ମେଖଳାଟିକୁ ମାଗିଛନ୍ତି । ଉଚିତ୍ ସମୟରେ ଯଦି ସେ ନ ପହଞ୍ଚନ୍ତି ତାହାହେଲେ ସେମାନେ ବିଭୁଦତ୍ତଙ୍କୁ ହତ୍ୟା କରିବେ ବୋଲି କହିଛନ୍ତି । ବିଶ୍ୱବାବୁ ଅନ୍ୟ ପନ୍ଥା ନ ପାଇ ଅପହରଣକାରୀମାନଙ୍କ ପାଖରେ ପହଞ୍ଚିବା ପାଇଁ ବ୍ୟାକୁଳତାର ସହ ସମୟକୁ ଅପେକ୍ଷା କରିଛନ୍ତି କିନ୍ତୁ ଉଭୟ ପତିପତ୍ନୀଙ୍କ ବ୍ୟାକୁଳତା ଏତେମାତ୍ରାରେ ବଢିଯାଇଛି ଯେ ବ୍ୟାକୁଳତା ନିବାରଣ ଔଷଧ ଖାଇବା ପରିବର୍ତ୍ତେ ଭୁଲବଶତଃ ନିଦ ବଟିକା ଖାଇ ସ୍ୱାମୀ ସ୍ତ୍ରୀ ଶୋଇପଡିଛନ୍ତି । ଅକସ୍ମାତ

ନିଦରୁଉଠିଲା ପରେ ସବୁ କିଛି ଓଲଟପାଲଟ ହୋଇଯାଇଛି। ତଥାପି ବିଶୁବାବୁ ଅପହରଣକାରୀ ପାଖକୁ ଯିବା ସମୟରେ ରାସ୍ତାରେ ଦୁର୍ଘଟଣା ଘଟିଛି। ପଚିଶ ଦିନ ପରେ ବିଶୁବାବୁ ଏବଂ ସ୍ତ୍ରୀ ମେନକା ଦେବୀ ଡାକ୍ତରଖାନାରୁ ଘରକୁ ପ୍ରତ୍ୟାବର୍ତ୍ତନ କରିଛନ୍ତି। ପୁତ୍ରପାଇଁ ଉଭୟେ ଦୋଷୀ ବୋଲି ମନେକରି ଶୋକରେ ଅଭିଭୂତ ହୋଇ ଉଠିଛନ୍ତି। କିଛିଦିନ ପରେ ବିଶୁ ବାବୁଙ୍କୁ ମିଥ୍ୟା ବଳାତ୍କାର ଦୋଷରେ ଜେଲ ହୋଇଯାଇଛି। ଜେଲରେ ରହି ତାଙ୍କୁ କଏଦୀ ଜୀବନ ଅତିବାହିତ କରିବାକୁ ପଡିଛି।

ଅପରପକ୍ଷରେ ଡକ୍ଟର ପ୍ରିୟମ୍ବଦା ବିଶୁ ବାବୁଙ୍କୁ ଜେଲରୁ ଉଦ୍ଧାର କରିବା ପାଇଁ ଆପ୍ରାଣ ଉଦ୍ୟମ କରିଛନ୍ତି। ୱାଶିଟନକୁ ଯାଇ ବିଶୁ ପଟ୍ଟନାୟକ ଏବଂ ତାଙ୍କର ପଦାର୍ଥ ବିଜ୍ଞାନରେ ଆବିଷ୍କାରର କୃତିତ୍ୱ ପାଇଁ ନୋବେଲ ସମ୍ମାନ ଗ୍ରହଣ କରି ରାଷ୍ଟ୍ରପତିଙ୍କ ସହିତ ଭେଟ ହୋଇଛନ୍ତି। ବିଶ୍ୱଜିତ୍ ପଟ୍ଟନାୟକଙ୍କୁ କିପରି ଭାବରେ ଦୋଷୀ ସାବ୍ୟସ୍ତ କରାଯାଇଛି ଏବଂ ଏହି ଚକ୍ରାନ୍ତର ମୂଳ କାରଣ ପ୍ରତିରକ୍ଷା ମନ୍ତ୍ରୀଙ୍କ ପତ୍ନୀ ଶ୍ରୀମତୀ ଆଭା ପଟେଲ ବୋଲି ରାଷ୍ଟ୍ରପତିଙ୍କ ଦ୍ୱାରା ଅବଗତ ହୋଇଛନ୍ତି। ଡକ୍ଟର ପ୍ରିୟମ୍ବଦା ସମସ୍ତ ଚକ୍ରାନ୍ତର ପ୍ରମାଣ ଗୁଇନ୍ଦା ବିଭାଗର ଡିରେକ୍ଟର ଜେନେରାଲଙ୍କଠାରୁ ପାଇ ଭାରତ ଫେରି ଆସିଛନ୍ତି ଏବଂ ପ୍ରଧାନମନ୍ତ୍ରୀଙ୍କୁ ସାକ୍ଷାତ୍ କରିଛନ୍ତି। ପ୍ରଧାନମନ୍ତ୍ରୀ ବିଶୁ ପଟ୍ଟନାୟକ ଏବଂ ପ୍ରିୟମ୍ବଦାଙ୍କୁ ତାଙ୍କ କୃତିତ୍ୱ ପାଇଁ ବଧେଇ ଜଣାଇଛନ୍ତି। ନିର୍ଦ୍ଦୋଶ ବିଶୁବାବୁଙ୍କ ଦଣ୍ଡ ପାଇଁ ନିଜେ ଅନୁଶୋଚନା କରିଛନ୍ତି ଏବଂ ଏ ପ୍ରସଙ୍ଗରେ ପ୍ରିୟମ୍ବଦା ଦେବୀଙ୍କୁ ସାହାଯ୍ୟର ହାତ ବଢ଼ାଇଛନ୍ତି। ଆଭା ପଟେଲଙ୍କୁ ଜାମିନ ବିହୀନ ୱାରେଣ୍ଟ ବଳରେ ଗିରଫ କରାଯାଇଛି। ବିଶୁବାବୁ ନିର୍ଦ୍ଦୋଶରେ ଜେଲରୁ ଖଲାସ ହୋଇଛନ୍ତି।

କିଛିଦିନ ପରେ ପତ୍ନୀ ମେନକା ଦେବୀଙ୍କ ମୃତ୍ୟୁ ହୋଇଯାଇଛି। ମେନକା ଦେବୀଙ୍କ ମୃତ୍ୟୁ ପରେ ବିଶୁ ବାବୁ ନିଜକୁ ଏକ ବିଯୁକ୍ତ ଚିହ୍ନ ବୋଲି ମନେ କରିଛନ୍ତି। ପ୍ରିୟମ୍ବଦା ବିଶ୍ୱବାବୁଙ୍କୁ ନିଜ ଘରକୁ ନେଇ ସେବାଯତ୍ନ ପୂର୍ବକ ଗବେଷଣାରେ ସମୟ ଅତିବାହିତ କରିଛନ୍ତି। ହିମଶୟନ ଗବେଷଣାରେ ବାପ ଝିଅ ଲାଗି ପଡିଛନ୍ତି। କିଛିଦିନ ପରେ ବିଶୁ ବାବୁ ବୃକ୍କ ପ୍ରବାହ ରୋଗରେ ଆକ୍ରାନ୍ତ ହୋଇଛନ୍ତି। ଡାକ୍ତରମାନଙ୍କ ପରାମର୍ଶରେ କୃତ୍ରିମ ବୃକ୍କ ବାହାରିବା ପର୍ଯ୍ୟନ୍ତ ହିମଶୟନ ଗବେଷଣାଗାରର ପ୍ରଥମ ବ୍ୟବହାରକାରୀ ଭାବେ ହିମଶୟନରେ ଶୋଇଯିବା ପାଇଁ ଆଶାୟୀ ହୋଇଛନ୍ତି। ହିମଶୟନ ପେଟିକା ଭିତରେ ଯିବା ଆଗରୁ ପ୍ରିୟମ୍ବଦା ବିଶୁ ବାବୁଙ୍କୁ ମରଣ ରଶ୍ମୀ ବିଷୟରେ ପଚାରିବାରୁ ଆଗରୁ ତାହା ନଷ୍ଟ କରି ଦେଇଛନ୍ତି ବୋଲି କହିଛନ୍ତି। ଅଢେଇ ଶହ ବର୍ଷ ବିତିଯାଇଛି। ବୈଜ୍ଞାନିକମାନେ ବୃକକ୍ ବାହାର କରିଛନ୍ତି। ବିଶୁବାବୁ ସଂପୂର୍ଣ୍ଣ ଭାବରେ ସୁସ୍ଥ ହୋଇ ତ୍ରୟବିଂଶ ଶତାବ୍ଦୀରେ ପହଞ୍ଚିଛନ୍ତି। ତ୍ରୟବିଂଶ ଶତାବ୍ଦୀର

ପରିବେଶ ଏବଂ ସ୍ତ୍ରୀ ପ୍ରାଧାନ୍ୟ ମନୋଭାବ ଦେଖି ଆଶ୍ଚର୍ଯ୍ୟ ହୋଇପଡିଛନ୍ତି । ସେହି ସମୟର ଆଇନ୍ ଅନୁଯାୟୀ ବିଶୁ ବାବୁଙ୍କୁ ବିଦ୍ୟୁତପ୍ରଭା ନାମ୍ନୀ ନାରୀର ଦାସ ହୋଇ ଜୀବନ ଅତିବାହିତ କରିବାକୁ ପଡୁଛି । ଯେଉଁ ବିଶୁ ବାବୁ ଦିନେ ଜୀବନକୁ ଭଲପାଉଥିଲେ ସେ କିନ୍ତୁ ଆଜି ମୃତ୍ୟୁ ଚାହାନ୍ତି। ଦୁନିଆଁ ସହିତ ସଂପୂର୍ଣ୍ଣ ଭାବରେ ନିଜକୁ ପରିବର୍ତ୍ତନକରି ଚଳିବା ବିଶୁବାବୁଙ୍କ ପକ୍ଷରେ ଅସମ୍ଭବ ମନେ ହୋଇଛି।

ବାସ୍ତବରେ ଉପନ୍ୟାସଟିର କଥାବସ୍ତୁ ଏକ ଅନୁପମ ଢଙ୍ଗରେ ଉପସ୍ଥାପିତ। ଆଦର୍ଶ ଏବଂ ନୈତିକତାକୁ ପାଥେୟ କରି ଜଣେ ବୈଜ୍ଞାନିକ କିପରି ସାଧନା କ୍ଷେତ୍ରରେ ସିଦ୍ଧି ଲାଭ କରେ ଏବଂ ତାର ଉଦ୍‌ଭାବିତ ପଦାର୍ଥକୁ କିପରି ଭାବରେ ଜନହିତ ଉଦ୍ଦେଶ୍ୟରେ ଉପଯୋଗ କରେ ତାହା ଉପନ୍ୟାସଟିରେ ପ୍ରତିଫଳିତ ହୋଇଛି। ସମାଜପାଇଁ ତାହା ଅରୁଚି ଓ ଅହିତକର ହେଲେ ତେବେ ବୈଜ୍ଞାନିକ ଜଣକ ସେହି ଆବିଷ୍କାରକୁ ଜଗତର ମଙ୍ଗଳ ପାଇଁ ଧ୍ୱଂସ କରିପକାଏ। ଏଭଳି ଏକ କଥା ପ୍ରସଙ୍ଗର ବାସ୍ତବ ରୂପାୟନ ହେଉଛି 'ଦଗ୍ଧ ଗୋଲାପର ଚିରବସନ୍ତ'। ବିଶୁ ବାବୁଙ୍କ ଚାକିରୀ ଜୀବନ ନଷ୍ଟଭ୍ରଷ୍ଟ ହୋଇଯାଇଛି, ତାଙ୍କର ପାରିବାରିକ ଜୀବନ ମଧ୍ୟ ହୋଇଯାଇଛି ଧ୍ୱସ୍ତ ବିଧ୍ୱସ୍ତ। "ଗୋଲାପକୁ ଦଳି ଚକଟି ଦିଆଯାଇଛି। ଅନଳର ତାପଜ୍ୱାଳାରେ ତାହା ଦଗ୍ଧୀଭୂତ ହୋଇଯାଇଛି। ତଥାପି ଗୋଲପର ଚିରବସନ୍ତ ଚିରକାଳ ପାଇଁ ବସନ୍ତ ହୋଇ ରହିଛି, ନାନା ରଙ୍ଗର ସୁନ୍ଦର ପୁଷ୍ପରେ ସୁଶୋଭିତ ହୋଇ ରହିଛି।" ୧୧।

ଉପନ୍ୟାସଟିରେ ସରଳ ସଂଳାପଧର୍ମୀ ଭାଷାର ପ୍ରୟୋଗ ହେବାସହିତ କେତେ ହିନ୍ଦୀ ଶବ୍ଦର ପ୍ରୟୋଗ କରାଯାଇଛି। ପୁରାଣ ଉପାଖ୍ୟାନର କେତେକ ଆଦର୍ଶମୟ ଦିଗ୍‌ଦର୍ଶନ ଉପନ୍ୟାସଟିରେ ବର୍ଣ୍ଣିତ। ପୁରାଣ ଓ ବିଜ୍ଞାନ, ଆଧ୍ୟାତ୍ମିକତା ଏବଂ ବିଜ୍ଞାନର ସମ୍ପର୍କ ଉପନ୍ୟାସଟିରେ ବଜାୟ ରହିଛି। ଭଗବାନଙ୍କ ସୃଷ୍ଟିରେ ପ୍ରକୃତିର ଅପରୂପ ସୌନ୍ଦର୍ଯ୍ୟରେ ନାରୀ ହିଁ ଆରାଧ୍ୟା ଏବଂ ମୂଳଆଧାର ଭାବରେ ନାରୀଶକ୍ତିର ଗୁରୁତ୍ୱ ଦିଆଯାଇଛି।

ଡ. ଦେବକାନ୍ତ ମିଶ୍ର :

ବିଶ୍ୱବ୍ରହ୍ମାଣ୍ଡର କୋଣ ଅନୁକୋଣକୁ ସ୍ପର୍ଶ କରି ଅସ୍ପଷ୍ଟ ଶବ୍ଦ ମାଧ୍ୟମରେ ନୂତନ ଗବେଷଣା ଭିତ୍ତିକ ତଥ୍ୟକୁ ଉପଲବ୍ଧି କରି ଅସାଧାରଣ କୃତି ଓ କୃତିତ୍ୱ ସୃଷ୍ଟି କରୁଥିବା ଜଣେ ଖ୍ୟାତି ସଂପନ୍ନ ଲେଖକ ହେଉଛନ୍ତି ଡ. ଦେବକାନ୍ତ ମିଶ୍ର।

ଲେଖକ ଜନ୍ମ ଗ୍ରହଣ କରିଥିଲେ ୧୯୩୯ ମସିହା ମାର୍ଚ୍ଚ ୫ ତାରିଖ ପୁରୀ ଜିଲ୍ଲାର ସାକ୍ଷୀଗୋପାଳ ନିକଟସ୍ଥ ଶ୍ରୀରାମଚନ୍ଦ୍ରପୁର ଗ୍ରାମରେ। ରେଭେନ୍ସା କଲିଜିଏଟ ସ୍କୁଲରେ ଶିକ୍ଷାର ପ୍ରାରମ୍ଭ କରି ୧୯୫୪ ମସିହାରେ ହାଇସ୍କୁଲ ସାର୍ଟିଫିକେଟ ପରୀକ୍ଷାରେ

ପ୍ରଥମ ଶ୍ରେଣୀରେ ଉତ୍ତୀର୍ଣ୍ଣ ହୋଇଥିଲେ। ୧୯୬୦ ମସିହାରେ ପଦାର୍ଥ ବିଜ୍ଞାନରେ ସ୍ନାତକୋତ୍ତର ପରୀକ୍ଷାରେ ଉତ୍ତୀର୍ଣ୍ଣ ହେବା ପରେ ଓଡିଶାସରକାରଙ୍କ ଦ୍ୱାରା ଉଚ୍ଚ ଶିକ୍ଷା ବିଭାଗରୁ ପଦାର୍ଥ ବିଜ୍ଞାନର ଅଧ୍ୟାପକ ଭାବରେ ନିଯୁକ୍ତି ହୋଇଥିଲେ। ୧୯୮୪ ମସିହାଠାରୁ ଶିକ୍ଷା ବିଭାଗୀୟ ପ୍ରଶାସକ ଭାବରେ ବିଭିନ୍ନ ଦାୟିତ୍ୱ ସୂଚାରରୁପେ ସଂପାଦନ କରିଥିଲେ। ଶିକ୍ଷା ନିର୍ଦ୍ଦେଶାଳୟର ଉପନିର୍ଦ୍ଦେଶକ, ରେଭେନ୍ସା ମହାବିଦ୍ୟାଳୟର ଉପାଧ୍ୟକ୍ଷ , ରାଉରକେଲାସ୍ଥିତ ସରକାରୀ ମହାବିଦ୍ୟାଳୟର ଅଧ୍ୟକ୍ଷ, ଉଚ୍ଚ ମାଧ୍ୟମିକ ଶିକ୍ଷା ପରିଷଦର ସଚିବ, ଉପସଭାପତି, ସଭାପତି ଓ ଉଚ୍ଚ ଶିକ୍ଷା ବିଭାଗର ଅତିରିକ୍ତ ଶାସନ ସଚିବ ଭଳି ଗୁରୁତ୍ୱପୂର୍ଣ୍ଣ ଦାୟିତ୍ୱଗୁଡିକ ସମ୍ପାଦନା କରିବା ପରେ ୧୯୯୭ ମସିହାରେ ସେ ସରକାରୀ ଚାକିରୀରୁ ଅବସରଗ୍ରହଣ କରିଥିଲେ । ଅବସର ପରେ ମଧ୍ୟ ଡ. ମିଶ୍ର ମର୍ଯ୍ୟାଦାପୂର୍ଣ୍ଣ ଓଡିଶା ବିଜ୍ଞାନ ଏକାଡେମୀର ସଭାପତି ଭାବେ ଦାୟିତ୍ୱ ତୁଲାଇଥିଲେ।

ଲେଖକ 'ଅଥବ୍ୟତିକ ବାସନୁସନ୍ଧାନ' ଶୀର୍ଷକ ଉପରେ ଗବେଷଣା କରି ଉତ୍କଳ ବିଶ୍ୱବିଦ୍ୟାଳୟରୁ ଡି.ଲିଟ୍ ଉପାଧି ଗ୍ରହଣ କରିଥିଲେ। ଅବସର ସମୟରେ ପୁସ୍ତକ ସଂଗ୍ରହ , ପୁସ୍ତକ ପଠନ ଓ ପୁସ୍ତକ ସଂରଚନା ଦ୍ୱାରା ଅଧ୍ୟାପକ ମିଶ୍ର ଏକମାତ୍ର ବୌଦ୍ଧିକ ବିଳାସରେ ଜୀବନ ଅତିବାହିତ କରନ୍ତି। ବିଜ୍ଞାନ ଜଗତର ଅବିସ୍ମରଣୀୟ ଆବିଷ୍କାର, ଉଦ୍‌ଭାବନ, ବିଜ୍ଞାନ ଓ ସମାଜ ତଥା ପ୍ରଗତିଶୀଳ ବ୍ୟାପାରଗୁଡିକର କାର୍ଯ୍ୟକାରିତା କ୍ଷେତ୍ରରେ ତଥା ବିଜ୍ଞାନର ମହତ୍ତ୍ୱପୂର୍ଣ୍ଣ ଭୂମିକା ସମ୍ପର୍କରେ ଉଭୟ ଓଡିଆ ଓ ଇଂରାଜୀଭାଷାରେ ଲେଖକ ଏକ ଶତରୁ ଉର୍ଦ୍ଧ୍ୱ ପୁସ୍ତକ ରଚନାକରି ଜଣେ ଖ୍ୟାତନାମା ଲେଖକ ଭାବରେ ଖ୍ୟାତି ଅର୍ଜନ କରିଛନ୍ତି ।

ସାରସ୍ୱତ ସୃଷ୍ଟି :

ଡ. ଦେବକାନ୍ତ ମିଶ୍ର ଏକାଧାରାର ଜଣେ ପ୍ରାବନ୍ଧିକ, ସମାଲୋଚକ, ଔପନ୍ୟାସିକ ଓ ଅନୁବାଦକ। ଉଭୟ ଓଡିଆ ଓ ଇଂରାଜୀ ବୈଜ୍ଞାନିକ ସାହିତ୍ୟ କ୍ଷେତ୍ରରେ ସେ ନିଜର ଏକ ସ୍ୱତନ୍ତ୍ର ପରିଚୟ ସୃଷ୍ଟି କରିପାରିଛନ୍ତି। ବୈଜ୍ଞାନିକ ଚିନ୍ତା ଓ ଚେତନାକୁ ଆଧାର କରି ଅତୀତ, ବର୍ତ୍ତମାନ, ଭବିଷ୍ୟତ ସହ ସମାଜ, ପରିବେଶ, ସଂସ୍କୃତି ଓ ଗଣତନ୍ତ୍ରକୁ ନେଇ ଅଭିନବ ଶୈଳୀରେ ରଚନା କରିଛନ୍ତି ଶିଶୁ ବିଜ୍ଞାନ ସାହିତ୍ୟ, ଲୋକପ୍ରିୟ ଇଂରାଜୀ, ଓଡିଆ ବିଜ୍ଞାନ ପୁସ୍ତକ, ଉପନ୍ୟାସ, ସମାଲୋଚନା ପୁସ୍ତକ ଏବଂ ଅନୁବାଦ ସାହିତ୍ୟ। ମିଶ୍ର ତାଙ୍କର ନିଜସ୍ୱ ରଚନା ଶୈଳୀ ପାଇଁ ଓଡିଆ ବୈଜ୍ଞାନିକ ସାହିତ୍ୟରେ ଜଣେ ପ୍ରତିଷ୍ଠା ସଂପନ୍ନ ଖ୍ୟାତନାମା ସାହିତ୍ୟ ସ୍ରଷ୍ଟା ଆସନରେ ଆସୀନ ହୋଇପାରିଛନ୍ତି।

ଲେଖକଙ୍କ ଦ୍ୱାରା ରଚିତ ଲୋକପ୍ରିୟ ବିଜ୍ଞାନ ପୁସ୍ତକଗୁଡିକ ହେଲା - 'ଅଣୁ, ପରମାଣୁ ଓ ପରମାଣୁ ଶକ୍ତି'। 'ବିଜ୍ଞାନ ଓ ମାନବିକ ମୂଲ୍ୟବୋଧ', 'ଚେତନାର ଉତ୍ତରଣ ଓ ମାନବ ଜାତିର ଭବିଷ୍ୟତ', 'ଫଟୋଗ୍ରାଫି', 'ବିଂଶ ଶତାବ୍ଦୀର ଉପଲବ୍ଧି','ବ୍ଲାକ୍ ହୋଲ', 'ମହାଶୂନ୍ୟ ବିଜ୍ଞାନ', 'ବିଜ୍ଞାନ ଓ ଟେକ୍ନୋଲୋଜି : ଆଜି ଓ କାଲିର' 'ବିଜ୍ଞାନ ବିକାଶ','ଶିକ୍ଷା, ବିଜ୍ଞାନ ଓ ସମାଜ', 'ବୈଜ୍ଞାନିକ ଚିନ୍ତନ','ଆମ ପରିବେଶ', 'ବିଜ୍ଞାନ ଓ ବିଚାର ବୋଧ', 'ଆମ ଦେଶର ଜନସାଧାରଣ ପାଇଁ ଶିକ୍ଷା', 'ଏକବିଂଶ ଶତାବ୍ଦୀର ଭାରତ ପାଇଁ କଳ୍ପନା ', 'ଆମ ପରିବେଶ ଆମେ ନିଜେ ଗଢିବା ','ସାମୟିକ ପଦାର୍ଥ ବିଜ୍ଞାନ ଓ ଜୈବ ପ୍ରଯୁକ୍ତି ବିଦ୍ୟା', 'ଏକ ବିଂଶ ଶତାବ୍ଦୀ ପାଇଁ ପ୍ରସ୍ତୁତି ','ଦୈନନ୍ଦିନ ଜୀବନରେ ବିଜ୍ଞାନ', 'ଦୁଇହଜାର ପଚାଶ ମସିହାର ନୂତନ ପୃଥିବୀ', 'ବିଜ୍ଞାନ, ପ୍ରଯୁକ୍ତି ବିଦ୍ୟା ଓ ଆମ ଭବିଷ୍ୟତ', 'ମନୁଷ୍ୟ ରୂପୀ ଦୃଶ୍ୟ' ଆଦି ପୁସ୍ତକ ବ୍ୟତୀତ ଲେଖକ ଛୋଟ ଛୋଟ ପିଲାଙ୍କ ଆଗ୍ରହ ସହକାରେ ପଢିବା ପାଇଁ ମୌଳିକ କମ୍ପ୍ୟୁଟର ଶିକ୍ଷା, 'ସୌରଶକ୍ତିର କରାମତି', 'ଆମ ଜଙ୍ଗଲର ସମ୍ପଦ', 'ଆମ ଦେଶ ପାଇଁ ଦେଶପଯୋଗୀ ଶିକ୍ଷା', 'ଆମ ଜଳ ସମ୍ପଦ ' ଇତ୍ୟାଦି ରଚନା କରିଛନ୍ତି।

ଡ. ମିଶ୍ରଙ୍କ କେତୋଟି ଅନୁବାଦ ପୁସ୍ତକ ମଧ୍ୟ ଜାତୀୟ ସଂଗଠନ (Trust) ଦ୍ୱାରା ପ୍ରକାଶ ପାଇଛି। 'ବିଶ୍ୱ ପରିକ୍ରମା', 'ବିଜ୍ଞାନ ଓ ତୁମେ', 'ଜଗଦୀଶ ଚନ୍ଦ୍ର ବୋଷ', 'ମୌଳିକ ରଚନା', 'ପ୍ରାଣକୃଷ୍ଣ ପରିଜା' ଇତ୍ୟାଦି ସେଗୁଡିକ ମଧ୍ୟରେ ଅନ୍ୟତମ। କେତୋଟି ଲୋକପ୍ରିୟ ଇଂରାଜୀ ବିଜ୍ଞାନ ପୁସ୍ତକ ରଚନା ପାଇଁ ଡ. ମିଶ୍ର ସାରାଭାରତରେ ଏକ ବିଶିଷ୍ଟ ବ୍ୟକ୍ତିତ୍ୱର ଅଧିକାରୀ ହୋଇପାରିଛନ୍ତି। 'ମେନ ଏଣ୍ଡ ଏନଭାଇରନମେଣ୍ଟ' (Man & Environment), 'ଏନର୍ଜି ରିସୋର୍ସେସ୍' (Energy & Resources), 'ଫାଇଭ୍ ଏମିନେଣ୍ଟ ସାଇଣ୍ଟିଷ୍ଟ' (Five Eminent Scientist), 'ସାଇ୍‌ନସ ଆଣ୍ଡ ଟେକ୍ନୋଲୋଜି' (Science & Techonology), 'ଏନଭାଇରନ୍‌ମେଣ୍ଟାଲ ଷ୍ଟଡିଜ', (Environmental Studies) 'ଇଭାଲ୍ୟୁସନ ଅଫ ଲାଇଫ' (Evolution of Life), 'ସାଇନ୍ସ ଆଣ୍ଡ ସୋସାଇଟି' (Science and Society) ଇତ୍ୟାଦି।

ଏହା ବ୍ୟତୀତ ଲେଖକ ଏକ ତ୍ରୟମାସିକ ପତ୍ରିକା 'ସାଂପ୍ରତିକ ବିଜ୍ଞାନ' ଏବଂ ଏକ ଦ୍ୱିମାସିକ ପତ୍ରିକା 'ବିଜ୍ଞାନ ଦିଗନ୍ତ'ର ସମ୍ପାଦକ ଭାବେ ଦାୟିତ୍ୱ ନିର୍ବାହ କରିବା ସହିତ 'ଡିକ୍‌ସନାରୀ ଅଫ ଫିଜିକ୍ସ' (Dictionary of Physics) ଏବଂ 'ସ୍ୱାଧୀନତା ପରର ଓଡିଶା' (Swadhinata parara Odisha) ଇତ୍ୟାଦି ପୁସ୍ତକଗୁଡିକର ସମ୍ପାଦନା

କରିଛନ୍ତି। ୨୦୦୮ ମସିହା ପରେ ଲେଖକଙ୍କ ଦ୍ୱାରା ପ୍ରକାଶିତ କେତୋଟି ପୁସ୍ତକଗୁଡ଼ିକର ନାମ ହେଲା 'ବିଚିତ୍ର ଏ ବିଶ୍ୱ '(୨୦୦୮), 'ବୈଜ୍ଞାନିକ ଚିନ୍ତନ' (୨୦୦୮), 'ମହାକାଶ ବିଜ୍ଞାନର ୫୦ବର୍ଷ'(୨୦୦୮), 'ଅସମ୍ଭବର ପଦାର୍ଥ ବିଜ୍ଞାନ ଓ ଅନ୍ୟାନ୍ୟ ପ୍ରବନ୍ଧ' (୨୦୦୯), 'ଆମ ଅତି ଦରକାରୀ ଜ୍ଞାନ ବିଜ୍ଞାନ'(୨୦୧୦), 'ବୈଜ୍ଞାନିକ ଚିନ୍ତନ' (୨୦୧୧), 'ଫିଙ୍ଗର ପ୍ରିଣ୍ଟ ଅଫ୍ କ୍ରିଏସନ୍' (Finger Print of Creation) (୨୦୧୧), 'ସମସାମୟିକ ବିଜ୍ଞାନ ସମାଚାର' (୨୦୧୨) ଇତ୍ୟାଦି।

ଗ୍ରନ୍ଥ ରଚନା ସହିତ ଲେଖକ 'ମାଇକ୍ରୋୱେଭ ଏବ୍‌ଜରସନ୍ ଆଣ୍ଡ ମଲିକୁଲାର ଷ୍ଟ୍ରକ୍‌ଚର' (Microwovve absorption & Molecular Structure), 'ହିଷ୍ଟ୍ରି ଅଫ ସାଇନ୍ସ' (Histroy of Scicence), 'ବାଏଗ୍ରୋଫି ଅଫ୍ ସାଇନଷ୍ଟିଷ୍ଟ୍' (Biography of Scientists), 'କନଟେମ୍‌ପୋରାରି ସାଇନ୍‌ଟିଫିକ୍ ଟପିକ୍' (Contemporary Sceintic Topic), 'ଚିଲଡ୍ରେନ ଲିଟ୍ରେଚର ଇନ ସାଇନ୍ସ ଆଣ୍ଡ ଟେକ୍ନୋଲୋଜି' (Children Literature in Science & Techonology), 'ସାଇନ୍‌ଟିଫିକ୍ ଫିକ୍‌ସନ୍' (Scientific fiction) ଇତ୍ୟାଦି ବିଷୟ ବସ୍ତୁ ଉପରେ ଲେଖକଙ୍କ ଗବେଷଣା ନିହିତ ରହିଛି। ଡ. ମିଶ୍ର ତାଙ୍କ ନିଜସ୍ୱ ଗବେଷଣା ଲବ୍ଧଗ୍ରନ୍ଥ ଲିଖନ ଏବଂ ପ୍ରକାଶନ ପାଇଁ ବହୁବିଧ ସମ୍ମାନରେ ସମ୍ମାନିତ ମଧ୍ୟ ହୋଇଛନ୍ତି।

ଡ. ଦେବକାନ୍ତ ମିଶ୍ର ତାଙ୍କର ଗବେଷଣାତ୍ମକ ରଚନା ପାଇଁ ଉଭୟ ଓଡ଼ିଆ ତଥା ଇଂରାଜୀ ବୈଜ୍ଞାନିକ ସାହିତ୍ୟରେ ଏକ ଆନ୍ତର୍ଜାତିକ ଖ୍ୟାତି ହାସଲ କରିଛନ୍ତି। ନୂତନ ରଚନା ଶୈଳୀ, ବିଜ୍ଞାନ ଭିତ୍ତିକ ଅନୁପମ ଚିନ୍ତାଧାରା ଏବଂ ବୋଧଗମ୍ୟ ଭାଷା ବ୍ୟବହାର ତାଙ୍କ ସୃଷ୍ଟି ସଂପଦର ବୈଶିଷ୍ଟ୍ୟ। ଏଗୁଡ଼ିକୁ ପାଥେୟ କରି ଏବେ ମଧ୍ୟ ତାଙ୍କର ଲେଖନୀ ବେଶ୍ ଚଳଚଞ୍ଚଳ।

ଡକ୍ଟର ଦେବକାନ୍ତ ମିଶ୍ରଙ୍କ 'କୃତ୍ରିମ ମଣିଷ'

୧୯୯୨ ମସିହାରେ ପ୍ରକାଶ ପାଇଥବା ଡକ୍ଟର ଦେବକାନ୍ତ ମିଶ୍ରଙ୍କ 'କୃତ୍ରିମ ମଣିଷ' ଏକ ଅନନ୍ୟ ଧରଣର ତିନିଶହ ଅଠାବନ ପୃଷ୍ଠା ବିଶିଷ୍ଟ ଏକ ଦୀର୍ଘ ଉପନ୍ୟାସ। ଉପନ୍ୟାସଟିରେ ମହାକାଶ ବିଜ୍ଞାନକୁ ନେଇ ବିଜ୍ଞାନର ନୂତନ ଉଦ୍‌ଭାବନ ଯଥା- ରେଡିଓ ଟେଲିସ୍କୋପ୍ ମାଧ୍ୟମରେ କୃତ୍ରିମ ମଣିଷର ସୃଷ୍ଟି , କମ୍ପ୍ୟୁଟର ରାଡାର ଆଦିର ପ୍ରୟୋଗ ଏବଂ ପ୍ରଭାବକୁ ଉପସ୍ଥାପିତ କରିଛନ୍ତି। ମାନବଜାତିର ଭବିଷ୍ୟକୁ ମଧ୍ୟ ଦୃଷ୍ଟି ନିକ୍ଷେପ କରାଯାଇଛି। "ବିଗତ ପ୍ରାୟ 'ତିନି ଦଶନ୍ଧି ମଧ୍ୟରେ ମାଇକ୍ରୋ ଇଲେକ୍ଟ୍ରୋନିକ୍‌ସ କ୍ଷେତ୍ରରେ ଯେଉଁ ବ୍ୟାପକ ତଥା ଶୁଭଙ୍କର ପରିବର୍ତ୍ତନ ସଂଘଟିତ

ହୋଇଛି, ତାହାର ପ୍ରାକ୍ ସୂଚନା ଷଷ୍ଠ ଦଶକରେ କଳ୍ପନା ପ୍ରବଣ ମନୁଷ୍ୟଙ୍କୁ ମାନବ ଜାତିର ଉଜ୍ଜ୍ୱଳମୟ ଭବିଷ୍ୟତର ଚିତ୍ର ଅଙ୍କନ କରିବା ପାଇଁ ପ୍ରେରଣାଦାୟକ ଉପାଦାନ ଯୋଗାଇଥିଲା'।। ତେଣୁ ଷଷ୍ଠ ଦଶକର ପ୍ରାରମ୍ଭ କାଳ ଏହି ତଥ୍ୟାଶ୍ରୟୀ ଯୁଗର ବିଶେଷତ୍ୱକୁ ଆଧାର କରି ଲେଖକଙ୍କ 'କୃତ୍ରିମ ମଣିଷ' ଉପନ୍ୟାସଟି ରଚିତ।" ୧୨।

ଉକ୍ତ ଉପନ୍ୟାସଟିରେ ଲେଖକ ଫ୍ରେଡ୍ ହଏଲ ଓ ଜନ୍ ଇଲିୟଟଙ୍କ ଦ୍ୱାରା ରଚିତ 'ଏ ଫର୍ ଏଣ୍ଡ୍ରୋମେଡା' (A for andromeda) ପୁସ୍ତକର ପ୍ରଭାବ ନିହିତ ରହିଛି। ଉପନ୍ୟାସଟିରେ ଅଗ୍ନି, ତ୍ରିଶୂଳ, ଆକାଶ, ନାଗ ପ୍ରଭୃତି କ୍ଷେପଣାସ୍ତ୍ରମାନଙ୍କ ସମ୍ପର୍କରେ ବର୍ଣ୍ଣନା ମଧ୍ୟ କରାଯାଇଛି।

ଉପନ୍ୟାସ କଥାବସ୍ତୁର ଅୟମାରମ୍ଭ ଘଟିଛି ବିଜୟ କୁମାରଙ୍କ ତତ୍ତ୍ୱାବଧାନରେ ଗଢିଉଠିଥିବା ଗବେଷଣାଗାରକୁ ବିଜୟ କୁମାର ଓ ସବିତାଙ୍କ ଆଗମନ ଘଟଣାରୁ। ଜଣେ ନିରାପତ୍ତା ରକ୍ଷାକାରୀ ଅଫିସର ଭାବରେ ନିଯୁକ୍ତି ପାଇଛନ୍ତି ସବିତା। ଦର୍ଶନାଗାରର ସମସ୍ତ ଯନ୍ତ୍ରପାତି ଗୁଡିକର ନିର୍ମାତା ରାମସ୍ୱାମୀ ଏବଂ ଅଶୋକ କୁମାରଙ୍କ ସହିତ ପରିଚୟ ହୋଇଛନ୍ତି। ଦର୍ଶନାଗାରର ପ୍ରତ୍ୟେକ କର୍ମଚାରୀ ମଧ୍ୟରୁ ଅଶୋକ କୁମାରଙ୍କ ବ୍ୟକ୍ତିତ୍ୱ ବିଜୟ କୁମାରଙ୍କୁ ବିଶେଷ ଭାବରେ ସ୍ପର୍ଶ କରିଛି। ରେଡିଓ ଆଷ୍ଟ୍ରୋନୋମି ବା ବେତାର ଜ୍ୟୋତିର୍ବିଦ୍ୟାରେ ଜ୍ଞାନ ହାସଲ କରିଥିବା ଜଣେ କର୍ମଠ, ଚରିତ୍ରବାନ, ଉଚ୍ଚକୋଟୀର ଗବେଷକ ହେଉଛନ୍ତି ଅଶୋକ କୁମାର। ଦର୍ଶନାଗାର ଉଦ୍‌ଘାଟନ ଦିବସର ପୂର୍ବଦିନ ଅଶୋକ କୁମାର ରେଡିଓ ଟେଲିସ୍କୋପ ଜରିଆରେ ଭୂପୃଷ୍ଠରୁ ଅନ୍ୟ ଏକ ଜ୍ୟୋତିଷ୍କ କିପରି ସଂକେତ ମାଧ୍ୟମରେ ସମ୍ବାଦ ପଠାଇଛି ତାହା ଜାଣିବାକୁ ପାଇଛନ୍ତି। ସୁଦୂର ଜ୍ୟୋତିଷ୍କରୁ ଆସୁଥିବା ସମସ୍ତ ନିର୍ଦ୍ଦେଶରେ ଗୋଟିଏ କମ୍ପ୍ୟୁଟର ନିର୍ମାଣ କରାଯାଇଛି। ଦୀର୍ଘ ଏକବର୍ଷ ଧରି କମ୍ପ୍ୟୁଟର ନିର୍ମାଣ କାର୍ଯ୍ୟ ଶେଷ ହୋଇଛି। ଦୁଇଟି ପ୍ରଶସ୍ତ କୋଠରୀରେ ଆବଶ୍ୟକୀୟ ଯାନ୍ତ୍ରିକ ଉପାଦାନ ଗୁଡିକୁ ଯୋଡି କମ୍ପ୍ୟୁଟରଟି ପୂର୍ଣ୍ଣାଙ୍ଗରୂପ ନେଇଛି। କମ୍ପ୍ୟୁଟର କାର୍ଯ୍ୟ ସମାପନ ପରେ ରାମସ୍ୱାମୀ ଅର୍ଥ ଲାଳସାରେ କାଉଫମ୍ୟାନଙ୍କ ସହିତ ଯୋଗ ଦେଇଛନ୍ତି। ଦୀର୍ଘ ସମୟ ପରେ କମ୍ପ୍ୟୁଟର ପ୍ରିଣ୍ଟର ମେସିନ୍‌ଟି ଗୋଟିଏ ଜୀବକୋଷ ନିର୍ମାଣ କରିବାକୁ ନିର୍ଦ୍ଦେଶ ଦେଇଛି। ଅଶୋକ କୁମାର କିନ୍ତୁ ଜୀବକୋଷ ନିର୍ମାଣ କରିବାକୁ ବୈଜ୍ଞାନିକା ଅନୁରାଧାଙ୍କୁ ବାରଣ କରିଛନ୍ତି। ଯଦି ଜୀବକୋଷ ସୃଷ୍ଟି ହୁଏ ତାହେଲେ ସେମାନଙ୍କର ହିଁ କ୍ଷତି ହେବ ବୋଲି ପ୍ରକାଶ କରିଛନ୍ତି। ଅନ୍ୟପକ୍ଷରେ ରାମସ୍ୱାମୀଙ୍କ ସମସ୍ତ ଯୋଜନା ସବିତାଙ୍କ ହାତରେ ପଡିଯିବାରୁ ଭୟରେ ତାଙ୍କର ଆକସ୍ମିକ ମୃତ୍ୟୁ ହୋଇଯାଇଛି। ଘନିଷ୍ଠ ବନ୍ଧୁ ରାମସ୍ୱାମୀଙ୍କ ମୃତ୍ୟୁରେ ଅଶୋକ ମାନିସକ ଯନ୍ତ୍ରଣାରେ ଜର୍ଜରିତ ହୋଇ ଜୀବନ ଅତିବାହିତ କରିଛନ୍ତି। ଅଶୋକ କୁମାରଙ୍କ ବାରଣ

ସତ୍ତ୍ୱେ ମଧ୍ୟ ଏ ପକ୍ଷରେ ଅନୁରାଧା ଗବେଷଣା କରି ଏକ ନୂତନ ଜୀବକୋଷ ସୃଷ୍ଟି କରିଛନ୍ତି। କିନ୍ତୁ ଜୀବଟି କେତେଦିନ ନିଶ୍ଚଳ ଭାବରେ ପଡି ରହିଥିବାରୁ ଅଶୋକ କୁମାରଙ୍କ ପ୍ରଚେଷ୍ଟାରେ ଜୀବଟି ସାଧାରଣ ମନୁଷ୍ୟଙ୍କୁ ନିରୀକ୍ଷଣ କରିବା ସହ ଭାବ ବିନିମୟ କରିପାରିଛି। ଏହି ସମୟ ଅବଧିରେ ଦୁଇଟି କୁପରିବାହୀ ଟର୍‌ମିନାଲ୍‌ରେ ବୈଜ୍ଞାନିକା ବନ୍ଦିତା ହାତ ଦେଇ ଦେବାରୁ ତାଙ୍କର ମୃତ୍ୟୁ ହୋଇଯାଇଛି। ବନ୍ଦିତାଙ୍କ ଅପମୃତ୍ୟୁ ଘଟଣା ଘଟିଯିବାର କିଛିଦିନ ପରେ ଅନୁରାଧା କୃତ୍ରିମ ଉପାୟରେ ରାସାୟନିକ ପ୍ରଣାଳୀ ଅବଲମ୍ବନ କରି ଗୋଟିଏ ଭ୍ରୁଣ ସୃଷ୍ଟି କରିଛନ୍ତି। ଭ୍ରୁଣଟିକୁ ଗୋଟିଏ ମଣିଷ ସୃଷ୍ଟି କରିବାରେ ଏକ ଯୁଗାନ୍ତକାରୀ ଆବିଷ୍କାର ମନେ ହୋଇଛି। ଗଠନ ଆକୃତିର ଝିଅଟି ବନ୍ଦିତାଙ୍କ ରୂପ ନେଇ ସୁଜାତା ନାମରେ ପରିଚିତ ହୋଇଛି। ଜଣେ ସ୍ୱେଚ୍ଛାସେବୀ ଭାବରେ ଜୀବନ ଅତିବାହିତ କରିଛନ୍ତି ସୁଜାତା। ସୁଜାତାଙ୍କ ନିର୍ଦ୍ଦେଶରେ କମ୍ପ୍ୟୁଟର ଜୀବ ପିଣ୍ଡଟିର ହତ୍ୟା କରିଛି।

ଅନ୍ୟ ଦିଗରେ ପ୍ରଧାନମନ୍ତ୍ରୀଙ୍କ ନିର୍ଦ୍ଦେଶରେ ସୁଜାତାଙ୍କ ଦ୍ୱାରା ନବନିର୍ମିତ କ୍ଷେପଣାସ୍ତ୍ରଗୁଡିକ ଶତ୍ରୁମାନଙ୍କ କ୍ଷେପଣାସ୍ତ୍ରଗୁଡିକୁ କକ୍ଷଚ୍ୟୁତ କରାଯାଇଛି। ସୁଜାତାଙ୍କ କାର୍ଯ୍ୟ ସଫଳତା ପାଇଁ ତାଙ୍କର ଅହଂ ଭାବକୁ ଅଶୋକ କିଛି ମାତ୍ରାରେ ପରିବର୍ତ୍ତନ କରିବାକୁ ଚେଷ୍ଟା କରିଛନ୍ତି। କମ୍ପ୍ୟୁଟର ଅଡରକୋଡ୍ ଜରିଆରେ ଅଶୋକ କୁମାର କମ୍ପ୍ୟୁଟରକୁ କିଞ୍ଚିତ୍ ଖରାପ କରିଦେଇଥିବାରୁ ସୁଜାତାଙ୍କ ନିଜସ୍ୱ ମନୋଭାବରେ ପରିବର୍ତ୍ତନ ଦେଖାଦେଇଛି। ଯନ୍ତ୍ରଟି ସୁଜାତାଙ୍କ ଉପରେ ରାଗିଯାଇ ସୁଜାତାଙ୍କ ଶାରୀରିକ ଅବସ୍ଥାକୁ ଅତ୍ୟନ୍ତ ଖରାପ କରିଦେଇଛି। ପରେ ଅନୁରାଧାଙ୍କ ଦ୍ୱାରା ସେ ଆରୋଗ୍ୟଲାଭ କରିଛନ୍ତି।

ସୁଜାତାଙ୍କ ଆବିଷ୍କାର ପରେ ଅନୁରାଧାଙ୍କ ଗବେଷଣାରେ ଅଗ୍ରଗତି ହୋଇପାରିନାହିଁ। ଏହି ସମୟରେ ଅଶୋକ କୁମାରଙ୍କ ପରାମର୍ଶ ଲୋଡିଛନ୍ତି ଅନୁରାଧା। ଓଲଟା ଅର୍ଡରକୋଡ୍ ପ୍ରୟୋଗ କରି ଅଶୋକ କୁମାର ସୁଜାତାଙ୍କର କ୍ଷତି ଘଟାଇବା ପାଇଁ ଚାହିଁଛନ୍ତି। ସୁଜାତା ଆକ୍ରୋଶ ମନୋଭାବରେ ଅନୁରାଧା ଏବଂ ତାଙ୍କର ସହକାରୀ ଗବେଷକମାନଙ୍କୁ କ୍ଷତି ପହଞ୍ଚାଇଛନ୍ତି। କମ୍ପ୍ୟୁଟର ଆଦେଶରେ ଅଶୋକ କୁମାରଙ୍କୁ ହତ୍ୟା କରିବାକୁ ଚେଷ୍ଟା କରିବାରୁ ଅଶୋକ କୁମାରଙ୍କ ହାତରେ ହିଁ ଧରାପଡିଛନ୍ତି ସୁଜାତା। ଅଶୋକ କୁମାର ଏହା ଜାଣିବା ପରେ କମ୍ପ୍ୟୁଟରକୁ ନଷ୍ଟ କରିବାକୁ ପଛାଇନାହାନ୍ତି। କମ୍ପ୍ୟୁଟରକୁ ନଷ୍ଟ କରିବା ଦ୍ୱାରା ସୁଜାତାଙ୍କ ମଧ୍ୟ କିଛିମାତ୍ରାରେ କ୍ଷତି ଘଟିଛି। କମ୍ପ୍ୟୁଟରଟି ନଷ୍ଟ ହୋଇଯିବା ପରେ ସୁଜାତା ନିଜ କଷ୍ଟକୁ ଉପଶମ କରିବା ପାଇଁ ଏବଂ ଅଶୋକ କୁମାରଙ୍କ ସାହାଯ୍ୟ ଲାଭ ପାଇଁ ପ୍ରୟାସୀ ହୋଇ ଅଶୋକ କୁମାରଙ୍କ ପାଖକୁ ଚାଲିଆସିଛନ୍ତି। ପ୍ରକୃତ ମନୁଷ୍ୟକୁ ଜାଣିପାରି ସ୍ୱାର୍ଥପର ଲୋକଙ୍କ

ଚିନ୍ତାଧାରାକୁ ବୁଝି ପାରିଛନ୍ତି ସୁଜାତା। ଶେଷରେ ସୁଜାତା ନିଜେ ସମସ୍ତ ନକ୍ସା ଏବଂ କାଗଜପତ୍ରଗୁଡିକୁ ନଷ୍ଟ କରି ପ୍ରହରୀର ଗୁଳିମାଡରେ ମୃତ୍ୟୁବରଣ କରିଛନ୍ତି।

କାରୁଣ୍ୟଭରା ପରିବେଶରେ ଉପନ୍ୟାସ କଥାବସ୍ତୁଟିର ପରିସମାପ୍ତି ଘଟିଛି। ବାସ୍ତବରେ ମନୁଷ୍ୟ ଯାନ୍ତ୍ରିକ କୌଶଳ ଦ୍ୱାରା କୃତ୍ରିମ ମନୁଷ୍ୟ ତିଆରି କରେ। ତା ମନରେ ସ୍ୱେଚ୍ଛାଚାରିତା ମନୋଭବାକୁ ଦୂରକରି ମାନବିକତା, ସମ୍ବେଦନଶୀଳତାକୁ ଉଦ୍ରେକ ମଧ୍ୟ କରିପାରେ। ଉପନ୍ୟାସଟିରେ କୃତ୍ରିମ ମଣିଷ 'ସୁଜାତା'ର ମୃତ୍ୟୁ ହୋଇଯାଇଛି। ଉପନ୍ୟାସର ମୁଖ୍ୟ ନାୟକ ଅଶୋକ କୁମାର ମାଧ୍ୟମରେ ସୁଜାତାଙ୍କ ମନରେ ରୋମାଣ୍ଟିକ୍ ଭାବ ମଧ୍ୟ ଔପନ୍ୟାସିକ ସୃଷ୍ଟି କରାଇଛନ୍ତି। ଭାଷା ଦୃଷ୍ଟିରୁ ଉପନ୍ୟାସଟିରେ ବ୍ୟବହୃତ କିଛି ମାତ୍ରାରେ କ୍ଳିଷ୍ଟ ଶବ୍ଦର ପ୍ରୟୋଗ ଉପନ୍ୟାସଟିକୁ ଶବ୍ଦ-କାଠିଣ୍ୟ ଦୋଷରେ ଦୂଷିତ କରିଥିଲେ ହେଁ ଆବଶ୍ୟକ ଅନୁଯାୟୀ ବ୍ୟବହୃତ ବିଭିନ୍ନ ବୈଜ୍ଞାନିକ (ପରିଭାଷା) ଉପନ୍ୟାଟିର ସୌନ୍ଦର୍ଯ୍ୟ ସଂପାଦନ ପାଇଁ ସକ୍ଷମ ହୋଇଛି।

ଡକ୍ଟର ଜ୍ୟୋତିର୍ମୟୀ ମହାନ୍ତି :

ବିଶ୍ୱର ଆଢୁଆଳରେ ଲୁକ୍କାୟିତ ହୋଇରହିଥିବା ସତ୍ୟକୁ ବୈଜ୍ଞାନିକ ତଥ୍ୟ ମାଧ୍ୟମରେ ଲୋକଲୋଚନରେ ପହଞ୍ଚାଇବା। ଅନ୍ୱେଷଣକୁ ଜାରି ରଖି କଳ୍ପନାର ମିଶ୍ରଣରେ ସଂପୂର୍ଣ୍ଣ ସତ୍ୟକୁ ସାମାଜିକତାର ଛାପ ଦେଇ ଅପୂର୍ବ ଅଭିନବ ଶୈଳୀରେ କୃତି ସୃଷ୍ଟି କରୁଥିବା ଜଣେ ଅନନ୍ୟା ସାହିତ୍ୟିକା ହେଉଛନ୍ତି ଡକ୍ଟର ଜ୍ୟୋତିର୍ମୟୀ ମହାନ୍ତି।

ଅବିଭକ୍ତ କଟକ ଜିଲ୍ଲା ତଥା ବର୍ତ୍ତମାନର ଜଗତ୍‌ସିଂହପୁର ଜିଲ୍ଲା ଅନ୍ତର୍ଗତ ସାତପୁରା ଗ୍ରାମରେ ୧୯୫୪ ମସିହା ସେପ୍ଟେମ୍ବର ମାସ ୧୩ତାରିଖରେ ଜନ୍ମ ଗ୍ରହଣ କରିଥିଲେ ବିଶିଷ୍ଟ ଔପନ୍ୟାସିକା ଡକ୍ଟର ଜ୍ୟୋତିର୍ମୟୀ ମହାନ୍ତି। ପିତା ଥିଲେ ଗୋପୀନାଥ ମହାନ୍ତି ଏବଂ ମାତା ଥିଲେ ନିର୍ମଳା ମହାନ୍ତି। ବର୍ତ୍ତମାନ ଲେଖିକା ଜଗତସିଂହପୁର ଅନ୍ତର୍ଗତ ବାଗସାହି ଗ୍ରାମରେ ଅଜିତ କୁମାର ମହାନ୍ତିଙ୍କୁ ବିବାହ କରି ଅବସ୍ଥାନ କରୁଛନ୍ତି।

ଛାତ୍ରାବସ୍ଥାରେ ସାହିତ୍ୟ ସାଧନ ପ୍ରତି ଡ. ମହାନ୍ତିଙ୍କ ଆଗ୍ରହ ସୃଷ୍ଟି ହୋଇଥିଲା। ଉଭୟ କଳା ଏବଂ ବିଜ୍ଞାନରେ ଅଧ୍ୟୟନ କରି ଜ୍ଞାନ ହାସଲ କରିଥିବାରୁ ଡ. ମହାନ୍ତିଙ୍କ ଲେଖାରେ ମଧ୍ୟ କଳା ଏବଂ ବଜ୍ଞାନର ଫେଣ୍ଟାଫେଣ୍ଟି ଭାବ ନିହିତ ରହିଥାଏ। ଦୀର୍ଘ ଚାଳିଶ ବର୍ଷ ହେଲା ଲେଖିକାଙ୍କ ଶତାଧିକ ଗଳ୍ପ, କବିତା, ପ୍ରବନ୍ଧ ଆଦି ଡଗର, ସହକାର, କାଦମ୍ବିନୀ , ନନ୍ଦନକାନ, ସଂସାର, ବିଜ୍ଞାନ ଦିଗନ୍ତ, ସମାଜ, ସମୟ , ଧରିତ୍ରୀ ଇତ୍ୟାଦିରେ ପ୍ରକାଶପାଇ ଆସୁଅଛି। ବିଶେଷ ଭାବରେ ବିଜ୍ଞାନର ଜଟିଳତତ୍ତ୍ୱକୁ ସରସ ସୁନ୍ଦରଭାବରେ ପିଲାମାନଙ୍କୁ ପରଷିବା ଲେଖିକାଙ୍କ ଲେଖନୀର ବିଶେଷତ୍ୱ।

ଡ.ମହାନ୍ତି ବର୍ତ୍ତମାନ ମଧ୍ୟ ଆକାଶବାଣୀ କଟକ କେନ୍ଦ୍ର ସହ ଦୂରଦର୍ଶନର ବିଭିନ୍ନ କାର୍ଯ୍ୟକ୍ରମରେ ଅଂଶ ଗ୍ରହଣ କରି ଆସୁଛନ୍ତି। 'ଓଡିଆ ଶିଶୁ ସାହିତ୍ୟକୁ ବିନୋଦ କାନୁନଗୋଙ୍କ ଅବଦାନ' ଶୀର୍ଷକ ବିଷୟ ବସ୍ତୁ ଉପରେ ଗବେଷଣା କରି ଉତ୍କଳ ବିଶ୍ୱବିଦ୍ୟାଳୟରୁ ପିଏଚ.ଡି. ଲାଭ କରିଛନ୍ତି। ଓଡିଆ ଶିଶୁ ସାହିତ୍ୟ ଜଗତରେ ଡ. ଜ୍ୟୋତିର୍ମୟୀ ମହାନ୍ତିଙ୍କ ଏକ ସ୍ୱତନ୍ତ୍ର ପରିଚୟ ମଧ୍ୟ ରହିଛି। ବିଶେଷ କରି ବିଜ୍ଞାନ ଭିତ୍ତିକ ଗପ, କବିତା ରଚନା କରି ସେ ଆଶାତୀତ ପାଠକୀୟ ଶ୍ରଦ୍ଧା ଲାଭ କରିପାରିଛନ୍ତି। ୫୦ରୁ ଊର୍ଦ୍ଧ୍ୱ ପୁସ୍ତକର ରଚୟିତ ସେ। ଶିଶୁ ସାହିତ୍ୟ କ୍ଷେତ୍ରରେ ଉଲ୍ଲେଖନୀୟ କୃତିତ୍ୱ ପାଇଁ ସେ ରାଜ୍ୟପାଳ ଓ ରାଷ୍ଟ୍ରପତି ପୁରସ୍କାରଠାରୁ ଆରମ୍ଭକରି ବହୁ ପୁରସ୍କାରରେ ସମ୍ମାନିତା। ୨୦୧୭ ମସିହାରେ ଡ. ମହାନ୍ତି ମର୍ଯ୍ୟାଦାଜନକ ଜାତୀୟ ବିଜ୍ଞାନ ଓ ବୈଷୟିକ ଜ୍ଞାନ ପୁରସ୍କାର ଲାଭ କରିଛନ୍ତି। ଏହା ନିଶ୍ଚିତ ଭାବରେ ଗୌରବର ବିଷୟ।

ଡ. ମହାନ୍ତି ବୈଜ୍ଞାନିକ ଉପନ୍ୟାସ ଲେଖିବା ସହିତ ବହୁ ବିଜ୍ଞାନ ଭିତ୍ତିକ ଶିଶୁ ଗଳ୍ପ ପୁସ୍ତକ ମଧ୍ୟ ରଚନା କରି ସ୍ୱତନ୍ତ୍ର ପରିଚୟ ହାସଲ କରିଛନ୍ତି। ସୃଷ୍ଟିର ବିଭିନ୍ନ ତଥ୍ୟକୁ ନେଇ ବୃହତ ଚିନ୍ତାଧାରାରେ ଛୋଟ ଛୋଟ ପିଲାମାନେ ବୁଝିଲା ଭଳି ବହୁ ଚିତ୍ତାକର୍ଷକ ଶୈଳୀରେ ବିଜ୍ଞାନ ଭିତ୍ତିକ ଶିଶୁ ଗଳ୍ପଗୁଡିକୁ ରଚନା କରିଛନ୍ତି।

୧୯୮୭ ମସିହାରେ 'ମାଟି ମାଆର ପ୍ରଥମ ସନ୍ତାନ','ଜଳ ଓ ଜୀବନ'(୧୯୮୮), 'ଆମ ବିଜ୍ଞାନ କଥା'(୧୯୯୦), 'ବିଜ୍ଞାନ ମୁଣି କହେ କାହାଣୀ '(୧୯୯୭), ଏହି କୃତି ପାଇଁ ଲେଖିକା ଓଡିଆ ସାହିତ୍ୟ ଏକାଡେମୀ ଦ୍ୱାରା ପୁରସ୍କାର ଲାଭ କରିଛନ୍ତି। ୧୯୯୭ ମସିହାରେ 'ବୈଜ୍ଞାନିକ ପ୍ରାଣକୃଷ୍ଣ ପରିଜା' 'ଜଳ' (୧୯୯୭), 'ବାୟୁ, ଶବ୍ଦ' (୧୯୯୭), 'ତାପ, ଆଲୋକ' (୨୦୦୦), 'ସମୁଦ୍ର ପାଣିରେ ନିଆଁର ନାଚ' (୨୦୦୧), 'ଆମ ଚାରିପାଖ ଗୁମର କଥା' (୨୦୦୩), 'ଆମ ପକ୍ଷୀ ରାଇଜ' (୨୦୦୩), 'ବିଜ୍ଞାନ ମେଳା' (୨୦୦୬), 'କଟା ଗଛ କଥା କହେ' (୨୦୦୬), 'ଜହ୍ନ ମାମୁଁର ଚିଠି' (୨୦୦୬), 'ଘୁରୁଥାଏ କହୁଥାଏ' (୨୦୦୬), 'ମୁଁ ବିଜ୍ଞାନ କହୁଛି' (୨୦୦୬), 'ଚିକିମିକି ତାରା' (୨୦୦୬), 'ବିଜ୍ଞାନ ରାଇଜର କଥା' (୨୦୦୬), 'ଆମ ବୈଜ୍ଞାନିକ' (୨୦୦୬), 'କର୍ମୀ କାନୁନ୍‌ଗୋଙ୍କ ଶିଶୁ ରାଇଜ'(୨୦୦୭), 'ନୂଆଁ ସକାଳ' (୨୦୦୮), 'ଦଶମ ଗ୍ରହର ନୂତନ କାହାଣୀ'(୨୦୧୦), 'ଶାମୁକା କହିଲା କଥା' (୨୦୧୧),'ଛୋଟ ପିଲାଙ୍କ ବଡ କାମ' (୨୦୧୨), 'ଜନ୍ମ ଦିନର ଭେଟି' (୨୦୧୨), 'ଚୁନା ଫୁଲର ସୁନାମାଳ' (୨୦୧୨), 'କଥାଟିକୁ ନଥାଟିଏ' (୨୦୧୩), 'ଲୁହ ଲହଡି

ଉପନ୍ୟାସ' (୨୦୧୩), 'ଦୁଇ ହଜାର ବାର ପରେ' (୨୦୧୬) ଇତ୍ୟାଦି କୃତିଗୁଡିକ ପାଇଁ ଓଡିଆ ବୈଜ୍ଞାନିକ ସାହିତ୍ୟରେ ଡ. ଜ୍ୟୋତିର୍ମୟୀ ମହାନ୍ତି ଜଣେ ବିଶେଷ ଶିଶୁ ସାହିତ୍ୟ ରଚୟିତା ଭାବରେ ପରିଚିତି ସୃଷ୍ଟି କରିପାରିଛନ୍ତି ।

ଡ. ମହାନ୍ତି ଜଣେ ସୁଲେଖିକା ତଥା ଜଣେ କୃତି ଶିକ୍ଷୟିତ୍ରୀ ଭାବରେ ତାଙ୍କର ସାରସ୍ୱତ ଅବଦାନ ପାଇଁ ସେ ରାଜ୍ୟପାଳ, ରାଷ୍ଟ୍ରପତି, ମଣିମାଣିକ, ସହକାର, ଫକୀର ମୋହନ ଶିଶୁ ସାହିତ୍ୟ, ଏକାମ୍ର ଶିଶୁ ସାହିତ୍ୟ , ବିଜ୍ଞାନ ପ୍ରଚାର ସମିତି ଇତ୍ୟାଦି ତିରିଶି ଗୋଟି ସଂସ୍ଥା ଦ୍ୱାରା ସମ୍ମାନିତ ହୋଇଛନ୍ତି ଏବଂ ଆଗକୁ ମଧ୍ୟ ତାଙ୍କ ଲେଖା ଜାରି ରଖିଛନ୍ତି ।

ଡ. ଜ୍ୟୋତିର୍ମୟୀ ମହାନ୍ତିଙ୍କ ବୈଜ୍ଞାନିକ ଉପନ୍ୟାସ

'ମୃତ୍ୟୁର ତ୍ରିଭୁଜ' (୧୯୮୬), 'ନିର୍ଝରିଣୀ' - (୧୯୮୯), 'କଲମୀ ମଣିଷ' -(୧୯୯୬), 'ବରଫ ତଳୁ ଜୀବନ' (୧୯୯୭), 'ପିରାମିଡ୍' (୨୦୦୧)।

ମୃତ୍ୟୁର ତ୍ରିଭୁଜ :

ଲେଖିକାଙ୍କ ପ୍ରଥମ ଉପନ୍ୟାସ 'ମୃତ୍ୟୁର ତ୍ରିଭୁଜ' ରହସ୍ୟମୟ ବର୍ମୁଡା ଟ୍ରାଙ୍ଗଲକୁ ଆଧାର କରି ଲିଖିତ । ଆଟଲାଣ୍ଟିକ ମହାସାଗର ବର୍ମୁଡା ଦ୍ୱୀପ ନିକଟବର୍ତ୍ତୀ ଏକ ଅଞ୍ଚଳ, ଯାହାଭିତର ଦେଇ ଜାହାଜ ଚଳାଚଳ ଅତ୍ୟନ୍ତ ବିପଦ୍‌ଜନକ । ଏପରିକି ଏ ଅଞ୍ଚଳର ଆକାଶ ମାର୍ଗ ଦେଇ ଭାସିଯାଉଥିବା ଉଡାଯାହାଜମାନେ ମଧ୍ୟ ବିପଦମୁକ୍ତ ନୁହନ୍ତି । ଏହି ସତ୍ୟକୁ ନେଇ କିଛି କଳ୍ପନାର ସମ୍ମିଶ୍ରଣରେ ଉପନ୍ୟାସଟି ଆଧାରିତ ।

ଉପନ୍ୟାସର କଥାବସ୍ତୁକୁ ଆଲୋକପାତ କଲେ ବର୍ମୁଡା ଟ୍ରାଙ୍ଗଲ ଉପର ଦେଇଯାଉଥିବା ଉଡାଜାହାଜ ଗୁଡିକୁ କଳ୍ପନା ଦୃଷ୍ଟିରୁ ଅନ୍ୟଗ୍ରହର ସଭ୍ୟତା ଯେଉଁ ସଭ୍ୟତା ପୃଥିବୀବାସୀଠାରୁ ଆହୁରି ଉନ୍ନତ, ସେମାନେ ଅପହରଣ କରି ନେଇଛନ୍ତି । ଆମେରିକାର ଖ୍ୟାତନାମା ବୈଜ୍ଞାନିକ ଡକ୍ଟର ଡାଉନଙ୍କ ଝିଅ ଲୁଇସା ହେଉଛନ୍ତି ଉପନ୍ୟାସର ନାୟିକା । ସେ ଭଲ ପାଇ ବିବାହ କରିଥିଲେ ଭାରତୀୟ ଯୁବକ ଅମ୍ଳାନଙ୍କୁ । ମାତ୍ର ଅମ୍ଳାନଙ୍କର ଆକସ୍ମିକ ମୃତ୍ୟୁରେ ଦୁଃଖମୟ ଜୀବନଯପାନ କରୁଥିବା ଲୁଇସାଙ୍କୁ ଡକ୍ଟର ଡାଉନ୍ ତାଙ୍କ ସହକାରୀ ବୈଜ୍ଞାନିକ ଡକ୍ଟର କେପ୍‌ଲର୍‌ଙ୍କ ହାତରେ ଟେକି ଦେବାକୁ ଚାହିଛନ୍ତି, ମାତ୍ର ଲୁଇସା ରାଜି ହୋଇନାହାନ୍ତି । ଏପରିକି ଏକ ସମୟରେ ବର୍ମୁଡା ଟ୍ରାଙ୍ଗଲର ରହସ୍ୟ ଖୋଜିବାକୁ ଯାଇ ଅନ୍ତର୍ଦ୍ଧାନ ହୋଇଥାନ୍ତି ଡକ୍ଟର ଡାଉନ୍ । ହେଲେ ସେ ପହଞ୍ଚିଛନ୍ତି ଏଣ୍ଡ୍ରୋମିଡା ନାମକ ନକ୍ଷତ୍ରପୁଞ୍ଜ ନିକଟବର୍ତ୍ତୀ ସ୍କାଇରେଲ୍ ନାମକ ନିହାରିକା ଅନ୍ତର୍ଗତ ଏକ ଗ୍ରହରେ; ଯାହାକି ପୃଥିବୀଠାରୁ ବହୁତ ଉନ୍ନତ ଅନୁସନ୍ଧାନ ପରେ ସେ ସେଠାରୁ କୌଶଳ କରି ଚାଲି ଆସିଛନ୍ତି ଏବଂ ଫେରିବା

ପଥରେ ତାଙ୍କ ଯାନଟି ଏକ ଭାସମାନ ଗ୍ରହାଣୁ ସହ ମହାଶୂନ୍ୟରେ ଧକ୍କା ଖାଇ ଅମ୍ଳଜାନ ଟାଙ୍କି ଫାଟିଯିବାରୁ ଡାଉନଙ୍କ ମୃତ ଶରୀର ସହ ତାଙ୍କ ଲିଖିତ ଡାଏରୀ ପଡିଛି ଆମାଜନ୍ ନଦୀ ଅବବାହିକାରେ। ଯାହା ଡାକ୍ତର କେପ୍‌ଲରଙ୍କ ପାଖେ ପହଞ୍ଚିବାର ସୂଚନା ଥିଲା। ବହୁ ପ୍ରଚେଷ୍ଟାରେ ଡକ୍ଟର କେପ୍‌ଲର ଡକ୍ଟର ଡାଉନଙ୍କ ମୃତ ଶରୀର ପାଖରେ ପହଞ୍ଚିଛନ୍ତି। ହେଲେ ସେ ମଧ୍ୟ ସେଠାରେ ପଡି ରହି ଜୀବନ ହରାଇଛନ୍ତି। କଥାବସ୍ତୁଟି ଏଠାରେ ସମାପ୍ତ ହୋଇଯାଇଛି। ବର୍ମୁଡା ଟ୍ରାଙ୍ଗଲର ରହସ୍ୟ ଲୋକ ଲୋଚନକୁ ଆସିପାରିନାହିଁ। ସେମିତି ଅସମାଧିତ ହୋଇ ରହିଯାଇଛି।

ଉପନ୍ୟାସଟିରେ ବର୍ମୁଡା ଟ୍ରାଙ୍ଗଲର ରହସ୍ୟ ଡକ୍ଟର ଡାଉନ ଚରିତ୍ର ମାଧ୍ୟମରେ ଉତ୍‌ଥାପନ କରିବାକୁ ପ୍ରଚେଷ୍ଟା କରାଯାଇଛି, କିନ୍ତୁ ପ୍ରଚେଷ୍ଟାର କାରଣ ମିଳିପାରିନାହିଁ, ବରଂ ଡକ୍ଟର ଡାଉନଙ୍କ ସହ ଡକ୍ଟର କେପ୍‌ଲରଙ୍କ ମୃତ୍ୟୁ ପାଠକ ନିକଟରେ କରୁଣଭାବ ସୃଷ୍ଟି କରିବା ସହିତ ବିୟୋଗାତ୍ମକ ପରିବେଶ ସୃଷ୍ଟି କରିଛି। ଉପନ୍ୟାସଟିରେ ପାଶ୍ଚାତ୍ୟ ଜୀବନର ସାମାଜିକ ବାସ୍ତବତାକୁ ଦୃଶ୍ୟାୟିତ କଲେ ଡକ୍ଟର ଡାଉନ, ଝିଅ ଲୁଇସାର ଦ୍ୱିତୀୟ ବିବାହ କରିବାକୁ ଆଶାୟୀ ହୋଇଛନ୍ତି, କିନ୍ତୁ ଭାରତୀୟ ସଂସ୍କୃତିର ପବିତ୍ର ପ୍ରଭାବରେ ଲୁଇସାଙ୍କ ଜୀବନ– ଆଚ୍ଛାଦିତ ହୋଇଥିବାରୁ ସେ ଦ୍ୱିତୀୟ ବିବାହ ନ କରି ଭାରତୀୟ ସଂସ୍କୃତିକୁ ଆପଣେଇ ନେଇଛନ୍ତି। ବୈଜ୍ଞାନିକ ଅନ୍ୱେଷଣ ଭିତ୍ତିକ ତଥ୍ୟକୁ ଆଧାର କରି କିଛି ସତ୍ୟ ଓ କଳ୍ପନାର ମିଶ୍ରଣରେ ଉପନ୍ୟାସଟି ରଚିତ ହୋଇଥିଲେ ମଧ୍ୟ ସାବଲୀଳ ଭାଷାର ପ୍ରୟୋଗରେ ଉପନ୍ୟାସଟି ବେଶ୍ ଅନ୍ତସ୍ପର୍ଶୀ ହୋଇପାରିଛି।

ନିର୍ଝରିଣୀ :

ଲେଖିକାଙ୍କ 'ନିର୍ଝରିଣୀ' ଉପନ୍ୟାସଟି ଆଧୁନିକ ଚିକିତ୍ସା ବିଜ୍ଞାନ କ୍ଷେତ୍ରରେ ମସ୍ତିଷ୍କ ପ୍ରତିରୋପଣ ଚିକିତ୍ସାକୁ ଆଧାରକରି ରଚିତ। ନାୟକ ଶୁଭ୍ରାଂଶୁ ଏବଂ ନାୟିକା ନିଭାକୁ ନେଇ ଉପନ୍ୟାସଟି ଗତିଶୀଳ। ହଠାତ୍ କାର ଦୁର୍ଘଟଣାରେ ପ୍ରାଣ ହରାନ୍ତି ନିଭା। ସଂଯୋଗବଶତଃ କୋଟିପତି ଝିଅ ସ୍ୱାତୀ ଶରୀରରେ ନିଭାଙ୍କ ମସ୍ତିଷ୍କର ପ୍ରତିରୋପଣ ହୋଇଛି। ମସ୍ତିଷ୍କ ପ୍ରତିରୋପଣ ହେବା ଦ୍ୱାରା ସ୍ୱାତୀଙ୍କ ମନୋଭାବନାର ପରିବର୍ତ୍ତନ ଘଟି ନିଭାଙ୍କ ପ୍ରକୃତି ସ୍ୱାତୀଙ୍କ ନିକଟରେ ଦେଖାଦେଇଛି। କୋଟିପତି ମା, ବାପା, ପ୍ରେମିକଙ୍କୁ ଭୁଲି ଫେରି ଆସିଛନ୍ତି ତାଙ୍କ ସ୍ୱାମୀ ଶୁଭ୍ରାଂଶୁ ଏବଂ ପୁଅକୁ ନେଇ ଗଢିଉଠିଥିବ ସେହି ପୁରୁଣା ସଂସାରକୁ। ଉପନ୍ୟାସଟି ଏହିଠାରେ ପରିସମାପ୍ତି ଘଟିଛି। ପ୍ରତିରୋପଣ ଚିକିତ୍ସା କ୍ଷେତ୍ରରେ ବିଜ୍ଞାନର ସଫଳତାକୁ ଉପନ୍ୟାଟିରେ ଦୃଶ୍ୟାୟିତ କରାଯାଇଛି। ଏକ କ୍ଷୁଦ୍ର କଳେବର ନେଇ ଗଢ଼ି ଉଠିଥିଲେ ହେଁ ଉପନ୍ୟାସଟିର ସଂପୂର୍ଣ୍ଣ ପରିସମାପ୍ତି ଘଟିଛି। ବୈଜ୍ଞାନିକ ତଥ୍ୟକୁ ନେଇ ଉପନ୍ୟାସଟିରେ ବୈଜ୍ଞାନିକ ଭାଷାର

ପ୍ରୟୋଗ, କଳ୍ପନା ଭିତରେ ବାସ୍ତବତଥ୍ୟକୁ ସନ୍ନିହିତ କରାଯାଇଛି । ମସ୍ତିଷ୍କ ପ୍ରତିରୋପଣର ସତ୍ୟତା ଯଦିଓ ଏ ପର୍ଯ୍ୟନ୍ତ ସଫଳ ହୋଇପାରିନାହିଁ, କିନ୍ତୁ ଏହା କିପରି ଭାବରେ ସଫଳଲାଭ ହୋଇପାରିବ ତାହା ବୈଜ୍ଞାନିକ ବିଶ୍ଳେଷଣ ମାଧ୍ୟମରେ ଜଟିଳ ତଥ୍ୟକୁ ସରଳ ଭାବରେ ଉପସ୍ଥାପନ କରାଯାଇଛି ।

କଲମି ମଣିଷ :

ଲେଖିକାଙ୍କ ଏକ ଅନୁପମ ଶୈଳୀର ବୈଜ୍ଞାନିକ ଉପନ୍ୟାସ ହେଉଛି 'କଲମି -ମଣିଷ' । ବିଜ୍ଞାନର ଅବଦାନରେ କଲମି-ମଣିଷ ବା କ୍ଲୋନ-ବେବିର ସୃଷ୍ଟି ବାସ୍ତବରେ ଅବିସ୍ମରଣୀୟ । କଲମି-ମଣିଷ ସୃଷ୍ଟିର ଜଟଳି ରହସ୍ୟକୁ ଔପନ୍ୟାସିକା ଅତି ସରଳ ଭାବରେ ଉପନ୍ୟାସଟିରେ ରୂପାୟିତ କରିଛନ୍ତି । ମନୁଷ୍ୟକୁ ଗଛଲତା ପରି କଲମ କରିବାର ଅଭିପ୍ରାୟ ନେଇ କଲମିକରଣ ବା କ୍ଲୋନିଂ ଉପରେ ରଚିତ ।

ଉପନ୍ୟାସର କଥାବସ୍ତୁକୁ ଅବଲୋକନ କଲେ, ଉପନ୍ୟାସର ନାୟକ ଅଭିଷେକ ଏବଂ ନାୟିକା ଦିବ୍ୟାଙ୍କୁ ନେଇ କାହାଣୀର ଅଗ୍ରଗତି । ଉଭୟଙ୍କ ପରିବାରର ସମ୍ମତିରେ ଅଭିଷେକ ଏବଂ ଦିବ୍ୟାର ବିବାହ ସ୍ଥିରୀକୃତ ହୁଏ । ଅଭିଷେକ ଲଣ୍ଡନ ଚାଲି ଆସନ୍ତି ଗବେଷଣା ପାଇଁ । କିଛିଦିନଗଲା ପରେ ଅଭିଷେକଙ୍କ ପିତା ମି. ଶର୍ମାଙ୍କ ଅନୁରୋଧ ରକ୍ଷା କରି ବିବାହ ପାଇଁ ଅଭିଷେକଙ୍କୁ ଭାରତ ଆସିବାକୁ ପଡେ । କିନ୍ତୁ ଆସିବା ପୂର୍ବରୁ ଅଭିଷେକ ନିଜର ଅନିଚ୍ଛା ସତ୍ତ୍ୱେ ମଧ୍ୟ ବାନ୍ଧବୀ ଲରିୟାଙ୍କ ଅନୁରୋଧ ରଖିବା ପାଇଁ ବାଧ୍ୟ ହୁଅନ୍ତି । ଅଭିଷେକଙ୍କ କ୍ରୋମଜମ୍‌କୁ ନେଇ ଏକ କଲମି ଶିଶୁ ପ୍ରସ୍ତୁତି କରିବାକୁ ଚାହାନ୍ତି ଲିରିୟା । ଅଭିଷେକଙ୍କ ପ୍ରତ୍ୟାବର୍ତ୍ତନ ପରେ ଡାକ୍ତରମାନଙ୍କ ସାହାଯ୍ୟରେ ଲିରିୟା ଗବେଷଣାରେ ଆଗେଇ ଯାଇ କଲମି-ଶିଶୁ ପିକୁଲ୍‌କୁ ସୃଷ୍ଟି କରିଛନ୍ତି ।

ଏ ପକ୍ଷରେ ବିବାହର ପ୍ରସ୍ତୁତି ପାଇଁ ଦିବ୍ୟାଙ୍କ ପରିବାର ନିଜ ଗ୍ରାମକୁ ଆସନ୍ତି, କିନ୍ତୁ ବିବାହର କିଛିଦିନ ପୂର୍ବରୁ ଦିବ୍ୟା ଅଭିଷେକଙ୍କ ଅନ୍ତରଙ୍ଗ ବନ୍ଧୁ ପ୍ଲାବନର ଶିକାର ହୋଇଯାଏ । ତାର ନାରୀ ଜୀବନର ସର୍ବସ୍ୱ ଲୁଟି ନିଏ ପ୍ଲାବନ । ସେହିଦିନଠାରୁ ଦିବ୍ୟା ଜୀବନରେ ଅନ୍ଧକାର ଘୋଟି ଆସେ ଏବଂ ସେ ନିଜ ଘରକୁ ପ୍ରତ୍ୟାବର୍ତ୍ତନ କରି ନପାରି ଆଶ୍ରମବାସୀ ହୋଇଯାଏ । ଆଶ୍ରମରେ ଅବସ୍ଥାନ କରିବା ସମୟରେ ସଂଯୋଗ ବଶତଃ ପିକୁଲ୍‌କୁ ନେଇ ତାର ସମୟ ବିତିଯାଏ ।

ସମୟର ଅତିକ୍ରାନ୍ତରେ ଅଭିଷେକ ବିବାହ କରନ୍ତି ରିକ୍ତାକୁ । ଦିନେ ସମୁଦ୍ରବେଳା ଭୂମିରେ ରିକ୍ତା ଅଭିଷେକଙ୍କ ଚେହେରାର ଛୋଟ ସଂସ୍କରଣ ପିକୁଲ୍‌କୁ ଦେଖି ତାଙ୍କ ଭାବନାର ପରିବର୍ତ୍ତନ ହୋଇଯାଏ । ଅଭିଷେକଙ୍କୁ ସନ୍ଦେହ କରନ୍ତି ରିକ୍ତା । ସେହିଦିନଠାରୁ

ତାଙ୍କ ସ୍ୱାମୀ ସ୍ତ୍ରୀ ଜୀବନରେ ମନାନ୍ତର ମତାନ୍ତର ଘଟି ଅଲଗା ଅଲଗା ପଥ ବାଛି ନିଅନ୍ତି ଉଭୟେ। ଏ ପକ୍ଷରେ ଆଶ୍ରମର ତତ୍ତ୍ୱାବଧାରକ ସାଧୁବାବା ଆଶ୍ରମ ଛାଡିଯିବା ପରେ ଦିବ୍ୟା ସହ ଆଶ୍ରମର ଦାୟିତ୍ୱ ତୁଲାଇବାକୁ ଦିଅନ୍ତି ପ୍ରତିଷ୍ଠିତ ଓକିଲ ଦିଗନ୍ତ ବାବୁଙ୍କୁ। ପିକୁଲ୍ ସହ ଦିବ୍ୟାର ଦାୟିତ୍ୱ ନିଅନ୍ତି ଦିଗନ୍ତ ବାବୁ। ଅକସ୍ମାତ୍ କୌଣସି କାରଣବଶତଃ ପ୍ଲାବନ ଦିଗନ୍ତଙ୍କ ସହିତ ଭେଟ ହେବା ପାଇଁ ଘରକୁ ଆସେ ଦିବ୍ୟା ପ୍ଲାବନକୁ ଦେଖି ତାର ପୂର୍ବ ସ୍ମୃତି ଉଜ୍ଜୀବିତ ହୋଇ ଉଠେ। ସେ ଦିଗନ୍ତଙ୍କ ସମ୍ମୁଖରେ ତା ଜୀବନର ଅତୀତ ଏବଂ ପ୍ଲାବନର ଅସଲ ସ୍ୱରୂପ ପ୍ରକାଶ କରେ। ପ୍ଲାବନ ନିଜସ୍ୱ କୁକର୍ମ ପାଇଁ ପୋଲିସ୍ ଦ୍ୱାରା ଜେଲବରଣ କରେ।

ଦିଗନ୍ତଙ୍କ ପ୍ରଚେଷ୍ଟାରେ ଅଭିଷେକ ସହିତ ଦିବ୍ୟାର ସାକ୍ଷାତ୍ ହୁଏ। ଲିରିୟା କର୍କଟ ରୋଗରେ ଆକ୍ରାନ୍ତ ହେବା ପୂର୍ବରୁ ଭାରତକୁ ଆସି ଅଭିଷେକକୁ ନ ପାଇ ପିକୁଲ୍‌କୁ ଆଶ୍ରମରେ ପ୍ରଦାନ କରି, ଆଶ୍ରମରେ କିଛିଦିନ ଆଶ୍ରୟ ନେଲା ପରେ ତାର ମୃତ୍ୟୁ ହୋଇଯାଏ। ଲିରିୟା ମୃତ୍ୟୁ ପୂର୍ବରୁ ପିକୁଲ୍‌ର ରହସ୍ୟ କଥା ସାଧୁବାବାଙ୍କୁ ଜଣାଇବା ସହିତ ପ୍ରମାଣ ମଧ୍ୟ ଦେଇଯାଏ। ସାଧୁବାବୁ ଆଶ୍ରମ ଛାଡିବା ପରେ ଦିଗନ୍ତଙ୍କୁ ଦେଇଥିବା ପ୍ୟାକେଟ୍‌ଟିରୁ ଏସବୁ ରହସ୍ୟ ଜାଣିପାରନ୍ତି ଦିଗନ୍ତ, ଦିବ୍ୟା ଏବଂ ଅଭିଷେକ। କାହାଣୀର ପରିସମାପ୍ତିରେ ଅଭିଷେକ ଦିବ୍ୟାକୁ ଗ୍ରହଣ କରିବାକୁ ଇଚ୍ଛା ପ୍ରକାଶ କରନ୍ତି, କିନ୍ତୁ ଦିବ୍ୟା ସେ ଯୋଗ୍ୟତାକୁ ଗ୍ରହଣ କରିବା ପାଇଁ ତାଙ୍କ ବିବେକ ବାଧାଦିଏ। ସେ ନିଜକୁ ଅନ୍ୟର ସେବାରେ ନିୟୋଜିତ କରିବାପାଇଁ ଦିଗନ୍ତଙ୍କ ପ୍ରତିଷ୍ଠିତ 'ନିଳୟ'କୁ ବାଛି ନିଏ।

ବୈଜ୍ଞାନିକମାନଙ୍କ ପ୍ରଚେଷ୍ଟାରେ ମେଣ୍ଢା ଛୁଆ ଡଲିର ଉତ୍ପତ୍ତି ବାସ୍ତବରେ ବିଜ୍ଞାନର ଏକ ଆଶ୍ଚର୍ଯ୍ୟ କୌଶଳ। ତେଣୁ ବୈଜ୍ଞାନିକମାନଙ୍କ ସ୍ୱପ୍ନ ସେମାନେ କଲମି ପଦ୍ଧତିର ପ୍ରୟୋଗରେ ମଣିଷ ସୃଷ୍ଟିର ସମ୍ଭାବନା କିପରି ସମ୍ଭବ ହୋଇପାରିବ ବୈଜ୍ଞାନିକ ବିଶ୍ଲେଷଣକୁ ଆଧାର କରି ସରଳ ବୋଧଗମ୍ୟ ଭାଷାରେ ଉପନ୍ୟାସଟିରେ ବର୍ଣ୍ଣନା କରାଯାଇଛି। ଉପନ୍ୟାସଟିକୁ ପାଠ କଲେ ପାଠକ ପକ୍ଷେ ଉତ୍କଣ୍ଠା ବଜାୟ ସହିତ ଭବିଷ୍ୟତର ସମ୍ଭାବନା ଦୃଶ୍ୟାୟିତ ହୋଇପାରିଛି। ସଂଘର୍ଷ ବିଜଡିତ ସଂସାରର ବାସ୍ତବ ସତ୍ୟ ମଧ୍ୟ ଉପନ୍ୟାସଟିରୁ ଦୃଷ୍ଟି ଗୋଚର ହୋଇଥାଏ। ମୋଟାମୋଟି ଭାବରେ ଉପନ୍ୟାସଟିର କଥାବସ୍ତୁ ବିଜ୍ଞାନ ଭିତ୍ତିକ ହୋଇ ସାଧାରଣ ସହୃଦୟ ପାଠକଙ୍କ ରୁଚିଶୀଳ ହୋଇପାରିଛି।

ବରଫତଲୁ ଜୀବନ:

ଲେଖିକାଙ୍କ 'ବରଫତଲୁ ଜୀବନ' ଉପନ୍ୟାସଟିରେ ନୂତନ ଜୀବନର ସୃଷ୍ଟି

କିପରି ସମ୍ଭବ ହୋଇପାରିଛି ଅତି ଚମତ୍କାର ଶୈଳୀରେ ଉଲ୍ଲେଖ କରାଯାଇଛି । ପୃଥିବୀକୁ ଦିନେ ଓହ୍ଲାଇ ଆସିବାକୁ ଥିବା କାଳ୍ପନିକ ବରଫ ଯୁଗ ଓ ତା ମଧ୍ୟରେ ଜୀବନର ସତ୍ତାକୁ ବଞ୍ଚାଇ ରଖିବାର ପ୍ରୟାସ ଉପରେ ଆଧାରିତ ହୋଇଛି ଉକ୍ତ ଉପନ୍ୟାସଟି । ଉପନ୍ୟାସଟିକୁ ଦୃଶ୍ୟାୟିତ କଲେ ସାଂପ୍ରତିକ ସମୟର ଜୀବଜଗତର ପରିସ୍ଥିତି, ପ୍ରଦୂଷଣ ସହ ତାପମାତ୍ରାର ଅଭିବୃଦ୍ଧି ଘଟି ଚାଲିଛି । ବରଫ ଆସ୍ତରଣରେ ପୃଥିବୀ ରହିପାରିବାର ସମ୍ଭାବନା ମଧ୍ୟ ରହିଛି । ତେଣୁ ବୈଜ୍ଞାନିକମାନଙ୍କ ଆଶଙ୍କା ଯେ ଦିନେ ନା ଦିନେ ପୃଥିବୀ ଧ୍ୱଂସ ପାଇ ନ ଯିବ ଏହା ଅବଶ୍ୟମ୍ଭାବୀ । ଧ୍ୱଂସ ପାଇବା ପରେ ଏହି ମହାପ୍ରଳୟକୁ ନେଇ ପୁନଶ୍ଚ କିପରି ପ୍ରବାହିତ ହୋଇପାରିବ ଜୀବନର ସ୍ରୋତ ଏହି ଉପାୟଟି ବାହାର କରିଛନ୍ତି ଉପନ୍ୟାସର ନାୟକ ଭାରତୀୟ ବୈଜ୍ଞାନିକ ତୁହିନ କାନ୍ତ । ଜିନ୍ ସଂରକ୍ଷଣ ପଦ୍ଧତିରେ କାଉ, କୋଇଲିଠାରୁ ଆରମ୍ଭ କରି ବାଘ, ମଣିଷ ପର୍ଯ୍ୟନ୍ତ ଜୀବମାନଙ୍କର ଜୀନ୍ ଗଠନକୁ ସେ ଲିପିବଦ୍ଧ କରିଛନ୍ତି କମ୍ପ୍ୟୁଟରରେ । ଏହି କମ୍ପ୍ୟୁଟରଟି ସଂରକ୍ଷିତ ହୋଇଛି ହିମାଳୟ ପର୍ବତ ଅଭ୍ୟନ୍ତରରେ ଥିବା ଏକ ଗୁମ୍ଫାରେ, ଯାହାକି ଏକ ପ୍ରାକୃତିକ ଥର୍ମୋଫ୍ଲାସ୍କ ପରି କାମ କରି ପୃଥିବୀ ଧ୍ୱଂସ ପାଇବା ପରେ ମଧ୍ୟ ଏଥିରୁ ପୁଣି ନୂତନ ଜୀବନ ସୃଷ୍ଟି ହେବାର ସମ୍ଭାବନା ବର୍ଣ୍ଣିତ ହୋଇଛି ଉପନ୍ୟାସଟିରେ ।

ବର୍ତ୍ତମାନ ପରିସ୍ଥିତିକୁ ନିରୀକ୍ଷଣ କରି ଆଗତ, ଭବିଷ୍ୟତର ସମ୍ଭାବନା ନେଇ ବୈଜ୍ଞାନିକ ଅନୁସନ୍ଧାନ ମୂଳକ ତଥ୍ୟକୁ ଅତି ସରଳ ସାବଲୀଳ ଭାଷାରେ ଉପନ୍ୟାସଟିରେ କାଳ୍ପନିକ ଚରିତ୍ର ମାଧ୍ୟମରେ ଅଭିବ୍ୟକ୍ତ କରାଯାଇଥିବାର ପରିଚୟ ମିଳେ ।

ପିରାମିଡ୍ :

ମିଶରର ଆଶ୍ଚର୍ଯ୍ୟତମ ପିରାମିଡ୍ ଓ ତା ଭିତରେ ଥିବା ମମି ଉପରେ ବୈଜ୍ଞାନିକ ଚିନ୍ତାଧାରାକୁ ନେଇ ଔପନ୍ୟାସିକଙ୍କ 'ପିରାମିଡ୍' ଉପନ୍ୟାସଟି ଲିଖିତ । ମିଶର୍ର ବିରାଟ ପିରାମିଡ୍ ଯାହା ତତ୍କାଳୀନ ଫାରୋଙ୍କ ସମୟର ସମାଧି ଏବଂ ତାହା ଭିତରେ ଥିବା ସଂରକ୍ଷିତ ଶବ ଯାହାକୁ କୁହାଯାଏ 'ମମି' । ଉପନ୍ୟାସଟିରେ ଜଣେ ଭାରତୀୟ ମିଶରକୁ ବୁଲିବାକୁ ଯାଇଛନ୍ତି । ସେଠାରେ ପିରାମିଡ୍ ଓ ମମିଗୁଡ଼ିକୁ ଦେଖି ଆଶ୍ଚର୍ଯ୍ୟ ହୋଇଯାଇଛନ୍ତି । ମମିଗୁଡ଼ିକ କିପରି ଏତେବର୍ଷ ପରେ ମଧ୍ୟ ସତେଜ ହୋଇ ରହିଛନ୍ତି ତାହାର ଅନୁସନ୍ଧାନ ଜାରି ରଖିଛନ୍ତି, କିନ୍ତୁ ସେ ସମାଧାନର ପ୍ରମାଣ ପାଇପାରିନାହାନ୍ତି । ତାହା ଏବେ ବି ରହସ୍ୟାବୃତ୍ତ ହୋଇ ରହିଯାଇଛି ।

ବୈଜ୍ଞାନିକମାନଙ୍କୁ ତାହା ଏବେବି ଆଶ୍ଚର୍ଯ୍ୟକର ମନେ ହୋଇଛି । ଏକ ଅନୁସନ୍ଧାନ ମୂଳକ ତଥ୍ୟକୁ ଆଧାର କରି ଉପନ୍ୟାସଟି ପର୍ଯ୍ୟବସିତ । ଉପନ୍ୟାସର

ପରିସମାପ୍ତି କିନ୍ତୁ ହୋଇପାରିନାହିଁ। ଅନ୍ୱେଷଣ ଆଗକୁ ସେମିତି ଅସମାଧିତ ହୋଇ ରହିଯାଇଛି। ପାଠକ ଉପନ୍ୟାସଟିକୁ ପାଠ କଲେ ଉତ୍କଣ୍ଠା ଜାଗ୍ରତ ହୁଏ, ସତ କିନ୍ତୁ ଉପସଂହାରରେ ପହଞ୍ଚିପାରେନାହିଁ , ଏକ ଅଭିନବ ଶିଳ୍ପ କଳାର ପ୍ରୟୋଗ ଉପନ୍ୟାସଟିରୁ ଦୃଶ୍ୟାୟିତ।

ଡକ୍ଟର ପ୍ରମୋଦ କୁମାର ମହାପାତ୍ର :

ସଂକ୍ଷିପ୍ତ କଥାବସ୍ତୁକୁ ନେଇ ଗଳ୍ପର ଭ୍ରମ ସୃଷ୍ଟି କରୁଥିବା, ବୈଜ୍ଞାନିକ ତଥ୍ୟ ଏବଂ ଗବେଷଣା ନିହିତ ଥିବା, ରୋମାଞ୍ଚକର ଶୈଳୀରେ ବିଜ୍ଞାନ ଭିତ୍ତିକ ଉପନ୍ୟାସ ସୃଷ୍ଟି କରୁଥିବା ଜଣେ ଅନନ୍ୟ ବୈଜ୍ଞାନିକ ଉପନ୍ୟାସର ଲେଖକ ହେଉଛନ୍ତି ଡକ୍ଟର ପ୍ରମୋଦ କୁମାର ମହାପାତ୍ର। ଜଣେ ବୈଜ୍ଞାନିକ ଔପନ୍ୟାସିକ ସହ ଡକ୍ଟର ପ୍ରମୋଦ କୁମାର ମହାପାତ୍ର ରାଜ୍ୟର ଜଣେ ବରିଷ୍ଠ ସାମ୍ବାଦିକ ଭାବରେ ପରିଚିତ। ଦୈନିକ 'ସମାଜ'ର ପ୍ରାକ୍ତନ ସମ୍ପାଦକ ଭାବରେ ମଧ୍ୟ ସେ ଦାୟିତ୍ୱ ତୁଲାଇ ଆସିଛନ୍ତି। ଡ. ମହାପାତ୍ର ଜନ୍ମ ହୋଇଥିଲେ ୧୯୫୬ମସିହା ଫେବୃୟାରୀ ମାସ ୧୯ ତାରିଖ ଦିନ କେନ୍ଦ୍ରାପଡା ଜିଲାର ମହାକାଳପଡା ଥାନା ଅନ୍ତର୍ଗତ ଓଳିହା ଗ୍ରାମରେ। ପିତା କଳ୍ପତରୁ ମହାପାତ୍ର ଥିଲେ ଜଣେ ସଂସ୍କୃତିକୁ ଭଲ ପାଉଥିବା ସାହିତ୍ୟପ୍ରେମୀ ପାଲାଗାୟକ। ତାଙ୍କ ବଡଭାଇ ଇଂ. ଶରତ କୁମାର ମହାପାତ୍ର ମଧ୍ୟ ଜଣେ ବିଶିଷ୍ଟ ସାହିତ୍ୟିକ ଏବଂ କବି ଭାବରେ ପରିଚିତ ଥିଲେ। ପିଲାଟି ଦିନରୁ ଲେଖକଙ୍କୁ ସାହିତ୍ୟ ସାଧନ ପାଇଁ ପରିବାରରୁ ହିଁ ପ୍ରେରଣା ମିଳିଥିଲା। ପରିବାରର ସମସ୍ତ ସଦସ୍ୟ ବିଜ୍ଞାନର ଛାତ୍ର ଥିବାରୁ ଲେଖକ ମଧ୍ୟ ସେହି ଧାରାକୁ ଅନୁସରଣ କରି ରେଭେନ୍ସା ମହାବିଦ୍ୟାଳୟରୁ ଉଦ୍ଭିଦ ବିଜ୍ଞାନରେ ପ୍ରଥମ ଶ୍ରେଣୀରେ ଏମ.ଏସ.ସିରେ ଉତ୍ତୀର୍ଣ୍ଣ ହୋଇଥିଲେ। ସେହି ସମୟରେ 'ସମାଜ'ର ତତ୍‌କାଳୀନ ବରିଷ୍ଠ ସ୍ୱାଧୀନତା ସଂଗ୍ରାମୀ, ଜନନେତା ପଦ୍ମଭୂଷଣ ଡ. ରାଧାନାଥ ରଥଙ୍କ ସହିତ ତାଙ୍କର ଅକସ୍ମାତ୍ ସକ୍ଷାତ୍ , ତାଙ୍କ ଜୀବନର ଗତିପଥକୁ ବଦଳାଇ ଦେଇଥିଲା। ବିଜ୍ଞାନରେ ଉଚ୍ଚତର ଗବେଷଣା ପାଇଁ ମନ ସ୍ଥିର କରିଥିଲେ ହେଁ ରାଧାନାଥ ବାବୁଙ୍କ ପ୍ରେରଣାରେ ବିଜ୍ଞାନ ଗବେଷଣାକୁ ଭୁଲି ଜନସେବା ମନ୍ତ୍ରକୁ ଜୀବନର ଲକ୍ଷ୍ୟ ଭାବରେ ଗ୍ରହଣ କରି 'ସମାଜ' ଅନୁଷ୍ଠାନରେ ଯୋଗ ଦେଇଥିଲେ। ତାଙ୍କୁ କେତେମାସ ପରେ 'ସମାଜ'ର ସହସମ୍ପାଦକ ପଦବୀ ମିଳିଥିଲେ ହେଁ ସେ ରାଧାନାଥ ବାବୁଙ୍କ ବ୍ୟକ୍ତିଗତ ସହକାରୀ ଭାବେ କାର୍ଯ୍ୟ କରି ଜନସେବା ଓ ସାହିତ୍ୟ ସାଧନାରେ ନିଜକୁ ସଂପୂର୍ଣ୍ଣ ଭାବରେ ନିୟୋଜିତ କରି ରଖିଥିଲେ। ଏହି ସମୟରେ 'ସମାଜ'ରେ ଓଡିଆରେ ସମ୍ବାଦ ଲେଖିବା ସହିତ ବିଜ୍ଞାନର ତତ୍ତ୍ୱକୁ ସରଳ ସାବଲୀଳ ଭାଷାରେ ଓଡିଆରେ ଲେଖିବା ଆରମ୍ଭ କରିଥିଲେ ଡକ୍ଟର ମହାପାତ୍ର। ସେହିଦିନଠାରୁ

ପ୍ରାୟତଃ ନିୟମିତ ଭାବେ ତାଙ୍କ ଦ୍ୱାରା ଲିଖିତ ବିଜ୍ଞାନ ସମ୍ପର୍କୀୟ ପ୍ରବନ୍ଧ 'ସମାଜ' ପୃଷ୍ଠାରେ ପ୍ରକାଶ ପାଇ ଆସୁଛି।

୧୯୮୨ ମସିହାରେ ବିବାହ ପରେ ପତ୍ନୀ ବିଜ୍ଞାନର ଛାତ୍ରୀ ଅନସୂୟା ମିଶ୍ରଙ୍କ ପ୍ରେରଣାରେ ସେ ତାଙ୍କର ପ୍ରକାଶିତ କିଛି ବିଜ୍ଞାନ ପ୍ରବନ୍ଧକୁ ନେଇ ପ୍ରଥମ ବିଜ୍ଞାନ ପୁସ୍ତକ 'ବିଶ୍ୱ ବିସ୍ମୟ' ପ୍ରକାଶ କରିଥିଲେ। ଏହା ୧୯୮୮ ମସିହାରେ ପ୍ରକାଶ ପାଇଥିଲା। ସମାଜର ସମ୍ପାଦକ ଡକ୍ଟର ରାଧାନାଥ ରଥ ପୁସ୍ତକର ଭାଷା, ରଚନା ଶୈଳୀକୁ ଉଚ୍ଚ ପ୍ରଶଂସା କରି ପୁସ୍ତକର ମୁଖବନ୍ଧ ନିଜେ ଲେଖିଥିଲେ। ପରବର୍ତ୍ତୀ ସମୟରେ ଡ. ମହାପାତ୍ର ନିଜର କାର୍ଯ୍ୟବ୍ୟସ୍ତତା ସହିତ ବିଜ୍ଞାନ ସାହିତ୍ୟ ସାଧନାକୁ ନିଜ କର୍ମର ଏକ ପ୍ରମୁଖ ଅଂଶ ଭାବେ ଗ୍ରହଣ କରି ନେଇ କାର୍ଯ୍ୟ କରିଥିଲେ। ବିଂଶ ଶତାବ୍ଦୀର ଶେଷ ସମୟରେ ସେ ଓଡିଆ ଛାତ୍ରଛାତ୍ରୀଙ୍କ ମଧ୍ୟରେ ବିଜ୍ଞାନ ସମ୍ପର୍କରେ ରହୁଥିବା ଏକ ବଡ ସମସ୍ୟାକୁ ଦୂର କରିବା ଲକ୍ଷ୍ୟରେ ଓଡିଆ ଭାଷାରେ ପ୍ରଥମ ବିଜ୍ଞାନ ଏନ ସାଇକ୍ଲୋପିଡିଆ ରଚନା ଦିଗରେ ମନ ଦେଇଥିଲେ ଏବଂ ପ୍ରଥମ ବିଜ୍ଞାନ ଏନ ସାଇକ୍ଲୋପିଡିଆ 'ବିଜ୍ଞାନ କୋଷ'ର ଚାରୋଟି ଭାଗ ପ୍ରକାଶ କରିଥିଲେ। ପରବର୍ତ୍ତୀ ସମୟରେ ପତ୍ନୀ ଅନୁସୂୟା ମିଶ୍ରଙ୍କ ସହଯୋଗରେ ସେ ଓଡିଆ ଭାଷାରେ ପ୍ରଥମ ବିଜ୍ଞାନ 'କଣ ଓ କାହିଁକି' ଏନ ସାଇକ୍ଲୋପିଡିଆ 'ଜ୍ଞାନ ଓ ବିଜ୍ଞାନ' ରଚନା କରିଥିଲେ। ଏହାର ସାତଖଣ୍ଡ ପ୍ରକାଶ ହୋଇସାରିଛି ଏବଂ ଅଷ୍ଟମ ଖଣ୍ଡ ଖୁବ୍ ଶୀଘ୍ର ପ୍ରକାଶ ପାଇବାକୁ ଯାଉଛି। ଡ. ମହାପାତ୍ର ବୈଜ୍ଞାନିକ ସାହିତ୍ୟର ସମସ୍ତ ବିଭାଗରେ ଲେଖନୀ ଚାଳନା କରି ବିଶେଷ ପରିଚିତି ହାସଲ କରିପାରିଛନ୍ତି।

ସାରସ୍ୱତ ସୃଷ୍ଟି :

ଲେଖକଙ୍କ ସାରସ୍ୱତ ସୃଷ୍ଟି ମଧରେ ଉପନ୍ୟାସ ସହିତ ବିଜ୍ଞାନ ଶବ୍ଦ କୋଷଠାରୁ ଆରମ୍ଭ କରି ସମାଲୋଚନା ଗ୍ରନ୍ଥ, ଗଳ୍ପ ଗ୍ରନ୍ଥ, ଲୋକପ୍ରିୟ ବିଜ୍ଞାନ ପୁସ୍ତକ ସମୂହକୁ ଅନ୍ତର୍ଭୁକ୍ତ କରାଯାଇ ପାରେ।

'ବିଶ୍ୱ ବିସ୍ମୟ' ଏହି କୃତି ପାଇଁ ଲେଖକ ଉତ୍କଳ ବିଶ୍ୱବିଦ୍ୟାଳୟରୁ ଶ୍ରେଷ୍ଠ ଲୋକପ୍ରିୟ ପୁସ୍ତକସୂଚୀ ସ୍ୱର୍ଣ୍ଣପଦକ ପ୍ରାପ୍ତ କରିଛନ୍ତି। 'ଜ୍ଞାନ ବିଜ୍ଞାନ' (ଓଡିଆ ଭାଷାର ପ୍ରଥମ ବିଜ୍ଞାନ କଣ କାହିଁକି ଏନସାଇକ୍ଲୋପିଡିଆ) ଆଠଟି ଭାଗରେ ପ୍ରକାଶ କରିଛନ୍ତି। 'ବିଜ୍ଞାନମୁଣି' ନାମରେ ୭ଟି ଭାଗ ପ୍ରକାଶ କରିଛନ୍ତି। 'ଉଦ୍ଭିଦର କିଏ କଣ', 'ବିଂଶ ଶତବ୍ଦୀର ପୃଥିବୀ', 'ରହସ୍ୟମୟ ଉଦ୍ଭିଦ', 'ଏକୋଇଶ ସହ ମସିହାର ପୃଥିବୀ', 'ଶ୍ରେଷ୍ଠ ବିଜ୍ଞାନ ଗଳ୍ପ', 'ବିଜ୍ଞାନବାର୍ତ୍ତା', 'ଘର ଭିତରେ ବିଜ୍ଞାନ', 'ଭାଗବତ ଟୁଙ୍ଗିରେ ସନ୍ଧ୍ୟା', 'ବିଜ୍ଞାନ ମେଳା', 'ଶତାବ୍ଦୀ ସାଧକ' (ଓଡିଆ ସାହିତ୍ୟ ଏକଡେମୀ ଦ୍ୱାରା

ପୁରସ୍କାରପ୍ରାପ୍ତ) 'ସମାଜ'ର ସମ୍ପାଦକ ଡକ୍ଟର ରାଧାନାଥ ରଥଙ୍କ ପ୍ରଥମ ଏବଂ ଏକମାତ୍ର ଜୀବନୀ ପୁସ୍ତକ। 'ଜନସେବକ ରାଧାନାଥ', 'ରାଧାନାଥ ରଥ', 'ସଂଗ୍ରାମୀ ବିଶ୍ୱନାଥ ପଣ୍ଡିତ', ଓଡିଶାର ବିଜ୍ଞାନ ଲେଖକ, 'ଜୀବନ୍ତ ଜଗନ୍ନାଥ' (ଜଗନ୍ନାଥ ମହିମା ସମ୍ପର୍କିତ ସତ୍ୟ ଘଟଣା ଉପରେ ଆଧାରିତ) 'ଆଜିର ଆମେରିକା' (ଭ୍ରମଣ କାହାଣୀ), 'ଚାଲଯିବା ଆମେରିକା'(ପିଲାମାନଙ୍କ ପାଇଁ ଆମେରିକା- ଭ୍ରମଣ କାହାଣୀ, ପ୍ରଜାତନ୍ତ୍ର, ମୀନାବଜାର ପତ୍ରିକାରେ ବର୍ଷାଧିକ କାଳ ପ୍ରକାଶିତ) 'ଅମର ରାବଣ', 'ଆମ ପରିବେଶ'(ନ୍ୟାସନାଲ ବୁକ ଟ୍ରଷ୍ଟ, ନୂଆଦିଲ୍ଲୀ ଦ୍ୱାରା ପ୍ରକାଶିତ) 'ଅଜଣା ଜୀବଜନ୍ତୁ'। 'ବିଜ୍ଞାନର ନୂଆ କଥା', 'ଜୈବ ବିବିଧତା', 'ବିଜ୍ଞାନମେଳା', 'ଆଜିର ବିଜ୍ଞାନ' ଆଦି ଲେଖକଙ୍କ ଗୋଟିଏ ଗୋଟିଏ ଅନନ୍ୟ କୃତି।

'ଫେଷ୍ଟିଭାଲ୍ ଅଫ ଓରିଶା' (Festival of Orissa) ଏବଂ 'ନ୍ୟାସନାଲ ମନ୍ୟୁମେଣ୍ଟ' (National Monument) ନାମରେ ଦୁଇଟି ପୁସ୍ତକ ଇଂରାଜୀ ଭାଷାରେ ମଧ୍ୟ ରଚନା କରିଛନ୍ତି। ଡ. ମହାପାତ୍ରଙ୍କ ଦ୍ୱାରା ରଚିତ ଏକ ହଜାରରୁ ଊର୍ଦ୍ଧ୍ୱ ବିଜ୍ଞାନ ପ୍ରବନ୍ଧ 'ସମାଜ', 'ପ୍ରଜାତନ୍ତ୍ର', 'ମାତୃଭୂମି', 'ପ୍ରମେୟ' ସମ୍ବାଦପତ୍ର ସହ 'ଝଙ୍କାର', 'ନବରବି', 'ଗୋ କର୍ଣ୍ଣିକା', ସାପ୍ତାହିକ ସମାଜ ଆଦି ବହୁ ପତ୍ରପତ୍ରିକାରେ ପ୍ରକାଶ ପାଇଛି। ପ୍ରବନ୍ଧ ରଚନା ସହିତ 'ସମାଜ'ର ସମ୍ପାଦକ ଦାୟିତ୍ୱ ନିର୍ବାହ କରିବା ବ୍ୟତୀତ ଲେଖକ 'ବିଜ୍ଞାନ ପ୍ରସାର' ପତ୍ରିକାର ସମ୍ପାଦକ, 'ବିଜ୍ଞାନାଲୋକ'ର ସହଯୋଗୀ ସମ୍ପାଦକ, 'ଜନଜୀବନ'ର ସହଯୋଗୀ ସମ୍ପାଦକ, 'ବିଜ୍ଞାନ ପ୍ରଚାର' ସମିତିର ସାଧାରଣ ସମ୍ପାଦକ ଓ ବିଜ୍ଞାନ ବାର୍ତ୍ତା ପତ୍ରିକାର ସମ୍ପାଦକ ଦାୟିତ୍ୱ ଏବେ ନିର୍ବାହ କରିଛନ୍ତି।

ଗତ ଏକବର୍ଷ ମଧ୍ୟରେ ଡକ୍ଟର ମହାପାତ୍ରଙ୍କ ଦ୍ୱାରା ଲିଖିତ କେବଳ ସାପ୍ତାହିକ ସମାଜରେ ପ୍ରକାଶିତ ବିଜ୍ଞାନ ପ୍ରବନ୍ଧଗୁଡିକ ହେଲା- 'ପୁଷ୍ପିତ ମରୁଭୂମି', 'ଅନ୍ୟଗ୍ରହରେ କରିବା ଘର', 'ଶହେବର୍ଷ ବଞ୍ଚିବା କିପରି', 'ତୈଳ ସମ୍ପଦ ଓ ବିଭୀଷିକା', 'ଦିନେ ଚାଲୁଥିଲା ସାପ', 'ପୃଥିବୀ ସାଇତିଛି ଅତୀତର ସ୍ମୃତି', 'ଦିନରେ ତିନିଥର ସୂର୍ଯ୍ୟୋଦୟ ସୂର୍ଯ୍ୟାସ୍ତ' , 'ଓଲଟ ବୃକ୍ଷ', 'ମଣିଷ ହାତରେ ବର୍ଷା', 'ତାତିଲା ପୃଥିବୀ', 'ସାଗର ସଂଗୀତ', 'କୃତ୍ରିମ ମାଂସ', 'ବିଦାୟ ବର୍ଷର ବିଜ୍ଞାନ' , 'ଲଙ୍କା ବୋମା', 'କକର୍ଟ ଭଲ କରୁଛି ଗଛ', 'ପର୍ବତର ଭୟଙ୍କର ରୂପ', 'ସୌର ପକ୍ଷୀ', 'ଜୀବନର ରହସ୍ୟ', 'ରୋକିବା ବିଶ୍ୱ ତାପାୟନ', 'ଜୀବନର ରହସ୍ୟ', 'ବ୍ରହ୍ମାଣ୍ଡ ଦେଖିଥିବା ବିଜ୍ଞାନ ଆଖି', 'ଶବଦେହରେ ଅସ୍ତ୍ରୋପଚାର', 'ମହାକାଶର ଫୁଲ' ଇତ୍ୟାଦି ଶତାଧିକ ବିଜ୍ଞାନ ପ୍ରବନ୍ଧ ପ୍ରକାଶ କରିଛନ୍ତି ଡ. ପ୍ରମୋଦ କୁମାର ମହାପାତ୍ର।

ଡ. ପ୍ରମୋଦ କୁମାର ମହାପାତ୍ର ଜଣେ ଖ୍ୟାତି ସଂପନ୍ନ ସାମ୍ବାଦିକ ଭାବରେ ପରିଚିତ ହୋଇଥିଲେ ହେଁ ବୈଜ୍ଞାନିକ ସାହିତ୍ୟରେ ସଂସ୍କୃତି ପରମ୍ପରା ସହ, ବିଜ୍ଞାନ କ୍ଷେତ୍ରରେ ଲେଖନୀ ଚାଳନା କରି ବିଶିଷ୍ଟ ସମ୍ମାନର ଅଧିକାରୀ ହୋଇପାରିଛନ୍ତି। ଆତ୍ମଜୀବନୀ ଓ ଭ୍ରମଣ କାହାଣୀ ସହିତ ସରଳ ସାବଲୀଳ ଭାଷାରେ ଛୋଟପିଲାମାନଙ୍କ ପାଇଁ ବିଭିନ୍ନ ସାହିତ୍ୟ କୃତି ରଚନାକରି ଜଣେ ବହୁ ପ୍ରତିଭାଧାରୀ ବ୍ୟକ୍ତିତ୍ୱ ରୂପେ ନିଜକୁ ପ୍ରତିଷ୍ଠିତ କରିପାରିଛନ୍ତି ଡ. ମହାପାତ୍ର।

ଡ. ପ୍ରମୋଦ ମହାପାତ୍ରଙ୍କ ବୈଜ୍ଞାନିକ ଉପନ୍ୟାସ :

'କାମୋଡଦ୍ୱୀପର ଡ୍ରାଗନ୍' (୧୯୯୬), 'ବିସ୍ଫୋରିତ ପୃଥିବୀ' (୧୯୯୯), 'ବିଭୀଷିକାମୟ ମଙ୍ଗଳଯାତ୍ରା' (୧୯୯୯), 'ନୀଳସାଗରର ଆତ୍ମଲିପି' (୨୦୦୦), 'ଅମର ମଣିଷ' (୨୦୦୪), 'ଜହ୍ନରାଇଜ ପରେ' (୨୦୦୫), 'ପାତାଳ ମଣିଷ' (୨୦୦୬) 'ସୁବର୍ଣ୍ଣଗ୍ରହରେ ଜନ୍ ଓ ମେରୀ' (୨୦୦୦)।

କାମୋଡ଼ଦ୍ୱୀପର ଡ୍ରାଗନ :

ଔପନ୍ୟାସିକଙ୍କ ପ୍ରଥମ ଉପନ୍ୟାସ 'କାମୋଡ଼ଦ୍ୱୀପର ଡ୍ରାଗନ'। ଅତୀତ ପୃଥିବୀର ଚିତ୍ର, ବିରାଟକାୟ ଜୀବମାନଙ୍କର ଅବସ୍ଥିତିକୁ ନେଇ ଏହାର ସୃଷ୍ଟି। ଜୀବଜଗତର ଉପଯୁକ୍ତ ବାସସ୍ଥଳୀ ହେଉଛି ପୃଥିବୀ। ମନୁଷ୍ୟ ଯେଉଁ ପୃଥିବୀରେ ବାସକରେ ସେହି ସମୟ ସାପେକ୍ଷ ବର୍ତ୍ତମାନକୁ ନେଇ ସେ ବଞ୍ଚେ। କିନ୍ତୁ ଅତୀତର ଜୀବଜଗତକୁ ଯଦି ଅନୁଧ୍ୟାନ କରାଯାଏ ସେହି ସମୟଥିଲା ମନୁଷ୍ୟ ପକ୍ଷେ ବାସ କରିବା କଷ୍ଟକର। ସେ ସାଧାରଣ ଭାବରେ ଭୀତ ପ୍ରକାଶ କରୁଥିଲା ଜୀବନ ଅତିବାହିତ କରିବାକୁ। ଡ୍ରାଗନ୍, ଡାଇନୋସର୍, ଭଳି ବିରାଟକାୟ ଜୀବମାନଙ୍କ ଅବସ୍ଥିତି ନିଶେଷ କରି ପକାଉଥିଲା ମନୁଷ୍ୟର ଅସ୍ତିତ୍ୱକୁ, କିନ୍ତୁ ବୌଦ୍ଧିକ କ୍ଷମତାଧାରୀ ମନୁଷ୍ୟ ନିଜକୁ ସୁରକ୍ଷିତ ରଖିବା ପାଇଁ ସେହି ଜୀବମାନଙ୍କ ସହିତ କରିଛି ସଂଘର୍ଷ। ଫିଲାଫାଇନ୍‌ସ ଅଞ୍ଚଳରେ କାମୋଡ଼ଦ୍ୱୀପରେ ଥିବା ବିରାଟକାୟ ଜୀବ ଡ୍ରାଗନ୍‌ର ଅବସ୍ଥିତିକୁ ଲେଖକ ଉଲ୍ଲେଖ କରିଛନ୍ତି ଉକ୍ତ ଉପନ୍ୟାସରେ। ସେମାନଙ୍କଠାରୁ ଦଳେ ଲୋକ ଜୀବନ ରକ୍ଷା କରି କୌଶଳ କ୍ରମେ କରିଛନ୍ତି ପଳାୟନ। ସତ୍ୟ ସହ କଳ୍ପନାର ସମ୍ମିଶ୍ରଣରେ ସେହି ଡ୍ରାଗନ୍‌ମାନଙ୍କ କାର୍ଯ୍ୟକଳାପର ଜୀବନ୍ତରୂପ ବର୍ଣ୍ଣିତ ହୋଇଛି ଉପନ୍ୟାସଟିରେ। ଉପନ୍ୟାସର କାହାଣୀ ଭାବରେ ଅତୀତ ପୃଥିବୀର ଚିତ୍ର ସେହି ସମୟର ଅବସ୍ଥା ଅବସ୍ଥିତି ସଂପର୍କରେ ଅନୁମେୟ ହେବା ସହିତ ପାଠକ ନିକଟରେ ଉତ୍କଣ୍ଠା ସହ ବିସ୍ମୟ ସୃଷ୍ଟି କରିଛି।

ବିସ୍ଫୋରିତ ପୃଥିବୀ :

ସୌରଜଗତର ଗ୍ରହମାନଙ୍କ ମଧ୍ୟରୁ ପୃଥିବୀ ହିଁ ଏକମାତ୍ର ଗ୍ରହ ଯେଉଁଠାରେ

ମନୁଷ୍ୟ ସହ ଜୀବଜଗତ ଜୀବନଧାରଣ କରିଆସିଛି । ନଭୋମଣ୍ଡଳ ଅଚ୍ଛାଦିତ ପୃଥିବୀର ଚତୁପାର୍ଶ୍ୱର ଅବସ୍ଥିତିକୁ ନେଇ ମନୁଷ୍ୟ ଜୀବନ ନିର୍ବାହ କରେ ସତ କିନ୍ତୁ ଏହି ମହାକାଶ ମଣ୍ଡଳର ଗତିବିଧିକୁ ନିରୀକ୍ଷଣ କରିବା, ତାପକ୍ଷରେ ମନେ ହୁଏ ଅସମ୍ଭବ । ଗ୍ରହନକ୍ଷତ୍ର, ଧୂମକେତୁ, ଉଲ୍‌କା ଆଦି ଅସଂଖ୍ୟ ଗ୍ରହାଣୁ ପୁଞ୍ଜକୁ ନେଇ ଘଟୁଥିବା ଗତିବିଧିକୁ କେବଳ ବୈଜ୍ଞାନିକ ହିଁ ତାର ଗବେଷଣାଦ୍ୱାରା ଜ୍ଞାତଲାଭ କରିପାରେ । ନଭୋମଣ୍ଡଳରେ ଅବସ୍ଥିତ ପୃଥିବୀ ସହିତ ଯଦି ଅନ୍ୟ କୌଣସି ଗ୍ରହ, ନକ୍ଷତ୍ର, ଧୂମକେତୁ, ଉଲ୍‌କା ଆଦି ଅସଂଖ୍ୟ ଗ୍ରହାଣୁ ପୁଞ୍ଜକୁ ନେଇ ଘଟୁଥିବା ଗତିବିଧିକୁ କେବଳ ବୈଜ୍ଞାନିକ ହିଁ ତାର ଗବେଷଣା ଦ୍ୱାରା ଜ୍ଞାତଲାଭ କରିପାରେ । ନଭୋମଣ୍ଡଳରେ ଅବସ୍ଥିତ ପୃଥିବୀ ସହିତ ଯଦି ଅନ୍ୟ କୌଣସି ଗ୍ରହ, ନକ୍ଷତ୍ର, ଧୂମକେତୁର ସଂଘର୍ଷ ଘଟେ ତା ହେଲେ ପୃଥିବୀର ବିସ୍ଫୋରଣ ସହ ସମସ୍ତ ଜୀବଜଗତର ମୃତ୍ୟୁ ଯେ ସୁନିଶ୍ଚିତ ଏହି ଆସନ୍ନ ସଂଘର୍ଷକୁ ନିରୀକ୍ଷଣ କରିପାରେ । ତେଣୁ ବୈଜ୍ଞାନିକ କିପରି ନିଜ ଜୀବନକୁ ତ୍ୟାଗ କରି ଏପରି ଆସନ୍ନ ସଂକଟକୁ ରକ୍ଷା କରିପାରିଛି, ସବିଶେଷ ତଥ୍ୟ ସହ ପୃଥିବୀ ଓ ଧୂମକେତୁର ସଂଘର୍ଷକୁ ଆଧାରକରି ରଚିତ ହୋଇଛି ଔପନ୍ୟାସିକଙ୍କ ପରବର୍ତ୍ତୀ ଉପନ୍ୟାସ 'ବିସ୍ଫୋରିତ ପୃଥିବୀ' । ଡେଭିଡ୍ ଜଣେ ଖ୍ୟାତନାମା ବୈଜ୍ଞାନିକ । ପତ୍ନୀ ରୋଜାଲିନ୍‌ଙ୍କ ସହ ସୁଦୂର ଆମେରିକାର ବୋଷ୍ଟନ୍ ସହରରୁ ଆଫ୍ରିକାର ସେନିଗଲ୍‌ଠାରେ ନିର୍ମିତ 'କିଙ୍ଗଷ୍ଟୋନ୍' ମାନମନ୍ଦିରର ଗବେଷଣାଗାରକୁ ଆସିଛନ୍ତି । ଏଠାରେ ସ୍ଥାପିତ ହୋଇଥିବା ବୃହତ୍ ବେତାର ଟେଲିସ୍କୋପ୍ ସାହାଯ୍ୟରେ ମହାକାଶର ଅଲୌକିକ ନୂତନ ତଥ୍ୟକୁ ବିଶ୍ୱବାସୀଙ୍କ ସମ୍ମୁଖରେ ଉପସ୍ଥାପିତ କରିବା ହେଉଛି ବୈଜ୍ଞାନିକ ଡେଭିଡ୍‌ଙ୍କ ମୁଖ୍ୟ ଲକ୍ଷ୍ୟ । ଗବେଷଣାର ବହୁ ବର୍ଷ ବିତିଯାଇଛି । ମହାକାଶ ସମ୍ବନ୍ଧୀୟ ବହୁ ଅଜଣା ତଥ୍ୟ ବୈଜ୍ଞାନିକମାନଙ୍କ ସମେତ ଡେଭିଡ୍ ପୃଥିବୀ ପୃଷ୍ଠକୁ ଦେଇସାରିଛନ୍ତି । ମହାକାଶଯାନ କ୍ଲାଉଡ୍ ଯମ ଗ୍ରହର ନିକଟବର୍ତ୍ତୀ ହୋଇ ମହାକାଶରେ ଧୂମକେତୁର ଉଦ୍‌ଭାସ ଏବଂ ପୃଥିବୀ ସହ ଧୂମକେତୁର ଆସନ୍ନ ସଂଘର୍ଷ ବିଷୟକ ସୂଚନା ଡେଭିଡ୍ ପାଇସାରିଛନ୍ତି । ଚିନ୍ତିତ ଡେଭିଡ୍ ବହୁଗବେଷଣା ପରେ ଧୂମକେତୁଠାରୁ ପୃଥିବୀକୁ ରକ୍ଷା କରିବାକୁ ହେଲେ ଧୂମକେତୁର ଧ୍ୱଂସ ପାଇଁ ଶକ୍ତିଶାଳୀ ପରମାଣୁ ବୋମା ଏବଂ ରକେଟ୍ ନିର୍ମାଣ କାର୍ଯ୍ୟରେ ଆଗେଇ ଯାଇଛନ୍ତି । ଦିନକୁ ଦିନ ଧୂମକେତୁ ପ୍ରଳୟର ରୂପ ନେଇଛି । ଇତିମଧ୍ୟରେ ରକେଟ୍ ନିର୍ମାଣ କାର୍ଯ୍ୟ ପରିସମାପ୍ତି ଘଟିଛି । ରକେଟ୍ ଉତ୍‌କ୍ଷେପଣ କାର୍ଯ୍ୟ ପାଇଁ ଡେଭିଡ୍ ଏବଂ ପତ୍ନୀ ରୋଜାଲିନ୍ ପ୍ରସ୍ତୁତ ହୋଇଛନ୍ତି । ନିର୍ଦ୍ଧାରିତ ସମୟରେ ଧୂମକେତୁ ସହ ପରମାଣୁ ବୋମାର ସଂଘର୍ଷ ଘଟି ସାରାଆକାଶ ଉଦ୍‌ଭାଷିତ ହୋଇଯାଇଛି । ଡେଭିଡ୍‌ଙ୍କ ଅକ୍ଳାନ୍ତ ପରିଶ୍ରମର ସଫଳପ୍ରାପ୍ତି ହୋଇଛି ସତ କିନ୍ତୁ ଡେଭିଡ୍‌ଙ୍କ ସହ ପତ୍ନୀ ରୋଜାଲିନ୍‌ଙ୍କ ମୃତ୍ୟୁ

ଉପନ୍ୟାସଟିରେ ବିୟୋଗାତ୍ମକ ପରିବେଶ ସୃଷ୍ଟି କରିଛି । ଜୈବିକ ସଂକଟରୁ ପୃଥିବୀକୁ ସୁରକ୍ଷିତ ରଖିବା ଉଦ୍ଦେଶ୍ୟ ନେଇ ବୈଜ୍ଞାନିକର ଅପୂର୍ବ କୃତିତ୍ୱ ଉପନ୍ୟାସଟିରେ ହୋଇଛି ଦୃଶ୍ୟାୟିତ ।

ବିଭୀଷିକାମୟ ମଙ୍ଗଳଯାତ୍ରା :

ମଙ୍ଗଳଯାତ୍ରାର ସବିଶେଷ ତଥ୍ୟକୁ ଆଧାର କରି ଔପନ୍ୟାସିକ ରଚନା କରିଛନ୍ତି ଉପନ୍ୟାସ 'ବିଭୀଷିକାମୟ ମଙ୍ଗଳଯାତ୍ରା' । ସଭ୍ୟତାର ପ୍ରାରମ୍ଭରୁ ଅନନ୍ତ ମହାକାଶକୁ ନେଇ ମନୁଷ୍ୟମନରେ ଯେଉଁ କୌତୁହଳ ସୃଷ୍ଟି ହୋଇଛି ମହାକାଶକୁ ଯାତ୍ରା କରିବାର ସ୍ୱପ୍ନ ମଧ୍ୟ ସତ୍ୟରେ ପରିବର୍ତ୍ତନ ହୋଇଛି । ଗତଶତାବ୍ଦୀର ମଧ୍ୟଭାଗ ପରେ ମନୁଷ୍ୟ ଏପରି ରକେଟ୍ ତିଆରି କରିବାରେ ସଫଳହେଲା ଯାହା ପୃଥିବୀର ମାଧ୍ୟାକର୍ଷଣ ଶକ୍ତିକୁ ପରାସ୍ତ କରି ମହାକାଶରେ ପହଞ୍ଚିପାରିଲା ଏବଂ ସେଇଠୁ ଆରମ୍ଭ କଲା ମନୁଷ୍ୟ ମହାକାଶକୁ ଯାତ୍ରା । ୧୯୫୭ ମସିହା ଅକ୍ଟୋବର ୫ ତାରିଖ ଦିନ ରୁଷିଆ ପ୍ରଥମ ଉପଗ୍ରହ ସ୍ପୁଟନିକ-୧କୁ ମହାକାଶ ପଠାଇବାକୁ ସକ୍ଷମ ହୋଇପାରିଥିଲା । ରୁଷିଆର ୟୁରିଗାଗାରିନ୍ ପ୍ରଥମ ମାନବ ଭାବେ ଭୋସ୍ତୋକ -୧ ମହାକାଶଯାନ ସହାଯ୍ୟରେ ମହାକାଶ ଯାଇ ପ୍ରଦକ୍ଷିଣ କରି ପ୍ରତ୍ୟାବର୍ତ୍ତନ କରିଥିଲେ । ସେହିପରି ମଙ୍ଗଳଯାତ୍ରାର ପ୍ରଥମ ଉଦ୍ୟମ ସଂପୂର୍ଣ୍ଣ ଭାବରେ ସତ ହୋଇଛି ୨୦୧୩ ମସିହା ନଭେମ୍ବର ୧୩ ତାରିଖ ଦିନ ଭାରତ ମହାକାଶ ଯାନ ମୋମ୍ (ମାର୍ସ ଓର୍ବିଟରମିସନ୍)କୁ ଯେତେବେଳେ ପଠାଯାଇଥିଲା । ଭବିଷତ୍ୟରେ ମଧ୍ୟ ମନୁଷ୍ୟ ମଙ୍ଗଳକୁଯାଇ ପ୍ରତ୍ୟାବର୍ତ୍ତନ କରିବାର ଯୋଜନାରେ ବୈଜ୍ଞାନିକମାନେ ବ୍ରତୀ ହୋଇଛନ୍ତି । ପ୍ରାୟତଃ ମନୁଷ୍ୟକୁ ପୃଥିବୀ ପୃଷ୍ଠରୁ ମଙ୍ଗଳକୁ ଯାଇ ଫେରିବାରେ ବୈଜ୍ଞାନିକମାନଙ୍କ ଗବେଷଣା ଅନୁଯାୟୀ ସମୟ ଅତିବାହିତ ହୋଇଥାଏ ଗୋଟିଏ ବର୍ଷ । ଯିବା ଛ ମାସ ଏବଂ ଫେରିବା ଛ ମାସ । ମହାକାଶରେ ଏହି ଦୁର୍ଦ୍ଦଶମୟ ଯାତ୍ରା କରିଛି ମନୁଷ୍ୟ । ମହାକାଶ ଏପରିଏକ ସ୍ଥାନ ଯେଉଁଠାରେ ଜଳନାହିଁ, ବାୟୁ ନାହିଁ, ଆଲୋକ ମଧ୍ୟ ନାହିଁ । ଏପରିକି ବିଭୀଷିକାମୟ ପରିବେଶର ସମ୍ମୁଖୀନ ହୋଇ ମନୁଷ୍ୟ ହିଁ କେବଳ ପୃଥିବୀ ପୃଷ୍ଠକୁ କରିଛି ପ୍ରତ୍ୟାବର୍ତ୍ତନ । ମଙ୍ଗଳଯାତ୍ରାର ଏକ ରୋମାଞ୍ଚକର ତଥ୍ୟ ରାଜିକୁ କାଳ୍ପନିକ ରୂପ ଦେଇ ଆସନ୍ନ ଭବିଷ୍ୟତ ପ୍ରଚେଷ୍ଟାକୁ ରୂପାୟିତ କରିବାରେ ଉପନ୍ୟାସଟି ହୋଇଛି ସମର୍ଥ । ପରିବେଶର ଚମତ୍କାର ବର୍ଣ୍ଣନା ପାଠକକୁ ଅନ୍ୟ ଏକ ପରିବେଶ ସହିତ ସଂଶ୍ଳିଷ୍ଟ କରେଇଦେଇଛି ।

ନୀଳ ସାଗରର ଆତ୍ମଲିପି :

ପ୍ରକୃତିର ଅପରୂପ ସୌନ୍ଦର୍ଯ୍ୟର ଏକ ଅଭିନବ ଉପାଦାନ ସାଗର । ସାଗର ନୀଳଜଳ ରାଶିର ଅତଳ ଗହ୍ୱରରେ ନିହିତଥାଏ ଅମୂଲ୍ୟ ସଂପଦ । ଏହାର

ଉପକୂଳବର୍ତ୍ତୀ ଅଞ୍ଚଳ ମନୁଷ୍ୟ ଜୀବିକା ନିର୍ବାହର ଏକ ବୃହତ୍ ପନ୍ଥା। ସାଧାରଣ ଭାବରେ ମନୁଷ୍ୟ ସାଗରର ଅପରୂପ ସୌନ୍ଦର୍ଯ୍ୟକୁ ଉପଭୋଗ କରେ ସତ କିନ୍ତୁ ତା ଭିତରେ ନିହିତ ଥିବା ସୌନ୍ଦର୍ଯ୍ୟକୁ ଦୃଶ୍ୟାୟିତ କରିବା ତା ନିକଟରେ କଷ୍ଟକର ବ୍ୟାପାର ହୋଇପଡେ କିନ୍ତୁ ମନୁଷ୍ୟର ଏହି କଷ୍ଟକର ଯାତ୍ରାର ରହସ୍ୟ, ସାଗର ଗର୍ଭରେ ନିହିତ ତଥ୍ୟକୁ ଉତ୍ଥାପନ କରିଛି, 'ନୀଳସାଗରର ଆତ୍ମଲିପି' ଉପନ୍ୟାସ। ଅନେକ ଅଜଣା ତଥ୍ୟ ନିହିତ ରହିଛି ନୀଳସାଗରରେ। ସାଗର ଗର୍ଭରେ ଅବସ୍ଥିତ ଥିବା ଜୀବଜନ୍ତୁଠୁ ଆରମ୍ଭ କରି ଉଦ୍ଭିଦରାଜି ତଥା ବୁଡିରହିଥିବା ପାହାଡ଼ ପର୍ବତ ଏବଂ ଏସବୁକୁ ମନୁଷ୍ୟ ଯାଇ ଦେଖିବାର ଅନେକ କଷ୍ଟକର ଯାତ୍ରାର ବିବରଣୀ ଉପନ୍ୟାସଟିରେ ସ୍ଥାନ ପାଇଛି। ପରିବେଶ ବର୍ଣ୍ଣନାରେ ଦୃଷ୍ଟିର ଅନ୍ତରାଳରେ ଥିବା ସମୁଦ୍ରଗର୍ଭସ୍ଥ ବାସ୍ତବ ଚିତ୍ରକୁ ଉନ୍ମୋଚନ କରିବାରେ ଉପନ୍ୟାସଟି ସମର୍ଥ ହୋଇଛି।

ସୁବର୍ଣ୍ଣଗ୍ରହରେ ଜନ୍‌ଓମେରୀ :

ଔପନ୍ୟାସିକଙ୍କ 'ସୁବର୍ଣ୍ଣଗ୍ରହରେ ଜନ୍‌ଓମେରୀ'ମହାକାଶ ସମ୍ବନ୍ଧୀୟ ଏକ ଶିଶୁ ଉପନ୍ୟାସ। ପୃଥିବୀ ପୃଷ୍ଠରେ ମନୁଷ୍ୟ ଉପସ୍ଥିତ ହୋଇ ଏ ଅନନ୍ତ ମହାକାଶର କଳନା କରେ। ଏ ବିଶ୍ୱବ୍ରହ୍ମାଣ୍ଡ ସୃଷ୍ଟିତତ୍ତ୍ୱକୁ ନିରୀକ୍ଷଣ କରେ। ମହାକାଶର ଗ୍ରହନକ୍ଷତ୍ର ଗତିବିଧିଠୁ ଆରମ୍ଭକରି ସେଠାରେ ନିହିତ ଥିବା ଉପାଦାନର ଅବସ୍ଥିତିକୁ ଜ୍ଞାତଲାଭ କରିବା ପାଇଁ ପ୍ରୟାସୀ ହୁଏ। ଶିଶୁମାନଙ୍କ ମନରେ ମଧ୍ୟ ଏହି ବିଶ୍ୱବ୍ରହ୍ମାଣ୍ଡକୁ ନେଇ ଉନ୍ମାଦନା ସୃଷ୍ଟି ହେବା ସହିତ ଦେଖିବା ପାଇଁ ଇଚ୍ଛା ଜାଗ୍ରତ ହୋଇଥାଏ। ଏପରି ଏକ ବିଷୟବସ୍ତୁକୁ ଆଧାରକରି ଔପନ୍ୟାସିକଙ୍କ ଉକ୍ତ ସୁବର୍ଣ୍ଣଗ୍ରହରେ 'ଜନ୍ ଓ ମେରୀ' ଉପନ୍ୟାସଟି ଲିଖିତ। ବିଶ୍ୱବ୍ରହ୍ମାଣ୍ଡର ଚିତ୍ର ସହିତ ଏଥିରୁ ଜ୍ଞାତ ହୋଇଥାଏ ଅସଂଖ୍ୟ ଗ୍ରହନକ୍ଷତ୍ରର ସୂଚନା। ପୃଥିବୀ ପୃଷ୍ଠରୁ ଦୁଇଜଣ ଭାଇ ଭଉଣୀ ଜନ୍ ଓ ମେରୀ ତାଙ୍କ ବୈଜ୍ଞାନିକ ବାପାଙ୍କ ସହ ମହାଶୂନ୍ୟ ଭ୍ରମଣରେ ବାହାରିଛନ୍ତି। ସେମାନଙ୍କ ବିପଦପୂର୍ଣ୍ଣ ଯାତ୍ରା, ସେଠାରେ ପହଞ୍ଚିଥିବା ଦୃଶ୍ୟ ବର୍ଣ୍ଣିତ ହେବାସହିତ ପୃଥିବୀର ବାହ୍ୟସ୍ତର ଯେପରି ମାଟିବାଲିରେ ପରିପୂର୍ଣ୍ଣ ସେହିପରି ମହାକାଶ ଭିତରେ ସୁନାରୂପାର ଅବସ୍ଥିତି, ସେଠାରେ ଥିବା ବିଚିତ୍ରଜୀବ, କୋଟିକୋଟି ଜୀବନ୍ତ ଗ୍ରହର ଉପସ୍ଥିତି ବିଷୟରେ ଉପଲବ୍ଧି କରିପାରିଛନ୍ତି। ଉପନ୍ୟାସଟିରେ ମହାକାଶଯାତ୍ରାର ସବିଶେଷ ବିବରଣୀ ଅନୁଭବ ହେବା ସହିତ ମହାକାଶର ବିଚିତ୍ର ପରିବେଶର ଦୃଶ୍ୟ ମନୁଷ୍ୟମନରେ ଦୃଶ୍ୟାୟିତ ହୋଇପାରିଛି। ଶିଶୁମାନଙ୍କୁ ନେଇ ବାସ୍ତବ ସହ କଳ୍ପନାର ସମ୍ମିଶ୍ରଣରେ ଉପନ୍ୟାସଟି ବେଶ୍ ମର୍ମସ୍ପର୍ଶୀ ମନେ ହୋଇଛି।

ଅମର ମଣିଷ :

'ଅମର ମଣିଷ' ଉପନ୍ୟାସଟି ମନୁଷ୍ୟ ଅମର ରହିବାର ଦୁଃସାହସିକତାକୁ ନେଇ ରଚିତ। ଜନ୍ମ ହେଲାପରେ ସୃଷ୍ଟିର ଏକମାତ୍ର ସତ୍ୟ ମୃତ୍ୟୁ। ମନୁଷ୍ୟ କିନ୍ତୁ ଉପଲବ୍ଧି କରିପାରେ ନାହିଁ ଜୀବନର ସ୍ରୋତ ନିଃଶବ୍ଦରେ ମୃତ୍ୟୁ ଆଡ଼କୁ ହିଁ ଅଗ୍ରଗାମୀ। ଆୟୁସର ପରିସମାପ୍ତି ଘଟିଲେ ଜନ୍ମକର୍ମ ଜୀବନର ମଧ୍ୟ ପରିସମାପ୍ତି ଘଟେ ମୃତ୍ୟୁରେ, କିନ୍ତୁ ବୈଜ୍ଞାନିକମାନଙ୍କ କ୍ଷେତ୍ରରେ ମୃତ୍ୟୁର ଯେଉଁ ଦୁଇଟି ସ୍ତର ଅଛି ଗୋଟିଏ ଦୈହିକ ମୃତ୍ୟୁ ଏବଂ ଅନ୍ୟଟି ଜୈବିକ ମୃତ୍ୟୁ, ପ୍ରାଥମିକ ସ୍ତରରେ ଯେଉଁ ଦୈହିକ ମୃତ୍ୟୁ ଆସେ ତାହାଦ୍ୱାରା ଅଙ୍ଗପ୍ରତ୍ୟଙ୍ଗ ଗୁଡ଼ିକ କାର୍ଯ୍ୟଦକ୍ଷତା କ୍ଷମତା ହରାଇ ବସିବାରୁ ଶରୀର ନିଷ୍କ୍ରିୟ ହୋଇପଡ଼େ। ଅଙ୍ଗ ପ୍ରତ୍ୟଙ୍ଗମାନଙ୍କୁ କୃତ୍ରିମ ଉପାୟରେ କିପରି ସକ୍ରିୟ କରାଯାଇପାରିବ, ମନୁଷ୍ୟର ଜୀବନକାଳ ଯେଉଁ ଶହେ କୋଡିଏ ବର୍ଷ ତାହାଠାରୁ ଊର୍ଦ୍ଧ୍ୱ ମନୁଷ୍ୟ କିପରି ଜୀବନଧାରଣ କରି ଅମର ହୋଇପାରିବ ବୈଜ୍ଞାନିକମାନଙ୍କ ଗବେଷଣାକୁ ଅନୁଧ୍ୟାନକରି ଲେଖକ ରଚନା କରିଛନ୍ତି 'ଅମର ମଣିଷ' ଉପନ୍ୟାସ। ପୃଥିବୀ ପୃଷ୍ଠରେ ତିନୋଟି ଜୀବ ଏବେବି ଅମର ଅଛନ୍ତି (ଏମୋଇବା, ବ୍ୟାକ୍ଟେରିଆ ଓ ସ୍ପର୍ମ) ଯେହେତୁ ଏମାନେ ବଞ୍ଚି ରହିଛନ୍ତି ମନୁଷ୍ୟ କାହିଁକି ବଞ୍ଚିପାରିବନି। ତେଣୁ ଚରିତ୍ରକୁ ନିର୍ଦ୍ଧାରଣ କରୁଥିବା ମନୁଷ୍ୟ ଶରୀରରେ ବାଲ୍ୟ, କୈଶୋର, ବାର୍ଦ୍ଧକ୍ୟ ସୃଷ୍ଟି କରୁଥିବା ଜୀନ୍‌କୁ ଅନୁସନ୍ଧାନ କରାଯିବା ସହିତ ଯେଉଁ ଜୀନ୍ ମଣିଷକୁ ଅଧିକ ବୟସ୍କ କରିବାରେ ସହାୟ ହୋଇପାରିବ ତାକୁ ଅନୁସନ୍ଧାନ କରାଚାଲିଛି। ଯେଉଁଦିନ ଅନୁସନ୍ଧାନ ସଫଳ ହୋଇପାରିବ ସେହି ଜିନ୍‌କୁ ବଦଳାଇ କିମ୍ବା ନିଜ ନିୟନ୍ତ୍ରଣରେ ରଖି ବାର୍ଦ୍ଧକ୍ୟକୁ ରୋକାଯାଇପାରିବ ଏବଂ ସେହିଦିନ ମନୁଷ୍ୟ ଅମର ହୋଇଯିବା ସମ୍ଭାବନା ନେଇ ଏଭଳି ଏକ ଚମକପ୍ରଦ ବୈଜ୍ଞାନିକ ତଥ୍ୟ ରାଜିକୁ "ଅମର ମଣିଷ" ଉପନ୍ୟାସରେ ଲେଖକ ବିସ୍ତୃତ ଭାବରେ ଉପସ୍ଥାପିତ କରି ଆଲୋଚନା କରିଛନ୍ତି। ମନୁଷ୍ୟର ଅମରତ୍ୱକୁ ନେଇ ଏକ ଗବେଷଣାଧର୍ମୀ ଅନୁସନ୍ଧାନମୂଳକ ପ୍ରଚେଷ୍ଟା କହିଲେ ଅତ୍ୟୁକ୍ତି ହେବ ନାହିଁ। ଶରୀରର ଜୈବିକ ଘଡ଼ିକୁ ନିୟନ୍ତ୍ରଣ କରୁଥିବା ଆଣବିକତନ୍ତ୍ର ବା ମଲିକୁଲାର ମେକାନିଜମ୍‌କୁ ଗତବର୍ଷ ବୈଜ୍ଞାନିକମାନେ ଯେପରି ଆବିଷ୍କାର କରିସାରିଲେଣି ସେହିପରି ଜୀନ୍ ପର୍ଯ୍ୟନ୍ତ ମଧ୍ୟ ବୈଜ୍ଞାନିକମାନେ ଉପନୀତ ହୋଇପାରିବେ। ବୈଜ୍ଞାନିକ ତଥ୍ୟ ପ୍ରୟୋଗରେ ମନୁଷ୍ୟ ଜୀବନର ସମ୍ଭାବ୍ୟ ଭବିଷ୍ୟତ ଦର୍ଶାଇବାରେ ଉପନ୍ୟାସଟି ସମର୍ଥ ହୋଇଛି। ଅନୁସନ୍ଧାନର ସଫଳତାକୁ ଆଖିରେ ରଖି ପ୍ରାରମ୍ଭ, ଅଗ୍ରଗତି ଏବଂ ଘଟିଛି ପରିସମାପ୍ତି। ମନୁଷ୍ୟର ଅମରତ୍ୱକୁ ନେଇ ବୈଜ୍ଞାନିକମାନଙ୍କ କ୍ଷେତ୍ରରେ ଯେଉଁ ଗବେଷଣାତ୍ମକ ପରିବେଶ ସୃଷ୍ଟିହୋଇଛି ତାହା ସଂପୂର୍ଣ୍ଣ ଭାବରେ ବାସ୍ତବତାକୁ ଉପସ୍ଥାପିତ କରିବାରେ ସକ୍ଷମ ହୋଇଛି।

ଜହ୍ନରାଇଜ ପରେ :

ଔପନ୍ୟାସିକଙ୍କ ଅନ୍ୟ ଏକ ଉପନ୍ୟାସ 'ଜହ୍ନରାଇଜ ପରେ'। ସୌର ଜଗତର ବର୍ଣ୍ଣନାକୁ ଆଧାର କରି ରଚିତ। ସୌରଜଗତ କହିଲେ ସୂର୍ଯ୍ୟ ସମେତ ଆଠଟି ଗ୍ରହ, ପାଞ୍ଚଟି ବାମନ ଗ୍ରହ, ଅନେକ ଉପଗ୍ରହ, ଗ୍ରହାଣୁ ଏବଂ ଧୂମକେତୁକୁ ନେଇ ଗଠିତ। ସୂର୍ଯ୍ୟ ସୌରଜଗତର ମୁଖ୍ୟ। ସୂର୍ଯ୍ୟକୁ କେନ୍ଦ୍ର କରି ସୌରଜଗତର ସମସ୍ତ ବସ୍ତୁପିଣ୍ଡର ପରିକ୍ରମଣ। ଉପଗ୍ରହଗୁଡ଼ିକ କିନ୍ତୁ ନିଜନିଜର ଗ୍ରହଚାରିପଟେ ଘୁରିବା ସହ ସୂର୍ଯ୍ୟକୁ ପରିକ୍ରମଣ କରିଥାନ୍ତି ବୋଲି ମନୁଷ୍ୟ ଜ୍ଞାତ ଲାଭ କରେ ପୁଣି ସୌରମଣ୍ଡଳର ଅବସ୍ଥିତିକୁ ଆକଳନ କଲେ ଚନ୍ଦ୍ର ହେଉଛି ପୃଥିବୀର ନିକଟତମ ଉପଗ୍ରହ। ପୃଥିବୀବାସୀ ଚନ୍ଦ୍ରକୁ ନିକଟରୁ ଦେଖିଲାପରି ଅନୁଭବ କରୁଥିଲେ ମଧ୍ୟ ଏହାପରେ କିଏ ଅଛି ଅଧିକାଂଶ ମନୁଷ୍ୟ ଜାଣିବା ଅସମ୍ଭବ ମନେ ହୁଏ। ତେବେ ଚନ୍ଦ୍ର ପରେ ଥିବା ସୌରଜଗତର ବିଭିନ୍ନ ଗ୍ରହ, ନକ୍ଷତ୍ର, ଧୂମକେତୁ, ଉଲ୍‌କା, ଗ୍ରହାଣୁ ସଂପର୍କରେ ବିସ୍ତୃତ ବିବରଣୀ ବର୍ଣ୍ଣନା କରାଯାଇ ବିଶ୍ୱବ୍ରହ୍ମାଣ୍ଡର ଏକ ସ୍ଥୁଳ ଚିତ୍ର ଆକଳନକରି ଉପନ୍ୟାଟିରେ ଉଲ୍ଲେଖ କରାଯାଇଛି।

ପାତାଳ ମଣିଷ :

ମନୁଷ୍ୟର ସ୍ଥିତିକୁ ନେଇ ରଚିତ ହୋଇଛି ଉପନ୍ୟାସ 'ପାତାଳ ମଣିଷ'। ମନୁଷ୍ୟ ପୃଥିବୀରେ ଯେହେତୁ ଜୀବନଧାରଣ କରେ ପୃଥିବୀର ପ୍ରାକୃତିକ ବିପର୍ଯ୍ୟୟ ସହ ମଧ୍ୟ ଅଙ୍ଗାଙ୍ଗୀ ଭାବେ ଜଡ଼ିତ ହୋଇଯାଏ। ପ୍ରକୃତିର ବିରୋଧାତ୍ମକ ପରିବେଶ ସହିତ ସମ୍ମୁଖୀନ ହୋଇ ବାସପଯୋଗୀ ବାସସ୍ଥଳୀର ଅନ୍ୱେଷଣ କରେ। ପ୍ରକୃତରେ ପୃଥିବୀ ସହ ମନୁଷ୍ୟର ଅବିରତ ସଂଗ୍ରାମ ହିଁ ଚାଲିଥାଏ। ସଂଗ୍ରାମହିଁ ମନୁଷ୍ୟକୁ ପ୍ରକୃତ ଜୀବନର ଅର୍ଥ ଏବଂ ପ୍ରକୃତ ସତ୍ୟ ସହ ପରିଚିତ କରାଇଦିଏ। ତେଣୁ ଏଠାରେ ବସବାସ କରୁଥିବା ମନୁଷ୍ୟ ସମେତ ଜୀବଜନ୍ତୁଙ୍କ ମୃତ୍ୟୁ ମଧ୍ୟ ସୁନିଶ୍ଚିତ। ଏଭଳିକି ଅତୀତ ପୃଥିବୀର ବିଶାଳକାୟ ଜୀବ ଡାଇନୋସର୍‌ର ବିଲୁପ୍ତି ମଧ୍ୟ ହୋଇଯାଇଛି। ତେବେ ବର୍ତ୍ତମାନର ଅବସ୍ଥାକୁ ଲକ୍ଷ୍ୟ କଲେ ପରିବର୍ତ୍ତିତ ପାଣିପାଗ ଏବଂ ବଢୁଥିବା ତାପମାତ୍ରା ହିଁ ମଣିଷ ସମେତ ଅନ୍ୟ ବହୁ ଜୀବଜନ୍ତୁଙ୍କ ବିଲୁପ୍ତିର କାରଣ ଯେ ନ ହେବ ତାହା ଅସ୍ୱୀକାର କରାଯାଇପାରିବ ନାହିଁ। ତେଣୁ ଏହି ଚିନ୍ତାଧାରାକୁ ନେଇ ଡକ୍ଟର ମହାପାତ୍ର ଉକ୍ତ ଉପନ୍ୟାସରେ ହଠାତ୍ ପୃଥିବୀର ତାପମାତ୍ରା ବଢିଯିବାରୁ ମଣିଷ ଭୂଗର୍ଭରେ ଗାତ ଖୋଳି ସେଠାରେ ବସତି ସ୍ଥାପନ କରି ନିଜକୁ କିପରି ବଞ୍ଚାଇଛି ତାର ଏକ କାଳ୍ପନିକ ଚିତ୍ର ଅଙ୍କନ କରିଛନ୍ତି। ଏଥିସହିତ ମାଟି ତଳେ ଥିବା ପୃଥିବୀର ଗର୍ଭବିଷୟରେ

ବହୁ ଅଜଣା ଏବଂ ଅଲୌକିକ ତଥ୍ୟର ଉପସ୍ଥାପନା ରହିଛି । ସାଂପ୍ରତିକ ପରିବେଶର ସ୍ଥିତିକୁ ନେଇ ଆଗତ ଭବିଷ୍ୟତର କଳନା ପ୍ରାକୃତିକ ବିପର୍ଯ୍ୟୟ ସହ ମନୁଷ୍ୟର ସଂଘର୍ଷ ବଞ୍ଚିବା ପାଇଁ ତାର ପ୍ରୟାସ, ବୈଜ୍ଞାନିକ ବିଶ୍ଳେଷଣକୁ ନେଇ ବହୁ ଅଜଣାତଥ୍ୟ ଉନ୍ମୋଚନ ସହ ଭୂଗର୍ଭସ୍ଥ ପରିବେଶର ବାସ୍ତବଚିତ୍ର ଅଙ୍କିତ ହୋଇଛି ଉପନ୍ୟାଟିରେ ।

■

ପାଦଟୀକା

୧. ମହାପାତ୍ର, ଗୋକୁଳାନନ୍ଦ, ପୃଥିବୀ ବାହାରେ ମଣିଷ, ପୃ- ମୁଖବନ୍ଧ

୨. ମହାପାତ୍ର, ଗୋକୁଳାନନ୍ଦ, କୃତ୍ରିମ ଉପଗ୍ରହ, ପୃ- ପଦେ ଅଧେ

୩. ମହାପାତ୍ର, ଗୋକୁଳାନନ୍ଦ, ସୁନାର ଓଡିଶା, ପୃ- ପଦେ ଅଧେ

୪. ମହାପାତ୍ର, ଗୋକୁଳାନନ୍ଦ, ସ୍ଫୁଟନିକ, ପୃ- ପଦେ ଅଧେ

୫. ମହାପାତ୍ର , ଗୋକୁଳାନନ୍ଦ, ମଧ୍ୟାହ୍ନର ଅନ୍ଧକାର, ପୃ-ପଦେ ଅଧେ

୬. ମହାପାତ୍ର , ଗୋକୁଳାନନ୍ଦ, ମୃତ୍ୟୁ ଏକ ମାତୃତ୍ୱର, ପୃ- ମୁଖବନ୍ଧ

୭. ମହାପାତ୍ର, ଗୋକୁଳାନନ୍ଦ, ନିସ୍ତବ୍ଧ ଗୋଧୂଳି, ପୃ-ମୁଖବନ୍ଧ

୮. ପଣ୍ଡା, ଡଃ ନୃସିଂହ ଚରଣ, ପାଷାଣ ଭେଦୀ ଗୁଲ୍ମର କାହାଣୀ, ପୃ-୩୪

୯. ତତ୍ରୈବ, ପୃ- ୩୪୧

୧୦. ପଣ୍ଡା, ଡଃ ନୃସିଂହ ଚରଣ, ଦଗ୍ଧ ଗୋଲାପର ଚିରବସନ୍ତ, ପୃ-ମୁଖବନ୍ଧ

୧୧. ପଣ୍ଡା, ଡଃ ନୃସିଂହଚରଣ, ପାଷଣ ଭେଦୀ ଗୁଲ୍ମର କାହାଣୀ, ପୃ-୫୩୯

୧୨. ମିଶ୍ର, ଡକ୍ଟର ଦେବକାନ୍ତ, କୃତ୍ରିମ ମଣିଷ, ପୃ-ମୁଖବନ୍ଧ

ଓଡ଼ିଆ ବୈଜ୍ଞାନିକ ଉପନ୍ୟାସର ଆତ୍ମିକ ବିଭବ

ସ୍ରଷ୍ଟାଙ୍କ କମନୀୟ ସୃଷ୍ଟିରେ ଅଙ୍ଗ ଏବଂ ଆତ୍ମାକୁ ନେଇ ଜୀବନର ସୃଷ୍ଟି। ଅନ୍ୟ ପ୍ରାଣୀମାନଙ୍କ ପରି ବିଶେଷକରି ମନୁଷ୍ୟ ଜୀବନ ମାଧ୍ୟମରେ ପରିଚିତ ହୋଇଥାଏ। ଜୀବନର ବ୍ୟାପକତାକୁ ଅଙ୍ଗୀକାର କରେ। ଜୀବନର ମହନୀୟତାକୁ ଆତ୍ମା ରୂପେ ଅଙ୍ଗୀଭୂତ କରେ। ଆତ୍ମା ହୋଇଯାଏ ମନୁଷ୍ୟ ଜନ୍ମ ସାର୍ଥକତାର ମୁଖ୍ୟ ଅବଲମ୍ବନ। ଅନୁରୂପ ଭାବରେ ସାହିତ୍ୟ କ୍ଷେତ୍ରରେ ଉପନ୍ୟାସ ମଧ୍ୟ ଆଙ୍ଗିକ ଏବଂ ଆତ୍ମିକ ଦୁଇଟି ବିଭବକୁ ନେଇ ସୃଷ୍ଟି ହୋଇଥାଏ। ଆଙ୍ଗିକ ବିଭବକୁ ଉପନ୍ୟାସର ଗଠନ ଶୈଳୀ ବା ଶରୀର ରୂପେ ଏବଂ ଆତ୍ମିକ ବିଭବକୁ ଉପନ୍ୟାସର କଥାବସ୍ତୁ ବା ପ୍ରାଣରୂପେ ପରିକଳ୍ପନା କରାଯାଇଥାଏ । ଆଙ୍ଗିକ ବିଭବ ଉପନ୍ୟାସର ବାହ୍ୟଦିଗ ହୋଇଥିବାବେଳେ ଆତ୍ମିକ ବିଭବ ତାର ଅନ୍ତଃଶୋଭାର ପରିଚାୟକ ହୋଇଥାଏ। ଉପନ୍ୟାସର ଏହି ଆତ୍ମିକ ବିଭବ, କଥାବସ୍ତୁକୁ ନେଇ ହୋଇଥାଏ ଜୀବନ୍ତ । ଉପନ୍ୟାସର ଚରିତ୍ର ହିଁ କଥାବସ୍ତୁରେ ପ୍ରାଣ ସଂଚାର କରେ। ଜୀବନ ଓ ଜଗତ ସମ୍ପର୍କିତ ଧାରଣାକୁ ପରିସ୍ଫୁଟ କରେ। ବହୁ ଚରିତ୍ର ସମାବେଶରେ ଘଟଣାଗୁଡିକ ସଂଯୋଜିତ ହୋଇ ଉପନ୍ୟାସର ଆତ୍ମିକ ମୂଲ୍ୟାୟନକୁ ଅବ୍ୟାହତ ରଖିଥାଏ। ଉପନ୍ୟାସର ଚିରନ୍ତନ ମୂଲ୍ୟବୋଧ କିମ୍ବା ଗୁଣାତ୍ମକମାନ ଏହି ଆତ୍ମିକ ବିଭବରୁ ହିଁ ପରିସ୍ଫୁଟ ହୋଇଥାଏ।

ଆମ ସଭ୍ୟତା ଓ ସଂସ୍କୃତି ଯେଉଁ ପ୍ରଥା ଓ ପରମ୍ପରା ସୃଷ୍ଟି କରିଛି ମନୁଷ୍ୟ ତାହାରି ଉପରେ ଛିଡା ହୋଇ ବର୍ତ୍ତମାନକୁ ଦେଖିବା ସହିତ ଭବିଷ୍ୟତକୁ ମଧ୍ୟ ଗଠନମୂଳକ ଦୃଷ୍ଟିରେ ସଂଦର୍ଶନ କରୁଛି। ଭାବିବାକୁ ଗଲେ ପ୍ରତିଟି ମୁହୂର୍ତ୍ତରେ ଆମର ଭବିଷ୍ୟତ ବର୍ତ୍ତମାନରେ ପରିସ୍ଫୁଟ ହେବାରେ ଲାଗିଛି। ସେହି ବର୍ତ୍ତମାନର ଦର୍ପଣରେ

ମନୁଷ୍ୟ କିପରି ଦିଶୁଛି ତାର ମଧ୍ୟ କଳ୍ପନା ସମ୍ଭବ ହୋଇପାରିଛି। ଏଣୁ ବୈଜ୍ଞାନିକ ଉପନ୍ୟାସ ଏହି ସମସାମୟିକ ସମାଜର ପ୍ରତିଛବି ହେବା ସହିତ ଭବିଷ୍ୟତର ଦସ୍ତାବିଜ ମଧ୍ୟ ହୋଇପାରିଛି। ମାଟିତଳୁ ଆରମ୍ଭ କରି ମହାକାଶ ପର୍ଯ୍ୟନ୍ତ ବିରାଟ ବିସ୍ତୃତିକୁ ତାର ପ୍ରାଣରେ ସ୍ପନ୍ଦିତ କରି ଗାଠନିକ ରୂପ ପ୍ରଦାନ କରିଛି। ସାଂପ୍ରତିକ ସମୟର ସାମାଜିକ ବାସ୍ତବତା, ସଂସ୍କାରଶୀଳ ପ୍ରଗତିବାଦୀ ଚେତନା, ଆଦର୍ଶବୋଧ, ସାମାଜିକ ବୋଧ, ଗାନ୍ଧିବାଦ, ବୈଜ୍ଞାନିକ, ସାମାଜିକ, ମାନବିକ, ଦୃଷ୍ଟିଭଙ୍ଗୀ, ମନସ୍ତାତ୍ତ୍ୱିକ ବିଶ୍ଳେଷଣ, ମନୋବୈଜ୍ଞାନିକ ଚିନ୍ତାଧାରା, ବିବର୍ତ୍ତନବାଦ, ଲୋକବିଶ୍ୱାସ ଆଦି ବିଭବରେ ବୈଜ୍ଞାନିକ ଉପନ୍ୟାସ ତାର ଆତ୍ମିକ ପର୍ଯ୍ୟାୟକୁ ବିଭବାନ୍ୱିତ କରିଛି।

ସାମାଜିକ ବାସ୍ତବତା :

ମନୁଷ୍ୟ ସମାଜରେ ବାସ କରେ, ସମାଜରେ ଜୀବନ ଅତିବାହିତ କରେ। ସମାଜ ସହିତ ଅଙ୍ଗାଙ୍ଗୀ ଭାବରେ ଜଡିତ ହୋଇଯାଏ। ତେଣୁ ସମାଜରୁ ହିଁ ଔପନ୍ୟାସିକ ତାର ଉପନ୍ୟାସର କଥାବସ୍ତୁକୁ ଗ୍ରହଣ କରେ ଏବଂ ସମାଜରେ ଘଟୁଥିବା ବାସ୍ତବିକତାକୁ କାହାଣୀର ରୂପ ଦିଏ। ସାମାଜିକ ଦୃଷ୍ଟିଭଙ୍ଗୀକୁ ପ୍ରତିଫଳତି କରେ। ଉପନ୍ୟାସର କଥାବସ୍ତୁଟି ଯଦି ବାସ୍ତବଧର୍ମୀ ନହେଲା ତାହାହେଲେ ଉପନ୍ୟାସଟି ମଧ୍ୟ ସାର୍ଥକ ଲାଭ କରିପାରେ ନାହିଁ। ତେଣୁ ଜୀବନ୍ତ ଓ ପ୍ରଭାବଶାଳୀ କଥାବସ୍ତୁ ଉପନ୍ୟାସର ସାମାଜିକ ବାସ୍ତବତାକୁ ମଧ୍ୟ ଜୀବନ୍ତ କରିବାରେ ସହାୟ ହୋଇଥାଏ।

ବୈଜ୍ଞାନିକ ଉପନ୍ୟାସ କଥାବସ୍ତୁର ମୁଖ୍ୟ ଆଭିମୁଖ୍ୟ ହେଲା ବିଜ୍ଞାନର ନୂତନତ୍ୱକୁ ଲୋକାଭିମୁଖୀ କରାଇ ଉପଯୋଗ କରିବା। ତେଣୁ ବିଜ୍ଞାନ ଉପରେ ଏହାର ଆଭିମୁଖ୍ୟ ଆବର୍ତ୍ତିତ ହେଲେହେଁ ତାହାର ପୃଷ୍ଠଭୂମି ନିର୍ଭର କରେ ସମାଜ ଉପରେ। ସାମାଜିକ ପରିବେଶ, ପରିସ୍ଥାନ ଓ ବାୟୁମଣ୍ଡଳ ଦେଇ ଉପନ୍ୟାସର କଳାକୌଶଳ ନେଇ ବୈଜ୍ଞାନିକ ଉପନ୍ୟାସର କଥାବସ୍ତୁ ଅବଧାରିତ ହୋଇଥାଏ। ସମାଜରେ ବ୍ୟବହୃତ ଚାଲି ଚଳଣି, ଜୀବନଧାରା, ପରିବେଶର ପରିସ୍ଥିତି ବୈଜ୍ଞାନିକ ଉପନ୍ୟାସରେ ରୂପାୟିତ ହୁଏ। ତେବେ ଓଡିଆ ବୈଜ୍ଞାନିକ ଉପନ୍ୟାସ କେତେବେଳେ ସମାଜର ବାସ୍ତବିକତାର ରୂପ ପ୍ରକାଶ କରେତ ପୁନଶ୍ଚ ଆଉ କେତେବେଳେ କଳ୍ପନାରେ ରୂପାୟିତ ହୋଇଥାଏ।

ଏହି ପରିପ୍ରେକ୍ଷୀରେ ବିଚାର କଲେ ଔପନ୍ୟାସିକ ଗୋକୁଳାନନ୍ଦ ମହାପାତ୍ରଙ୍କ ଉପନ୍ୟାସ 'ପୃଥିବୀ ବାହାରେ ମଣିଷ' ଉପନ୍ୟାସର ସାମାଜିକ ବାସ୍ତବତା ସଂପୂର୍ଣ୍ଣ ଭାବରେ ପୃଥିବୀ ଭିତରେ ହିଁ ଆବଦ୍ଧ। କିନ୍ତୁ ଲେଖକ ପୃଥିବୀ ବାହାର ମଙ୍ଗଳ ଗ୍ରହକୁ ନେଇ ଆଧୁନିକ ସମାଜର ବହୁ କଳ୍ପିତ ବୈଜ୍ଞାନିକ ସମୃଦ୍ଧିର ରୂପ ଦେଇଛନ୍ତି।

ଉପନ୍ୟାସଟିରେ ସାମାଜିକ ବିଧିବ୍ୟବସ୍ଥା, ଶାସନ ବ୍ୟବସ୍ଥା, ବୈଜ୍ଞାନିକ ଉନ୍ନତି, ଆଦର୍ଶବାଦ ଆଦିକୁ ପର୍ଯ୍ୟାଲୋଚନା କରି ଏକ ସୁସ୍ଥ ବୈଜ୍ଞାନିକ ଶୈଳୀଭିତ୍ତିକ ସମାଜର ପରିକଳ୍ପନା କରିଛନ୍ତି ।

କିନ୍ତୁ ଲେଖକଙ୍କ 'କୃତ୍ରିମ ଉପଗ୍ରହ'ଉପନ୍ୟାସର ସାମାଜିକ ବାସ୍ତବତା ସଂପୂର୍ଣ୍ଣ ଭାବରେ ସତ୍ୟତା ଉପରେ ନିର୍ଭର କରେ। ଉପନ୍ୟାସର ପ୍ରାରମ୍ଭରୁ ବର୍ଣ୍ଣନା ଥିବା ଗୁପ୍ତ ଅଧିବେଶନ, ମହାକାଶକୁ କୃତ୍ରିମ ଉପଗ୍ରହ ପଠାଇବା ପାଇଁ ରୁଷ୍‌ର ବୈଜ୍ଞାନିକମାନେ ଯେଉଁ ଉଦ୍ୟମ କରିଥିଲେ, ତାହାର ବାସ୍ତବ ରୂପ ପ୍ରକାଶିତ ହୋଇଛି। ପୁନଶ୍ଚ ଉପନ୍ୟାସଟିର ମୁଖ୍ୟ ଚରିତ୍ର ଆଲେକ୍ସି ମହାଶୂନ୍ୟକୁ ଯିବା ପୂର୍ବରୁ ପିତାମାତା ଓ ବନ୍ଧୁବାନ୍ଧବମାନଙ୍କଠାରୁ ବିଦାୟ ନେବା ପାଇଁ ନିଜର ଜନ୍ମସ୍ଥାନକୁ ଯେଉଁ ଚାଲିଆସିଛନ୍ତି ତାହା ସଂପୂର୍ଣ୍ଣ ଭାବରେ ବାସ୍ତବିକ ସମାଜର ରୂପ ନେଇଛି। ଉପନ୍ୟାସଟିରେ ଆଲେକ୍ସି, ମେରିନା ଓ ଲେନାକୁ ନେଇ ପ୍ରେମର ଯେଉଁ ତ୍ରିଭୁଜଟି ଲେଖକ ଅଙ୍କନ କରିଛନ୍ତି, ତାହା ପ୍ରେମର ବାସ୍ତବ ଦିଗକୁ କରିଛି ଦୃଶ୍ୟାୟିତ। ଆଲେକ୍ସି ଏବଂ ମେରିନାଙ୍କ ମୃତ୍ୟୁରେ ପରିବାରଠୁ ଆରମ୍ଭକରି ଯୁକ୍ତରାଷ୍ଟ୍ର ଆମେରିକା ପର୍ଯ୍ୟନ୍ତ ଯେଉଁ ଶୋକର ଛାୟା ଖେଳିଯାଇଛି ତାହା ବାସ୍ତବରେ ସାଧାରଣ ସମାଜର ବାସ୍ତବଭାବାବେଗକୁ ବୃଦ୍ଧି କରିଛି ।

'ଚନ୍ଦ୍ରର ମୃତ୍ୟୁ' ଉପନ୍ୟାସରେ ଲେଖକ ଚନ୍ଦ୍ରରେ ବସତି ସ୍ଥାପନ, ସାମାଜିକ ଚଳଣି, ବୈଜ୍ଞାନିକ ଉନ୍ନତି ଭିତ୍ତିକ ପରିବେଶ, ଜୀବନଧାରାର ଯେଉଁ ବର୍ଣ୍ଣନା କରିଛନ୍ତି ତାହା ବିଶେଷ ଭାବରେ କଳ୍ପନାକୁ ଆଶ୍ରୟ କରିଛି। କିନ୍ତୁ ଅନ୍ୟପକ୍ଷରେ ଲେଖକ ରମେଶ ଚରିତ୍ର ମାଧ୍ୟମରେ ଆମେରିକାର ଲାସଭେଗାସ ସହରର ଜୀବନ ଯାପନ ଶୈଳୀ ସଂପୂର୍ଣ୍ଣ ଭାବରେ ବାସ୍ତବ । ଲେଖକଙ୍କ ଭାଷାରେ – "ରାସ୍ତାର ଦୁଇ ଧାରରେ ଅସଂଖ୍ୟ ହୋଟେଲ୍, ନାଇଟ୍ କ୍ଲବ୍ ଓ ନାଚଘର। ଜୁଆ ଖେଳର କଳରୋଳ, ରୂପଜୀବୀ ଲଳନାମାନଙ୍କର କଳହାସ୍ୟ ଛୁଟି ଆସୁଥାଏ ରାସ୍ତା ଉପରକୁ।" [୧]।

ଉକ୍ତ ଉପନ୍ୟାସ ପରି 'ସୁନାର ଓଡିଶା' ଉପନ୍ୟାସରେ ଓଡିଶାର କଳା ଗୌରବ ଜାତୀୟ ପ୍ରୀତିର ଦୃଶ୍ୟ ଅରୁଣ ଚରିତ୍ରରୁ ଦୃଶ୍ୟାୟିତ ହେଇଥିଲେ ମଧ୍ୟ ଉପନ୍ୟାସରେ ବର୍ଣ୍ଣିତ ଅରୁଣ ପାଠପଢିବା ପାଇଁ ବିଦେଶ ଗମନ କ୍ଷେତ୍ରରେ ଆମେରିକା ପରିବେଶର ବର୍ଣ୍ଣନା, ବିଦ୍ୟା ଅଧ୍ୟୟନ ପ୍ରସଙ୍ଗରେ ବିଦେଶୀ ଝିଅମାନଙ୍କ ସହିତ ଭାରତୀୟ ଛାତ୍ରମାନଙ୍କ ପ୍ରେମ ସମ୍ପର୍କ ଉଲ୍ଲେଖ ରହିଛି। ତା ସହିତ ଆମେରିକାର କଲେଜ ଜୀବନର ଝିଅପୁଅମାନଙ୍କ ଡେଟିଙ୍ଗ (Dating) ପ୍ରଥା ବାସ୍ତବରେ ଆମେରିକୀୟ ସାମାଜିକ ଜୀବନର ବାସ୍ତବ ଚିତ୍ରକୁ ରୂପାୟିତ କରିଛି। ଅନ୍ୟପକ୍ଷରେ ଅରୁଣ କୁମାର ଯେଉଁ ସୁନାର ଓଡିଶାର ସ୍ୱପ୍ନ ଦେଖିଛନ୍ତି, ତାକୁ କାର୍ଯ୍ୟରେ ପରିଣତ କରିବା ପାଇଁ ଆମେରିକୀୟ

ଶିଳ୍ପପତିମାନଙ୍କ ଦ୍ୱାରା ଓଡ଼ିଶାରେ ନିହିତ ଥିବା ଯେଉଁ ପ୍ରାକୃତିକ ସଂପଦକୁ ନେଇ କଳକାରଖାନା ଗଢିଉଠେଇବାର ଯୋଜନା ତିଆରି କରିଛନ୍ତି ତାହା କପୋଳକଳ୍ପିତ ନ ହୋଇ ବାସ୍ତବତାକୁ ସ୍ପର୍ଶ କରିଛି।

'ସୁନାର ଓଡିଶା','ଚନ୍ଦ୍ରର ମୃତ୍ୟୁ' ଉପନ୍ୟାସ ପରି ଆମେରିକୀୟ ପରିବେଶର ବର୍ଣ୍ଣନା 'ମୃତ୍ୟୁ ଏକ ମାତୃତ୍ୱର' ଉପନ୍ୟାସରେ ମଧ୍ୟ ନିହିତ। ଉକ୍ତ ଉପନ୍ୟାସର ମୁଖ୍ୟ ଚରିତ୍ର ଅତନୁ ପଟ୍ଟନାୟକଙ୍କୁ ଭବିଷ୍ୟତରେ କ୍ୟାନସର୍ ରୋଗର ନିରାକରଣ ପାଇଁ ଏକ ବିଶେଷଜ୍ଞ ଭାବରେ ଠିଆ କରାଇଛନ୍ତି। ଅତନୁ କୁମାର ଜଣେ ଭାରତୀୟ ହୋଇ ଆମେରିକାରେ ଜୀବନ ଅତିବାହିତ କଲେ ମଧ୍ୟ ସେ ଭାରତୀୟ ପରମ୍ପରା, ଭାରତୀୟ ଖାଦ୍ୟପେୟକୁ ଛାଡ଼ି ପାରିନାହାନ୍ତି। ଭାରତୀୟ ଖାଦ୍ୟପ୍ରଣାଳୀର ବାସ୍ତବ ଚିତ୍ର ଉପନ୍ୟାସଟିରେ ବର୍ଣ୍ଣିତ ରହିଛି। ସଂପ୍ରତି କମ୍ପ୍ୟୁଟର ମାଧ୍ୟମରେ ପାତ୍ରପାତ୍ରୀ ଚୟନ ହେଲା ପରି ଅତନୁ କୁମାରଙ୍କ ପାଇଁ କମ୍ପ୍ୟୁଟର ମାଧ୍ୟମରେ ଓଡିଆ ଝିଅ ତନୁଶ୍ରୀଙ୍କୁ ଚୟନ କରାଯାଇଛି କିନ୍ତୁ ବିବାହ ଭାରତୀୟ ବିଧିରେ ସମାପନ ହୋଇଛି। ଭାରତୀୟ ପରମ୍ପରାରେ ବୟୋଜ୍ୟେଷ୍ଠମାନଙ୍କୁ ଯେପରି ସମ୍ମାନ ଏବଂ ସ୍ୱାମୀମାନଙ୍କୁ ଯେପରି ଦେବତୁଲ୍ୟ ମାନ୍ୟତା ଦିଆଯାଏ ସେହିପରି ତନୁଶ୍ରୀ ସ୍ୱାମୀ ସେବାକୁ ପରମଧର୍ମ ରୂପେ ପାଳନ କରିଛି।

ବେଳେବେଳେ ଲିଙ୍ଗ ପରିବର୍ତ୍ତନ କରି ପୁଅ ଝିଅରେ ପରିବର୍ତ୍ତନ କରୁଥିବା ବା ଝିଅକୁ ପୁଅରେ ପରିବର୍ତ୍ତନ କରୁଥିବା ଘଟଣା ସଂପୂର୍ଣ୍ଣ ଭାବରେ କଳ୍ପନା ପରି ମନେ ହେଲେ ହେଁ ବାସ୍ତବରେ ତାହା ବୈଜ୍ଞାନିକମାନଙ୍କ ଦ୍ୱାରା ସତ୍ୟରେ ପରିଣତ ହେଲାଣି। ଉକ୍ତ ଉପନ୍ୟାସଟିରେ ମଧ୍ୟ ଅତନୁଙ୍କ ବାପା ଡ. ରଣେନ୍ଦ୍ର ପଟ୍ଟନାୟକଙ୍କ ପତ୍ନୀ ନମିତାରୁ ନରେନ୍ଦ୍ରରେ ପରିବର୍ତ୍ତନ ହୋଇଛନ୍ତି। ନାରୀରୁ ପୁରୁଷରେ ପରିବର୍ତ୍ତନ ହେବା ପରେ ମନୁଷ୍ୟର ଭାବାବେଗ ଯେପରି ସ୍ତ୍ରୀ ପୁରୁଷ ଅନୁଯାୟୀ ଭିନ୍ନ ଭିନ୍ନ ହୁଏ ସେହିପରି ନମିତା ନରେନ୍ଦ୍ରରେ ପରିବର୍ତ୍ତନ ହେବା ପରେ ତାଙ୍କ ଶିଶୁ ପ୍ରତି ଥିବା ସ୍ନେହ ମମତା ମଧ୍ୟ କିପରି ହ୍ରାସ ହୋଇଛି ଉପନ୍ୟାସଟିରେ ତାହାର ବାସ୍ତବ ଚିତ୍ର ରୂପାୟିତ। ଏହି ପରିପ୍ରେକ୍ଷୀରେ ଲେଖକ ମାନବିକ ସମ୍ପର୍କରେ ମୁଣ୍ଡ ଟେକିଥିବା ଆବେଗିକତାକୁ ବର୍ଣ୍ଣନା ମାଧ୍ୟମରେ ଉପସ୍ଥାପନ କରିଛନ୍ତି।

ଲେଖକଙ୍କ 'ମଧ୍ୟାହ୍ନର ଅନ୍ଧକାର' ଏକ ସାମାଜିକ ଉପନ୍ୟାସ କହିଲେ ଅତ୍ୟୁକ୍ତି ହେବ ନାହିଁ। ଏକ ବୈଜ୍ଞାନିକ ଉପନ୍ୟାସ ହୋଇଥିଲେ ମଧ୍ୟ ସମାଜରେ ହୋଇଥିବା ଦୁର୍ନୀତି, ଶେଠ୍ ଜଗଦୀଶ ଲାଲ ଚରିତ୍ରରେ ପୁଞ୍ଜିପତିମାନଙ୍କ ଦ୍ୱାରା ନୈତିକ ମାନବିକ ମୂଲ୍ୟବୋଧର ଯେଉଁ ଅବକ୍ଷୟ, ଅର୍ଥ ଲାଳସାରେ ଗବେଷଣାର ଅପବ୍ୟବହାର,

ବୈଜ୍ଞାନିକ ପଦ୍ଧତିରେ ଅପମିଶ୍ରଣ, ସାଧାରଣ ଜନତା ଉପରେ ତାହାର ପ୍ରଭାବ ଆଦିକୁ ଲେଖକ ଦୃଶ୍ୟାୟିତ କରିବା ସହିତ ଉପନ୍ୟାସର ପରିଣତିରେ ଦୋଷୀ ପ୍ରତି ଉଚିତ ଦଣ୍ଡବିଧାନ ଏବଂ ସତ୍ୟ ଆଦର୍ଶରେ ପରିଚାଳିତ ରମେଶ ବାବୁଙ୍କ ବିଜୟ ସତ୍ୟ ଉପରେ ପ୍ରତିଷ୍ଠିତ ହୋଇଥିଲେ ହେଁ ତାଙ୍କର ପ୍ରତିଭାକୁ ହରଣ କରି ତାଙ୍କ ମାନବିକତାର କିପରି ହତ୍ୟା କରାଯାଇଛି ଏବଂ ଶେଷରେ ତାଙ୍କୁ କିପରି ପାଗଳ କରାଯାଇଛି ତାହା ବାସ୍ତବରେ ସାମାଜିକ ବାସ୍ତବତାର ବାସ୍ତର ରୂପ ।

'ସ୍ପୁଟନିକ' ଉପନ୍ୟାସରେ ଲେଖକ ବକ୍ତୃତା ମାଧ୍ୟମରେ ମହାଶୂନ୍ୟର ବର୍ଣ୍ଣନା କରିଥିଲେ ମଧ୍ୟ ଉପନ୍ୟାସର ପ୍ରାରମ୍ଭରୁ ଅଧ୍ୟାପକ ମିତ୍ରଙ୍କ ସୁସ୍ଥ ସୁନ୍ଦର ପାରିବାରିକ ଜୀବନ କିପରି ଅନ୍ୟ ନାରୀ ପ୍ରଭାବରେ ମନାନ୍ତର ମତାନ୍ତରରେ ରୂପାୟିତ ହୋଇଛି ଏବଂ ଉପନ୍ୟାସର ପରିଣତିରେ ଉଭୟ ପତି ଏବଂ ପତ୍ନୀଙ୍କର କିପରି ପୁନଃ ମିଳନ ହୋଇଛି ତାହା ବାସ୍ତବିକ ସମାଜର ରୂପକୁ ପ୍ରକାଶିତ କରିଛି ।

ସେହିପରି ରୀତା ଏବଂ ଦେବକିଶାନ ବାବୁଙ୍କ ପାରିବାରିକ, ଦାମ୍ପତ୍ୟ ଜୀବନ ସୁରୁଖୁରୁରେ ଅତିବାହିତ ହେଉଥିଲାବେଳେ ଲେଖକ ଦାମ୍ପତ୍ୟ ଜୀବନରେ ମନୋମାଳିନ୍ୟ ସୃଷ୍ଟି କରି ପୁଣି ତାହା ସ୍ୱାମୀ ସ୍ତ୍ରୀ ଭିତରେ ସମାଧାନ କରିଛନ୍ତି 'ନିଶ୍ଚଳ ପୃଥିବୀ' ଉପନ୍ୟାସରେ । ଲେଖକ ରୀତା ଦେବୀଙ୍କୁ ଜଣେ ଉଚ୍ଚଶିକ୍ଷିତା ବାଣିଜ୍ୟ କାରବାରକୁ ସମ୍ଭାଳୁଥିବା ଦକ୍ଷତା ସଂପନ୍ନା ନାରୀ ଭାବରେ ଛିଡା କରାଇ ଭାରତୀୟ ସଂସ୍କୃତିରେ ନାରୀର ସ୍ୱାମୀ ପ୍ରତି ଥିବା ଭକ୍ତି ପ୍ରୀତିର ସ୍ୱଷ୍ଟ ଚିତ୍ରରେ ଉଦ୍‌ଭାସିତ କରାଇଛନ୍ତି । ଦେବକିଶାନ ବାବୁ ଜଣେ ଶିଳ୍ପପତି ହେଲେ ମଧ୍ୟ ଉଦାର ମାନବିକ ଗୁଣର ଅଧିକାରୀ ହୋଇ ସାଧାରଣ ଶ୍ରମିକମାନଙ୍କ ସ୍ୱାସ୍ଥ୍ୟ ସେବା ପାଇଁ ଡାକ୍ତରଖାନା ତିଆରି, ମନ୍ଦିର ନିର୍ମାଣ ଓ ଅନ୍ୟାନ୍ୟ ସୁଖସୁବିଧା, ହାନିଲାଭ ବୁଝିବା ନିରୀକ୍ଷଣ କଲାବେଳକୁ ସାମାଜିକ ଜୀବନର ଜଣେ ମହନୀୟ ବ୍ୟକ୍ତିତ୍ୱ ଭଳି ମନେ ହୋଇଥାନ୍ତି ।

ଉକ୍ତ ଉପନ୍ୟାସରେ ବାସ୍ତବିକ ସମାଜର ଅନ୍ୟ ଏକ ରୂପ ଦୃଶ୍ୟାୟିତ ହୋଇଥାଏ ଲକ୍ଷ୍ମୀ ଚରିତ୍ରରେ । ଦେବକିଶାନ ବାବୁଙ୍କ କାରଖାନାର ଏକ ଶ୍ରମିକଙ୍କ ଝିଅ ଲକ୍ଷ୍ମୀକୁ ଶାଶୁଘର ଲୋକମାନେ ସମାଜରେ ଘଟୁଥିବା ଯୌତୁକ ଜୁଇରେ କିରୋସିନ ଢାଳି ପୋଡି ମାରିଦେବା ଦୃଶ୍ୟରେ ସାମାଜିକ ବାସ୍ତବତାର ରୂପ ବହନକାରୀ ଅନ୍ୟ ଏକ ଘଟଣା ।

ଦେବକିଶାନ ବାବୁଙ୍କ ପୁତ୍ର ରାମକିଶାନ ଚରିତ୍ରରୁ ସ୍ୱାର୍ଥାନ୍ଧ ଶିଳ୍ପପତିମାନେ କିପରି ସରକାରଙ୍କୁ ଠକିବା ସହିତ ସାଧାରଣ ଶ୍ରମିକମାନଙ୍କୁ ଠକି ନିଜର ବ୍ୟବସାୟ ବୃଦ୍ଧି କରନ୍ତି ତାର ଏକ ଜୀବନ୍ତଧର୍ମୀ ସମାଜ ଚିତ୍ର ଦେଖିବାକୁ ମିଳେ । ଉପନ୍ୟାସଟିର

ପ୍ରାରମ୍ଭରେ ରୀତା ଦେବୀ ମାଧ୍ୟମରେ ବିଜ୍ଞାନର ଅଗ୍ରଗତିର ସମ୍ଭାବନାକୁ ଯେପରି ଭାବରେ ଦର୍ଶାଇଛନ୍ତି ତାହା ସାଂପ୍ରତିକ ସମୟରେ ଭାରତରେ ଏବଂ ତା ପୂର୍ବରୁ ଆମେରିକାରେ ବେଶ୍ ପ୍ରଶସ୍ତି ଲାଭ କରିଛି। ଲେଖକଙ୍କ 'ନିସ୍ତବ୍ଧ ଗୋଧୂଳି' ଉପନ୍ୟାସରେ ବିଜ୍ଞାନର ବିଭିନ୍ନ ବୈଜ୍ଞାନିକ ସମ୍ଭାବନାକୁ ଦର୍ଶାଇଥିଲେ ମଧ୍ୟ ବାସ୍ତବିକ ସମାଜର ନିଛକ ପ୍ରତିଛବି ବହନ କରିଥିବା ସୁସ୍ପଷ୍ଟ। ଓଡିଶାର ରାଜନୈତିକ ପରିସ୍ଥିତି, ଶିକ୍ଷା ବିଭାଗର ଔପଚାରିକ ଶିକ୍ଷା ବ୍ୟବସ୍ଥା, ଉଚ୍ଚପଦସ୍ଥ ଅଫିସରମାନଙ୍କ ଦୁର୍ନୀତି ଓ କୁକର୍ମର ପ୍ରାଦୁର୍ଭାବ ଆଦି ନିରାଟ ବାସ୍ତବ ଉପରେ ରୂପାୟିତ ।

ଦେଶରେ ଉଚ୍ଚ ଶିକ୍ଷାର ବିସ୍ତାର ପାଇଁ ଗବେଷଣା କରାଯାଏ। କ୍ୱଚିତ କ୍ଷେତ୍ରରେ ଗବେଷକ ଏବଂ ତତ୍ତ୍ୱାବଧାରକଙ୍କ ଗବେଷଣାକୁ ନେଇ ଏକ ଜ୍ୱଳନ୍ତ ଉଦାହରଣ ଉପନ୍ୟାସର ଶୁଭ୍ରାର ଉକ୍ତିରେ ଔପନ୍ୟାସିକ ଦର୍ଶାଇଛନ୍ତି। "କାମ କରିବା ଦରକାର ନାହିଁ। ଖାଲି ନାମ ରେଜେଷ୍ଟ୍ରୀ କରି ଦେଇ ନିଜ କାମରେ ଯାଅ। ଦୁଇବର୍ଷ ଶେଷ ହେଲା ବେଳକୁ ଥିସିସ୍ ଲେଖାହୋଇ ଥୁଆ ହୋଇଥିବ। ଖାଲି ଏହି ଥିସିସ୍ ବାବଦକୁ ମାତ୍ର କେଇ ହଜାର ଟଙ୍କା ଦେଇ ଦେଲେ ହେଲା। ଏହାକୁ ସାର୍ ଭଣ୍ଡାମୀ କୁହାଯିବ ନାହିଁ ତ ଆଉ କ'ଣ କୁହାଯିବ।"[୨]

ଏପରି ଅନେକ ବାସ୍ତବତାକୁ ନେଇ 'ନିସ୍ତବ୍ଧ ଗୋଧୂଳି' ଉପନ୍ୟାସଟି ରୂପାୟିତ ହୋଇଛି। ଲେଖକଙ୍କ 'ଡାଇନୋସ୍‌ରର ହସ' ଏକ ଅନ୍ୟ ଧରଣର ଉପନ୍ୟାସ ହୋଇଥିଲେ ମଧ୍ୟ ଉପନ୍ୟାସଟିରେ ଭାରତୀୟ ପରମ୍ପରାରେ କୌଣସି ଶୁଭ କାର୍ଯ୍ୟର ପ୍ରାରମ୍ଭରେ ଯେପରି ପୂଜାର୍ଚ୍ଚନା କରାଯାଏ, ଅତିଥିମାନଙ୍କୁ ଭଗବାନ ମନେ କରି ସମ୍ମାନ କରାଯାଏ ସେହିପରି ରଜତ ଯେତେବେଳେ ଯନ୍ତ୍ରୀମାନଙ୍କୁ ନେଇ ବରଫ ଖନନ କାର୍ଯ୍ୟ ଆରମ୍ଭ କରିଛନ୍ତି ସେହି ସମୟରେ ପୂଜାର୍ଚ୍ଚନା ସହିତ କାର୍ଯ୍ୟାରମ୍ଭ କରିଛନ୍ତି। ପୁଣି ରଜତର ମା, ବାପା, ଦକ୍ଷିଣ ମେରୁକୁ ଯେତେବେଳେ ଆଗମନ କରି ଶୁସାନ ଘରେ ଆତିଥ୍ୟ ଗ୍ରହଣ କରିଛନ୍ତି ତାହା ସୁଶାନଙ୍କ ସେବା ସମ୍ମାନରେ ଭାରତୀୟ ପରମ୍ପରାର ମହନୀୟତାକୁ ଦୃଶ୍ୟାୟିତ କରିଛି। ବିଜ୍ଞାନର ଅଗ୍ରଗତିର ସମ୍ଭାବନା ଏବଂ ବ୍ୟବହାର 'ନିଶ୍ଚଳ ପୃଥିବୀ' ଉପନ୍ୟାସରେ ଯେପରି ବର୍ଣ୍ଣିତ ହୋଇଛି, ଉକ୍ତ ଉପନ୍ୟାସରେ ମଧ୍ୟ ସୁଶାନ ଚରିତ୍ରରୁ ତାର ପ୍ରାଚ୍ୟ-ପରମ୍ପରା ପ୍ରୀତି ଦୃଶ୍ୟାୟିତ ହୋଇଛି ।

ଗୋକୁଳାନନ୍ଦଙ୍କ ଉପନ୍ୟାସ ପରି ନୃସିଂହଚରଣ ପଣ୍ଡାଙ୍କ 'ଦଗ୍ଧ ଗୋଲାପର ଚିରବସନ୍ତ' ଉପନ୍ୟାସ ମଧ୍ୟ ସାମାଜିକ ବାସ୍ତବତା ଉପରେ ପର୍ଯ୍ୟବସିତ। ଭାରତୀୟ ପରମ୍ପରାରେ ନାରୀର ମହିମା, ନାରୀ ଜନନୀ, ଜାୟା, ଭଗିନୀଠାରୁ ଆରମ୍ଭ କରି ନାରୀର ମହାନତା, ନାରୀକୁ ପ୍ରକୃତିର ଅପରୂପ ସୌନ୍ଦର୍ଯ୍ୟର ଅଧିକାରିଣୀ, ଆରାଧ୍ୟା

ଭାବରେ ଗ୍ରହଣ କରିଛନ୍ତି। ଉପନ୍ୟାସର ମୁଖ୍ୟ ଚରିତ୍ର ବିଶୁ ବାବୁ। ବିଶୁ ବାବୁ ତାଙ୍କ ସ୍ତ୍ରୀ ମେନକା ଦେବୀଙ୍କୁ ମନେ କରନ୍ତି- 'ମେନକା ! ତୁମେ ସୁନ୍ଦରୀ, ଏ ସାଗର ସୁନ୍ଦର, ଏ ଜଳରାଶି ସୁନ୍ଦର। ଏ ଆକାଶ ସୁନ୍ଦର, ଉଷା, ସୂର୍ଯ୍ୟ, ବିହଙ୍ଗ, ବିହଙ୍ଗର କାକଳୀ ସବୁ ସୁନ୍ଦର। ତୁମେ ସ୍ରଷ୍ଟା। ତୁମେ ସୃଷ୍ଟି, ତୁମେ ସେହି ଆଦି ସୌନ୍ଦର୍ଯ୍ୟର ପରିପ୍ରକାଶ। ତୁମେ ଆରାଧ୍ୟା। ତୁମେ ଉପାସ୍ୟା। ମୁଁ ତୁମ କୋଳରେ ହଜିଯାଏ। ସେଇ ମୋର ନିର୍ବାଣ।" ୩

ଉପନ୍ୟାସଟିରେ ପତି ପତ୍ନୀର ଦାମ୍ପତ୍ୟ ପ୍ରେମ ବର୍ଣ୍ଣିତ ହେବା ସହିତ କନ୍ୟା ଏବଂ ପିତାର ସୁସମ୍ପର୍କ ପ୍ରିୟମ୍ବଦା ଏବଂ ବିଶୁବାବୁ ଚରିତ୍ରରୁ ଅନୁମେୟ ହୋଇଥାଏ। ପ୍ରିୟମ୍ବଦା ବିଶୁବାବୁଙ୍କ କନିଷ୍ଠ ସହକର୍ମୀ ହେଲେ ମଧ୍ୟ ପ୍ରିୟମ୍ବଦାଙ୍କୁ ନିଜର ପାଳିତ କନ୍ୟା ବୋଲି ମନେ କରନ୍ତି। ପ୍ରିୟମ୍ବଦା ମଧ୍ୟ ବିଶୁବାବୁ ଏବଂ ତାଙ୍କ ପତ୍ନୀ ମେନକା ଦେବୀଙ୍କ ପ୍ରତି ଥିବା ତାଙ୍କର ଗଭୀର ଗୁରୁଜନ ପ୍ରୀତିର ପ୍ରତିଦାନ ପାଇଁ ଜଣେ କନ୍ୟାର ଦାୟିତ୍ୱ ତୁଲାଇଛନ୍ତି। ନିଜର ସ୍ୱାର୍ଥ ସାଧନ ପାଇଁ ଶାସନ ବ୍ୟବସ୍ଥା ନିୟନ୍ତ୍ରଣ କରୁଥିବା ବ୍ୟକ୍ତିମାନେ କିପରି ନୀତି ଆଦର୍ଶରେ ଚାଲୁଥିବା ବ୍ୟକ୍ତିଙ୍କ ବ୍ୟକ୍ତିତ୍ୱକୁ ନଷ୍ଟ କରିପକାନ୍ତି। ମିଥ୍ୟା, ଅଶ୍ଳୀଳତାର ଆରୋପ ବୋଲିଦେଇ କାରାଦଣ୍ଡ ଭଳି ଦଣ୍ଡ ଦେବାକୁ ପଛାନ୍ତି ନାହିଁ ତାହାର ଏକ ନିଛକ ପ୍ରତିଛବି ଦୃଶ୍ୟାୟିତ ହୋଇଛି ବୈଜ୍ଞାନିକ ବିଶୁବାବୁଙ୍କ ଚରିତ୍ର ପ୍ରଖ୍ୟାପନରେ। ବିଜ୍ଞାନର ନୂତନ ସମ୍ଭାବନା, ପାରିବାରିକ ଜୀବନର ଅମୃତମୟ ପରିବେଶରେ ପତିପତ୍ନୀଙ୍କ ଅନାବିଳ ଦାମ୍ପତ୍ୟ ପ୍ରେମ, ନଷ୍ଟ ସଂପନ୍ନା ଦୁଷ୍ଟା ନାରୀମାନଙ୍କ ହିଂସାତ୍ମକ ମନୋଭାବ ଇତ୍ୟାଦିର ପ୍ରତିଫଳନ ବୈଜ୍ଞାନିକ ଉପନ୍ୟାସର ବିଜ୍ଞାନ ଭିତ୍ତିକ ଭାବଧାରାକୁ ପଛରେ ପକାଇ ସାମାଜିକ ବାସ୍ତବତାର ବାସ୍ତବ ଚିତ୍ରକୁ ଆଗେଇ ନେଇଥିବା ସାରସ୍ୱତ ଅନୁଚିନ୍ତନ ବେଶ୍ ସ୍ୱାଦ୍ୟ ଓ ଉପଭୋଗ୍ୟ।

ଔପନ୍ୟାସିକ ଦେବକାନ୍ତ ମିଶ୍ରଙ୍କ 'କୃତ୍ରିମ ମଣିଷ' ଉପନ୍ୟାସର ସାମାଜିକ ପୃଷ୍ଠଭୂମି ସଂପୂର୍ଣ୍ଣ ଭାବରେ ବଳିଷ୍ଠ ନୁହେଁ। ଉପନ୍ୟାସଟି ବିଶେଷ ଭାବରେ ବୈଜ୍ଞାନିକ ତଥ୍ୟ ଏବଂ ନୂତନ ଆବିଷ୍କାର ଉପରେହିଁ ପର୍ଯ୍ୟବେଶିତ। ଉପନ୍ୟାସର ମୁଖ୍ୟ ଚରିତ୍ର ଅଶୋକ କୁମାର ଏବଂ ବିଜୟ କୁମାରଙ୍କ ପ୍ରାରମ୍ଭିକ ପ୍ରଚେଷ୍ଟାରେ ଅନୁରାଧା ଯେଉଁ କୃତ୍ରିମ ମଣିଷଟିର ଆବିଷ୍କାର କରିଛନ୍ତି, ସେହି କୃତ୍ରିମ ମଣିଷ ସୁଜାତାର ସ୍ୱେଚ୍ଛାଚାରିଣୀ ମନୋଭାବ କମ୍ପ୍ୟୁଟର ମାଧ୍ୟମରେ ଅଶୋକ କୁମାର କିପରି ପରିବର୍ତ୍ତନ କରି ଦେଇଛନ୍ତି ଯାହା ସୁଜାତାଙ୍କ ହୃଦୟରେ ସାମାଜିକ ମନୁଷ୍ୟ ପରି ଭାବପ୍ରବଣତା, ଅନୁରାଗ ସ୍ପୃହା ଜନିତ ଆବେଗତା, ମାନବିକ ମୂଲ୍ୟବୋଧର ସ୍ଫୁରଣ ଜନିତ ଉଦ୍‌ବେଳତା ଉଦ୍ରେକ ହୋଇପାରିଛି। ଅନ୍ୟକୁ ରକ୍ଷା କରିବା ପାଇଁ ନିଜ ମୃତ୍ୟୁକୁ ମଧ୍ୟ ଶାନ୍ତିରେ ଗ୍ରହଣ

କରିଛନ୍ତି । ସୁଜାତା ଅଶୋକ କୁମାରଙ୍କଠାରୁ ବିଦାୟ ନେବାବେଳେ କହିଛନ୍ତି- "ଏଇଟା ମୋର ଆପଣଙ୍କ ସହିତ ଯେ ଶେଷ ସାକ୍ଷାତ୍ ହୋଇ ନଥାଏ, ସେ କଥା କିଏ କହିବ ! ଯଦି ମୁଁ ଏଇ କାମ କରିବାକୁ ଯାଇ ଧରାପଡିଯାଏ ବା ମୃତ୍ୟୁବରଣ କରେ, ତାହା ହେଲ ମଧ୍ୟ ଶାନ୍ତିରେ ମରିବି ଆଉ ହନ୍ତସନ୍ତ ହେବାକୁ ପଡିବ ନାହିଁ। ବର୍ତ୍ତମାନ ଆପଣଙ୍କଠାରୁ ବିଦାୟ ନେଇଛି ।"[୪]

ଅନ୍ୟର ମଙ୍ଗଳ ପାଇଁ ସୁଜାତା ଶେଷରେ ମୃତ୍ୟୁକୁ ଆଦରି ନେଇଛନ୍ତି । କମ୍ପ୍ୟୁଟର ମାଧ୍ୟମରେ ହେଲେ ମଧ୍ୟ ମନୁଷ୍ୟ ଅନ୍ୟର ସଂସ୍ପର୍ଶରେ ଆସିଲେ କିପରି ତାର ମନୋଭାବର ପରିବର୍ତ୍ତନ ହୋଇଥାଏ ତାହାର ଜ୍ୱଳନ୍ତ ପ୍ରମାଣ ହେଉଛନ୍ତି ସୁଜାତା ।

ସେହିପରି ଉପନ୍ୟାସଟିରେ ବନ୍ଧୁତ୍ୱର ପ୍ରେମ ଦୃଶ୍ୟାୟିତ ହୋଇଛି ରାମସ୍ୱାମୀ ଏବଂ ଅଶୋକ କୁମାରଙ୍କ ଚରିତ୍ରରୁ । ରାମସ୍ୱାମୀଙ୍କ ମୃତ୍ୟୁରେ ଅଶୋକ କୁମାର ସଂପୂର୍ଣ୍ଣ ଭାବରେ ଭାଙ୍ଗି ପଡିବା ସାମାଜିକ ବାସ୍ତବତାର ଅନ୍ୟ ଏକ ରୂପକୁ ରୂପାୟିତ କରିଛି ଉପନ୍ୟାସଟି । ଅର୍ଥ ଲାଳସାରେ ପୁଞ୍ଜିପତି ତଥା ଶାସନକୁ ନିୟନ୍ତ୍ରିତ କରୁଥିବା ବ୍ୟକ୍ତିମାନେ ମଧ୍ୟ କିପରି ନିଜ ଦେଶର କ୍ଷତିସାଧନ କରି କାଉଫମାନଙ୍କ ସହିତ ହାତ ମିଳାନ୍ତି ତାହାର ଏକ ଜ୍ୱଳନ୍ତ ଉଦାହରଣ ହେଉଛନ୍ତି ଦେଶରକ୍ଷାମନ୍ତ୍ରୀ, ଗବେଷଣାଗାରର ପରିଚାଳକ ସୁବ୍ରମନିୟମ୍ ଏବଂ ରାମସ୍ୱାମୀ ଚରିତ । ଗବେଷଣାକୁ ନେଇ ଦେଶର ରକ୍ଷକ କିପରି ଭକ୍ଷକ ସାଜେ ସଂପ୍ରତି ଦୁର୍ନୀତିପୂର୍ଣ୍ଣ ସମାଜର ଅନ୍ୟ ଏକ ଦୃଶ୍ୟ ଉପନ୍ୟାସଟିରେ ଦୃଶ୍ୟାୟିତ । ଉପନ୍ୟାସଟିକୁ ସଂପୂର୍ଣ୍ଣ ଭାବରେ ଆଲୋଚନା କଲେ ସାମାଜିକ ପୃଷ୍ଠଭୂମି ସୁଦୃଢ ନ ହେଲେ ମଧ୍ୟ ସାଂପ୍ରତିକ ସମୟର ପରିସ୍ଥିତି ଉପନ୍ୟାସଟିରେ ରୂପାୟିତ ।

ସମାଜର ବାସ୍ତବ ରୂପ ପ୍ରକାଶିତ ହୋଇଛି ଔପନ୍ୟାସିକା ଜ୍ୟୋର୍ତିମୟୀ ମହାନ୍ତିଙ୍କ 'କଲମି-ମଣିଷ', 'ନିର୍ଝରିଣୀ' ଆଦି ଉପନ୍ୟାସରେ । 'କଲମି-ମଣିଷ' ଉପନ୍ୟାସଟିରେ ପାରିବାରିକ ଦାମ୍ପତ୍ୟ ଜୀବନରେ ଦେଖାଯାଉଥିବା ଗଭୀର ପ୍ରେମ ବେଳେବେଳେ ମନୋମାଳିନ୍ୟ ରୂପ ନେଇ କିପରି ବିରାଟକାୟ ପାଚେରୀ ଛିଡା କରେ ତାହା ଉପନ୍ୟାସର ଅଭିଷେକ, ରିକ୍ତା ଏବଂ ଦିଗନ୍ତ ଚରିତ୍ରରୁ ଅନୁମେୟ ହୋଇଥାଏ । ସମାଜରେ ଅସାମାଜିକମାନଙ୍କର ଶିକାରହୋଇ ଗୋଟିଏ ନାରୀର ସତୀତ୍ୱ ଯଦି ନଷ୍ଟ ହୋଇଯାଏ ତାର ବିବେକ ମଧ୍ୟ ତାକୁ ବାଧାଦିଏ ତା'ର ନିଜ ପରିବାରକୁ ଫେରିବା ପାଇଁ। ଉପନ୍ୟାସର ଏପରି ଏକ ଚରିତ୍ର ହେଉଛି ଦିବ୍ୟା ଯିଏ ନିଜ ପରିବାରକୁ ଫେରିଆସିପାରିନି । ଆଶ୍ରମରେ ଆଶ୍ରୟ ନେଇଥିଲେ ମଧ୍ୟ ଧନାଢ୍ୟ ଅର୍ଥଲୋଭୀମାନଙ୍କ ଦୃଷ୍ଟିରୁ ବଞ୍ଚିବା ପାଇଁ ଏକ ଦେବ ପ୍ରତିମ ଆଦର୍ଶ ବ୍ୟକ୍ତିତ୍ୱ ଦିଗନ୍ତଙ୍କ ସାହାଯ୍ୟରେ ଗଢି

ଉଠିଥିବା 'ନିଳୟ'ର ଆଶ୍ରୟ ନେଇଛି। ସଂପୂର୍ଣ୍ଣ ଭାବରେ ଉପନ୍ୟାସଟି ସମାଜ ଜୀବନରେ ଘଟୁଥିବା ବାସ୍ତବ ରୂପକୁ ଦୃଶ୍ୟାୟିତ କରିଛି। ଭାରତୀୟ ସଂସ୍କୃତିର ମହନୀୟତା ପାଶ୍ଚାତ୍ୟ ଭୂଖଣ୍ଡ ପର୍ଯ୍ୟନ୍ତ କିପରି ସ୍ପର୍ଶ କରିଛି ତାହାର ଏକ ଜ୍ୱଳନ୍ତ ଉଦାହରଣ ହେଉଛନ୍ତି ପାଶ୍ଚାତ୍ୟ ତରୁଣୀ ଲିରିୟା ଚରିତ୍ର। ବୈଜ୍ଞାନିକମାନଙ୍କ ପ୍ରଚେଷ୍ଟାରେ କଲମି- କରଣ ପ୍ରକ୍ରିୟାରେ ଯେପରି ଅଭିନବ ଉଦ୍‌ଭାବନମାନ ସମ୍ଭବ ହୋଇପାରିଛି, ସେହିପରି କଲମି- ମଣିଷର ମଧ୍ୟ ସୃଷ୍ଟି ହୋଇପାରିଛି। ଉକ୍ତ ଉପନ୍ୟାସର ଅଭିଷେକ ଏବଂ ଲିରିୟାଙ୍କ ଆବିଷ୍କାରରେ ପିକୁଲ୍‌ର ଜନ୍ମ। ସଂପୂର୍ଣ୍ଣ ଭାବରେ ଅଭିଷେକର ଛୋଟ ସଂସ୍କରଣ ହେଉଛି ପିକୁଲ୍। ବିଜ୍ଞାନର ନୂତନ ଅଭିନବ ଆବିଷ୍କାର ଏବଂ ବାସ୍ତବତା, ଉପନ୍ୟାସଟିରେ ହୋଇଛି ପ୍ରତିଫଳିତ। ସେହିପରି ଲେଖିକାଙ୍କ 'ନିର୍ଝରିଣୀ' ଉପନ୍ୟାସରେ ମଧ୍ୟ ବିଜ୍ଞାନର ଆବିଷ୍କାରରେ ପ୍ରତିରୋପଣ ଚିକିତ୍ସା ଏବଂ ପ୍ରତିରୋପଣ ଚିକିତ୍ସାରେ ଚେହେରାର ପରିବର୍ତ୍ତନ ଘଟିଲେ ମଧ୍ୟ କିପରି ପୂର୍ବଭାବନା, ସାମାଜିକ ପ୍ରେମ ମନୁଷ୍ୟକୁ ନିଜ ପରିବାରକୁ ଫେରେଇ ଆଣେ ତାହାର ଏକ ବିଶିଷ୍ଟ ଉଦାହରଣ ଦେଇଛନ୍ତି 'ନିଷ୍କଳ ପୃଥିବୀ' ଉପନ୍ୟାସର ଶାମକିଶନ ଭଳି ଉକ୍ତ ଉପନ୍ୟାସର ସ୍ୱାତୀ ଚରିତ୍ର। ଲେଖିକାଙ୍କ 'ପିରାମିଡ୍' ଉପନ୍ୟାସରେ ମିଶର୍ ସଭ୍ୟତାର ଫାରୋଙ୍କ ସମୟର ଶାସନ ପଦ୍ଧତି, ସମାଧି ବ୍ୟବସ୍ଥା, ପ୍ରାଚୀନ ସାମାଜିକ ପରିସ୍ଥିତିକୁ ରୂପାୟିତ କରିଛି।

ପ୍ରମୋଦ ମହାପାତ୍ରଙ୍କ ଉପନ୍ୟାସରେ ସାମାଜିକ ବାସ୍ତବତାର ଭିନ୍ନ ରୂପ ପ୍ରକାଶ ପାଇଛି। ମନୁଷ୍ୟ ଏକ ସୁସ୍ଥ ସମାଜରେ ବଞ୍ଚିବା ପାଇଁ କିପରି ପ୍ରୟାସ ରଖିଛି, ଏକ ସୁସ୍ଥ ବାୟୁମଣ୍ଡଳ କିପରି ଗଢାଯାଇପାରିବ ତାର ପ୍ରଚେଷ୍ଟାରେ ମଧ୍ୟ ବୈଜ୍ଞାନିକମାନେ ସର୍ବଦା ଉଦ୍ୟମ ରଖିଛନ୍ତି। ମହାକାଶରେ ଯଦିବା କିଛି ସଂଘର୍ଷ ଘଟେ ପୃଥିବୀକୁ କିପରି ରକ୍ଷା କରାଯାଇପାରିବ ତାହାର ଏକ ଆକଳନ ପ୍ରମୋଦ ମହାପାତ୍ରଙ୍କ ବିସ୍ଫୋରିତ ପୃଥିବୀ ଉପନ୍ୟାସରେ ନିହିତ। ସ୍ରଷ୍ଟାଙ୍କ ସୃଷ୍ଟିରେ ଅନ୍ୟ ପ୍ରାଣୀଠାରୁ ମନୁଷ୍ୟ କିପରି ସବୁ ଅବସ୍ଥା ଏବଂ ସବୁ ପରିସ୍ଥିତି ସହ ସଂଘର୍ଷ କରି ତାର ଜୀବନ ରକ୍ଷା କରେ ତାର ଏକ ବିଶିଷ୍ଟ ଉଦାହରଣ 'ବିଭୀଷିକାମୟ ମଙ୍ଗଳ ଯାତ୍ରା', 'କାମୋଡ ଦ୍ୱୀପର ଡ୍ରାଗନ' ଆଦି ଉପନ୍ୟାସରେ ବର୍ଣ୍ଣିତ। ମନୁଷ୍ୟ ଯେଉଁ ସମାଜରେ ବାସ କରେ ପରିଣତ ବୟସରେ ମଧ୍ୟ ତାର ଇଚ୍ଛାର ପରିସମାପ୍ତି ହୋଇପାରେ ନାହିଁ। ସେ ଚାହେଁ ଆଉ କିଛି ସମୟ ଜୀବନ ଅତିବାହିତ କରନ୍ତା କି। ସେଇ ଇଚ୍ଛା କିପରି ସମ୍ଭବ ହୋଇପାରିବ ଏବଂ ସାମାଜିକ ମନୁଷ୍ୟକୁ କିପରି ଅମର ରଖାଯାଇପାରିବ, ବୈଜ୍ଞାନିକମାନେ ଯେଉଁ ଅନୁସନ୍ଧାନ ଜାରି ରଖିଛନ୍ତି ତାହାର ଏକ ଦୃଷ୍ଟାନ୍ତକୁ ଲେଖକ 'ଅମର ମଣିଷ' ଉପନ୍ୟାସରେ ଉପସ୍ଥାପନା କରିଛନ୍ତି। ପ୍ରମୋଦ ମହାପାତ୍ରଙ୍କ ଉପନ୍ୟାସଗୁଡିକରେ

ସାମାଜିକ ପରିବେଶ ଭିତ୍ତିକ ପରିସ୍ଥିତିକୁ ନେଇ ବୈଜ୍ଞାନିକମାନଙ୍କ ପ୍ରଚେଷ୍ଟା ଏବଂ ସମ୍ଭାବନା ସ୍ଥାନିତ ହୋଇଛି ।

ବୈଜ୍ଞାନିକ ଉପନ୍ୟାସ ହେଲେ ମଧ୍ୟ ବୈଜ୍ଞାନିକ ଔପନ୍ୟାସିକ ସମାଜର ବାସ୍ତବ ରୂପକୁ ଉପନ୍ୟାସଗୁଡିକରେ ରୂପାୟିତ କରିଛି । ମନୁଷ୍ୟ ବାସ କରୁଥିବା ପରିବେଶ, ପରିସ୍ଥିତି ଏବଂ ଅତୀତ ବର୍ତ୍ତମାନକୁ ନେଇ ଆଗତ ଭବିଷ୍ୟତକୁ କିପରି ସୁସ୍ଥ, ସୁନ୍ଦର ରଖିପାରିବ ତାର ସମ୍ଭାବନାକୁ ମଧ୍ୟ ଉପନ୍ୟାସରେ ଦର୍ଶାଇଛନ୍ତି । ଯାହାଦ୍ୱାରା ଉପନ୍ୟାସଗୁଡିକ ସାମାଜିକ ଜୀବନର ବାସ୍ତବତାକୁ ପ୍ରକାଶ କରିବାରେ ସଫଳ ହୋଇପାରିଛି ।

ସଂସ୍କାର ଓ ପ୍ରଗତିଶୀଳ ଚେତନା:

ମନୁଷ୍ୟ ସମାଜରେ ବଞ୍ଚିବାକୁ ହେଲେ ସଂସ୍କାରଶୀଳ ହେବା ସଂପୂର୍ଣ୍ଣ ଭାବରେ ଆବଶ୍ୟକ । ସଂସ୍କାରବୋଧ ଯଦି ମନୁଷ୍ୟ ହୃଦୟରେ ଜାଗ୍ରତ ନ ହେଲା ତା ହେଲେ ତାର ଆଚରଣ ଏବଂ ବ୍ୟବହାରରେ ମଧ୍ୟ ସୁଧାର ଆସିପାରେ ନାହିଁ । ବ୍ୟକ୍ତିର ବ୍ୟକ୍ତିତ୍ୱ ନିର୍ଭର କରେ ସଂସ୍କାରଶୀଳ ଚେତନା ଉପରେ । ସଂସ୍କାରଶୀଳ ଚେତନା ମନୁଷ୍ୟକୁ ପ୍ରଗତି ପଥରେ ଆଗେଇ ନିଏ । ଚିନ୍ତାଧାରାକୁ ବିସ୍ତୃତ କରିବାରେ ସାହାଯ୍ୟ କରେ । ସମାଜଠାରୁ ଆରମ୍ଭ କରି ବିଶ୍ୱ ପର୍ଯ୍ୟନ୍ତ, ପୃଥିବୀ ପୃଷ୍ଠରୁ ପ୍ରାରମ୍ଭ କରି ମହାକାଶ ପର୍ଯ୍ୟନ୍ତ ଏକ ସୁସ୍ଥ ବାୟୁମଣ୍ଡଳ ଗଢିବାରେ ସହାୟ ହୁଏ । ସମାଜ, ସମୟ, ଜ୍ଞାନବିଜ୍ଞାନର ଅଗ୍ରଗତିରେ ପ୍ରଗତିଶୀଳ ଚିନ୍ତାଧାରା ମନୁଷ୍ୟର ଆଗ୍ରହ, ମନୋବୃତ୍ତି, ନୈତିକ ତଥା ବୌଦ୍ଧିକ ମୂଲ୍ୟବୋଧର ଅନୁଶୀଳନ ଦ୍ୱାରା ମାନସିକ ଶକ୍ତିର ବିକାଶ କରାଇବାରେ ସାହାଯ୍ୟ କରେ । ତେଣୁ ବୈଜ୍ଞାନିକ ଔପନ୍ୟାସିକ ସମାଜରେ ସଂସ୍କାର ଏବଂ ବ୍ୟକ୍ତିତ୍ୱମାନଙ୍କ କ୍ଷେତ୍ରରେ ପ୍ରଗତିଶୀଳ ମନୋଭାବକୁ ସୁଦୃଢ କରିବା ପାଇଁ ବୈଜ୍ଞାନିକ ଉପନ୍ୟାସରୁ ମଧ୍ୟ ଏହାକୁ ବାଦ୍ ଦେଇପାରିନାହିଁ । ଏହାକୁ ଏକ ବିଶେଷ ପର୍ଯ୍ୟାୟ ଭାବରେ ସ୍ଥାନିତ କରାଯାଇଛି ।

ଗୋକୁଳାନନ୍ଦ ମହାପାତ୍ରଙ୍କ 'ପୃଥିବୀ ବାହାରେ ମଣିଷ' ଉପନ୍ୟାସରେ ଅଧ୍ୟାପକ ରିଚାଡ୍‌ସନ୍ ଲରାଙ୍କ ସାହାଯ୍ୟରେ ଯେଉଁ ପରମାଣୁ ଯାନ ତିଆରି କରିଛନ୍ତି ସେହି ଯାନରେ ମଙ୍ଗଳ ଗ୍ରହକୁ ଯାତ୍ରା କଲାବେଳେ ଲରା ଅନୁଭବ କରିଛନ୍ତି ପ୍ରକୃତିରେ ନିହିତ ଥିବା ନିରାଟ ସତ୍ୟକୁ । ବିଜ୍ଞାନର ସାର୍ଥକତାକୁ ସେ ଖୋଜି ବୁଲିଛନ୍ତି । ଲରା ରିଚାଡ୍‌ସନ୍‌ଙ୍କୁ କହିଛନ୍ତି- "ପ୍ରକୃତି ସମ୍ବନ୍ଧରେ ନିରାଟ ସତ୍ୟ ଆବିଷ୍କାର କରିବା ପାଇଁ ପ୍ରତିକୂଳ ପରୀକ୍ଷା ଓ ତଥ୍ୟ ଉପରେ ଗୋଡ଼ ଦେଇ ମଧ୍ୟ ଚିରନ୍ତନ ସତ୍ୟଠାରେ ଯେ ପହଞ୍ଚି ହୁଏ ତାହା ହିଁ ପ୍ରକୃତରେ ଆଶ୍ଚର୍ଯ୍ୟ । ଏହା ହେଉଛି ବିଜ୍ଞାନ । ବିଜ୍ଞାନର ଏହିଠାରେ ସାର୍ଥକତା ।"[୫]

ମନୁଷ୍ୟ ତାର ପ୍ରଚେଷ୍ଟାରେ ବିଜ୍ଞାନର ସାର୍ଥକତାକୁ ଉପଲବ୍ଧି କରିପାରିଛି। ବ୍ୟକ୍ତିଗତ ସ୍ୱାଧୀନତାକୁ ଗୁରୁତ୍ୱ ଦେବା ସହିତ ଲୋକ ଲୋକ ଭିତରେ ଥିବା ବୈଷମ୍ୟ ଭେଦଭାବକୁ ଦୂର କରିପାରିଛି। ଆଦର୍ଶବାଦକୁ ସୂକ୍ଷ୍ମ ଭାବରେ ବିଚାର କରିପାରିଛି। ମନୁଷ୍ୟ ଭିତରେ ସୃଷ୍ଟି ହେଉଥିବା ଏହି ସଂସ୍କାରଧର୍ମୀ ପ୍ରଗତିଶୀଳ ଚେତନାକୁ ବିଜ୍ଞାନବାଦର ରୂପ ଦେଇଛି। ଏହି ପରିପ୍ରେକ୍ଷୀରେ ଲରା ରିଚାଡ୍‌ସନ୍‌ଙ୍କୁ କହିଛନ୍ତି- "ବିଜ୍ଞାନବାଦ ସେପରି କିଛି ଜଟିଳ ବିଷୟ ନୁହେଁ ପ୍ରଫେସର। ଏଥିରେ ବ୍ୟକ୍ତିଗତ ସ୍ୱାଧୀନତା ଓ ପ୍ରକୃତ ଅର୍ଥ ନୈତିକ ସାମ୍ୟକୁ ସର୍ବପ୍ରଥମ ସ୍ଥାନ ଦିଆଯାଏ। ବହୁଦିନରୁ ରାଜତ୍ୱ କରୁଥିବା ଲୋକ ଲୋକ ଭିତରେ ବୈଷମ୍ୟ ଓ ଭେଦଭାବ ଏହାଦ୍ୱାରା ସଂପୂର୍ଣ୍ଣ ଭାବରେ ଦୂର କରାଯାଇଛି ବହୁ ପ୍ରକାର ଆଦର୍ଶ ବାଦକୁ ସୂକ୍ଷ୍ମ ଭାବରେ ବିଚାର କରି ସେ ସବୁର ସାରକୁ ବିଜ୍ଞାନବାଦର ରୂପ ଦିଆଯାଇଛି । ବିଜ୍ଞାନବାଦରେ ପ୍ରକୃତ ଗଣତନ୍ତ୍ରକୁ ଉଚ୍ଚଆସନ ଦେବା ସହିତ ସାମ୍ୟବାଦକୁ ଏହାର ମେରୁଦଣ୍ଡ ଭାବରେ ଗ୍ରହଣ କରାଯାଇଛି ।"୬

ଲରା ଯେତେବେଳେ ମଙ୍ଗଳ ଗ୍ରହର ପରିବେଶ, ପରିସ୍ଥିତି ଏବଂ ଲୋକମାନଙ୍କ ସଂସ୍ପର୍ଶରେ ଆସିଛନ୍ତି ଲରା ଅନୁଭବ କରିଛନ୍ତି ମଙ୍ଗଳ ଗ୍ରହର ଲୋକମାନଙ୍କ ସଂସ୍କାର ଧର୍ମୀ ପ୍ରଗତିଶୀଳ ଚେତନାକୁ କିପରି ଲୋକହିତକର କାର୍ଯ୍ୟରେ ବ୍ୟବହାର କରାଯାଉଛି, ଭାଇଚାରା ସମ୍ପର୍କ ଚିରଦିନ ପୃଥିବୀ ପୃଷ୍ଠରୁ ଯୁଦ୍ଧର ଲୋପ କରି , ବସୁଧୈବ କୁଟୁମ୍ବକମ୍ ନୀତିଅନୁସାରେ ପୃଥିବୀପୃଷ୍ଠରେ କଳ୍ପନାର ଅମରାବତୀ ପ୍ରତିଷ୍ଠା କିପରି ସମ୍ଭବ ହୋଇପାରିବ ତାହା ଲେଖକ ମଙ୍ଗଳ ଗ୍ରହର ଉଦାହରଣ ମାଧ୍ୟମରେ ପୃଥିବୀବାସୀଙ୍କୁ ସୂଚନା ଦେଇଛନ୍ତି। ସେହିପରି ମନୁଷ୍ୟ ପ୍ରଗତିକ୍ଷେତ୍ରରେ ଅର୍ଥନୈତିକ ଏବଂ ରାଜନୈତିକ କ୍ଷେତ୍ରରେ ସାମ୍ୟବାଦର ଗୁରୁତ୍ୱ ଦେବାକୁ ଯାଇ କୁହାଯାଇଛି "ଦେଶକୁ ଶାସନ କରିବାରେ ସବୁଦଳର ରାଜନୈତିକ ଆଦର୍ଶ ହେଉଛି ସାମ୍ୟବାଦ। ଦେଶର ଉନ୍ନତି କରାଇବାରେ ଭିନ୍ନ ଭିନ୍ନ କାର୍ଯ୍ୟସୂଚୀ ନେଇ ଦଳଗୁଡିକ ପରସ୍ପରଠାରୁ ବିଭିନ୍ନ। ଯେଉଁ ଦଳର କାର୍ଯ୍ୟସୂଚୀ ଉପରେ ଦେଶବାସୀଙ୍କ ଅଧିକ ଆସ୍ଥା ଜନ୍ମେ, ସେହି ଦଳକୁ ସେମାନେ ଭୋଟ ଦିଅନ୍ତି। ଫଳରେ ସେମାନେ ସରକାର ଗଢନ୍ତି ଓ ଦେଶ ଚଳାନ୍ତି। ଅନ୍ୟାନ୍ୟ ଦଳରୁ ଲୋକ ଯାଇ ବିରୋଧୀ ଦଳ ମଧ୍ୟ ଗଠନ କରନ୍ତି। ବିରୋଧୀ ଦଳର ସମାଲୋଚନା ଦ୍ୱାରା ଶାସନ ଭଲଭାବରେ ଚଳେ।"୭

ପୁନଶ୍ଚ ଅର୍ଥନୈତିକ ସାମ୍ୟବାଦ ଉପରେ ଗୁରୁତ୍ୱ ଦେଇ ମଙ୍ଗଳ ଗ୍ରହର ଅଧିବାସୀ ଅଧ୍ୟାପକ ରିଚାଡ୍‌ସନ୍‌ଙ୍କୁ କିପରି ପ୍ରତିଭା ଏବଂ ବୁଦ୍ଧି ପ୍ରୟୋଗ କ୍ଷେତ୍ରରେ ସାମ୍ୟବାଦକୁ ଗୁରୁତ୍ୱ ଦେଇ କହିଛନ୍ତି- "ଜଣେ ଲୋକର ପ୍ରତିଭା ନାହିଁ ବା ବୁଦ୍ଧି ନାହିଁ ବୋଲି ଯେ

ସର୍ବଦା ସମାଜରେ ନୀଚ ଆସନ ଲାଭକରିବ ଓ ତା ଉପରେ ଫାଇଦା ଉଠାଇ ପ୍ରତିଭାସଂପନ୍ନ ଓ ବୁଦ୍ଧିମାନ ଲୋକେ ଯେ ସୁଖ ଭୋଗ କରି ଯାଉଥିବେ ତାହା କଦାପି ଆମେ ବିଶ୍ୱାସ କରୁନାହୁଁ। ଆମେ ସମସ୍ତେ ମଣିଷ ହୋଇ ଜନ୍ମ ହୋଇଛୁଁ, ସମସ୍ତେ ଏକ ସଂଗଠନରେ ମିଳିମିଶି ଜୀବନ କାଟିଯିବା। ଜଣେ ଆଉ ଜଣକୁ ଅର୍ଥନୈତିକ ଦିଗରୁ ହେଉ ବା ଅନ୍ୟ ଦିଗରୁ ହେଉ ଶୋଷଣ କରିବ କାହିଁକି ? ସମସ୍ତେ ଏକାଭଳି ଚଳିଲେ କ୍ଷତି କଣ।"[୮]

ପ୍ରଗତିଶୀଳ ଚେତନାରେ ସାମ୍ୟ ବାଦର ଗୁରୁତ୍ୱ ନିତ୍ୟାନ୍ତ ଆବଶ୍ୟକ। ଯାହାଦ୍ୱାରା ମନୁଷ୍ୟ ଉଚିତ୍ କାର୍ଯ୍ୟକ୍ଷମ ଦ୍ୱାରା ଦେଶର ଉନ୍ନତିରେ ସହାୟହେବା ସହିତ ଶୋଷଣ ବିହୀନ ସମାଜ ଗଠନରେ ମଧ୍ୟ ମନୁଷ୍ୟକୁ ପ୍ରଗତିପଥରେ ଆଗେଇ ନିଏ। ସେହିପରି 'କୃତ୍ରିମ ଉପଗ୍ରହ' ଉପନ୍ୟାସରେ ମଧ୍ୟ ବର୍ଣ୍ଣିତ ଥିବା ବୈଜ୍ଞାନିକମାନଙ୍କ ଗୁପ୍ତ ଅଧିବେଶନ ଚାଲିଥିବା ସମୟରେ ବୈଜ୍ଞାନିକ ସର୍ଜେଇଙ୍କର ବକ୍ତବ୍ୟରେ ପ୍ରଗତିଶୀଳ ଚେତନାର ଉଦ୍‌ଭାସ ହୋଇଥାଏ। ବୈଜ୍ଞାନିକ ସର୍ଜେଇଙ୍କ ବକ୍ତବ୍ୟରେ ଭାସି ଆସିଛି- "ପ୍ରକୃତି ଉପରେ ବିଜୟ ହାସଲକରି ସାରା ମାନବସମାଜର କଲ୍ୟାଣ ଦିଗରେ ଏହାକୁ ବିନିଯୋଗ କରିବା। ମାନବ ସମାଜକୁ ଧ୍ୱଂସ କରିବା କୌଣସି ବିଜ୍ଞାନୀ ସମାଜର ଉଦ୍ଦେଶ୍ୟ ନୁହେଁ।"[୯]

ଉକ୍ତ ଉପନ୍ୟାସରେ ବୈଜ୍ଞାନିକମାନଙ୍କ ପ୍ରଚେଷ୍ଟାରେ ମହାଶୂନ୍ୟକୁ କୃତ୍ରିମ ଉପଗ୍ରହ ପ୍ରେରଣ ଏବଂ ମହାଶୂନ୍ୟରେ ଯେତେବେଳେ ମାର୍କିନ ପରମାଣୁ ଯାନଟି ଅଚଳ ହୋଇଯାଇଛି ସେହି ସମୟରେ ବୈଜ୍ଞାନିକ ଆଲେସ୍କିଙ୍କ ମାର୍କିନମାନଙ୍କୁ ସାହାଯ୍ୟ ଆଲେସ୍କିଙ୍କ ସଂସ୍କାରଧର୍ମୀତାର ପରିଚୟ ଦେବା ସହିତ ଭାରତୀୟମାନଙ୍କ ପ୍ରଗତିଶୀଳ ମନୋଭାବକୁ ଦୃଶ୍ୟାୟିତ କରେ।

ବୈଜ୍ଞାନିକ ଯଦି ତା ହୃଦୟରେ ସଂସ୍କାର ସହ ପ୍ରଗତିଶୀଳ ଚେତନାକୁ ଜାଗ୍ରତ ନ କରେ ତାହା ହେଲେ ମାନବ ସମାଜର ଉତ୍ତରୋତ୍ତର ଉନ୍ନତି ହୋଇପାରିବ ନାହିଁ। ଏହି ପରିପ୍ରେକ୍ଷୀରେ 'ମଧ୍ୟାହ୍ନର ଅନ୍ଧକାର' ଉପନ୍ୟାସର ଅଧ୍ୟାପକ ଯେତେବେଳେ ରମେଶ ବାବୁଙ୍କ ଗବେଷଣାର ମହତ୍ତ୍ୱ ଉତ୍‌ଥାପନ କରି କହିଛନ୍ତି- "ଗବେଷଣାର ଉଦ୍ଦେଶ୍ୟ ହେଉଛି ବିଜ୍ଞାନର ଉତ୍ତରୋତ୍ତର ଉନ୍ନତି। ମାନବ ସମାଜକୁ ଅଧିକରୁ ଅଧିକତର ଉନ୍ନତି ଦିଗରେ ଘେନିଯିବା ବିଜ୍ଞାନ ତଥା ଗବେଷଣାର ପ୍ରଧାନ ଉଦ୍ଦେଶ୍ୟ। ମାନବ ସମାଜର ଚିରଶତ୍ରୁ ରୋଗ, ମହାମାରୀ, ଅଭାବ, ଅନଟନ, ଦୁର୍ଭିକ୍ଷ , ବନ୍ୟାକୁ ପରାଜୟ କରି ଏହି ପୃଥିବୀ ପୃଷ୍ଠରେ ନିତ୍ୟ ଆନନ୍ଦମୟ ଚିରହାସ୍ୟ, ସୁଖ ଶାନ୍ତି ଭରା ସମାଜ ପ୍ରତିଷ୍ଠା କରିବା ବିଜ୍ଞାନର ଉଦ୍ଦେଶ୍ୟ।"[୧୦]

ଏକ ସୁସ୍ଥ ପ୍ରାଚୁର୍ଯ୍ୟପୂର୍ଣ୍ଣ ସମାଜ ଗଢ଼ିବାରେ ପ୍ରଚେଷ୍ଟା ଜାରି ରଖିଛି ବିଜ୍ଞାନ । ଏହି ସଂସ୍କାର ଓ ପ୍ରଗତିଶୀଳ ଚେତନାକୁ ସଂପୂର୍ଣ୍ଣଭାବରେ ସଫଳ କରିଛି 'ସୁନାର ଓଡ଼ିଶା' ଉପନ୍ୟାସର ଅରୁଣ ଚରିତ୍ର । ଓଡ଼ିଶାରେ ନିହିତଥିବା ପ୍ରାକୃତିକ ସମ୍ପଦକୁ ବିନିଯୋଗ କରି ଶିଳ୍ପକାରଖାନା ପ୍ରତିଷ୍ଠା କରିବାପାଇଁ ଏକ ବିରାଟ ଯୋଜନା ଆମେରିକାର ଶିଳ୍ପପତିମାନଙ୍କ ସାହାଯ୍ୟରେ ତିଆରି କରିଛନ୍ତି, ଅରୁଣ କୁମାର ।

ସେହିପରି 'ନିସ୍ତବ୍ଧ ଗୋଧୂଳି' ଉପନ୍ୟାସର ବର୍ଣ୍ଣନା ଅନୁଯାୟୀ ଦେବସ୍ନାନ ଚରିତ୍ରରେ ସଂସ୍କାରଶୀଳ ଚେତନା ନେଇ ସମାଜର ପ୍ରଗତି ପଥରେ କିପରି ଏକ ସୁସ୍ଥ ସମାଜ ଗଢ଼ାଯାଇପାରିବ ତାଙ୍କର ଆଇ.ଏ.ଏସ. ଭାବରେ କଟକ ଜିଲ୍ଲାରେ ଯୋଗ ଦେବା କାର୍ଯ୍ୟରୁ ଦୃଶ୍ୟାୟିତ ହୋଇଥାଏ । ଜଣେ ଅଧ୍ୟାପକଙ୍କ ଅଶାଳୀନ ବ୍ୟବହାର ଯୋଗୁଁ କଟକ ଜିଲ୍ଲାରେ ଯେତେବେଳେ ଛାତ୍ର ଆନ୍ଦୋଳନ ଦେଖା ଦେଇଛି ଏହାର କାରଣ ଦେବସ୍ନାନ ଶୁଭ୍ରା ନାମ୍ନୀ ଛାତ୍ରୀଙ୍କ ନଗ୍ନ ବେଶପୋଷାକ ବୋଲି ଜାଣିପାରିଛନ୍ତି । ଛାତ୍ର ଆନ୍ଦୋଳନକୁ ରୋକିବା ସହିତ ଶୁଭ୍ରା ନାମ୍ନୀ ସେହି ଛାତ୍ରୀର ପୋଷାକରେ ମଧ୍ୟ ପରିବର୍ତ୍ତନ ଆଣିପାରିଛନ୍ତି । କଟକ ସହରରେ ଚାଲିଥିବା ସମସ୍ତ ପ୍ରକାର ଦୁର୍ନୀତିର ବିଲୋପ କରିବାରେ ସକ୍ଷମ ହୋଇଛନ୍ତି । କାରଣବଶତଃ ଆଇ.ଏ.ଏସ. ଚାକିରୀ ଛାଡ଼ି, ଅଧ୍ୟାପକ ଚାକିରୀ ଛାଡ଼ି ଯେତେବେଳେ ନିଜ ଗ୍ରାମକୁ ଚାଲି ଆସିଛନ୍ତି ସେହି ସମୟରେ ଖାଦ୍ୟ ସମସ୍ୟା ପ୍ରତି ସଚେତନ ହେବା ସହିତ ଚାଷରେ ଉନ୍ନତ ବୈଜ୍ଞାନିକ ପ୍ରଣାଳୀ ପ୍ରୟୋଗ କରି ଗ୍ରାମର ପରିବର୍ତ୍ତନ ଆଣିବାରେ ସକ୍ଷମ ହୋଇଛନ୍ତି । ଭାରତରେ ଜନବିସ୍ଫୋରଣ ପ୍ରତି ସଚେତନତା ହେବା ସହିତ ଗ୍ରାମରେ ଶିକ୍ଷାଠୁ ଆରମ୍ଭ କରି ସବୁକ୍ଷେତ୍ରରେ ସଂସ୍କାର ଓ ପ୍ରଗତିମୂଳକ ପରିବର୍ତ୍ତନ, ଦୁର୍ନୀତିଗ୍ରସ୍ତ ରାଜନୀତିର ବିରୋଧ କରି ଲୋକମାନଙ୍କ ମଧ୍ୟରେ ସଚେତନତା ସୃଷ୍ଟି କରିପାରିଛନ୍ତି । ଶିକ୍ଷାମନ୍ତ୍ରୀ ଥିବା ସମୟରେ ଦେବସ୍ନାନ ବାବୁ କହିଛନ୍ତି- "ପିଲାମାନଙ୍କୁ ଖାଲି ପାଠ ପଢାଇ ଦେଲେ ଯେ ଉପଯୁକ୍ତ ଶିକ୍ଷା ଦିଆ ହୋଇଗଲା ଏମିତି ଭାବିବା ଭୁଲ୍ । ଚରିତ୍ର ଗଠନ ହେଲା ଶିକ୍ଷାର ପ୍ରକୃତ ଉଦ୍ଦେଶ୍ୟ । ମୂଳରୁ ସେମାନଙ୍କର ଚରିତ୍ର ଗଠନ ଦରକାର । ତାହା ପୁଣି ପ୍ରାଇମେରୀ ସ୍କୁଲରୁ ଆରମ୍ଭ ହେବା ଉଚିତ । ଯେଉଁଦିନ ଚରିତ୍ରବାନ ପିଲା ଆମ ସ୍କୁଲରୁ ବାହାରିବେ । ସେହିଦିନ ଆମ ସମାଜରୁ ଦୁର୍ନୀତି ମନକୁ ମନ ଲୋପ ପାଇଯିବ ।" ୧୧ ଦୁର୍ନୀତିର ମୂଳୋତ୍ପାଟନ କରିବା ପାଇଁ ଯଥାସାଧ୍ୟ ଚେଷ୍ଟା କରିଛନ୍ତି ଦେବସ୍ନାନ ବାବୁ ।

ସଂସ୍କାର ଓ ପ୍ରଗତିଶୀଳ ଚେତନାରେ ଅନୁପ୍ରାଣୀତ ହୋଇ ଦେବସ୍ନାନ ବାବୁ ସମାଜର ପରିବର୍ତ୍ତନ ଆଣିବାରେ ସହାୟ ହୋଇପାରିଛନ୍ତି । ଏକସୁସ୍ଥ ସମାଜ ଗଢ଼ିବାରେ ଦେବସ୍ନାନ ବାବୁ ନିଜ ଗ୍ରାମରୁ ଅଫିମଚାଷ ମଧ୍ୟ ବନ୍ଦ କରିଦେଇଛନ୍ତି । ସେହିପରି

'ନିଶ୍ଚଳ ପୃଥିବୀ' ଉପନ୍ୟାସରେ ବର୍ଣ୍ଣିତ ଥିବା ଦେବକିଶାନ ବାବୁ ଏବଂ ରୀତା ଦେବୀ ସଂସ୍କାର ଏବଂ ପ୍ରଗତିଶୀଳ ଚେତନାରେ ଉଦ୍‌ବୁଦ୍ଧ ହୋଇ ନିଜର ଶିଳ୍ପ ବ୍ୟବସାୟର ବିକାଶ ସହିତ ସାଧାରଣ ଲୋକମାନେ କିପରି ଉପକୃତ ହୋଇପାରିବେଏବଂ ସେମାନେ କିପରି ସୁଖସୁବିଧାରେ ଜୀବନ ଅତିବାହିତ କରପାରିବେ ସେଥିପାଇଁ ନିଜର ଶିଳ୍ପ ବ୍ୟବସ୍ଥାରେ ପ୍ରଗତି ସହିତ ସାଧାରଣ ଲୋକମାନଙ୍କର ହାନିଲାଭଠୁ ଆରମ୍ଭ କରି ସେମାନଙ୍କ ପାଇଁ ଚିକିତ୍ସାଳୟ, ମନ୍ଦିର, ଲାଇବ୍ରେରୀ ଆଦି ତିଆରିକରି ଏକ ଉଦାର ମାନବିକବୋଧର ପରିଚୟ ସୃଷ୍ଟି କରିଛନ୍ତି ।

ଜ୍ୟୋତିର୍ମୟୀ ମହାନ୍ତିଙ୍କ 'କଲମି -ମଣିଷ' ଉପନ୍ୟାସର ବର୍ଣ୍ଣନା ଅନୁଯାୟୀ ଦିଗନ୍ତ ଚରିତ୍ରରେ ସଂସ୍କାରଧର୍ମୀ କାର୍ଯ୍ୟ, ଅସହାୟ ମହିଳାମାନଙ୍କ ପାଇଁ 'ନିଳୟ' ପରି ଅନୁଷ୍ଠାନ ତିଆରି, ଆଶ୍ରମର ଦାୟିତ୍ୱ ଆଦି କାର୍ଯ୍ୟକୁ ନିରୀକ୍ଷଣ କଲେ ସଂସ୍କାର ପ୍ରଗତିଶୀଳ ଚେତନାର ଅନ୍ୟ ଏକ ବ୍ୟକ୍ତିତ୍ୱ ଭାବରେ ଦୃଶ୍ୟାୟିତ ହୁଅନ୍ତି ।

ଏହି ସବୁ ଦୃଷ୍ଟିରୁ ଦୃଷ୍ଟି ନିକ୍ଷେପ କଲେ ବୈଜ୍ଞାନିକ ଉପନ୍ୟାସଗୁଡିକ ସଂସ୍କାର ଓ ପ୍ରଗତିଶୀଳ ଚେତନାର ପ୍ରତିରୂପ ବହନ କରିଛି। ମନୁଷ୍ୟର ଚିନ୍ତାଧାରାକୁ ସାଧାରଣରୁ ଅସାଧାରଣ ବ୍ୟକ୍ତିତ୍ୱରେ ପରିବର୍ତ୍ତନ କରିଛି । ମନୁଷ୍ୟ ମନରେ ଉଚ୍ଚ ଆଶା, ଆକାଂକ୍ଷା, ଜାଗ୍ରତ କରିବା ସହିତ ମନୁଷ୍ୟକୁ ଉଚିତ୍ କର୍ତ୍ତବ୍ୟ ପଥରେ ପରିଚାଳିତ କରାଇପାରିଛି । ସର୍ବୋପରି ସମାଜକୁ ଏକ ନୂତନ ସମୃଦ୍ଧି ପଥରେ ଆଗେଇ ନେଇଛି ।

ଆଦର୍ଶବାଦ:

ଆଦର୍ଶବୋଧରୁ ଆଦର୍ଶବାଦର ଜନ୍ମ । ମନୁଷ୍ୟ ଧରାପୃଷ୍ଠରେ ଜନ୍ମ ହେଲା ପରେ ଯେତେବେଳେ ତାର ଚିନ୍ତାଧାରାକୁ ଶୃଙ୍ଖଳିତ କରିବାକୁ ଆରମ୍ଭ କଲା ସେହି ସମୟରେ ଏହି ଆଦର୍ଶବାଦର ଜନ୍ମ ହେଲା । ମନୁଷ୍ୟର ଗୁଣବତ୍ତା ଭିତରେ ଆଦର୍ଶ ହେଉଛି ଶ୍ରେଷ୍ଠ, ମହନୀୟ, ଚିରନ୍ତନ ସତ୍ୟ । ମନୁଷ୍ୟ ଭିତରେ ନିହିତ ଥିବା ପୂର୍ଣ୍ଣ ଉଦ୍ଦେଶ୍ୟର ପରିଚୟ ଦେଇଥାଏ ଆଦର୍ଶ । ଏହା ମନୁଷ୍ୟର ଉଦ୍ଦେଶ୍ୟକୁ ସଂପୂର୍ଣ୍ଣ କରେ । ଅପରନ୍ତୁ ଉଦ୍ଦେଶ୍ୟ ଥିଲେ ମଧ୍ୟ ଆଦର୍ଶ ନଥିଲେ ତାହା ନିଷ୍ପ୍ରୟୋଜନ ହୋଇପଡେ । ତେଣୁ ଯାହା ସତ୍ୟ, ଶିବ ଓ ସୁନ୍ଦର ତାହାହିଁ ଆଦର୍ଶ । ଏକ ସ୍ୱତଃ, ସ୍ୱର୍ଗୀୟ ଗୁଣାବଳୀର ବିକାଶ ହେଉଛି ଆଦର୍ଶ । ସେବା, ଦୟା, କ୍ଷମା ଆଦି ଗୁଣଧାରୀ ମନୁଷ୍ୟକୁ ଆଦର୍ଶବାଦୀ ଚରିତ୍ର ଭାବରେ ଗ୍ରହଣ କରାଯାଏ । ବୈଜ୍ଞାନିକ କ୍ଷେତ୍ରରେ ମଧ୍ୟ ଆଦର୍ଶ ଏକ ବିଶିଷ୍ଟ ଭୂମିକା ଗ୍ରହଣ କରିଥାଏ । ବୈଜ୍ଞାନିକ ଯଦି ଆଦର୍ଶବାଦୀ ନ ହେଲା ତାହା ହେଲେ ତାହା ସମାଜ ପାଇଁ ଅମଙ୍ଗଳ ସୂଚକ ହୋଇଥାଏ । ବିଚାର କରିବାର କ୍ଷମତା ହରାଇ ବସେ । ତେଣୁ ବିଜ୍ଞାନ ଏବଂ ଆଦର୍ଶକୁ ନେଇ ବୈଜ୍ଞାନିକ ପ୍ରଗତି ପଥରେ ଆଗେଇ

ଯାଏ ଏବଂ ତାହାକୁ ଉପନ୍ୟାସରେ ମଧ୍ୟ ରୂପ ଦିଏ। ବୈଜ୍ଞାନିକ ନିଜେ ଆଦର୍ଶକୁ ନେଇ ବଞ୍ଚିବା ସହିତ ପରିବାରକୁ ମଧ୍ୟ ଆଦର୍ଶର ଆତ୍ମତୃପ୍ତି ବିଷୟରେ ଅବଗତ କରାଇ ଦିଏ। ଯାହା ଗୋକୁଳାନନ୍ଦ ମହାପାତ୍ରଙ୍କ 'ସ୍ପୁଟନିକ୍' ଏବଂ 'ମଧ୍ୟାହ୍ନ ଅନ୍ଧକାର' ଉପନ୍ୟାସରେ ବର୍ଣ୍ଣିତ।

ଡଃ. ମହାପାତ୍ରଙ୍କ 'ସ୍ପୁଟନିକ' ର ବର୍ଣ୍ଣନା ଅନୁଯାୟୀ ଅଧ୍ୟାପକ ମିତ୍ରଙ୍କ ପତ୍ନୀ ମିତ୍ରା ଦେବୀ ଯେତେବେଳେ ଅଧ୍ୟାପକଙ୍କୁ ବାରମ୍ବାର କାର କିଣିବା ପାଇଁ କହିଛନ୍ତି, ଅଧ୍ୟାପକ, ମିତ୍ରା ଦେବୀଙ୍କୁ କହିଛନ୍ତି- "କାର କିଣିବା ପାଇଁ ତୁମର ଏତେ ଝୁଙ୍କ କାହିଁକି ମିତ୍ରା? ଦୁନିଆଁର ଲୋକେ ଯେତେବେଳେ ଆଭିଜାତ୍ୟକୁ ଏକ ଘୃଣା ଓ ହୀନ ଦୃଷ୍ଟିରେ ଦେଖୁଛନ୍ତି, ତୁମେ ସେତେବେଳେ ଆଭିଜାତ୍ୟ କୋଳରେ ମୁଣ୍ଡ ଗୁଞ୍ଜିବାକୁ ଲାଳାୟିତ କାହିଁକି ? ମଣିଷର ଆଦର୍ଶ ନୁହେଁ ଆଭିଜାତ୍ୟ, ଆଭିଜାତ୍ୟର ଧ୍ୱଂସ ବରଂ ମଣିଷର ଆଦର୍ଶ ହେବା ଉଚିତ।" [୧୨]

ଅଧ୍ୟାପକ ମିତ୍ରଙ୍କ ଉକ୍ତିରୁ ହିଁ ତାଙ୍କ ବ୍ୟକ୍ତିତ୍ୱର ଆଦର୍ଶବାଦୀ ଚିନ୍ତାଧାରା ପ୍ରସ୍ଫୁଟିତ ହୋଇଥାଏ। ସେହିପରି 'ମଧ୍ୟାହ୍ନର ଅନ୍ଧକାର' ଉପନ୍ୟାସରେ ରମେଶ ବାବୁ ଯେତେବେଳେ ଡି.ଏସ୍.ସି. ଉପାଧିପ୍ରାପ୍ତ ସହିତ ସ୍ୱର୍ଣ୍ଣପଦକ ହାସଲ କରିଛନ୍ତି ତାଙ୍କ ପତ୍ନୀ ଉଷାଦେବୀ ସେମାନଙ୍କର ଅଭାବ ଚିରଦିନ ପାଇଁ ସମାଧି ଲାଭ କରିବ ବୋଲି ରମେଶ ବାବୁଙ୍କୁ କହିବାରୁ ରମେଶ ବାବୁ ତାଙ୍କ ଜୀବନର ଲକ୍ଷ୍ୟ ବୁଝାଇ ଦେବାକୁ ଯାଇ କହିଛନ୍ତି - "ଗବେଷଣା ଛଡା ଅନ୍ୟ କୌଣସି ଚାକିରୀ ମୋର ଉଦ୍ଦେଶ୍ୟ ନୁହେଁ ଉଷା। ସରଳ ଜୀବନଯାପନ ଓ ଉଚ୍ଚ ଆଦର୍ଶ ପ୍ରକୃତ ବୈଜ୍ଞାନିକର ଲକ୍ଷ୍ୟ ହେବା ଉଚିତ। ପୃଥିବୀର ବଡବଡ ବୈଜ୍ଞାନିକମାନଙ୍କ ଭଳି ସ୍ୱାର୍ଥ ତ୍ୟାଗକରି ମଣିଷସମାଜ ଉପକାରରେ ନିଜକୁ କିପରି ନିୟୋଜିତ କରିବି ସେହି ମୋର ଲକ୍ଷ୍ୟ। ତେଣୁ ତୁମେ ମୋରି ଆଦର୍ଶରେ ଅନୁପ୍ରାଣୀତ ହୋଇ ସେହିଭଳି ଜୀବନଯାପନକୁ ସ୍ୱାଗତ କରିବା ଉଚିତ୍ ଉଷା।"[୧୩] ଉପନ୍ୟାସଟିରେ ରମେଶ ବାବୁଙ୍କ ଗବେଷଣାର ଆଦର୍ଶ ବ୍ୟକ୍ତିତ୍ୱ ଆଗରେ ସ୍ୱାର୍ଥାନ୍ଧ ପୁଞ୍ଜିପତିମାନଙ୍କ ମୁଣ୍ଡ ନତମସ୍ତକ ହୋଇଯାଇଛି। ସତ୍ୟର ସାମ୍ନା କରିନପାରି ସତ୍ୟଠାରୁ ପଳାୟନ ପନ୍ଥା ସାଜିଛନ୍ତି।

ଆଦର୍ଶବାଦର ଅନ୍ୟ ଜଣେ ବ୍ୟକ୍ତିତ୍ୱ ହେଉଛନ୍ତି 'ନିଶ୍ଚଳ ପୃଥିବୀ' ଉପନ୍ୟାସର ଦେବକିଷାନ ବାବୁ। ଜଣେ ବିଶିଷ୍ଟ ଶିଳ୍ପପତି ହୋଇଥିଲେ ମଧ୍ୟ ଶିଳ୍ପ ବ୍ୟବସ୍ଥାରେ ସୁବ୍ୟବସ୍ଥା ସହିତ ସେଠାରେ କାର୍ଯ୍ୟ କରୁଥିବା ସାଧାରଣ ଶ୍ରମିକଠାରୁ ଆରମ୍ଭ କରି କର୍ମଚାରୀମାନଙ୍କ ପର୍ଯ୍ୟନ୍ତ ସମସ୍ତଙ୍କ ପ୍ରତି ସହାନୁଭୂତି ମନୋଭାବ, ସେମାନେ ଯେପରି ସୁଖ ସୁବିଧାରେ ଜୀବନ ଅତିବାହିତ କରିପାରିବେ ସମସ୍ତଙ୍କ ପାଇଁ ମନ୍ଦିର, ଲାଇବ୍ରେରୀ,

ଡାକ୍ତରଖାନା ଆଦି ବ୍ୟବସ୍ଥାର ବନ୍ଦୋବସ୍ତ କରିଛନ୍ତି । ସମାଜର ଜନମଙ୍ଗଳ କାର୍ଯ୍ୟରେ ନିଜକୁ ନିୟୋଜିତ ରଖିଛନ୍ତି । ପତ୍ନୀ ରୀତାଙ୍କ ଅହଂକୁ ନଷ୍ଟ କରି ଜଣେ ଆଦର୍ଶ ମହିଳାରେ ପରିବର୍ତ୍ତନ ପାଇଁ ଯେଉଁ ପ୍ରଚେଷ୍ଟା କରିଛନ୍ତି ସେହି ପ୍ରଚେଷ୍ଟାରେ ସଫଳ ମଧ୍ୟ ହୋଇଛନ୍ତି । ଦେବକିଶାନ ବାବୁଙ୍କ ଅସୁସ୍ଥତାରେ ରୀତା ଦେବୀ ସଂପୂର୍ଣ୍ଣ ଭାବରେ ଶିକ୍ଷ ବ୍ୟବସ୍ଥାର ଦାୟିତ୍ୱ ନେଇ ଶିକ୍ଷବ୍ୟବସ୍ଥାର ବିକାଶ କ୍ଷେତ୍ରରେ ସହାୟ ହୋଇପାରିଛନ୍ତି । ଉଭୟ ପତି ଓ ପତ୍ନୀ ଆଦର୍ଶ ବ୍ୟକ୍ତିତ୍ୱର ପରାକାଷ୍ଠାରେ ଉପନ୍ୟାସଟିରେ ଉପସ୍ଥିତ ହୋଇଛନ୍ତି ।

ସମାଜ ପରିସ୍ଥିତିରେ ସୁଧାର ଆଣିବା କ୍ଷେତ୍ରରେ ଜଣେ ଆଦର୍ଶ ଚରିତ୍ର ଭାବରେ ଛିଡା ହୋଇଛନ୍ତି 'ନିସ୍ତବ୍ଧ ଗୋଧୂଳି' ଉପନ୍ୟାସରେ ଦେବସ୍ମାନ ବାବୁ। ଜଣେ ଲବ୍ଧ ପ୍ରତିଷ୍ଠ ଅଧ୍ୟାପକ ଭାବରେ ଜୀବନ ଅତିବାହିତ ସହିତ ଆଇ.ଏ.ଏସ୍ ଚାକିରୀରେ ଯୋଗଦାନ ସମୟରେ ସହରର ପରିସ୍ଥିତିରେ ସୁଧାର ଆଣିବାରେ ସହାୟ ହୋଇଛନ୍ତି। ଅବିଳମ୍ବେ ଚାକିରୀକୁ ପରିତ୍ୟାଗ, ଗବେଷଣାରେ ମନୋନିବେଶ, ବିନୋବାଜୀଙ୍କ ଭୂଦାନ ଆନ୍ଦୋଳନରେ ଯୋଗଦାନ, ଦେଶର ରଚନାତ୍ମକ କାର୍ଯ୍ୟରେ ନିଜକୁ ନିୟୋଜିତ, ଗ୍ରାମ୍ୟ ପରିସ୍ଥିତିରେ ସୁଧାର, ଶିକ୍ଷାମନ୍ତ୍ରୀ ଭାବରେ ଯୋଗଦାନ, ପ୍ରାଇମେରୀ ଶିକ୍ଷାଠୁ ଆରମ୍ଭ କରି ଉଚ୍ଚଶିକ୍ଷା, ଗବେଷଣା ପର୍ଯ୍ୟନ୍ତ ଶିକ୍ଷା ବ୍ୟବସ୍ଥାରେ ଉନ୍ନତ ଶିକ୍ଷା ପ୍ରଣାଳୀର ବ୍ୟବହାର ଆଦିକୁ ଲକ୍ଷ୍ୟ କଲେ ଦେବସ୍ମାନବାବୁଙ୍କ ଚରିତ୍ରରେ ଆଦର୍ଶ ବୋଧର ପରିଚୟ ଦୃଷ୍ଟିଗୋଚର ହୋଇଥାଏ। ଦେବସ୍ମାନ ବାବୁ ନିଜସ୍ୱ ବିବାହ ସମୟରେ ମଧ୍ୟ ଆଦର୍ଶବାଦୀ ଚରିତ୍ରର ଉପଲବ୍ଧି ହୋଇଥାଏ । ଯୌତୁକ ଏବଂ ଚରିତ୍ରର ମିଥ୍ୟା ଅପବାଦରେ ହରିବାବୁଙ୍କ ଝିଅ ଶାନ୍ତିର ଯେଉଁ ବିବାହ ହୋଇପାରି ନାହିଁ, ଦେବସ୍ମାନ ବାବୁ ନିଜେ ଶାନ୍ତିକୁ ବିବାହ କରିଛନ୍ତି।

'ମୃତ୍ୟୁ ଏକ ମାତୃତ୍ୱର' ଉପନ୍ୟାସରେ ଜଣେ ବିଶିଷ୍ଟ କ୍ୟାନସର ବିଶେଷଜ୍ଞ ଭାବରେ ଖ୍ୟାତି ଅର୍ଜନ କରିଥିବା ଡକ୍ଟର ଅତନୁ ପଟ୍ଟନାୟକଙ୍କ କର୍ମ, ରୋଗୀ ସେବା, ଦୁସ୍ଥ ଅସହାୟ ଲୋକମାନଙ୍କର ବିନା ପାରିଶ୍ରମିକରେ ଜୀବନରକ୍ଷା, ସାହାଯ୍ୟ, ସହାନୁଭୂତି କର୍ମ ଆଦିରେ ଉପନ୍ୟାସଟିରେ ଆଦର୍ଶବାଦର ଅବବୋଧ ହୋଇଥାଏ। ପୁନଶ୍ଚ ଅତନୁବାବୁଙ୍କ ଲାଳିତ ପିତା ଫାଦରଙ୍କ ଯତ୍ନ, ଅତନୁଙ୍କ ପ୍ରତି ତାଙ୍କର ଦାୟିତ୍ୱ, ଭାରତୀୟ ରୀତିରେ ଅତନୁ ଓ ତନୁଶ୍ରୀର ବିବାହ, ତନୁଶ୍ରୀଙ୍କ ବୟୋଜ୍ୟେଷ୍ଠ ବ୍ୟକ୍ତିମାନଙ୍କ ପ୍ରତି ଶ୍ରଦ୍ଧା ଓ ସମ୍ମାନ, ଭାରତୀୟ ସଂସ୍କୃତିରେ ପରିବାରର ଜଣେ ବଧୂ ଭାବରେ ତନୁଶ୍ରୀଙ୍କ କର୍ତ୍ତବ୍ୟବୋଧ ଆଦିରୁ ଉପନ୍ୟାସଟିରେ ଭାରତୀୟ ସଂସ୍କୃତିର ମହନୀୟ ଆଦର୍ଶବୋଧ ଦୃଶ୍ୟାୟିତ ହୋଇଥାଏ।

ଔପନ୍ୟାସିକ ନୃସିଂହଚରଣ ପଣ୍ଡାଙ୍କ 'ଦଗ୍ଧ ଗୋଲାପରେ ଚିର ବସନ୍ତ' ଉପନ୍ୟାସର ବିଶୁବାବୁ ନୀତି ଆଦର୍ଶରେ ଜୀବନ ଅତିବାହିତ କଲେ ମଧ୍ୟ ପୁତ୍ରର ଜୀବନ ରକ୍ଷା ପାଇଁ ନୀତି ଆଦର୍ଶର ଦ୍ୱାହି ଦେଇପାରିନାହାନ୍ତି ବରଂ ସବୁକୁ ମୁଣ୍ଡପାତି ସହି ନେଇଛନ୍ତି । ଦୁନିଆର ସବୁ ବାଧାକୁ ଅତିକ୍ରମ କରି ପୁତ୍ରକୁ ବଞ୍ଚାଇବା ପାଇଁ ଶତଚେଷ୍ଟା କରିଛନ୍ତି । ବିଶୁବାବୁ ନିଜ ପତ୍ନୀ ମେନକା ଦେବୀଙ୍କୁ କହନ୍ତି- "ଏ ପର୍ଯ୍ୟନ୍ତ ବିଶୁବାବୁ ନିଜର ଶରୀର ପାଇଁ ବଞ୍ଚିନାହାନ୍ତି, ନିଜର ପ୍ରତିଷ୍ଠା ପାଇଁ ବଞ୍ଚିନାହାନ୍ତି, ଭୋଗ କରିବା ପାଇଁ, ବଡ ହେବାପାଇଁ , ନା କମେଇବା ପାଇଁ ବଞ୍ଚିନାହାନ୍ତି । ସେ ବଞ୍ଚିଛନ୍ତି ନୀତି, ଆଦର୍ଶ ପାଇଁ ।"[୧୪]

ଶତଚେଷ୍ଟା ପରେ ମଧ୍ୟ ପୁତ୍ରକୁ ରକ୍ଷା କରିପାରିନାହାନ୍ତି ବିଶୁବାବୁ । ଅନ୍ୟର ମିଥ୍ୟା ଆରୋପରେ କାରାଦଣ୍ଡ ଭୋଗିଛନ୍ତି । କିନ୍ତୁ ଶେଷରେ ତାଙ୍କ ନୀତି ଆଦର୍ଶର ବିଜୟ ହାସଲ ହେବା ସହିତ ଉପଯୁକ୍ତ ଦୋଷୀକୁ ଦଣ୍ଡବିଧାନ କରାଯାଇଛି ।

ଡଃ ଦେବକାନ୍ତ ମିଶ୍ରଙ୍କ 'କୃତ୍ରିମ ମଣିଷ' ଉପନ୍ୟାସର ଅଶୋକ କୁମାରଙ୍କ ଚରିତ୍ରରେ ମଧ୍ୟ ଆଦର୍ଶବାଦର ଅବବୋଧ ହୋଇଥାଏ । ଅଶୋକ କୁମାର ଜଣେ ଚରିତ୍ରବାନ ସଚ୍ଚୋଟ, କର୍ତ୍ତବ୍ୟ ପରାୟଣ ଉଚ୍ଚକୋଟୀର ଗବେଷକ । ନିଜସ୍ୱ ଆଦର୍ଶ ଆଗରେ ଅନ୍ୟର ଆଦେଶକୁ ଗ୍ରହଣ କରିପାରିନାହାନ୍ତି । ଯାହା ସମାଜପାଇଁ ଅହିତକର , ଅମଙ୍ଗଳସୂଚକ କଦାପି ସେ ତାହା କରିପାରିନାହାନ୍ତି, ବରଂ କୃତ୍ରିମ ମଣିଷ ସୁଜାତାର ସ୍ୱାର୍ଥନ୍ୱେଷୀ ଭାବନାକୁ ପରିବର୍ତ୍ତନ କରିବାରେ ସହାୟ ହୋଇଛନ୍ତି ଅଶୋକ କୁମାର ।

'କଲମି-ମଣିଷ' ଉପନ୍ୟାସର ବର୍ଣ୍ଣନା ଅନୁଯାୟୀ ଦିଗନ୍ତ ଚରିତ୍ର ଆଦର୍ଶବୋଧର ଏକ ମହନୀୟ ପ୍ରତିଭୂ । ଦିଗନ୍ତ ବାବୁ ଜଣେ ପ୍ରତିଷ୍ଠିତ ଓକିଲ । ନିଜର ପାରିବାରିକ ସ୍ଥିତି, ଉଗ୍ରସ୍ୱଭାବର ପତ୍ନିଙ୍କଠାରୁ ବିଚ୍ଛେଦରେ ଜୀବନ ଅତିବାହିତ କଲେ ମଧ୍ୟ ଅନ୍ୟର ମଙ୍ଗଳ କାମନାରେ ନିଜ ଜୀବନକୁ ନିୟୋଜିତ କରିଛନ୍ତି । ଆଶ୍ରମର ଦାୟିତ୍ୱ ନେବା ସହିତ କୁନି କୁନି ପିଲାମାନଙ୍କ ଦାୟିତ୍ୱ ମଧ୍ୟ ଗ୍ରହଣ କରିଛନ୍ତି । ସମାଜର ଅସହାୟ ମହିଳାମାନଙ୍କ ପାଇଁ ନିଳୟ ନାମକ ଏକ ଅନୁଷ୍ଠାନ ତିଆରି କରିଛନ୍ତି । ଅସହାୟ ଦିବ୍ୟାକୁ ଭଉଣୀ ଭାବରେ ଗ୍ରହଣ କରି ଅନ୍ୟର ପାରିବାରିକ ସ୍ଥିତିକୁ ସୁଧାରିବାରେ ସହାୟ ହୋଇପାରିଛନ୍ତି । ଜଣେ ଆଦର୍ଶ ବ୍ୟକ୍ତିତ୍ୱର ଅଧିକାରୀ ହେଉଛନ୍ତି ଦିଗନ୍ତ ବାବୁ ।

ପ୍ରମୋଦ କୁମାର ମହାନ୍ତିଙ୍କ 'ବିସ୍ଫୋରିତ ପୃଥିବୀ' ଉପନ୍ୟାସର ବୈଜ୍ଞାନିକ ଡେଭିଡ୍ ସାରା ପୃଥିବୀର ମଙ୍ଗଳ ପାଇଁ ଧୂମକେତୁଠାରୁ ପୃଥିବୀକୁ ରକ୍ଷା କରିବା ପାଇଁ

ଶେଷରେ ତାଙ୍କ ପ୍ରୟାସରେ ସଫଳ ହୋଇଛନ୍ତି ସତ କିନ୍ତୁ ନିଜ ଜୀବନକୁ ବିଶ୍ୱବାସୀଙ୍କ ପାଇଁ ବାଜି ଲଗେଇ ଦେଇଛନ୍ତି। ଡେଭିଡ୍ ଏବଂ ତାଙ୍କ ପତ୍ନୀ ରୋଜାଲିନ୍‌ଙ୍କ କାର୍ଯ୍ୟରେ ଆଦର୍ଶ ବ୍ୟକ୍ତିତ୍ୱର ପ୍ରତିଭାତ ହୋଇଥାଏ।

ଉପନ୍ୟାସରେ ଯଦି ଆଦର୍ଶବୋଧ ନରହେ ତାହା ହେଲେ ସଂପୂର୍ଣ୍ଣ ଭାବରେ ସଫଳ ହୋଇପାରେ ନାହିଁ। ଆଦର୍ଶ ବୋଧ ମନୁଷ୍ୟର ବ୍ୟକ୍ତିତ୍ୱକୁ ପାଠକ ସାମ୍ନାରେ ପରିଚିତ କରାଇବାସହିତ ପାଠକର ଚିନ୍ତାଧାରାକୁ ଉନ୍ନତି କରାଇବାରେ ସହାୟ ହୋଇଥାଏ। ସମାଜର ପ୍ରତ୍ୟେକ ମନୁଷ୍ୟ କ୍ଷେତ୍ରରେ ଏକ ସୁସ୍ଥ ବାତାବରଣ ସୃଷ୍ଟି କରିବାରେ ସହାୟ ହୁଏ ଆଦର୍ଶ ବୋଧ।

ଗାନ୍ଧିବାଦ ଓ ବିନୋବାଙ୍କ ଭୂଦାନ ଆନ୍ଦୋଳନ:

ଆଦର୍ଶ ଜୀବନଯାପନ ମଧ୍ୟ ଦେଇ ସତ୍ୟର ଉପଲବ୍ଧି କରିବା, ଅହିଂସା ମାଧ୍ୟମରେ ସତ୍ୟକୁ ଆବିଷ୍କାର କରିବା, ନିଜସ୍ୱ ଚିନ୍ତା ଏବଂ ଉଦ୍ଦେଶ୍ୟରେ ଶୁଦ୍ଧତା ବଜାୟ ରଖିବା ହେଉଛି ଗାନ୍ଧିବାଦର ନିଦର୍ଶନ। ଏହା କୌଣସି ନୀତି ଓ ଦର୍ଶନ ଉପରେ ପର୍ଯ୍ୟବସିତ ନହୋଇ ଏହା ମହାତ୍ମାଗାନ୍ଧୀଙ୍କ ଚିନ୍ତାଧାରା ଓ ଆଦର୍ଶକୁ ନେଇ ଗଢ଼ି ଉଠିଥିବା ଏକ ବିଚାରଧାରା। ସମସ୍ତଙ୍କର ବିକାଶ ସାଧନା ହେଉଛି ଏହାର ଲକ୍ଷ୍ୟ। ଶାରୀରିକ ପରିଶ୍ରମ ଦ୍ୱାରା ଦେଶରୁ ବେକାରୀ ଅଭାବ ଓ ଅନଟନ ଦୂର କରି ଉତ୍ପାଦନ ବୃଦ୍ଧିରେ ସାହାଯ୍ୟ କରିବା ଆଦର୍ଶ ସମାଜ ଓ ଆଦର୍ଶ ଜୀବନଯାପନ କରିବା ନିମନ୍ତେ ଅଭିପ୍ରେତ କରାଇଥାଏ ଗାନ୍ଧିବାଦ। ସେହିପରି ବିନୋବାଭାବେଙ୍କ ଭୂଦାନ ଆନ୍ଦୋଳନ ମଧ୍ୟ ରଚନାତ୍ମକ କାର୍ଯ୍ୟ ଉନ୍ନୟନକୁ ଏବଂ ଦେଶରେ ପ୍ରଗତିଶୀଳ ଚିନ୍ତାଧାରାକୁ ସମୃଦ୍ଧି କରିବାରେ ସାହାଯ୍ୟ କରିଛି।

ବୈଜ୍ଞାନିକ ଉପନ୍ୟାସ ହେଲେ ମଧ୍ୟ ଗାନ୍ଧିବାଦ ଏବଂ ବିନୋବାଙ୍କ ଭୂଦାନ ଆନ୍ଦୋଳନର ଦୃଶ୍ୟ ଦୃଶ୍ୟାୟିତ ହୋଇଛି ଗୋକୁଳାନନ୍ଦ ମହାପାତ୍ରଙ୍କ 'ମଧ୍ୟାହ୍ନର ଅନ୍ଧକାର' ଏବଂ 'ନିସ୍ତବ୍ଧ ଗୋଧୂଳି' ଉପନ୍ୟାସରେ। 'ମଧ୍ୟାହ୍ନର ଅନ୍ଧକାର' ଉପନ୍ୟାସର ବର୍ଣ୍ଣନା ଅନୁଯାୟୀ ଯେତେବେଳେ ସେଠ୍ ସୋନାରାମଙ୍କ ଗବେଷଣାଗାରର ସମସ୍ତ ଗବେଷକ ଏବଂ ବୈଜ୍ଞାନିକମାନେ ଧର୍ମଘଟ ଆରମ୍ଭ କରିଛନ୍ତି ଏବଂ ସେମାନେ ମହାତ୍ମାଗାନ୍ଧୀଙ୍କ ଅହିଂସା ନୀତିରେ ଧର୍ମଘଟ ଚଳାଇଛନ୍ତି ବୋଲି ସେଠ୍ ସୋନାରାମ, ଡିରେକ୍ଟର ରମେଶ ପଟେଲଙ୍କଠାରୁ ଶୁଣିଛନ୍ତି, ସେହି ସମୟରେ ସେଠ୍ ସୋନାରାମ ରମେଶ ବାବୁଙ୍କୁ କହିଛନ୍ତି- "ମହାତ୍ମାଗାନ୍ଧୀଙ୍କ କଥା କହୁଛ ! ସେ ଅତି ମହାନ୍, ଦେବତୁଲ୍ୟ, ତାଙ୍କ ନୀତି ଓ ଆଦର୍ଶକୁ ଆମ୍ଭମାନଙ୍କ ଭଳି ସାଧାରଣ ଲୋକଙ୍କ ପକ୍ଷରେ ଅନୁସରଣ କରିବା ସମ୍ଭବପର ନୁହେଁ। ତାଙ୍କ ନୀତି ଆଦର୍ଶକୁ ଉନ୍ନତ ରାଷ୍ଟ୍ରମାନେତ

ଅନୁସରଣ କରିପାରୁନାହାନ୍ତି, ଯେଉଁମାନେ ଅନୁସରଣ କଲେ ପୃଥିବୀ ପୃଷ୍ଠରୁ ଯୁଦ୍ଧ ବିଗ୍ରହ, ଅଶାନ୍ତ ଚିରଦିନ ଲୋପ ପାଇପାରନ୍ତା ।"[୧୫]

ଗାନ୍ଧିବାଦ ମନୁଷ୍ୟ ମନରେ ପ୍ରତିକ୍ରିୟାଶୀଳ ମନୋଭାବକୁ ବିଲୁପ୍ତ କରି, ପ୍ରଗତିଶୀଳ ଚିନ୍ତାଧାରା ସୃଷ୍ଟି କରାଏ । ସେହି ପ୍ରଗତିଶୀଳ ଚିନ୍ତାଧାରା, ସତ୍ୟର ଅନୁଗାମୀ ତଥା ବିନୋବାଙ୍କ ଆଦର୍ଶରେ ଅନୁପ୍ରାଣିତ ହୋଇଛନ୍ତି 'ନିସ୍ତବ୍ଧ ଗୋଧୂଳି' ଉପନ୍ୟାସରେ ଚରିତ୍ରୀଭୂତ ହୋଇଥିବା ଦେବସ୍ନାନବାବୁ ।

'ନିସ୍ତବ୍ଧ ଗୋଧୂଳି' ଉପନ୍ୟାସରେ ଦେବସ୍ନାନ ବାବୁ ଚାକିରି ଛାଡି, ଉଚ୍ଚତର ଗବେଷଣା ପ୍ରତି ଅନାସକ୍ତ ହୋଇ ଚାଲି ଆସିଛନ୍ତି ନିଜ ଗ୍ରାମକୁ । ବିନୋବାଙ୍କ ପଟ୍ଟଶିଷ୍ୟ ରାଧେଶ୍ୟାମଜୀଙ୍କ ବକ୍ତବ୍ୟରେ ଅନୁପ୍ରାଣିତ ହୋଇ ଭୂଦାନ ଆନ୍ଦୋଳନରେ ଯୋଗ ଦେଇଛନ୍ତି । ଜଣେ ପ୍ରଖ୍ୟାତ ବୈଜ୍ଞାନିକ ଦେବସ୍ନାନ ବାବୁଙ୍କପାଇଁ ଭୂଦାନ କର୍ମୀଗଣ ଗୌରବାନ୍ୱିତ ମନେ କରିଛନ୍ତି । କିନ୍ତୁ ଓଡିଶାର ଅବସ୍ଥିତିକୁ ଅବଲୋକନ କରି ଦୁଃଖପ୍ରକାଶ କରି କହିଛନ୍ତି- " ଓଡିଶା ରାଜ୍ୟଟି ପ୍ରାକୃତିକ ସଂପଦରେ ପୁରି ରହିଛି । ଜମିଗୁଡିକ ଖୁବ୍ ଉର୍ବର, ହେଲେ ମଧ୍ୟ ଏ ରାଜ୍ୟର ସତୁରୀ ଭାଗ ଲୋକ ଦାରିଦ୍ର୍ୟର ସୀମାରେଖା ତଳେ ବାସ କରନ୍ତି । ରାଜ୍ୟର ପ୍ରାକୃତିକ ବିଭବକୁ ଯଦି କାର୍ଯ୍ୟରେ ଲଗାଯାଇପାରନ୍ତା , ତେବେ ଏ ଦେଶରେ ଦୁଧ ମହୁର ସ୍ରୋତ ଫିଟିଯାଆନ୍ତା ପ୍ରଫେସର । ଆପଣମାନଙ୍କଭଳି ବୁଦ୍ଧିମାନ ଓ ଜ୍ଞାନୀ ଲୋକମାନେ ଯଦି ଦୁର୍ଦ୍ଦଶା ପ୍ରତି ସଚେତନ ହୁଅନ୍ତେ ତେବେ ଲୋକଙ୍କର ଅବସ୍ଥା ସୁଧୁରି ଯାଆନ୍ତା ।" [୧୬]

ବିନୋବାଙ୍କ ନୀତିରେ ଅନୁପ୍ରାଣୀତ ହୋଇ ଦେବସ୍ନାନ ବାବୁ ଗ୍ରାମଦାନ ଯୋଜନା ଆରମ୍ଭ କରିଛନ୍ତି । ନିଜ ଗ୍ରାମ ଗୋବିନ୍ଦପୁର ସହ ଅନ୍ୟ ଗ୍ରାମକୁ ନେଇ ଭୂଦାନ ଆନ୍ଦୋଳନ କାର୍ଯ୍ୟକ୍ରମରେ ସ୍କୁଲ ନିର୍ମାଣଠୁ ଆରମ୍ଭ କରି ରାସ୍ତା ତିଆରି, ନଈର ଦୁଇପଟେ ଥିବା ଜମିରେ ସୋରିଷ, ଚିନାବାଦାମ, ଝୋଟ, ଆଖୁ, ପନିପରିବା, ସମବାୟ ସୂତ୍ରରେ ଗାଈ ଦୁଗ୍ଧ ବିକ୍ରୟ ଇତ୍ୟାଦି କାର୍ଯ୍ୟ ଆଗ୍ରହର ସହିତ ଦେବସ୍ନାନ ବାବୁଙ୍କ ତଦାରଖରେ ଲୋକମାନେ ଶ୍ରମଦାନ କରି ସଫଳ ହୋଇଛନ୍ତି । ଗ୍ରାମ୍ୟବ୍ୟାଙ୍କ ପ୍ରତିଷ୍ଠାରୁ ଆରମ୍ଭ କରି ପୋଷ୍ଟ ଅଫିସ୍‌ର ସୁବିଧା ଆଦି ରଚନାମୂଳକ କାର୍ଯ୍ୟରେ ଗ୍ରାମ୍ୟ ଲୋକମାନଙ୍କର ବିକାଶ ଦିଗରେ ସହାୟ ହୋଇଛନ୍ତି ଦେବସ୍ନାନ ବାବୁ । ଫଳତଃ ଗାନ୍ଧିବାଦୀ ଚେତନା ଏବଂ ବିନୋବା ଦର୍ଶନ ମନୁଷ୍ୟର ଭାବନାକୁ ପରିବର୍ତ୍ତନ କରିବାରେ ସହାୟ ହୋଇପାରିଛି ।

ଗୋକୁଳାନନ୍ଦ ମହାପାତ୍ରଙ୍କ ଉକ୍ତ ଉପନ୍ୟାସ ଦୁଇଟି ବୈଜ୍ଞାନିକ ଉପନ୍ୟାସ ହେଲେ ମଧ୍ୟ ଗାନ୍ଧିବାଦୀ ଚେତନା ଏବଂ ବିନୋବାଙ୍କ ଭୂଦାନ ଆନ୍ଦୋଳନର ପ୍ରଭାବ

ଉପନ୍ୟାସକୁ ଭିନ୍ନ ମୋଡ ଦେବା ସହିତ ଉଚ୍ଚକୋଟୀର ହେବାରେ ମଧ୍ୟ ସହାୟ କରାଇପାରିଛି ।

ଦୁର୍ନୀତି ପରାୟଣ :

ମନୁଷ୍ୟ ଯେତେବେଳେ ନିଜସ୍ୱ ବିଚାର ଶକ୍ତି ଏବଂ ବିବେକକୁ ହରାଇ ବସେ ନିଜ ସ୍ୱାର୍ଥରେ ଅନ୍ଧ ହୋଇଯାଏ ସେହି ସମୟରେ ସେ ସତ୍ୟ ଅନୁଗାମୀ ହେବା ପରିବର୍ତ୍ତେ ଦୁର୍ନୀତି ଆଡକୁ ମଧ୍ୟ ଅଗ୍ରସର ହୋଇପଡେ । ସମାଜରେ ନାନା ଅନୈତିକ କାର୍ଯ୍ୟ କରିବାକୁ ଆଗେଇ ଆସେ, ଯାହାଦ୍ୱାରା ସମାଜ ସୁସ୍ଥ ହେବା ପରିବର୍ତ୍ତେ ବ୍ୟକ୍ତି ଚରିତ୍ର ସକଳ କ୍ଷେତ୍ରରେ ଦୁର୍ନୀତିଗ୍ରସ୍ତ ହୋଇପଡେ । ମନୁଷ୍ୟ ମଧ୍ୟରେ ସୁସ୍ଥ ମାନସକିତା ଏବଂ ସରକାରୀ କ୍ଷେତ୍ରରେ ସମୁଚିତ ଦଣ୍ଡବିଧାନ ଯଦି ନହୁଏ ତା ହେଲେ ଦୁର୍ନୀତିର ମୂଳପୋଛ ହେବା ଏକପ୍ରକାର ଅସମ୍ଭବ ବୋଧହୁଏ । ସଂପ୍ରତି ବିଜ୍ଞାନ ମଧ୍ୟ ଦୁର୍ନୀତିର ପ୍ରାଦୁର୍ଭାବରୁ ନିଜକୁ ମୁକ୍ତ ରଖିପାରିନାହିଁ । ଶୋଷଣର ମାଧ୍ୟମ ହୋଇ ରହିଛି । ଏହାର ପରିସମାପ୍ତି ନ ହେଲା ପର୍ଯ୍ୟନ୍ତ ବିଜ୍ଞାନର ପ୍ରକୃତ ଉପଯୋଗ ମଧ୍ୟ ଅସମ୍ଭବ । ତେଣୁ ଏହି ପରିପ୍ରେକ୍ଷୀରେ ଦୁର୍ନୀତିଗ୍ରସ୍ତ ସମାଜର ବାସ୍ତବ ରୂପକୁ ବୈଜ୍ଞାନିକ ଉପନ୍ୟାସରେ ମଧ୍ୟ ଲେଖକ ଉପସ୍ଥାପନ କରିଛନ୍ତି ।

ଔପନ୍ୟାସିକ ଗୋକୁଳାନନ୍ଦ ମହାପାତ୍ରଙ୍କ 'ମଧ୍ୟାହ୍ନର ଅନ୍ଧକାର' ଉପନ୍ୟାସରେ ବର୍ଣ୍ଣିତ ଥିବା ସେଠ୍ ସୋନାରାମ୍‌ଙ୍କ ପରାମର୍ଶରେ ଯେତେବେଳେ କାରଖାନାରେ କର୍ମଚାରୀମାନେ ପୋଲାଙ୍ଗ ତେଲ ମିଶା ସୋରିଷ ତେଲ ତିଆରି କରିଛନ୍ତି ଏବଂ ସେହି ତେଲର ବ୍ୟବହାରରେ ସାଧାରଣ ଲୋକମାନେ ମୃତ୍ୟୁ ମୁଖରେ ପଡିଛନ୍ତି ପୁଣି ସେହି ରୋଗରୁ ମୁକ୍ତି ପାଇବାପାଇଁ ପଲିମାଇସିନ୍ ନାମକ ଔଷଧର ତିଆରି ବାସ୍ତବରେ ବୈଜ୍ଞାନିକ ଆବିଷ୍କାରରେ ଦୁର୍ନୀତିର ଏକ ଅନନ୍ୟ ଉଦାହରଣ । ପୁନଶ୍ଚ ଉପନ୍ୟାସଟିରେ ମଇଦାରେ ଟାଲକମ୍ ପାଉଡର, ନଡିଆ ତେଲରେ କପା ତେଲର ମିଶ୍ରଣ, ବାଦାମ ମଞ୍ଜିରୁ ଲହୁଣୀ ଆଦି ଅପମିଶ୍ରଣ ଯାହା ବାସ୍ତବ ସମାଜର ଅପମିଶ୍ରଣ ବ୍ୟବସ୍ଥାକୁ ଦୃଶ୍ୟାୟିତ କରିଛି ।

ବାସ୍ତବିକ ସମାଜରେ ଶିକ୍ଷାର ଗୁଣାତ୍ମକ ମୂଲ୍ୟବୋଧକୁ ଗୁରୁତ୍ୱ ଦିଆ ନ ଯାଇ ଅର୍ଥ ଆଦାୟ ମାଧ୍ୟମରେ ଦୁର୍ନୀତିସିକ୍ତ ଶିକ୍ଷାର ରୂପ ରଚନା ପ୍ରକାଶ ପାଇଛି । ସେହିପରି ଉଚ୍ଚପଦସ୍ଥ ଅଫିସରମାନେ ନାରୀ ଧର୍ଷଣ, ଲୁଣ୍ଠନ, ଲାଞ୍ଚ ଗ୍ରହଣ ଆଦି କୁକର୍ମରେ ଲିପ୍ତ ରହିବାର ଦୃଶ୍ୟ ଦୃଶ୍ୟାୟିତ ହେବା ସହିତ ସରକାରଙ୍କୁ ଠକି ଆଇନ ଆଖିରେ ଧୂଳି ଦେବା, ନିଜସ୍ୱ ସବର୍ଣ୍ଣ ଜାତିକୁ ଠକି କୋଟାରେ ଚାକିରୀ କରିବା ଆଦି ଦୁର୍ନୀତିର ବାସ୍ତବ ରୂପ ଉପନ୍ୟାସଟିରେ ହୋଇଛି ଉପସ୍ଥାପିତ ।

ସେହିପରି ଦୁର୍ନୀତି ପରାୟଣତାର ଅନ୍ୟ ଏକ ଦୃଶ୍ୟ, ସ୍ୱାର୍ଥନ୍ଧରେ ଗବେଷଣାକୁ କିପରି ନିୟୋଗ କରାଯାଇଛି, ଦୃଶ୍ୟାୟିତ ହୋଇଛି 'ନିସ୍ତବ୍ଧ ଗୋଧୂଳି' ଉପନ୍ୟାସ ପରି ଦେବକାନ୍ତ ମିଶ୍ରଙ୍କ 'କୃତ୍ରିମ ମଣିଷ' ଉପନ୍ୟାସରେ। ପ୍ରଚୁର ବୈଷୟିକ ମୁଦ୍ରା ହାସଲ କରିବା ପାଇଁ ଦେଶରକ୍ଷାମନ୍ତ୍ରୀଙ୍କ ନିର୍ଦ୍ଦେଶରେ ଗବେଷଣାଗାରର ଡିରେକ୍ଟର ସୁବ୍ରମନିୟମ୍ କାଉଫ୍‌ମାନଙ୍କ ପ୍ରତିଷ୍ଠାନ ସହିତ ବାଣିଜ୍ୟ ଚୁକ୍ତିରେ ଆବଦ୍ଧ ହୋଇଛନ୍ତି । ଦେଶକୁ ରକ୍ଷା କରିବା ପାଇଁ ଅର୍ଥ ଲୋଭରେ ନିଜ ଦେଶକୁ ମଧ୍ୟ ଦୁର୍ନୀତିର ଦୁର୍ଦ୍ଦଶା ଭିତରକୁ ଠେଲି ଦେବା ପାଇଁ ପଛାଇ ନାହାନ୍ତି।

ସାମାଜିକ ଜୀବନରେ ଦୁର୍ନୀତିର ଅନ୍ୟ ଏକରୂପ ବର୍ଣ୍ଣିତ ଜ୍ୟୋତିର୍ମୟୀ ମହାନ୍ତିଙ୍କ 'କଲମି-ମଣିଷ' ଉପନ୍ୟାସରେ। ଉପନ୍ୟାସରେ ପ୍ଲାବନ ପରି ଚରିତ୍ର ନିଜ ବିଶ୍ୱାସରେ ଅନ୍ୟକୁ ଠକି ଦିବ୍ୟା ପରି ନାରୀର ସର୍ବସ୍ୱ ଲୁଟି ନେବା ପୁଣି ଦିବ୍ୟା ନିଜସ୍ୱ ଗୃହକୁ ପ୍ରତ୍ୟାବର୍ତ୍ତନ ନକରି ଆଶ୍ରମରେ ଅବସ୍ଥାନ କଲା ସମୟରେ ଧନୀ ବ୍ୟକ୍ତି ଭବତୋଷ ସାହାଣୀଙ୍କ କୁଦୃଷ୍ଟିରୁ ନିଜକୁ ରକ୍ଷାକରିବା, ବାସ୍ତବ ସମାଜର ଏକ ନିଚ୍ଛକ ପ୍ରତିଚ୍ଛବି। ଉପନ୍ୟାସଟିରେ ଲେଖିକା ସାମାଜିକ ଦୁର୍ନୀତି ଗୁଡ଼ିକୁ ରୂପାୟନ କରି ଉପନ୍ୟାସଟିର ଆଭିମୁଖ୍ୟକୁ ସ୍ପଷ୍ଟ କରିଛନ୍ତି।

ମନୁଷ୍ୟ ଯେତେବେଳେ ନିଜ ସ୍ୱାର୍ଥକୁ କଳେବଳେ କୌଶଳେ ହାସଲ କରିପାରେ ନାହିଁ ତାର ଆକ୍ରୋଶ ମନୋଭାବ ଏତେମାତ୍ରାରେ ବୃଦ୍ଧି ପାଏ ଯେ ଅନ୍ୟର କ୍ଷତି କରିବାକୁ ମଧ୍ୟ ସେ ପଛାଏ ନାହିଁ । ଯାହାର ସଂପୂର୍ଣ୍ଣ ବର୍ଣ୍ଣନା ଲେଖକ ଗୋକୁଳାନନ୍ଦ ମହାପାତ୍ର ଉପସ୍ଥାପନା କରିଛନ୍ତି 'ଡାଇନୋସରର ହସ' ଉପନ୍ୟାସରେ। ରଜତ୍ ଏବଂ ସୁଶାନଙ୍କ ଗବେଷଣାଲବ୍ଧ ବିରାଟ ଡାଇନୋସରକୁ ଯେତେବେଳେ ଆମେରିକାର ଚିଡିଆଖାନାରେ ରଖିବାକୁ ନିଷ୍ପତ୍ତି ନିଆଯାଇଛି । ବିରାଟ କ୍ରେନ ସାହାଯ୍ୟରେ ନେବା ସମୟରେ ଡେଭିଡ୍‌ଙ୍କ ଅସାବଧାନତା ଯୋଗୁଁ ବିରାଟକାୟ ଡାଇନୋସରଟି ସମୁଦ୍ରକୁ ଲମ୍ଫପ୍ରଦାନ କରିଛି। ରଜତ ଏବଂ ସୁଶାନର ପରିଶ୍ରମ ବ୍ୟର୍ଥ ହୋଇଯାଇଛି। ମନୁଷ୍ୟ ତାର ମାନବିକତା, ଆଦର୍ଶ ମନୋଭାବକୁ ଯେତେବେଳେ ହରେଇ ବସେ ନିଜ ସ୍ୱାର୍ଥରେ ଅନ୍ଧ ହୋଇ ଦୁର୍ନୀତି ମୂଳକ କାର୍ଯ୍ୟକୁ ଆପଣାଇ ନିଏ, ସମାଜରେ କଳଙ୍କର ଏକ ବୃହତ୍ ଉଦାହରଣ ହୋଇ ତାହା ଛିଡା ହୁଏ।

ବୈଜ୍ଞାନିକ ଉପନ୍ୟାସ ହେଲେ ମଧ୍ୟ ଦୁର୍ନୀତିର ସେହି ସଂପୂର୍ଣ୍ଣ ବାସ୍ତବତା ଦୃଶ୍ୟାୟିତ କରି ଉପନ୍ୟାସ-କଥାବସ୍ତୁକୁ ବୈଜ୍ଞାନିକ ବିଚାରବୋଧର ଉପଯୋଗ ମାଧ୍ୟମରେ ପ୍ରାଣବନ୍ତ କରିଛି।

ରାଜନୈତିକ ଦୃଷ୍ଟିଭଙ୍ଗୀ:

ମନୁଷ୍ୟ ଏକ ସାମାଜିକ ପ୍ରାଣୀ। ସମାଜରେ ଯେହେତୁ ମନୁଷ୍ୟ ତାର ଜୀବନ

ଅତିବାହିତ କରେ, ତାର ରାଜନୈତିକ ଜୀବନ ତଥା ରାଜନୈତିକ ଚିନ୍ତାଧାରା ମଧ୍ୟ ସମାଜ ସହିତ ଜଡ଼ିତ ଥାଏ। ସଂଗ୍ରାମ, ସଂଘର୍ଷ ହେଉଛି ମନୁଷ୍ୟ ଜୀବନର ସ୍ୱାଭାବିକ ପ୍ରକ୍ରିୟା । ତେଣୁ ଏହି ସ୍ୱାଭାବିକ ପ୍ରକ୍ରିୟାର ସାମୂହିକ ବିକାଶ ରାଜନୈତିକ ଚିନ୍ତାଧାରର ପ୍ରାରମ୍ଭ କହିଲେ ଚଳେ। ପ୍ରାଚୀନ କାଳରୁ ପ୍ରାରମ୍ଭ କରି ବର୍ତ୍ତମାନ ପର୍ଯ୍ୟନ୍ତ ମନୁଷ୍ୟ ନିଜକୁ ଏହି ରାଜନୈତିକ ଚିନ୍ତାଧାରାରୁ ମୁକ୍ତ ରଖି ପାରିନାହିଁ, ବରଂ ଏହା କେତେବେଳେ ପ୍ରତ୍ୟେକ ସଭ୍ୟତାର ବିକାଶ କ୍ଷେତ୍ରରେ ସହାୟ ହୋଇଛିତ ପୁଣି କେତେବେଳେ ଏହାର ପୃଷ୍ଠଭୂମି ସମାଜବାଦୀ, ସାମ୍ୟବାଦୀ, ପ୍ରଗତିବାଦୀ, ପରିବେଶ ସୃଷ୍ଟିକରିବାରେ ମୁଖ୍ୟ ଭୂମିକା ଗ୍ରହଣ କରିଛି। ସମାଜଠାରୁ ରାଜନୈତିକ ଚିନ୍ତାଧାରାର ବିକାଶ ହୋଇ ରାଷ୍ଟ୍ରରେ ପହଞ୍ଚି ପାରିଛି। ପୁନଶ୍ଚ ଏହାର ସୁଫଳ କେତେବେଳେ ସମାଜ ପାଇଁ ବିକାଶ କ୍ଷେତ୍ରରେ ଆଗେଇ ନେଇଛିତ ପୁଣି କେତେବେଳେ ଏହାର କୁଫଳ ମନୁଷ୍ୟକୁ ରସାତଳଗାମୀ କରାଇବାରେ ସମର୍ଥ ହୋଇପାରିଛି। ତେଣୁ ଏହି ଦ୍ୱିପାକ୍ଷିକ ଚିନ୍ତାଧାରାକୁ ନେଇ ରାଜନୈତିକ ଦୃଷ୍ଟିଭଙ୍ଗୀ ତାର କାୟାକୁ ବିସ୍ତାର କରିଛି। ଉପନ୍ୟାସ କ୍ଷେତ୍ରରେ ମଧ୍ୟ ଏହା ସ୍ୱତନ୍ତ୍ର ଅଧ୍ୟାୟ ସୃଷ୍ଟି କରିବାରେ ସମର୍ଥ ହୋଇପାରିଛି । ଔପନ୍ୟାସିକ ବୈଜ୍ଞାନିକ ଉପନ୍ୟାସରେ ମଧ୍ୟ ଆଧୁନିକ ସମାଜ ଏବଂ ରାଜନୈତିକ ଜୀବନର ବାସ୍ତବ ରୂପକୁ ରୂପାୟିତ କରିବାରେ ସଫଳ ହୋଇପାରିଛି ।

ଔପନ୍ୟାସିକ ଗୋକୁଳାନନ୍ଦ ମହାପାତ୍ରଙ୍କ 'ପୃଥିବୀ ବାହାରେ ମଣିଷ' ଉପନ୍ୟାସର ବର୍ଣ୍ଣନା ଅନୁଯାୟୀ ଲେଖକ ମଙ୍ଗଳ ଗ୍ରହର ରାଜନୈତିକ ବ୍ୟବସ୍ଥାକୁ ଉଲ୍ଲେଖ କରି ପୃଥିବୀର ସାମାଜିକ ଏବଂ ରାଜନୈତିକ ଅବସ୍ଥାର ଏକ ତୁଳନାତ୍ମକ ଚିତ୍ର ଉପସ୍ଥାପନ କରିଛନ୍ତି। ମଙ୍ଗଳ ଗ୍ରହରେ ବିଜ୍ଞାନବାଦର ପ୍ରଭାବ ଯୋଗୁଁ ସେଠାରେ ଗଣତନ୍ତ୍ର ଓ ସାମ୍ୟବାଦର ପ୍ରତିଷ୍ଠା କିପରି ସମ୍ଭବ ହୋଇପାରିଛି ଲେଖକ ତାହା ଅଧ୍ୟାପକ ରିଚାଡ୍‌ସନ୍ ମାଧ୍ୟମରେ ଉପସ୍ଥାପନ କରି କହିଛନ୍ତି- "ସବୁ ଦଳର ରାଜନୈତିକ ଆଦର୍ଶ ହେଉଛି ସାମ୍ୟବାଦ। ଦେଶର ଉନ୍ନତି କରାଇବାରେ ଭିନ୍ନଭିନ୍ନ କାର୍ଯ୍ୟସୂଚୀ ନେଇ ଦଳଗୁଡିକ ପରସ୍ପରଠାରୁ ଭିନ୍ନ । ଯେଉଁ ଦଳର କାର୍ଯ୍ୟସୂଚୀ ଉପରେ ଦେଶବାସୀଙ୍କ ଅଧିକ ଆସ୍ଥା ଜନ୍ମେ, ସେହି ଦଳକୁ ସେମାନେ ଭୋଟ ଦିଅନ୍ତି। ଫଳରେ ସେମାନେ ସରକାର ଗଢ଼ନ୍ତି ଓ ଦେଶ ଚଳାନ୍ତି। ଅନ୍ୟାନ୍ୟ ଦଳରୁ ଯାଇ ବିରୋଧୀ ଦଳ ମଧ୍ୟ ଗଠନ କରନ୍ତି। ବିରୋଧୀ ଦଳର ସମାଲୋଚନା ଦ୍ୱାରା ଶାସନ ଭଲ ଭାବରେ ପରିଚାଳିତ ହୁଏ।"[୧୭] ଏକ ସୁସ୍ଥ ରାଜନୈତିକ ଅବସ୍ଥା ସୃଷ୍ଟି କରିବାରେ ଲେଖକ ମଙ୍ଗଳ ଗ୍ରହର ଅଧିବାସୀଙ୍କ ମାଧ୍ୟମରେ ସୂଚନା ପ୍ରଦାନ କରିଛନ୍ତି।

ବ୍ୟକ୍ତିଗତ ସ୍ୱାଧୀନତା ଏବଂ ପ୍ରକୃତ ଅର୍ଥନୈତିକ ସାମ୍ୟବାଦକୁ ସର୍ବପ୍ରଥମ

ସ୍ଥାନ ଦିଆଯାଇଛି। ଶ୍ରମିକ ଏବଂ ଜଣେ ମନ୍ତ୍ରୀଙ୍କ ମଧ୍ୟରେ ମଧ୍ୟ କୌଣସି ଭିନ୍ନତା ପରିଲକ୍ଷିତ ହୋଇନାହିଁ। ପୁଞ୍ଜିବାଦର ସ୍ଥାନକୁ ସଂପୂର୍ଣ୍ଣ ଭାବରେ ପରିହାର କରି ସାମ୍ୟବାଦ ପ୍ରତିଷ୍ଠାକୁ ନେଇ ବିଜ୍ଞାନବାଦ ମାଧ୍ୟମରେ ଏକ ସୁସ୍ଥ ରାଜନୈତିକ ପରିବେଶ ପୃଥିବୀ ପୃଷ୍ଠରେ ଗଠନ ପାଇଁ ଲେଖକ ମଙ୍ଗଳ ଗ୍ରହର ରାଜନୈତିକ ଚିନ୍ତାଧାରା ମାଧ୍ୟମରେ ଆହ୍ୱାନ ଦେଇଛନ୍ତି।

ସେହିପରି ' ନିସ୍ତବ୍ଧ ଗୋଧୂଳି' ଉପନ୍ୟାସରେ ଲେଖକ ରାଜନୈତିକ କ୍ଷେତ୍ରରେ ଶିକ୍ଷା ବିଭାଗ ଜନ୍ମିତ ଦୁର୍ନୀତିର ବାସ୍ତବ ଚିତ୍ରକୁ ଉପସ୍ଥାପିତ କରିଛନ୍ତି। ଅଧ୍ୟାପକ, ଶିକ୍ଷାମନ୍ତ୍ରୀ ଏବଂ ଡି.ପି.ଆଇ ଚରିତ୍ର ମାଧ୍ୟମରେ। ଉକ୍ତ ଉପନ୍ୟାସର ଦେବସ୍ମାନ ଚରିତ୍ର ତାଙ୍କର ଉନ୍ନତ ଚିନ୍ତା ଏବଂ ଉନ୍ନୟନମୂଳକ କାର୍ଯ୍ୟ ପାଇଁ ଶିକ୍ଷାମନ୍ତ୍ରୀ ଭାବରେ ଅଭିଷିକ୍ତ ହୋଇଛନ୍ତି। କର୍ମଚାରୀମାନଙ୍କଦ୍ୱାରା ଶିକ୍ଷା କ୍ଷେତ୍ରରେ ଚାଲିଥିବା ଦୁର୍ନୀତିର ସମୂଳେ ବିନାଶ କରି ପ୍ରାଇମେରୀ ଶିକ୍ଷାଠୁ ଆରମ୍ଭକରି ଉଚ୍ଚଶିକ୍ଷା ପର୍ଯ୍ୟନ୍ତ ଉନ୍ନୟନ ମୂଳକ, ମୂଲ୍ୟବୋଧ ଭିତ୍ତିକ ଶିକ୍ଷାର ପ୍ରସାର କରାଇବାରେ ସଫଳ ହୋଇପାରିଛନ୍ତି, କିନ୍ତୁ ବିରୋଧୀଦଳର ନେତାମାନଙ୍କ ଆକ୍ରୋଶ ମନୋଭାବରେ ଦେବସ୍ମାନ ବାବୁଙ୍କ ସମ୍ମାନ ହାନି ଘଟିବାରୁ ନିଜର ମନ୍ତ୍ରୀପଦକୁ ତିରସ୍କାର କରିବାକୁ ପଛାଇନାହାନ୍ତି। ଉପନ୍ୟାସଟିରେ ବାସ୍ତବିକ ସମାଜର ରାଜନୈତିକ ରୂପକୁ ରୂପାୟିତ କରିବାରେ ଲେଖକ ସଫଳ ହୋଇଛନ୍ତି।

ଡଃ ନୃସିଂହଚରଣ ପଣ୍ଡାଙ୍କ 'ଦଗ୍ଧ ଗୋଲାପର ଚିରବସନ୍ତ' ଉପନ୍ୟାସରେ ରାଜନୈତିକ ଦୃଷ୍ଟିଭଙ୍ଗୀ ସଂପୂର୍ଣ୍ଣ ଭାବରେ ଦୁର୍ନୀତିଗ୍ରସ୍ତ। ନୀତି ଆଦର୍ଶବାଦୀ, ବୈଜ୍ଞାନିକ ବିଶ୍ୱଜିତ୍ ପଟ୍ଟନାୟକ ତାଙ୍କ ମରଣରଶ୍ମୀ ଆବିଷ୍କାରକୁ ସମାଜର ହିତ ଉଦ୍ଦେଶ୍ୟରେ ଗୋପନ ରଖିବା ନେଇ ପ୍ରତିରକ୍ଷାମନ୍ତ୍ରୀ ଏବଂ ତାଙ୍କ ପତ୍ନୀଙ୍କ ଚକ୍ରାନ୍ତର ଶିକାର ହୋଇଛନ୍ତି। ତାଙ୍କ ଚାକିରୀ ଜୀବନ, ପାରିବାରିକ ଜୀବନ ନଷ୍ଟଭ୍ରଷ୍ଟ କରିଦେଇଛନ୍ତି। ପ୍ରଶାସନ ବିଭାଗ ବିଶୁ ବାବୁଙ୍କୁ ସାହାଯ୍ୟ କରିପାରିନାହାନ୍ତି। ବିଶୁ ବାବୁଙ୍କ ପାଳିତା କନ୍ୟା ପ୍ରିୟମ୍ବଦାଙ୍କ ପ୍ରଚେଷ୍ଟାରେ ରାଷ୍ଟ୍ରପତିଙ୍କ ନିର୍ଦ୍ଦେଶରେ ଅସଲ ରହସ୍ୟ ଉନ୍ମୋଚନ କରାଯାଇ ଦୋଷୀକୁ ଦଣ୍ଡବିଧାନ କରାଯାଇଛି। ସାଂପ୍ରତିକ ସମାଜକୁ ସତ୍‌ମାର୍ଗରେ ପରିଚାଳିତ କରିବା ଉଦ୍ଦେଶ୍ୟରେ ଅପକର୍ମର ପରିଣତିକୁ ବ୍ୟକ୍ତ କରାଯାଇଛି।

ସେହିପରି ଡଃ. ଦେବକାନ୍ତ ମିଶ୍ରଙ୍କ 'କୃତ୍ରିମ ମଣିଷ' ଉପନ୍ୟାସରେ ଉଲ୍ଲିଖିତ ରାଜନୈତିକ ଅବସ୍ଥିତି, କିଛିମାତ୍ରାରେ ଦୁର୍ନୀତିଗ୍ରସ୍ତ। ଦେଶ ପାଇଁ ଯାହା ମଙ୍ଗଳପ୍ରଦ ତାହାକୁ ଠିକ୍ ଭାବରେ ପ୍ରୟୋଗ ନକରି ଅପବ୍ୟବହାର କରିବା, ବାସ୍ତବରେ ଦେଶ ପାଇଁ କ୍ଷତିଗ୍ରସ୍ତ। ଉକ୍ତ ଉପନ୍ୟାସଟିରେ ମୁଖ୍ୟ ନାୟକ ଅଶୋକ କୁମାରଙ୍କ ପ୍ରଚେଷ୍ଟାରେ,

ଯେତେବେଳେ କମ୍ପ୍ୟୁଟର ଯନ୍ତ୍ରର ଶୁଭ ପ୍ରଦାନ ପାଇଁ ମନ୍ତ୍ରୀଙ୍କ ଆଗମନ ହୋଇଛି, ସେହି ସମୟରେ ଟେଲି ଟାଇପ୍ ରାଇଟର୍‌ର ପ୍ରିଣ୍ଟର୍ ମେସିନ୍‌ଟି କିଛି ଉତ୍ତର ପ୍ରଦାନ ନ କରିବାରୁ ମନ୍ତ୍ରୀ ମହୋଦୟ ତାର ତର୍ଜମା ନ କରି ଗମ୍ଭୀର ଭାବରେ ସେହି ସ୍ଥାନରୁ ପ୍ରସ୍ଥାନ କରିଛନ୍ତି । ନିଜ ଦେଶକୁ ଶତ୍ରୁ କବଳରୁ ରକ୍ଷା କରିବା ପାଇଁ ପ୍ରଧାନମନ୍ତ୍ରୀ କ୍ଷେପଣାସ୍ତ୍ର ତିଆରି ପାଇଁ କୃତ୍ରିମ ମଣିଷ, ସ୍ୱାର୍ଥାନ୍ୱେଷୀ ସୁଜାତାର ସାହାଯ୍ୟ ନେଇଛନ୍ତି । ପୁଣି ଶାସନ ନିୟନ୍ତ୍ରିତ କରୁଥିବା ଦେଶ ପାଇଁ ରକ୍ଷାର କବଚ ସାଜିଥିବା ଦେଶରକ୍ଷା ମନ୍ତ୍ରୀଙ୍କ ନିର୍ଦ୍ଦେଶରେ ଗବେଷଣାଗାରର ଡିରେକ୍ଟର ଅର୍ଥ ଲୋଭରେ କାଉଫ୍‌ମାନଙ୍କ ସଂସ୍ଥା ସହ ଯୋଗଦାନ କରିଛନ୍ତି । ମନ୍ତ୍ରୀଙ୍କ ଏହି ପଦକ୍ଷେପକୁ ଆଖି ଆଗରେ ରଖି ନିରାପତ୍ତା ରକ୍ଷାକାରୀ ଅଫିସର୍ ସବିତା ଗବେଷଣାଗାରର ଡିରେକ୍ଟର ସୁବ୍ରମନିୟମ୍‌ଙ୍କୁ କହିଛନ୍ତି-"ପରିସ୍ଥିତିର ପରିବର୍ତ୍ତନ ଅନୁସାରେ ନିଜକୁ ବଦଳାଇ ଦେଇ ଫାଇଦା ଉଠାଇବା ହେଲା ଏ ଯୁଗର ଶସ୍ତା ରାଜନୀତିଜ୍ଞମାନଙ୍କ କାମ । କଥାଛଳରେ ଲୋକମାନଙ୍କୁ ଠକାଇ ଭଣ୍ଡାଇ ଦେଇ ସେମାନେ ନିଜର ଫାଇଦା ଉଠାଇଥାନ୍ତି । ଆପଣ କାହିଁକି ସେପରି କାମରେ ହାତ ଦେଉଛନ୍ତି ।" ୧୮ ଅର୍ଥ ଲୋଭରେ ରାଜନୈତିକ ନେତାମାନେ ନିଜସ୍ୱ କ୍ଷତି ସହିତ ଦେଶର କ୍ଷତି କରିବାକୁ ପଛାଇ ନାହାନ୍ତି । ବୈଜ୍ଞାନିକ ଗବେଷଣାକୁ ରାଜନୀତିର ମାପକାଠିରେ ତଉଲିବା ସହିତ ବ୍ୟବସାୟରେ ମଧ୍ୟ ବ୍ୟବହାର କରିଛନ୍ତି । ଗବେଷଣାର ମାନ ବୃଦ୍ଧି ହେବା ପରିବର୍ତ୍ତେ ହ୍ରାସ ଉପଯୋଗୀ ହୋଇଛି । ସାଂପ୍ରତିକ ସମୟର ରାଜନୈତିକ ପରିସ୍ଥିତିକୁ ରୂପାୟିତ କରିବାରେ ବୈଜ୍ଞାନିକ ଉପନ୍ୟାସ ସଫଳତାର ସ୍ୱାଦ ଚାଖିବାକୁ ସମର୍ଥ ହୋଇପାରିଛି ।

ମାନବବାଦୀ ଦୃଷ୍ଟିଭଙ୍ଗୀ :

ମାନବିକତା ମନୁଷ୍ୟ ହୃଦୟରେ ଅନ୍ତର୍ନିହିତ ଥିବା ସୁବିବେକ ଏବଂ ବିଚାରଶକ୍ତିର ଏକ ଅଭିନବ ଦୃଷ୍ଟିଭଙ୍ଗୀ । ଭଗବାନଙ୍କ ସୃଷ୍ଟିରେ ପ୍ରତ୍ୟେକ ମନୁଷ୍ୟ ଯେପରି ଏକପ୍ରକାର ଭାବ, ଶକ୍ତି ଘେନି ଜନ୍ମ ହୋଇଥିଲେ ମଧ୍ୟ ଏହି ଭାବନା ଓ ଶକ୍ତିର ଯେପରି ପରିମାଣ ଭେଦ ଅଛି, କିନ୍ତୁ ପ୍ରକାର ଭେଦ ନାହିଁ । ସେହିପରି ପ୍ରତ୍ୟେକ ମାନବ ସ୍ୱଭାବତଃ ଏକ ହୋଇଥିଲେ ମଧ୍ୟ ପ୍ରତ୍ୟେକଙ୍କ ହୃଦୟରେ ମାନବିକତା ଅଛି ବୋଲି ଆମେ କହିପାରିବା ନାହିଁ । କାରଣ ମାନବିକତା ମନୁଷ୍ୟର ବିବେକ ଏବଂ ବିଚାର ଶକ୍ତିକୁ ନେଇ ପରିଚାଳିତ ହୋଇଥାଏ । ସମାଜ ପାଇଁ ସାହାଯ୍ୟ, ସହାନୁଭୂତି ଏବଂ ଆଦର୍ଶ ବ୍ୟକ୍ତିତ୍ୱର ପରାକାଷ୍ଠାରେ ମାନବବାଦୀ ଦୃଷ୍ଟିଭଙ୍ଗୀ ହୋଇଥାଏ ପ୍ରସ୍ଫୁଟିତ । ତେଣୁ ସମାଜ ପାଇଁ ଯାହା ମଙ୍ଗଳ, ସମାଜ ପାଇଁ ଯାହା ହିତ, ତାହା ବିଜ୍ଞାନର ମଧ୍ୟ ମୂଳ ଲକ୍ଷ୍ୟ । ବିଜ୍ଞାନୀ ମାନବିକତାକୁ ନେଇ ବିଜ୍ଞାନର ବିକାଶ ଦିଗରେ ଅଗ୍ରସର ହୁଏ । ବିଜ୍ଞାନୀ ଯଦି ମାନବିକତାଠାରୁ ଦୂରେଇ

ରହେ ତାହେଲେ ତାହା ସତ୍ୟଠାରୁ ମଧ୍ୟ ଦୂରେଇ ରହିବାକୁ ବାଧ୍ୟ ହୁଏ। ସତ୍ୟକୁ ପ୍ରକାଶ କରିବାକୁ ସମକକ୍ଷ ହୋଇପାରେ ନାହିଁ। ତେଣୁ ବିଜ୍ଞାନର ବିକାଶ ସହିତ ମାନବିକତାର ପ୍ରତିଷ୍ଠା ଦିଗରେ ଜଣେ ବୈଜ୍ଞାନିକ ସତତ ଚେଷ୍ଟିତ ଥାଏ।

ଏହି ମାନବବାଦୀ ଦୃଷ୍ଟିଭଙ୍ଗୀର ପରିଚୟ ଦୃଶ୍ୟାୟିତ ହୋଇଛି ଡଃ ଗୋକୁଳାନନ୍ଦ ମହାପାତ୍ରଙ୍କ 'ମଧ୍ୟାହ୍ନର ଅନ୍ଧକାର' ଉପନ୍ୟାସରେ । ସ୍ୱାର୍ଥାନ୍ଧ ପୁଞ୍ଜିପତିମାନେ ଅର୍ଥଲୋଭ ଆଶାରେ ଯାହା ସମାଜ ପାଇଁ ଅହିତ ସେହିପରି ଗବେଷଣା କରିବା ପାଇଁ ଯେତେବେଳେ ବାଧ୍ୟ କରାନ୍ତି, ରମେଶ ବାବୁଙ୍କ ଭଳି ଜଣେ ଆଦର୍ଶବାଦୀ ବୈଜ୍ଞାନିକ ତାର ପଦପଦବୀକୁ ମଧ୍ୟ ଛାଡିବାକୁ ପଛାଏ ନାହିଁ। ଉପନ୍ୟାସଟିରେ ସେଠ୍ ସୋନାରାମଙ୍କ ସେକ୍ରେଟାରୀ ମିସ୍ କ୍ଲାରାଦେବୀ ରମେଶ ବାବୁଙ୍କୁ ଯେତେବେଳେ ସେଠ୍‌ଙ୍କ ଅନୁସାରେ ଗବେଷଣା ଚଳାଇବାକୁ ନାନା ଉତ୍ସାହପୂର୍ଣ୍ଣ ବାଣୀ କହି ଅନୁରୋଧ କରିଛି, ରମେଶ ବାବୁ କ୍ଲାରା ଦେବୀଙ୍କୁ କହିଛନ୍ତି- "ସେଭଳି ଗବେଷଣା କରି ମୁଁ ମୋର ବ୍ୟକ୍ତିତ୍ୱକୁ ହତ୍ୟା କରିପାରିବିନି। ବିଜ୍ଞାନୀପକ୍ଷରେ ମାନବିକତା ହିଁ ବଡ ଧର୍ମ, ତାଠାରେ ଧନ, ମାନ, ଯଶ ଆଦି କିଛି ନୁହେଁ।"[୧୯] ପୁଞ୍ଜିପତିମାନେ ରମେଶ ବାବୁଙ୍କ ମାନବିକତାର ହତ୍ୟା କରିପାରିନାହାନ୍ତି ବରଂ ମାନବିକତାକୁ ଆଧାର କରି ଗବେଷଣାର ଅସଲ ସତ୍ୟକୁ ଦୃଶ୍ୟାୟିତ କରିବାରେ ସକ୍ଷମ ହୋଇଛନ୍ତି।

ଲେଖକଙ୍କ 'ସୁନାର ଓଡିଶା' ଉପନ୍ୟାସରେ ମଧ୍ୟ ମାନବବାଦୀ ଦୃଷ୍ଟିଭଙ୍ଗୀ ହୋଇଛି ଦୃଶ୍ୟାୟିତ। ଉପନ୍ୟାସରେ ଉପନ୍ୟାସର ନାୟିକା ଆଭାଙ୍କ ପିତା ଜଣେ ଶିଳ୍ପପତି ହେଲେ ମଧ୍ୟ ତାଙ୍କ ବିଚାରାଧାରରେ ମାନବବାଦୀ ଚିନ୍ତାଧାରା ପ୍ରତିଫଳିତ ହୋଇଥାଏ। ପିତାଙ୍କ ମାନବବାଦୀ ଚିନ୍ତାଧାରା ଆଭାକୁ ମଧ୍ୟ ପ୍ରଭାବିତ କରିଛି। ଓଡିଶାର ପ୍ରାକୃତିକ ସଂପଦକୁ ନେଇ କଥୋପକଥନ ଚାଲିଥିବାବେଳେ ଆଭା ଅରୁଣଙ୍କୁ କହିଛି- "ଆଜିକାଲି ଯୁଗରେ ଶିଳ୍ପପତି ଶିଳ୍ପର ବା ପୁଞ୍ଜିର ମାଲିକ ନୁହେଁ; ସେବକ ମାତ୍ର। ପୁଞ୍ଜିପତିମାନେ ଯଦି ସେହି ଅନୁସାରେ ସେମାନଙ୍କର ଦୃଷ୍ଟିକୋଣ ନ ବଦଳାନ୍ତି ତେବେ ପୁଞ୍ଜିବାଦକୁ ବେଶି ଦିନ ରହିବାକୁ ପଡିବନି। ଏ ଧରାପୃଷ୍ଠରେ ଶିଳ୍ପପତି ଯଦି ଶ୍ରମିକଙ୍କୁ ସୁଖରେ ନରଖି, ଶ୍ରମିକଙ୍କୁ ଅଧିକ ପାରିଶ୍ରମିକ ନ ଦେଇ ତାରି ରକ୍ତରେ ଅର୍ଜିତ ଲବ୍ଧ ଧନକୁ ଆତ୍ମସାତ କରେ, ତେବେ ସେଭଳି ଶିଳ୍ପପତି ଏ ଯୁଗରେ ତିଷ୍ଠି ରହିବା ଅସମ୍ଭବ।" [୨୦]

ବାସ୍ତବରେ ଶିଳ୍ପପତି ଯଦି ନିଜକୁ ଶିଳ୍ପପତି ବୋଲି ନ ଭାବି ଶିଳ୍ପର ସେବକ ବୋଲି ଭାବି କାର୍ଯ୍ୟ କରେ ତା'ହେଲେ ବୈଜ୍ଞାନିକ ଗବେଷଣା ମଧ୍ୟ ପୁଞ୍ଜିପତିମାନଙ୍କ କବଳରୁ ରକ୍ଷା ପାଇବାକୁ ବେଶି ସମୟ ଲାଗିବ ନାହିଁ।

ମାନବବାଦୀ ଚିନ୍ତାଧାରାର ଅନ୍ୟ ଏକ ନିଦର୍ଶନ ଦୃଶ୍ୟାୟିତ ହୋଇଥାଏ ଲେଖକଙ୍କ 'ମୃତ୍ୟୁ ଏକ ମାତୃତ୍ୱର' ଉପନ୍ୟାସର ଅତନୁ ପଟ୍ଟନାୟକଙ୍କ ବ୍ୟକ୍ତିତ୍ୱ ଚିତ୍ରଣରେ । ଅତନୁ ବାବୁ ଜଣେ କ୍ୟାନ୍‌ସର୍ ବିଶେଷଜ୍ଞ ହେଲେ ମଧ୍ୟ ତାଙ୍କ ନିକଟରେ, କର୍ମ ହିଁ ଭଗବାନ। ରୋଗୀ ସେବାରେ ହିଁ ଜୀବନକୁ ନିୟୋଜିତ କରିଛନ୍ତି। ବିନା ପାରିଶ୍ରମିକରେ ଦୁସ୍ଥ ଅସହାୟ ବ୍ୟକ୍ତିମାନଙ୍କୁ ମୃତ୍ୟୁ ମୁଖରୁ ରକ୍ଷା କରି ଏକ ଆଦର୍ଶ ବ୍ୟକ୍ତିତ୍ୱର ପରାକାଷ୍ଠା ସୃଷ୍ଟି କରିପାରିଛନ୍ତି। ସେହିପରି 'ନିସ୍ତବ୍ଧ ଗୋଧୂଳି' ଉପନ୍ୟାସରେ ଦେବସ୍ନାନ ବାବୁ ଆଇ.ଏ.ଏସ୍ ଏବଂ ଅଧ୍ୟାପକ ଚାକିରି ଛାଡି, ଜନମଙ୍ଗଳ କାର୍ଯ୍ୟରେ ନିଜକୁ ନିୟୋଜିତ କରି ମାନବବାଦୀ ବ୍ୟକ୍ତିତ୍ୱର ପରିଚୟ ଦେଇପାରିଛନ୍ତି।

ସେହିପରି ଗୋକୁଳାନନ୍ଦ ମହାପାତ୍ରଙ୍କ 'କୃତ୍ରିମ ଉପଗ୍ରହ' ଉପନ୍ୟାସରେ ମଧ୍ୟ ମାନବବାଦୀ ଦୃଷ୍ଟିଭଙ୍ଗୀର ପରିଚୟ ଦୃଶ୍ୟାୟିତ ହୋଇଥାଏ ଆଲେସ୍କିଙ୍କ ଚରିତ୍ରରେ । ମହାକାଶରେ ଆଲେସ୍କି ଯେତେବେଳେ ଜାଣିବାକୁ ପାଇଛନ୍ତି ଯେ, ମାର୍କିନ ଉପଗ୍ରହଟି ଅକାମୀ ହୋଇପଡିଛି ସେହି ସମୟରେ ସେମାନଙ୍କୁ ସାହାଯ୍ୟ କରିବା ଉଚିତ୍ ମନେ କରି ଆଲେସ୍କି, ଜଣେ କମ୍ୟୁନିଷ୍ଟ୍ ଆଖ୍ୟା ପାଇଁ ମଧ୍ୟ ନିଜ ପଦବୀରୁ ବିତାଡିତ ହୋଇ ମାର୍କିନ ଉପଗ୍ରହକୁ ସଜାଡିବା ପାଇଁ ଚାଲିଯାଇଛନ୍ତି। ଫେରିବା ବାଟରେ ଆଲେସ୍କିଙ୍କ ମୃତ୍ୟୁ ହୋଇଯାଇଛି। ମାର୍କିନମାନଙ୍କ ସାହାଯ୍ୟରେ ଆଲେସ୍କିଙ୍କ ଜୀବନଦାନ ମାନବବୋଧର ପରିଚୟ ବହନକାରୀ ଅନ୍ୟ ଏକ ଦୃଷ୍ଟାନ୍ତ ।

ଡଃ. ପ୍ରମୋଦ ମହାପାତ୍ରଙ୍କ ' ବିସ୍ଫୋରିତ ପୃଥିବୀ' ଉପନ୍ୟାସରେ ବୈଜ୍ଞାନିକ ଡେଭିଡ୍ ପୃଥିବୀବାସୀଙ୍କ ମଙ୍ଗଳ ପାଇଁ ପୃଥିବୀକୁ ଧୂମକେତୁର ସଂଘର୍ଷଠାରୁ ରକ୍ଷା କରି ତାଙ୍କ ପତ୍ନୀଙ୍କ ସହିତ ଦେଶ ପାଇଁ ଯେଉଁ ଜୀବନ ଦାନ କରିଛନ୍ତି, ତାହା ମାନବବାଦୀ ଦୃଷ୍ଟିଭଙ୍ଗୀର ଅନ୍ୟ ଏକ ସଫଳ ରୂପାୟନ।

ମନୁଷ୍ୟ ଯେତେବେଳେ ପାରିବାରିକ ଅଶାନ୍ତି ଏବଂ ଦାମ୍ପତ୍ୟ କଳହରେ ବିଷାଦ ଜୀବନ ଅତିବାହିତ କରେ ସେତେବେଳେ ସେ ନିଜକୁ ପରିବାରଠାରୁ ବିଚ୍ଛିନ୍ନ କରି ଆତ୍ମଶାନ୍ତି ପାଇଁ ଅନ୍ୟକୁ ସାହାଯ୍ୟ କରିବା ନ୍ୟାୟୋଚିତ କର୍ମ ବୋଲି ବିବେଚନା କରେ। ଏ ଧରଣର ଏକ ମାନବବାଦୀ ଚରିତ୍ର ଭାବରେ ଛିଡ଼ା ହୋଇଛନ୍ତି ଡଃ. ଜ୍ୟୋତିର୍ମୟୀ ମହାନ୍ତିଙ୍କ 'କଳମି- ମଣିଷ' ଉପନ୍ୟାସର ଦିଗନ୍ତ ବାବୁ। ନିଜ ଦାମ୍ପତ୍ୟ ଜୀବନରୁ ନିଜେ ବିଚ୍ଛିନ୍ନ ହୋଇ ସାଧାରଣ ଲୋକମାନଙ୍କ ସେବା ପାଇଁ ଆଶ୍ରମର ଦାୟିତ୍ୱକୁ ଆପଣେଇ ନେବା ସହିତ ଅସହାୟ ମହିଳାମାନଙ୍କୁ ସାହାଯ୍ୟ କରି ଆତ୍ମସନ୍ତୋଷ ଲାଭ କରିଛନ୍ତି। ବୈଜ୍ଞାନିକ ଉପନ୍ୟାସମାନଙ୍କରେ ମାନବବାଦୀ ଦୃଷ୍ଟିଭଙ୍ଗୀର ସଫଳ ରୂପାୟନ ଉପନ୍ୟାସଗୁଡିକୁ ସଫଳ ରୂପ ଦେବାରେ ସହାୟ ହୋଇପାରିଛି।

ମନସ୍ତାତ୍ତ୍ୱିକ ବିଶ୍ଳେଷଣ :

ମନ ସମ୍ବନ୍ଧୀୟ ବିଶେଷଜ୍ଞାନକୁ କୁହାଯାଏ ମନସ୍ତତ୍ତ୍ୱ। ପରିବେଶ ସହିତ ବ୍ୟକ୍ତିର କାର୍ଯ୍ୟକଳାପ, ଆଚର ବ୍ୟବହାର ଏବଂ ଚାଲିଚଳନରେ ଅଦୃଶ୍ୟ, ଅସ୍ପଷ୍ଟ, ଆକାର ବିହୀନ ରହସ୍ୟମୟ ମନଦ୍ୱାରା ଶରୀର ପ୍ରତିକ୍ଷଣରେ ପରିଚାଳିତ ହେଉଥାଏ। ମନୁଷ୍ୟର ପ୍ରତ୍ୟେକ ସମୟର ଅନୁଭୂତି ବିଶେଷ ଭାବରେ ମନରେ ହିଁ ପ୍ରଭାବ ପକାଇଥାଏ। ମନୁଷ୍ୟ ମନରେ ସୃଷ୍ଟି ହେଉଥିବା ଏହି ସହଜାତ ପ୍ରବୃତ୍ତିଗୁଡିକ ସଂପୂର୍ଣ୍ଣ ଭାବରେ ପରିସ୍ଫୁଟ ହୋଇନପାରି ମନର ଅତଳ ଗହ୍ୱରରେ ନିରଳସ ଭାବେ ସଦ୍ୟ ଜାଗ୍ରତ ହେଉଥାଏ। ତେଣୁ ମନୁଷ୍ୟ ମନର ଏହି ପରିସ୍ଫୁଟ ହୋଇପାରୁନଥିବା ବିଶ୍ଳେଷଣକୁ ହିଁ କୁହାଯାଏ ମନୋବିଜ୍ଞାନ। ଊନବିଂଶ ଶତାବ୍ଦୀର ଶେଷାର୍ଦ୍ଧ ଏବଂ ବିଂଶ ଶତାବ୍ଦୀର ପ୍ରଥମାର୍ଦ୍ଧରେ ସିଗ୍‌ମଣ୍ଡ୍‌ଫ୍ରଏଡ୍‌ଙ୍କର ଏହି ମନୋବିଶ୍ଳେଷଣ ପ୍ରଭାବ ଆଧୁନିକ ମାନବ ଜୀବନର ମୂଲ୍ୟବୋଧକୁ ପ୍ରଭାବିତ କରିବା ସହିତ ଉପନ୍ୟାସକୁ ମଧ୍ୟ ନୂତନ କଳେବର ପ୍ରଦାନ କରିଛି। ବୈଜ୍ଞାନିକ ଉପନ୍ୟାସ ମଧ୍ୟ ମନୁଷ୍ୟର ଏହି ସଚେତନ ମନ ସହିତ ଅବଚେତନ ମନର ରହସ୍ୟକୁ ଉଦ୍‌ଘାଟନ କରିବାରେ ପ୍ରୟାସୀ ହୋଇଛି।

ମନସ୍ତାତ୍ତ୍ୱିକ ବିଶ୍ଳେଷଣକୁ ନେଇ ଦେବକାନ୍ତ ମିଶ୍ରଙ୍କ 'କୃତ୍ରିମ ମଣିଷ' ଉପନ୍ୟାସରେ ମନ ଏବଂ ମସ୍ତିଷ୍କ ସମ୍ବନ୍ଧୀୟ ଏକ ବିଷଦ ବ୍ୟାଖ୍ୟା ଅନୁରାଧା ଏବଂ ବନ୍ଦିତାଙ୍କ କଥୋପକଥନ ମାଧ୍ୟମରେ ଲେଖକ ଉପସ୍ଥାପିତ କରିଛନ୍ତି। ସେହିପରି ଗୋକୁଳାନନ୍ଦ ମହାପାତ୍ରଙ୍କ 'କୃତ୍ରିମ ଉପଗ୍ରହ' ଉପନ୍ୟାସର ବର୍ଣ୍ଣନା ଅନୁଯାୟୀ ମେରିନାଙ୍କ ମନସ୍ତତ୍ତ୍ୱକୁ ଆଲୋକପାତ କଲେ ଦୃଶ୍ୟାୟିତ ହୁଏ ଯେତେବେଳେ ମେରିନା ଅନୁମାନ କରିଛନ୍ତି ଯେ, ଆଲେସ୍କି ଆଡକୁ ଲେନାଙ୍କ ଆସକ୍ତି ପ୍ରକାଶ ପାଇଛି, ସେହି ସମୟରେ ମେରିନାଙ୍କ ମନରେ ଲେନାଙ୍କ ପ୍ରତି ଈର୍ଷାଭାବ ଜାଗ୍ରତ ହେବା ସହିତ ତୀବ୍ର ପ୍ରତିକ୍ରିୟାରେ ଆତ୍ମହତ୍ୟାର ଉଦ୍ୟମ କରିବାକୁ ପଛାଇନାହାନ୍ତି।

ଗୋକୁଳାନନ୍ଦ ମହାପାତ୍ରଙ୍କ 'ପୃଥିବୀ ବାହାରେ ମଣିଷ' ଉପନ୍ୟାସରେ ଅଧ୍ୟାପକ ରିଚାର୍ଡସନ୍‌ଙ୍କ ସହିତ ଲରାଙ୍କ ପ୍ରଥମ ସାକ୍ଷାତରୁ ମହାଶୂନ୍ୟକୁ ଯିବା, ଲରାଙ୍କ ରିଚାର୍ଡସନଙ୍କ ପ୍ରତି ଯେଉଁ ମାନସିକ ଆବେଗ, ଉତ୍କଣ୍ଠା ଓ ଦ୍ୱନ୍ଦ୍ୱ ସୃଷ୍ଟି ହୋଇଛି ତାହାର ଯଥାର୍ଥ ରୂପ ଉପନ୍ୟାସଟିରୁ ଦୃଶ୍ୟାୟିତ। ସେହିପରି ଲେଖକଙ୍କ 'ଡାଇନୋସର୍‌ରହସ'ର ଉପନ୍ୟାସରେ ସୁଶାନ ଏବଂ ରଜତଙ୍କ ଅଭିନବ ଆବିଷ୍କାର ଡାଇନୋସର୍‌ଟି ଯେତେବେଳେ ଡେଭିଡ୍‌ଙ୍କ ଅସାବଧାନତା ଯୋଗୁଁ ସମୁଦ୍ରକୁ ଲମ୍ଫ ପ୍ରଦାନ କରିଛି ସୁଶାନ ଏବଂ ରଜତଙ୍କ ସମସ୍ତ ପ୍ରଚେଷ୍ଟା ବିଫଳ ହେବା ଯୋଗୁଁ ସେମାନେ ଯେଉଁ ମାନସିକ ଦୁଷ୍ଚିନ୍ତାରେ ଜୀବନ ଅତିବାହିତ କରିଛନ୍ତି ତାହାର ବାସ୍ତବ ରୂପ ଉପନ୍ୟାସଟିରେ ରୂପାୟିତ ହୋଇଛି।

ଡଃ. ନୃସିଂହଚରଣ ପଣ୍ଡାଙ୍କ 'ଦଗ୍ଧ ଗୋଲାପର ଚିରବସନ୍ତ' ଉପନ୍ୟାସରେ ବୈଜ୍ଞାନିକ ବିଶ୍ୱଜିତ୍ ବାବୁ ଏବଂ ତାଙ୍କ ପତ୍ନୀ ମେନକାଦେବୀ ଯେତେବେଳେ ଅପହରଣକାରୀଙ୍କଠାରୁ ପୁତ୍ରକୁ ରକ୍ଷା କରିବା ପାଇଁ ସମୟର ଅପେକ୍ଷା କରିଛନ୍ତି ସେମାନଙ୍କ ମାନସିକ ବ୍ୟାକୁଳତା ଏତେମାତ୍ରାରେ ବଢ଼ିଯାଇଛି ଯେ ସେମାନେ ବ୍ୟାକୁଳତା ନିବାରଣ ଔଷଧ ଖାଇବା ପରିବର୍ତ୍ତେ ଭୁଲ୍‌ବଶତଃ ନିଦ ବଟିକା ଖାଇ ଶୋଇ ପଡିବାରୁ ସବୁ ଓଲଟପାଲଟ ହୋଇଯାଇଛି। ପୁତ୍ର ଶୋକରେ କୋହଭରା ଅସୁସ୍ଥ ମାନସିକତା, ଅକୁହାବ୍ୟଥା, ଅବ୍ୟକ୍ତ ବେଦନା ଓ ମନସ୍ତାତ୍ତ୍ୱିକ ବିଶ୍ଳେଷଣର ବାସ୍ତବ ଚିତ୍ରଣ ଉପନ୍ୟାସଟିରେ ଅଙ୍କିତ ହୋଇଛି ।

ଗୋକୁଳାନନ୍ଦ ମହାପାତ୍ରଙ୍କ 'ମଧ୍ୟାହ୍ନର ଅନ୍ଧକାର' ଉପନ୍ୟାସରେ ବୈଜ୍ଞାନିକ ରମେଶ ବାବୁଙ୍କ ପତ୍ନୀ ଯକ୍ଷ୍ମା ରୋଗରେ ପୀଡିତ ହେବାରୁ ଓ ଆର୍ଥିକ ଅସହାୟତାର ଆଘାତ ଯୋଗୁଁ ତାଙ୍କର ଯେଉଁ ମୃତ୍ୟୁ ହୋଇଛି ସେଥିରେ ରମେଶ ବାବୁଙ୍କ ମାନସିକ ଅବସ୍ଥା ସଂପୂର୍ଣ୍ଣ ଭାବରେ ବିକୃତି ଆଡକୁ ଗତି କରିଛି, ଏହାର ବାସ୍ତବ ରୂପାୟନ ଲେଖକ ଉପନ୍ୟାସଟିରେ ଉପସ୍ଥାପନ କରିଛନ୍ତି। ଲେଖକଙ୍କ 'ନିଶ୍ଚଳ ପୃଥିବୀ' ଉପନ୍ୟାସରେ ମଧ୍ୟ ରୀତା ଦେବୀଙ୍କ ସ୍ୱାମୀ ଏବଂ ପୁତ୍ରକୁ ନେଇ ମାନସିକ ଅଶାନ୍ତିରେ ମୃତ୍ୟୁ ହେବା ଉପନ୍ୟାସଟିକୁ କାରୁଣ୍ୟସିକ୍ତ ଭାବବୋଧରେ ରୂପାୟିତ କରିଛି।

ଜ୍ୟୋତିର୍ମୟୀ ମହାନ୍ତିଙ୍କ 'କଳମି ମଣିଷ' ଉପନ୍ୟାସରେ ସମୁଦ୍ର ବେଳା ଭୂମିରେ ଅଭିଷେକଙ୍କ ପତ୍ନୀ ରିକ୍ତା ଯେତେବେଳେ ଅଭିଷେକଙ୍କ ଛୋଟ ସଂସ୍କରଣ ପିଙ୍କୁଲ୍‌କୁ ଦେଖିଛନ୍ତି, ରିକ୍ତାଙ୍କ ମାନସିକତାରେ ଦ୍ୱନ୍ଦ, ଉତ୍କଣ୍ଠା, ଆବେଗ ସୃଷ୍ଟି ହୋଇ ରିକ୍ତା ଏବଂ ଅଭିଷେକଙ୍କ ଦାମ୍ପତ୍ୟ ଜୀବନରେ ଝଡ ସୃଷ୍ଟି ହୋଇ ପାରିବାରିକ ଜୀବନକୁ ନଷ୍ଟ କରି ଦେଇଛି। ଦାମ୍ପତ୍ୟ ଜୀବନର ବାସ୍ତବ ରୂପକୁ ଲେଖିକା ଉପନ୍ୟାସଟିରେ ସଂଦର୍ଶନ କରାଇଛନ୍ତି। ଉକ୍ତ ଉପନ୍ୟାସଗୁଡିକରେ ମନସ୍ତାତ୍ତ୍ୱିକ ବିଶ୍ଳେଷଣ ସଂପୂର୍ଣ୍ଣ ଭାବରେ ସାର୍ଥକ ନହେଲେ ମଧ୍ୟ ସାଧାରଣ ଭାବରେ ବାସ୍ତବତା ସହିତ ସମ୍ବନ୍ଧ ରକ୍ଷା କରି ଚରିତ୍ରମାନଙ୍କର ପ୍ରତିକ୍ରିୟା ଉପସ୍ଥାପିତ ହୋଇଛି।

ରୋମାଣ୍ଟିକ୍ ଭାବପ୍ରବଣତା :

ବୈଜ୍ଞାନିକ ଉପନ୍ୟାସ କଳ୍ପନା ସହ ବାସ୍ତବତା ଏବଂ ଆଗତ ଭବିଷ୍ୟତର ମିଶ୍ରଣ ଯୋଗୁଁ ଯେପରି ରୋମାଞ୍ଚକର ଭାବ ସୃଷ୍ଟି କରିଥାଏ, ସେହିପରି ରୋମାଣ୍ଟିକ୍ ଭାବ ପ୍ରବଣତା ନାୟକ ନାୟିକାଙ୍କ ହୃଦୟରେ ପ୍ରେମ, ପ୍ରଣୟ, ମିଳନ ବିରହର ସମାହାର ଘଟାଇଥାଏ। କଥାବସ୍ତୁରେ ବୈଜ୍ଞାନିକ ତଥ୍ୟ ଏବଂ ବିସ୍ମୟକୁ କେନ୍ଦ୍ରକରି ସେମାନଙ୍କର ରୋମାଞ୍ଚ ସୃଷ୍ଟି ହୋଇଥାଏ। ପୁନଶ୍ଚ ବୈଜ୍ଞାନିକ ଉପନ୍ୟାସରେ

ସାଧାରଣତଃ ନାୟକ ଜଣେ ବୈଜ୍ଞାନିକ ହୋଇଥିବାବେଳେ ନାୟିକା ଜଣେ ବୈଜ୍ଞାନିକା ହୋଇଥାଏ। ତେଣୁ ନାୟକ ନାୟିକାଙ୍କ ପ୍ରେମ ପ୍ରଣୟ କଳ୍ପନା ପରିବର୍ତ୍ତେ ପାଠକଙ୍କୁ ବାସ୍ତବତାର ଅନୁଭବରେ ପ୍ରତିଭାତ କରାଇଥାଏ ।

ଡଃ. ଗୋକୁଳାନନ୍ଦ ମହାପାତ୍ରଙ୍କ 'ପୃଥିବୀ ବାହାରେ ମଣିଷ' ଉପନ୍ୟାସକୁ ଅନୁଧ୍ୟାନ କଲେ ଉପନ୍ୟାସରେ ନାୟିକା ଲରା ଜଣେ ଗବେଷିକା ହୋଇଥିବା ସ୍ଥଳେ ନାୟକ ହେଉଛନ୍ତି ରିଚାର୍ଡସନ୍। ଉଭୟ ଗବେଷଣାରେ ରତଥିବା ସମୟରେ ପରସ୍ପର ପ୍ରତି ପ୍ରେମ ଭାବ ସୃଷ୍ଟି, ଲରାଙ୍କ ରିଚାର୍ଡସନ୍‌ଙ୍କ ଘରକୁ ଗମନ, ଉଭୟଙ୍କ ମଧ୍ୟରେ ଘନିଷ୍ଠ ସମ୍ପର୍କ, ମଙ୍ଗଳ ଗ୍ରହରେ ସେମାନଙ୍କ ଉପସ୍ଥିତି ସମୟ ଅତିବାହିତ ପ୍ରଭୃତି ବହୁ ନୂତନ ତଥ୍ୟର ଆହରଣ ଉପନ୍ୟାସଟିକୁ ରୋମାଞ୍ଚକର କରିବାରେ ସହାୟ ହୋଇଛି।

ସେହିପରି 'କୃତ୍ରିମ ଉପଗ୍ରହ' ଉପନ୍ୟାସରେ ବୈଜ୍ଞାନିକ ଆଲେସ୍କି, ଉପନ୍ୟାସର ମୁଖ୍ୟଚରିତ୍ର ଏବଂ ତାଙ୍କ ପ୍ରେୟସୀ ମେରିନାଙ୍କ ମଧ୍ୟରେ ଗଭୀର ପ୍ରେମପୂର୍ଣ୍ଣ ବାତାବରଣ ସୃଷ୍ଟି, ଆଲେସ୍କି କୃତ୍ରିମ ଉପଗ୍ରହରେ ଯିବା ପୂର୍ବରୁ ମେରିନାଙ୍କ ସହିତ ସାକ୍ଷାତ ଉଭୟଙ୍କ ବହୁ ସମୟ ଅତିବାହିତ ଆଦିରେ ରୋମାଣ୍ଟିକ୍ ଭାବପ୍ରବଣତା ଦୃଷ୍ଟିଗୋଚର ହୋଇଛି। ପୁଣି ଆଲେସ୍କି ମେରିନାଙ୍କଠାରୁ ବିଦାୟ ନେବା ପରେ କିଛିଦିନ ବିରହରେ ଜୀବନ ଅତିବାହିତ କରିଛନ୍ତି। କୃତ୍ରିମ ଉପଗ୍ରହରେ ମହାଶୂନ୍ୟର ଅବସ୍ଥିତି ସମୟରେ ଉପନ୍ୟାସର ଆଲେସ୍କିଙ୍କୁ ନେଇ ଅନ୍ୟ ଏକ ଚରିତ୍ର ଲେନାଙ୍କ ନିକଟରେ ରୋମାଣ୍ଟିକ୍ ଭାବପ୍ରବଣତା ଜାଗ୍ରତ ହୋଇଛି । ଲେନାଙ୍କ ଆଲେସ୍କିଙ୍କ ପ୍ରତି ଆକର୍ଷଣ, ମେରିନାଙ୍କ ମନରେ କଷ୍ଟ ଜାଗ୍ରତ କରିଛି। ପୁନଶ୍ଚ ଉପନ୍ୟାସଟିରେ ପ୍ରେମପୂର୍ଣ୍ଣ ବାତାବରଣରେ କେବଳ ପ୍ରେମର ଉଦ୍‌ଭାସ ହୋଇନାହିଁ ମୃତ୍ୟୁରେ ହିଁ ଏହାର ସାର୍ଥକତା ଦୃଷ୍ଟି ଗୋଚର ହୋଇଛି। ମହାକାଶରେ ଆଲେସ୍କିଙ୍କୁ ରକ୍ଷା କରିବାକୁ ଯାଇ ମେରିନା ଏବଂ ଆଲେସ୍କିଙ୍କ ମୃତ୍ୟୁ ଉପନ୍ୟାସଟିରେ ଶୋକାତୁର ପରିବେଶ ସୃଷ୍ଟି କରିଛି । 'ଚନ୍ଦ୍ରର ମୃତ୍ୟୁ' ଉପନ୍ୟାସରେ ରମେଶ ଓ ସେଣ୍ଟିଙ୍କ ନିକଟରେ ଯେପରି ପ୍ରେମପୂର୍ଣ୍ଣ ଭାବାବେଗ ସୃଷ୍ଟି ହୋଇଛି , ସେହିପରି ଉକ୍‌ଳାବର୍ତ୍ତର ଚନ୍ଦ୍ରପୃଷ୍ଠରେ ଅବସ୍ଥାନ ସମୟରେ ଶାଙ୍ଗରୀନା ସହିତ ଉକ୍‌ଳାବର୍ତ୍ତଙ୍କ ପ୍ରେମପୂର୍ଣ୍ଣ ବାତାବରଣ ସହ ରୋମାଣ୍ଟିକ୍ ଭାବପ୍ରବଣତା ଉପନ୍ୟାସକୁ ଅନ୍ୟ ଏକ ମୋଡ଼ ପ୍ରଦାନ କରିଛି ।

ଗୋକୁଳାନନ୍ଦ ମହାପାତ୍ରଙ୍କ 'ମୃତ୍ୟୁ ଏକ ମାତୃତ୍ୱର' ଉପନ୍ୟାସର ମୁଖ୍ୟ ଚରିତ୍ର ଅତନୁ ପଟ୍ଟନାୟକ ଜଣେ କ୍ୟାନ୍‌ସର ବିଶେଷଜ୍ଞ ହେଲେମଧ୍ୟ ତନୁଶ୍ରୀଙ୍କୁ ବିବାହ ପରେ ମଧୁରାତ୍ରୀ ବିତେଇବା ପାଇଁ ପ୍ୟାରିସ୍‌କୁ ଗମନ, ସେଠାକାର ରୋମାଣ୍ଟିକ୍ ପରିବେଶର ବର୍ଣ୍ଣନା ଉପନ୍ୟାସକୁ ରୋମାନ୍‌ସଧର୍ମୀ କରାଇବାରେ ସହାୟ ହୋଇଛି।

ସେହିପରି ଲେଖକଙ୍କ 'ନିଶ୍ଚଳ ପୃଥିବୀ' ଉପନ୍ୟାସରେ ଦେବକିଶାନ ବାବୁ ପ୍ରଥମ ଦେଖାରେ ରୀତା ଦେବୀଙ୍କ ପ୍ରତି ଆକୃଷ୍ଟ, ଉଭୟଙ୍କ କଥୋପକଥନ, ଉଭୟଙ୍କ ପରିବାରର ସମ୍ମତିରେ ସେମାନଙ୍କ ଭଲ ପାଇବା ବିବାହରେ ପରିବର୍ତ୍ତନ, ବିବାହ ପରେ ମଧୁରାତ୍ରୀ ବିତେଇବା ପାଇଁ ମସୌରୀ ଅଭିମୁଖେ ଯାତ୍ରା, ମସୌରୀର ପ୍ରାକୃତିକ ପରିବେଶର ବର୍ଣ୍ଣନା ସହ ଦେବ ବାବୁ ଏବଂ ରୀତା ଦେବୀଙ୍କର ରୋମାଣ୍ଟିକ୍ ଭାବପ୍ରବଣତାର ବର୍ଣ୍ଣନା ଉପନ୍ୟାସକୁ ଅନନ୍ୟ ଧରଣର ଭାବବୋଧରେ ଗଢି ତୋଳିବାରେ ସହାୟ ହୋଇଛି ।

ଗୋକୁଳାନନ୍ଦ ମହାପାତ୍ରଙ୍କ 'ଡାଇନୋସର୍‌ର ହସ' ଉପନ୍ୟାସରେ ମୁଖ୍ୟ ନାୟକ ରଜତ ଶ୍ରୀବାସ୍ତବ ଶାରୀରିକ ଅସୁସ୍ଥତାରେ ସୁଶାନଙ୍କ ସେବା ଯତ୍ନରେ ଆରୋଗ୍ୟ ଲାଭ ପରେ ସୁଶାନପ୍ରତି ରଜତଙ୍କ ଆକୃଷ୍ଟ, ସୁଶାନ ଘରେ କେତେଦିନ ଅବସ୍ଥାନ ସମୟରେ ରଜତ ଦକ୍ଷିଣ ମେରୁର କୃତ୍ରିମ ଆକାଶର ସୌନ୍ଦର୍ଯ୍ୟକୁ ଉପଭୋଗ କରିବା ସହ ଉଭୟଙ୍କ ମଧ୍ୟରେ ରୋମାଣ୍ଟିକ୍ ବାତାବରଣ ସୃଷ୍ଟି ଉପନ୍ୟାସକୁ ବର୍ଣ୍ଣନାଧର୍ମୀ କରାଇବାରେ ସହାୟ ହୋଇଛି ।

ସେହିପରି ରୋମାଣ୍ଟିକ୍ ଚେତନାର ଦୃଷ୍ଟିବୋଧ ହୁଏ ନୃସିଂହଚରଣ ପଣ୍ଡାଙ୍କ 'ଦଗ୍‌ଧ ଗୋଲାପର ଚିର ବସନ୍ତ' ଉପନ୍ୟାସରେ । ବିଶ୍ୱଜିତ୍ ବାବୁ ଓରଫ୍ ବିଶୁ ବାବୁ ଏବଂ ତାଙ୍କ ପତ୍ନୀ ମେନକା ଦେବୀ ଉଭୟଙ୍କ ମଧ୍ୟରେ ଉପନ୍ୟାସର ପ୍ରାରମ୍ଭରୁ ପ୍ରେମପୂର୍ଣ୍ଣ ମୁହୂର୍ତ୍ତର ବର୍ଣ୍ଣନା ବର୍ଣ୍ଣନାତ୍ମକ ଶୈଳୀରେ ଉପସ୍ଥାପିତ, ଯାହାକି ବିଶୁବାବୁ ନିଜ କଣ୍ଠରେ ପ୍ରକାଶ କରି ମେନକା ଦେବୀଙ୍କୁ କହିଛନ୍ତି- "ନାରୀ ଯେପରି ପୁରୁଷର ଭୋଗ୍ୟା ପୁରୁଷ ସେପରି ନାରୀର ଭୋଗ୍ୟା । ଆଚ୍ଛା ତୁମେ କହିଲ- ମୁଁ ଯଦି ତୁମକୁ ପାଖକୁ ନ ଆଣେ, ଆଲିଙ୍ଗନ ନ କରେ, ଚୁମ୍ବନ ନ ଦିଏ । ତୁମେ ନିଜେ ସୁଖୀ ହେବ ତ ? ମୁଁ ଯଦି ତୁମର ରୂପ, ଯୌବନ ଓ ସୌନ୍ଦର୍ଯ୍ୟର ସ୍ତାବକ ନ ହୁଏ , ତେବେ ତୁମେ ମନରେ ସନ୍ତୋଷ ପାଇବ ତ ? ମୁଁ ଯଦି ତୁମଠାରୁ ଅଲଗା ରହି ତୁମ ସହିତ ସବୁ ସମ୍ପର୍କ ଛିନ୍ନ କରେ ତେବେ ତୁମେ ସୁଖୀ ହୋଇପାରିବ ତ ? ଏସବୁ ପ୍ରଶ୍ନର ଉତ୍ତରରେ ତୁମେ ଯଦି ନା, ବୋଲି କହ, ତେବେ ମୁଁ କଣ ଭୋଗ୍ୟ ନୁହେଁ ? ଆମ ଉଭୟର ସମାନ ଅଧିକାର ଅଛି ମେନକା । ମୁଁ ତୁମର ଭୋଗ୍ୟ ଆଉ ତୁମେ ମୋର ଭୋଗ୍ୟା ।"[୨୧] ଲେଖକ ଉପନ୍ୟାସଟିରେ ରୋମାଣ୍ଟିକ୍ ଚେତନାର ପ୍ରାକୃତିକ ବାସ୍ତବତାକୁ ଉପସ୍ଥାପନ କରିବାରେ ସମର୍ଥ ହୋଇଛନ୍ତି ।

ସେହିପରି ଡଃ. ଜ୍ୟୋତିର୍ମୟୀ ମହାନ୍ତିଙ୍କ 'କଲମି-ମଣିଷ' ଉପନ୍ୟାସରେ ଅଭିଷେକ ଏବଂ ଦିବ୍ୟାଙ୍କ ବିବାହ ସ୍ଥିରୀକୃତ ହେବା ପରେ ସେମାନଙ୍କ ଅସ୍ତ ସୂର୍ଯ୍ୟର

ମନୋରମ ସନ୍ଧ୍ୟାକାଳୀନ ସାକ୍ଷାତ, କଥୋପକଥନ, ରୋମାଣ୍ଟିକ୍ ଭାବ ପ୍ରବଣତା ସୃଷ୍ଟି କରିବାରେ ସହାୟ ହୋଇପାରିଛି। ବୈଜ୍ଞାନିକ ଉପନ୍ୟାସରେ ରୋମାଣ୍ଟିକ୍ ଭାବ ପ୍ରବଣତାର ପ୍ରୟୋଗ ପାଠକକୁ ଉପନ୍ୟାସ ଆଡକୁ ଆକର୍ଷିତ କରିବା ସହିତ ଉପନ୍ୟାସର କଥାବସ୍ତୁକୁ ମଧ୍ୟ ରୋମାଞ୍ଚକର କରିବାରେ ସହାୟ ହୋଇଛି।

ପୁରାଣର ପ୍ରଭାବ:

ବିଜ୍ଞାନ ସହିତ ପୁରାଣର ସମ୍ପର୍କ ବହୁ ପ୍ରାଚୀନ। ବୈଜ୍ଞାନିକ ଉପନ୍ୟାସରେ ପୁରାଣର ପ୍ରୟୋଗ ମଧ୍ୟ ଅର୍ବାଚୀନ ନୁହେଁ। କାରଣ ବିଜ୍ଞାନର ଆଧୁନିକତା ନିର୍ଭର କରେ ପୁରାଣର ପ୍ରାଚୀନତା ଉପରେ। ସୃଷ୍ଟିର ଉତ୍ପତ୍ତି, ଜୀବଜଗତର ବିକାଶ ପ୍ରଥମେ ଦୃଷ୍ଟିଗୋଚର ହୋଇଥାଏ ପୁରାଣରୁ। ପୁରାଣ ଅନୁଯାୟୀ ପ୍ରଥମେ ସୃଷ୍ଟିର ଉତ୍ପତ୍ତି, ସୃଷ୍ଟିର ଉତ୍ପତ୍ତିକୁ ନେଇ ବିଜ୍ଞାନର ପ୍ରୟୋଗ ଏବଂ ଜୀବଜଗତକୁ ନେଇ ବିଜ୍ଞାନର ଗବେଷଣା। ତେଣୁ ବିଜ୍ଞାନରେ ପୁରାଣର ପ୍ରଭାବ ସଂପୂର୍ଣ୍ଣ ଭାବରେ ନିହିତ। ବୈଜ୍ଞାନିକ ଉପନ୍ୟାସରେ ମଧ୍ୟ ଏହାର ପ୍ରୟୋଗ ଏବଂ ପ୍ରଭାବକୁ ଲେଖକ ବାଦ୍ ଦେଇପାରିନାହାନ୍ତି। ଉପନ୍ୟାସଗୁଡିକରେ ପୁରାଣର ପ୍ରଭାବ ଏବଂ ବିଜ୍ଞାନ ସହିତ ପୁରାଣର ସମ୍ପର୍କକୁ ଦୃଢ଼ୀଭୂତ କରିଦେଇଛି।

ଡଃ. ଗୋକୁଳାନନ୍ଦ ମହାପାତ୍ରଙ୍କ 'ଚନ୍ଦ୍ରର ମୃତ୍ୟୁ' ଉପନ୍ୟାସରେ ବର୍ଣ୍ଣିତ ବିଷୟବସ୍ତୁ କଳ୍ପିତ କଥା ପ୍ରସଙ୍ଗ ରୂପେ ଦୃଶ୍ୟାୟିତ ହୋଇଥାଏ। କେବଳପ୍ରାୟ ଏବଂ ସାଙ୍ଗରୀନା ଚନ୍ଦ୍ରପୃଷ୍ଠରୁ ଯେତେବେଳେ ପୃଥିବୀ ପୃଷ୍ଠକୁ ଜଳ ଏବଂ ବାୟୁର ସମସ୍ୟା ପାଇଁ ରାଷ୍ଟ୍ରଦୂତ ଭାବରେ ଆଗମନ କରିଛନ୍ତି, ସେହି ସମୟରେ ପ୍ରାଚୀନ ମହେଞ୍ଜୋଦାରର ନଗରପାଳଙ୍କ ଆନୁକୂଲ୍ୟରେ ସଭା ବସିଛି। ସେହି ସଭାରେ ଜ୍ଞାନୀ, ବିଶାରଦ, ମହର୍ଷି ତକ୍ଷସାର, ଭୃଗୁପତି, ଗୋରଖନାଥ ଆଦିଙ୍କୁ ନଗରପାଳଙ୍କ ନିର୍ଦ୍ଦେଶରେ ଅଣାଯାଇଛି। ମହର୍ଷି ବିଶାରଦମାନଙ୍କ ସହିତ ରାଷ୍ଟ୍ରଦୂତମାନଙ୍କର ଆଲୋଚନା ଉପନ୍ୟାସଟିରେ ଚିତ୍ତାକର୍ଷକ ଶୈଳୀରେ ବର୍ଣ୍ଣିତ ହୋଇଛି। ଚନ୍ଦ୍ରପୃଷ୍ଠର ବର୍ଣ୍ଣନା ସଂପୂର୍ଣ୍ଣ ଭାବରେ କାଳ୍ପନିକତାକୁ ଆଶ୍ରୟ କରିଥିଲେ ମଧ୍ୟ ମହର୍ଷିମାନଙ୍କ ସଭାକୁ ଆଗମନ, ସେମାନଙ୍କ ଆଲୋଚନାରେ ବାସ୍ତବତା ନିହିତ ରହିଛି।

ସେହିପରି ଡଃ. ନୃସିଂହ ଚରଣ ପଣ୍ଡାଙ୍କ 'ଦଗ୍ଧ ଗୋଲାପର ଚିର ବସନ୍ତ' ଉପନ୍ୟାସର ଆଲୋଚନା ଅନୁସାରେ ପୁରାଣର ପ୍ରଭାବ ଦୃଶ୍ୟାୟିତ ହୋଇଥାଏ। ବିଶୁ ବାବୁ ଯେତେବେଳେ ବିନା ଦୋଷରେ ସମସ୍ତଙ୍କ ସାମ୍ନାରେ ଦୋଷୀ ହୋଇପଡିଛନ୍ତି, ଏହାକୁ ନେଇ ପତ୍ନୀ ମେନକାଦେବୀଙ୍କ ମନ ମଧ୍ୟ ଆଶଙ୍କାରେ ଗତି କରିଛି, କିନ୍ତୁ ବିଶୁବାବୁଙ୍କ ଏକମାତ୍ର ବିଶ୍ୱାସ ସେହି ଅଦୃଶ୍ୟ ଶକ୍ତି ଭଗବାନ ହିଁ ବିଶୁବାବୁଙ୍କୁ ନ୍ୟାୟ

ଦେବେ। ଏହି ବିଶ୍ୱାସରେ ସେ ସମୟକୁ ଅପେକ୍ଷା କରିଛନ୍ତି ଏବଂ ପୁରାଣ ପ୍ରସଙ୍ଗରେ ଦ୍ରୌପଦୀ ଓ ଯୁଧିଷ୍ଠିରଙ୍କ ଅଜ୍ଞାତ ବନବାସର ଅବତାରଣା କରିଛନ୍ତି। ଏହି ପ୍ରସଙ୍ଗ ମେନକାଦେବୀଙ୍କ ଆଗରେ ଉତ୍‌ଥାପନ କରି ଆଦର୍ଶ ପାଇଁ ଲଢିଲେ ମନୁଷ୍ୟକୁ କିପରି କଷ୍ଟ ଭୋଗିବାକୁ ପଡେ ଏବଂ ଅତ୍ୟାଚାର ତଥା ଦୁଷ୍କର୍ମର ପରିସମାପ୍ତି ପରେ କିପରି ଆଦର୍ଶର ବିଜୟ ହୁଏ ତାହା ଶୁଣି ମେନକା ଦେବୀ ଆତ୍ମଶାନ୍ତି ଲାଭ କରିଛନ୍ତି। ତତ୍‌ସହିତ ଦେବକୀ କଂସର ଅତ୍ୟାଚାର ସହ୍ୟ କରିଥିଲେ ବୋଲି ବିଷ୍ଣୁଙ୍କ ଜନନୀ ହେବାର ଯେଉଁ ସୌଭାଗ୍ୟ ଲାଭ କରିଥିଲେ, କୃଷ୍ଣଙ୍କ ଜୀବନ ବଞ୍ଚାଇବା ପାଇଁ ରାଧା କିପରି ତାଙ୍କର ପାଦଧୁଆ ପାଣି କୃଷ୍ଣଙ୍କୁ ପ୍ରଦାନ କରି ଲୋକପବାଦସତ୍ତ୍ୱେ କୃଷ୍ଣଙ୍କ ଜୀବନ ବଞ୍ଚାଇଥିଲେ ତାହା ପ୍ରାସଙ୍ଗିକ ଭାବରେ ଉପନ୍ୟାସଟିରେ ଉତ୍‌ଥାପନ କରାଯାଇଛି।

ଆଧୁନିକ ସମାଜରେ ମଣିଷ ଜୀବନ ଅତିବାହିତ କଲେ ମଧ୍ୟ ପୁରାଣକୁ ଛାଡିପାରେ ନାହିଁ। ପୁରାଣକୁ ନେଇ ଆଗକୁ ଗତି କରେ। ପୁରାଣ ମାଧ୍ୟମରେ ବିଜ୍ଞାନ ତାର ଅନ୍ୱେଷଣ କରେ ଏବଂ ଗବେଷଣାରେ ସତ୍ୟତାକୁ ପ୍ରକାଶ କରେ। ଜ୍ୟୋର୍ତିମୟୀ ମହାନ୍ତିଙ୍କ 'କଲମି- ମଣିଷ' ଉପନ୍ୟାସର ବର୍ଣ୍ଣନାକୁ ବିଶ୍ଳେଷଣ କଲେ ଦୃଶ୍ୟାୟିତ ହୋଇଥାଏ ଯେ ଗୋଟିଏ ଜୀବର ଜିନ୍‌କୁ ନେଇ ଅନ୍ୟ ଜୀବର ଜିନ୍ ସହ କଲମିକରଣ କରାଯାଇପାରେ। ଏ ପ୍ରସଙ୍ଗରେ ଯେତେବେଳେ ବୈଜ୍ଞାନିକମାନଙ୍କ ଆଲୋଚନା ଚାଲିଛି ସେହି ସମୟରେ ଅଭିଷେକ ଭାରତୀୟ ପୁରାଣ ଶାସ୍ତ୍ର ବର୍ଣ୍ଣିତ ନବଗୁଞ୍ଜର କଥାର ଅବତାରଣା କରି କହିଛନ୍ତି- " ନବଗୁଞ୍ଜର ଶରୀରର ବିଭିନ୍ନ ଅଂଶ ନଅଗୋଟି ବିଭିନ୍ନ ପ୍ରାଣୀଙ୍କ ବିଭିନ୍ନ ଅଂଶର ସମାହାରରେ ଗଠିତ। ସାରଳା ଦାସ ତାଙ୍କ ମହାଭାରତରେ ନବଗୁଞ୍ଜର ନାମକ ଏକ ବିଚିତ୍ର ପ୍ରାଣୀଟିର ବର୍ଣ୍ଣନା କରିବାକୁ ଯାଇ ଲେଖିଛନ୍ତି ଯେ, ଏହି ବିଚିତ୍ର ପ୍ରାଣୀଟିର ଦେହରେ ନଅ ଗୋଟି ପ୍ରାଣୀଙ୍କର ରୂପ ଫୁଟି ଉଠିଛି। ସେହି ନଅ ଗୋଟି ପ୍ରାଣୀ ହେଲେ ହାତୀ, ଘୋଡା, ସିଂହ, ବାଘ, ବୃଷଭ, କୁକ୍‌କୁଟ୍, ମୟୂର, ବାଘ ଓ ମଣିଷ।" ୨୨

ଏହି ନବଗୁଞ୍ଜର ପରି ଆଧୁନିକ ଯୁଗର ବୈଜ୍ଞାନିକମାନେ ଗୋଟିଏ ଜୀବର ଜିନ୍‌କୁ ଅନ୍ୟ ଜୀବର ଜିନ୍‌ରେ କଲମିକରି ନୂତନ ଜୀବର ସୃଷ୍ଟି ସମ୍ଭାବନାକୁ ସାକାର କରିଛନ୍ତି। ସେହିପରି ଶଙ୍କର ପଦ୍ଧତିର ପ୍ରୟୋଗ କରି ଦୁଇଟି ଭ୍ରୁଣକୁ ମିଶାଇ ମା'ର ଜରାୟୁରେ ସ୍ଥାପନ କଲେ ଏକ ନୂତନ ସନ୍ତାନର ସୃଷ୍ଟି ସମ୍ଭବ ବିଷୟରେ ଆଲୋଚନା ହେବା ସମୟରେ ଅଭିଷେକ ଗଣେଶଙ୍କର ହାତୀ ମୁଣ୍ଡ କଥାର ଉତ୍‌ଥାପନ ପୁରାଣର ପ୍ରାଚୀନତାରେ ବିଜ୍ଞାନର ନୂତନତାକୁ ପ୍ରକାଶ କରିଛନ୍ତି। ବୈଜ୍ଞାନିକ ପୁରାଣର

ପୌରାଣିକତାକୁ ସତ୍ୟରେ ପରିବର୍ତ୍ତନ କରି ତାର ଅନୁସନ୍ଧାନକୁ ପ୍ରତିକ୍ଷଣରେ ଜାରି ରଖିଛି । ତେଣୁ ବୈଜ୍ଞାନିକ ଉପନ୍ୟାସରେ ପୌରାଣିକତାର ପ୍ରଭାବ ଆଧୁନିକ ବିଜ୍ଞାନକୁ ଆଗେଇ ନେବାରେ ସହାୟ ହୋଇଛି ।

ବୈଜ୍ଞାନିକ ଆବିଷ୍କାର ଓ ଉଦ୍ଭାବନ :

ବୈଜ୍ଞାନିକ ଆବିଷ୍କାର ଏବଂ ଉଦ୍ଭାବନ ହିଁ ବିଜ୍ଞାନର ଅଭୂତପୂର୍ବ ବିକାଶକୁ ଲୋକଲୋଚନରେ ପ୍ରକାଶ କରେ। ଲୋକ ଉପଯୋଗୀ ହେବାରେ ସହାୟ ହୁଏ। ଜନଜୀବନର ସାଧାରଣ ଚଳଣୀଠୁ ଆରମ୍ଭ କରି ବିଶ୍ୱର ପରିବ୍ୟାପ୍ତିକୁ ହାତ ମୁଠାରେ ଉପଲବ୍ଧି କରାଏ। ବୈଜ୍ଞାନିକ ଆବିଷ୍କାର ଏବଂ ଉଦ୍ଭାବନ ନୂତନ ଗବେଷଣାକୁ ପୁଣି ଅନୁସନ୍ଧାନ ଦ୍ୱାରା ଜାରି ରଖିବାରେ ଏକ ସଫଳ ଉଦ୍ୟମ ପାଲଟିଯାଏ। ଏହି ପରିପ୍ରେକ୍ଷୀରେ ଉକ୍ତ ଆଭିମୁଖ୍ୟକୁ ନେଇ ବୈଜ୍ଞାନିକ ଉପନ୍ୟାସ ତାର କଥାବସ୍ତୁରେ ବହୁ ଆବିଷ୍କାର ଏବଂ ଉଦ୍ଭାବନକୁ ସ୍ଥାନିତ କରିବା ସହ ବିଶ୍ୱର ଉନ୍ନତ ରାଷ୍ଟ୍ରମାନଙ୍କର ଗବେଷଣାଭିତ୍ତିକ ନୂତନତ୍ୱକୁ ଆଲୋକପାତ କରାଇବାରେ ସହାୟହୋଇଛି।

ଗୋକୁଳାନନ୍ଦ ମହାପାତ୍ରଙ୍କ 'ପୃଥିବୀ ବାହାରେ ମଣିଷ' ଉପନ୍ୟାସକୁ ସଂଦର୍ଶନ କଲେ ବୈଜ୍ଞାନିକମାନଙ୍କ ଅପୂର୍ବ ଆବିଷ୍କାର ଗତିଶୀଳ ପାହାଚର ବର୍ଣ୍ଣନାଠୁ ଆରମ୍ଭ କରି ବିଜ୍ଞାନ କ୍ଷେତ୍ରରେ ବସ୍ତୁର ନୂତନ ମୌଳିକ ରୂପ ଏମେରିକମ୍, କିଉଲିକମ୍, ବାରକୋଲିୟମ୍ ଏବଂ କାଲିଫର୍ଣ୍ଣିୟମ୍ ଆଦି ଚାରୋଟି ନୂତନତ୍ୱକୁ ଜାଗତିକ ସୃଷ୍ଟି ବୈଚିତ୍ର୍ୟ ରୂପେ ଦୃଷ୍ଟିପାତ କରାଯାଏ। ବାରକୋଲିୟମ୍ ଧାତୁକୁ ନେଇ ଇନ୍ଧନ ତିଆରି, ପରମାଣୁ ଇଞ୍ଜିନ କିପରି ତିଆରି ସମ୍ଭବ ହୋଇପାରିବ ଲରା ଏବଂ ରିଚାଡ୍‌ସନ୍‌ଙ୍କ ମାଧ୍ୟମରେ ପରମାଣୁ ଯାନ ତିଆରିର ଏକ ଆବିଷ୍କାର ଉପନ୍ୟାସଟିରେ ନିହିତ। ପୁଣି ସେହି ପରମାଣୁ ଯାନରେ ମଙ୍ଗଳଗ୍ରହକୁ ଗମନ ଏବଂ ମଙ୍ଗଳଗ୍ରହ ମାଧ୍ୟମରେ ବିଜ୍ଞାନର ବହୁ ବାସ୍ତବ ସମ୍ଭାବନାକୁ ଲେଖକ ଉପନ୍ୟାସଟିରେ ସ୍ଥାନିତ କରିଛନ୍ତି। ମଙ୍ଗଳ ଗ୍ରହର ପ୍ରତ୍ୟେକ ଗୃହସ୍ଥଙ୍କ ଗେଟ୍ ପାଖରେ ଫଟୋ ଇଲେକ୍‌ଟ୍ରିକ ସେଲ୍‌ର ବ୍ୟବହାର, ଯାହାଦ୍ୱାରା ଗେଟ୍ ମନକୁମନ ଖୋଲିବା ସମ୍ଭବପର , ବିଦ୍ୟୁତ୍ ଚାଳିତ ପାଁ ପୋଛର ବ୍ୟବହାର, କାଚରୁ ତିଆରି ପୋଷାକ, ନିଅନ ଘଡ଼ିର ବ୍ୟବହାର, ଭାଷା ଶିକ୍ଷା ଯନ୍ତ୍ର, ଫନୋଭିଜନ୍ ଅଟୋମେଟିକ୍ ଟ୍ରାକ୍ଟର ଦ୍ୱାରା ଚାଷ ପ୍ରଣାଳୀ, ବିଶ୍ୱବିଦ୍ୟାଳୟ ଶିକ୍ଷାରେ ଅଟୋମେଟିକ୍ ଯନ୍ତ୍ର ସାହାଯ୍ୟରେ ଲାଇବ୍ରେରୀରୁ ବହି ଆଣିବା ଆଦି କଳା କୌଶଳ ବିଷୟରେ ଉପନ୍ୟାସଟିରେ ଉଲ୍ଲେଖ ରହିଛି। ସେହିପରି ବୈଜ୍ଞାନିକ କୌଶଳରେ ବିନା ତାରରେ ବିଦ୍ୟୁତ୍ ପ୍ରବାହ, ସୌର ଶକ୍ତିରୁ ବିଦ୍ୟୁତ୍ ଶକ୍ତି ଉତ୍ପନ୍ନ, କୃତ୍ରିମ ସୂର୍ଯ୍ୟର ସୃଷ୍ଟି, ଲୁହାକୁ ସୁନା ଓ ପ୍ଲାଟିନମ୍‌ରେ ପରିଣତ କରିବା , ଇଚ୍ଛାନୁସାରେ ପୁଅଝିଅ ଜନ୍ମ

ନିୟନ୍ତ୍ରଣ କରିବାରେ ବିଜ୍ଞାନର ସହଯୋଗ ନେବା ଇତ୍ୟାଦି ପ୍ରସଙ୍ଗ ଲେଖକ କଥାବସ୍ତୁ ମାଧ୍ୟମରେ ବର୍ଣ୍ଣନା କରି ବୈଜ୍ଞାନିକ ଆବିଷ୍କାର ଏବଂ ଉଦ୍ଭାବନଗୁଡ଼ିକର ବିନିଯୋଗ ଓ ସମ୍ଭାବନାକୁ ଉପନ୍ୟାସରେ ଉଲ୍ଲେଖ କରିଛନ୍ତି ।

ବୈଜ୍ଞାନିକମାନଙ୍କ ଅନ୍ୟ ଏକ ସଫଳତା କୃତ୍ରିମ ଉପଗ୍ରହ ପ୍ରସ୍ତୁତି । ମହାଶୂନ୍ୟରେ ଯେପରି ଉପଗ୍ରହମାନଙ୍କ ଅବସ୍ଥିତି ସେହିପରି ବୈଜ୍ଞାନିକମାନେ ନିଜସ୍ୱ କୌଶଳରେ ଉପଗ୍ରହ ତିଆରିକରି ମହାଶୂନ୍ୟକୁ ପଠାଇବାରେ ସଫଳ ହୋଇପାରିଛନ୍ତି ଏବଂ ସେହି ଅପୂର୍ବ ସଫଳତା ଗୋକୁଳାନନ୍ଦ ମହାପାତ୍ରଙ୍କ 'କୃତ୍ରିମ ଉପଗ୍ରହ' ଉପନ୍ୟାସରେ ରୂପାୟିତ ହେବା ସହିତ 'ସ୍ପୁଟନିକ୍' ଉପନ୍ୟାସରେ ମଧ୍ୟ ତାହାର ବିଶଦ ବ୍ୟାଖ୍ୟା ବର୍ଣ୍ଣିତ ହୋଇଛି ।

ଲେଖକଙ୍କ 'ମଧ୍ୟାହ୍ନର ଅନ୍ଧକାର' ଉପନ୍ୟାସର ବର୍ଣ୍ଣନା ଅନୁସାରେ ବୈଜ୍ଞାନିକ ରମେଶ ପଟେଲ୍‌ଙ୍କ ଦ୍ୱାରା ନିର୍ମିତ ନୂତନ ଧରଣର ବଲ୍‌ବ ତିଆରି, ଯାହା ଉଜ୍ଜ୍ୱଳ ଆଲୋକ ପ୍ରଦାନକରିବା ସହିତ ସାଧାରଣଲୋକଙ୍କ ବ୍ୟବହାର୍ଯ୍ୟ ହୋଇପାରିବ । ଉପନ୍ୟାସଟିରେ ଫୋନ୍‌ସକୋପ୍‌ର ବ୍ୟବହାର ବେଶ୍ ବିଜ୍ଞାନ ଅଭିମୁଖୀ ଏକ ସଫଳ ସାର୍ଥକତା । 'ଚନ୍ଦ୍ରର ମୃତ୍ୟୁ' ଉପନ୍ୟାସରେ ଲେଖକଙ୍କ ଡିକ୍ଟୋଫୋନର୍ ବ୍ୟବହାର ଉଲ୍ଲେଖ ରହିଛି, ଯାହାଦ୍ୱାର ବ୍ୟକ୍ତିର ଟେଲିଫୋନ୍ ନମ୍ବର ବାହାରି ପଡିବା ସହିତ ବ୍ୟକ୍ତିର ସମସ୍ତ ସୂଚନା ମଧ୍ୟ ପ୍ରକାଶ ପାଇଥାଏ । ସେହିପରି ଚାଳକ ବିହୀନ ଗାଡିର ବ୍ୟବହାର, ଗନ୍ତବ୍ୟ ସ୍ଥାନର ପୂରା ଠିକଣା ଲେଖି ଟିକେଟ୍ ଇଞ୍ଜିନ ଭିତରେ ପୂରାଇ ଦେଲେ ତାହା ଗନ୍ତବ୍ୟ ସ୍ଥାନରେ ପହଞ୍ଚିଯିବ । ବୈଜ୍ଞାନିକମାନଙ୍କ ଅନ୍ୟ ଏକ ଉଦ୍ୟମ ବିଶ୍ୱ ଯାନର ଅଭିଯାନ ସମୟରେ ବିଶ୍ୱଚୁମ୍ବକୀୟ ତରଙ୍ଗ ଦ୍ୱାରା ମହାଶୂନ୍ୟରେ ବାର୍ତ୍ତା ନେବା ଆଣିବାରେ ସହାୟ ହେବା ଆଦି ବୈଜ୍ଞାନିକମାନଙ୍କ ସଫଳତା ଶୀର୍ଷରେ ପହଞ୍ଚିବାରେ ସଫଳ ହୋଇପାରିଛି । 'ମୃତ୍ୟୁ ଏକ ମାତୃତ୍ୱର' ଉପନ୍ୟାସରେ କମ୍ପ୍ୟୁଟର ପଦ୍ଧତିରେ ପାତ୍ରପାତ୍ରୀ ଚୟନ, ପିକ୍‌ଚର ଫୋନ୍‌ର ବ୍ୟବହାର, ସୌରଶକ୍ତି ଚାଳିତ ମଟର ଗାଡିର ବ୍ୟବହାର ଆଦି ପ୍ରଦତ୍ତ, ଯାହା ସାଂପ୍ରତିକ ସମୟରେ ମଧ୍ୟ ମଣିଷ ଉପଯୋଗୀ ହୋଇସାରିଲାଣି ।

ଗୋକୁଳାନନ୍ଦ ମହାପାତ୍ରଙ୍କ 'ନିଶ୍ଚଳ ପୃଥିବୀ' ଉପନ୍ୟାସରେ ବୈଜ୍ଞାନିକ ଆବିଷ୍କାର ଏବଂ ଉଦ୍ଭାବନର ନୂତନ କୌଶଳ ଦୃଷ୍ଟିଗୋଚର ହୋଇଥାଏ ରୀତାଦେବୀଙ୍କ ଘରେ ବ୍ୟବହାର କରୁଥିବା ତ୍ରିପରିସରଯୁକ୍ତ ଟେଲିଭିଜନ୍, ମୃଦୁ ସମୀରଣ ଯୁକ୍ତ ଏୟାରକଣ୍ଡିସନ୍‌ର ବ୍ୟବହାର, ନୂତନ ଧରଣର ପକେଟ ଟେଲିଭିଜନ୍, ବୈଜ୍ଞାନିକମାନଙ୍କ ଦ୍ୱାରା ଉଦ୍ଭାବିତ ଅନ୍ୟ ଏକ ନୂତନ ଚମତ୍କାର ଯନ୍ତ୍ର ଉପନ୍ୟାସଟିରେ

ସ୍ଥାନିତ ହୋଇଛି । ଯନ୍ତ୍ରଟିର ନାମ ମାଇକ୍ରୋରେଡାର ଭିଡିଓ ଟ୍ରାନ୍ସମିଟର, ଯାହାଦ୍ୱାରା ଦୋଷୀକୁ ଧରିବା ସହଜ ହୋଇପାରିଛି ।

ଚିକିତ୍ସା ବିଜ୍ଞାନ କ୍ଷେତ୍ରରେ ବୈଜ୍ଞାନିକମାନଙ୍କ ଅନ୍ୟ ଏକ ଉଦ୍ଭାବନ ଯେ ଯେଉଁ ସ୍ତ୍ରୀମାନଙ୍କଠାରେ ସନ୍ତାନ ଜନ୍ମ ହେବା ପ୍ରଜନନ ଶକ୍ତି ନାହିଁ ସେମାନେ ୟୁଟେରସ୍ ଟ୍ରାନ୍ସପ୍ଲାଣ୍ଟେସନ୍ ପଦ୍ଧତି ଅଥବା ସରୋଗେଟ୍ ମା ଭଳି ବୈଜ୍ଞାନିକ ବିଧି ବିଧାନକୁ ଗ୍ରହଣ କରିପାରିବା ସମ୍ଭବ ମନେ ହୋଇଛି । ୟୁଟେରସ୍ ଟ୍ରାନ୍ସପ୍ଲାଣ୍ଟେସନ୍ ପଦ୍ଧତି ଦ୍ୱାରା ଗର୍ଭାଶୟକୁ ପରିବର୍ତ୍ତନ କରି ଅନ୍ୟ ସ୍ତ୍ରୀର ସୁସ୍ଥ ଜରାୟୁରେ ରୋପଣ କରାଯାଇପାରିବ । ସେହିପରି ସରୋଗେଟ୍ ମଦର ପଦ୍ଧତିରେ କୌଣସି ପୁରୁଷର ଶୁକ୍ରାଣୁ ଏବଂ ମାର ଡିମ୍ବାଣୁକୁ ନେଇ ଜରାୟୁ ବାହାରେ ନିଷେକ କରାଇ ସେହି ନିଶିକ୍ତ ଡିମ୍ବାଣୁକୁ ଅନ୍ୟ କୌଣସି ସ୍ତ୍ରୀର ଜରାୟୁରେ ସ୍ଥାପନ ପୂର୍ବକ ଦଶମାସ ଗର୍ଭ ଧାରଣ ପରେ ଶିଶୁଟିକୁ ଜନ୍ମ ଦେବାରେ ସମ୍ଭବ ହୋଇପାରିଛି । ଚିକିତ୍ସା ବିଜ୍ଞାନ କ୍ଷେତ୍ରରେ ମସ୍ତିଷ୍କ ପ୍ରତିରୋପଣ ଚିକିତ୍ସା କୌଶଳ ସମ୍ପର୍କରେ ଗୋକୁଳାନନ୍ଦଙ୍କ 'ନିସ୍ତବ୍ଧ ଗୋଧୂଳି' ଏବଂ ଜ୍ୟୋତିର୍ମୟୀ ମହାନ୍ତିଙ୍କ 'ନିର୍ଝରିଣୀ' ଉପନ୍ୟାସରେ ମଧ୍ୟ ପ୍ରୟୋଗ ହୋଇଛି । ଚିକିତ୍ସା କ୍ଷେତ୍ରରେ ଅନ୍ୟ ଏକ କୌଶଳ ଲିଙ୍ଗ ପରିବର୍ତ୍ତନ କରି ନାରୀକୁ ପୁରୁଷରେ ପରିବର୍ତ୍ତନ ଏବଂ ପୁରୁଷକୁ ନାରୀରେ ପରିବର୍ତ୍ତନ ସମ୍ଭବ ହୋଇପାରିଛି । 'ମୃତ୍ୟୁ ଏକ ମାତୃତ୍ୱ'ର ଉପନ୍ୟାସରେ ଡ. ରଣେନ୍ଦ୍ର ପଟ୍ଟନାୟକଙ୍କ ପତ୍ନୀ ନମିତାରୁ ନରେନ୍ଦ୍ରରେ ପରିବର୍ତ୍ତିତ ହୋଇଥିବା ଘଟଣାରେ ସ୍ପଷ୍ଟୀକୃତ ।

ସେହିପରି ରୋଗୀକୁ ବଞ୍ଚାଇବା ସମ୍ଭବପର ହୋଇପାରି ନଥିଲେ ମଧ୍ୟ ବୈଜ୍ଞାନିକମାନଙ୍କ ପ୍ରଚେଷ୍ଟାରେ ରୋଗୀର ଔଷଧ ବାହାରିବା ପର୍ଯ୍ୟନ୍ତ ରୋଗୀକୁ ଲାକ୍ଷଣିକ ମୃତ୍ୟୁକରାଇ ତାର ଶରୀରକୁ ସଂରକ୍ଷିତ କରି ଔଷଧ ବାହାରିବା ପରେ ତା'ର ପ୍ରକୃତ ଚିକିତ୍ସା ସମ୍ଭବପର ହୋଇଛି - ଯାହାଦ୍ୱାରା ରୋଗୀ ସଂପୂର୍ଣ୍ଣ ଭାବରେ ସୁସ୍ଥ ହୋଇପାରିଛି । ଏହି ବୈଜ୍ଞାନିକ କୌଶଳ 'ନିସ୍ତବ୍ଧ ଗୋଧୂଳି' ଉପନ୍ୟାସ ସହ 'ମୃତ୍ୟୁ ଏକ ମାତୃତ୍ୱ'ର ଉପନ୍ୟାସରେ ମଧ୍ୟ ନିହିତ ରହିଛି ।

'ନିସ୍ତବ୍ଧ ଗୋଧୂଳି' ଉପନ୍ୟାସରେ ଲେଖକ ଆଧୁନିକ ବିଜ୍ଞାନର ରୂପରେଖକୁ ଜନସାଧାରଣ ମାଧ୍ୟମରେ ସୂଚାଇବାକୁ ଯାଇ ଅଧ୍ୟାପକ ଦେବସ୍ନାନ ବାବୁଙ୍କ ବକ୍ତବ୍ୟ ମାଧ୍ୟମରେ ଉପନ୍ୟାସଟିରେ ପ୍ରକାଶ କରିଛନ୍ତି । ଆସନ୍ତା ଶତାବ୍ଦୀରେ ମଟର, ରେଳଗାଡି ଆଦିରେ ଦୁର୍ଘଟଣାକୁ ନିୟନ୍ତ୍ରଣ କରିବା ପାଇଁ ରେଡାର ଓ କମ୍ପ୍ୟୁଟର ଆଦି ଯନ୍ତ୍ରର ଉପଯୋଗ, ଶରୀରର ଗୋଟିଏ ଅଙ୍ଗ ଯଦି ନଷ୍ଟ ହୋଇଯାଏ ଟିସ୍ୟୁକଲଚର ପଦ୍ଧତିରେ ଅଙ୍ଗପ୍ରତ୍ୟଙ୍ଗ ବ୍ୟାଙ୍କ ଖୋଲାଯାଇ ସେଥିରେ ସଂରକ୍ଷିତ ଅଙ୍ଗକୁ ଆଣି ଲଗାଇ ଦେବାର

ସମ୍ଭାବନା, କୌଣସି ଜ୍ଞାନୀ ବ୍ୟକ୍ତିର ମସ୍ତିଷ୍କରେ ଥିବା ମେମୋରିମଲିକୁଲ୍ ଅଂଶଟିକୁ ଆଣି ପାଠ ପଢି ନଥିବା ଆଉ ଜଣେ ଲୋକର ମସ୍ତିଷ୍କରେ ଲଗାଇ ଦେଲେ ସେହି ଅପାଠୁଆ ଲୋକଟି ପୂର୍ବ ବ୍ୟକ୍ତିର ଜ୍ଞାନକୁ ପ୍ରକାଶ କରିପାରିବ। ଡାଇନାମୋ ସାହାଯ୍ୟରେ ବିଦ୍ୟୁତ୍ ଶକ୍ତି ଉତ୍ପାଦନ କରିବା ଉଦ୍‌ଯାନ ଗ୍ୟାସ୍ ସାହାଯ୍ୟରେ ବସ୍‌ଟ୍ରକ୍‌ଠାରୁ ଆରମ୍ଭ କରି ରକେଟ୍, ପ୍ଲେନ୍ ଚାଲିପାରିବାର ସମ୍ଭାବନାକୁ ସମ୍ଭବ କରିବାରେ ସାହାଯ୍ୟ କରୁଛି ବିଜ୍ଞାନ। ଏହା ବ୍ୟତୀତ ବୈଜ୍ଞାନିକ ରୀତିରେ ଉନ୍ନତ ଚାଷ ପ୍ରଣାଳୀ, ସାଂଶ୍ଲେଷିକ ଉପାୟରେ କରତ ଗୁଣ୍ଡ, ଗ୍ଲୁକୋଜ, ମଇଦା, ଚାଉଳ, ଚିନି, ଉତ୍ପନ୍ନ କରାଯାଇ ପାରିବାର ଉପାୟ, ଯାନ୍ତ୍ରିକ ଗାଈ ମାଧ୍ୟମରେ ଅଧିକରୁ ଅଧିକ ଦୁଗ୍ଧ ଉତ୍ପାଦନ, ଟିସ୍ୟୁ କଲଚର୍ ପଦ୍ଧତିରେ କୃତ୍ରିମ ଅଣ୍ଡା ଉତ୍ପାଦନ, ଆଦି ବିଜ୍ଞାନ ଦ୍ୱାରା ସମ୍ଭବ ହୋଇପାରିଛି। ବିଜ୍ଞାନର ଅନ୍ୟ ଏକ ସଫଳତା ଭାଷାନ୍ତରକାରୀ ଯନ୍ତ୍ର ଦ୍ୱାରା ଗୋଟିଏ ଭାଷାରୁ ଅନ୍ୟ ଭାଷାକୁ ଅନୁବାଦ, ବୈଜ୍ଞାନିକ ଯାନ୍ତ୍ରିକ କୌଶଳରେ କିପରି ସମ୍ଭବ ହୋଇପାରିଛି ଉପନ୍ୟାସର କଥାବସ୍ତୁ ମାଧ୍ୟମରେ ଲେଖକ ତାହା ଉପସ୍ଥାପନ କରିଛନ୍ତି। ସେହିପରି 'ଡାଇନୋସର୍‌ର ହସ' ଉପନ୍ୟାସ ମାଧ୍ୟମରେ ସାଧାରଣ ଜୀବନରେ ବୈଜ୍ଞାନିକ ଯନ୍ତ୍ରପାତି କିପରି ମନୁଷ୍ୟର ପରିଶ୍ରମକୁ ଲାଘବ କରିବାରେ ସମର୍ଥ ହୋଇପାରିଛି ଉପନ୍ୟାସର ଚରିତ୍ର ସୁଶାନ ବ୍ୟବହାର କରୁଥିବା ଯନ୍ତ୍ରପାତି ମାଧ୍ୟମରେ ଲେଖକ ତାହା ଦୃଶ୍ୟାୟିତ କରାଇ ଦେଇଛନ୍ତି। ସୁଶାନ ବ୍ୟବହାର କରୁଥିବା ଚାର୍ଲି ନାମକ ଏକ ରୋବଟୀୟ ଯାନ୍ତ୍ରିକ ଚାକର ଯାହା, ସୁଶାନର ଘର ଝାଡ଼ିବାଠାରୁ ଆରମ୍ଭ କରି ଘରର ଯାବତୀୟ କାର୍ଯ୍ୟ କରିବାରେ ସକ୍ଷମ ହୋଇପାରିଛି। ଏହି ରୋବଟୀୟ ଯନ୍ତ୍ରରେ ମଣିଷର କୃତ୍ରିମ ବୁଦ୍ଧିର ପ୍ରଦାନ କରାଯାଇଥିବାରୁ ମନୁଷ୍ୟ ଯାହା କହେ ସେ ଭାବିଚିନ୍ତି କାମ କରିଥାଏ। ଚାର୍ଜେବୁଲ୍ ବ୍ୟାଟେରୀ ଦ୍ୱାରା ପରିଚାଳିତ ହୋଇଥିବାରୁ ବ୍ୟାଟେରୀ ସରିଗଲେ ତାକୁ ପୁଣି ଚାର୍ଜ କରି ଦିଆଯାଏ। ପୁଣି ଉପନ୍ୟାସଟିରେ ବୈଜ୍ଞାନିକ କୌଶଳର ଅନ୍ୟ ଏକ ଉଦ୍ଭାବନ କ୍ଳାନ୍ତି ଅପନୋଦନକାରୀ ଯନ୍ତ୍ର ବାସ୍ତବରେ ଆଶ୍ଚର୍ଯ୍ୟ। ବୈଜ୍ଞାନିକ ଆବିଷ୍କାରରେ ଭାରତୀୟ ରନ୍ଧା ସଫ୍ଟୱେୟାର ମଧ୍ୟ ଏକ ଅନ୍ୟ ଧରଣର ସୃଷ୍ଟି। ଡିସ୍କକୁ ରନ୍ଧା ଯନ୍ତ୍ର ଭିତରେ ପୁରାଇ ବିଭିନ୍ନ ପ୍ରକାର ରନ୍ଧାରେ ଟିକ୍ ମାରି ଦେଲେ ଯନ୍ତ୍ରଟି ଆପେଆପେ ଖାଦ୍ୟପ୍ରସ୍ତୁତି କରିପକାଏ। ଏସବୁକୁ ତର୍ଜମା ମାଧ୍ୟମରେ ଅନୁଶୀଳନ କଲେ ମନୁଷ୍ୟକୁ କର୍ମମୟ ଜୀବନରୁ କିଛିମାତ୍ରାରେ ନିବୃତ୍ତି ଦେବାରେ ସମର୍ଥ ହୋଇପାରିଛି ବିଜ୍ଞାନ।

ଡଃ. ଦେବକାନ୍ତ ମିଶ୍ରଙ୍କ 'କୃତ୍ରିମ ମଣିଷ' ଉପନ୍ୟାସରେ ବୈଜ୍ଞାନିକମାନଙ୍କ ଅନ୍ୟ ଏକ ଆବିଷ୍କାର ରେଡିଓ- ଟେଲିସ୍କୋପ୍ ବା ବେତାର ଦୂରବୀକ୍ଷଣ ଯନ୍ତ୍ର। ଏହାଦ୍ୱାରା

ବେତାର ରଶ୍ମୀ ବିଦ୍ୟୁତ୍ ସ୍ରୋତରେ ପରିଣତ ହୋଇ ରେକର୍ଡଙ୍କୁ ଚଳାଇବାରେ ସାହାଯ୍ୟ କରେ । ରାଡାର ଯନ୍ତ୍ରର ପ୍ରୟୋଗ କରି ବେତାର ସଂକେତ ପ୍ରେରଣ, ଯାହାଦ୍ୱାରା ପ୍ରକୃତି ସମ୍ବନ୍ଧରେ ବହୁ ଜ୍ଞାତବ୍ୟ ତଥ୍ୟ ହାସଲ ହୋଇପାରୁଛି । ପୁନଶ୍ଚ ଏ ଯୁଗର ଅନ୍ୟତମ ବଳିଷ୍ଠ ଉଦ୍ଭାବନ ଇମେଜ ଟିଉବ୍ (Image Tube) ବା ପ୍ରତିବିମ୍ବ ନଳୀ, ଆଲୋକ ରଶ୍ମିର ବ୍ୟବହାର କରି ଗୋଟିଏ ସୁଦୂର ବସ୍ତୁର ଯେଉଁ ଫଟୋ ଇଲେକଟ୍ରନ୍ ରଶ୍ମିରେ ପରିଣତ କରିଦେବା ସମ୍ଭବ ହୋଇଛି ତାହା ଏକ ବିଜ୍ଞାନଭିତ୍ତିକ ବିରାଟ ସଫଳତା । ପୁଣି ଏହି ଇଲେକଟ୍ରନ୍ ରଶ୍ମିକ ଆମ୍ପ୍ଲିଫାୟାର୍ ବା ପରିବର୍ଦ୍ଧକ ଯନ୍ତ୍ର ସାହାଯ୍ୟରେ ପରିବର୍ଦ୍ଧିତ କରି ଗୋଟିଏ ବିଶେଷ ଭାବରେ ନିର୍ମିତ ହେଉଥିବା ପରଦା ଉପରେ ପକାଇ ଦିଆଯାଇଛି, ଯାହା ଫଳରେ ଆଲୋକ ରଶ୍ମିର ପ୍ରୟୋଗ ଜନିତ ଲଭ୍ୟ ହୋଇଥିବା ଫଟୋ ବୃହତ୍ ଆକାରରେ ଦେଖିବା ସମ୍ଭବ ହୋଇପାରିଛି ।

ଉପନ୍ୟାସଟିରେ ଆଉ ଏକ ଯନ୍ତ୍ରର ଆବିଷ୍କାର କରିବାରେ ବୈଜ୍ଞାନିକମାନେ ସମର୍ଥ ହୋଇଛନ୍ତି । ଅତ୍ୟାଧୁନିକ ଧରଣର ଇଲେକଟ୍ରନ ଟିଉବ ସନ୍ନିହିତ ଶକ୍ତିଶାଳୀ ଅଣୁବୀକ୍ଷଣ ଯନ୍ତ୍ରର ବ୍ୟବହାର, ବେତାର ତରଙ୍ଗ ବା ରେଡିଓ ଟେଲିସ୍କୋପ୍ ଜରିଆରେ ବୈଜ୍ଞାନିକମାନଙ୍କ ଦ୍ୱାରା ଏକ କମ୍ପ୍ୟୁଟର ମଧ୍ୟ ନିର୍ମିତ ହୋଇପାରିଛି । ସେହିପରି ଜ୍ୟୋତିର୍ମୟୀ ମହାନ୍ତିଙ୍କ 'କଲମି- ମଣିଷ' ଉପନ୍ୟାସରେ ବୈଜ୍ଞାନିକମାନଙ୍କ ଅନ୍ୟ ଏକ କୃତିତ୍ୱ କଲମିକରଣ ପଦ୍ଧତିରେ କଲମି ଶିଶୁର ଉତ୍ପତ୍ତି ବୈଜ୍ଞାନିକ କୌଶଳକୁ ସଫଳ କରିବାରେ ସମର୍ଥ ହୋଇପାରିଛି । ମାନବ ସମାଜର କଲ୍ୟାଣ ପାଇଁ ପୃଥିବୀବାସୀଙ୍କୁ ପ୍ରାକୃତିକ ପ୍ରଳୟରୁ ରକ୍ଷା କରିବା ପାଇଁ ବୈଜ୍ଞାନିକ ପ୍ରତିକ୍ଷଣରେ ତାର ପ୍ରଚେଷ୍ଟା ଜାରି ରଖିଛି ଏବଂ ସଫଳ ମଧ୍ୟ ହୋଇପାରିଛି । ପ୍ରମୋଦ ମହାପାତ୍ରଙ୍କ 'ବିସ୍ଫୋରିତ ପୃଥିବୀ' ଉପନ୍ୟାସରେ ବୈଜ୍ଞାନିକ ଡେଭିଡ୍ ପୃଥିବୀକୁ ଧୂମକେତୁର ସଂଘର୍ଷରୁ ରକ୍ଷା କରିବା ପାଇଁ ପରମାଣୁ ଶକ୍ତି ଯୁକ୍ତ ରକେଟ୍ ନିର୍ମାଣ କରିବାରେ ସଫଳ ହୋଇ ପୃଥିବୀକୁ ଧୂମକେତୁଠାରୁ ରକ୍ଷା କରିପାରିଛନ୍ତି ।

ମନୁଷ୍ୟକୁ ଏକ ସୁସ୍ଥ ସମୃଦ୍ଧି ଏବଂ ବିଳାସପୂର୍ଣ୍ଣ ଜୀବନ ପ୍ରଦାନ କରିବାରେ ବିଜ୍ଞାନର ଅବଦାନ ଅଶେଷ । ଯାହା ମାଧ୍ୟମରେ ମଣିଷ ଯେଉଁ ଆବିଷ୍କାର ଏବଂ ଉଦ୍ଭାବନ କରିଛି ଔପନ୍ୟାସିକ ତାକୁ ନେଇ ବୈଜ୍ଞାନିକ ଉପନ୍ୟାସ ରଚନା ପାଇଁ ପ୍ରୟାସୀ ହୋଇଛି । କଥାବସ୍ତୁ ମାଧ୍ୟମରେ ନୂତନ ଆବିଷ୍କୃତ ଉଦ୍ଭାବନ ଏବଂ ସମ୍ଭାବନାକୁ ଦର୍ଶାଇବାରେ ସଫଳ ମଧ୍ୟ ହୋଇପାରିଛି ।

ବୈଜ୍ଞାନିକ ଉପନ୍ୟାସ ତାର ଆତ୍ମିକ ପର୍ଯ୍ୟାୟରେ ଉପରୋକ୍ତ ସମସ୍ତ ବିଭବକୁ ନେଇ ମନୁଷ୍ୟ ଜୀବନର ବୃହତ୍ତର ଜୀବନବୋଧକୁ ତନ୍ନ ତନ୍ନ କରି ତଥ୍ୟ ମାଧ୍ୟମରେ

ଉପସ୍ଥାପନ କରିଛି। ମନୁଷ୍ୟ ବାସ କରୁଥିବା ପରିସ୍ଥାନ ଓ ପ୍ରକୃତିକୁ ନେଇ ତାର ଅନୁସନ୍ଧାନ ଜାରି ରଖିଛି। ଅନୁସନ୍ଧାନ ମାଧ୍ୟମରେ ବୈଜ୍ଞାନିକ ଉପନ୍ୟାସ ଆମ୍ଭାକୁ ଆବିଷ୍କାର କରିବାରେ ଯଥାସାଧ୍ୟ ପ୍ରଚେଷ୍ଟା ଚାଲୁ ରଖିଛି। ଆଧୁନିକ ମଣିଷ ସମାଜରେ ବାସ କଲେ ମଧ୍ୟ ତା'ର ସାମାଜିକ ବାସ୍ତବିକତାକୁ ସେ ଛାଡିପାରିନାହିଁ। ବାସ୍ତବିକତାକୁ ନେଇ ପ୍ରଗତିଶୀଳ ଚେତନାରେ ଉଦ୍‌ବୁଦ୍ଧ ହୋଇଛି। ଆଦର୍ଶ ମାନବିକତାକୁ ନେଇ ଗାନ୍ଧିବାଦର ପରିପନ୍ଥୀ ହୋଇ, ଦୁର୍ନୀତିର ମୂଳପ୍ରାଟନ କରି ପୃଥିବୀରେ ଶାନ୍ତି ପ୍ରତିଷ୍ଠା ଦିଗରେ ଆଶାୟୀ ହୋଇଛି । ସାମ୍ୟବାଦକୁ ନେଇ ବିଜ୍ଞାନବାଦ ମାଧ୍ୟମରେ ଏକ ସୁସ୍ଥ ରାଜନୈତିକ ପରିବେଶ ପୃଥିବୀ ପୃଷ୍ଠରେ ଗଠନ ପାଇଁ ଇଚ୍ଛା ପ୍ରକାଶ କରିଛି। ମନୁଷ୍ୟର ମନସ୍ତାତ୍ତ୍ୱିକ ବିକାଶ ସହ ମନୋବିଶ୍ଳେଷଣ ପ୍ରଭାବରେ ଆଧୁନିକ ମାନବ ଜୀବନର ମୂଲ୍ୟବୋଧକୁ ପ୍ରଭାବିତ କରିବାରେ ସହାୟ ହୋଇଛି। ସାଂପ୍ରତିକତାକୁ ନେଇ ମନୁଷ୍ୟ ଅଗ୍ରଗତି କଲେ ମଧ୍ୟ ତାର ପୁରାଣ ଇତିହାସକୁ ଛାଡିପାରିନାହିଁ। ସେହି ପୁରାଣକୁ ନେଇ ପୁରାତନତାରେ ନୂତନତାର ଅନୁସନ୍ଧାନ କରି ଗବେଷଣା, ଉଦ୍ଭାବନ ଏବଂ ଆବିଷ୍କାରକୁ ଲୋକଲୋଚନରେ ପ୍ରକାଶକରି ବିନିଯୋଗରେ ମଧ୍ୟ ସହାୟ ହୋଇଛି। ତେଣୁ ଏହି ଅନ୍ୱେଷଣ ଉପନ୍ୟାସର ଆମ୍ଭାକୁ ଗତିଶୀଳ କରାଇବା ସହିତ ନୂତନତ୍ୱ ପ୍ରଦାନ କରିଛି। ନୂତନତାକୁ ନେଇ ବୈଜ୍ଞାନିକ ଉପନ୍ୟାସ ଏକ ଅନନ୍ୟ ଧରଣର କଥାସାହିତ୍ୟ ସୃଷ୍ଟି କରିବାରେ ସହାୟ ହୋଇଛି।

■

ପାଦଟୀକା

୧. ମହାପାତ୍ର, ଡଃ. ଗୋକୁଳାନନ୍ଦ, ଚନ୍ଦ୍ରର ମୃତ୍ୟୁ, ପୃ-୧୪
୨. ମହାପାତ୍ର, ଡଃ. ଗୋକୁଳାନନ୍ଦ, ନିସ୍ତବ୍ଧ ଗୋଧୂଳି, ପୃ-୬୩
୩. ପଣ୍ଡା, ଡଃ. ନୃସିଂହ ଚରଣ, ଦଗ୍ଧ ଗୋଲାପର ଚିରବସନ୍ତ, ପୃ-୪
୪. ମିଶ୍ର, ଡଃ. ଦେବକାନ୍ତ, କୃତ୍ରିମ ମଣିଷ, ପୃ-୩୫୪
୫. ମହାପାତ୍ର , ଡଃ. ଗୋକୁଳାନନ୍ଦ, ପୃଥିବୀରେ ମଣିଷ, ପୃ-୯
୬. ତତ୍ରୈବ, ପୃ-୧୧୧
୭. ତତ୍ରୈବ, ପୃ-୧୧୨
୮. ତତ୍ରୈବ, ପୃ-୧୧୪
୯. ମହାପାତ୍ର, ଡଃ. ଗୋକୁଳାନନ୍ଦ, କୃତ୍ରିମ ଉପଗ୍ରହ, ପୃ-୦୬
୧୦. ମହାପାତ୍ର, ଡଃ. ଗୋକୁଳା ନନ୍ଦ, ମଧ୍ୟାହ୍ନର ଅନ୍ଧକାର, ପୃ-୧

୧୧. ମହାପାତ୍ର, ଡଃ. ଗୋକୁଳାନନ୍ଦ, ନିସ୍ତବ୍ଧ ଗୋଧୂଳି, ପୃ-୨୯୯
୧୨. ମହାପାତ୍ର, ଡଃ. ଗୋକୁଳାନନ୍ଦ, 'ସ୍ପୁଟନିକ', ପୃ- ୪୬
୧୩. ମହାପାତ୍ର, ଡଃ. ଗୋକୁଳାନନ୍ଦ, ମଧ୍ୟାହ୍ନର ଅନ୍ଧକାର, ପୃ- ୩୮
୧୪. ପଣ୍ଡା, ଡଃ. ନୃସିଂହଚରଣ, ଦଗ୍ଧ ଗୋଲାପର ଚିର ବସନ୍ତ, ପୃ-୬୧
୧୫. ମହାପାତ୍ର, ଡଃ. ଗୋକୁଳାନନ୍ଦ, ମଧ୍ୟାହ୍ନ ଅନ୍ଧକାର, ପୃ- ୧୦୦
୧୬. ମହାପାତ୍ର, ଡଃ. ଗୋକୁଳାନନ୍ଦ,'ନିସ୍ତବ୍ଧ ଗୋଧୂଳି', ପୃ -୧୩୯
୧୭. ମହପାତ୍ର, ଡଃ. ଗୋକୁଳାନନ୍ଦ, ପୃଥିବୀ ବାହାରେ ମଣିଷ, ପୃ -୧୧୨
୧୮. ମିଶ୍ର, ଡଃ. ଦେବକାନ୍ତ, କୃତ୍ରିମ ମଣିଷ, ପୃ-୩୧୨
୧୯. ମହାପାତ୍ର, ଡଃ. ଗୋକୁଳାନନ୍ଦ, ମଧ୍ୟାହ୍ନର ଅନ୍ଧକାର, ପୃ-୭୯
୨୦. ମହାପାତ୍ର , ଡଃ. ଗୋକୁଳା ନନ୍ଦ, ସୁନାର ଓଡିଶା , ପୃ-୧୦୨
୨୧. ପଣ୍ଡା, ଡଃ. ନୃସିଂହଚରଣ, ଦଗ୍ଧ ଗୋଲାପର ଚିରବସନ୍ତ, ପୃ-୫
୨୨. ମହାନ୍ତି, ଡଃ. ଜ୍ୟୋର୍ତିମୟୀ, କଲିମ-ମଣିଷ, ପୃ-୩୭

ଓଡିଆ ବୈଜ୍ଞାନିକ ଉପନ୍ୟାସର ଆଙ୍ଗିକ ବିଭବ

ଉପନ୍ୟାସର ଆତ୍ମିକ ଏବଂ ଆଙ୍ଗିକ ବିଭବ ମଧ୍ୟରୁ ଆଙ୍ଗିକ ଏକ ପ୍ରୟୋଗବାଦୀ ଆଭିମୁଖ୍ୟ ନେଇ ଉପସ୍ଥାପିତ। ଉପନ୍ୟାସର ସାହିତ୍ୟିକ ଉତ୍କର୍ଷ ସୃଷ୍ଟି କରିବାରେ ଉଲ୍ଲେଖନୀୟ ଭୂମିକା ନିର୍ବାହ କରେ ଆଙ୍ଗିକ। ଉପନ୍ୟାସର ଭାବବଳୟ ଭିତରକୁ ସୃଷ୍ଟି ସୌନ୍ଦର୍ଯ୍ୟର ଦୀପ୍ତିମନ୍ତ ରଶ୍ମୀରେଖା ପ୍ରବେଶ କରାଇ ବହୁ ନୂତନ ଦିଗକୁ ସ୍ପର୍ଶ କରାଇବାର ଅଭିପ୍ରାୟ ପୋଷଣ କରେ। ସ୍ରଷ୍ଟାର ଆଭିମୁଖ୍ୟ, ଉଦ୍ଦେଶ୍ୟ , ଚିନ୍ତା ଓ ଚେତନାର ଘଟାଏ ପ୍ରତିଫଳନ। ଉପନ୍ୟାସର ବାହ୍ୟ ଓ ଅନ୍ତଃ ସତ୍ତାର ବାସ୍ତବଚିତ୍ର ପ୍ରଦାନ କରାଇବାରେ ହୁଏ ସହାୟ। କଥାବସ୍ତୁକୁ ସଦା ନିତ୍ୟ ନୂତନ ରଖିବାରେ ସାହାଯ୍ୟ କରେ। ତେଣୁ ଆଙ୍ଗିକ ମୂଲ୍ୟାୟନ ନିର୍ଭର କରେ ଉପନ୍ୟାସର ଗଠନ ଶୈଳୀ ଉପରେ। କାହାଣୀ, ଚରିତ୍ର, ପରିବେଶ, ଉଦ୍ଦେଶ୍ୟ, ଭାଷା ଶୈଳୀ ଆଦିକୁ ନେଇ ଉପନ୍ୟାସ ଶିଳ୍ପକଳାର ବୈଚିତ୍ର ହୋଇଥାଏ ପରିପୁଷ୍ଟ।

ନିରୀକ୍ଷଣ କଲେ ଜଣେ ସ୍ରଷ୍ଟା ତାର ମାନସିକତାରେ ଉଭୟ ବିଚାର ଓ କଳ୍ପନାକୁ ନେଇ ବାସ୍ତବିକତାକୁ ରୂପ ଦିଏ। ବିଚାର ଦ୍ୱାରା ସେ ବହୁ ତଥ୍ୟର ସଂଶ୍ଲେଷଣ କରିଥିଲେ ମଧ୍ୟ କଳ୍ପନା ଦ୍ୱାରା ସେଗୁଡିକର ବିଶ୍ଳେଷଣ କରିଥାଏ। ଯାହାଦ୍ୱାରା ସେ ବସ୍ତୁ ପାଖରେ ପହଞ୍ଚେ, ବସ୍ତୁକୁ ଚିହ୍ନାଏ, ବସ୍ତୁକୁ ପ୍ରତିବିମ୍ବିତ ମଧ୍ୟ କରେ। ଏଣୁ କଳ୍ପନା ହୋଇଯାଏ ବିଚାରର ଆଧାର। ଅନ୍ତଃ ବା ବାହ୍ୟ ଧାରଣା, ଘଟଣାବଳୀ ବା କାର୍ଯ୍ୟଧାରାକୁ ମଣିଷ ଧରି ରଖିବା ପାଇଁ ଏହା ଏକ ଅବଲମ୍ବନ ବା ସାଧନା ହୋଇଯାଏ। ତେଣୁ ଏକ ନିର୍ଦ୍ଦିଷ୍ଟ ନିୟମରେ ସେହି ମଣିଷ ଭିତରେ ବିଶ୍ୱକୁ ନେଇ ଯେଉଁ ସବୁ କ୍ରିୟା ପ୍ରତିକ୍ରିୟା ସୃଷ୍ଟି ହେଉଛି ତାର ଏକ ବିଶିଷ୍ଟ ରୂପାୟନ ହେଉଛି

ଉପନ୍ୟାସର ଆଙ୍ଗିକ ବୈଚିତ୍ର୍ୟ। କାହାଣୀ, ଚରିତ୍ର, ପରିବେଶ, ଉଦ୍ଦେଶ୍ୟ, ଶୈଳୀ ମାଧ୍ୟମରେ ଏହା ହୋଇଥାଏ ପ୍ରସ୍ଫୁଟିତ। ମନୁଷ୍ୟ ଜନଜୀବନରେ ଘଟୁଥିବା ବାସ୍ତବତା, ବିଶ୍ୱକୁ ନେଇ ତାର ଅନୁସନ୍ଧିତ୍ସା, ମନୁଷ୍ୟକୁ ନେଇ ତାର ଭାବନା, ପ୍ରକୃତିକୁ ନେଇ ତାର ଗବେଷଣା, ବର୍ତ୍ତମାନରେ ଉପସ୍ଥିତ ହୋଇ ଅନନ୍ତ ଅତୀତ ଏବଂ ଆଗତ ଭବିଷ୍ୟତର ରୂପାୟନ ଆଦିର ପୃଷ୍ଠଭୂମିରେ ବୈଜ୍ଞାନିକ ଉପନ୍ୟାସ ତାର ଆଙ୍ଗିକକୁ ମୂଲ୍ୟାୟନ କରିଛି।

ଆଖ୍ୟାନ ଭାଗ :

ଆଖ୍ୟାନ ଭାଗକୁ ନେଇ ହିଁ ଉପନ୍ୟାସର ସୃଷ୍ଟି। ଉପନ୍ୟାସର ମୁଖ୍ୟ ଉପାଦାନ କହିଲେ ଆଖ୍ୟାନକୁ ହିଁ ଜ୍ଞାତ କରାଇଥାଏ। ଏହା ଉପନ୍ୟାସର କଥାବସ୍ତୁ ବା ପ୍ଲଟ ଭାବରେ ମଧ୍ୟ ନାମିତ। ଔପନ୍ୟାସିକ ଉପନ୍ୟାସ ଲେଖିବା ପୂର୍ବରୁ ଏକ ନିର୍ଦ୍ଦିଷ୍ଟ ବିଷୟବସ୍ତୁ ବା ପ୍ଲଟ୍‌କୁ ହିଁ ଗ୍ରହଣ କରିଥାଏ। ଉପନ୍ୟାସର ମୂଳପିଣ୍ଡ ଏବଂ ଲୋକପ୍ରିୟତା ବିଷୟବସ୍ତୁ ବା ଅଖ୍ୟାନ ଭାଗ ଉପରେ ହିଁ ନିର୍ଭରଶୀଳ। ଆଖ୍ୟାନ ଭାଗ ମୁଖ୍ୟତଃ ପ୍ରାରମ୍ଭ, ଘଟଣା ପ୍ରବାହ ଏବଂ ଶୀର୍ଷ ବିନ୍ଦୁ ଏହି ତିନୋଟି ପର୍ଯ୍ୟାୟ ଦେଇ ମୁଖ୍ୟ କାହାଣୀ, କେତେକ ଗୌଣ କାହାଣୀ ସହିତ ସାମଞ୍ଜସ୍ୟ ରକ୍ଷା କରି ପହଞ୍ଚିଥାଏ। ପରିଣତିରେ ଯାହା ପାଠକ ସାମ୍ନାରେ ଉପନ୍ୟାସର ମୁଖ୍ୟ ଉଦ୍ଦେଶ୍ୟକୁ ପ୍ରକାଶ କରିବାକୁ ସମର୍ଥ ହୁଏ।

ପୁନଶ୍ଚ ଉପନ୍ୟାସରେ ବର୍ଣ୍ଣିତ ଘଟଣାଗୁଡିକରେ ଯଦି ଘନଘଟା ନରହେ ତା ହେଲେ ଉପନ୍ୟାସର କଥାବସ୍ତୁ ରସହୀନ ହୋଇପଡିବା ସ୍ୱାଭାବିକ। ତେଣୁ ଔପନ୍ୟାସିକ ଉପନ୍ୟାସକୁ ଆଧାର କରି ଯେଉଁ ଆଖ୍ୟାନ ଗ୍ରହଣ କରିବେ ତାହା ଆକର୍ଷଣୀୟ ଘଟଣା ସହ ସଂପୃକ୍ତ ରହିବା ଏକାନ୍ତ ଆବଶ୍ୟକ। ଡଃ. କୃଷ୍ଣଚରଣ ବେହେରାଙ୍କ ମତରେ – "ମଣିଷ ଜୀବନରେ ବା ସମାଜରେ ବହୁଘଟଣା ଘଟେ, କିନ୍ତୁ ତନ୍ମଧ୍ୟରୁ ଯେଉଁ ଘଟଣାଗୁଡିକ ଚକମପ୍ରଦ ଓ ହୃଦୟଗ୍ରାହୀ ସେଗୁଡିକ ବାଛି ସମୟାନୁକ୍ରମେ ପୂର୍ବାପର ଭାବରେ ସଜାଇ ଔପନ୍ୟାସିକ ଗଳ୍ପ ରଚନା କରିଥାନ୍ତି। ମଣିଷ ଜୀବନରେ ଯୌବନ ଅବସ୍ଥା ଓ ବାର୍ଦ୍ଧକ୍ୟ ସମୟାନୁକ୍ରମେ ଗୋଟିଏ ପରେ ଗୋଟିଏ ଆସିଥାଏ ଗଳ୍ପର ସେହିପରି ସମୟାନୁକ୍ରମେ ମନୋରମ ଘଟଣାଗୁଡିକ ବର୍ଣ୍ଣିତ ହୋଇଥାଏ।"[୧]

ବିଶେଷ ଭାବରେ ଆଖ୍ୟାନ ଭାଗରେ ହିଁ ଘଟଣାଗୁଡିକର ପରସ୍ପର ସମ୍ବନ୍ଧ ରକ୍ଷା କରାଯାଇଥାଏ। ଏହା ସହ କାହାଣୀରେ ନୂତନତା ନଥିଲେ ପାଠକର ପଠନ ପିପାସାରେ ମଧ୍ୟ ବାଧା ସୃଷ୍ଟି ହୁଏ। ପଢ଼ିବାକୁ ଆଗ୍ରହ ଲାଗେ ନାହିଁ। ତେଣୁ ଔପନ୍ୟାସିକ

କାହାଣୀରେ କିଛି ମୌଳିକତା ସହ ନୂତନତ୍ୱ ପ୍ରଦନା କରିବା ଏକାନ୍ତ ବାଞ୍ଛନୀୟ। ଅନୁଭୂତି, ଅଭିଜ୍ଞତା ନେଇ ଘଟଣାର ସତ୍ୟତା ଉପନ୍ୟାସକୁ ଜୀବନ୍ତ ଧର୍ମୀ କରାଇବାରେ ହୁଏ ସହାୟ। ତେଣୁ ଔପନ୍ୟାସିକ କଳ୍ପନା, ସମ୍ଭାବନା ଏବଂ ବାସ୍ତବତା ସହିତ ଯୋଗସୂତ୍ର ରକ୍ଷା କରି କାହାଣୀର କରିଥାନ୍ତି ସଂଯୋଜନା। କଥାବସ୍ତୁ ବର୍ଣ୍ଣନାରେ ରୋଚକତା ନଥିଲେ, ଜୀବନ୍ତ ନ ହେଲେ ଉପନ୍ୟାସ ଉଚ୍ଚାଙ୍ଗ ମଧ୍ୟ ହୋଇପାରେ ନାହିଁ। ତେଣୁ ଉପନ୍ୟାସର କଥାବସ୍ତୁ ବୌଦ୍ଧିକ ଅଭିବୃଦ୍ଧି ଉପରେ ଔପନ୍ୟାସିକ ତୀକ୍ଷ୍ଣ ଦୃଷ୍ଟି ଦେବା ସର୍ବଦା ଆବଶ୍ୟକ। ଉପନ୍ୟାସ ଯେଉଁ ତିନୋଟି ପର୍ଯ୍ୟାୟ ଦେଇ ଗତି କରେ ଏବଂ କାହାଣୀ ପରିଣତିରେ ଯେଉଁ ସାର୍ଥକତା ଲାଭ କରିଥାଏ ତହିଁରେ ଗୌଣ କାହାଣୀର ଅବଦାନ ବିଶେଷ ଭାବରେ ଥାଏ ନିହିତ। ଗୌଣ କାହାଣୀ ନ ରହିଲେ ଉପନ୍ୟାସର ବହୁମୁଖୀ ଘଟଣା ସଂଗଠନରେ ବାଧା ସୃଷ୍ଟି ହେବା ସହିତ ମୁଖ୍ୟ କାହାଣୀ ମଧ୍ୟ ପାଠକ ନିକଟରେ ବିଶେଷ ଆକର୍ଷଣ ସୃଷ୍ଟି କରିପାରିବ ନାହିଁ। କେବଳ ସିଧାସଳଖ କାହାଣୀକୁ ମଧ୍ୟ ଉପନ୍ୟାସ କୁହାଯାଇପାରିବ ନାହିଁ। ତେଣୁ ମୁଖ୍ୟ କାହାଣୀ ସହ ଗୌଣ କାହାଣୀ, ଦ୍ୱନ୍ଦ, ସଂଘାତ, ସମାଧାନରେ ହିଁ ଉପନ୍ୟାସର କଳାତ୍ମକତା ସୃଷ୍ଟି ହେବା ସହିତ କାହାଣୀ ମଧ୍ୟ ହୋଇଥାଏ ଉନ୍ନତମାନର। କାରଣ କାହାଣୀ ବା ଆଖ୍ୟାନ ଭାଗ ହିଁ ଉପନ୍ୟାସର ପ୍ରାଣକେନ୍ଦ୍ର ସଦୃଶ। ତେଣୁ ଏହାର ବାସ୍ତବତା ଏବଂ ଉପସ୍ଥାପନ ଶୈଳୀ ହିଁ ଉପନ୍ୟାସକୁ କରେ ମନୋଜ୍ଞ ଏବଂ ସାର୍ଥକ। ପାଠକ ନିକଟରେ ଉପନ୍ୟାସର କୌଣସି ଉପାଦାନ ଯଦି ବିଶେଷ ଭାବରେ ପ୍ରଭାବ ପକାଏ ତା ହେଉଛି ଉପନ୍ୟାସର କାହାଣୀ। କାହାଣୀ ବିନା ଉପନ୍ୟାସର ପରିକଳ୍ପନା ଅସମ୍ଭବ। ତେଣୁ ଔପନ୍ୟାସିକ ଭିନ୍ନ ଭିନ୍ନ ପର୍ଯ୍ୟାୟକୁ ନେଇ ଉପନ୍ୟାସର ବିଷୟ ବସ୍ତୁକୁ ଗଢି ତୋଳିବାରେ ଥାନ୍ତି ଚେଷ୍ଟିତ।

ଏହି ପରିପ୍ରେକ୍ଷୀରେ ଅନ୍ୟାନ୍ୟ ଉପନ୍ୟାସର କାହାଣୀଠାରୁ ବୈଜ୍ଞାନିକ ଉପନ୍ୟାସର କାହାଣୀ କିଛି ମାତ୍ରାରେ ଭିନ୍ନ ମନେ ହୁଏ। ମୁଖ୍ୟତଃ ବୈଜ୍ଞାନିକ ତଥ୍ୟ ଏବଂ ବିସ୍ମୟକୁ କେନ୍ଦ୍ର କରି ଏହା ଗଢ଼ି ଉଠିଥାଏ। ପାଠକ ଉପନ୍ୟାସଟି ପାଠ କଲେ ହଠାତ୍ ଜ୍ଞାତ ହୋଇ ପାରେନି ଯେ ଉପନ୍ୟାସଟିରେ ବିଜ୍ଞାନ ସମ୍ପର୍କିତ ଧାରଣା ଦେବାକୁ ପ୍ରୟାସ କରାଯାଇଛି। ସାଧାରଣ ଉପନ୍ୟାସ ପରି ଏହାର ପ୍ରାରମ୍ଭ, ଗତି ପ୍ରବାହ, ପରିଣତି ମଧ୍ୟ ବହୁ ଗୌଣ କାହାଣୀର ସଂଯୋଜନାରେ ମୂଳ କାହାଣୀ ସହିତ ସଂଯୋଗ ରକ୍ଷା କରି ଉପସ୍ଥିତ ହୋଇଥାଏ ପରିଣତିରେ। ଲେଖକର ଅନୁଭୂତି କାହାଣୀକୁ ସାହାଯ୍ୟ କରେ ରସୋତ୍ତୀର୍ଣ୍ଣ କରିବାରେ। ପାଠକକୁ ବିଜ୍ଞାନ ସମ୍ବନ୍ଧରେ ଦିଏ ଧାରଣା। ପାଠକର ଆଗ୍ରହକୁ ଜାରି ରଖିବା ପାଇଁ କାହାଣୀ ମାଧ୍ୟମରେ ନାୟକ ନାୟିକାଙ୍କ ହୃଦୟରେ

ପ୍ରେମ ପ୍ରଣୟ, ମିଳନ ବିରହର ସମାହାର ଘଟାଇ ଥାଏ ପୁଣି, ସେମାନଙ୍କର ରୋମାଞ୍ଚ ବୈଜ୍ଞାନିକ ତଥ୍ୟକୁ ଆଧାର କରିହିଁ ଗଢି ଉଠିଥାଏ। ଏକ ଦୁଃସାହସିକ ସାଧନାକୁ ପାଠକ ସମ୍ମୁଖରେ ଉପସ୍ଥାପନ କରିବାରେ ସହାୟକ ହୋଇଛି ବୈଜ୍ଞାନିକ ଉପନ୍ୟାସର କାହାଣୀ। ମାନବିକ ଚିନ୍ତାଚେତନା ସହିତ ମଣିଷର ଆଶା ଆକାଂକ୍ଷା ସ୍ୱପ୍ନ, ଭୟ ଭ୍ରାନ୍ତିର ମିଶ୍ରଣରେ ଆସନ୍ନ ଭବିଷ୍ୟତକୁ କରିଛି ପ୍ରକାଶ। ବିଶେଷ ଭାବରେ ଉଦ୍ଭାବନ, ଆବିଷ୍କାର ଏବଂ ଉପଯୋଗିତାକୁ କାହାଣୀର ମୁଖ୍ୟ ବିଷୟବସ୍ତୁ ଭାବରେ ବୈଜ୍ଞାନିକ ଉପନ୍ୟାସ ଗ୍ରହଣ କରିଛି। ବିଶ୍ୱକୁ ନେଇ ସତ୍ୟର ସନ୍ଧାନ ଦେବା ସହିତ ସାମାଜିକ ବିକାଶ କ୍ଷେତ୍ରରେ ମଧ୍ୟ ନିର୍ମାଣ କରିଛି ନୂତନ ପନ୍ଥା। ଏ ସମସ୍ତ ବୈଜ୍ଞାନିକ ସତ୍ୟ ସହ ତଥ୍ୟକୁ ନେଇ ବୈଜ୍ଞାନିକ ଉପନ୍ୟାସ ତାର ଆଖ୍ୟାନ ଭାଗକୁ କରିଛି ସମୃଦ୍ଧ।

ଗୋକୁଳାନନ୍ଦ ମହାପାତ୍ରଙ୍କ 'ପୃଥିବୀ ବାହାରେ ମଣିଷ' ଉପନ୍ୟାସର ପ୍ରଧାନ ବିଷୟ ବସ୍ତୁ ହୋଇଛି ମଙ୍ଗଳ ଗ୍ରହରେ ଏକ ସୁସଭ୍ୟ ଜନସମାଜର ପରିକଳ୍ପନା। ପୃଥିବୀର ଦୁଇଜଣ ଯାତ୍ରୀ ସେଠାରେ ପହଞ୍ଚି ସେଠାକାର ମଣିଷ ସମାଜ ବିଜ୍ଞାନରେ କିଭଳି ଉନ୍ନତ, ତହିଁର ଯେଉଁ ଚିତ୍ରଣ ତାହା ହିଁ ହେଉଛି ଭବିଷ୍ୟତ ପୃଥିବୀର ଚିତ୍ରଣ। ଲେଖକ ମଙ୍ଗଳ ଗ୍ରହର ବହୁ ନୂତନ ଉଦ୍ଭାବନକୁ ଦର୍ଶାଇବା ସହ ପୃଥିବୀରେ ପଚାଶ ବର୍ଷ ପରେ ଏହା କିପରି ସମ୍ଭବ ହେବ ତାହା ଲେଖକ ଉପସ୍ଥାପିତ କରିଛନ୍ତି। ଔପନ୍ୟାସିକଙ୍କ 'କୃତ୍ରିମ ଉପଗ୍ରହ' ଉପନ୍ୟାସରେ ମହାଶୂନ୍ୟରେ ଯେଉଁ ଏକାଧିକ କୃତ୍ରିମ ଉପଗ୍ରହ ପୃଥିବୀ ପରିକ୍ରମଣରେ ବ୍ୟସ୍ତ, ସେହିଭଳି ଏକ କୃତ୍ରିମ ଉପଗ୍ରହକୁ ଆଧାର କରାଯାଇଛି। ମହାଶୂନ୍ୟକୁ ମନୁଷ୍ୟ ଯିବା ବହୁ ପୂର୍ବରୁ କୃତ୍ରିମ ଉପଗ୍ରହ ମହାଶୂନ୍ୟରେ ସୃଷ୍ଟି କରାଯାଇ ସେଠାରେ ମହାକାଶଚାରୀମାନଙ୍କ ଅବସ୍ଥାନ, ମହାକାଶ ସମ୍ବନ୍ଧୀୟ ବହୁ ତଥ୍ୟ ସଂଗ୍ରହ କରିବାର ସମ୍ଭାବନା ସହ ମହାନ ଆନ୍ତର୍ଜାତିକ ସମସ୍ୟାକୁ ସମ୍ମୁଖରେ ରଖି ଉପନ୍ୟାସଟିର କରାଯାଇଛି ପରିକଳ୍ପନା। 'ଚନ୍ଦ୍ରର ମୃତ୍ୟୁ' ଉପନ୍ୟାସରେ ଚନ୍ଦ୍ର ପୃଷ୍ଠଭୂମିରୁ ଜଣାପଡେ ପୃଥିବୀ ପରି ଚନ୍ଦ୍ରରେ ମଧ୍ୟ ପ୍ରାରମ୍ଭିକ କାଳରୁ ଜଳବାୟୁ, ଜୀବଜନ୍ତୁ ବଞ୍ଚିବା ପାଇଁ ଥିଲା ଅନୁକୂଳ। ପରବର୍ତ୍ତୀ କାଳରେ ଉପଗ୍ରହରେ ଜଳବାୟୁ ଓ ମାଧ୍ୟାକର୍ଷଣ ଶକ୍ତିର ଅଭାବ ଦେଖାଦେଇଛି। ତେଣୁ ଜୀବନ ବଞ୍ଚିବା ସମ୍ଭବ ନ ହେବାରୁ ଚନ୍ଦ୍ରପୃଷ୍ଠ ପରିତ୍ୟକ୍ତ ହେଲା ବୋଲି ବୈଜ୍ଞାନିକମାନେ ମତ ଦେଇଛନ୍ତି। ଉପନ୍ୟାସଟି ପୌରାଣିକ ଏବଂ ବୈଜ୍ଞାନିକ ମତକୁ ଆଧାରକରି ରଚିତ ହୋଇଛି। ଓଡିଶାର ପ୍ରାକୃତିକ ସମ୍ପଦକୁ ଉପଯୋଗକରି କିପରି ଏକ ଧନଶାଳୀ ରାଷ୍ଟ୍ରରେ ପରିଣତ କରିହେବ ଏକ ବାସ୍ତବ କଳ୍ପନାକୁ ଔପନ୍ୟାସିକ ଉପସ୍ଥାପିତ କରିଛନ୍ତି 'ସୁନାର ଓଡିଶା' ଉପନ୍ୟାସରେ। ଆଧୁନିକ ଯୁଗରେ ବିଭିନ୍ନ ବ୍ୟକ୍ତି ବିଶେଷଙ୍କ ଦ୍ୱାରା ବିଜ୍ଞାନର ଯେଉଁ ବ୍ୟଭିଚାର

ଚାଲିଛି ସେହି ବ୍ୟଭିଚାରକୁ ଲୋକାନ୍ତରାଳରୁ ଘେନି ଆସି ସାଧାରଣଙ୍କ ଆଗରେ ଥୋଇବା ହୋଇଛି 'ମଧ୍ୟାହ୍ନର ଅନ୍ଧକାର' ଉପନ୍ୟାସର ବିଷୟ ବସ୍ତୁ। ବୈଜ୍ଞାନିକ ଗବେଷଣା ଓ ଉଚ୍ଚ ଆଦର୍ଶର ଦ୍ୱାହି ଦେଇ କେତେ ଲୋକ ଯେ ସାରା ଦୁନିଆକୁ ଶୋଷିବାକୁ ପଛାଇ ନାହାନ୍ତି, ତହିଁର ନଗ୍ନ ରୂପ ପ୍ରକାଶ ପାଇଛି ଉପନ୍ୟାସଟିରେ। ବୈଜ୍ଞାନିକ ଗବେଷଣା ଅନେକ ସମୟରେ କିପରି ପୁଞ୍ଜିପତିମାନଙ୍କ ଇଙ୍ଗିତରେ ଚାଲେ ଏବଂ ପୁଞ୍ଜିପତି ଇଙ୍ଗିତରେ ନ ଚାଲିଲେ କୌଣସି ଆବିଷ୍କାର କିପରି ଗ୍ରହଣଯୋଗ୍ୟ ନୁହେଁ ତହିଁର ବିଚିତ୍ର କାହାଣୀ ଉପନ୍ୟାସଟିରେ ହୋଇଛି ଦୃଶ୍ୟାୟିତ। ଔପନ୍ୟାସିକଙ୍କ 'ସ୍ପୁଟନିକ୍' ଉପନ୍ୟାସରେ ମହାଶୂନ୍ୟ ଭ୍ରମଣ ସମ୍ବନ୍ଧୀୟ ବହୁତତ୍ତ୍ୱ ହୋଇଛି ସନ୍ନିବିଷ୍ଟ। ବୈଜ୍ଞାନିକ ଗବେଷଣାର ଭବିଷ୍ୟତ ରୂପରେଖକୁ ଆଖି ଆଗରେ ରଖି ବିଜ୍ଞାନର ରୂପ ଭବିଷ୍ୟତରେ କଣ ହେବ, କିପରି ହେବ ତାହାକୁ ନେଇ ରଚିତ ହୋଇଛି ଉପନ୍ୟାସ 'ମୃତ୍ୟୁ ଏକ ମାତୃତ୍ୱର' ବୈଜ୍ଞାନିକତତ୍ତ୍ୱର ସରଳୀକୃତ ଉପାୟ, କମ୍ପ୍ୟୁଟର ସାହାଯ୍ୟରେ ବିବାହ, ଭବିଷ୍ୟତରେ ଚିକିତ୍ସା ପଦ୍ଧତିର ନୂତନ ପନ୍ଥା। ସମାଜରେ ବେଳେବେଳେ ପୁରୁଷ ସ୍ତ୍ରୀ ପାଲଟି ଯିବା କିମ୍ବା ସ୍ତ୍ରୀ ପୁରୁଷ ପାଲଟିଯିବା ତାହାର ବୈଜ୍ଞାନିକ ତଥ୍ୟ, ସ୍ତ୍ରୀ ଯଦି ପୁରୁଷ ପାଲଟି ଯାଏ ତାର ନବଜାତ ଶିଶୁଟି ପ୍ରତି ମାୟା, ମମତା , ସ୍ନେହ, ଆଦର କେମିତି ହ୍ରାସ ଘଟି ପରିଶେଷରେ କିପରି ତାହାର ମାତୃତ୍ୱର ମୃତ୍ୟୁ ଘଟେ ତହିଁର ଚିତ୍ତାକର୍ଷକ ମନସ୍ତାତ୍ତ୍ୱିକ ବିଶ୍ଳେଷଣ କରାଯାଇଛି ଉପନ୍ୟାସଟିରେ। ସେହିପରି 'ନିସ୍ତବ୍ଧ ଗୋଧୂଳି' ଉପନ୍ୟାସ ମଧ୍ୟ ବହୁ ନୂଆ ନୂଆ ବୈଜ୍ଞାନିକତତ୍ତ୍ୱ ଓ ଆବିଷ୍କାରର ସୂଚନା ସହ ଓଡିଶାର ଅବହେଳିତ ଦୁଃସ୍ଥ ଗ୍ରାମ ତଥା ଏହାର ଅଧିବାସୀମାନଙ୍କୁ ଉନ୍ନତ କରାଇବାର ସୁଚିନ୍ତିତ ଯୋଜନାର ରୂପରେଖ ପ୍ରକାଶ କରିଛି। ଆଗାମୀ ଯୁଗର ନୂତନ ଧାରଣା ଓ ତତ୍ତ୍ୱକୁ ନେଇ ରଚିତ ହୋଇଛି ଉପନ୍ୟାସ 'ନିଶ୍ଚଳ ପୃଥିବୀ'। ମନୁଷ୍ୟ ଅଜଣା ରୋଗରେ ପୀଡିତ ହେଲେ ରୋଗର ଔଷଧ ବାହାରିବା ପର୍ଯ୍ୟନ୍ତ ତାକୁ ରଖି ଦିଆଯିବ ଶୀତଳଭଣ୍ଡାରରେ। ଔଷଧ ବାହାରିଲେ ତାକୁ ଶୀତଳଭଣ୍ଡାରରୁ ବାହାର କରି ଚିକିତ୍ସାକରି ଭଲ କରିଦିଆଯିବ। ଏହାସହ ସରୋଗେଟ ପଦ୍ଧତିରେ ମାତୃତ୍ୱ ଲାଭ, ଚିକିତ୍ସା ବିଜ୍ଞାନ କ୍ଷେତ୍ରରେ ହୃତ୍‌ପିଣ୍ଡ, କିଡନୀ, ମସ୍ତିଷ୍କ ଆଦିର ପ୍ରତିରୋପଣ ଭିତ୍ତିକ ଚିକିତ୍ସା, ଆହୁରି ମଧ୍ୟ ବହୁ ନୂତନ ନୂତନ ତତ୍ତ୍ୱକୁ ଉନ୍ମୋଚନ କରିଛି ଉପନ୍ୟାସଟି। କୋଡିଏ କୋଟି ବର୍ଷ ତଳର ଜୀବାସ୍ମକୁ ଖୋଳି ଟିସ୍ୟୁକଲ୍‌ଚର୍ ପଦ୍ଧତିରେ ଡାଇନୋସରକୁ ଜୀବନ ପ୍ରଦାନ କରି ପୃଥିବୀ ପୃଷ୍ଠରେ ଏକ ବିସ୍ମୟ ସୃଷ୍ଟି କରିଛି 'ଡାଇନୋସରର ହସ' ଉପନ୍ୟାସ। ପରେ ଡାଇନୋସରଟି ପୃଥିବୀ ପୃଷ୍ଠରେ ଯେଉଁ ଧ୍ୱଂସଲୀଳାର ତାଣ୍ଡବ କରିଛି ତାହାର ଅବସାନ ଘଟାଇଛି ଆଧୁନିକ ଯୁଗର ବୈଜ୍ଞାନିକ

କାରିଗରୀ କୌଶଳର ବ୍ରହ୍ମାସ୍ତ୍ର ନିଉଟନ ତୋପ । ଉପନ୍ୟାସଟିରେ ଏକ ଆକର୍ଷଣୀୟ ବିଷୟ ବସ୍ତୁକୁ ଆଧାର କରାଯାଇଛି ।

ଡକ୍ଟର ନୃସିଂହ ଚରଣ ପଣ୍ଡା 'ଦଗ୍ଧ ଗୋଲାପର ଚିରବସନ୍ତ' ଉପନ୍ୟାସରେ ବିଜ୍ଞାନକୁ ନେଇ ସମାଜରେ ଘଟୁଥିବା ସମସ୍ୟାକୁ ଉତ୍‌ଥାପନ କରିଛନ୍ତି । ବିଜ୍ଞାନ, ଅଧ୍ୟାତ୍ମିକତା ଏବଂ ନୈତିକତା ଏ ତିନୋଟିର ଯଦି ସାମଞ୍ଜସ୍ୟ ନ ରହେ ତା ହେଲେ ବିଶ୍ୱବକ୍ଷରୁ ମାନବ ସଭ୍ୟତା ଲୋପପାଇବା ଅବଶ୍ୟମ୍ଭାବୀ । ତେଣୁ ଉପନ୍ୟାସଟିରେ ବିଜ୍ଞାନ କେବଳ ଧ୍ୱଂସାଭିମୁଖୀ ନହୋଇ କିପରି ଜନକଲ୍ୟାଣମୁଖୀ ହୋଇପାରିବ ଏବଂ ମାନବିକ ସୁରକ୍ଷା ଦିଗରେ ସହାୟ ହୋଇପାରିବ ଔପନ୍ୟାସିକ ଏହି ମୁଖ୍ୟ ଉଦ୍ଦେଶ୍ୟକୁ ଆଧାର କରି ଉପନ୍ୟାସଟିକୁ ରଚନା କରିଛନ୍ତି । ଡକ୍ଟର ଦେବକାନ୍ତ ମିଶ୍ରଙ୍କ 'କୃତ୍ରିମ ମଣିଷ' ଉପନ୍ୟାସରେ ରୋବର୍ଟର କ୍ରିୟାକଳାପ କିପରି ଭବିଷ୍ୟତ ଜଗତକୁ ନିୟନ୍ତ୍ରଣ କରିବ ତାରା ଆକର୍ଷଣୀୟ ବର୍ଣ୍ଣନାକୁ ଆଧାର କରିଛି ଉପନ୍ୟାସଟି । ଆଧୁନିକ ବିଶ୍ୱର ବିଜ୍ଞାନ ଓ ଟେକ୍‌ନୋଲଜି ଅଗ୍ରଗତିରେ ଅତୀତର ସେହି ବ୍ରିଟିଶ୍ ଉପନ୍ୟାସ 'ଫ୍ରାଙ୍କେନଷ୍ଟାଇନ'ର ଅତିମାନବ ଏବଂ କୃତ୍ରିମ ମଣିଷ ଉପନ୍ୟାସର ସୁଜାତା ସଂପ୍ରତି ପରିବର୍ତ୍ତନ ହୋଇଛି ଡେଭିଡ୍ ହାନ୍‌ସନ୍‌ଙ୍କ ଦ୍ୱାରା ନିର୍ମିତ ଯନ୍ତ୍ରମାନବ ମଣିଷ ରୋବଟ ସୋଫିଆ । ବର୍ତ୍ତମାନ ସାଉଦିଆରବରେ ସୋଫିଆକୁ ନାଗରିକତ୍ୱ ମଧ୍ୟ ମିଳିସାରିଲାଣି । ଏହା ବ୍ୟତୀତ ଉପନ୍ୟାସଟିରେ ରେଡିଓ ଟେଲିସ୍କୋପ, ମହାକାଶ ବିଜ୍ଞାନ, କମ୍ପ୍ୟୁଟର, ବିଭିନ୍ନ ପ୍ରକାର ରକେଟ , ଅଗ୍ନି, ତ୍ରିଶୂଳ, ଆକାଶ, ନାଗ ପ୍ରଭୃତି କ୍ଷେପଣାସ୍ତ୍ର ସମ୍ପର୍କରେ ରହିଛି ବର୍ଣ୍ଣନା । ଉପନ୍ୟାସରେ କମ୍ପ୍ୟୁଟର ଖଚିତ ରୋବଟ କିପରି ଭବିଷ୍ୟତରେ ମନୁଷ୍ୟ ସମାଜର ଶତ୍ରୁ ପାଲଟିଯିବ ତାହାର ସୂଚନା ମଧ୍ୟ ପ୍ରଦାନ କରାଯାଇଛି ।

ଡକ୍ଟର ଜ୍ୟୋତିର୍ମୟୀ ମହାନ୍ତିଙ୍କ 'ମୃତ୍ୟୁର ତ୍ରିଭୁଜ' ଉପନ୍ୟାସଟି ବର୍ମୁଡା ଟ୍ରାଙ୍ଗଲକୁ ଆଧାରକରି ଲିଖିତ । ଆଣ୍ଟାଲାଟିକ ମହାସାଗରର ବର୍ମୁଡ଼ା ଦ୍ୱୀପ ନିକଟବର୍ତ୍ତୀ ଏକ ଅଞ୍ଚଳ ଯାହା ଭିତର ଦେଇ ଜାହାଜ ଚଳାଚଳ ଅତ୍ୟନ୍ତ ବିପଦ୍‌ଜନକ । ଏପରିକି ଏ ଅଞ୍ଚଳର ଆକାଶ ମାର୍ଗ ଦେଇ ଭାସି ଯାଉଥିବା ଉଡାଯାହାଜମାନେ ମଧ୍ୟ ବିପଦମୁକ୍ତ ନୁହନ୍ତି । କଳ୍ପନାର ମିଶ୍ରଣରେ ଏପରି ଏକ ସତ୍ୟକୁ ଉଦ୍‌ଘାଟିତ କରିଛି 'ମୃତ୍ୟୁର ତ୍ରିଭୁଜ' କଥାବସ୍ତୁ । ଆଧୁନିକ ଚିକିତ୍ସା ବିଜ୍ଞାନ କ୍ଷେତ୍ରରେ ମସ୍ତିଷ୍କ ପ୍ରତିରୋପଣ ଚିକିତ୍ସାକୁ ନେଇ 'ନିର୍ଝରିଣୀ' ଉପନ୍ୟାସ ଲେଖା ହୋଇଥିବାବେଳେ ବିଜ୍ଞାନର ଅବଦାନରେ କଲମି-ମଣିଷ ବା କ୍ଲୋନ-ବେବିର ସୃଷ୍ଟି ବାସ୍ତବରେ ଅବିସ୍ମରଣୀୟ । ଏହି ଜଟିଳ ରହସ୍ୟକୁ ଅତି ସରଳ ଭାବରେ ଉତ୍‌ଥାପନ କରିଛି ଉପନ୍ୟାସ 'କଲମି ମଣିଷ' । ସେହିପରି ନୂତନ ଜୀବନର ସୃଷ୍ଟି କିପରି ସମ୍ଭବ ହୋଇପାରିବ ଅତି ଚମତ୍କାର ଶୈଳୀରେ

କାହାଣୀକୁ ଉଲ୍ଲେଖ କରିଛି 'ବରଫ ତଳୁ ଜୀବନ' ଉପନ୍ୟାସ। ବୈଜ୍ଞାନିକ ଚିନ୍ତାଧାରା ସହ ମିଶରର ପିରାମିଡ୍‌ଗୁଡିକ ଏତେବର୍ଷ ପରେ ମଧ୍ୟ ସତେଜ ଥିବାର କାରଣ ନେଇ 'ପିରାମିଡ୍' ଉପନ୍ୟାସର ପରିକଳ୍ପନା। ଉପନ୍ୟାସର ପରିସମାପ୍ତି କିନ୍ତୁ ହୋଇପାରିନାହିଁ। ଅନ୍ୱେଷଣ ଆଗକୁ ସେମିତି ଅସମାଧିତ ହୋଇ ରହିଯାଇଛି। ଔପନ୍ୟାସିକ ପ୍ରମୋଦ କୁମାର ମହାପାତ୍ରଙ୍କ 'କାମୋଡ ଦ୍ୱୀପର ଡ୍ରାଗନ' ଉପନ୍ୟାସଟି ଅତୀତ ପୃଥିବୀର ଚିତ୍ର ଏବଂ ବିରାଟକାୟ ଜୀବମାନଙ୍କ ଅବସ୍ଥିତିକୁ ମୂଳଭାବବସ୍ତୁ ଭାବରେ ଗ୍ରହଣ କରି ରଚନା କରାଯାଇଛି। ସବିଶେଷ ତଥ୍ୟ ସହ ପୃଥିବୀ ଓ ଧୂମକେତୁର ସଂଘର୍ଷକୁ ଆଧାର କରି ରଚିତ ହୋଇଛି ଉପନ୍ୟାସ 'ବିସ୍ଫୋରିତ ପୃଥିବୀ'। ମଙ୍ଗଳ ଯାତ୍ରାର ସବିଶେଷ ତଥ୍ୟ ଏବଂ ମହାକାଶ ଯାତ୍ରାର ସବିଶେଷ ବିବରଣୀକୁ ଆଧାର କରି 'ବିଭୀଷିକାମୟ ମଙ୍ଗଳଯାତ୍ରା' ଏବଂ 'ସୁବର୍ଣ୍ଣ ଗ୍ରହରେ ଜନ୍ ଓ ମେରୀ' ଉପନ୍ୟାସର ସୃଷ୍ଟି। ସେହିପରି ମନୁଷ୍ୟ କଷ୍ଟକର ଯାତ୍ରାର ରହସ୍ୟ ଏବଂ ସାଗର ଗର୍ଭରେ ନିହିତ ତଥ୍ୟକୁ ଉତ୍‌ଥାପନ କରିଛି 'ନୀଳ ସାଗରର ଆତ୍ମଲିପି' ଉପନ୍ୟାସ। ମନୁଷ୍ୟର ଜୀବନ କାଳ ଯେଉଁ ଶହେ କୋଡିଏ ବର୍ଷ ତାହାଠାରୁ ଊର୍ଦ୍ଧ୍ୱ ମନୁଷ୍ୟ କିପରି ଜୀବନ ଧାରଣ କରି ଅମର ହୋଇପାରିବ ବୈଜ୍ଞାନିକମାନଙ୍କ ଗବେଷଣାକୁ ଅନୁଧ୍ୟାନ କରି ସୃଷ୍ଟି ହୋଇଛି 'ଅମର ମଣିଷ' ଉପନ୍ୟାସର ଆଖ୍ୟାନ ଭାଗ। 'ଜହ୍ନ ରାଇଜ ପରେ' ଉପନ୍ୟାସର ସୃଷ୍ଟି ସୌରଜଗତର ବର୍ଣ୍ଣନାକୁ ଆଧାର କରି। ପୃଥିବୀର ପ୍ରାକୃତିକ ବିପର୍ଯ୍ୟୟ ଏବଂ ମନୁଷ୍ୟର ସ୍ଥିତିକୁ ଆକଳନ କରି 'ପାତାଳ ମଣିଷ' ଉପନ୍ୟାସର କଥାବସ୍ତୁ ରୂପାୟିତ। ଉକ୍ତ ସମସ୍ତ ଉପନ୍ୟାସକୁ ଅନୁଧ୍ୟାନ କଲେ ଏକଥା ସତ୍ୟ ପ୍ରତିପାଦିତ ହେବ ଯେ ବୈଜ୍ଞାନିକ ତଥ୍ୟ ସହିତ ବିଶ୍ୱର ବାସ୍ତବତା ଏବଂ ବାସ୍ତବଧର୍ମୀ ଭବିଷ୍ୟତ ହିଁ ହୋଇଛି ବୈଜ୍ଞାନିକ ଉପନ୍ୟାସର ଆଖ୍ୟାନ ଭାଗର ମୁଖ୍ୟ ଅବଲମ୍ବନ।

ଚରିତ୍ର :

ଉପନ୍ୟାସର ଆଙ୍ଗିକ ବୈଚିତ୍ର୍ୟରେ ଚରିତ୍ର ଏକ ଅପରିହାର୍ଯ୍ୟ ଅଙ୍ଗ। ସାହିତ୍ୟ ବିଚାର ଧାରାରେ ଆମେ ଚରିତ୍ର କହିଲେ ବିକାଶଶୀଳ ଆତ୍ମାର କ୍ରିୟାଶୀଳତାକୁ ହିଁ ଜ୍ଞାତ ହୋଇଥାଉ। ଯେଉଁଠାରେ ହସ, କାନ୍ଦ, ମିଳନ, ବିଚ୍ଛେଦ, ଦ୍ୱନ୍ଦ , କଳହ ଆଦି ସମସ୍ତ କ୍ରିୟାଶୀଳତାକୁ ଅନୁଭବ କରେ ମନୁଷ୍ୟ। ମନୁଷ୍ୟର ଏହି ଅନୁଭବ, ମାନବ ଜୀବନର କାହାଣୀକୁ ନେଇ ଉପନ୍ୟାସ ଗଠନକରେ ତାର କଳେବର। ଉପନ୍ୟାସଟି ଜୀବନ୍ମୟତା ପାଇଥାଏ ଏହି ଚରିତ୍ରମାନଙ୍କ ଦ୍ୱାରା। ଚରିତ୍ର ହୋଇଯାଏ ଉପନ୍ୟାସର ମୁଖ୍ୟ ବିଭବ। ଉପଯୁକ୍ତ ଚରିତ୍ରର ସମାବେଶରେ ଉପନ୍ୟାସ ପାଠକପ୍ରିୟ ହେବା ସହିତ ଜୀବନ୍ତ ହୋଇ ସାର୍ଥକତା, ଲାଭ କରେ। ଯାହା ଦ୍ୱାରା ବାସ୍ତବ ଜଗତର ସତ୍ୟତା

ପାଠକ ସାମ୍ନାରେ ପ୍ରକାଶ ପାଏ। ଉପନ୍ୟାସରେ ପ୍ରତିଫଳିତ ହୋଇଥିବା ଉଦ୍ଦେଶ୍ୟ ଉତ୍କର୍ଷ ଏବଂ ଘଟଣାର ପରିସ୍ଫୁଟନ ହୁଏ। ସ୍ରଷ୍ଟା ଉପନ୍ୟାସରେ ନିହିତ ପ୍ରତ୍ୟେକ ଚରିତ୍ରର ଭାବନାକୁ ଯଦି ଉପଲବ୍ଧି ନକରେ ତା ହେଲେ ଚରିତ୍ରକୁ ଜୀବନ୍ତ ଭାବରେ ଉପସ୍ଥାପନ କରିବାକୁ ମଧ୍ୟ ସମର୍ଥ ହୋଇପାରେନି। ତେଣୁ ଆଧୁନିକ ଯୁଗରେ ସ୍ରଷ୍ଟା ମନୁଷ୍ୟର ବହିଃରୂପକୁ ଦେଖିବା ସହିତ ଅନ୍ତଃରୂପକୁ ଗଭୀର ଭାବରେ ଦେଖିବାକୁ କରିଛି ପ୍ରୟାସ ଏବଂ ବିଂଶ ଶତାବ୍ଦୀ ମନୁଷ୍ୟର ଅନ୍ତଃ ରାଜ୍ୟରେ ସୃଷ୍ଟି ହୋଇଥିବା ପ୍ରତିକ୍ରିୟାକୁ ଉପନ୍ୟାସର ଚରିତ୍ର ମାଧ୍ୟମରେ ଉଦ୍‌ଘାଟନ କରିବାକୁ ହୋଇଛି ପ୍ରୟାସୀ। କଳାତ୍ମକଶୈଳୀରେ ଲେଖକ ଚରିତ୍ରକୁ ଏପରି ଭାବରେ ପାଠକ ସାମ୍ନାରେ ଛିଡା କରାଇଛି ଯାହା ପାଠକର ମନ ଏବଂ ପ୍ରାଣରେ ଯୁଗଯୁଗ ଧରି ପ୍ରଭାବ ବିସ୍ତାର କରିଛି। ଲେଖକ ସୃଷ୍ଟିରେ ଯଦି ଚରିତ୍ର ଚିତ୍ରଣର ସ୍ୱାତନ୍ତ୍ର୍ୟ ନ ରହେ ତା ହେଲେ ତାହା ହରାଇ ବସେ ସ୍ୱାଭାବିକତା। ତେଣୁ ଚରିତ୍ରର ପ୍ରକାଶ ଯେତେ ଜୀବନ୍ତ ଉପନ୍ୟାସର ମହତ୍ତ୍ୱ ମଧ୍ୟ ହୋଇଥାଏ ସେତେ ବିକଶିତ। ପାଠକ ଉପନ୍ୟାସଟିକୁ ପାଠକରି ଚରିତ୍ର ଚିନ୍ତା ଚେତନା ସହିତ ଯଦି ତଲ୍ଲୀନ ହୋଇଯାଏ ତା ହେଲେ ଚରିତ୍ର ପାଠକର ମନ ଓ ପ୍ରାଣକୁ ଆକର୍ଷିତ କରିବା ସହିତ ସ୍ରଷ୍ଟାର ସୃଷ୍ଟିକୁ ମଧ୍ୟ କାଳଜୟୀ କରିଥାଏ। ଏହି ପରିପ୍ରେକ୍ଷୀରେ ସାମାଜିକ ବାସ୍ତବତାକୁ ଆଧାର କରି ବୈଜ୍ଞାନିକ ତଥ୍ୟକୁ ନେଇ ସୃଷ୍ଟି ହେଉଥିବା ବୈଜ୍ଞାନିକ ଉପନ୍ୟାସରେ ଚରିତ୍ର ହେଉଛି ମୁଖ୍ୟ ଅବୟବ। ଚରିତ୍ରକୁ ନେଇହିଁ ବୈଜ୍ଞାନିକ ଅନୁଭବ ଅନୁଭୂତି ଏବଂ ବିଜ୍ଞାନର କାର୍ଯ୍ୟକାରିତା ପ୍ରକାଶିତ। ବୈଜ୍ଞାନିକ ତଥ୍ୟକୁ ଉତ୍‌ଥାପନ କରିବା ପାଇଁ ଚରିତ୍ର ମାଧ୍ୟମରେ ଅନେକ ପ୍ଲଟ୍ ଏବଂ ସବ୍‌ପ୍ଲଟ୍‌ର ସଂଯୋଗ ରକ୍ଷା କରାଯାଇଥାଏ। ଚରିତ୍ର ସହିତ ଯଦି କାର୍ଯ୍ୟଧାରା ଏବଂ ମାନସିକତାର ସମ୍ମେଳନ ନଥାଏ ତା ହେଲେ ଚରିତ୍ରର ଅସ୍ୱାଭାବିକତା ସହଜରେ ଜଣାପଡିଯାଏ। ତେଣୁ ଔପନ୍ୟାସିକ ଅତ୍ୟନ୍ତ ସତର୍କତାର ସହିତ ଉପନ୍ୟାସରେ ଚରିତ୍ରର ସାମଞ୍ଜସ୍ୟ ରକ୍ଷାକରି ଅଗ୍ରଗତି କରାଇଥାନ୍ତି କାହାଣୀର। ବୈଜ୍ଞାନିକ ଉପନ୍ୟାସରେ ନାରୀ ଅପେକ୍ଷା ପୁରୁଷ ଚରିତ୍ର ଅଧିକ ସକ୍ରିୟ ହୋଇଥିଲେ ହେଁ ନାରୀ ଓ ପୁରୁଷ ଚରିତ୍ରର ସାମ୍ୟଭାବ ରକ୍ଷା କରିବା ଔପନ୍ୟାସିକ ପକ୍ଷେ ଏକାନ୍ତ ଆବଶ୍ୟକ ମନେ ହୋଇଥାଏ। ତା ନ ହେଲେ ଉପନ୍ୟାସଟି ପାଠକ ମନରେ ରେଖାପାତ କରିପାରେ ନାହିଁ। ବୈଜ୍ଞାନିକ ଉପନ୍ୟାସରେ ଚରିତ୍ର ଦ୍ୱାରା ଅଗୋଚର ତଥ୍ୟ, ନୂତନ ଉଦ୍ଭାବନା, ଆବିଷ୍କାରର ଉତ୍‌ଥାପନ ହେଉଥିବାରୁ ପାଠକ ମନରେ ଏହା କୌତୁହଳ ସୃଷ୍ଟି ହେବା ସହିତ ଦ୍ୱନ୍ଦ୍ୱ ମଧ୍ୟ ସୃଷ୍ଟି ହୋଇଥାଏ। ଏହି ଦ୍ୱନ୍ଦ୍ୱ ଉତ୍କଣ୍ଠାକୁ ଜାଗ୍ରତ କରେ ଯାହାକୁ ନେଇ ପାଠକ ଉପନ୍ୟାସର ଉପସଂହାର ପର୍ଯ୍ୟନ୍ତ ପହଞ୍ଚିଯାଏ।

ଏହି ଚରିତ୍ର ଆଧାରରେ ଅନ୍ୟାନ୍ୟ ଉପନ୍ୟାସ ପରି ବୈଜ୍ଞାନିକ ଉପନ୍ୟାସରେ ମଧ୍ୟ ମୁଖ୍ୟ ଏବଂ ଗୌଣ ଚରିତ୍ରର ଘଟିଥାଏ ସମାବେଶ। ମୁଖ୍ୟ ଚରିତ୍ର ଉପନ୍ୟାସରେ ନିର୍ବାହ କରିଥାଏ ପ୍ରଭାବଶାଳୀ ଭୂମିକା। ଏହାର ବିକାଶ ପାଇଁ ପ୍ରତି ନାୟକ, ପ୍ରତି ନାୟିକା, ପାର୍ଶ୍ୱ ଚରିତ୍ର ଆଦି ଗୌଣ ଚରିତ୍ରମାନଙ୍କର ହୋଇଥାଏ ସଂଯୋଗ । ଏହି ଗୌଣ ଚରିତ୍ରମାନଙ୍କ ଦ୍ୱାରା ହିଁ କାହାଣୀ ଗତିଶୀଳ ହେବା ସହିତ ଲାଭ କରେ ପୂର୍ଣ୍ଣତା ପ୍ରାପ୍ତି। ଉପନ୍ୟାସରେ କେତେଗୁଡିଏ ସମତଳ ବା ପ୍ରତିନିଧି ଚରିତ୍ରମାନଙ୍କର ସମାବେଶ ମଧ୍ୟ ରହିଥାଏ ଯାହାଦ୍ୱାରା ଉପନ୍ୟାସର କୌଣସି ପରିସ୍ଥିତିର ପ୍ରଭାବରେ ମଧ୍ୟ ସେମାନେ ପରିବର୍ତ୍ତିତ ହୋଇ ନଥାନ୍ତି। ତେଣୁ ଔପନ୍ୟାସିକଙ୍କୁ ଏହି ଚରିତ୍ର ମାନଙ୍କ ପ୍ରତି ବିଶେଷ ଦୃଷ୍ଟି ଦେଇ କାହାଣୀର ସଂଯୋଜନା କରିବାକୁ ପଡିଥାଏ। କାହାଣୀ, ପରିବେଶ, ପରିସ୍ଥିତି, କାର୍ଯ୍ୟଧାରାକୁ ଲକ୍ଷ୍ୟ ରଖି ଚରିତ୍ରମାନଙ୍କ ଦ୍ୱାରା ଔପନ୍ୟାସିକ ପ୍ଲଟ୍‌ର ସଂଯୋଜନା କରିଥାନ୍ତି ଏବଂ ଘଟଣାକୁ ନେଇ ଉପନ୍ୟାସର ପରିଣତି ମଧ୍ୟ ନିଜ ଇଚ୍ଛା ଅନୁସାରେ ନିର୍ଣ୍ଣୟ କରିଥାନ୍ତି। ଉପନ୍ୟାସର କଳା କୌଶଳ, ଅନୁଭୂତି ଏବଂ ଉପସ୍ଥାପନାକୁ ନେଇ ଉପଯୁକ୍ତ ଚରିତ୍ରର ନିର୍ମାଣକରି ଉପନ୍ୟାସକୁ ଗତିଶୀଳ କରାଇବାରେ ସହାୟ ହୁଅନ୍ତି।

ମୁଖ୍ୟ ଚରିତ୍ର :

ଉପନ୍ୟାସର ମୁଖ୍ୟ ଉଦ୍ଦେଶ୍ୟକୁ କେତେକାଂଶରେ ଆଧାର କରି ଗଢି ଉଠିଥାଏ ମୁଖ୍ୟ ଚରିତ୍ର, ଯେଉଁଥିରେ ଔପନ୍ୟାସିକଙ୍କ ମୂଳ ଉଦ୍ଦେଶ୍ୟ ପ୍ରତ୍ୟେକ୍ଷ ଭାବରେ ହୋଇଥାଏ ସଂଶ୍ଳିଷ୍ଟ। କାହାଣୀକୁ ଆଧାର କରି ଗଢି ଉଠିଥିବା ଘଟଣା, ସମସ୍ୟା, ପରିଣତି ଏହା ସହିତ ସାମଞ୍ଜସ୍ୟ ରକ୍ଷା କରିଥାଏ। ପାଠକ ନିକଟରେ ମଧ୍ୟ ଏହାର ମହତ୍ତ୍ୱ ବିଶେଷ ଭାବରେ ହୋଇଥାଏ କେନ୍ଦ୍ରୀଭୂତ। ଏହାର ବ୍ୟକ୍ତିତ୍ୱ, ଆଚରଣଶୀଳତା, ମାନସିକତା, କାର୍ଯ୍ୟଶୈଳୀ ଦ୍ୱାରା ପାଠକ ମଧ୍ୟ ପ୍ରଭାବିତ ହୋଇଥାଏ। ଉପନ୍ୟାସର ପରିଣତି ପର୍ଯ୍ୟନ୍ତ ରସ ଆସ୍ୱାଦନ ଏବଂ ଉତ୍କଣ୍ଠାକୁ ଅବ୍ୟାହତ ରଖିବାରେ ଏହାର ଭୂମିକା ଅନସ୍ୱୀକାର୍ଯ୍ୟ। ଉପନ୍ୟାସର ମୁଖ୍ୟ ଚରିତ୍ର ହିଁ ଔପନାସିକଙ୍କ ମାନସ ସନ୍ତାନ ଭାବରେ ହୋଇଥାଏ ଅବତୀର୍ଣ୍ଣ । ଲେଖକଙ୍କ ଜୀବନ ଦର୍ଶନ ମଧ୍ୟ ଏହି ଚରିତ୍ରଠାରେ ନିହିତ ଥାଏ। ଅନ୍ୟାନ୍ୟ ଉପନ୍ୟାସ ପରି ବୈଜ୍ଞାନିକ ଉପନ୍ୟାସରେ ମଧ୍ୟ ନାୟକ ନାୟିକା ମୁଖ୍ୟ ଚରିତ୍ରରେ ହୋଇଥାନ୍ତି ପର୍ଯ୍ୟାୟଭୁକ୍ତ। ପ୍ରାୟତଃ ବୈଜ୍ଞାନିକ ଉପନ୍ୟାସରେ ନାୟକ ବୈଜ୍ଞାନିକ ହୋଇଥିବାବେଳେ ନାୟିକା ବୈଜ୍ଞାନିକା ଭୂମିକାରେ ଅବତୀର୍ଣ୍ଣ ହୋଇଥାନ୍ତି। ବିଭିନ୍ନ ଉପନ୍ୟାସକୁ ଅନୁଧ୍ୟାନ କଲେ ଏହା ଉପଲବ୍ଧି ହୋଇଥାଏ।

ଗୋକୁଳାନନ୍ଦ ମହାପାତ୍ରଙ୍କ 'ପୃଥିବୀ ବାହାରେ ମଣିଷ' ଉପନ୍ୟାସର ରିଚାର୍ଡସନ

ଏବଂ ଗବେଷିକା ମିସ ଲରା 'କୃତ୍ରିମ ଉପଗ୍ରହ' ଉପନ୍ୟାସର ଆଲେକ୍ସି ଏବଂ ମେରିନା 'ସ୍ପୁଟନିକ୍'ରେ ମନୋଜ ଏବଂ ଅମିତା, 'ମଧ୍ୟାହ୍ନର ଅନ୍ଧକାର'ରେ ରମେଶ, 'ମୃତ୍ୟୁ ଏକ ମାତୃତ୍ୱ'ର ଉପନ୍ୟାସର ଅତନୁ, 'ନିସ୍ତବ୍ଧ ଗୋଧୂଳି'ର 'ଦେବସ୍ନାନ', 'ଡାଇନୋସର୍‌ର୍ ହସ' ଉପନ୍ୟାସର ରଜତ ଏବଂ ସୁସାନ, ନୃସିଂହଚରଣ ପଣ୍ଡାଙ୍କ 'ଦଗ୍ଧ ଗୋଲାପର ଚିରବସନ୍ତ', ର ବିଶ୍ୱଜିତ ପଟ୍ଟନାୟକ, ଦେବକାନ୍ତଙ୍କ 'କୃତ୍ରିମ ମଣିଷ' ଉପନ୍ୟାସର ଅଶୋକ, ଜ୍ୟୋତିର୍ମୟୀ ମହାନ୍ତିଙ୍କ 'ମୃତ୍ୟୁର ତ୍ରିଭୁଜ'ର ଡ. ଡାଉନ 'କଲମି-ମଣିଷ' ଉପନ୍ୟାସର ଅଭିଷେକ ଓ ଲିରିୟା, 'ବରଫତଳୁ ଜୀବନ'ର ଡ. ତୁହିନ କାନ୍ତ, ପ୍ରମୋଦ ମହାପାତ୍ରଙ୍କ 'ବିସ୍ଫୋରିତ ପୃଥିବୀ' ଉପନ୍ୟାସର ଡେଭିଡ୍ ଏବଂ ରୋଜାଲିନ ପ୍ରମୁଖ ଗୋଟିଏ ଗୋଟିଏ ଟାଇପ୍ ଚରିତ୍ର। ସମସ୍ତେ ବିକାଶ ଦୃଷ୍ଟିରୁ ବିଜ୍ଞାନର ଅପୂର୍ବ କୃତିତ୍ୱକୁ ଦୃଶ୍ୟାୟିତ କରାଇବାରେ ହୋଇଛନ୍ତି ସମର୍ଥ। ରିଚାଡସନ୍ ଏବଂ ଲରାଙ୍କ ଗବେଷଣାରେ ପୃଥିବୀର ସମ୍ଭାବ୍ୟ ଜନବସତିର ଭବିଷ୍ୟତ, ଆଲେକ୍ସି ଏବଂ ମେରିନାଙ୍କ ମହାକାଶ ସମ୍ବନ୍ଧୀୟ ନୂତନ ତଥ୍ୟ ଏବଂ ବିବରଣୀ, ରମେଶ ବାବୁଙ୍କ ବୈଜ୍ଞାନିକ ଗବେଷଣାର ସତ୍ ବିନିଯୋଗ, ଅତନୁଙ୍କ ଜଟିଳ ବୈଜ୍ଞାନିକତତ୍ତ୍ୱର ସରଳୀକୃତ ଉପାୟର ଆବିଷ୍କାର, ରଜତ ଏବଂ ସୁସାନଙ୍କ ଟିସ୍ୟୁ କଲଚର ପଦ୍ଧତିରେ ନୂତନ ଜୀବନ ସୃଷ୍ଟି। ଅଶୋକଙ୍କ ବୈଜ୍ଞାନିକ କୌଶଳରେ ରୋବଟୀୟ କୃତ୍ରିମ ମଣିଷର ଆବିଷ୍କାର, ଡ. ଡାଉନଙ୍କ ସଂଗୁପ୍ତ ତଥ୍ୟର ଅନୁସନ୍ଧାନ ଲିରିୟା ଏବଂ ଅଭିଷେକଙ୍କ କଲମି-ମଣିଷର ସୃଷ୍ଟି। ତୁହିନକାନ୍ତଙ୍କ ଜିନ୍ ସଂରକ୍ଷଣ ପଦ୍ଧତିରେ ନୂତନ ଜୀବନର ସୃଷ୍ଟି, ଡେଭିଡ୍ ଏବଂ ରୋଜାଲିନ୍‌ଙ୍କ ପ୍ରାକୃତିକ ବିପର୍ଯ୍ୟୟରୁ ପୃଥିବୀକୁ ସୁରକ୍ଷିତ ରଖିବାରେ ପ୍ରଚେଷ୍ଟା ଆଦି ଉନ୍ନତ ଅନ୍ୱେଷା ନେଇ ବୈଜ୍ଞାନିକ ଏବଂ ବୈଜ୍ଞାନିକା ଚରିତ୍ରରେ ଏମାନେ ହୋଇଛନ୍ତି ଉପବିଷ୍ଟ। ସେହିପରି ସୁନାର ଓଡିଶା ଉପନ୍ୟାସର ଅରୁଣ କୁମାର ଏବଂ ଆଭାଙ୍କ ଓଡିଶାକୁ ସମୃଦ୍ଧ ପ୍ରଦେଶରେ ପରିଣତ କରିବାର ଯୋଜନା, ନିଶ୍ଚଳ ପୃଥିବୀ ଉପନ୍ୟାସର ଦେବ କିଶାନ ଏବଂ ରୀତା ଦେବୀଙ୍କ ବୈଜ୍ଞାନିକ ଯନ୍ତ୍ର କୌଶଳର ବ୍ୟବହାର ସହ ଦେବକିଶାନ ବାବୁଙ୍କ ଯନ୍ତ୍ର ଶିଳ୍ପ କ୍ଷେତ୍ରରେ ନୂତନତ୍ୱ। ଦଗ୍ଧ ଗୋଲାପର ଚିରବସନ୍ତ ଉପନ୍ୟାସରେ ବିଶ୍ୱଜିତ ବାବୁଙ୍କ ଆଦର୍ଶ ବୈଜ୍ଞାନିକର କର୍ତ୍ତବ୍ୟ ହୋଇଛି ପ୍ରତିଫଳିତ।

ଉକ୍ତ ପ୍ରମୁଖ ଚରିତ୍ରମାନଙ୍କଠାରେ ବୈଜ୍ଞାନିକର ବାସ୍ତବସ୍ଥିତି ବର୍ଣ୍ଣନାରେ ଲେଖକ ସଂପୂର୍ଣ୍ଣ ଭାବରେ ହୋଇଯାଇଛନ୍ତି ଏକାତ୍ମ। ଚରିତ୍ରର ଅନ୍ତଃପ୍ରକୃତି ଆଦର୍ଶବୋଧ, ମାନବୀୟ ଚିନ୍ତାଧାରା, ଉଚ୍ଚତର ଆକାଂକ୍ଷା, ସଂସ୍କାରଶୀଳ ପ୍ରଗତିବାଦୀ ଚିନ୍ତାଧାରାରେ ପ୍ରାଧାନ୍ୟ ଲାଭ କରିବା ସହିତ ମହାନୁଭବଗୁଣ ନେଇ ମୁଖ୍ୟ ଭୂମିକାରେ ନିଜସ୍ୱ

ସ୍ୱରୂପକୁ ଦର୍ଶାଇବାରେ, ମୁଖ୍ୟ ଚରିତ୍ରଗୁଡିକ ହୋଇଛନ୍ତି ସମର୍ଥ । ଉପନ୍ୟାସରେ ବର୍ଣ୍ଣିତ 'ଚନ୍ଦ୍ରର ମୃତ୍ୟୁ' ଏବଂ 'ଡାଇନୋସରର ହସ' ବ୍ୟତୀତ ପ୍ରତ୍ୟେକ ମୁଖ୍ୟ ଚରିତ୍ରଗୁଡିକୁ ଅନୁଧ୍ୟାନ କଲେ ଜଣାଯାଏ ଯେ, ନାୟକ ନାୟିକା ମଧ୍ୟରେ ଯେଉଁ ପୂର୍ବ ରାଗ, ପ୍ରେମ, ବିରହ ପ୍ରଭୃତିର ସୁଖକର ବର୍ଣ୍ଣନା ଥିଲେ ମଧ୍ୟ ସେମାନଙ୍କର ମିଳନ ହୋଇପାରିନାହିଁ । ଅପରିପକ୍ୱ ଅବସ୍ଥାରେ ପ୍ରେମର ହତ୍ୟା ହେଲାପରି ମନେ ହୋଇଛି । ମୁଖ୍ୟ ଚରିତ୍ରଗୁଡିକର ଅବସ୍ଥିତି କିନ୍ତୁ ଉପନ୍ୟାସର ପରିଣତି ପର୍ଯ୍ୟନ୍ତ ସବୁ ସ୍ତରରେ ସମାନତା ରକ୍ଷା କରାଯାଇଛି ।

ଗୌଣ ଚରିତ୍ର :

ଉପନ୍ୟାସର ମୁଖ୍ୟ ଚରିତ୍ରର ବିକାଶ ସାଧନାରେ ଗୌଣ ଚରିତ୍ରମାନଙ୍କ ସହଯୋଗ ଆବଶ୍ୟକ ହୋଇଥାଏ । ପାଠକ ସମ୍ମୁଖରେ ମୁଖ୍ୟ ଚରିତ୍ରକୁ ସ୍ପଷ୍ଟ ଏବଂ ସଂପୂର୍ଣ୍ଣ ରୂପରେ ଉପସ୍ଥାପିତ କରିଥାଏ ଗୌଣ ଚରିତ୍ର । କାହାଣୀର ଗତିଶୀଳତାରେ ଏମାନଙ୍କ ଭୂମିକା ଅନସ୍ୱୀକାର୍ଯ୍ୟ । ମୁଖ୍ୟ ଚରିତ୍ର ପରି ଗୌଣଚରିତ୍ର ମଧ୍ୟ ଉପନ୍ୟାସର ଏକ ମୁଖ୍ୟ ଅଙ୍ଗ କହିଲେ ଅତ୍ୟୁକ୍ତି ହେବ ନାହିଁ । ଉପନ୍ୟାସରେ ଏମାନଙ୍କ ସଂଖ୍ୟା ଅଧିକ ଥିବାରୁ ସେମାନଙ୍କର କାର୍ଯ୍ୟଧାରା ଏବଂ ଭୂମିକାକୁ ନିରୀକ୍ଷଣ କରି ଲେଖକ ଅତ୍ୟନ୍ତ ସତର୍କତାର ସହ ସଂଯୋଜନା କରିଥାନ୍ତି । ପୃଷ୍ଠଭୂମି ଚରିତ୍ର ଭାବରେ ମଧ୍ୟ ଔପନ୍ୟାସିକ ଗୌଣ ଚରିତ୍ରମାନଙ୍କୁ ଗ୍ରହଣ କରିଥାନ୍ତି । ଉପନ୍ୟାସରେ ଗୌଣ ଚରିତ୍ରମାନଙ୍କର ସମାବେଶ ଉପନ୍ୟାସକୁ ନାଟକୀୟ କରିବା ସହିତ ଚରିତ୍ର ଓ କଥାବସ୍ତୁ ମଧ୍ୟରେ, ଦ୍ୱନ୍ଦ ସୃଷ୍ଟି ହୋଇ ପାଠକ ନିକଟରେ ଉତ୍କଣ୍ଠାକୁ ବଜାୟ ରଖିଥାଏ । କଥାବସ୍ତୁର ମୁଖ୍ୟ ଉଦ୍ଦେଶ୍ୟକୁ ପୂର୍ଣ୍ଣତା ପ୍ରାପ୍ତି କରାଇବାରେ ମୁଖ୍ୟ ଚରିତ୍ରର ସହାୟ ମଧ୍ୟ ହୋଇଥାଏ । ତେଣୁ ଏହି ଗୌଣ ଚରିତ୍ରଗୁଡିକ ଆଲୋଚ୍ୟ ବୈଜ୍ଞାନିକ ଉପନ୍ୟାସମାନଙ୍କରେ କିପରି କାହାଣୀକୁ ଗତିଶୀଳ କରାଇବାରେ ସହାୟ ହୋଇଛନ୍ତି ନିମ୍ନରେ ତାହା ଉଲ୍ଲିଖିତ ।

ଗୋକୁଳାନନ୍ଦ ମହାପାତ୍ରଙ୍କ 'ପୃଥିବୀ ବାହାର ମଣିଷ' ଉପନ୍ୟାସର ଇନ୍‌ସପେକ୍ଟର କ୍ରେନ, ଡକ୍ଟର ଆଡମ୍‌ସ ସରକାରୀ ଓକିଲ, ମିଷ୍ଟର ଜନ୍‌ସନ୍, 'କୃତ୍ରିମ ଉପଗ୍ରହ'ର ଡକ୍ଟର ଭିନୋଗ୍ରେଡୋ, ପାଲାଭିନ ଆଦି କାହାଣୀର ଅଗ୍ରଗତିରେ ହୋଇଛନ୍ତି ସହାୟ । ଗୌଣ ଚରିତ୍ର ହେଲେମଧ୍ୟ ବୈଜ୍ଞାନିକ ଭାବରେ ମୁଖ୍ୟ ଚରିତ୍ରକୁ ସହାୟ କରିବାରେ ଏମାନେ ଛିଡା ହୋଇଛନ୍ତି । 'ସୁନାର ଓଡିଶା' ଉପନ୍ୟାସର ବିଶିଷ୍ଟ ଶିଳ୍ପପତି ଜେମସ୍ ମାଇକେଲ୍‌ସନ୍, 'ନିଶ୍ଚଳ ପୃଥିବୀ' ଉପନ୍ୟାସର ରାମ ଦାସ ଗୋଏଙ୍କାଙ୍କ ଚରିତ୍ର ଜଣେ ବିଶିଷ୍ଟ ଶିଳ୍ପ ବିଶେଷଜ୍ଞ ଭାବରେ ଉପସ୍ଥିତ ହୋଇଥିବାବେଳେ ହାଜରା ଏବଂ ପ୍ରସାଦ ଚରିତ୍ର ମାଧ୍ୟମରେ ଭାରତୀୟ ସଂସ୍କୃତିରେ ଅପସଂସ୍କୃତିର ପ୍ରଭାବ ହୋଇଛି

ଦୃଶ୍ୟାୟିତ। 'ମଧ୍ୟାହ୍ନର ଅନ୍ଧକାର' ଉପନ୍ୟାସରେ ସେଠ୍ ସୋନାରାମ, କ୍ଲାରା ଦେବୀ, ମଦନଲାଲ, ଡିରେକ୍ଟର ତ୍ରୀବେଦୀ ଆଦି ଚରିତ୍ରମାନଙ୍କ ନିକଟରେ ଗବେଷଣାକୁ ନେଇ ଚାଲିଥିବା ବ୍ୟଭିଚାର, ଅସାଧୁ ବ୍ୟବସାୟ ଆଦି ଦୁର୍ନୀତିର ଗୋଟିଏ ଗୋଟିଏ ପ୍ରାଚୀର ଭାବେ ଛିଡା ହୋଇ ପାଠକ ନିକଟରେ ଦ୍ୱନ୍ଦ ସହ ଉତ୍କଣ୍ଠା ସୃଷ୍ଟି କରିଛନ୍ତି। ଉକ୍ତ ଉପନ୍ୟାସର ଉଷାଦେବୀ, 'ମୃତ୍ୟୁ ଏକ ମାତୃତ୍ୱର' ଉପନ୍ୟାସର ତନୁଶ୍ରୀ 'ନିସ୍ତବ୍ଧ ଗୋଧୂଳି' ଉପନ୍ୟାସର ସ୍ରୀମନ୍ତିନୀ ଦେବୀ, ଶାନ୍ତି, 'ଦଗ୍ଧ ଗୋଲାପର ଚିର ବସନ୍ତ' ଉପନ୍ୟାସର ମେନକା, 'ବିସ୍ଫୋରିତ ପୃଥିବୀ' ଉପନ୍ୟାସର ରୋଜାଲିନ୍ ଆଦି ଚରିତ୍ରଗୁଡିକ ମଧ୍ୟରେ ଉପଯୁକ୍ତ ଆଦର୍ଶ ପତ୍ନୀର କର୍ତ୍ତବ୍ୟ ହୋଇଛି ଦୃଶ୍ୟାୟିତ। 'ଚନ୍ଦ୍ରର ମୃତ୍ୟୁ' ଉପନ୍ୟାସର ଚାନ୍ଦ୍ରିକ ଚରିତ୍ରଗୁଡିକ ଲେଖକଙ୍କ ବର୍ଣ୍ଣନାରେ ଅତ୍ୟନ୍ତ କୌଶଳପୂର୍ଣ୍ଣ ମନେ ହୋଇଛି। କେବଲପ୍ରାୟ, ସାଙ୍ଗରୀନା ପ୍ରଭୃତି ନାମକରଣ ଅଦ୍ଭୁତ ହେଲେ ମଧ୍ୟ ବୈଜ୍ଞାନିକ କଳ୍ପନାରେ ବାସ୍ତବ ପରିବେଶ ସୃଷ୍ଟି ହୋଇଛି। 'ନିଶ୍ଚଳ ପୃଥିବୀ' ଉପନ୍ୟାସର ରାମ କିଶନ ଚରିତ୍ରରୁ ଲେଖକ ଦୃଶ୍ୟାୟିତ କରାଇଛନ୍ତି ପୁଞ୍ଜିପତି ଶ୍ରମିକ ବିରୋଧୀ ମନେଭାବ। ଡାକ୍ତର ମେକ୍‌ଡୋନାଲ୍‌ଡ, ଡାକ୍ଟର ବର୍ଗମେନ୍, ଡାକ୍ତର ଅତନୁ କୁମାର ପଟ୍ଟନାୟକ ଆଦି ଚରିତ୍ରମାନଙ୍କ ନିକଟରେ ଚିକିତ୍ସା ବିଜ୍ଞାନ କ୍ଷେତ୍ରରେ ଉନ୍ନତି ଭିତ୍ତିକ ଚେଷ୍ଟା ହୋଇଛି ରୂପାୟିତ। ଉକ୍ତ ଉପନ୍ୟାସର ତାରା ଚରିତ୍ରଟି ସରୋଗେଟ୍ ମଦର ହୋଇଥିଲେ ମଧ୍ୟ ଜଣେ ସ୍ନେହମୟୀ ମାତା ଭାବରେ ହୋଇଛନ୍ତି ଉପସ୍ଥିତ। ସେହିପରି 'ନିସ୍ତବ୍ଧ ଗୋଧୂଳି' ଉପନ୍ୟାସର ସ୍ରୀମନ୍ତିନୀ ଦେବୀ, 'ଦଗ୍ଧ ଗୋଲାପର ଚିରବସନ୍ତ' ଉପନ୍ୟାସର ମେନକା ଆଦି ଚରିତ୍ର ଜଣେ ଜଣେ ଆଦର୍ଶ ମାତାର ପରିଚୟ ସୃଷ୍ଟି କରିପାରିଛନ୍ତି।

ଗୋକୁଳାନନ୍ଦ ମହାପାତ୍ରଙ୍କ 'ନିସ୍ତବ୍ଧ ଗୋଧୂଳି' ଉପନ୍ୟାସରେ ଗୌଣ ଚରିତ୍ରର ସମାବେଶ ବାସ୍ତବିକ ସମାଜର ବିଭିନ୍ନ ରୂପକୁ ଦୃଶ୍ୟାୟିତ କରାଇବାରେ ସମର୍ଥ ହୋଇଛି। ଶାନ୍ତି ଚରିତ୍ରରେ ଜଣେ ଉପଯୁକ୍ତ ବଧୂର କର୍ତ୍ତବ୍ୟ, ଶୁଭ୍ରା ଚରିତ୍ର ମାଧ୍ୟମରେ ଅତ୍ୟାଧୁନିକ ବେଶଭୂଷା ତଥା ଏ ଚରିତ୍ରର ପରିବର୍ତ୍ତିତ ରୂପରେ ଭାରତୀୟ ସଂସ୍କୃତିର ମହନୀୟତା ହୋଇଛି ରୂପାୟିତ। ଜଣେ ବଳିଷ୍ଠ ଗବେଷିକା ଭାବରେ ମଧ୍ୟ ଖ୍ୟାତି ଅର୍ଜନ କରିଛନ୍ତି। ରାଧେଶ୍ୟାମଜୀ ଚରିତ୍ର ମାଧ୍ୟମରେ ସମାଜର ସାମୂହିକ ରଚନାମୂଳକ କାର୍ଯ୍ୟ ଏବଂ ତାର ପ୍ରଭାବ, ପ୍ରେମନାଥ ଓଝା ଚରିତ୍ର ମାଧ୍ୟମରେ ଦୁର୍ନୀତିପୂର୍ଣ୍ଣ କାର୍ଯ୍ୟକଳାପ, କଳୁଷିତ ରାଜନୀତିର ସ୍ୱରୂପ, ରାମକୃଷ୍ଣ ଚରିତ୍ର ମାଧ୍ୟମରେ ଆଦର୍ଶ ବ୍ୟକ୍ତିତ୍ୱର ପରାକାଷ୍ଠା ଆଦି ସାଂପ୍ରତିକ ସମାଜର ନିଚ୍ଛକ ଦୃଶ୍ୟକୁ ଚରିତ୍ରଗୁଡିକ ଅବଗତ କରାଇବାରେ ବିଶେଷ ସହାୟକ ହୋଇପାରିଛନ୍ତି।

'ଡାଇନୋସର୍‌ର ହସ' ଉପନ୍ୟାସରେ ସାବିତ୍ରୀ ଦେବୀ ଚରିତ୍ର ମାଧ୍ୟମରେ ବିଜ୍ଞାନର ନୂତନ ଆବିଷ୍କାର ଏବଂ ବ୍ୟବହାର ସମ୍ବନ୍ଧରେ ଜାଣିବାର ଜିଜ୍ଞାସା, ଡେଭିଡ୍ ଚରିତ୍ର ମାଧ୍ୟମରେ ଦୁର୍ନୀତିପୂର୍ଣ୍ଣ ମନୋଭାବ କଥାବସ୍ତୁରେ ଦ୍ୱନ୍ଦ ସୃଷ୍ଟି କରିବାରେ ହୋଇଛି ସହାୟ। ନୃସିଂହ ଚରଣ ପଣ୍ଡାଙ୍କ 'ଦଗ୍ଧ ଗୋଲାପର ଚିର ବସନ୍ତ' ଉପନ୍ୟାସରେ ପ୍ରିୟମ୍ବଦା ଚରିତ୍ର ମାଧ୍ୟମରେ ଜଣେ ଉପଯୁକ୍ତ କନ୍ୟାର କର୍ତ୍ତବ୍ୟ, ଶିବୁଭାଇ, ଆଭା ପଟେଲ, ମିନତୀ ମୁଖାର୍ଜୀ ଚରିତ୍ର ମାଧ୍ୟମରେ ସାଂପ୍ରତିକ ସମାଜର ଶାସନ ବ୍ୟବସ୍ଥା ହୋଇଛି ରୂପାୟିତ।

ଦେବକାନ୍ତ ମିଶ୍ରଙ୍କ 'କୃତ୍ରିମ ମଣିଷ' ଉପନ୍ୟାସର ବିଜୟ କୁମାର ଗୌଣ ଚରିତ୍ର ହୋଇଥିଲେ ମଧ୍ୟ ଏକ ପ୍ରଭାବଶାଳୀ ଭୂମିକାରେ ହୋଇଛନ୍ତି ଅବତୀର୍ଣ୍ଣ। ବୈଜ୍ଞାନିକ ଗବେଷଣାଗାରର ଉଚିତ୍ ପରାମର୍ଶଦାତା ଭାବରେ ଦାୟିତ୍ୱ ତୁଲାଇବା ସହ ଜ୍ୟୋତିର୍ବିଦ୍ୟା ସମ୍ବନ୍ଧୀୟ ଗବେଷଣାଲବ୍ଧ ତଥ୍ୟକୁ ଲୋକଲୋଚନକୁ ଆଣିବାରେ ହୋଇଛନ୍ତି ସମର୍ଥ। ସେହିପରି ଜଣେ ଉପଯୁକ୍ତ ନିରାପତ୍ତା ଅଫିସରଙ୍କ ଦାୟିତ୍ୱ ଦୃଶ୍ୟାୟିତ ହୋଇଛି ସବିତା ଚରିତ୍ରରେ। ଉପନ୍ୟାସଟିରେ ଗବେଷଣାର ଅପବ୍ୟବହାର ତଥା ନିଜ ଦେଶର ଅହିତ ସାଧନ କରୁଥିବା ଦେଶଦ୍ରୋହୀ ଭୂମିକାରେ ଅବତୀର୍ଣ୍ଣ ହୋଇଛନ୍ତି ରାମ ସ୍ୱାମୀ ଏବଂ ସୁବ୍ରମନିୟମ୍ ଚରିତ୍ର। ଅନୁରାଧା ସାନ୍ୟାଲ୍ ଚରିତ୍ର ମାଧ୍ୟମରେ ଜଣେ ଦୂରଦର୍ଶୀ ବୈଜ୍ଞାନିକାର କର୍ତ୍ତବ୍ୟନିଷ୍ଠା ହୋଇଛି ଦୃଶ୍ୟାୟିତ। ବିଜ୍ଞାନର ଅଗ୍ରଗତିରେ କୃତ୍ରିମ ମଣିଷ ରୋବଟର କ୍ରିୟାକଳାପ କିପରି ବିଶ୍ୱକୁ ନିୟନ୍ତ୍ରଣ କରିବ ତାହାର ନିଛକ ପ୍ରତିଛବି ସୁଜାତା ଚରିତ୍ରରେ ପ୍ରାଧାନ୍ୟ ଲାଭ କରିଛି। ସାଂପ୍ରତିକ ସମାଜର ଶସ୍ତା ରାଜନୀତି ବ୍ୟବସ୍ଥାରେ ଅବତୀର୍ଣ୍ଣ ହୋଇଛନ୍ତି ପ୍ରଧାନମନ୍ତ୍ରୀ ଏବଂ ଦେଶ ରକ୍ଷାମନ୍ତ୍ରୀ। ଉକ୍ତ ଉପନ୍ୟାସଟିରେ ଆଧୁନିକ ବିଶ୍ୱର ବିଜ୍ଞାନ ଓ ଟେକ୍‌ନୋଲୋଜିର ଉନ୍ନତି ଏବଂ ଦେଶର ବର୍ତ୍ତମାନ ଭବିଷ୍ୟତ ଜୀବନଧାରା ପ୍ରତ୍ୟେକ ଚରିତ୍ର ମାଧ୍ୟମରେ ଉପସ୍ଥାପନ କରାଯାଇଅଛି।

ଅସଲ ସତ୍ୟକୁ ଦୃଷ୍ଟିଗୋଚର ନକରି ସନ୍ଦେହ କିପରି ମନୁଷ୍ୟର ଦାମ୍ପତ୍ୟ ଜୀବନକୁ ନଷ୍ଟ କରିଦିଏ ତାହା ଦୃଶ୍ୟାୟିତ ହୋଇଛି ଜ୍ୟୋତିର୍ମୟୀ ମହାନ୍ତିଙ୍କ 'କଲମି-ମଣିଷ' ଉପନ୍ୟାସର ଅଭିଷେକ ଏବଂ ରିକ୍ତା ଚରିତ୍ର ମାଧ୍ୟମରେ। ଅରିନ୍ଦମ୍, ଆନନ୍ଦିତା, ମି. ଶର୍ମା ଆଦି ଚରିତ୍ର ମାଧ୍ୟମରେ କାହାଣୀକୁ ଗତିଶୀଳ କରାଇବା ସହିତ ସାମାଜିକ ଜୀବନରେ ପିତାମାତାଙ୍କ ଦାୟିତ୍ୱ ତୁଲାଇବାରେ ହୋଇଛନ୍ତି ସମର୍ଥ। ଉପନ୍ୟାସର ପ୍ଲାବନ ଚରିତ୍ର ମାଧ୍ୟମରେ ଆଧୁନିକ କଳଙ୍କିତ ଯୁବସମାଜର ପ୍ରତିଛବି ହୋଇଛି ଦୃଶ୍ୟାୟିତ। ଉପନ୍ୟାସର ଦିଗନ୍ତ ଚରିତ୍ରଟି ଗୌଣ ଚରିତ୍ର ହେଲେ ମଧ୍ୟ ଜଣେ

ପ୍ରଭାବଶାଳୀ ଦାୟିତ୍ୱ ସଂପନ୍ନ ଆଦର୍ଶ ଚରିତ୍ର ଭାବରେ ପ୍ରମୁଖ ଭୂମିକାରେ ହୋଇଛନ୍ତି ଅବତୀର୍ଣ୍ଣ । ଉପନ୍ୟାସଟିର ପିକୁଲ୍ ଚରିତ୍ରଟି ସଂପୂର୍ଣ୍ଣ ଭାବରେ ଏକ ଟାଇପ୍ ଚରିତ୍ର, ଲିରିୟା ଏବଂ ଅଭିଷେକର କ୍ରମୋଜମ୍‌ରୁ ସୃଷ୍ଟି ହୋଇଥିବା କଲମି ମଣିଷ । ଉକ୍ତ ଉପନ୍ୟାସଟି ଏକ ବୈଜ୍ଞାନିକ ଉପନ୍ୟାସ ହେଲେ ମଧ୍ୟ ସାମାଜିକ ଜୀବନର ପ୍ରତିଛବି ବହନ କରିଛନ୍ତି ପ୍ରତ୍ୟେକ ଚରିତ୍ର । ଲେଖିକାଙ୍କ 'ମୃତ୍ୟୁର ତ୍ରିଭୁଜ' ଉପନ୍ୟାସର ଲୁଇସା, ଅମ୍ଳାନ, କେପ୍‌ଲର, 'ନିର୍ଝରିଣୀ' ଉପନ୍ୟାସରେ ସ୍ୱାତୀ ଆଦି ଜଣେ ଜଣେ ଗୌଣ ଚରିତ୍ର ହୋଇ ମଧ୍ୟ କାହାଣୀକୁ ଗତିଶୀଳ କରାଇବା ସହିତ ବୈଜ୍ଞାନିକ ଅନୁସନ୍ଧାନ ଏବଂ କୌଶଳକୁ ଲୋକଲୋଚନକୁ ଆଣିବାରେ ହୋଇଛନ୍ତି ସମର୍ଥ । ପ୍ରମୋଦ କୁମାର ମହାପାତ୍ରଙ୍କ ଉପନ୍ୟାସ ଗୁଡିକରେ ପ୍ରାୟତଃ ପୁରୁଷ ଚରିତ୍ରଗୁଡିକର ରହିଛି ସମାବେଶ । କ୍ଲାଏଡଟମ୍‌ବର୍ଗ, ଜ୍ୟାକସନ୍, ଆଲବର୍ଟ, କ୍ୟାପଟେନ୍‌ମୁରୀ, ରବର୍ଟ ଷ୍ଟୋହେଲ୍, ସ୍କଟ୍ ଆଦି ଗୌଣ ଚରିତ୍ରମାନଙ୍କର ଉପସ୍ଥିତି ବିଜ୍ଞାନର ଅପୂର୍ବ କୃତିତ୍ୱକୁ ଏବଂ ସଫଳତାକୁ ଦର୍ଶାଇବାରେ ହୋଇଛନ୍ତି ଅବତୀର୍ଣ୍ଣ ।

ଏକ ସଂପୂର୍ଣ୍ଣ ଉପନ୍ୟାସ ଗଠନ ପ୍ରକ୍ରିୟାରେ ଗୌଣ ଚରିତ୍ରମାନଙ୍କର ଭୂମିକା ଅନସ୍ୱୀକାର୍ଯ୍ୟ । ମୁଖ୍ୟ ଚରିତ୍ର ତୁଳନାରେ ଏମାନଙ୍କ ସ୍ୱରୂପ ଗୌଣ ହେଲେ ମଧ୍ୟ ଉପନ୍ୟାସର ମୁଖ୍ୟ ଭାବବସ୍ତୁ ଏଇମାନଙ୍କୁ ନେଇ ହିଁ ହୋଇଥାଏ ସଂଶ୍ଳିଷ୍ଟ ।

ଉପନ୍ୟାସରେ ନାରୀ ଚରିତ୍ର :

ସୃଷ୍ଟିର ବିକାଶ ରୂପକ ମୁଦ୍ରାର ଦୁଇଟି ପାର୍ଶ୍ୱ ହେଉଛନ୍ତି ନାରୀ ଏବଂ ପୁରୁଷ । ଏକ ପୂର୍ଣ୍ଣାଙ୍ଗର ଦୁଇଟି ଅର୍ଦ୍ଧାଙ୍ଗ ମାତ୍ର । ଲିଙ୍ଗ ଭେଦରେ କେବଳ ନାରୀ ଓ ପୁରୁଷର ପାର୍ଥକ୍ୟକୁ ଗ୍ରହଣ କରାଯାଇପାରେ ନାହିଁ । ବୌଦ୍ଧିକ ବିଚାର କ୍ଷମତାଠୁ ଆରମ୍ଭ କରି କାର୍ଯ୍ୟଧାରା ଓ ମାନସିକ ସ୍ଥିତି ଦୃଷ୍ଟିରୁ ମଧ୍ୟ ଉଭୟଙ୍କ ନିକଟରେ ପାର୍ଥକ୍ୟ ବିଦ୍ୟମାନ । କୋମଳତା, କମନୀୟତା, ସହନଶୀଳତା ନାରୀ ଜାତିର ଶୋଭାବର୍ଦ୍ଧନର ଗୋଟିଏ ଗୋଟିଏ ମାଧ୍ୟମ ହୋଇଥିବାବେଳେ ଅସୀମ ଶାରୀରିକ ବଳ, କଠୋର ମାନସିକତା ଇତ୍ୟାଦି ପୁରୁଷ ପକ୍ଷରେ ହୋଇଥାଏ ସ୍ୱାଭାବିକ ପୌରୁଷ ପିଣ୍ଡିତ ଆଭୂଷଣ । ତେଣୁ ସ୍ୱତନ୍ତ୍ର ସ୍ୱଭାବ ସତ୍ତ୍ୱେ ମଧ୍ୟ ପୁରୁଷ ଓ ସ୍ତ୍ରୀ ଏକ ଅଭିନ୍ନ । ବିଶ୍ୱର ମଙ୍ଗଳରେ ଉଭୟଙ୍କ ସହଯୋଗ ଏକାନ୍ତ ଆବଶ୍ୟକ । ଗୋଟିଏ ଅଭାବରେ ଅନ୍ୟଟି ଉଦ୍ଦେଶ୍ୟ ହୀନ ହେବା ସହିତ ଜୀବନର ଲକ୍ଷ୍ୟ ଉଚିତ ସ୍ଥଳରେ ପହଞ୍ଚି ନପାରି ହୋଇ ପଡେ ଅର୍ଥହୀନ । କୌଣସି କାର୍ଯ୍ୟର ସୂଚାରୁ ରୂପେ ସଂପୂର୍ଣ୍ଣତା ନିର୍ଭର କରେ ଉଭୟ ନାରୀ ଓ ପୁରୁଷର ସହଯୋଗରେ । କିନ୍ତୁ ବିଶ୍ୱ ନିୟନ୍ତାଙ୍କ ଶ୍ରେଷ୍ଠତମ ସୃଷ୍ଟିର ଏକ ବୃହତ ଅଙ୍ଗ ନାରୀ ହୋଇଥିଲେ ମଧ୍ୟ ପୁରାଣ ତଥା ବେଦକୁ ବାଦ୍ ଦେଲେ ପ୍ରାଚୀନ କାଳରୁ ପ୍ରାରମ୍ଭ କରି

ବର୍ତ୍ତମାନ ପର୍ଯ୍ୟନ୍ତ ନାରୀ ପ୍ରତି ସମସ୍ତଙ୍କ ମନରେ ଏକ ସୁସ୍ଥ ମାନସିକତା ସୃଷ୍ଟି ହୋଇପାରିନାହିଁ। ଦିନ ଥିଲା ସମସ୍ତ ଅତ୍ୟାଚାରକୁ ସେ ନତମସ୍ତକ କରି ସହ୍ୟ କରି ଆସୁଥିଲା, କିନ୍ତୁ ଆଜି ତାର ଭାଗ୍ୟ ରବି ଉଦୟ ବଳରେ ସେ ହୋଇଛି ସ୍ୱାଧୀନ ପଥର ଯାତ୍ରୀ। ସମସ୍ତଙ୍କ ସାମ୍ନାରେ ସେ ନିଜର ପରିଚିତି ସୃଷ୍ଟି କରିପାରିଛି। ତାର ଲୁକ୍‌କାୟିତ ପ୍ରତିଭାକୁ ନେଇ ସମାଜରେ ତାର ଦାବିକୁ ପୂରଣ କରିବାରେ ସେ ମନେ ହୋଇଛି ସମର୍ଥ। ୧୯୩୫ ମସିହା ନାରୀ ଜାଗରଣ ପ୍ରସଙ୍ଗକୁ ନେଇ ଭାରତର ନାରୀନେତ୍ରୀ ଶ୍ରୀମତୀ ସରୋଜିନୀ ନାଇଡୁ ଭାରତୀୟ ମହିଳାମାନଙ୍କ ସମ୍ବନ୍ଧରେ ମତବ୍ୟକ୍ତ କରିଥିବା ମତ ସମସ୍ତ ନାରୀ ଜାତିର ଦୃଷ୍ଟି ମଧ୍ୟ ଆକର୍ଷଣ କରିଛି। ସେ କହିଛନ୍ତି - "Women are no longer tools & toys of men, women to day refired with new enthasiasm. We do not want our right to oppress any body. but we want to discharge responsibilities connected with them. Woman to day suffaring from various legal disabilities. We want to work for political, moral & economic uplift of the country. Shoulder to shoulder with men.We do not want to be a dead weight round their work." [2]

ବାସ୍ତବରେ ମହିଳାମାନେ ପୁରୁଷଙ୍କର ଆଉ ହାତ ତିଆରି ଖେଳନା ନୁହନ୍ତି ବର୍ତ୍ତମାନ ନାରୀ ଜାତି ହୋଇଛନ୍ତି ନୂତନ ଉଦ୍‌ବୋଧନରେ ଉଦ୍‌ବୋଧିତ। ଅନ୍ୟ କୌଣସି ବ୍ୟକ୍ତି ପ୍ରତି ଅତ୍ୟାଚାର କରିବାକୁ ସେମାନେ ଦାବି ଚାହିଁନାହାନ୍ତି ବରଂ ସେଥିସହିତ ସଂପୃକ୍ତ ରହି ଦାୟିତ୍ୱବୋଧର ମର୍ଯ୍ୟାଦା ପାଳନ କରିବା ସେମାନଙ୍କର ଲକ୍ଷ୍ୟରେ ପହଞ୍ଚିଛି। ଦେଶର ରାଜନୈତିକ, ନୈତିକ ଓ ଅର୍ଥନୈତିକ ଉନ୍ନତି ପାଇଁ ପୁରୁଷ ସହିତ ସମଭାବରେ କାର୍ଯ୍ୟ କରିବାକୁ ସେ ଚାହିଁଛି। ପୁରୁଷମାନଙ୍କ ଗଳାରେ ଗୋଟିଏ ମଲା ବୋଝ ହୋଇ ରହିବାକୁ ସେ ଚାହିଁନି।

୧୯୩୫ମସିହା ସରୋଜିନୀ ନାଇଡୁଙ୍କ ଏହି ବକ୍ତବ୍ୟ ସଂପୂର୍ଣ୍ଣ ଭାବରେ ନାରୀ ସ୍ୱାଧୀନତାକୁ ଜାଗ୍ରତ କରି ନାରୀର କାର୍ଯ୍ୟଶୈଳୀରେ ପରିବର୍ତ୍ତନ କରିଛି। ନାରୀ ପୁରୁଷ ସହିତ ସମକକ୍ଷ ହେବା ସହ ବିଭିନ୍ନ ପରିସ୍ଥିତିରେ ତାର ସ୍ୱରୂପକୁ ପ୍ରକାଶ କରିବାରେ ସମର୍ଥ ମନେ କରିଛି। ବୈଜ୍ଞାନିକ ଉପନ୍ୟାସରେ ମଧ୍ୟ ରୂପାୟିତ ହୋଇଛି ନାରୀର ବାସ୍ତବ ରୂପ। ପ୍ରତିଟି ଉପନ୍ୟାସକୁ ଆଲୋକପାତ କଲେ ନାରୀ ଜନନୀ, ଜାୟା, ଭଗିନୀଠାରୁ ଆରମ୍ଭକରି ଅନ୍ୟ ସମସ୍ତ ରୂପରେ ଉଦ୍‌ଭାସିତ। ଆଧୁନିକ ବିଜ୍ଞାନ ଭିତ୍ତିକ ସଭ୍ୟତାରେ ସେ ନିଜକୁ କରିପାରିଛି ସଂଶ୍ଳିଷ୍ଟ। ବୈଜ୍ଞାନିକ ଉପନ୍ୟାସର ନାରୀମାନେ

ବିଶେଷ ଭାବରେ ବିଜ୍ଞାନୀ ହେବା ସହିତ ଗବେଷଣାପ୍ରେମୀ ଏବଂ ସମସ୍ତେ ସମାଜରୁ ହିଁ ଆନିତ ହୋଇଛନ୍ତି। ଉପନ୍ୟାସଗୁଡିକରେ ସେମାନେ ମୁଖ୍ୟ, ଗୌଣ, ପ୍ରଭାବଶାଳୀ ଚରିତ୍ରରେ ଚରିତ୍ରୀଭୂତ ହୋଇ ପ୍ରତ୍ୟେକ ପରିସ୍ଥିତିରେ ଦର୍ଶାଇଛନ୍ତି ନିଜସ୍ୱ ସ୍ୱରୂପକୁ।

ଗୋକୁଳା ନନ୍ଦ ମହାପାତ୍ରଙ୍କ 'ପୃଥିବୀ ବାହାରେ ମଣିଷ' ଉପନ୍ୟାସର ଲରା ଚରିତ୍ର, ଜୀବନଠାରୁ ଅଧିକ ବିଜ୍ଞାନକୁ ଭଲ ପାଉଥିବା ଜଣେ ଗବେଷିକା। କଲମ୍ବିଆ ବିଶ୍ୱବିଦ୍ୟାଳୟରେ ବୈଜ୍ଞାନିକ ରିଚାର୍ଡସନ୍‌ଙ୍କ ତତ୍ତ୍ୱାବଧାନରେ ବିଭିନ୍ନ ପଦାର୍ଥର ଗୁଣ ତଥା ମହାକାଶ ସମ୍ବନ୍ଧୀୟ ଗବେଷଣାରେ ଉପନୀତି ହୋଇ ରିଚର୍ଡସନ୍‌ଙ୍କ ସହିତ ସେ ପହଞ୍ଚିଛନ୍ତି ମଙ୍ଗଳ ଗ୍ରହରେ। ମଙ୍ଗଳବାସୀଙ୍କ ବୈଜ୍ଞାନିକ ଉନ୍ନତିକୁ ପୃଥିବୀରେ ପହଞ୍ଚାଇବା ଲକ୍ଷ୍ୟ ନେଇ ସେ ପ୍ରତ୍ୟାବର୍ତ୍ତନ କରିଛନ୍ତି ପୃଥିବୀକୁ। କିନ୍ତୁ ଉପନ୍ୟାସର ପରିଣତିରେ କାରାଗାରରେ ଲରାଙ୍କ ମୃତ୍ୟୁ ସୃଷ୍ଟି କରିଛି ଶୋକାକୁଳ ପରିବେଶ।

ସେହିପରି 'କୃତ୍ରିମ ଉପଗ୍ରହ' ଉପନ୍ୟାସର ଲେନା ଏବଂ ମେରିନା 'ନିଶ୍ଚଳ ପୃଥିବୀ' ଉପନ୍ୟାସର ରୀତା ଦେବୀ, 'ନିସ୍ତବ୍ଧ ଗୋଧୂଳି' ଉପନ୍ୟାସର ଶୁଭ୍ରା, ଦେବକାନ୍ତ ମିଶ୍ରଙ୍କ 'କୃତ୍ରିମ ମଣିଷ' ଉପନ୍ୟାସର ଅନୁରାଧା ସାନ୍ୟାଲ, ବନ୍ଦିତା, ଜ୍ୟୋତିର୍ମୟୀ ମହାନ୍ତିଙ୍କ 'କଲମି-ମଣିଷ' ଉପନ୍ୟାସର ଲିରିୟା ଆଦି ଜଣେ ଜଣେ ବୈଜ୍ଞାନିକା ଭୂମିକାରେ ହୋଇଛନ୍ତି ଅବତୀର୍ଣ୍ଣ। ମେରିନା ବିଜ୍ଞାନରେ ଡି.ଏସ୍.ସି ଡିଗ୍ରୀ ଲାଭ କରିବା ସହିତ ମହାକାଶ ସମ୍ବନ୍ଧୀୟ ଗ୍ରହ ଉପଗ୍ରହ ଗବେଷଣାରେ ନିଜକୁ ନିୟୋଜିତ କରି ଉଭୟେ ଆଲେସ୍କି ଏବଂ ଅନ୍ୟ ବୈଜ୍ଞାନିକମାନଙ୍କ ସହିତ ମହାକାଶକୁ ଗମନ କରିଛନ୍ତି କୃତ୍ରିମ ଉପଗ୍ରହରେ। ପୁଣି ଉପନ୍ୟାସଟିରେ ବୈଜ୍ଞାନିକ ଆଲେସ୍କି ପ୍ରତି ସେମାନଙ୍କର ପ୍ରଣୟ ପ୍ରକାଶ ପାଇଛି। କୃତ୍ରିମ ଉପଗ୍ରହରେ ଯିବା ପୂର୍ବରୁ ମେରିନା ଏବଂ ଆଲେସ୍କିଙ୍କ ସାକ୍ଷାତ ସତେ ଯେପରି ସେମାନଙ୍କର ପ୍ରଣୟର ଭାବ ପ୍ରକାଶିତ ହୋଇଛି। ସେହିପରି 'ନିଶ୍ଚଳ ପୃଥିବୀ' ଉପନ୍ୟାସର ମୁଖ୍ୟ ନାୟିକା ରୀତା ରାମଦାସ ଗୋଏଙ୍କାଙ୍କ ଅଲିଅଳୀ କନ୍ୟା ବିଦେଶରେ ଇଞ୍ଜିନିୟରିଂ ପାସ୍ କରି ଫେରିଛନ୍ତି। ଖୁବ୍ ଆଧୁନିକା ଶୈଳୀରେ ଜୀବନଯାପନ ସହିତ ଆଧୁନିକ ବିଜ୍ଞାନର କାରିଗରୀ ଉପଯୋଗରେ ହାସଲ କରିଛନ୍ତି ଗଭୀର ଦକ୍ଷତା। ଉପନ୍ୟାସଟିରେ ରୀତା ଦେବୀ ବ୍ୟବହାର କରୁଥିବା ଆଧୁନିକ ବୈଜ୍ଞାନିକ କାରିଗରୀ କୌଶଳରେ ନିର୍ମିତ ଟେଲିଫୋନ୍, ଟିଭି, ଏୟାର୍ କଣ୍ଡିସନ୍ ପ୍ରଭୃତିର ସୂଚନା ବ୍ୟବହାର ମଧ୍ୟ ଉପନ୍ୟାସଟିରେ ହୋଇଛି ଦୃଶ୍ୟାୟିତ। ଦେବକିଶାନ ବାବୁଙ୍କ ସହଧର୍ମିଣୀ ହେବା ପରେ ତାଙ୍କୁ ବ୍ୟବସାୟରେ ମଧ୍ୟ ସାହାଯ୍ୟ କରିଛନ୍ତି। ନିଜସ୍ୱ ଜ୍ଞାନ କୌଶଳ ଦ୍ୱାରା ଜଣେ ଯନ୍ତ୍ରୀ ଭାବରେ କାରଖାନାର ଦାୟିତ୍ୱ ତୁଲାଇଛନ୍ତି। ସାଧାରଣ ଜନତାର ସୁଖ ସୁବିଧାଠୁ ଆରମ୍ଭ କରି ଅନ୍ଧବିଶ୍ୱାସର ସମୂଳେ ବିନାଶ କରିଛନ୍ତି।

ଆଧୁନିକ ବିଜ୍ଞାନ କାରିଗରୀ ଯୁଗର ଜଣେ ଯଥାର୍ଥ ନାରୀ ଭାବରେ ଛିଡା ହୋଇଛନ୍ତି ରୀତା ଦେବୀ। 'ନିସ୍ତବ୍ଧ ଗୋଧୂଳି' ଉପନ୍ୟାସର ଶୁଭ୍ରା ମୁଖ୍ୟ ଚରିତ୍ର ଦେବସ୍ମାନ ବାବୁଙ୍କ ଜଣେ ଛାତ୍ରୀ ଭାବରେ ତାଙ୍କର ପଲିମର୍‌କୁ ନେଇ ଅସମାପ୍ତ ଗବେଷଣାର ସମାପ୍ତ କରି ଆମେରିକାରେ ସମ୍ମାନ ଲାଭ କରିଛନ୍ତି। 'ଡାଇନୋସର୍‌ର ହସ' ଉପନ୍ୟାସରେ ସୁଶାନ ଜଣେ ଗବେଷିକା ଭାବରେ ଡାଇନୋସର୍‌ର ଜୀବାସ୍ମକୁ ନେଇ ଟିସ୍ୟୁକଲଚର୍ ପଦ୍ଧତିରେ ଡାଇନୋସର୍‌ର ସୃଷ୍ଟି କରିପାରିଛନ୍ତି। 'କୃତ୍ରିମ ମଣିଷ' ଉପନ୍ୟାସରେ ଅନୁରାଧାସାନ୍ୟାଲ୍ ଜଣେ ବିଶିଷ୍ଟ ବୈଜ୍ଞାନିକା ଭାବରେ କୃତ୍ରିମ ମଣିଷ ସୁଜାତାର ଆବିଷ୍କାର ବାସ୍ତବରେ ଅବିସ୍ମରଣୀୟ। ବନ୍ଦିତା ମଧ୍ୟ ଉପନ୍ୟାସଟିରେ ଜଣେ ଗବେଷିକା ଭାବରେ ହୋଇଛନ୍ତି ଉପସ୍ଥିତ। 'କଲମି-ମଣିଷ' ଉପନ୍ୟାସର ଲିରିୟାଙ୍କ ଦ୍ୱାରା ବିଜ୍ଞାନର ଚମତ୍କାରିତାରେ କଲମି-ମଣିଷ ସୃଷ୍ଟିର ଅପୂର୍ବ କୃତିତ୍ୱ ଦର୍ଶାଇବାରେ ହୋଇଛନ୍ତି ସମର୍ଥ।

ଉପନ୍ୟାସର କେତେଗୁଡିଏ ନାରୀ ଚରିତ୍ରରେ ପ୍ରଣୟସିକ୍ତ ରୋମାଣ୍ଟିକ୍ ଭାବାବେଗ ମଧ୍ୟ ହୋଇଛି ଦୃଶ୍ୟାୟିତ। 'କୃତ୍ରିମ ଉପଗ୍ରହ' ଉପନ୍ୟାସର ଲେନା, ମେରିନା 'ଚନ୍ଦ୍ରର ମୃତ୍ୟୁ'ରେ ସେଣ୍ଟି ଏବଂ ଗବେଷକ ରମେଶ କାହାଣୀର ଅନ୍ୟ ପାର୍ଶ୍ୱରେ ଶାଙ୍ଖରୀନା ଏବଂ ଉଜ୍ଜ୍ୱଳାବର୍ତ୍ତ ପ୍ରଣୟରେ ହୋଇଛନ୍ତି ଆବଦ୍ଧ। ସେହିପରି 'ସୁନାର ଓଡିଶା' ଉପନ୍ୟାସରେ ବିଶିଷ୍ଟ ଶିଳ୍ପପତିଙ୍କ କନ୍ୟା ଆଭା ଶ୍ରେଷ୍ଠ ଇଞ୍ଜିନିୟରିଂ ଛାତ୍ର ଅରୁଣ କୁମାରଙ୍କୁ ପ୍ରାଣ ଦେଇ ଭଲ ପାଇଛନ୍ତି। 'ନିଶ୍ଚଳ ପୃଥିବୀ' ଉପନ୍ୟାସର ରୀତା ଦେବୀ ଆଧୁନିକା ହେଲେ ମଧ୍ୟ ଦେବ କିଶାନଙ୍କ ସହିତ ପ୍ରଣୟଜାଲରେ ଛନ୍ଦି ହୋଇ ଉଭୟଙ୍କ ପରିବାରର ସମ୍ମତିରେ ତାଙ୍କୁ ବିବାହ କରିଛନ୍ତି। 'ଡାଇନୋସର୍‌ର ହସ' ଉପନ୍ୟାସରେ ସୁଶାନ, ରଜତର ପ୍ରେମର ଆସକ୍ତ। 'କଲମି ମଣିଷ' ଉପନ୍ୟାସରେ ଦିବ୍ୟା ଅଭିଷେକଙ୍କ ପ୍ରଣୟରେ ଆବଦ୍ଧ। କାହାଣୀର ମଧ୍ୟ ଭାଗରେ ଅଭିଷେକଙ୍କ ବ୍ୟକ୍ତିତ୍ୱ ଗଭୀର ଭାବରେ ଆସକ୍ତ କରିଛି ବିଦେଶିନୀ ଲିରିୟାଙ୍କୁ। 'ମୃତ୍ୟୁର ତ୍ରିଭୁଜ' ଉପନ୍ୟାସରେ ଲୁଇସା ଭଲପାଇ ବିବାହ କରିଛନ୍ତି ଅମ୍ଳାନଙ୍କୁ। କିନ୍ତୁ ଆକସ୍ମିକ ଭାବେ ଅମ୍ଳାନଙ୍କ ମୃତ୍ୟୁରେ ଲୁଇସାଙ୍କ ପକ୍ଷେ ଜୀବନ ଧାରଣ କରିବା ମନେ ହୋଇଛି ଅସମ୍ଭବ। ମାନସିକ ଦୁଶ୍ଚିନ୍ତାରେ ସେ ଅତିବାହିତା କରିଛନ୍ତି ଜୀବନ।

ବୈଜ୍ଞାନିକ ଉପନ୍ୟାସରେ ନାରୀ ଆଧୁନିକ ଶୈଳୀରେ ଜୀବନଯାପନ କଲେ ମଧ୍ୟ ପ୍ରଣୟୀ ଭୂମିକାରେ ଅବତୀର୍ଣ୍ଣ ହେବା ସହିତ ମାତୃତ୍ୱର ମମତାବନ୍ଧ ଲାଳସାକୁ ମଧ୍ୟ ଛାଡିପାରିନାହିଁ। ନାରୀ ସୁଲଭ ମାତୃତ୍ୱର ରୂପ ଉଦ୍‌ଘାଟିତ ହୋଇଛି କେତେଗୁଡିଏ ନାରୀ ଚରିତ୍ରରେ। 'କଲମି- ମଣିଷ' ଉପନ୍ୟାସର ଲିରିୟା ଜଣେ ବିଦେଶିନୀ ହେଲେ

ମଧ୍ୟ ପିଙ୍କୁଲ୍‌କୁ ନେଇ ମାତୃତ୍ୱର ଆବେଗତା ହୋଇଛି ଦୃଶ୍ୟାୟିତ। ଉକ୍ତ ଉପନ୍ୟାସର ଦିବ୍ୟା ମାତୃତ୍ୱ ଲାଭ କରି ନଥିଲେ ମଧ୍ୟ ପିଙ୍କୁଲ୍‌ର ତତ୍ତ୍ୱାବଧାନରେ ସେ ପାଇଛି ପରମଶାନ୍ତି। 'ଡାଇନୋସର୍‌ର ହସ' ଉପନ୍ୟାସର ସାବିତ୍ରୀ ଦେବୀ ପୁତ୍ର ପ୍ରେମରେ ଅଧୀର ହୋଇ ଚାଲି ଆସନ୍ତି ସୁଦୂର ଭାରତରୁ ଦକ୍ଷିଣ ମେରୁକୁ। ସେହିପରି 'ନିସ୍ତବ୍ଧ ଗୋଧୂଳି' ଉପନ୍ୟାସର ସ୍ରୀମନ୍ତିନୀ ଦେବୀ ମାତୃତ୍ୱର ମହିମାରେ ମହିମାନ୍ୱିତ। ଦେବସ୍ମାନ ବାବୁଙ୍କ ପିତା ଅଧ୍ୟାପକ ନାରାୟଣ ବାବୁଙ୍କ ଅନିଚ୍ଛା ସତ୍ତ୍ୱେ ମଧ୍ୟ ପୁତ୍ର ପାଖକୁ ଚାଲି ଆସନ୍ତି ମାତୃତ୍ୱର ସ୍ନେହ ନେଇ 'ନିଷ୍ଫଳ ପୃଥିବୀ' ଉପନ୍ୟାସରେ ରୀତାଦେବୀ ସନ୍ତାନ ସନ୍ତତି ଅଭାବରେ ଅସଂପୂର୍ଣ୍ଣ ଜୀବନ ନିର୍ବାହ କରନ୍ତି ସତ କିନ୍ତୁ ଡାକ୍ତରମାନଙ୍କ ପରାମର୍ଶରେ ତାରା ଦ୍ୱାରା ସରୋଗେଟ୍ ମାତୃତ୍ୱର ସହାୟତାରେ ସନ୍ତାନ ସୁଖ ଲାଭ କରିପାରିଛନ୍ତି। ନାରୀର ମମତ୍ୱବୋଧର ଚରମ ଗଭୀରତା ପ୍ରକାଶ ପାଇଛି 'ମୃତ୍ୟୁ ଏକ ମାତୃତ୍ୱର' ଉପନ୍ୟାସରେ। ପୁରୁଷ ପାଲଟି ଯିବା ପରେ ଅତନୁର ମା ନମିତା ଓରଫ ନରେନ୍ଦ୍ରଙ୍କ ନିକଟରେ ଜୀବନ ହୋଇପଡିଛି ଦୁର୍ବିସହ। ପୁତ୍ର ପାଖରେ ଥାଇ ମଧ୍ୟ ତାକୁ କୋଳକୁ ନେଇ ପାରିନାହାନ୍ତି। 'କୃତ୍ରିମ ଉପଗ୍ରହ' ଉପନ୍ୟାସରେ ମେରିନା କୃତ୍ରିମ ଉପଗ୍ରହରେ ଯିବା ପରେ ମାଙ୍କ ନିକଟରେ ଦୃଶ୍ୟାୟିତ ହୋଇଛି କନ୍ୟା ବତ୍ସଳତା। 'ପୃଥିବୀ ବାହାରେ ମଣିଷ' ଉପନ୍ୟାସରେ ଅନୁରୂପ ଭାବରେ ରିଚାର୍ଡସନଙ୍କ ମା ପୁତ୍ର ସହ ଲରାଙ୍କ ନିକଟରେ ମଧ୍ୟ ମାତୃତ୍ୱର ନିର୍ମଳପ୍ରେମ ଅଜାଡି ଦିଅନ୍ତି। ସ୍ନେହ ଶ୍ରଦ୍ଧାର ମୂର୍ତ୍ତିମନ୍ତ ସ୍ଥାନ ଜନନୀର କୋଳ। ସେ ତାର ସନ୍ତାନକୁ ଆଡେଇ ନପାରି କୋଳଇ ନିଏ ତାର ମାତୃତ୍ୱର କୋଳକୁ। ବୈଜ୍ଞାନିକ ଉପନ୍ୟାସରେ ମାତୃତ୍ୱର ପରମ ଶାନ୍ତି ଉଦ୍‌ଭାସିତ ହୋଇଛି, ଉକ୍ତ ସମସ୍ତ ନାରୀ ଚରିତ୍ରଗୁଡିକରୁ। ପୁଣି ଦାମ୍ପତ୍ୟ ଜୀବନରେ ନାରୀର ଉଲ୍ଲେଖନୀୟ ଭୂମିକା ମଧ୍ୟ ଦୃଶ୍ୟାୟିତ ହୋଇଛି କେତେଗୁଡିଏ ନାରୀ ଚରିତ୍ରରେ। 'ମଧ୍ୟାହ୍ନର ଅନ୍ଧକାର' ଉପନ୍ୟାସର ରମେଶ ବାବୁଙ୍କ ପତ୍ନୀ ଉଷା ଜଣେ ପତି ପରାୟଣା ସଦ୍‌ଚରିତ୍ରା ସୁଗୃହିଣୀ। ସ୍ୱାମୀଙ୍କ ଆଦର୍ଶ ବିଚାରଧାରାକୁ ସମ୍ମାନ ଜଣାଇବା ସହିତ ସ୍ୱାମୀଙ୍କ ସମ୍ମାନ ରକ୍ଷା ହିଁ ଏକମାତ୍ର ପରମ କର୍ତ୍ତବ୍ୟ ବୋଲି ମନେ କରନ୍ତି। ଆର୍ଥିକ ଅସୁବିଧା ଥିଲେ ମଧ୍ୟ ଦାମ୍ପତ୍ୟ ପ୍ରେମର ବଳିଷ୍ଠ ପ୍ରତିଭୂ ଭାବରେ ଛିଡା ହୋଇଛନ୍ତି ଉଷା। ଜଣେ ସରଳ, ନିରୀହା ଉପଯୁକ୍ତ ପତ୍ନୀ ଚରିତ୍ରରେ ଉପବିଷ୍ଟା। ସେହିପରି 'ମୃତ୍ୟୁ ଏକ ମାତୃତ୍ୱ'ର ଉପନ୍ୟାସର ତନୁଶ୍ରୀ ଜଣେ ଭାରତୀୟ ନାରୀ। ଆମେରିକାରେ ରହଣୀକାଳ ଭିତରେ ମଧ୍ୟ ଭାରତୀୟ ସଂସ୍କୃତିକୁ ସେ ଭୁଲି ପାରିନାହାନ୍ତି। ଅତନୁ କୁମାରଙ୍କ ପତ୍ନୀ ହେବା ସହିତ ଜଣେ ଭାରତୀୟ କୂଳବଧୁ ଆସନରେ ହୋଇଛନ୍ତି ଆସିନ। ବୟୋଜ୍ୟେଷ୍ଠ

ବ୍ୟକ୍ତିଙ୍କୁ ସମ୍ମାନ ସହ ଜଣେ ସୁଗୃହିଣୀ ଭାବରେ ଦାୟିତ୍ୱ ତୁଲାଇଛନ୍ତି । 'ନିଷ୍ଫଳ ପୃଥିବୀ' ଉପନ୍ୟାସରେ ଦାମ୍ପତ୍ୟ ପ୍ରେମର ମଧୁମୟ ରୂପ ଦୃଶ୍ୟାୟିତ ହୋଇଛି ରୀତା ଏବଂ ଦେବ କିଶାନଙ୍କ ନିକଟରେ। ସ୍ୱାମୀଙ୍କ ଅନୁଗାମୀ ହେବା ସହିତ ଘରଠୁ ଆରମ୍ଭକରି ବ୍ୟବସାୟ ପର୍ଯ୍ୟନ୍ତ ସମସ୍ତ ଦାୟିତ୍ୱ ତୁଲାଇଛନ୍ତି। ଉକ୍ତ ଉପନ୍ୟାସର ରାମ କିଶାନ ଏବଂ ପତ୍ନୀ ମାୟାଦେବୀ ନିକଟରେ ମଧ୍ୟ ଦାମ୍ପତ୍ୟ ଜୀବନର ମଧୁର ସମ୍ପର୍କ ହୋଇଛି ଦୃଶ୍ୟାୟିତ। 'ନିସ୍ତବ୍ଧ ଗୋଧୂଳି' ଉପନ୍ୟାସର ଦେବସ୍ନାନ ବାବୁଙ୍କ ପତ୍ନୀ ଶାନ୍ତି ମଧ୍ୟ ଜଣେ ସୁଗୃହିଣୀ ଭାବରେ ନିଜସ୍ୱ କର୍ତ୍ତବ୍ୟ ସଂପାଦନ ସହିତ ସ୍ୱାମୀଙ୍କ ବିଚାରଧାରା ଏବଂ କାର୍ଯ୍ୟକୁ ସମ୍ମାନ ଜଣାଇଛନ୍ତି। ପରିବାରର ସୁଖ ପାଇଁ ନିଜକୁ ନିୟୋଜିତ କରିବା ସହିତ ଅନ୍ୟର ମଙ୍ଗଳ ସାଧନାର୍ଥେ ସାମୂହିକ କାର୍ଯ୍ୟ ମଧ୍ୟ କରିଛନ୍ତି। 'ଦଗ୍ଧ ଗୋଲାପର ଚିର ବସନ୍ତ' ଉପନ୍ୟାସର ମେନକାଦେବୀ ନିଜେ ପତିପରାୟଣା ନାରୀ ତଥା ଉପଯୁକ୍ତ ପତ୍ନୀ। ସ୍ୱାମୀଙ୍କ ପ୍ରତି ମିଥ୍ୟା ଆରୋପ ହେଲେ ମଧ୍ୟ ସ୍ୱାମୀଙ୍କୁ ସେ ତ୍ୟାଗ କରିପାରିନାହାନ୍ତି । ସ୍ୱାମୀଙ୍କ ସହିତ ପ୍ରତିକ୍ଷଣରେ ଛିଡା ହୋଇଛନ୍ତି। ସେହିପରି 'ବିସ୍ଫୋରିତ ପୃଥିବୀ' ଉପନ୍ୟାସର ରୋଜାଲିନ୍ ଏବଂ ଡେଭିଡ୍ ଉଭୟ ବୈଜ୍ଞାନିକ ଦମ୍ପତିଠାରେ ଦାମ୍ପତ୍ୟ ପ୍ରେମର ମଧୁମୟ ସମ୍ପର୍କ ହୋଇଛି ଦୃଶ୍ୟାୟିତ । ଉଭୟ ଦେଶବାସୀଙ୍କ ଜୀବନ ରକ୍ଷା ପାଇଁ ମୃତ୍ୟୁକୁ ଏକ ସମୟରେ ଆଦରି ନେଇଛନ୍ତି । ନାରୀ ଜଣେ ସୁଗୃହିଣୀ ହେବା ସହିତ ପ୍ରତ୍ୟେକ କ୍ଷେତ୍ରରେ ତାର ପ୍ରଭାବ ବିସ୍ତାର କରି ଚାଲିଛି। 'ଦଗ୍ଧ ଗୋଲାପର ଚିର ବସନ୍ତ' ଉପନ୍ୟାସର ପ୍ରିୟମ୍ବଦା ଜଣେ ବୈଜ୍ଞାନିକା ହେଲେ ମଧ୍ୟ ବିଶୁ ବାବୁଙ୍କ ପାଳିତା କନ୍ୟା ଭାବରେ ପିତାଙ୍କ ଦାୟିତ୍ୱ ନେଇଛନ୍ତି ମେନକାଦେବୀଙ୍କ ମୃତ୍ୟୁ ପରେ। 'କୃତ୍ରିମ ମଣିଷ' ଉପନ୍ୟାସର ସବିତା ଜଣେ ଉପଯୁକ୍ତ ନିରାପତ୍ତା ଅଫିସର ଭାବରେ ଦାୟିତ୍ୱ ତୁଲାଇବାରେ ହୋଇଛନ୍ତି ସକ୍ଷମ। ଏକ ପକ୍ଷରେ ନାରୀର ଆଦର୍ଶ ରୂପ ବର୍ଣ୍ଣିତ ହୋଇଥିବା ସ୍ଥଳେ ଅନ୍ୟପକ୍ଷରେ ନାରୀ ବିପଥଗାମୀ ଅସଭ୍ୟା ଭାବରେ ମଧ୍ୟ ଛିଡା ହୋଇଛି। 'ମଧ୍ୟାହ୍ନର ଅନ୍ଧକାର' ଉପନ୍ୟାସରେ କ୍ଲାରା ଦେବୀ ଏବଂ ରୀତା ଦେବୀଙ୍କ ଭଳି ନାରୀ ଚରିତ୍ରରେ ଏହି ରୂପ ହୋଇଛି ଦୃଶ୍ୟାୟିତ। ଅର୍ଥ ଲାଳସାରେ ସେଠ୍ ଜଗଦୀଶ କଥାରେ ଉଭୟେ ନିଜସ୍ୱ ଯୌବନ ପ୍ରଦାନ କରିବାକୁ କୁଣ୍ଠାବୋଧ କରିନାହାନ୍ତି ବରଂ ରମେଶ ପଟେଲଙ୍କୁ ପ୍ରଭାବିତ କରିବାପାଇଁ ଉତ୍ସାହ ପୂର୍ଣ୍ଣ ଉକ୍ତି ପ୍ରକାଶ କରିଛନ୍ତି। ସର୍ବତ୍ର ନାରୀ ତାର ପ୍ରଭାବ ବିସ୍ତାର କରି ଚାଲିଛି। ପ୍ରାଚୀନ କାଳ ପରି ଚାରି କାନ୍ଥ ଭିତରେ ସେ ଆବଦ୍ଧ ହୋଇ ନ ରହି ସୃଷ୍ଟିର ବିଚିତ୍ରତାକୁ ବୈଚିତ୍ର୍ୟମୟ କରିବାରେ ସେ ହୋଇଛି ସକ୍ଷମ। ସୁଦୂରପ୍ରସାରୀ ହୋଇପାରିଛି ନାରୀର ପାରଦର୍ଶିତା, ଏଥିରେ ସଂଶୟ ନାହିଁ।

ଉପନ୍ୟାସରେ ପୁରୁଷ ଚରିତ୍ର :

ବୈଜ୍ଞାନିକ ଉପନ୍ୟାସ ସମାଜ ସହିତ ସଂଶ୍ଳିଷ୍ଟ ବିଜ୍ଞାନ ଭିତ୍ତିକ ତଥ୍ୟକୁ ଭିତ୍ତି କରି ରୂପାୟିତ ହୋଇଥାଏ। ଏହି ପରିପ୍ରେକ୍ଷୀରେ ନାରୀ ଚରିତ୍ର ପରି ପୁରୁଷ ଚରିତ୍ର ମଧ୍ୟ ଆନୁସାଙ୍ଗିକ ରୂପ, ଗୁଣ ଏବଂ ଚିନ୍ତାଧାରାକୁ ନେଇ ଉପନ୍ୟାସରେ ଅବତୀର୍ଣ୍ଣ ହୋଇଥାଏ। ଔପନ୍ୟାସିକ ପୁରୁଷ ଚରିତ୍ରକୁ ପରିବାରର ଗୃହକର୍ତ୍ତାଙ୍କଠାରୁ ଆରମ୍ଭ କରି ସ୍ୱାମୀ, ପୁତ୍ର, ବନ୍ଧୁ, ସାଧାରଣ ନାଗରିକ, ସମାଜସେବୀ, ଶିଳ୍ପପତି, ବୈଜ୍ଞାନିକ ଆଦି ଭୂମିକାରେ ଉପସ୍ଥାପନ କରାଇବାରେ ସମର୍ଥ ହୋଇଛନ୍ତି। ଉପନ୍ୟାସରେ ସାଧାରଣତଃ ନାରୀ ତୁଳନାରେ ଅଧିକ ପୁରୁଷ ଚରିତ୍ରର ସମାବେଶ ରହିଥିଲେ ମଧ୍ୟ ନାରୀ ପୁରୁଷ ମଧ୍ୟରେ ପାର୍ଥକ୍ୟ ଦୃଶ୍ୟାୟିତ ହୋଇନାହିଁ। ବିଜ୍ଞାନ ଭିତ୍ତିକ ଉପନ୍ୟାସ ହୋଇଥିବାରୁ ବିଶେଷ କରି ପୁରୁଷ ଚରିତ୍ରଗୁଡିକ ଶିକ୍ଷିତ ଏବଂ ସହରବାସୀ ବିଜ୍ଞାନ ସହିତ ସେମାନଙ୍କର ସମ୍ପର୍କ ମଧ୍ୟ ଅଧିକ। ଉପନ୍ୟାସର ମୁଖ୍ୟ ଚରିତ୍ର ଏବଂ ପ୍ରଭାବଶାଳୀ ଚରିତ୍ରଗୁଡିକରେ ସେମାନେ ଅବତୀର୍ଣ୍ଣ ହୋଇ ଗୌଣ ଚରିତ୍ରର ସହାୟତାରେ ଉପନ୍ୟାସର ମୂଳ ଉଦ୍ଦେଶ୍ୟକୁ ପାଠକ ନିକଟରେ ଉପସ୍ଥାପନ କରିବାରେ ସମର୍ଥ ହୋଇଛନ୍ତି। ଉପନ୍ୟାସର କଥା ଭିତ୍ତିରେ ପୁରୁଷ ଚରିତ୍ରମାନଙ୍କୁ ଉତ୍‌ଥାପନ କରାଯାଇଛି।

ଗୋକୁଳାନନ୍ଦ ମହାପାତ୍ରଙ୍କ 'ପୃଥିବୀ ବାହାରେ ମଣିଷ' ଉପନ୍ୟାସର ରିଚାର୍ଡସନ ଏବଂ 'କୃତ୍ରିମ ଉପଗ୍ରହ' ଉପନ୍ୟାସର ଡକ୍ଟର ଆଲେସ୍କି ମେଡୋଭସ୍କି ଜଣେ ମହାକାଶ ବିଜ୍ଞାନୀ। ରିଚାର୍ଡସନ୍ ମହାକାଶଯାନ ନିର୍ମାଣ କରି ମଙ୍ଗଳଗ୍ରହରେ ଉପସ୍ଥିତ ଏବଂ ପୃଥିବୀ ବ୍ୟତୀତ ମଙ୍ଗଳ ଗ୍ରହରେ କିପରି ଜୀବଜଗତ ସମ୍ଭବ ତାହା ଆବିଷ୍କାର କରିବାରେ ସକ୍ଷମ ହୋଇଥିବାବେଳେ ଆଲେସ୍କି କୃତ୍ରିମ ଉପଗ୍ରହ ନିର୍ମାଣ ଏବଂ ମହାକାଶ ସମ୍ବନ୍ଧୀୟ ଗବେଷଣାରେ ହୋଇଛନ୍ତି ବ୍ରତୀ। ତାଙ୍କର ସହକାରୀ ବୈଜ୍ଞାନିକ ଭାବେ ଉପସ୍ଥିତ ହୋଇଛନ୍ତି ଡକ୍ଟର ପାଲାଭିନ୍, ଜ୍ୟୋତିର୍ବିଦ୍ ଡକ୍ଟର ଭିନୋଗ୍ରେଡୋଭ, ଡକ୍ଟର ଲିଓନେଭ୍। ସେହିପରି 'ପୃଥିବୀ ବାହାରେ ମଣିଷ' ଉପନ୍ୟାସର ଇନ୍ସପେକ୍ଟର କ୍ରେନ, ଡକ୍ଟର ଆଡମସ୍, ସରକାରୀ ଓକିଲ ମିଷ୍ଟର ଜନ୍‌ସନ୍, ଡିଟେକ୍‌ଟିଭ ଉଇଲସନ୍ ଆଦି ବିଭିନ୍ନ ପୁରୁଷ ଚରିତ୍ର ଭୂମିକାରେ ଅବତୀର୍ଣ୍ଣ ହୋଇ କାହାଣୀକୁ ଗତିଶୀଳ କରାଇଛନ୍ତି। ଔପନ୍ୟାସିକଙ୍କ 'ସୁନାର ଓଡିଶା' ଉପନ୍ୟାସର ଜେମସ୍ ମାଇକେଲ୍‌ସନ୍, 'ମଧ୍ୟାହ୍ନର ଅନ୍ଧକାର' ଉପନ୍ୟାସର ସେଠ୍ ଜଗଦୀଶଲାଲ, 'ନିଷ୍ଫଳ ପୃଥିବୀ' ଉପନ୍ୟାସର ଦେବକିଶାନ ବାବୁ ଜଣେଜଣେ ଶିଳ୍ପୋଦ୍ୟୋଗୀ ଚରିତ୍ର। 'ସୁନାର ଓଡିଶା' ଉପନ୍ୟାସର ମୁଖ୍ୟ ଚରିତ୍ର ଅରୁଣ ଜଣେ ଯୁବ ଇଞ୍ଜିନିୟର ଭାବରେ ଓଡିଶାର ପ୍ରାକୃତିକ ସମ୍ପଦକୁ ନେଇ ସୁନାର ଓଡିଶାରେ ପରିବର୍ତ୍ତନ କରିବା ପାଇଁ

ଚେଷ୍ଟିତ। ଏହି ପ୍ରଚେଷ୍ଟାରେ ତାଙ୍କୁ ସାହାଯ୍ୟ କରିଛନ୍ତି ତାଙ୍କର ପ୍ରେମିକା ଆଭାଙ୍କ ପିତା, ବିଶିଷ୍ଟ ଶିଳ୍ପପତି ଜେମ୍‌ସ ମାଇକେଲ୍‌ସନ ଏବଂ ଅନ୍ୟାନ୍ୟ କେତେକ ଶିଳ୍ପପତି। ଉପନ୍ୟାସଟିରେ ହାଜରା ଚରିତ୍ର ମାଧ୍ୟମରେ ଭାରତୀୟ ସଂସ୍କୃତିରେ ଅପସଂସ୍କୃତିର ପ୍ରଭାବ ଅବଲୋକନ କରାଯାଇଛି। 'ନିଶ୍ଚଳ ପୃଥିବୀ' ଉପନ୍ୟାସର ରାମ କିଶାନ, 'ମଧ୍ୟାହ୍ନର ଅନ୍ଧକାର' ଉପନ୍ୟାସର ଶେଠ୍ ଜଗଦୀଶ ଲାଲ୍, ମଦନ ଲାଲ, ଡିରେକ୍ଟର ତ୍ରିବେଦୀ ଚରିତ୍ର ମାଧ୍ୟମରେ ଶିଳ୍ପ ବ୍ୟବସ୍ଥାରେ ଦୁର୍ନୀତି ପ୍ରୟୋଗ କରାଯାଇଥିବାବେଳେ କେତେକ ଡାକ୍ତର ଚରିତ୍ରମାନଙ୍କ ଦ୍ୱାରା ଚିକିତ୍ସା ବିଜ୍ଞାନକ୍ଷେତ୍ରରେ କେତେକ ନୂତନ ପଦ୍ଧତିର ପ୍ରୟୋଗ ଏବଂ ମନୁଷ୍ୟର ବିଭିନ୍ନ ରୋଗଜନିତ ସମସ୍ୟାକୁ ସଂପୂର୍ଣ୍ଣ ଭାବରେ ତିରୋହିତ କରିବାର ପ୍ରଚେଷ୍ଟା କରାଯାଇଛି। ରମେଶ ପଟେଲ ଚରିତ୍ର ମାଧ୍ୟମରେ ଜଣେ ଆଦର୍ଶ ବୈଜ୍ଞାନିକର କର୍ତ୍ତବ୍ୟ ବୋଧ ହୋଇଛି ଦୃଶ୍ୟାୟିତ। 'ଚନ୍ଦ୍ରର ମୃତ୍ୟୁ' ଉପନ୍ୟାସରେ ପୁରୁଷ ଚରିତ୍ରରେ ଉପସ୍ଥିତ ହୁଅନ୍ତି ଗବେଷକ ରମେଶ, ସତୀଶ ମୁଖାର୍ଜୀ ଏବଂ ଭେଙ୍କଟ ରମଣ ଏବଂ କଥାବସ୍ତୁର ଅନ୍ୟ ପାର୍ଶ୍ୱରେ ଉତ୍କଳାବର୍ତ୍ତ ଏବଂ କେବଳ ପ୍ରାୟ ଜଣେ ଜଣେ ସ୍ୱତନ୍ତ୍ର ଚରିତ୍ର। 'ମୃତ୍ୟୁ ଏକ ମାତୃତ୍ୱର' ଉପନ୍ୟାସରେ ମୁଖ୍ୟ ଚରିତ୍ର ଅତନୁ ଜଣେ କ୍ୟାନସର ବିଶେଷଜ୍ଞ ଭାବରେ ଚିକିତ୍ସା ବିଜ୍ଞାନ କ୍ଷେତ୍ରରେ ପ୍ରଭୁତ ଉନ୍ନତିକୁ ଦୃଶ୍ୟାୟିତ କରାଇଥିବା ସ୍ଥଳେ ଉପନ୍ୟାସର ଅନ୍ୟ ପୁରୁଷ ଚରିତ୍ର ରଣେନ୍ଦ୍ର ପଟ୍ଟନାୟକ ଏବଂ ଫାଦର ଜଣେଜଣେ ପ୍ରଭାବଶାଳୀ ଚରିତ୍ର ଭାବରେ ନିଜସ୍ୱ କର୍ତ୍ତବ୍ୟବୋଧକୁ ପ୍ରକାଶ କରିଛନ୍ତି। 'ନିସ୍ତବ୍ଧ ଗୋଧୂଳି' ଉପନ୍ୟାସରେ ବହୁପୁରୁଷ ଚରିତ୍ରର ସମାବେଶ ଘଟିଥିବା ପରିଲକ୍ଷିତ। ଦେବସ୍ମାନ ଚରିତ୍ର ମାଧ୍ୟମରେ ବିଜ୍ଞାନ-ପ୍ରେମୀ, ଶୃଙ୍ଖଳାବାଦୀ, ଆଦର୍ଶବାଦୀ ଚରିତ୍ରର ପରାକାଷ୍ଠା ପ୍ରତିପାଦିତ। ଅନ୍ୟାନ୍ୟ ପୁରୁଷ ଚରିତ୍ରରେ ଉପବିଷ୍ଟ ହୋଇଛନ୍ତି ଡିପିଆଇ ଶାନ୍ତନୁ ମହାପାତ୍ର, ଶିକ୍ଷାମନ୍ତ୍ରୀ ଅଧ୍ୟାପକ ନାରାୟଣ ବାବୁ , ଡେପୁଟି ସେକ୍ରେଟାରୀ ମିଷ୍ଟର ସିହ୍ନା, ମି. ପ୍ରହରାଜ, ଜିଲ୍ଲାପାଳ ପ୍ରେମନାଥ ଓଝା, ବିଡିଓ ରାମକୃଷ୍ଣ ବାବୁ, ରାଧେଶ୍ୟାମଜୀ, ଜିଲ୍ଲା ମାଜିଷ୍ଟ୍ରେଟ୍ ଗୌତମକର, ମି.ଶ୍ରୀବାସ୍ତବ, ହରିବାବୁ ଆଦି ଚରିତ୍ର ସାଂପ୍ରତିକ ସମାଜର ପ୍ରତିଛବିକୁ ଦୃଶ୍ୟାୟିତ କରାଇବାରେ ସମର୍ଥ ହୋଇଛନ୍ତି। 'ଡାଇନୋସର୍‌ର ହସ' ଉପନ୍ୟାସର ରଜତ ଶ୍ରୀବାସ୍ତବ ଜଣେ ବୈଜ୍ଞାନିକ ଭୂମିକାରେ ଅବତୀର୍ଣ୍ଣହୋଇ ବୈଜ୍ଞାନିକ ଗବେଷଣାର ନୂତନ କୃତିତ୍ୱ ଟିସ୍ୟୁ କଲ୍‌ଚର ପଦ୍ଧତିରେ ଡାଇନୋସର୍‌ର ସୃଷ୍ଟି ସମ୍ଭବ କରିପାରିଛନ୍ତି। ଉକ୍ତ ଉପନ୍ୟାସର ଡେଭିଡ୍ ଚରିତ୍ର ମାଧ୍ୟମରେ ଦ୍ୱନ୍ଦ ସୃଷ୍ଟି ହୋଇଥିବାବେଳେ ମଦନ ବାବୁ ଚରିତ୍ର କାହାଣୀକୁ ଗତିଶୀଳ କରାଇବାରେ ସହାୟ ହୋଇଛନ୍ତି। ସେହିପରି ନୃସିଂହଚରଣ ପଣ୍ଡାଙ୍କ 'ଦଗ୍ଧ ଗୋଲାପର ଚିରବସନ୍ତ'

ଉପନ୍ୟାସର ବିଶ୍ୱଜିତ ପଟ୍ଟନାୟକ, ଦେବକାନ୍ତ ମିଶ୍ରଙ୍କ 'କୃତ୍ରିମ ମଣିଷ' ଉପନ୍ୟାସର ବିଜୟ କୁମାର, ଅଶୋକ କୁମାର, ଜ୍ୟୋତିର୍ମୟୀ ମହାନ୍ତିଙ୍କ 'ମୃତ୍ୟୁର ତ୍ରିଭୁଜ' ଉପନ୍ୟାସର ଡକ୍ଟର ଡାଉନ୍, 'ବରଫ ତଳୁ ଜୀବନ' ଉପନ୍ୟାସର ଡ. ତୁହିନ କାନ୍ତ, ପ୍ରମୋଦ କୁମାର ମହାପାତ୍ରଙ୍କ 'ବିସ୍ଫୋରତି ପୃଥିବୀ' ଉପନ୍ୟାସର ଡେଭିଡ୍ ଆଦି ଜଣେ ଜଣେ ବୈଜ୍ଞାନିକ ଭାବରେ ଆଦର୍ଶ ବ୍ୟକ୍ତିତ୍ୱର ପରାକାଷ୍ଠା ନେଇ ବିଶ୍ୱର ଉନ୍ନତି ସକାଶେ ସୁଚିନ୍ତିତ ଗବେଷଣାରେ କାହାଣୀରେ ଉପସ୍ଥିତ ହୋଇଛନ୍ତି ।

ସାଂପ୍ରତିକ ସମାଜର ରାଜନୀତିକ ବ୍ୟବସ୍ଥାର ନିଛକ ରୂପ ଦୃଶ୍ୟାୟିତ ହେବା ସହିତ ଶସ୍ତା ରାଜନୀତିଜ୍ଞମାନଙ୍କ ହୀନକାର୍ଯ୍ୟ ବ୍ୟବସ୍ଥାର ବଳିଷ୍ଠ ପ୍ରତିଭୂ ଭାବରେ ଛିଡା ହୋଇଛନ୍ତି, 'ଦଗ୍ଧ ଗୋଲାପର ଚିରବସନ୍ତ' ଉପନ୍ୟାସର ପ୍ରତିରକ୍ଷା ମନ୍ତ୍ରୀ ଶ୍ରୀ ବାବୁ ଭାଇ ଏବଂ 'କୃତ୍ରିମ ମଣିଷ' ଉପନ୍ୟାସର ପ୍ରଧାନମନ୍ତ୍ରୀ, ଦେଶରକ୍ଷାମନ୍ତ୍ରୀ ଚରିତ୍ର, ଅନ୍ୟ କେତେକ ପୁରୁଷ ଚରିତ୍ର ରାମସ୍ୱାମୀ, ସୁବ୍ରମନିୟମ୍ ଚରିତ୍ରମାନଙ୍କ ଦ୍ୱାରା ଅର୍ଥ ଲୋଭରେ ମନୁଷ୍ୟ କିପରି ନିଜ ଦେଶର କ୍ଷତି ସାଧନ କରିବାକୁ ପଛାଏ ନାହିଁ ତାହା ଅନୁମେୟ ହୋଇଥାଏ । ଜ୍ୟୋର୍ତିମୟୀ ମହାନ୍ତିଙ୍କ 'ମୃତ୍ୟୁର ତ୍ରିଭୁଜ' ଉପନ୍ୟାସର ଅମ୍ଳାନ, ଡ. କେପ୍ଲର୍, 'କଲମି-ମଣିଷ' ଉପନ୍ୟାସର ଅଭିଷେକ, ଅରିନ୍ଦମ, ମି. ଶର୍ମା, ପ୍ଳାବନ, ଦିଗନ୍ତ ବାବୁ ଏବଂ ପିଙ୍କୁଲ୍ ଆଦି ଜଣେ ଜଣେ ସ୍ୱତନ୍ତ୍ର ଚରିତ୍ର । ଅଭିଷେକ ଚରିତ୍ର ମାଧ୍ୟମରେ ଗବେଷଣା କ୍ଷେତ୍ରରେ କଲମି ମଣିଷ ପଦ୍ଧତିର ସଫଳତାକୁ ଦର୍ଶାଯାଇଥିବା ସ୍ଥଳେ ଅନ୍ୟପକ୍ଷରେ ଦାମ୍ପତ୍ୟ ଜୀବନ ସହିତ ସାଲିସ କରିପାରିନଥିବା ଜଣେ ଏକଲା ମଣିଷ ହେଉଛନ୍ତି ଅଭିଷେକ । ଜଣେ ଆଦର୍ଶ ବ୍ୟକ୍ତିତ୍ୱର ଅଧିକାରୀ ହୋଇଛନ୍ତି ଦିଗନ୍ତ ଚରିତ୍ର । ଅରିନ୍ଦମ, ମି. ଶର୍ମା ଚରିତ୍ର ମାଧ୍ୟମରେ ସାମାଜିକ ଜୀବନର ବନ୍ଧୁତ୍ୱର ପ୍ରତିଛବି ଦୃଶ୍ୟାୟିତ ।

ଉକ୍ତ ଆକଳନରୁ ଜ୍ଞାତହୁଏ ବୈଜ୍ଞାନିକ ଉପନ୍ୟାସର ପ୍ରତ୍ୟେକ ପୁରୁଷ ଚରିତ୍ର ସାଂପ୍ରତିକ ସ୍ଥିତିକୁ ନେଇ ପ୍ରତ୍ୟେକ କ୍ଷେତ୍ରରେ ନିଜସ୍ୱ ପାରଦର୍ଶିତା ଏବଂ ଜନଜୀବନ ଶୈଳୀକୁ ଦର୍ଶାଇବାରେ ସମର୍ଥ ମନେହୋଇଛନ୍ତି । ମୁଖ୍ୟ ଚରିତ୍ର ସହ ପ୍ରଭାବଶାଳୀ ଚରିତ୍ର, ଗୌଣ ଚରିତ୍ର ଭୂମିକାରେ ଉପସ୍ଥିତ ହୋଇ କାହାଣୀର ପୂର୍ଣ୍ଣ ଉଦ୍ଦେଶ୍ୟକୁ ପାଠକ ନିକଟରେ ପ୍ରକାଶ କରିବାରେ ଯଥେଷ୍ଟ ସହାୟ ହୋଇଛନ୍ତି । ସମତଳ, ବୃତ୍ତାକାର ଏବଂ ଗତିଶୀଳ ଲକ୍ଷଣ ହିଁ ଚରିତ୍ରମାନଙ୍କଠାରୁ ପ୍ରସ୍ଫୁଟିତ ହୋଇଛି ।

ବିଜ୍ଞାନକୁ ଭିତ୍ତିକରି ସଂପ୍ରତି ସମାଜ ଯେପରି ଭାବରେ ଗତିକରୁଛି ତାହା ଆମର ସମାଜିକ ଜୀବନକୁ ମଧ୍ୟ ପ୍ରଭାବିତ କରୁଛି । ସେହି ଆଧାରରେ ଚରିତ୍ରଗୁଡିକର ଚିତ୍ରଣ ମଧ୍ୟ କରାଯାଇଛି । ବିଜ୍ଞାନ ସଭ୍ୟତାରେ ଆତଯାତ କରୁଥିବା ମଣିଷମାନଙ୍କର ବାସ୍ତବ ରୂପ ଦେବାପାଇଁ ଚରିତ୍ରର ଆତ୍ମିକ ସତ୍ତାକୁ ନାରୀ ପୁରୁଷ ଭେଦରେ ଚରିତ୍ରର

ସଂଯୋଜନା କରି ମାନସିକ, ସାମାଜିକ, ବୈଜ୍ଞାନିକ ଚିନ୍ତାଚେତନା, ଭାବ ଭାବନାକୁ ସମାଜ ସମ୍ମୁଖରେ ଜୀବନ୍ତ ଭାବରେ ଉପସ୍ଥାପିତ କରିଛନ୍ତି ଉପନ୍ୟାସଗୁଡିକ।

ପରିବେଶ :

ମନୁଷ୍ୟ ଯେଉଁଠାରେ ବାସକରେ ତାର ପାରିପାର୍ଶ୍ୱିକ ଅବସ୍ଥିତି, ପରିସ୍ଥାନ ତଥା ତାର ଜୀବନଶୈଳୀ ନିର୍ଭରକରେ ପରିବେଶ ଉପରେ। ପରିବେଶକୁ ବାଦ୍ ଦେଲେ ମନୁଷ୍ୟର ଅବସ୍ଥିତି ଯେପରି ଅସମ୍ଭବ, ସେହିପରି ଉପନ୍ୟାସ କ୍ଷେତ୍ରରେ ଘଟଣା, ଚରିତ୍ରର ପଶ୍ଚାତ୍‌ଭାଗରେ ନିହିତଥିବା ପ୍ରାକୃତିକ ପରିବେଷ୍ଟନୀର ଅନୁଭବ ଯଦି ପାଠକ ନିକଟରେ ଚିତ୍ରକଳ୍ପନା ସୃଷ୍ଟି ନକରେ ତାହାହେଲେ ଉପନ୍ୟାସଟି ଜୀବନ୍ତ ହେବାରୁ ହୋଇଥାଏ ବଞ୍ଚିତ। ତେଣୁ ଲେଖକ ଘଟଣା ଏବଂ ଚରିତ୍ରକୁ ବାସ୍ତବ କରିବା ପାଇଁ ପରିବେଶର ସୁସଂଯୋଜନା ଉପରେ ବିଶେଷ ଭାବରେ ଗୁରୁତ୍ୱ ଆରୋପ କରି ତଦନୁରୂପ ପରିବେଶ ସୃଷ୍ଟି କରିଥାନ୍ତି। ଯାହାଦ୍ୱାରା କାହାଣୀ ପ୍ରାକୃତିକ ପରିବେଶର ସୁସଂଯୋଜନାରେ ଅଧିକ ରମଣୀୟ ହେବା ସହିତ ପ୍ରଭାବଶାଳୀ ମଧ୍ୟ ହୋଇଥାଏ। କାହାଣୀ ଘଟିଥିବା ସମୟ, ପାରିପାର୍ଶ୍ୱିକ ସାମାଜିକ ଜୀବନଧାରାର ଅବସ୍ଥିତି ଏଥିରେ ହୁଏ ରୂପାୟିତ। ଲେଖକର ବର୍ଣ୍ଣନା ଶକ୍ତିର ପରିଚୟ ଦୃଷ୍ଟି ଗୋଚର ହେବା ସହିତ ଉପନ୍ୟାସ ଅନୁଯାୟୀ ବାସ୍ତବିକ ପରିସ୍ଥିତି ଓ ଚିନ୍ତାଧାରା ଏଥିରେ ହୋଇଥାଏ ପରିସ୍ଫୁଟ। ଉପନ୍ୟାସର ଆଭିମୁଖ୍ୟ ଯଦି ପରିବେଶରେ ସାମଞ୍ଜସ୍ୟ ନଥାଏ ତା ହେଲେ ଉପନ୍ୟାସଟି ସଂପୂର୍ଣ୍ଣତା ପାଇପାରେ ନାହିଁ ଏବଂ ବିଭିନ୍ନ ସ୍ଥାନର ବର୍ଣ୍ଣନା ସମୟରେ ପରିବେଶର ବିଶେଷତ୍ୱ ପାଠକକୁ ଆକର୍ଷିତ କରିପାରେ ନାହିଁ। ଉପନ୍ୟାସର ସୌନ୍ଦର୍ଯ୍ୟ ବୃଦ୍ଧି ସହ ସାର୍ଥକତା ନିର୍ଭର କରେ ପରିବେଶ ଉପରେ। ଓଡିଆ ଉପନ୍ୟାସ ଜଗତରେ ଫକୀରମୋହନଙ୍କଠାରୁ ଆରମ୍ଭ କରି କାଳିନ୍ଦୀ ଚରଣ, କାହ୍ନୁଚରଣ, ଗୋପୀନାଥ ମହାନ୍ତି ଆଦି ସ୍ରଷ୍ଟାଙ୍କ ଉପନ୍ୟାସଗୁଡିକରେ ଜୀବନ୍ତ ପରିବେଶ ବର୍ଣ୍ଣନା ପାଠକର ଦୃଷ୍ଟିବୋଧକୁ ଏବେବି ଆକର୍ଷିତ କରିବାରେ ହୋଇପାରିଛି ସକ୍ଷମ। ବିଶେଷ ଭାବରେ ଉପନ୍ୟାସ ଅନୁଯାୟୀ ପାଠକର ଅନୁଭୂତିରେ ପରିବେଶର ପରିସ୍ଫୁଟନହିଁ ଉପନ୍ୟାସର କ୍ଷେତ୍ରକୁ ଦୃଶ୍ୟାୟିତ କରାଇ ଦେଇଥାଏ । ତେଣୁ ଉପନ୍ୟାସର ପ୍ରାରମ୍ଭିକ ପୃଷ୍ଠଭୂମି ଯେହେତୁ ସମାଜ ଉପରେ ନିର୍ଭର କରେ, ବୈଜ୍ଞାନିକ ଉପନ୍ୟାସ ହେଲେ ମଧ୍ୟ ଏହାର ପରିବେଶ ସମାଜ ସହିତ ଥାଏ ସଂଶ୍ଳିଷ୍ଟ। ବିଜ୍ଞାନ ଭିତ୍ତିକ ସାମାଜିକ ଅଭିବୃଦ୍ଧିରେ ଉପନ୍ୟାସଗୁଡିକ ଅଗ୍ରଗତି କଲେ ହେଁ ପରିବେଶର ଜୀବନ୍ତ ଚିତ୍ର ହୋଇଛି ସଂଯୋଜିତ। ପ୍ରାୟତଃ ବୈଜ୍ଞାନିକ ଉପନ୍ୟାସର ପରିବେଶ ପାଶ୍ଚାତ୍ୟ ପଟ୍ଟଭୂମିରେ ପର୍ଯ୍ୟବସିତ ହେବା ସହିତ ପ୍ରାଚ୍ୟ ପରିବେଶର ଅବସ୍ଥିତି ମଧ୍ୟ ନିହିତ।

ଗୋକୁଳାନନ୍ଦ ମହାପାତ୍ରଙ୍କ 'ପୃଥିବୀ ବାହାରେ ମଣିଷ'ଠୁ ଆରମ୍ଭ କରି 'ଡାଇନୋସର୍‌ର ହସ' ଉପନ୍ୟାସ ପର୍ଯ୍ୟନ୍ତ ସଂଯୋଜିତ ହୋଇଥିବା ପରିବେଶ କେତେବେଳେ ପ୍ରକୃତିର ଅପରୂପ ସୌନ୍ଦର୍ଯ୍ୟରେ ଉଦ୍‌ଭାସ ହୋଇଛି ତ ଆଉ କେତେବେଳେ ବୈଜ୍ଞାନିକ ପରିବେଶ ସୃଷ୍ଟି କରିବାରେ ହୋଇଛି ସହାୟ। ପୁଣି କେତେବେଳେ ସମାଜର ବାସ୍ତବତାକୁ ପାଠକ ସାମ୍ନାରେ କରିଛି ରୂପାୟିତ। 'ପୃଥିବୀ ବାହାରେ ମଣିଷ' ଉପନ୍ୟାସରେ ଅଧ୍ୟାପକ ରିଚାର୍ଡସନ୍ ଏବଂ ଲରା ମଙ୍ଗଳଗ୍ରହକୁ ଯିବାପାଇଁ ବାରକୋଲିୟମ୍ ଦ୍ୱାରା ଯେଉଁ ପରମାଣୁଯାନ ପ୍ରସ୍ତୁତ କରି ଗମନ କରିଛନ୍ତି ଏବଂ ପୃଥିବୀର ସମ୍ଭାବନାକୁ ଦର୍ଶାଇଛନ୍ତି ଯଥା – ବୈଜ୍ଞାନିକମାନଙ୍କ ଦ୍ୱାରା ସାଂଶ୍ଳେଷିକ ପଦ୍ଧତିରେ ବିଭିନ୍ନ ପଦାର୍ଥର ଉତ୍ପାଦନ, ବିଭିନ୍ନ ବୈଜ୍ଞାନିକ ଆବିଷ୍କାର, ଉଦ୍‌ଭାବନ ଉପନ୍ୟାସଟିରେ ବୈଜ୍ଞାନିକ ପରିବେଶ ସୃଷ୍ଟି କରିବାରେ ହୋଇଛି ସହାୟ । ସେହିପରି 'କୃତ୍ରିମ ଉପଗ୍ରହ' ଉପନ୍ୟାସରେ କୃତ୍ରିମ ଉପଗ୍ରହ ତିଆରିକରି ବୈଜ୍ଞାନିକମାନେ ମହାକାଶକୁ ପ୍ରେରଣା ସମ୍ପର୍କିତ ବର୍ଣ୍ଣନା ବାସ୍ତବ ସହ କଳ୍ପନାର ସମ୍ମିଶ୍ରଣରେ ଜୀବନ୍ତ ଭାବରେ ହୋଇଛି ରୂପାୟିତ। କୃତ୍ରିମ ଉପଗ୍ରହ ତିଆରିପାଇଁ ମାନମନ୍ଦିରକୁ ସ୍ଥାନ ବିଶେଷ ଗ୍ରହଣ କରିଛନ୍ତି। ଲେଖକଙ୍କ ଉକ୍ତିରେ- "ଲେନିନ୍ ମାନମନ୍ଦିର ଖାଲି ଯେ ରାଷ୍ଟ୍ରର ଗୌରବ ନୁହେଁ, ସାରା ପୃଥିବୀର ମଧ୍ୟ ଗୌରବ। ଅଢେଇ ଶହ ଇଞ୍ଚ ବ୍ୟାସ ବିଶିଷ୍ଟ ଯେଉଁ ବିରାଟ ଦୂରବୀକ୍ଷଣ ଯନ୍ତ୍ର ପ୍ରତିଷ୍ଠା କରାଯାଇଛି ତାହା ରାଷ୍ଟ୍ରର ଇଞ୍ଜିନିୟରିଂ କୌଶଳର ଏକ ଜ୍ୱଳନ୍ତ ବୈଜ୍ଞାନିକ ପରାକାଷ୍ଠା। ତାର କୃତ୍ରିମ ଆକାଶମଣ୍ଡଳ, ତାର ଦୁଇଟି ବିରାଟ କକ୍ଷଭିତରେ ସାରାଆକାଶମଣ୍ଡଳ ଦୁଇଭାଗରେ ବିଭକ୍ତ ହୋଇ ପ୍ରତ୍ୟେକ କକ୍ଷରେ ଗୋଟିଏ ଗୋଟିଏ ଭାଗ ପ୍ରତିଷ୍ଠା କରାଯାଇଛି। କକ୍ଷ ଦୁଇଟିର ଛାତ କୃଷ୍ଣବର୍ଣ୍ଣ ଅର୍ଦ୍ଧ ଗୋଲାକାର ବିଶିଷ୍ଟ। ଛାତରେ ସ୍ଥାନେ ସ୍ଥାନେ ଆଲୋକ ବିନ୍ଦୁ ଦିଆଯାଇ ଆକାଶର ଜ୍ୟୋତିଷ୍କମାନଙ୍କର ଧାରଣା ଦିଆଯାଇଛି।"[୩]

'ଚନ୍ଦ୍ରର ମୃତ୍ୟୁ' ଉପନ୍ୟାସରେ ମଧ୍ୟ କେତେଗୁଡିଏ ସ୍ଥାନରେ ବୈଜ୍ଞାନିକ ପରିବେଶର ଉଲ୍ଲେଖ ରହିଛି । ମାଧ୍ୟାକର୍ଷଣ ଶକ୍ତିର ପ୍ରଭାବ ଅନୁଯାୟୀ ମନୁଷ୍ୟର ଅବସ୍ଥିତି, ବାୟୁ ଜଳର ଉତ୍କଟ ଅଭାବରେ ଚନ୍ଦ୍ରାଲୋକର ଅବସ୍ଥା ସଂପୂର୍ଣ୍ଣ ଭାବରେ ବୈଜ୍ଞାନିକ ପରିବେଶ ଉପରେ ନିର୍ଭର କରିଛି। ବୈଜ୍ଞାନିକ ପ୍ରତିବସ୍ତୁ ନିୟମ ଅନୁସାରେ ମହାକାଶ ଅବସ୍ଥିତି ଉଲ୍ଲେଖ କରି ଲେଖକ ପ୍ରକାଶ କରିଛନ୍ତି- "ପ୍ରତିବସ୍ତୁ ଜଗତର ସମୟ ଆଗକୁ ନ ଯାଇ ପଛକୁ ଗତି କରେ; ଜଳ ଉପରୁ ତଳକୁ ବହି ନଯାଇ ତଳୁ ଉପରକୁ ଗତି କରେ; ସେହି ଜଗତର ସମୁଦ୍ର ସବୁଠାରୁ ଉଚ୍ଚସ୍ଥାନ ଓ ପର୍ବତ ସବୁଠାରୁ ନିମ୍ନସ୍ଥାନ। ଆମ ଦୁଇ ଜଗତ ଭିତରେ ପ୍ରାକୃତିକ ନିୟମର ଯଦି ଏତେ ପାର୍ଥକ୍ୟ ପୁରୁଷ

ସ୍ତ୍ରୀର ବାହ୍ୟରୂପକୁ ନିୟନ୍ତ୍ରଣ କରୁଥିବା ପ୍ରାକୃତିକ ନିୟମ ସେହିଭଳି ଅଲଗା ନ ହେବ କାହିଁକି ?"୪

ଚନ୍ଦ୍ର ଏବଂ ପୃଥିବୀର ମାଧ୍ୟାକର୍ଷଣ ଶକ୍ତିର ଭିନ୍ନତା ଅନୁଯାୟୀ ବିଭିନ୍ନ କାର୍ଯ୍ୟ କାରଣ ଲକ୍ଷଣମାନ ଉପସ୍ଥାପନ କରି ବୈଜ୍ଞାନିକ ପରିବେଶର ଅବତାରଣା ଉପନ୍ୟାସଟିରେ ନିହିତ। ସେହିପରି 'ଡାଇନୋସର୍‌ର ହସ' ଉପନ୍ୟାସରେ ରଜତ ଏବଂ ସୁଶାନ ଗବେଷଣା କରୁଥିବା ଆମେରିକାନ କେମ୍ପରେ ଦୃଶ୍ୟାୟିତ ହୋଇଛି ବୈଜ୍ଞାନିକ ପରିବେଶ। ଲେଖକଙ୍କ ଭାଷାରେ ସୁଶାନର ଉକ୍ତିରେ- "ପୁରା ଆମେରିକାନ କେମ୍ପଟି ଚାରିପଟୁ ଆବଦ୍ଧ ହୋଇ ଉପରେ ଓ ତଳେ ପ୍ଲାଷ୍ଟିକ ଛାତ ଓ ଚଟାଣ ଅଛି। ଏହି କେମ୍ପର ରାସ୍ତାଘାଟ, ବଜାର, ହାଟ, ଗବେଷଣାଗାର ଆଦି ସବୁ କିଛି ଗୋଟିଏ ଗୋଟିଏ ଛାତ ତଳେ କୃତ୍ରିମ ଚଟାଣ ଉପରେ ରହିଛି। ସବୁଗୁଡିକୁ ସେଣ୍ଟ୍ରାଲ ଏୟାର କଣ୍ଡିସନ୍। ଯିବା ଆସିବାରେ ଅସୁବିଧା ନାହିଁ। କେମ୍ପ ଭିତରେ ଥଣ୍ଡା ମଧ୍ୟ ମୋଟେ ଜଣାପଡେନି।"୫

ଉପନ୍ୟାସଟିରୁ ଅନ୍ୟାନ୍ୟ ବୈଜ୍ଞାନିକ ଆବିଷ୍କାର ଓ ଉଦ୍ଭାବନ ଦ୍ୱାରା ମନୁଷ୍ୟ କିପରି ତାର ସାଧାରଣ ଜୀବନରେ ଉପକୃତ ହୋଇପାରିଛି ତାର ବାସ୍ତବିକ ପରିବେଶ ଉପନ୍ୟାସଟିରେ ଜୀବନ୍ତ ଭାବରେ ବର୍ଣ୍ଣିତ। ଡଃ ଦେବକାନ୍ତ ମିଶ୍ରଙ୍କ 'କୃତ୍ରିମ ମଣିଷ' ଉପନ୍ୟାସରେ ବିଜୟ କୁମାରଙ୍କ ତତ୍ତ୍ୱାବଧାନରେ ଗଢି ଉଠିଥିବା ଗବେଷଣାଗାର, ସେଠାରେ ଖଚିତଥିବା ବୃହଦାକାର ରେଡିଓ ଟେଲିସ୍କୋପ ବା ବେତାର ଦୂରବୀକ୍ଷଣ ଯନ୍ତ୍ର ଏବଂ ଅନ୍ୟାନ୍ୟ ବୈଜ୍ଞାନିକ ଯନ୍ତ୍ର କୌଶଳରେ ଗବେଷାଗାରଟି ବିଜ୍ଞାନ ଭିତ୍ତିକ ପରିବେଶ ସୃଷ୍ଟି କରିଛି। ସେହିପରି ଜ୍ୟୋର୍ତିମୟୀ ମହାନ୍ତିଙ୍କ ' ବରଫ ତଳୁ ଜୀବନ' ଉପନ୍ୟାସରେ ଜିନ ସଂରକ୍ଷଣକୁ ନେଇ ଡ. ତୁହିନ କାନ୍ତଙ୍କ ପ୍ରଚେଷ୍ଟା , ଡ.ପ୍ରମୋଦ କୁମାର ମହାପାତ୍ରଙ୍କ 'ବିସ୍ଫୋରିତ ପୃଥିବୀ' ଉପନ୍ୟାସର ବୈଜ୍ଞାନିକ ଡେଭିଡ୍ ପୃଥିବୀକୁ ଧୂମକେତୁଠାରୁ ରକ୍ଷାକରିବାପାଇଁ ବୈଜ୍ଞାନିକମାନଙ୍କ ସମେତ ସମସ୍ତ ଗବେଷଣାଧର୍ମୀ କାର୍ଯ୍ୟ ତତ୍ପରତା ପରିବେଶକୁ ଜୀବନ୍ତ କରି ଗଢି ତୋଳିବାରେ ସମର୍ଥ ହୋଇଛି।

ବୈଜ୍ଞାନିକ ଉପନ୍ୟାସଗୁଡିକରେ ପାଶ୍ଚାତ୍ୟ ପରିବେଶର ପ୍ରଭାବ ସହିତ କେତେଗୁଡିଏ ରୋମାଣ୍ଟିକ୍ ବାସ୍ତବପୂର୍ଣ୍ଣ ପରିବେଶ ମଧ୍ୟ ସୃଷ୍ଟି ହୋଇଛି। ଲେଖକ ପାଶ୍ଚାତ୍ୟ ଦେଶର ସାମାଜିକ ପରମ୍ପରା ଅନୁଯାୟୀ ପରିଦୃଶ୍ୟମାନ ହେଉଥିବା ବିବାହ ପଦ୍ଧତିରେ ପୁଅଝିଅମାନେ ବିବାହ ପୂର୍ବରୁ କିଏ କାହାକୁ ବିବାହ କରିବେ ସେମାନେ ସ୍ଥିର କରିବା ପାଇଁ ଡେଟିଙ୍ଗ ପ୍ରଥାର ଦୃଶ୍ୟ ଦୃଶ୍ୟାୟିତ ହୋଇଛି ଗୋକୁଳାନନ୍ଦ ମହାପାତ୍ରଙ୍କ 'ସୁନାର ଓଡିଶା' ଉପନ୍ୟାସର ଆଭା ଚରିତ୍ରରେ। ସେହିପରି ଅନୁରୂପ ପରିବେଶ

'ମୃତ୍ୟୁ ଏକ ମାତୃତ୍ୱର' 'ଚନ୍ଦ୍ରର ମୃତ୍ୟୁ' ଉପନ୍ୟାସ କାହାଣୀର ପ୍ରଥମ ଭାଗରେ ରମେଶ ଏବଂ ସେଣ୍ଡି ନିକଟରେ। 'ସୁନାର ଓଡିଶା' ଉପନ୍ୟାସରେ ଲେଖକ ଆଭା ଏବଂ ଅରୁଣ କୁମାରଙ୍କୁ ନେଇ ରୋମାଣ୍ଟିକ୍ ପରିବେଶର ବର୍ଣ୍ଣନା ଜୀବନ୍ତ ଭାବରେ କରିଛନ୍ତି ରୂପାୟିତ। ଟେମ୍‌ସ ନଦୀରେ ନୌକା ବିହାର କାହାଣୀକୁ ପ୍ରକୃତିର ଅପରୂପ ସୌନ୍ଦର୍ଯ୍ୟରେ ସନ୍ନିବେଶିତ କରେଇ ଦେଇଛି। ଦୃଷ୍ଟାନ୍ତ- 'ଦେଖିଛ ଆଭା ଚାରିଆଡେ କି ଅପୂର୍ବ ନୟନରଞ୍ଜନ ଅନୁପମ ସୌନ୍ଦର୍ଯ୍ୟ ସତେ ! ଆବିଳ ସଲିଳା ଟେମ୍‌ସ ନଦୀର ଏହି ଶାନ୍ତ ମନୋହର ଚିତ୍ର ବଡ ହୃଦୟଗ୍ରାହୀ ଆଭା। ମନରେ ଆଣୁଛି କି ଅପୂର୍ବ ଆନନ୍ଦୋଲ୍ଲାସ ଲଣ୍ଡନ ନଗରୀର କୋଳାହଳ ଏଠୁ ଦୂରେଇ ଯାଉଛି।"[୬]

ସେହିପରି 'କୃତ୍ରିମ ଉପଗ୍ରହ' ଉପନ୍ୟାସରେ ମେରିନା ଓ ଆଲେକ୍ସି ଯେତେବେଳେ ପରସ୍ପର ଭେଟ ହୋଇଛନ୍ତି, ସିନେମା ଦେଖିବା ପାଇଁ ଯାଇଛନ୍ତି ତାହା ରୋମାଣ୍ଟିକ୍ ବାସ୍ତବତାକୁ ଦୃଶ୍ୟାୟିତ କରାଇଛି। 'ନିଶ୍ଚଳ ପୃଥିବୀ' ଉପନ୍ୟାସର ରୀତାଦେବୀ ଏବଂ ଦେବକିଶାନ ମଧ୍ୟରେ ସାକ୍ଷାତ, ପରସ୍ପର ପ୍ରତି ପ୍ରେମ, କଥୋପକଥନ ବିବାହ ପରେ ମଶୋରୀ ଗମନ ପ୍ରଭୃତି ଅନୁକୂଳ ପରିବେଶ ସୃଷ୍ଟି କରିଛି। ଜ୍ୟୋତିର୍ମୟୀ ମହାନ୍ତିଙ୍କ 'କଲମି-ମଣିଷ' ଉପନ୍ୟାସରେ ଅଭିଷେକ ଏବଂ ଦିବ୍ୟାଙ୍କ ମଧ୍ୟରେ ସାନ୍ଧ୍ୟ ସମୟର ପ୍ରକୃତିର ଅପରୂପ ସୌନ୍ଦର୍ଯ୍ୟ ସହ ରୋମାଣ୍ଟିକ୍ ବାତାବରଣ ଉପନ୍ୟାସଟିକୁ ବାସ୍ତବଧର୍ମୀ କରି ଗଢିତୋଳିଛି।

ଉପନ୍ୟାସଗୁଡିକରେ ସାଂପ୍ରତିକ ସମାଜର କେତେକ ବ୍ୟବସାୟ ଭିତ୍ତିକ ବାସ୍ତବିକ ପରିବେଶ ଦୃଶ୍ୟାୟିତ। ସଂପ୍ରତି ଶିଳ୍ପ କାରଖାନାର ଦ୍ରୁତ ବିକାଶ, କେତେକ ଶିଳ୍ପପତି ଅସାଧୁ ଉପାୟରେ ଆର୍ଥିକ ଉନ୍ନତି, ନକଲି ଦ୍ରବ୍ୟ ଉତ୍ପାଦନ, ସାଧାରଣ ଲୋକମାନେ ବ୍ୟବହାର ଦ୍ୱାରା ରୋଗବ୍ୟାଧିର ସୃଷ୍ଟି ପୁନଶ୍ଚ ନକଲି ରୋଗ ପ୍ରତିରୋଧର ଔଷଧ ପ୍ରସ୍ତୁତିକରି ଶିଳ୍ପପତିମାନଙ୍କ ପ୍ରଚୁର ଅର୍ଥ ଉପାର୍ଜନର ବାସ୍ତବ ପରିବେଶ ଦୃଶ୍ୟାୟିତ ହୋଇଛି 'ମଧ୍ୟାହ୍ନର ଅନ୍ଧକାର' ଉପନ୍ୟାସର ସେଠ ଜଗଦୀଶ ଲାଲ, କ୍ଲାରା ଦେବୀ ଏବଂ ଡିରେକ୍ଟର ତ୍ରିବେଦୀ ପ୍ରଭୃତି ଚରିତ୍ରମାନଙ୍କ ପ୍ରସଙ୍ଗରେ। କିନ୍ତୁ ଦେଶର ପ୍ରଗତିକୁ ନେଇ ଶିଳ୍ପ ବିକାଶର ପ୍ରାଧାନ୍ୟତା, ଶିଳ୍ପକାରଖାନାଠୁ ପ୍ରାରମ୍ଭ କରି ଶ୍ରମିକମାନଙ୍କ ପର୍ଯ୍ୟନ୍ତ ସୁବ୍ୟବସ୍ଥା 'ନିଶ୍ଚଳ ପୃଥିବୀ' ଉପନ୍ୟାସର ରୀତା ଦେବୀ ଏବଂ ଦେବ ବାବୁଙ୍କ ପ୍ରସଙ୍ଗରେ ହୋଇଛି ବର୍ଣ୍ଣିତ। ବ୍ୟବସାୟ କ୍ଷେତ୍ରରେ ମଧ୍ୟ କେତେକ ଖଳ ଏବଂ ସଚ୍ଚୋଟ ଚରିତ୍ରର ଘଟିଛି ସମାବେଶ। ଦେବ ବାବୁଙ୍କ ପରେ ତାଙ୍କ ଶିଳ୍ପ ବ୍ୟବସ୍ଥାରେ ଦୁର୍ନୀତିପୂର୍ଣ୍ଣ ପରିବେଶ ସୃଷ୍ଟିହୋଇଛି ପୁତ୍ର ରାମକିଶାନଙ୍କୁ ନେଇ। ସାଂପ୍ରତିକ ରାଜନୈତିକ ନେତାମାନେ ମନ୍ତ୍ରୀ ହେଲାପରେ କାରଖାନାର ମାଲିକମାନଙ୍କଠାରୁ କିପରି ଟଙ୍କା ନେଇ

ଦୁର୍ନୀତିପୂର୍ଣ୍ଣ କାର୍ଯ୍ୟର ସୁଯୋଗ ଦେଇଛନ୍ତି ତାହାର ବାସ୍ତବ ବର୍ଣ୍ଣନା 'ନିଶ୍ଚଳ ପୃଥିବୀ' ଉପନ୍ୟାସର ରାମକିସାନ ଚରିତ୍ର ପ୍ରସଙ୍ଗରେ ପରିଦୃଷ୍ଟ । ସେହିପରି ଦୁର୍ନୀତି କ୍ଷେତ୍ରରେ ଅନ୍ୟ କେତେଗୁଡିଏ ନିଛକ ସମାଜର ପ୍ରତିଛବି ହୋଇଛି ଦୃଶ୍ୟାୟିତ 'ନିସ୍ତବ୍ଧ ଗୋଧୂଳି' ଉପନ୍ୟାସରେ। ବାସ୍ତବିକ ସମାଜରେ ଗୁଣାତ୍ମକ ଶିକ୍ଷା ପରିବର୍ତ୍ତେ ପଣ୍ୟଦ୍ରବ୍ୟରେ ଶିକ୍ଷାର ମୂଲ୍ୟବୋଧ, ଉଚ୍ଚ ଶିକ୍ଷା ବିଭାଗର ଦୁର୍ନୀତି, ସ୍ୱାର୍ଥାନ୍ଧରେ ଗବେଷଣାର ଅପବ୍ୟବହାର, ଉଚ୍ଚପଦସ୍ଥ ଅଫିସରମାନଙ୍କ ଦୁର୍ନୀତିପୂର୍ଣ୍ଣ କାର୍ଯ୍ୟକଳାପ, ନାରୀ ଧର୍ଷଣଠୁ ଆରମ୍ଭ କରି ଲୁଣ୍ଠନ, ଲାଞ୍ଚ ଆଦି ଅପକର୍ମରେ ଲିପ୍ତ ରହିବାର ଦୃଶ୍ୟ, ବଜାରରେ ଘଡି ଓ ସୁନା ଭଳି ଅନ୍ୟାନ୍ୟ ଦ୍ରବ୍ୟର ସ୍ମଗଲିଙ୍ଗ, ଯୌତୁକ ପ୍ରଥା ଯୋଗୁଁ ସାଧାରଣ କନ୍ୟାପିତାଙ୍କ ସମସ୍ୟାର ସମ୍ମୁଖୀନତା ଆଦି ସାମାଜିକ ପରିବେଶର ବାସ୍ତବ ବର୍ଣ୍ଣନା ଦର୍ଶାଇବାରେ ଉପନ୍ୟାସଗୁଡିକ ହୋଇଛି ସମର୍ଥ। ସେହିପରି ଜ୍ୟୋତିର୍ମୟୀ ମହାନ୍ତିଙ୍କ 'କଳମି -ମଣିଷ' ଉପନ୍ୟାସରେ ସାମାଜିକ ଜୀବନରେ ନାରୀର ସ୍ଥିତି, ଅନ୍ୟର କୁଦୃଷ୍ଟିରୁ ନିଜକୁ ଦୂରେଇ ରଖିବାର ପ୍ରଚେଷ୍ଟା ଆଦି ବାସ୍ତବ ପରିବେଶ ପରିସ୍ଫୁଟ ହୋଇଛି ଦିବ୍ୟାର ଜୀବନ ଯାତ୍ରାରେ । ରାଜନୀତି କ୍ଷେତ୍ରରେ ମଧ୍ୟ ଜୀବନ୍ତ ପରିବେଶ ଦୃଶ୍ୟାୟିତ ହୋଇଛି । ରାଜନୀତି ଦ୍ୱାରା ଶିକ୍ଷା କ୍ଷେତ୍ରରେ ଦୁର୍ନୀତିକୁ ସମୂଳେ ବିନାଶ କରି ଉନ୍ନୟନମୂଳକ, ମୂଲ୍ୟବୋଧ ଭିତ୍ତିକ ଶିକ୍ଷାର ପ୍ରସାର କରିବାପାଇଁ ଦେବସ୍ମାନ ଭଳି ଉଚ୍ଚଶିକ୍ଷା ମନ୍ତ୍ରୀର କାର୍ଯ୍ୟପ୍ରବଣତା ସଂପୂର୍ଣ୍ଣଭାବରେ ବାସ୍ତବିକତାକୁ ସ୍ପର୍ଶ କରିଛି। ରାଜନୀତିର ଅନ୍ୟରୂପ ମଧ୍ୟ ପ୍ରଦର୍ଶିତ ହୋଇଛି ନୃସିଂହ ଚରଣ ପଣ୍ଡାଙ୍କ 'ଦଗ୍ଧ ଗୋଲାପର ଚିରବସନ୍ତ' ଉପନ୍ୟାସରେ। ପ୍ରତିରକ୍ଷା ମନ୍ତ୍ରୀଙ୍କ ଦୁର୍ନୀତିଗ୍ରସ୍ତ ଚିନ୍ତାଧାରା ବୈଜ୍ଞାନିକ ବିଶୁ ବାବୁଙ୍କ ଜୀବନକୁ ସମୂଳେ ଧ୍ୱଂସ ବିଧ୍ୱସ୍ତ କରି ପକାଇଛି କିନ୍ତୁ ଆଦର୍ଶର ହିଁ ବିଜୟ ହୋଇଛି। ସଚ୍ଚୋଟତା ସହ ବିଶୁ ବାବୁ ଜେଲ୍‌ରୁ ଖଲାସ ହୋଇଛନ୍ତି । ଅର୍ଥ ଲୋଭରେ ଦେଶର ରକ୍ଷାକବଚ ସାଜିଥିବା ଦେଶରକ୍ଷା ମନ୍ତ୍ରୀ ମଧ୍ୟ କାଉଫ୍‌ମାନଙ୍କ ସହ ହାତ ମିଳାନ୍ତି । ନିଜସ୍ୱ କ୍ଷତି ସହ ଦେଶର ମଧ୍ୟ କ୍ଷତି କରିବାକୁ ପଛାନ୍ତି ନାହିଁ। ଏହାର ବାସ୍ତବ ରୂପ ପର୍ଯ୍ୟବସିତ ହୋଇଛି ଦେବକାନ୍ତ ମିଶ୍ରଙ୍କ 'କୃତ୍ରିମ ମଣିଷ' ଉପନ୍ୟାସରେ। ବୈଜ୍ଞାନିକମାନେ ଗବେଷଣାକୁ ମଧ୍ୟ ରାଜନୀତି କ୍ଷେତ୍ରରେ କିପରି ବ୍ୟବସାୟ ଭାବରେ ଗ୍ରହଣ କରିଛନ୍ତି ତାହାର ରୂପ ଡିରେକ୍ଟର ସୁବ୍ରମନିୟମ ଏବଂ ଦେଶ ରକ୍ଷାମନ୍ତ୍ରୀଙ୍କ ପ୍ରସଙ୍ଗରୁ ହୋଇଛି ଉଦ୍‌ଭାସ।

ବୈଜ୍ଞାନିକ ଉପନ୍ୟାସଗୁଡିକ ସମାଜର ବିଭିନ୍ନ ରୂପ ଏବଂ ପରିବେଶକୁ ଦୃଶ୍ୟାୟିତ କରିବା ସହିତ ସାମାଜିକ ଜୀବନରେ ସୁଗୃହିଣୀମାନଙ୍କ ପରମ କର୍ତ୍ତବ୍ୟକୁ ଦୃଶ୍ୟାୟିତ କରାଇଛି। ସ୍ୱାମୀ ସ୍ତ୍ରୀର ଦାମ୍ପତ୍ୟ ସମ୍ପର୍କରେ ବାସ୍ତବ ଚିତ୍ର ମଧ୍ୟ ଉତ୍‌ଥାପନ

କରିଛି । 'ମଧ୍ୟାହ୍ନର ଅନ୍ଧକାର' ଉପନ୍ୟାସରେ ରମେଶ ବାବୁଙ୍କ ପତ୍ନୀ ଉଷା ଅସୁସ୍ଥ ଥିବା ସମୟରେ ରମେଶ ବାବୁ କହିଛନ୍ତି - "ତୁମକୁ କିପରି ଲାଗୁଛି ଉଷା ; ଉଷା ଦେବୀଙ୍କ ମୁଣ୍ଡରେ ହାତ ବୁଲାଇ ବୁଲାଇ ବଡ ଆବେଗ ମନରେ ପଚାରିଲେ ରମେଶ ବାବୁ।..... ଦେହଟା ଆଜି ଟିକିଏ ଭଲ ଲାଗୁଛି। ତୁମେ ଯେ ଟଙ୍କା ଯୋଗାଡ କରିବା ପାଇଁ ଯାଇଥିଲ, କଣ କେଉଁଠାରୁ କିଛି ପାଇଲ ? ବିଛଣାରେ ଶୋଇ ରହି ପଚାରିଲେ ଉଷାଦେବୀ। କାଇଁ ଉଷା, ଆଜି କିନ୍ତୁ ଯୋଗାଡ ହୋଇ ପାରିଲାନି। ଯାଇଥିଲି ବିନୋଦ ପାଖକୁ, ସେ ଘରେ ନାହିଁ, ଭାବୁଛି ତୁମର ଔଷଧ...।"୭ ସାଧାରଣ ଜୀବନର ବାସ୍ତବ ପରିବେଶ ହୋଇଛି ରୂପାୟିତ। 'ମୃତ୍ୟୁ ଏକ ମାତୃତ୍ୱର' ଉପନ୍ୟାସର ତନୁଶ୍ରୀ , 'ନିସ୍ତବ୍ଧ ଗୋଧୂଳି' ଉପନ୍ୟାସର ଶାନ୍ତି, ଶ୍ରୀମନ୍ତିନୀ ଦେବୀ, 'ନିଶ୍ଚଳ ପୃଥିବୀ' ଉପନ୍ୟାସର ରୀତା 'ଦଗ୍ଧ ଗୋପାଳର ଚିରବସନ୍ତ' ଉପନ୍ୟାସର ମେନକା । ଆଦି ଜଣେ ଜଣେ ସୁଗୃହିଣୀ ହେବା ସହିତ ପାରିବାରିକ ଜୀବନର ବାସ୍ତବିକ ପରିବେଶର ଚିତ୍ର ଏମାନଙ୍କ ଦ୍ୱାରା ହୋଇଛି ଦୃଶ୍ୟାୟିତ ।

ବିଜ୍ଞାନର ନୂତନ ଆବିଷ୍କାର ଏବଂ ଉଦ୍ଭାବନ ଫଳରେ ସାଧାରଣ ଜୀବନରେ ମନୁଷ୍ୟ କୌଣସି ଶାରୀରିକ ପରିଶ୍ରମରୁ ହୋଇଛି ନିବୃତ୍ତ। ଆରାମଦାୟକ ଜୀବନ ଅତିବାହିତ କରିବାରେ ସକ୍ଷମ ହୋଇଛି। ଏହାର ବାସ୍ତବ ପରିବେଶ ଦୃଶ୍ୟାୟିତ ହୋଇଛି 'ନିଶ୍ଚଳ ପୃଥିବୀ' ଉପନ୍ୟାସରେ ରୀତା ଦେବୀ ଘରେ ବ୍ୟବହାର କରୁଥିବା ତ୍ରିପରିସରଯୁକ୍ତ ଟେଲିଭିଜନ୍, ସୁଗନ୍ଧଭରା ଏୟାର କଣ୍ଡିସନ୍, ନୂତନ ଧରଣର ପକେଟ୍ ଟେଲିଭିଜନ୍, ସେହିପରି 'ନିସ୍ତବ୍ଧ ଗୋଧୂଳି' ଉପନ୍ୟାସର ବୈଜ୍ଞାନିକ ରୀତିରେ ଉନ୍ନତ ଚାଷପ୍ରଣାଳୀ , ଭାଷାନ୍ତର କାର୍ଯ୍ୟକାରୀ ଯନ୍ତ୍ରର ବ୍ୟବହାର, 'ଚନ୍ଦ୍ରର ମୃତ୍ୟୁ' ଉପନ୍ୟାସରେ ସାଙ୍ଗରୀନା, କେବଳ ପ୍ରାୟ ଏବଂ ଉଜ୍ଜ୍ୱଳାବର୍ତ୍ତ ବ୍ୟବହାର କରୁଥିବା ଚାଳକ ବିହନ ଯାନ, ଭିଡ଼ିଓଫୋନ ଆଦିର ତଥ୍ୟ ପରିବେଷଣ, 'ଡାଇନୋସରର ହସ' ଉପନ୍ୟାସରେ ସୁଶାନ ବ୍ୟବହାର କରୁଥିବା ଚାର୍ଲି ନାମକ ରୋବଟୀୟ ଚାକର ଭାରତୀୟ ରନ୍ଧା ସଫ୍‌ଟୱେୟାର, କ୍ଳାନ୍ତି ଅପନୋଦନକାରୀ ଯନ୍ତ୍ର ଇତ୍ୟାଦିର ବ୍ୟବହାର ଉପନ୍ୟାସଗୁଡିକରେ ସାଂପ୍ରତିକ ତଥା ଭବିଷ୍ୟତର ବାସ୍ତବ ଜୀବନ ଭିତ୍ତିକ ପରିବେଶ ସୃଷ୍ଟି କରିଛି।

ବ୍ୟବହାରିକ ଜିନିଷଠାରୁ ଆରମ୍ଭକରି ଚିକିତ୍ସା ବିଜ୍ଞାନ କ୍ଷେତ୍ରରେ ମଧ୍ୟ ନୂତନ କୌଶଳ ହୋଇଛି ଦୃଶ୍ୟାୟିତ। ରୋଗୀ, ରୋଗ, ଡାକ୍ତର, ଚିକିତ୍ସା ସମ୍ପର୍କିତ ବାସ୍ତବ ପରିବେଶ, କ୍ୟାନସର ଚିକିତ୍ସାର ଜଣେ ବିଶ୍ୱ ବିଖ୍ୟାତ ଚିକିତ୍ସକ ଭାବରେ ଲେଖକ ଛିଡା କରାଇଛନ୍ତି ଅତନୁକୁମାର ପଟ୍ଟନାୟକଙ୍କୁ। ବିଜ୍ଞାନର ଅଗ୍ରଗତିରେ କ୍ୟାନ୍‌ସର

ଚିକିତ୍ସାର ଅଗ୍ରଗତି ରୋଗୀକୁ ଔଷଧ ବାହାରିବା ପର୍ଯ୍ୟନ୍ତ ଅପେକ୍ଷା କରିବା ପାଇଁ ଚିକିତ୍ସକମାନଙ୍କ ଦ୍ୱାରା ରୋଗୀର ଲାକ୍ଷଣିକ ମୃତ୍ୟୁ କରାଇ ସୁସ୍ଥ ଜୀବନ ପ୍ରଦାନ କରିବା ହୋଇଛି ସମ୍ଭବ। ନାରୀମାନଙ୍କ କ୍ଷେତ୍ରରେ ସନ୍ତାନ ସମ୍ଭବା ଅସମ୍ଭବ ମନେ ହେଲେ ସେରୋଗେଟ୍ ମାତୃତ୍ୱ ଲାଭ କରି ସନ୍ତାନ ସନ୍ତତିର ଜନନୀ ହୋଇପାରିବ। ପୁନଶ୍ଚ ଚିକିତ୍ସା ବିଜ୍ଞାନ କ୍ଷେତ୍ରରେ ପ୍ରତିରୋପଣ ଚିକିତ୍ସା ଜନିତ ବାସ୍ତବ ପରିବେଶ ବର୍ଣ୍ଣିତ ହୋଇଛି 'ମୃତ୍ୟୁ ଏକ ମାତୃତ୍ୱର' ଏବଂ 'ନିଶ୍ଚଳ ପୃଥିବୀ' ଉପନ୍ୟାସରେ। ଚିକିତ୍ସା ବିଜ୍ଞାନ କ୍ଷେତ୍ରରେ ପ୍ରତିରୋପଣ ଚିକିତ୍ସା ଜନିତ ବାସ୍ତବ ପରିବେଶ ସୃଷ୍ଟି ହୋଇଛି 'ନିସ୍ତବ୍ଧ ଗୋଧୂଳି' ଉପନ୍ୟାସର ଶାମ କିଶନ ଏବଂ ଜ୍ୟୋତିର୍ମୟୀ ମହାନ୍ତିଙ୍କ 'ନିର୍ଝରିଣୀ' ଉପନ୍ୟାସର ସ୍ୱାତୀ ଚରିତ୍ର ପ୍ରସଙ୍ଗରେ। ଦୁର୍ଘଟଣା ଯୋଗୁଁ ଅନ୍ୟର ମସ୍ତିଷ୍କ ଆଣି ରୋପଣ କରିବା ଘଟଣା, ପରିବାରର ମାନସିକ ଅବସ୍ଥା, ଚିକିତ୍ସକମାନଙ୍କ ଚିକିତ୍ସା କ୍ଷେତ୍ରରେ ବୈଜ୍ଞାନିକ ନୂତନତ୍ୱ ଏବଂ ବାସ୍ତବପୂର୍ଣ୍ଣ ବର୍ଣ୍ଣନା ପାଠକର କଳ୍ପନାରେ ଜୀବନ୍ତ ପରିବେଶକୁ ଦୃଶ୍ୟାୟିତ କଲାପରି ମନେ ହୋଇଛି। ବୈଜ୍ଞାନିକ ଉପନ୍ୟାସ ଗୁଡ଼ିକର ପ୍ରତ୍ୟେକ ଘଟଣା ଏବଂ ଚରିତ୍ରକୁ ଆଧାର କରି ଗଢ଼ି ଉଠିଥିବା ପରିବେଶ ବର୍ଣ୍ଣନାରେ ପ୍ରସ୍ଫୁଟିତ ହୋଇଛି ବର୍ତ୍ତମାନ ଏବଂ ଭବିଷ୍ୟତକୁ ନେଇ ପ୍ରକୃତି, ମଣିଷ ଏବଂ ସମାଜର ଜୀବନ୍ତ ପ୍ରତିଛବି।

ଭାଷା :

ଜାଗତିକ ବିଶ୍ୱର ଅନୁଭବକୁ ମନୁଷ୍ୟ ନିଜସ୍ୱ ମଧ୍ୟରେ ସଂଗୁପ୍ତ କରି ରଖିପାରେ ନାହିଁ। ତାର ଅନ୍ତର୍ନିହିତ ଭାବର ବହିଃପ୍ରକାଶ ପାଇଁ ଭାଷାର ବ୍ୟବହାର କରେ। ବ୍ୟାପକ ଚିନ୍ତାଶକ୍ତିକୁ ବ୍ୟକ୍ତ କରେ। ତେଣୁ ଭାଷା ଏବଂ ଭାବ ହୋଇଥାଏ ପରସ୍ପର ପରିପୂରକ। ଭାବର ପ୍ରସ୍ତର ଦେଇ ସୃଷ୍ଟି ହୁଏ ଭାଷାର କାରୁକାର୍ଯ୍ୟ। ଭାଷାର ଏହି କଳାକୋଣାର୍କ ସଂପୂର୍ଣ୍ଣ ଭାବରେ ରୂପାୟିତ ହୁଏ ସାହିତ୍ୟରେ। ସମୟ ଏବଂ ଅନୁଭବ ଅନୁଯାୟୀ ମନୁଷ୍ୟ ଯେଉଁ ଉପଯୋଗୀ ଭାଷା ପ୍ରୟୋଗକରେ ସାଧାରଣ ଜୀବନର କଥୋପକଥନ ନିମିତ୍ତ ଆବଶ୍ୟକୀୟ ଭାଷା ଏବଂ ସାହିତ୍ୟରେ ପ୍ରଯୁକ୍ତ ଭାଷା ପ୍ରାୟତଃ ସମାନ ନୁହେଁ। ସାହିତ୍ୟର ଭାଷା, କଥିତ ଭାଷାର ସୀମିତ ପରିଧିରୁ ମୁକ୍ତ ଏବଂ ଏହାର କ୍ଷେତ୍ର ମଧ୍ୟ ବ୍ୟାପକ। ବାସ୍ତବ ସଚେତନ ହେତୁ ସାହିତ୍ୟର ଭାଷା ବାସ୍ତବ। ବ୍ୟବହାରିକ ସଂସାରରୁ କେତେବେଳେ ସଂଗୃହୀତ ତ ପୁଣି କେତେବେଳେ ଭାବପ୍ରବଣତା ଓ ଚିତ୍ତଗାମ୍ଭୀର୍ଯ୍ୟ ହେତୁ ଭାଷାର ଗାମ୍ଭୀର୍ଯ୍ୟ ଏବଂ ଚାତୁର୍ଯ୍ୟ ସୁରକ୍ଷିତ। ପ୍ରକାଶ କୁଶଳତା ଉପରେ ଗୁରୁତ୍ୱ ଆରୋପ କରିଥାଏ ସାହିତ୍ୟର ପ୍ରତ୍ୟେକଟି ବିଭବ। ସାହିତ୍ୟର ଭାଷା ଏବଂ ପ୍ରୟୋଗ କୁଶଳତା ହେତୁ ଭାଷା ମର୍ଯ୍ୟାଦା ମଧ୍ୟ ଲାଭ କରିଥାଏ। ସାହିତ୍ୟର ପ୍ରତ୍ୟେକ ବିଭବ

ଉପଯୁକ୍ତ ଭାଷା ଶୈଳୀ ବିନା ମନେ ହୁଏ ଅସଫଳ। କାରଣ ଉପଯୁକ୍ତ ଭାଷା ଶୈଳୀର ପ୍ରୟୋଗ ହିଁ ପ୍ରସଙ୍ଗର ଉଦ୍ଦେଶ୍ୟକୁ କରିଥାଏ ପ୍ରଣୋଦିତ। ସାହିତ୍ୟର ବିଭିନ୍ନ କଳାତ୍ମକ ସୃଷ୍ଟିରେ ଭାଷା ପ୍ରୟୋଗରେ ଭିନ୍ନତା ହୁଏ ଦୃଶ୍ୟାୟିତ, ସାହିତ୍ୟ ସୃଷ୍ଟିଟି ଯେଉଁ ପ୍ରକାର ହେଲେ ମଧ୍ୟ ଭାଷା ପ୍ରୟୋଗରେ ହିଁ ଲେଖକର ଶୈଳୀ ନିହିତ ଏବଂ ଶୈଳୀରେ ହିଁ ଲେଖକର ପରାକାଷ୍ଠା ପ୍ରସ୍ଫୁଟିତ। କାରଣ ଶୈଳୀ ସାହିତ୍ୟିକର ଭାବମୟ ସତ୍ତା ଏବଂ ଭାଷାବିଦ୍‌ମତ୍ତା ଉଭୟ ସହ ସଂଯୁକ୍ତ। ଭାବ ଶୈଳୀର ପ୍ରାଣ ହୋଇଥିବାବେଳେ ଭାଷା ହୋଇଯାଏ ତାର ଭୂଷଣ। ଭାଷା ଭାବର ଅନୁଗାମିନୀ। ଭାବ ଭେଦରେ ଭାଷାର ଭେଦ ଦୃଶ୍ୟାୟିତ। ସେହିପରି ଉପନ୍ୟାସ କ୍ଷେତ୍ରରେ ଭାଷାତାର ବିଶିଷ୍ଟ ଭିତ୍ତିଭୂମି ନେଇ ପ୍ରତିଷ୍ଠିତ। ଭାଷା ମାଧ୍ୟମରେ ଔପନ୍ୟାସିକ ବ୍ୟକ୍ତି ସମାଜଭିତ୍ତିକ ଚେତନାକୁ ନିଜସ୍ୱ ଭାବନାରେ କରେ ପ୍ରକାଶିତ। ଏହାଦ୍ୱାରା ଉପନ୍ୟାସର ଆଙ୍ଗିକ ଶୈଳୀ ମଧ୍ୟ ହୋଇଥାଏ ପରିପୃଷ୍ଟ। ବାକ୍ୟ ସଂଯୋଜନା ଠାରୁ ପ୍ରାରମ୍ଭ କରି ଉପନ୍ୟାସରେ ନିହିତ ପରିବେଶକୁ ନେଇ ଉପଯୁକ୍ତ ଶବ୍ଦର ଚୟନ, କ୍ରିୟାଶୀଳ ଚରିତ୍ରର ଅନ୍ତଃ ସ୍ୱରୂପ ରୂପାୟନ ଭାଷା ଦ୍ୱାରା ହିଁ ଔପନ୍ୟାସିକ ପାଠକ ସମ୍ମୁଖରେ କରେ ଉପସ୍ଥାପିତ। ପାଠକ ଭାଷାରୁ ହିଁ ଘଟଣା, ଚରିତ୍ର ଏବଂ ପରିବେଶ ଦ୍ୱାରା ପରିଚିତ ହୋଇ ଉପନ୍ୟାସକୁ ଅନୁଶୀଳନ କରିବାରେ ସକ୍ଷମ ହୋଇଯାଏ। ଲେଖକର ମାନସିକତା, ବିଷୟବସ୍ତୁ ଏବଂ ଭାଷା ଏକ ସରଳ ରୈଖିକ ଗତିରେ ଉପସ୍ଥିତ ହୋଇ ଚରିତ୍ର ସହ ସାମଞ୍ଜସ୍ୟ ରକ୍ଷା କରି ଉପନ୍ୟାସର ଶିଳ୍ପଗତ ସୌନ୍ଦର୍ଯ୍ୟକୁ ବୃଦ୍ଧି କରିବାରେ ସହାୟ ହୁଏ। ଉପନ୍ୟାସର ଭାଷାରେ ଯେହେତୁ ଲେଖକର ଶୈଳୀ ଲୁକ୍‌କାୟିତ ସେହି ଦୃଷ୍ଟିରୁ ଲେଖକ ସ୍ୱାଭାବିକ ଭାଷାର ବ୍ୟବହାର ସହ ଉପମା, ପ୍ରତୀକ, ରୂପକଳ୍ପ ପ୍ରୟୋଗ ମାଧ୍ୟମରେ ଚରିତ୍ରମାନଙ୍କ କ୍ରିୟାକଳାପକୁ ହୃଦୟସ୍ପର୍ଶୀ ତଥା ଭାବବେଗପୂର୍ଣ୍ଣ ଭାବରେ ପରିବେଷଣ କରିବାରେ ଥାନ୍ତି ଚେଷ୍ଟିତ। ଓଡ଼ିଆ ଉପନ୍ୟାସ ସାହିତ୍ୟ ଜଗତରେ ଭାଷା ଶୈଳୀ ପ୍ରୟୋଗ କ୍ଷେତ୍ରରେ ବୈପ୍ଳବିକ ପରିବର୍ତ୍ତନର ଦୃଷ୍ଟିଗୋଚର ହୋଇଛି। ଫକୀରମୋହନ ସେନାପତି, ଗୋପୀନାଥ ମହାନ୍ତି, ଶାନ୍ତନୁ କୁମାର ଆଚାର୍ଯ୍ୟ ଆଦି ଲେଖକଙ୍କ ଉପନ୍ୟାସ ଗୁଡ଼ିକରେ। ଭାଷା ଦୃଷ୍ଟିରୁ ବିଚାର କଲେ ଏବଂ ପାରଂପରିକ ରୀତିର ଉପନ୍ୟାସ ଗୁଡିକର ପ୍ରଭାବ କିଞ୍ଚିତ୍‌ମାତ୍ରାରେ ବୈଜ୍ଞାନିକ ଉପନ୍ୟାସ ଗୁଡ଼ିକରେ ଦୃଶ୍ୟାୟିତ ହେଲେ ମଧ୍ୟ ବିଶେଷ ଭାବରେ ଭାବବସ୍ତୁ କ୍ଷେତ୍ରରେ ଆତ୍ମପ୍ରକାଶ କରିଛି ନୂତନ ଧାରା। ବୌଦ୍ଧିକ ଏବଂ ନୂତନତ୍ୱର ହୋଇଛି ସମାବେଶ।

ବିଜ୍ଞାନର ଭାଷା ହେଉଛି ଆବେଗ ବର୍ଜିତ, ଯୁକ୍ତି ନିଷ୍ଠ ଏବଂ ତଥ୍ୟ ଧର୍ମୀ। ସାହିତ୍ୟର ଭାଷା କିନ୍ତୁ ଆବେଗପୂର୍ଣ୍ଣ, ସୌନ୍ଦର୍ଯ୍ୟ ସଂପନ୍ନ ହେବା ସହିତ ତାତ୍ତ୍ୱିକ ପୂର୍ଣ୍ଣ।

ସମାଜର ଭିତ୍ତିଭୂମି ନେଇ ଯେହେତୁ ଉପନ୍ୟାସ ରୂପ ପାଏ ସେହି ଦୃଷ୍ଟିରୁ ବୈଜ୍ଞାନିକ ଉପନ୍ୟାସରେ ମଧ୍ୟ ସାହିତ୍ୟିକ ଭାଷା ଏବଂ ଶୈଳୀର ପ୍ରୟୋଗ ଅନିବାର୍ଯ୍ୟ। କଥିତ ଭାଷା ସମଧର୍ମୀ ହୋଇ କିମ୍ବା ଉପନ୍ୟାସଗୁଡ଼ିକର ବିଭାଗୀକରଣ ଅନୁଯାୟୀ ଯଦି ଭାଷାର ପ୍ରୟୋଗ ହୁଏ ତାହେଲେ ତାହା ପାଠକକୁ ହୃଦ୍‌ବୋଧ ହୋଇପାରିବ ନାହିଁ। ତେଣୁ ଉପନ୍ୟାସ ଗୁଡ଼ିକ ଯେଉଁ ବିଭାଗଧର୍ମୀ ହେଲେ ମଧ୍ୟ ଔପନ୍ୟାସିକ ଚରିତ୍ର ଏବଂ ଘଟଣାକୁ ଅନୁଧ୍ୟାନ କରି ଉପଯୁକ୍ତ ଭାଷା ଶୈଳୀର ବ୍ୟବହାର କରିଥାନ୍ତି। ସେହିପରି ବୈଜ୍ଞାନିକ ଉପନ୍ୟାସରେ ଭାବଜଗତର ଯଥାର୍ଥ ରୂପାୟନ, ଉଦ୍ଦିଷ୍ଟ ଥିବା ଚିନ୍ତା ଚେତନା ଏବଂ କାର୍ଯ୍ୟଧାରାକୁ ନେଇ ସ୍ଥଳବିଶେଷରେ ବର୍ଣ୍ଣନାତ୍ମକ କବିତ୍ୱପୂର୍ଣ୍ଣଭାଷା, ରୋମାଣ୍ଟିକ୍ ଶୈଳୀ, ସଂଳାପଧର୍ମୀ ଭାଷା ସାଧାରଣ ଭାଷାର ବ୍ୟବହାର ରହିଛି। ବିଜ୍ଞାନ ସଂପର୍କିତ ତଥ୍ୟ ପ୍ରଦାନ କଲାବେଳେ ଔପନ୍ୟାସିକ କେତେକ ବୈଷୟିକ ବା ଟେକ୍‌ନିକ୍ ଶବ୍ଦର ପ୍ରୟୋଗ କରିଛନ୍ତି। ବିଜ୍ଞାନ ଭିତ୍ତିକ ଶବ୍ଦକୁ ଯଦି ସରଳୀକରଣ ପ୍ରଣାଳୀରେ ପ୍ରୟୋଗ କରାନଯାଏ ତା ହେଲେ ପାଠକକୁ ମଧ୍ୟ ତାହା ଆଗ୍ରହ ସୃଷ୍ଟି କରିବାରେ ବାଧା ଉପୁଜିଥାଏ। ତେଣୁ ଔପନ୍ୟାସିକ ବୈଜ୍ଞାନିକ ଉପନ୍ୟାସଗୁଡ଼ିକରେ ଆଞ୍ଚଳିକ ପରିବେଶର ସଂଯୋଜନା ମଧ୍ୟ କରିଛନ୍ତି। ଭାଷାକୁ ଆବେଗଧର୍ମୀ କରିବା ପାଇଁ ଉପନ୍ୟାସର ଶବ୍ଦ ସଂଯୋଜନା ଔପନ୍ୟାସିକର ସୃଜନ ଶୈଳୀ ଉପରେ ନିର୍ଭର କରିଛି। ଉପନ୍ୟାସଗୁଡ଼ିକର ଆଭିମୁଖ୍ୟ ପ୍ରାଞ୍ଜଳ ଏବଂ ସ୍ୱଚ୍ଛ ହେବା ଯୋଗୁଁ ଏହା ପାଠକକୁ ପ୍ରହେଳିକା ଭିତରକୁ ନ ଠେଲି ବିଜ୍ଞାନ ସହିତ ପରିଚିତ ହେବାର ଆଗ୍ରହ ସୃଷ୍ଟି କରାଇବାରେ ହୋଇଛି ସମର୍ଥ। ବର୍ଣ୍ଣନା ଶୈଳୀରେ ଶବ୍ଦର ସୀମିତତାକୁ ଅତିକ୍ରମ କରିବା ପାଇଁ ଉପମା, ରୂପକ, ପ୍ରତୀକ, ଚିତ୍ରକଳ୍ପର ହୋଇଛି ପ୍ରୟୋଗ। ଅର୍ଥଗତ ବ୍ୟାପ୍ତି, ସୂକ୍ଷ୍ମ ଅର୍ଥ ପ୍ରକାଶ, ବ୍ୟଞ୍ଜନାର ପ୍ରୟୋଗ ଆଦି ଉପନ୍ୟାସକୁ ବୈଦିକ ଏବଂ ସାହିତ୍ୟିକ ପଦବାଚ୍ୟ କରାଇବାରେ ହୋଇଛି ସହାୟ। ବାକ୍ୟମାନଙ୍କର ପ୍ରୟୋଗ ପାଠକକୁ ଅନେକ ଭାବର ଦ୍ୟୋତନା ଗହ୍ୱରରେ ଉପସ୍ଥିତ କରାଇବା ସହ ତଥ୍ୟପୂର୍ଣ୍ଣ ପ୍ରମାଣ ମଧ୍ୟ ବ୍ୟକ୍ତ କରାଇଛି। ବୈଜ୍ଞାନିକ ଶବ୍ଦ ସହିତ ବହୁ ସାହିତ୍ୟିକ ଶବ୍ଦ, କଥିତ ଶବ୍ଦ ଆଦିର ପ୍ରୟୋଗ ସାହିତ୍ୟିକ ମର୍ଯ୍ୟାଦାକୁ ବୃଦ୍ଧି କରିଛି। ଶବ୍ଦ ସହିତ ଶବ୍ଦର ସଂଯୋଗ, ବିଶେଷ୍ୟ, ବିଶେଷଣର ପ୍ରୟୋଗ ଆଦି ବିବିଧ ବୈଚିତ୍ର୍ୟ ପରିଲକ୍ଷିତ ହୋଇଛି ବୈଜ୍ଞାନିକ ଉପନ୍ୟାସରେ।

ଓଡ଼ିଆ ବୈଜ୍ଞାନିକ ଉପନ୍ୟାସର ପ୍ରମୁଖ ସ୍ରଷ୍ଟା ଔପନ୍ୟାସିକ ଗୋକୁଳାନନ୍ଦ ମହାପାତ୍ରଙ୍କ 'କୃତ୍ରିମ ଉପଗ୍ରହ' ଉପନ୍ୟାସରେ ଯେତେବେଳେ ମାନମନ୍ଦିରର ପାରିପାର୍ଶ୍ୱିକ ପରିବେଶର ବର୍ଣ୍ଣନାରେ ଫଟୋଗ୍ରାଫିକ୍ ବର୍ଣ୍ଣନା ଧର୍ମୀ ଭାଷାର ପ୍ରୟୋଗ ପାଠକର ଚେତନାକୁ ସ୍ପର୍ଶ କରିଛି। ଯଥା-"ଚାରିଆଡ଼େ ଅନ୍ତରୀକ୍ଷକୁ ଭେଦକରି ଗଢ଼ି ଉଠିଛ

ଶତଶତ ପର୍ବତଶିଖରୀ। ପୃଥବୀର ଛାତ ସଦୃଶ୍ୟ ମାଳଭୂମିରୁ ଏହି ସ୍ଥାନରୁ ତିନିଆଡ଼କୁ ଲମ୍ୱିଯାଇଛି ତିନୋଟି ବିରାଟ ପର୍ବତ ଶ୍ରେଣୀ। ପୃଥିବୀର ତିନି ବିରାଟ ରାଷ୍ଟ୍ର ସତେ ଯେପରି ପବିତ୍ର ସମାଜବାଦର ମୂଳମନ୍ତ୍ର ଜପ କରୁଛନ୍ତି। ପୃଥିବୀର ଏହି ଉଚ୍ଚମାଳଭୂମି ଉପରେ ଏବଂ ପୃଥିବୀର ତିନି ସମାଜବାଦୀ ରାଷ୍ଟ୍ର ଏହି ମାଳଭୂମି ଉପରେ ପରସ୍ପର ହାତମିଳାଇ ପ୍ରତିଜ୍ଞା କରୁଛନ୍ତି। ପୃଥିବୀପୃଷ୍ଠରୁ ସାମ୍ରାଜ୍ୟବାଦ ଶୋଷଣ ଓ ଔପନିବେଶିକବାଦର ବିଲୋପ କରି ନିତ୍ୟ ସୁଖଶାନ୍ତି ପ୍ରତିଷ୍ଠା କରିବେ ଏହି ଧରାପୃଷ୍ଠରେ।" [୮]

ସମାଜବାଦୀ ବାସ୍ତବତାକୁ ଲେଖକଙ୍କ ଭାଷା କରିଛି ପରିପ୍ରକାଶ, ଯାହା ପ୍ରାକୃତିକ ପରିବେଶରୁ ସୃଷ୍ଟି ହୋଇ ସମଗ୍ର ପୃଥିବୀପୃଷ୍ଠକୁ ବିସ୍ତୀର୍ଣ୍ଣ ହୋଇଯାଇଛି। ବର୍ଣ୍ଣନା ଧର୍ମୀ ଭାଷା ସହ ଉପନ୍ୟାସ ଗୁଡ଼ିକର ଭାଷା ଶୈଳୀକୁ ଅଧିକ ସ୍ପନ୍ଦିତ ଏବଂ ଗତିଶୀଳ କରିବାରେ ସହାୟ ହୋଇଛି ବିଶେଷଣ ଧର୍ମୀ ଶବ୍ଦ ପ୍ରୟୋଗ। ଯଥା - ନିର୍ମଳ ଆକାଶ, ଶୁକ୍ଳ ଚତୁର୍ଦ୍ଦଶୀ ଚନ୍ଦ୍ର, ପାଟଳପରଦା, ବିଚଳିତ ସମୁଦ୍ର ଆଦି ବହୁ ଶବ୍ଦର ବ୍ୟବହାର ଭାଷାକୁ କରିଛି ଭାବୋଦ୍ଦୀପକ। ବେଳେ ବେଳେ ସୃଷ୍ଟି ବିଚିତ୍ରତାରେ ମିଶିଯାଏ ମନୁଷ୍ୟ ଜୀବନର ଅନୁରାଗ ଏବଂ ବିରାଗର ଦୃଶ୍ୟ। ପ୍ରକୃତି ମଧ୍ୟରେ ଜୀବନର ସ୍ୱରୂପ ଉନ୍ମୋଚନ କରି ଔପନ୍ୟାସିକା ଜ୍ୟୋତିର୍ମୟୀ ମହାନ୍ତି 'କଳମି ମଣିଷ' ଉପନ୍ୟାସରେ ଦିବ୍ୟା ଚରିତ୍ର ପ୍ରସଙ୍ଗରେ ପ୍ରକାଶ କରନ୍ତି - "ଆକାଶ କୋଳରେ ଯେଉଁ ଚନ୍ଦ୍ର ପୂର୍ଣ୍ଣ ବିକଶିତହୋଇ ତାର ଅଫୁରନ୍ତ ଜ୍ୟୋତ୍ସ୍ନାରେ ଦିନେ ପୃଥିବୀକୁ ହସାଉଥାଏ ଦିନେ ସେ ପୁଣି ସଂପୂର୍ଣ୍ଣ ଭାବରେ ଲୁଚିଯାଏ। ପୃଥିବୀ ବକ୍ଷରେ ଘୋଟିଯାଏ ଗାଢ଼କଳା ଅମାବାସ୍ୟାର ରଜନୀ। ସୁଖର ସମୁଦ୍ର ମଧ୍ୟରେ ବୁଡ଼ି ରହିଥିବା ମଣିଷଟିଏ ପାଇଁ ଯେ ଅସୀମ ଦୁଃଖ ଅପେକ୍ଷା କରିଥାଏ, ତା ସେ ଜାଣି ନଥାଏ। ସେହିପରି ଏତେ ସୁଖ ପରେ ତା ପାଇଁ ଯେ ଅସରା ଅସରା ଦୁଃଖ ଓ ଲୁହ ସଜଡ଼ା ହୋଇଥିଲା ତା କ'ଣ ସେ ସେତେବେଳେ ଭାବିଥିଲା।" [୯] ପ୍ରକୃତି ଓ ଜୀବନ, ଜୀବନ ଓ ପ୍ରକୃତି ହୋଇ ଯାଇଛି ଏକାକାର। ବର୍ଣ୍ଣନାର ଆନ୍ତରିକତାରେ ପ୍ରକୃତି ଓ ପରିବେଶ ଦେଇ ଚରିତ୍ରର ନିସଙ୍ଗତା ହୋଇଛି ପ୍ରସ୍ଫୁଟିତ।

ଉପନ୍ୟାସଗୁଡ଼ିକର ବର୍ଣ୍ଣନା ଧର୍ମୀ ଭାଷା ସହ ଉପମାପୂର୍ଣ୍ଣ ସଂସ୍କୃତ ତତ୍‌ସମ ଶବ୍ଦର ପ୍ରୟୋଗ ଉପନ୍ୟାସର ଚରିତ୍ରକୁ ଦ୍ୱିଗୁଣିତ କରିବାରେ ସହାୟ ହୋଇଛି। ଗୋକୁଳାନନ୍ଦ ମହାପାତ୍ରଙ୍କ ମଧ୍ୟାହ୍ନର ଅନ୍ଧକାର ଉପନ୍ୟାସରେ ଲେଖକ କ୍ଲାରା ଦେବୀଙ୍କ ରୂପ ବର୍ଣ୍ଣନା ଡ଼ିରେକ୍ଟର ତ୍ରିବେଦୀଙ୍କ ମୁଖରେ ପ୍ରକାଶ କରି କହିଛନ୍ତି - "ପୋଷାକ ପରିଚ୍ଛଦର ଚାକଚକ୍ୟ ଓ ରୂପ ପ୍ରସାଧନୀର ଐନ୍ଦ୍ରଜାଲିକ ପ୍ରଭାବରେ ସେ ଦିଶୁଥିଲେ

ଅତୀବ ସୁନ୍ଦର, ଠିକ୍ ଯେପରି ଅଳିଗୁଞ୍ଜିତ ପୁଷ୍ପାନ୍ୱିତ ବଲ୍ଲରୀ ପୂର୍ଣ୍ଣ ଶଶୀ ସୁଶୋଭିତ ଶାରଦୀୟ ରଜନୀର ପୁଷ୍ପରେଣୁ ସମାକୀର୍ଣ୍ଣ ସ୍ନିଗ୍ଧ ସମୀରଣର ମୃଦୁ ଆଘାତରେ ଦୋହଲି ଦୋହଲି ସୌନ୍ଦର୍ଯ୍ୟର ନର୍ତ୍ତନଶୀଳ ତରଙ୍ଗ ବିକୀରଣ ପୂର୍ବକ ସୁନ୍ଦର ଦିଶେ।"[୧୦]

ସେହିପରି ନୃସିଂହ ଚରଣ ପଣ୍ଡାଙ୍କ 'ଦଗ୍‌ଧଗୋଲାପର ଚିରବସନ୍ତ' ଉପନ୍ୟାସରେ ଔପନ୍ୟାସିକଙ୍କ ଉପମା ଧର୍ମୀ ଭାଷା ସହ ଚିତ୍ରକଳ୍ପର ବ୍ୟବହାର ବର୍ଣ୍ଣନା ଶୈଳୀକୁ କରିଛି ଜୀବନ୍ତପୂର୍ଣ୍ଣ। ବିଶୁବାବୁଙ୍କ ଉକ୍ତିରେ ଲେଖକ ପ୍ରକାଶ କରି କହିଛନ୍ତି - "ପଶ୍ଚିମ ଦିଗକୁ ଦେଖିଲେ ଆକାଶ ଟିକିଏ ଶ୍ୟାମଳ ଦେଖାଯାଏ। ଶ୍ୟାମଳ ବର୍ଣ୍ଣର ଯୁବତୀଟିଏ ମୁହଁରେ ପାଉଡର ବୋଳି ହୋଇଥିଲେ ଯେମିତି ଦେଖାଯାଏ, ପଶ୍ଚିମ ଆକାଶ ସେମିତି ଦେଖାଯାଉଥାଏ। ପକ୍ଷୀଗୁଡ଼ିଏ କୌଣସି ଅବୁଝା ଗୀତଗାଇ ଉଡ଼ିଯାଉଥାନ୍ତି। ସେମାନେ କେତୋଟି ଧାଡ଼ିରେ ସଜେଇ ହୋଇଥାଆନ୍ତି। ଜଣାପଡୁଥାଏ ସତେ ଯେମିତି ସେମାନେ ସ୍କାଉଟ୍ କଲା ପରି କୌଣସି ଦଳପତିର ନିର୍ଦ୍ଦେଶମାନି ଶୃଙ୍ଖଳା ରକ୍ଷା କରୁଛନ୍ତି। ରାତ୍ରିର ବିଶ୍ରାମପରେ ସେମାନେ ପୁଣି ଖାଦ୍ୟ ଅନ୍ୱେଷଣରେ ବାହାରି ପଡ଼ିଥାନ୍ତି ବୋଧ ହୁଏ।"[୧୧] ଚିତ୍ରକଳ୍ପ ଏବଂ ଉପମାର ପ୍ରୟୋଗରେ ପ୍ରକୃତିର ଅପରୂପ ସୌନ୍ଦର୍ଯ୍ୟକୁ ପାଠକର କଳ୍ପନାରେ ଦୃଶ୍ୟାୟିତ କରାଇବା ସହିତ ଶବ୍ଦ ସଂଯୋଜନାରେ ନିଜସ୍ୱ ନିଜସ୍ୱ ମୌଳିକତା ସୁସ୍ପଷ୍ଟ।

ଉପନ୍ୟାସର ଘଟଣା ଏବଂ ଚରିତ୍ରକୁ ଜୀବନ୍ତ ଭାବେ ଉପସ୍ଥାପନ କରିବା ପାଇଁ ବେଶ୍ ସହାୟ ହୋଇଛି ସଂଳାପ ଧର୍ମୀ ଭାଷାର ପ୍ରୟୋଗ। ଗୋକୁଳାନନ୍ଦ ମହାପାତ୍ରଙ୍କ 'ନିଶ୍ଚଳ ପୃଥିବୀ' ଉପନ୍ୟାସରେ ରୀତା ଦେବୀ ନିଜ ସ୍ୱାମୀ ଦେବକିଶାନଙ୍କ ବଞ୍ଚିବାର ଆଶା ଯେତେବେଳେ ଡ଼ାକ୍ତରମାନଙ୍କ ଠାରୁ ଶୁଣିଛନ୍ତି ସେହି ସମୟରେ ରୀତା ଦେବୀଙ୍କ ମୁଖରେ ଭାସି ଉଠିଛି ଉଜ୍ୱଳତା। ଲେଖକ ସଂଳାପଧର୍ମୀ ଭାଷାର ପ୍ରୟୋଗ କରି କହିଛନ୍ତି - "ଫେନିଳ ପ୍ଳାବିତ ବନ୍ୟାଜଳରେ ଅସହାୟ ହୋଇଯାଉଥିବାବେଳେ କ୍ଷୀଣ କୁଟାଖିଅଟେ ପାଇଲେ ଜୀବନର ଆଶା ଯେମିତି ଉଜ୍ୱଳି ଉଠେ! ଠିକ୍ ସେମିତି।"[୧୨]

ସେହିପରି ଦେବକାନ୍ତ ମିଶ୍ରଙ୍କ 'କୃତ୍ରିମ ମଣିଷ' ଉପନ୍ୟାସରେ ନାଟକୀୟ ସଂଳାପର ପ୍ରୟୋଗ ସବିତା ଏବଂ ଅଶୋକ ଚରିତ୍ର ମାଧ୍ୟମରେ ହୋଇଛି ଦୃଶ୍ୟାୟିତ। ଦୃଷ୍ଟାନ୍ତ - "ହଉ, ଆପଣ ଶିଘ୍ର ପୋଲିସ୍ ଡ଼ାକି ଆଣନ୍ତୁ। ମୁଁ ଗୋଟିଏ ସୁବର୍ଣ୍ଣ ସୁଯୋଗ ପାଇଛି। ମୋତେ ପ୍ରତିରୋଧ କରିବା ପାଇଁ ତୁମ ଛଡ଼ା ଏହିଠାରେ କେହି ନାହାଁନ୍ତି। ଏହି ସୁଯୋଗର ମୁଁ ନିଶ୍ଚୟ ସଦ୍‌ବ୍ୟବହାର କରିବି। ଦେଖନ୍ତୁ ପୋଲିସ ଡାକିବା ପାଇଁ ମୁଁ ଆଗ୍ରହୀ ନୁହେଁ। ଅସଲ କଥାଟା ହେଲା କେବଳ କେତୋଟା ବୋତାମ କାଢିନେଲେ

ଆପଣ ଯନ୍ତ୍ରଟାକୁ ଅକାମି କରିପାରିବେ ନାହିଁ। ଯନ୍ତ୍ରଟାର ସଂପୂର୍ଣ୍ଣ ନକ୍ସା ସୁବ୍ରମନିୟମ ପାଖରେ ରହିଛି। ସୁଜାତା ସାହାଯ୍ୟରେ ସେ ଯନ୍ତ୍ରଟାକୁ ସଜାଡ଼ିଦେବେ।" [୧୩]

ନାଟକୀୟ ସଂଳାପର ବ୍ୟବହାର ସହ କେତେକ କ୍ଷେତ୍ରରେ ସାଧାରଣ ସଂଳାପଧର୍ମୀ ଭାଷା ପ୍ରୟୋଗରେ ଲେଖକ ସୁଚେଇ ଦେଇଛନ୍ତି ମନୁଷ୍ୟ ଜୀବନର ଅସଲ ସ୍ୱରୂପକୁ। 'ଦଗ୍ଧ ଗୋଲାପର ଚିରବସନ୍ତ' ଉପନ୍ୟାସର ଭୌତିକ ବିଜ୍ଞାନୀ ବିଶୁବାବୁ ବେଳେବେଳେ ଆତ୍ମ ବିଭୋର ହୋଇ ପତ୍ନୀ ମେନକାକୁ କହିଛନ୍ତି - "ଦୁନିଆକୁ ଭଲପାଅ। ମଣିଷକୁ ଭଲ ପାଅ। ଚଢ଼େଇକୁ ଭଲ ପାଅ। ଆକାଶକୁ ଭଲପାଅ, ଦୁବ ଘାସକୁ ଭଲପାଅ। ମଣିଷ ଭଳିଆ ହସ। ଅତିଜୋର୍‌ରେ ହସ, ମଣିଷ ଭଳିଆ କାନ୍ଦ, ଅତିବିକଳ ହୋଇ କାନ୍ଦ। ନସିହଲେ, ନକାନ୍ଦିଲେ ମଣିଷ କାଠ ପଥରଠୁ ଅଲଗା କେମିତି ହେବ।" [୧୪]

ଜୀବଜଗତର ପ୍ରତ୍ୟେକ ଜୀବଠାରୁ ମନୁଷ୍ୟର ପାର୍ଥକ୍ୟ ରୂପକୁ ଲେଖକ ପ୍ରକାଶ କରିଛନ୍ତି ନିଜସ୍ୱ କଳାତ୍ମକତାରେ।

ଉପନ୍ୟାସ ଗୁଡିକରେ ବର୍ଣ୍ଣନା ଧର୍ମୀ, କାବ୍ୟିକଧର୍ମୀ, ସଂଳାପଧର୍ମୀ ଭାଷାର ପ୍ରୟୋଗ ହୋଇଥିଲେ ମଧ୍ୟ ସ୍ଥଳବିଶେଷରେ ଭାଷାର ସାବଲୀଳତା କିନ୍ତୁ ରକ୍ଷା କରାଯାଇ ପାରିନାହିଁ। ବୈଷୟିକ ଶବ୍ଦର ପ୍ରୟୋଗରେ ପ୍ରବନ୍ଧଧର୍ମୀ ଭାଷା ପରି ମନେ ହୋଇଛି। ଯଥା- "ବୈଜ୍ଞାନିକମାନେ କସ୍‌ମିକ୍ ମାଇକ୍ରୋସ୍କୋପ୍‌ର ପ୍ରଚଳନ କରିଛନ୍ତି। ଏହି ଯନ୍ତ୍ର ସାହାଯ୍ୟରେ ବିଭିନ୍ନ ଜାତିର ଅଣୁ ଓ ସେଗୁଡିକ ପରମାଣୁ ବିନ୍ୟାସ ଆଦି ପରିଷ୍କାର ଦେଖି ହୁଏ। ନୂତନ ଜୈବ ପଦାର୍ଥ ଗୁଡ଼ିକର ପରମାଣୁ ବିନ୍ୟାସ ଏହି ଯନ୍ତ୍ର ସାହାଯ୍ୟରେ ସଙ୍ଗେ ସଙ୍ଗେ ଜାଣିହେବାରୁ ରାସାୟନିକ ଗବେଷଣା ଖୁବ୍ ସହଜସାଧ ହୋଇଛି।" [୧୫]

ବୈଷୟିକ ଶବ୍ଦର ପ୍ରୟୋଗ ଭାଷାକୁ ପ୍ରବନ୍ଧ ଧର୍ମୀ କରାଇବା ସହିତ ବେଳେ ବେଳେ ପ୍ରକୃତି, ପୁରାଣ, ମଣିଷ ସହିତ ବିଶ୍ୱର ସାମଞ୍ଜସ୍ୟକୁ ସୁଚେଇ ଦେଇଛି। 'ଦଗ୍ଧ ଗୋଲାପର ଚିରବସନ୍ତ' ଉପନ୍ୟାସରେ ଔପନ୍ୟାସିକଙ୍କ ଭାଷାରେ ବିଶୁବାବୁ ମେନକା ଦେବୀଙ୍କ ଅନ୍ତରର ବନ୍ଧନକୁ ପଦାର୍ଥ ବିଜ୍ଞାନ ପରିଭାଷାରେ ପ୍ରକାଶ କରି କହନ୍ତି - "ସଂସାରର ପ୍ରତ୍ୟେକ ଜିନିଷ ଯୋଡ଼ି ଯୋଡ଼ି ହୋଇ ରହିଥାଏ। ଯୁକ୍ତ ଚାର୍ଜ ଓ ବିଯୁକ୍ତ ଚାର୍ଜ, ପ୍ରୋଟନ୍ ଇଲେକଟ୍ରନ ଓ ପଜିଟ୍ରନ୍, ବସ୍ତୁ ଓ ପ୍ରତିବସ୍ତୁ, ଜଗତ ଓ ପ୍ରତିଜଗତ, ପ୍ରକୃତି ଓ ପୁରୁଷ, ନାରୀ ଓ ନର ଏହିପରି ସବୁଠାରେ ଉଭୟ ଜଡ଼ ଓ ଅଜଡ଼ର ଯୁଗଳମୂର୍ତ୍ତୀ ଥାଏ। ଦୁନିଆରେ ରାଧାଙ୍କ ସଙ୍ଗେ କୃଷ୍ଣ ଥାଆନ୍ତି; ସୀତାଙ୍କ ସଙ୍ଗେ ରାମ ଥାଆନ୍ତି। ପାର୍ବତୀ ସଙ୍ଗେ ଶିବ ଥାଆନ୍ତି, ଲକ୍ଷ୍ମୀଙ୍କ ସଙ୍ଗେ ବିଷ୍ଣୁ ଥାଆନ୍ତି। ବିନାଯୁଗଳରେ ମାଟି, ଗୋଡ଼ି, ପଥର, ଅଣୁ ପରମାଣୁ ବି ନାହିଁ। ତା ଯଦି ସତ୍ୟ

ହୋଇଥାଏ ଏବଂ ବସ୍ତୁ ବିଜ୍ଞାନୀ ବିଶୁ ପଟ୍ଟନାୟକ ପାଇଁ ତା ନିରାଟ ସତ୍ୟ; ତେବେ ସେ ଖାଲି ବିଯୁକ୍ତ ଚିହ୍ନଟେ ହୋଇ ବଞ୍ଚିବେ କିପରି?" ୧୬

ସରଳପ୍ରାଞ୍ଜଳଭାବରେ ବିଜ୍ଞାନ ସମ୍ବନ୍ଧୀୟ ତଥ୍ୟ ଆଧ୍ୟାତ୍ମିକତା ସହ ହୋଇଯାଇଛି ସଂଶ୍ଳିଷ୍ଟ। ଯାହା ସଂପୂର୍ଣ୍ଣ ସତ୍ୟତା ଉପରେ ନିର୍ଭର ତାହା ରୂପଦିଏ ପ୍ରବନ୍ଧ। ତେଣୁ ପ୍ରବନ୍ଧଧର୍ମୀ ଭାଷାର ପ୍ରୟୋଗକୁ ବୈଜ୍ଞାନିକ ଉପନ୍ୟାସ ବାଦ୍ ଦେଇ ପାରିନାହିଁ। ସୃଷ୍ଟିର ସତ୍ୟତାକୁ ପ୍ରକାଶ କରିଛି ନିଜସ୍ୱ ଶୈଳୀରେ। ପ୍ରମୋଦ କୁମାର ମହାପାତ୍ରଙ୍କ 'ବିସ୍ଫୋରିତ ପୃଥିବୀ' ଉପନ୍ୟାସରେ ଡେଭିଡ୍ ଚରିତ୍ର ମାଧ୍ୟମରେ ଯେତେବେଳେ ଗ୍ରହାଣୁର ଗଠନ ଏବଂ ସ୍ଥିତିର ବର୍ଣ୍ଣନା କରିଛନ୍ତି ସଂପୂର୍ଣ୍ଣ ଭାବରେ ସୌରମଣ୍ଡଳରେ ଗ୍ରହାଣୁ ସ୍ୱରୂପ ଦୃଶ୍ୟାୟିତ କଲାପରି ମନେ ହୋଇଛି। ଔପନ୍ୟାସିକଙ୍କ ଭାଷାରେ - "ଗ୍ରହାଣୁ ହେଉଛି ପଥର ଖଣ୍ଡ ବା ଧାତବ ଖଣ୍ଡର ସମାହାର। ଏମାନେ ସୌରମଣ୍ଡଳ ସୃଷ୍ଟିଠାରୁ ଏଠାରେ ରହିଆସିଛନ୍ତି। ବୃହସ୍ପତି ଓ ମଙ୍ଗଳଗ୍ରହ ମଧ୍ୟବର୍ତ୍ତୀ ଅଞ୍ଚଳରେ ରହିଥିବା ଗ୍ରହାଣୁ ମଣ୍ଡଳରେ ଛୋଟ ଧୂଳିକଣା ଠାରୁ ଆରମ୍ଭ କରି ବୃହତ୍ ପାହାଡ଼ ଆକାରରେ ଅନେକ ଗ୍ରହାଣୁ ସବୁବେଳେ ବୁଲୁଛନ୍ତି। ଅନେକଙ୍କ ଆକାର କେତେ କିଲୋମିଟର। ଯେତେବେଳେ ଏହି ଘୂର୍ଣ୍ଣନ ଅବସ୍ଥାରେ ଥିବା ଗ୍ରହାଣୁଖଣ୍ଡ ପୃଥିବୀ ନିକଟକୁ କୌଣସି କାରଣ ବଶତଃ ଚାଲି ଆସନ୍ତି ସେତେବେଳେ ପୃଥିବୀର ମାଧ୍ୟାକର୍ଷଣ ଶକ୍ତି ଦ୍ୱାରା ଆକ୍ରାନ୍ତ ହୋଇ ଏମାନେ ପ୍ରବଳ ବେଗରେ ଆସି ପୃଥିବୀରେ ମାଡ ହୋଇ ପ୍ରଳୟକାଣ୍ଡ ସୃଷ୍ଟି କରିଥାନ୍ତି।" ୧୭

ବୈଜ୍ଞାନିକ ବିଶ୍ୱକୁ ନେଇ ସବୁବେଳେ ତାର ଅନୁସନ୍ଧାନ ଜାରି ରଖିଥାଏ। ଗବେଷଣା ମାଧ୍ୟମରେ ପ୍ରକୃତିର ପ୍ରାକୃତିକ ବାସ୍ତବତାକୁ ଏବଂ ନୂତନତ୍ୱକୁ ପର୍ଯ୍ୟାଲୋଚନା କରି ସମାଜ ସମ୍ମୁଖରେ ଉପସ୍ଥାପିତ କରେ, ତାର ନାମକରଣ ମଧ୍ୟ କରେ। ତେଣୁ ଉପନ୍ୟାସଗୁଡ଼ିକରେ କଥାବସ୍ତୁଛଳରେ ଯେଉଁ ଅଣୁ, ପରମାଣୁ, ଗ୍ରହନକ୍ଷତ୍ର ନିଉଟ୍ରନ୍, ନିଉଟ୍ରିନୋ, ଆଣ୍ଟେନା, ଲେଜର ରଶ୍ମି, ଟେଲିସ୍କୋପ୍, ଫନୋଭିଜନ୍, କସ୍ମିକ୍ ବୋମା ଆଦି ଶବ୍ଦର ବ୍ୟବହାରରେ ବୈଜ୍ଞାନିକ କାରିଗରୀ କୌଶଳକୁ କଥାବସ୍ତୁରେ ଉପଯୁକ୍ତ ପରିବେଶ ଏବଂ ଘଟଣାବଳୀ ମାଧ୍ୟମରେ ସଂଯୁକ୍ତ କରାଯାଇଛି। ଉପନ୍ୟାସ କ୍ଷେତ୍ରରେ ଏହି ବୈଷୟିକ ଭାଷାର ବ୍ୟବହାର ଶୈଳୀ କ୍ଷେତ୍ରରେ ସାବଲୀଳତାକୁ କିଛି ମାତ୍ରାରେ ହରାଇଥିଲେ ମଧ୍ୟ ଯେହେତୁ ବୈଜ୍ଞାନିକ ତଥ୍ୟ ପୂର୍ଣ୍ଣତାକୁ ଉପନ୍ୟାସଗୁଡ଼ିକ ଅପେକ୍ଷା ରଖିଛି ତେଣୁ ଏହି ସବୁ ଶବ୍ଦର ପ୍ରୟୋଗ ମନେ ହୁଏ ଅନିବାର୍ଯ୍ୟ। ଏତଦ୍‌ବ୍ୟତୀତ ବୈଜ୍ଞାନିକ ଉପନ୍ୟାସ ସାହିତ୍ୟିକ ଭାଷା ସହ ବୈଷୟିକ ଶବ୍ଦର ମିଶ୍ରଣରେ ଏକ ଅଭିନବ ରୂପଶୈଳୀରେ ଓଡ଼ିଆ ଭାଷା ଭଣ୍ଡାରକୁ

ସମୃଦ୍ଧ କରିବାରେ ହୋଇଛି ସହାୟ । ସାମାଜିକ ବାସ୍ତବତା ଉପରେ ଛିଡ଼ା ହୋଇ ସଂସାର ପ୍ରଗତିଶୀଳ ଚେତନା, ଆଦର୍ଶବାଦ, ଦୁର୍ନୀତି ପରାୟଣତା, ରାଜନୈତିକ ଦୃଷ୍ଟିଭଙ୍ଗୀ, ମାନବବାଦୀ ଚିନ୍ତାଧାରା ଆଦିର ମନସ୍ତାତ୍ତ୍ୱିକ ବିଶ୍ଳେଷଣ ସହ ଆଗତ ଭବିଷ୍ୟତର ବାର୍ତ୍ତା ପ୍ରଦାନ କରିବାରେ ହୋଇଛି ସମର୍ଥ ।

ଉଦ୍ଦେଶ୍ୟ :

କାହାଣୀ ମାଧ୍ୟମରେ କେବଳ ଘଟଣାକୁ ଉପସ୍ଥାପିତ କରିବା ଉପନ୍ୟାସର ଧର୍ମ ନୁହେଁ । ସମାଜ ବା ବ୍ୟକ୍ତି ବିଶେଷ ଉପରେ ଏହା କିପରି ପ୍ରଭାବ ପକାଉଛି ତାହାର କଳାତ୍ମକ ରୂପ ହିଁ ଉଦ୍ଦେଶ୍ୟ । ଯାହା ଏକ ନିର୍ଦ୍ଦିଷ୍ଟ ସୀମା ରେଖା ମଧ୍ୟରେ ଥାଏ ନିହିତ । ଔପନ୍ୟାସିକ ନିଜସ୍ୱ ଦୃଷ୍ଟିକୋଣକୁ ନେଇ ସମାଜ ଏବଂ ଜୀବନକୁ ଦର୍ଶନ କରି ସେହି ସମ୍ପର୍କୀୟ ଚିନ୍ତାଚେତନାକୁ କରିଥାନ୍ତି ବ୍ୟକ୍ତ । ଉଦ୍ଦେଶ୍ୟକୁ ନେଇ ହିଁ ଉପନ୍ୟାସର ମହତ୍ତ୍ୱ ସ୍ୱତଃସ୍ଫୁର୍ତ୍ତ ଭାବେ ପାଠକର ଅନୁଭବରେ ହୋଇଥାଏ ପ୍ରସ୍ଫୁଟିତ । କାରଣ ଔପନ୍ୟାସିକ ସମାଜର ଭିତ୍ତିଭୂମିକୁ ନେଇ ଉପନ୍ୟାସରେ ଯାହା ଦର୍ଶାଇ ଥାଏ ତାର ଅନୁଭୂତି ଏବଂ ପ୍ରଭାବ ପାଠକଙ୍କୁ ପ୍ରଭାବିତ କରିବା ସହିତ ଆକର୍ଷିତ ମଧ୍ୟ କରିଥାଏ । ଉପନ୍ୟାସରେ ଯଦି ଜୀବନର କୌଣସି ସତ୍ୟ ବା ସମାଜ ପ୍ରତି କୌଣସି ଉଦ୍ଦେଶ୍ୟ ସାଧନ ହୋଇ ନଥାଏ ତାହା ଉଚ୍ଚକୋଟୀର ଉପନ୍ୟାସ ଭାବରେ ଗ୍ରହଣୀୟ ନୁହଁ । ତେଣୁ ଉପନ୍ୟାସରେ ପରୋକ୍ଷ ଭାବରେ ଜଗତ ସମ୍ପର୍କରେ ଲେଖକଙ୍କ ଧାରଣା, ମନ୍ତବ୍ୟ, ଅଭିମତ ହୋଇଥାଏ ପ୍ରକାଶିତ । ବିଭାଗୀକରଣ ଅନୁଯାୟୀ ଉପନ୍ୟାସଗୁଡିକ ଔପନ୍ୟାସିକର ଚିନ୍ତା ଏବଂ ଚେତନାକୁ ପାଠକ ସାମ୍ନାରେ କରିଥାନ୍ତି ବ୍ୟକ୍ତ ।

ତେଣୁ ଏହି ପରିପ୍ରେକ୍ଷୀରେ ବୈଜ୍ଞାନିକ ଉପନ୍ୟାସଗୁଡିକ ବିଶେଷ ଭାବରେ ପ୍ରକୃତିର ସ୍ୱରୂପକୁ ମାନବ ସମ୍ମୁଖରେ ଉପସ୍ଥାପନ କରିବାରେ ହୋଇଛି ସହାୟ । ମାନବ, ପ୍ରକୃତିର ବିନିଯୋଗ କରି ଅନନ୍ତ ଅତୀତକୁ ଜ୍ଞାତ ହେବା, ବର୍ତ୍ତମାନ ଏବଂ ଭବିଷ୍ୟତକୁ ଗଢିବାର ପ୍ରେରଣାରେ ସତ୍ୟ, କଳ୍ପନା ଏବଂ ବାସ୍ତବତାର ସମନ୍ୱୟରେ ବୈଜ୍ଞାନିକ ଉପନ୍ୟାସ ତାର ଉଦ୍ଦେଶ୍ୟର କରିଛି ସଫଳ ରୂପାୟନ । ଅନ୍ଧବିଶ୍ୱାସ ଜନିତ କୁସଂସ୍କାରକୁ କରିଛି କୁଠାରଘାତ । ସତ୍ୟ ଏବଂ ବାସ୍ତବତାକୁ ପାଠକ ସମ୍ମୁଖରେ କରିଛି ଉପସ୍ଥାପିତ । ସୌରମଣ୍ଡଳର ଗ୍ରହନକ୍ଷତ୍ରଠାରୁ ଆରମ୍ଭ କରି ପୃଥିବୀରେ ମନୁଷ୍ୟର ଅବସ୍ଥିତିକୁ କରାଇଛି ଦୃଶ୍ୟାୟିତ । ଶରୀର ସମ୍ବନ୍ଧୀୟ ବ୍ୟାଧି ସମ୍ପର୍କରେ ସମାଜରେ ଯେଉଁ ଅନ୍ଧବିଶ୍ୱାସ ରହିଛି, ତାହାକୁ ଦୂର କରି ସଚେତନତା ସୃଷ୍ଟି କରିବାରେ ଗ୍ରହଣ କରିଛି ମୁଖ୍ୟ ଭୂମିକା । ତେଣୁ ବୈଜ୍ଞାନିକ ଉପନ୍ୟାସ ସତ୍ୟର ସନ୍ଧାନ ଦେବା ସହିତ ସାମାଜିକ ବିକାଶରେ ମଧ୍ୟ ସାଜିଛି ସହାୟକ । ବ୍ୟକ୍ତିଗତ ସ୍ୱାଧୀନତା ଓ ପ୍ରକୃତ ଅର୍ଥନୈତିକ ସାମ୍ୟକୁ ସର୍ବପ୍ରଥମ

ସ୍ଥାନ ଭାବରେ ଗ୍ରହଣ କରିଛି। ଲୋକ ଲୋକ ଭିତରେ ବୈଷମ୍ୟ ଓ ଭେଦଭାବକୁ ଦୂର କରିଛି। ବହୁ ପ୍ରକାର ଆଦର୍ଶବାଦକୁ ସୂକ୍ଷ୍ମ ଭାବରେ ବିଚାର କରି ସେ ସବୁର ସାରକୁ ତନ୍ନ ତନ୍ନ ପରୀକ୍ଷା କରି ବିଜ୍ଞାନବାଦର ରୂପ ଦେଇଛି। ପ୍ରକୃତ ଗଣତନ୍ତ୍ରକୁ ଉଚ୍ଚ ଆସନ ଦେବା ସହିତ ସାମ୍ୟବାଦକୁ ମେରୁଦଣ୍ଡ ଭାବରେ ଗ୍ରହଣ କରିଛି। ପ୍ରକୃତି ସମ୍ବନ୍ଧରେ ନିରାଟ ସତ୍ୟ ଆବିଷ୍କାର କରିବା ପାଇଁ ପ୍ରତିକୂଳ ପରୀକ୍ଷା ଓ ତଥ୍ୟ ଉପରେ ଗୋଡ ଦେଇ ଚିରନ୍ତନ ସତ୍ୟଠାରେ ପହଞ୍ଚିଛି। ମାନବ ସମାଜକୁ ଅଧିକରୁ ଅଧିକତର ଉନ୍ନତି ଦିଗରେ ଘେନିଯିବା, ଚିରହାସ୍ୟମୟୀ, ସୁଖଶାନ୍ତିଭରାସମାଜ ପ୍ରତିଷ୍ଠା କରିବା ଏହାର ହେଉଛି ପ୍ରଧାନ ଉଦ୍ଦେଶ୍ୟ। ଆଦର୍ଶର ବଶବର୍ତ୍ତୀ ହୋଇ ଅଦମ୍ୟ ଧୈର୍ଯ୍ୟ ଓ ଉତ୍ସାହରେ କୁସଂସ୍କାରପୂର୍ଣ୍ଣ ଓ ରକ୍ଷଣଶୀଳ ସମାଜ ବିରୁଦ୍ଧରେ ଯୁଦ୍ଧ ଘୋଷଣା କରିଛି। ପ୍ରତ୍ୟେକ ଆବିଷ୍କାର ଏବଂ ଉଦ୍ଭାବନ ଉପରେ ଯଥାଯଥ ଉପଯୋଗ ଦିଗରେ କର୍ତ୍ତବ୍ୟ ସାଧନା କରାଇଛି। ସାମାଜିକ ବାସ୍ତବତା ଉପରେ ଛିଡାହୋଇ ସଂସ୍କାର ଓ ପ୍ରଗତିଶୀଳ ଚେତନା, ଆଦର୍ଶବାଦ, ଦୁର୍ନୀତି ପରାୟଣତା, ରାଜନୈତିକ ଦୃଷ୍ଟିଭଙ୍ଗୀ, ମାନବବାଦୀ ଚିନ୍ତାଧାରା ଆଦିର ମନସ୍ତାତ୍ତ୍ୱିକ ବିଶ୍ଳେଷଣ କରିଛି। ଭବିଷ୍ୟତର ଆବିଷ୍କାର ଏବଂ ଉଦ୍ଭାବନକୁ ଲୋକଲୋଚନକୁ ଆଣିବାରେ ସହାୟକ ସାଜିଛି। ଉକ୍ତ ସମସ୍ତ ବିଶିଷ୍ଟ ଭିତ୍ତିଭୂମି ନେଇ ବୈଜ୍ଞାନିକ ଉପନ୍ୟାସ ତାର ଉଦ୍ଦେଶ୍ୟକୁ କରିଛି ପ୍ରତିଫଳିତ।

ବୈଜ୍ଞାନିକ ଉପନ୍ୟାସ ଆଙ୍ଗିକ ପର୍ଯ୍ୟାୟରେ ସମସ୍ତ ଶିଳ୍ପକଳା ମାଧ୍ୟମରେ ପ୍ରକୃତି ଏବଂ ମନୁଷ୍ୟର ଉଜ୍ଜୀବିତ ଇଚ୍ଛାକୁ ତନ୍ନ ତନ୍ନ କରି କରିଛି ମୂଲ୍ୟାୟନ। ଆଖ୍ୟାନ ଭାଗଠୁ ଆରମ୍ଭକରି ଚରିତ୍ର, ପରିବେଶ, ଉଦ୍ଦେଶ୍ୟ ଓ ଭାଷା ମାଧ୍ୟମରେ ମନୁଷ୍ୟର ଅପୂର୍ବ କୃତିତ୍ୱକୁ ଦର୍ଶାଇବାରେ ହୋଇଛି ସମର୍ଥ। ସମାଜ ଜୀବନରୁ ଚରିତ୍ରକୁ ଗ୍ରହଣ କରି ଘଟଣା ମାଧ୍ୟମରେ ମନୁଷ୍ୟ ଏବଂ ପରିବେଶ ମଧ୍ୟରେ ନିହିତ ଉଦ୍ଦେଶ୍ୟକୁ କରିଛି ପ୍ରତିଫଳିତ। ଉପଲବ୍ଧିର ପୂର୍ଣ୍ଣତାରେ ସ୍ମୃତିର ଅସୀମ ଜଗତକୁ ଖୋଲି ବୋଧ ଶକ୍ତିକୁ ଶୃଙ୍ଖଳିତ ଭାବରେ ପ୍ରୟୋଗ କରି ପ୍ରକୃତିର ପ୍ରକୃତ ଅର୍ଥ ଅନ୍ୱେଷଣ କରିବାରେ ସାମର୍ଥ୍ୟ ଲାଭ କରିଛି। ପ୍ରକୃତି କ୍ଷେତ୍ରରେ ଅନୁଭୂତ ସମସ୍ତ ନୂତନଧର୍ମୀ ଚେତନାକୁ ଆତ୍ମସ୍ଥକରି, ତଜ୍ଜନିତ ଉପଲବ୍ଧିକୁ ନୂତନ କଳାତ୍ମକ ରୀତିରେ ଉପସ୍ଥାପନ କରିବାପାଇଁ ସହାୟ ହୋଇଛି।

■

ପାଦଟୀକା

୧. ବେହେରା ଡଃ. କୃଷ୍ଣଚରଣ, କଥା ସାହିତ୍ୟ, ପୃ-୪୩

୨. (Shreemati Sarojini Naidu. in a speech of new Delhi on 2nd March 1935.)

୩.	ମହାପାତ୍ର, ଡଃ. ଗୋକୁଳାନନ୍ଦ, କୃତ୍ରିମ ଉପଗ୍ରହ, ପୃ-୮,୧୦
୪.	ମହାପାତ୍ର , ଡଃ. ଗୋକୁଳାନନ୍ଦ, ଚନ୍ଦ୍ରର ମୃତ୍ୟୁ, ପୃ-୧୭୧, ୧୭୨
୫.	ମହାପାତ୍ର , ଡଃ. ଗୋକୁଳାନନ୍ଦ, ଡାଇନୋସରର ହସ , ପୃ-୧୩
୬.	ମହାପାତ୍ର , ଡଃ. ଗୋକୁଳାନନ୍ଦ, ଡାଇନୋସରର ହସ , ପୃ-୯୮
୭.	ମହାପାତ୍ର , ଡଃ. ଗୋକୁଳାନନ୍ଦ, ମଧ୍ୟାହ୍ନର ଅନ୍ଧକାର , ପୃ-୧୪୨
୮.	ମହାପାତ୍ର , ଡଃ. ଗୋକୁଳାନନ୍ଦ, କୃତ୍ରିମ ଉପଗ୍ରହ , ପୃ-୪୫
୯.	ମହାନ୍ତି , ଡଃ. ଜ୍ୟୋତିର୍ମୟୀ, କଳମି-ମଣିଷ , ପୃ-୯
୧୦.	ମହାପାତ୍ର, ଡଃ. ଗୋକୁଳାନନ୍ଦ, ମଧ୍ୟାହ୍ନର ଅନ୍ଧକାର , ପୃ-୫୯
୧୧.	ପଣ୍ଡା, ଡଃ. ନୃସିଂହଚରଣ, ଦଗ୍ଧ ଗୋଲାପର ଚିରବସନ୍ତ , ପୃ-୧
୧୨.	ମହାପାତ୍ର, ଡଃ. ଗୋକୁଳାନନ୍ଦ, ନିଶ୍ଚଳ ପୃଥିବୀ, ପୃ- ୧୫୭
୧୩.	ମିଶ୍ର, ଡଃ. ଦେବକାନ୍ତ, କୃତ୍ରିମ-ମଣିଷ , ପୃ-୧୫୨
୧୪.	ପଣ୍ଡା, ଡଃ. ନୃସିଂଚରଣ, ଦଗ୍ଧ ଗୋଲାପର ଚିରବସନ୍ତ , ପୃ-୭୭
୧୫.	ମହାପାତ୍ର, ଡଃ. ଗୋକୁଳାନନ୍ଦ, ପୃଥିବୀ ବାହାରେ ମଣିଷ, ପୃ-୧୫୨
୧୬.	ପଣ୍ଡା, ଡଃନୃସିଂହଚରଣ, ଦଗ୍ଧ ଗୋଲାପର ଚିରବସନ୍ତ -ପୃ-୯୩
୧୭.	ମହାପାତ୍ର, ପ୍ରମୋଦ କୁମାର, ବିସ୍ଫୋରିତ ପୃଥିବୀ - ପୃ-୧୭

ବୈଜ୍ଞାନିକ ଉପନ୍ୟାସର ବୈଶିଷ୍ଟ୍ୟ

ଉପନ୍ୟାସ ଏକ ଜୀବନ୍ତ, ବାସ୍ତବଧର୍ମୀ କଳା। ମନୁଷ୍ୟର ବ୍ୟକ୍ତି ଚେତନାଠାରୁ ଆରମ୍ଭ କରି ସାମାଜିକ ଜୀବନଧାରା ଗଭୀର ଭାବରେ ଯେଉଁଠାରେ ରୂପାୟିତ ହୁଏ । ସାମାଜିକ ବାସ୍ତବତା ଉପରେ ହିଁ ଗଢ଼ିଉଠିଥାଏ ଉପନ୍ୟାସର ମୂଳପିଣ୍ଡ। ସମାଜ ଓ ଜୀବନ ଏକ ଓ ଅଭିନ୍ନ ହେଲେ ମଧ୍ୟ ସାର୍ବଜନୀନ ଚିନ୍ତାଧାରାକୁ ରୂପାୟିତ କରିଛି ଉପନ୍ୟାସ । ଆଧୁନିକ ଯୁଗ ହେଉଛି ବିଜ୍ଞାନର ଯୁଗ। ବିଜ୍ଞାନ ମଧ୍ୟ ପ୍ରତ୍ୟେକ ବ୍ୟକ୍ତିର ମନ ଓ ହୃଦୟକୁ ଜୟ କରିସାରିଛି। ତେଣୁ ବୈଜ୍ଞାନିକ ଔପନ୍ୟାସିକ ବିଜ୍ଞାନର ଆବିଷ୍କାର ଏବଂ ଉଦ୍‌ଭାବନକୁ ଭିତ୍ତି କରି କଳ୍ପନା ସହ ବାସ୍ତବତାର ସମନ୍ୱୟରେ ନିର୍ମାଣ କରିଛି ତାର ସୌଧ।

ବୈଜ୍ଞାନିକ ତଥ୍ୟକୁ ଆଧାର କରି ସାମାଜିକ ଜୀବନର ବ୍ୟବହାରିକ ଚଳଣିରେ ଅଙ୍ଗୀକାର କରାଇପାରିଛି ସାମାଜିକ ମନୁଷ୍ୟ ଏବଂ ବିଜ୍ଞାନର ସମ୍ପର୍କକୁ। ବୈଜ୍ଞାନିକ ବସ୍ତୁର ବ୍ୟବହାରଗତ ପ୍ରଣାଳୀ ଏବଂ ଜୀବନଯାପନ ପ୍ରଣାଳୀର ସମନ୍ୱୟତାକୁ ଦୃଶ୍ୟାୟିତ କରାଇଛି। ଯେଉଁ ତଥ୍ୟ ଏବଂ ଘଟଣାକୁ ନେଇ ଉପନ୍ୟାସଗୁଡିକର ସୃଷ୍ଟି ହୋଇଛି ବିଶେଷ ଭାବରେ ତାହା ବିଜ୍ଞାନର ଭବିଷ୍ୟତ ସମ୍ଭାବନା ସୃଷ୍ଟି କରିଛି, ଯାହା ସଂପ୍ରତି ପ୍ରାୟତଃ ପ୍ରୟୋଗ ହୋଇସାରିଲାଣି। ବୈଜ୍ଞାନିକ ଉଦ୍ଭାବନ ମନୁଷ୍ୟକୁ ବାସ୍ତବତାର ଅନେକ ଦୂରକୁ ନେଇଯାଏ। ପୁନଶ୍ଚ ସମ୍ଭାବନାରେ ମନୁଷ୍ୟ ବାସ୍ତବତାର ଅନେକ କଳ୍ପନା ଜଳ୍ପନା ମଧ୍ୟ କରିପକାଏ, କିନ୍ତୁ କଳ୍ପନାର ସୁଚିନ୍ତିତ ମାର୍ଗକୁ କାର୍ଯ୍ୟରେ ପରିଣତ କରନ୍ତି ବୈଜ୍ଞାନିକମାନଙ୍କ ପରି ଉପନ୍ୟାସ କ୍ଷେତ୍ରରେ ଔପନ୍ୟାସିକମାନେ । ସେମାନେ କିଛିବର୍ଷ ପରେ ବିଜ୍ଞାନର ଅଗ୍ରଗତି କେଉଁସ୍ତରରେ ପହଞ୍ଚିବ କଳନା କରି ଭବିଷ୍ୟତ ଅବସ୍ଥାର ରୂପରେଖକୁ ପାଠକ ସମ୍ମୁଖରେ କରିଥାନ୍ତି ଉପସ୍ଥାପିତ। ତେଣୁ ଉପନ୍ୟାସର ଛାଞ୍ଚ ଭିତର ଦେଇ ନାନା ବୈଜ୍ଞାନିକ ଉଦ୍‌ଭାବନର ଉପସ୍ଥାପନ କରିବା ହେଉଛି

ବୈଜ୍ଞାନିକ ଉପନ୍ୟାସର ମୁଖ୍ୟ ବୈଶିଷ୍ଟ୍ୟ। ଏହାଦ୍ୱାରା ପାଠକ ବିଜ୍ଞାନ ସମ୍ପର୍କରେ ଅନେକ ଜ୍ଞାନ ଆହରଣ କରିବାକୁ ସମର୍ଥ ହୋଇଛି। ବୈଜ୍ଞାନିକତତ୍ତ୍ୱର କଠିନତାକୁ ସାଧାରଣ ପାଠକ ପକ୍ଷରେ ଗ୍ରହଣ କରିବା ଯେପରି ଦୁରୂହ ବ୍ୟାପାର ଥିଲା ଉପନ୍ୟାସ ପାଠ କଲାବେଳେ ସେହି ଦୁର୍ବୋଦ୍ଧତାକୁ ପାଠକ ପରିହାର କରି ବିଜ୍ଞାନ ଏବଂ ଏହାର ବ୍ୟବହାର ସମ୍ପର୍କରେ ଅନେକ ଜ୍ଞାନହାସଲ କରିବା ସହଜ ମନେ କରିଛି। କାହାଣୀ ମାଧ୍ୟମରେ ବୈଜ୍ଞାନିକତତ୍ତ୍ୱ ଓ ଉଦ୍‌ଭାବନକୁ ପାଠ କରିବାରେ ଆଗ୍ରହ ପ୍ରକାଶ କରିଛି। ଏହି କ୍ଷେତ୍ରରେ ଗୋକୁଳାନନ୍ଦ ମହାପାତ୍ରଙ୍କଠାରୁ ପ୍ରାରମ୍ଭ କରି ନୃସିଂହଚରଣ ପଣ୍ଡା, ଦେବକାନ୍ତ ମିଶ୍ର, ଜ୍ୟୋତିର୍ମୟୀ ମହାନ୍ତି, ପ୍ରମୋଦ କୁମାର ମହାପାତ୍ର ପ୍ରଭୃତି ଔପନ୍ୟାସିକମାନେ ଯେଉଁ ଉଦ୍ୟମ କରିଛନ୍ତି ବାସ୍ତବରେ ତାହା ପ୍ରକୃତି, ବିଶ୍ୱ ଓ ଜୀବନ ସମ୍ପର୍କରେ ପ୍ରାମାଣିକ ତଥ୍ୟକୁ ପ୍ରଦାନ କରିବାରେ ସହାୟ ହୋଇଛି।

ଅସତ୍ୟର ଅନ୍ଧକାରରୁ ମନୁଷ୍ୟକୁ ମୁକ୍ତ କରି ନୂତନତାର ସ୍ୱର ଉଚ୍ଚାରଣ କରିବା ସହିତ ବିବିଧ ସମସ୍ୟାର ସମାଧାନ ପାଇଁ ପ୍ରେରଣା ଯୋଗାଇଛି ବୈଜ୍ଞାନିକ ଉପନ୍ୟାସ। ଅର୍ଥନୈତିକ ବିକାଶ ଦିଗରେ ଅନୁକୂଳ ବାତାବରଣ ସୃଷ୍ଟି କରିବାରେ ହୋଇଛି ସମର୍ଥ। ପ୍ରାକୃତିକ ପ୍ରତିକୂଳତା ବିରୁଦ୍ଧରେ ମୌସୁମୀକୁ ଅପେକ୍ଷା ନ କରି ଅସମୟରେ କୃଷି କାର୍ଯ୍ୟ ସମ୍ପାଦନ କରି ଖାଦ୍ୟ ସମସ୍ୟାର ସମାଧାନ ପାଇଁ ସଚେତନ ମଣିଷ ବୈଜ୍ଞାନିକ ଉପାୟର ଆଶ୍ରୟ ଗ୍ରହଣ କରିଛି। ଜନ୍ମ ନିୟନ୍ତ୍ରଣର ସୁଚିନ୍ତିତ ପଦକ୍ଷେପଠାରୁ ପ୍ରାରମ୍ଭ କରି ବୈଜ୍ଞାନିକ ପନ୍ଥାରେ ଅର୍ଥନୈତିକ ସମୃଦ୍ଧି ପାଇଁ ଦିଗ୍‌ଦର୍ଶକ ସାଜିଛି। ସାଂପ୍ରତିକ କାଳରେ ଧର୍ମକୁ କେନ୍ଦ୍ର କରି ଯେଉଁ କୁସଂସ୍କାର, ଦେବତା ନାମରେ ଯେଉଁ ଭଣ୍ଡାମୀ ଚାଲିଛି ବୈଜ୍ଞାନିକ ଉପନ୍ୟାସ ତାର କଥାବସ୍ତୁ ମାଧ୍ୟମରେ କରିଛି ପ୍ରଚଣ୍ଡ ପ୍ରତିବାଦ। ସାମାଜିକ, ଆଧ୍ୟାତ୍ମିକ କ୍ଷେତ୍ରରେ ସତ୍ୟର ସ୍ୱରୂପ ନିରୀକ୍ଷଣ କରି ଯୁଗଚେତନା ସୃଷ୍ଟିକରିଛି। ଯାହା ଔପନ୍ୟାସିକମାନଙ୍କ କୃତିଗୁଡ଼ିକରେ ହୋଇଛି ଦୃଶ୍ୟାୟିତ। ଏହା ସହିତ ଆଦର୍ଶବାଦ ସହ ବିଜ୍ଞାନବାଦର ଉଦ୍ଦେଶ୍ୟ, ପୃଥିବୀରେ ବିଶ୍ୱ ଶାନ୍ତି ରକ୍ଷା କରିବାରେ ସାମ୍ୟବାଦର ସ୍ୱର ଏବଂ ଶୋଷଣ ବିହୀନ ସମାଜ ଗଠନର ବ୍ୟବସ୍ଥା, ମାନବିକତାର ଜୟଗାନ, ପ୍ରାଚ୍ୟ ସଂସ୍କୃତି, କଳା, ଐତିହ୍ୟର ମହନୀୟତା, ଆଧୁନିକ ପାଶ୍ଚାତ୍ୟ ସଭ୍ୟତାର ନଗ୍ନରୂପ ଦର୍ଶାଇବା ସହିତ ପୁଞ୍ଜିପତିମାନଙ୍କ ଦ୍ୱାରା ବିଜ୍ଞାନ କିପରି ଦାସ ହୋଇଯାଏ ଏବଂ କେତେକ ଆଦର୍ଶ ବ୍ୟକ୍ତିମାନଙ୍କ ଦ୍ୱାରା ଅନ୍ଧାରି କାରବାରର କିପରି ବିଲୋପ ଘଟେ ତାହା ମଧ୍ୟ ବୈଜ୍ଞାନିକ ଉପନ୍ୟାସରେ ବ୍ୟକ୍ତ ହୋଇଛି। ଚିକିତ୍ସା କ୍ଷେତ୍ରରେ ନୂତନ ଆବିଷ୍କାର ସହ ବିଜ୍ଞାନ କ୍ଷେତ୍ରରେ ନୂତନ ନୂତନ ଯାନ୍ତ୍ରିକ ଆବିଷ୍କାର ଉପନ୍ୟାସକୁ ଉନ୍ନତମାନର କରାଇବା ସହ ଶରୀର ସମ୍ବନ୍ଧୀୟ ତତ୍ତ୍ୱଭିତ୍ତିକ ତଥ୍ୟର ଉନ୍ମୋଚନ କରିଛି।

ଟିସ୍ୟୁ କଲଚର୍ ପଦ୍ଧତିରେ ନୂତନ ଜୀବନ ସୃଷ୍ଟି ସମ୍ଭବ କରାଇପାରିଛି ମାନବବାଦୀ, ପରୋପକାରୀ ଗୁଣଗୁଡ଼ିକୁ ଅଣଦେଖା ନ କରି ଚରିତ୍ରଗୁଡ଼ିକରେ ସମାବେଶ କରିଛି। ଯାହାଦ୍ୱାରା ଚରିତ୍ରଗୁଡ଼ିକ ସାଧାରଣ ପାଠକମାନଙ୍କ ନିକଟରେ ଉଦାହରଣ ଭାବରେ ଛିଡ଼ା ହୋଇପାରିଛନ୍ତି। ବୈଜ୍ଞାନିକ ଉପନ୍ୟାସ ହେଲେ ମଧ୍ୟ ପୁରାଣ ଏବଂ ଆଧ୍ୟାତ୍ମିକ ସହିତ ସମନ୍ୱୟ ସ୍ଥାପନ କରିଛି, କିଞ୍ଚିତ୍ କ୍ଷେତ୍ରକୁ ବାଦ ଦେଲେ ଭଗବାନଙ୍କ ସୃଷ୍ଟିରେ ନାରୀକୁ ମୂଳ ଆଧାର ଭାବରେ ଗ୍ରହଣ କରି ନାରୀ ଶକ୍ତିକୁ ଗୁରୁତ୍ୱ ଦେଇଛି। ପୁନଶ୍ଚ ମନୁଷ୍ୟ ଯାନ୍ତ୍ରିକ କୌଶଳ ଦ୍ୱାରା କୃତ୍ରିମ ମନୁଷ୍ୟ ତିଆରିକରି ମାନବିକ ସମ୍ବେଦନଶୀଳତାକୁ ଉଦ୍ରେକ ମଧ୍ୟ କରିପାରିଛି। ଭାରତୀୟ ସଂସ୍କୃତିର ମହନୀୟତାକୁ ଦୃଶ୍ୟାୟିତ କରାଇଛି। ବୈଜ୍ଞାନିକ ବିଶ୍ଳେଷଣ ମାଧ୍ୟମରେ ଜଟିଳ ତଥ୍ୟର ସରଳୀକରଣ ଉପାୟ, କଲମି ପଦ୍ଧତିରେ ମଣିଷର ସୃଷ୍ଟି ସମ୍ଭବ କରିବା ସହିତ ବର୍ତ୍ତମାନର ପରିସ୍ଥିତିକୁ ନିରୀକ୍ଷଣ କରି ଆଗତ, ଭବିଷ୍ୟତର ସମ୍ଭାବନା ନେଇ ବୈଜ୍ଞାନିକ ଅନୁସନ୍ଧାନମୂଳକ ତଥ୍ୟର ଅଭିବ୍ୟକ୍ତ କରିଛି। ବୌଦ୍ଧିକ କ୍ଷମତାଧାରୀ ମନୁଷ୍ୟର କୌଶଳକୁ ବିସ୍ତାରିତ କରିଛି। ଜୈବିକ ସଂକଟରୁ ପୃଥିବୀକୁ ସୁରକ୍ଷିତ ରଖିବା ଏବଂ ଆସନ୍ନ ଭବିଷ୍ୟ ପ୍ରଚେଷ୍ଟାକୁ ରୂପାୟିତ କରିବାରେ ସମର୍ଥ ହୋଇଛି। ସମୁଦ୍ର ଗର୍ଭଠୁ ପ୍ରାରମ୍ଭ କରି ମହାକାଶର ଗତିବିଧିକୁ ଜ୍ଞାତ ଲାଭ କରିଛି। ବୈଜ୍ଞାନିକ ତଥ୍ୟ ପ୍ରୟୋଗରେ ମନୁଷ୍ୟ ଜୀବନର କ୍ରମବର୍ଦ୍ଧିଷ୍ଣୁ ସମ୍ଭାବ୍ୟ ଭବିଷ୍ୟତର ଚିତ୍ର ଅବଗତ କରାଇଛି। ପାଠକ ନିକଟରେ ବିଶ୍ୱ ବ୍ରହ୍ମାଣ୍ଡର ସ୍ଥୂଳ ଚିତ୍ରକୁ ଆକଳନ କରିବା ସହ ପ୍ରାକୃତିକ ବିପର୍ଯ୍ୟୟରେ ମନୁଷ୍ୟର ସଂଘର୍ଷ ଏବଂ ବଞ୍ଚିବା ପାଇଁ ତାର ପ୍ରୟାସକୁ ବିଶ୍ଳେଷଣ କରିଛି। ବହୁ ଅଜଣା ତଥ୍ୟକୁ ଉନ୍ମୋଚନ କରିଛି ବୈଜ୍ଞାନିକ ଉପନ୍ୟାସ।

ସମୟସ୍ରୋତରେ ନୂତନ ଆବିଷ୍କାର ଏବଂ ଉଦ୍ଭାବନର ଇତିବୃତ୍ତ ସହିତ ମନୁଷ୍ୟକୁ ପରିଚିତି କରାଇଛି। ବୈଜ୍ଞାନିକ ଶକ୍ତିର କୁବିନିଯୋଗ ହେଲେ ମାନବ ସଭ୍ୟତା ଯେ ଧ୍ୱଂସ ପାଇବ ଏହା ଅବଶ୍ୟମ୍ଭାବୀ। ତେଣୁ ବୈଜ୍ଞାନିକ ଉପନ୍ୟାସ ଏହାର ସଂକେତ ଦେବା ସଙ୍ଗେସଙ୍ଗେ ମାନବ ସମାଜକୁ ସତର୍କବାଣୀ ଶୁଣାଇଛି। ବିଜ୍ଞାନ କ୍ଷେତ୍ରରେ ଯେଉଁ ସକଳ ଉଦ୍‌ଭାବନ ଏବଂ ଏ ସମ୍ପର୍କିତ ଗବେଷଣା ମନୁଷ୍ୟ ସମାଜ ପାଇଁ ହିଁ ଉଦ୍ଦିଷ୍ଟ, ତାହା ଜୀବଜଗତଠାରୁ ପ୍ରାରମ୍ଭ କରି ମହାକାଶ ପର୍ଯ୍ୟନ୍ତ ପ୍ରତ୍ୟେକ ସ୍ଥିତିକୁ ଅବଗତ କରାଇଛି ନିଜସ୍ୱ ଅନ୍ୱେଷଣ, ଅନୁଶୀଳନ ଏବଂ ପର୍ଯ୍ୟବେକ୍ଷଣ ମାଧ୍ୟମରେ। କେବଳ ଏକ ପାକ୍ଷିକ ଭାବରେ ବିଶ୍ଳେଷଣ ନ କରି ସମାଜର ପ୍ରତ୍ୟେକ କ୍ଷେତ୍ରରେ ସାଜିଛି ବିକାଶର ନିୟାମକ। ପୁନଶ୍ଚ ସାମାଜିକ ପୃଷ୍ଠଭୂମି ଉପରେ ଯେହେତୁ ଏହା ପରିପିଣ୍ଡିତ ତେଣୁ ମନୁଷ୍ୟକୁ ଏକ ଉନ୍ନତ ସମାଜ ଗଢ଼ି ତୋଳିବାର ବିଶ୍ୱାସ ଏଥିରେ

ନିହିତ । ସଭ୍ୟତା ଏବଂ ସଂସ୍କୃତିରେ ଯେପରି ଦ୍ରୁତ ପରିବର୍ତ୍ତନ ଘଟୁଛି ଏ କ୍ଷେତ୍ରରେ ବୈଜ୍ଞାନିକ ଗବେଷଣା ଆସନ୍ନ ସମସ୍ୟାଗୁଡିକୁ ସତର୍କ କରାଇ ଦେବା ସହିତ ସମାଧାନର ପନ୍ଥା ଅବଲମ୍ବନ କରିଛି । ସମାଜ କ୍ଷେତ୍ରରେ ବୈଜ୍ଞାନିକର ଗବେଷଣା ହୋଇଛି ପ୍ରକୃତି ଉପରେ ବିଜୟ ହାସଲ କରି ସାରା ମାନବ ସମାଜର କଲ୍ୟାଣ ଦିଗରେ ଏହାକୁ ବିନିଯୋଗ କରିବା । ମାନବ ସମାଜକୁ ଅଧିକରୁ ଅଧିକତର ଉନ୍ନତି ଦିଗରେ ଆଗେଇ ନେବା । ପ୍ରତ୍ୟେକ ଆବିଷ୍କାର ଏବଂ ଉଦ୍ଭାବନ ଉପରେ ଆବିଷ୍କାରକ ତଥା ଉଦ୍ଭାବକମାନଙ୍କର ଯେଉଁ ଅଧିକାର ରହିଛି ସେଗୁଡିକର ଯଥାଯଥ ଉପଯୋଗ ଦିଗରେ ଉପଯୋଗୀ କରାଇବା ।

ସାମାଜିକ, ଆଧ୍ୟାତ୍ମିକ, ରାଜନୈତିକ ଜୀବନର ଯେଉଁ ରୂପରେଖକୁ ଆଧାର କରି ଚିନ୍ତାଶୀଳ ବ୍ୟକ୍ତିମାନେ ନିଜସ୍ୱ ସୃଜନଶୀଳତାକୁ ପ୍ରୟୋଗ କରି ଏହି ନୂତନ ସର୍ଜନାର କରିଛନ୍ତି ଉଦ୍ରେକ । ଏହି ବୈଦ୍ଧିକତାକୁ ବୈଜ୍ଞାନିକ ଉପନ୍ୟାସ ମଧ୍ୟ ସାଦରେ ସ୍ୱାଗତ କରିଛି । କଳ୍ପନା-ପ୍ରବଣତା ଏବଂ ନବୀକରଣର ଜାଗରଣ ଘଟାଇବା ସହ ମନୁଷ୍ୟ ଜୀବନଧାରଣ କରିବାର ମହତ୍ତ୍ୱକୁ ଆରାମ ପ୍ରଦାନ ଭାବରେ ଗ୍ରହଣ କରିଛି । ସୃଜନଶୀଳତା ମାଧ୍ୟମରେ ଏକ ସୁବିଧାବାଦୀ ଜୀବନ ବଞ୍ଚିବାର ଉଦାହରଣ ସୃଷ୍ଟି କରିଛି । ବୈଜ୍ଞାନିକ ଉପାୟରେ ସାଧାରଣ ବ୍ୟବହାରିକ ଜୀବନ ଚଳଣିର ପରିବର୍ତ୍ତନଠାରୁ ପ୍ରାରମ୍ଭ କରି ଏକ ଉନ୍ନତ ବିଶ୍ୱର ନିର୍ମାଣକୁ ସ୍ଥାନ ଦେଇଛି ତାର କଥାବସ୍ତୁ ମାଧ୍ୟମରେ । ପୁନଶ୍ଚ ରୋମାଞ୍ଚକାରୀ ତଥ୍ୟଗୁଡିକ ମାଧ୍ୟମରେ ମନୁଷ୍ୟକୁ ତାର ଭବିଷ୍ୟତ ସମ୍ପର୍କରେ ଅବଗତ କରାଇବା ସହ ପ୍ରଯୁକ୍ତି ବିଦ୍ୟାର ବହୁବିଧ ଅବଦାନର ଉଦ୍‌ଭାବନ ପୂର୍ବରୁ ସୃଜନଶୀଳ ପ୍ରତିଭା ସଂପନ୍ନ ଲେଖକମାନେ ସେଗୁଡିକର ସମ୍ଭାବ୍ୟ କ୍ରିୟାଶୀଳତା ବିଷୟରେ ସୂଚନା ପ୍ରଦାନ କରିଛନ୍ତି । ପ୍ରଯୁକ୍ତି ବିଦ୍ୟାର ଅବଦାନଗୁଡିକ ପ୍ରଭାବଶାଳୀତ୍ୱ ସମ୍ପର୍କରେ ପାଠକମାନେ ଜ୍ଞାନ ହାସଲ ସହ ଆମୋଦିତ ମଧ୍ୟ ହୋଇଛନ୍ତି । ତେଣୁ ବୈଜ୍ଞାନିକ ଔପନ୍ୟାସିକମାନେ ବୈଜ୍ଞାନିକ ନ ହେଲେ ମଧ୍ୟ ସମାଜର ଦିଗଦର୍ଶକ ଭାବରେ ପରିଗଣିତ । ନିଜସ୍ୱ ବିଚାରବୋଧ ଆତ୍ମଅବବୋଧ ମାଧ୍ୟମରେ ପ୍ରକୃତିର କ୍ରିୟାଶୀଳତାକୁ ନିରୀକ୍ଷଣ କରି କଳ୍ପନାର ସମ୍ମିଶ୍ରଣରେ ମନୁଷ୍ୟକୁ ବାସ୍ତବତା ସହ ପରିଚୟ କରାଇଛି । ନୂତନ ପ୍ରକାର ଆଶ୍ଚର୍ଯ୍ୟଜନକ ବ୍ୟବସ୍ଥା, ଯନ୍ତ୍ରପାତିର ବିଚକ୍ଷଣ କରାମତିକୁ ଭାବବସ୍ତୁ ରୂପେ ଗ୍ରହଣ କରି ପାଠକଙ୍କୁ ଆଲୌକିକ ରାଜ୍ୟରେ ପ୍ରବେଶ କରାଇଛି । ସମାଜ ବିଜ୍ଞାନଠୁ ଆରମ୍ଭ କରି ମହାକାଶ ବିଜ୍ଞାନ ପର୍ଯ୍ୟନ୍ତ ମନୁଷ୍ୟର ଦୁଃସାହସିକ ପଦକ୍ଷେପ ଏବଂ ପରାକ୍ରମ ବିଷୟରେ ଜ୍ଞାତ ହୋଇପାରିଛି । ତେଣୁ ବୈଜ୍ଞାନିକ ଉପନ୍ୟାସ ପାଠକ ମନରେ ରୋମାଞ୍ଚ ସୃଷ୍ଟି କରିବା ସହିତ ଆନନ୍ଦ, ଭୟ, କୌତୁହଳ,

ଆତଙ୍କ ମଧ୍ୟ ସୃଷ୍ଟି କରିଛି । କାରଣ ପ୍ରଯୁକ୍ତି ବିଦ୍ୟାର ଅବଦାନଗୁଡିକ ପ୍ରଭାବରେ ସମାଜରେ ଯେଉଁ ସମ୍ଭାବ୍ୟ ଚିତ୍ର ଚିତ୍ରିତ ହୋଇଛି ତାହାର ପ୍ରଭାବ ପାଠକଙ୍କୁ କିଛି ମାତ୍ରାରେ ଭୟଭୀତ ମଧ୍ୟ କରିଛି । ପ୍ରଯୁକ୍ତି ବିଦ୍ୟାର ଏହି ଅବଦାନ ମନୁଷ୍ୟର ବୌଦ୍ଧିକ, ସାଂସ୍କୃତିକ ଏବଂ ସାମାଜିକ ପରିବେଶକୁ ପ୍ରଭାବଶାଳୀ କରିଛି । ମନୁଷ୍ୟର ମାନସିକ ଚାହିଦାକୁ ସଂପୂର୍ଣ୍ଣ କରିବାରେ ସମର୍ଥ ହୋଇଛି । କହିବାକୁ ଗଲେ ବୈଜ୍ଞାନିକ ଉପନ୍ୟାସର ପରିସର ଜନମାନସକୁ ଏକ ଅଭୂତପୂର୍ବ ମାର୍ଗରେ ପ୍ରଭାବିତ କରି ଆନ୍ତର୍ଜାତୀୟ ସମସ୍ୟାକୁ ସମ୍ମୁଖରେ ରଖି ସ୍ୱାର୍ଥତ୍ୟାଗୀ ଭିତର ଦେଇ ଦେଶ ଭିତରେ ବନ୍ଧୁତାର ମୂଳଦୁଆ ସୃଷ୍ଟି କରିପାରିବାରେ ସମର୍ଥ ହୋଇଛି । ପୁନଶ୍ଚ ଏକ ବିଂଶ ଶତାବ୍ଦୀର ସର୍ବବିଧ ତଥ୍ୟକୁ ନେଇ ଯେଉଁ ସଂଚୟ, ସୁରକ୍ଷା ଏବଂ ବ୍ୟବହାର ଚାଲିଛି ତାହାର ପ୍ରଭାବରେ ମନୁଷ୍ୟର ବ୍ୟକ୍ତିଗତ ସ୍ୱାଧୀନତା ବିପନ୍ନ ହେବାରେ ଆଶଙ୍କା ମଧ୍ୟ ଉପୁଜୁଛି ।

ସମୟର ଗତିଶୀଳତାରେ ମନୁଷ୍ୟ ନିଜସ୍ୱ ପରିବର୍ତ୍ତନ ସହିତ ବହୁ ବାଧାବିଘ୍ନ ଦେଇ ସମାଜର ଶୁଭକାରୀ ପରିବର୍ତ୍ତନ ଘଟାଇବା ପାଇଁ ନିରବଚ୍ଛିନ୍ନ ଉଦ୍ୟମକୁ ଆପଣେଇ ନେଇଛି । ବିଜ୍ଞାନ ଏବଂ ପ୍ରଯୁକ୍ତିବିଦ୍ୟାର ସମୃଦ୍ଧି ହେତୁ ବସ୍ତୁବାଦୀ ବୈଷୟିକ ସଭ୍ୟତାର ଚରମ ବିକାଶ ମଧ୍ୟ ସାଧିତ ହୋଇଛି । ତେଣୁ ବୈଜ୍ଞାନିକ ଉପନ୍ୟାସ ଏକ ଜ୍ଞାନାଶ୍ରୟୀ ସମାଜ ପ୍ରତିଷ୍ଠା ଦିଗରେ କରୁଛି ଉଦ୍ୟମ । ମନୁଷ୍ୟ, ପ୍ରକୃତି ଓ ପ୍ରଯୁକ୍ତି ବିଦ୍ୟାର ସଂଯୋଗରେ ଭୌତିକ ପ୍ରଗତି ସତ୍ତ୍ୱେ ମଧ୍ୟ ପରିବେଶକୁ ସନ୍ତୁଳନ ସହ ସୁରକ୍ଷା ଦେବା ପାଇଁ ଗବେଷଣାର ଅଦମ୍ୟ ପ୍ରଚେଷ୍ଟାକୁ ବିରତି ଦେଇନି । ସୁରକ୍ଷାର ପ୍ରକୃତ ପଥକୁ ଉନ୍ମୋଚନ କରିଛି । ଆଗାମୀ ଯୁଗରେ ନିରାଟ ବାସ୍ତବତାକୁ ନିଃସନ୍ଦେହରେ ବୟାନ କରିଛି । ସମୟ ପରିପ୍ରେକ୍ଷୀରେ ମନୁଷ୍ୟକୁ ଯୁଗ ସହିତ ତାଳଦେଇ ଜୀବନ ଅତିବାହିତ କରିବା ପାଇଁ ତାଲିମ ଦେଇଛି କହିଲେ ଅତ୍ୟୁକ୍ତି ହେବନାହିଁ । ଗବେଷଣା କ୍ଷେତ୍ରରେ ଜୀବନପକ୍ଷେ ବିଜ୍ଞାନର ଗୁରୁତ୍ୱ, ନୂତନ ଚିନ୍ତାଧାରା, ମୂଲ୍ୟବାନ ବିଜ୍ଞାନ ଭିତ୍ତିକ ସର୍ଜନା, ସାହିତ୍ୟ ଏବଂ ବିଜ୍ଞାନର ପରିପୂରକତା, ନୂତନ ଚିନ୍ତାଶୀଳ ବ୍ୟକ୍ତିମାନଙ୍କର ଉଦ୍ୟମକୁ ବାସ୍ତବବାଦୀ ଚିନ୍ତାଧାରାରେ ଲୋକଲୋଚନରେ ପ୍ରକାଶ କରିଛି ବୈଜ୍ଞାନିକ ଉପନ୍ୟାସ । ତେଣୁ ବିଜ୍ଞାନକୁ ନେଇ ସତ୍ୟ, କଳ୍ପନା, ବାସ୍ତବତାର ମନୋଜ୍ଞ ସମନ୍ୱୟରେ ବୈଜ୍ଞାନିକ ଉପନ୍ୟାସ ତାର ବୈଶିଷ୍ଟ୍ୟକୁ ବିଶ୍ୱର ଉନ୍ନତି କଳ୍ପେ ବିଶ୍ୱ ସମୁଦାୟ ଉଦ୍ଦେଶ୍ୟରେ ଉତ୍ସର୍ଗ କରିଛି ।

■

ଉପସଂହାର

ଜୀବନଚର୍ଯ୍ୟାର ଏକ ବିସ୍ତୃତ ରୂପାୟନ ହେଉଛି ଉପନ୍ୟାସ। ସମାଜ ଜୀବନଠୁ ଆରମ୍ଭକରି ଜାତୀୟ ମାନସର ଯଥାଯଥ ଆଲେଖ୍ୟ ଯେଉଁଠାରେ ସ୍ୱୀକୃତି ଲାଭ କରିଛି। ସମାଜର ବାସ୍ତବତା ଯେଉଁଠାରେ ପରିସ୍ଫୁଟ ହୋଇ ବିଶ୍ୱ ବ୍ୟାପକତା ମଧ୍ୟରେ ସ୍ଥିର ହୋଇ ସ୍ଥାନ ପାଇଛି। ସମାଜ ଜୀବନର ଭବିଷ୍ୟତ ଉପନ୍ୟାସରେ ରହିବା ଆବଶ୍ୟକତା ମନେ କରିଛି। ସମାଜର ମର୍ମସ୍ଥଳୀକୁ ନିରୀକ୍ଷଣ କରିବାରେ ହୋଇଛି ପ୍ରୟାସୀ। ସମକାଳୀନ ସମାଜର ବିଷୟକୁ ବିଶେଷ ଭାବରେ ତାର ଆଲୋଚନାରେ ଗ୍ରହଣ କରିଛି। ଉପନ୍ୟାସ କ୍ଷେତ୍ରରେ ନୂତନ ଦୃଷ୍ଟିକୋଣ ଓ ସମାଜ ସଚେତନତାର ଯେଉଁ ଅଭାବ ଥିଲା ତାକୁ ସଂପୂର୍ଣ୍ଣ କରିଛି ଓଡିଆ ଉପନ୍ୟାସ ସାହିତ୍ୟ। ବିଶ୍ୱର ପ୍ରାକ୍ତନ ଏବଂ ଅଧୁନାତନ ସମ୍ପର୍କରେ ବିପୁଳ ଅନୁଭୂତି ଏବଂ ଅନୁଚିନ୍ତାକୁ ପ୍ରକାଶ କରିବାରେ ହୋଇଛି ସମର୍ଥ। ସମୟର ପରିପ୍ରେକ୍ଷୀରେ ଉପନ୍ୟାସର ରୂପ ପରିବର୍ତ୍ତନ ହୋଇଛି। ନୂଆ ନୂଆ କଥାବସ୍ତୁ ଯୋଜନାରେ ଅଭିନବ ମର୍ମବାଣୀ ପ୍ରଦାନକରିବା ସହ ଅନ୍ୟପକ୍ଷରେ ନୂତନ ଶୈଳୀ ଏବଂ ପ୍ରକାଶ ଭଙ୍ଗୀର ବିନ୍ୟାସରେ ଗୁଣାତ୍ମକ ଅଭିବୃଦ୍ଧିର ପରିଚୟ ସୃଷ୍ଟି କରିଛି। ସମାଜ କ୍ଷେତ୍ରରେ କେତେକ ଉଲ୍ଲେଖଯୋଗ୍ୟ ପରିବର୍ତ୍ତନକୁ ସାଧିତ କରି ଜାତୀୟଜୀବନର ନୂତନ ଭାବଦୀକ୍ଷା ଗ୍ରହଣ କରିଛି ଉପନ୍ୟାସ ସାହିତ୍ୟ।

ଏହି ପରିପ୍ରେକ୍ଷୀରେ ଓଡିଆ ଉପନ୍ୟାସ ସାହିତ୍ୟର ରୂପ ବିଭବରେ ବୈଜ୍ଞାନିକ ଉପନ୍ୟାସ ନୂତନ ଚିନ୍ତା ଏବଂ ଚେତନାକୁ ନେଇ ଏକ ବିସ୍ତୃତ ପରିଧି ଗଢିବାରେ ସମର୍ଥ ମନେ କରିଛି। ଅତୀତ, ବର୍ତ୍ତମାନ ଏବଂ ଭବିଷ୍ୟତକୁ ନେଇ ଏକ ଅଭିନବ ସୃଜନଶୈଳୀକୁ ଲୋକଲୋଚନରେ କରିଛି ପ୍ରକାଶ। ନୂତନ ଅନ୍ୱେଷଣ, ଉଦ୍‌ଭାବନ ଏବଂ ଆବିଷ୍କାରକୁ ବିଶେଷ କଥାବସ୍ତୁ ଭାବରେ ଗ୍ରହଣ କରି ବିଶ୍ୱ, ବିଶ୍ୱ ବ୍ରହ୍ମାଣ୍ଡ ଏବଂ ମହାକାଶ ମଣ୍ଡଳର ରହସ୍ୟକୁ ଉନ୍ମୋଚନ କରିଛି। ମନୁଷ୍ୟର ସମସ୍ୟା ଏବଂ

ସମାଧାନକୁ ନେଇ ଯାନ୍ତ୍ରିକ କୌଶଳ ଦ୍ୱାରା ମନୁଷ୍ୟର ସ୍ଥିତି ଏବଂ ପ୍ରଗତିକୁ ଅବଗତ କରାଇବାକୁ ପରମ କର୍ତ୍ତବ୍ୟ ମନେ କରିଛି। ପ୍ରକୃତିରେ ସୃଷ୍ଟି ହେଉଥିବା ନୂତନତ୍ୱକୁ ନିଜସ୍ୱ ବିଚାର ବୋଧରେ ବିଶ୍ଳେଷଣ କରି ଭବିଷ୍ୟତକୁ ଦୃଷ୍ଟିରେ ରଖି କାହାଣୀର ଆଖ୍ୟାନ ଭାଗକୁ ନିର୍ମାଣ କରିଛି। ବିଜ୍ଞାନ ଭିତ୍ତିକ ତଥ୍ୟକୁ ଆଧାର କରି କାହାଣୀ ଆବର୍ତ୍ତିତ ହେଲେ ମଧ୍ୟ ପ୍ରତ୍ୟେକ ଉପନ୍ୟାସ ଯେହେତୁ ସମାଜର ଭିତ୍ତିଭୂମି ଉପରେ ପ୍ରତିଷ୍ଠିତ, ସେହି ଦୃଷ୍ଟିରୁ ବୈଜ୍ଞାନିକ ଉପନ୍ୟାସ ମଧ୍ୟ ଚରିତ୍ର ମାଧ୍ୟମରେ ସାମାଜିକ ଦୃଷ୍ଟିଭଙ୍ଗୀକୁ କରିଛି ପ୍ରତିଫଳତି। ସାଂପ୍ରତିକ ସମାଜରୁ ହିଁ ଚରିତ୍ରମାନଙ୍କୁ ଗ୍ରହଣ କରି ସାମାଜିକ ଜୀବନର ଚାଲିଚଳଣି, ଜୀବନଧାରାକୁ ରୂପାୟିତ କରିଛି। ସଂସ୍କାର ଓ ପ୍ରଗତିଶୀଳ ମନୋଭାବକୁ ସୁଦୃଢ଼ କରି ବିଜ୍ଞାନର ସାର୍ଥକତାକୁ ଉପଲବ୍ଧି କରାଇପାରିଛି। ବୈଜ୍ଞାନିକ ଯଦି ମାନବିକତାଠାରୁ ଦୂରେଇ ରହେ ଆଦର୍ଶବାଦୀ ନ ହୁଏ ତା ହେଲେ ସମାଜ ପାଇଁ ତାହା ସଂପୂର୍ଣ୍ଣ ଭାବରେ କ୍ଷତିକାରକ ଏହି ନିର୍ଦ୍ଦେଶ ଦେଇଛି। ଆଦର୍ଶ ସମାଜ ଏବଂ ଆଦର୍ଶ ଜୀବନ ଯାପନ ଦେଇ ଗାନ୍ଧିବାଦକୁ ଅଭିପ୍ରେତ କରାଇବା ସହିତ ସଂପ୍ରତି ବିଜ୍ଞାନ କ୍ଷେତ୍ରରେ ଦୁର୍ନୀତିର ପ୍ରାଦୁର୍ଭାବ ଏବଂ ରାଜନୈତିକ ସ୍ଥିତିରେ ଏହାର ବ୍ୟବହାରକୁ ମଧ୍ୟ ରୂପାୟିତ କରିବାରେ ସଫଳ ହୋଇପାରିଛି। ମନୁଷ୍ୟର ସଚେତନ ମନ ଏବଂ ଅବଚେତନ ମନର ରହସ୍ୟକୁ ମନସ୍ତାତ୍ତ୍ୱିକ ବିଶ୍ଳେଷଣ ଜରିଆରେ ଉଦ୍‌ଘାଟନ କରିଛି। କଥାବସ୍ତୁକୁ ରୋମାଞ୍ଚକର କରିବା ପାଇଁ ରୋମାଣ୍ଟିକ୍ ଭାବପ୍ରବଣତାର କରିଛି ପ୍ରୟୋଗ। ବୈଜ୍ଞାନିକ ଉପନ୍ୟାସ ହେଲେ ମଧ୍ୟ ପୁରାଣ ସହିତ ତାହା ସମ୍ପର୍କ ରକ୍ଷା କରିଛି। ବୈଜ୍ଞାନିକ ଆବିଷ୍କାର ଏବଂ ଉଦ୍‌ଭାବନର ଅଭୂତପୂର୍ବ ବିକାଶକୁ ଜନଜୀବନର ଚଳଣୀଠାରୁ ପ୍ରାରମ୍ଭ କରି ବିଶ୍ୱର ପରିବ୍ୟାପ୍ତିରେ ପରିବ୍ୟାପ୍ତ କରାଇଛି। ପୁନଶ୍ଚ ଉପଯୁକ୍ତ ଭାଷା, ଶୈଳୀର ପ୍ରୟୋଗରେ ପ୍ରତ୍ୟେକ ଘଟଣାଧର୍ମୀ ପରିବେଶର ସଂଯୋଜନାକୁ ଜୀବନ୍ତ ଭାବରେ ଗଢ଼ି ତୋଳି ଉପନ୍ୟାସର ଉଦ୍ଦେଶ୍ୟକୁ କରିଛି ପ୍ରତିଫଳିତ। ନୂତନତ୍ୱ ଏବଂ ବସ୍ତୁନିଷ୍ଠ ବିଶ୍ଳେଷଣ ଧାରାକୁ ଅନୁସୃତ କରିଛି। ବିଜ୍ଞାନ ପ୍ରସୂତ ବାସ୍ତବତା ଏବଂ ବସ୍ତୁତାନ୍ତ୍ରିକତାକୁ ମୁଖ୍ୟ ଉପାଦାନ ଭାବରେ ଗ୍ରହଣକରି ଔପନ୍ୟାସିକମାନଙ୍କ ଲେଖନୀ ଏହି ନୂତନ ଦିଗନ୍ତକୁ ଉନ୍ମୋଚିତ କରିଛି ଏଥିରେ ସନ୍ଦେହ ନାହିଁ।

ବିଶେଷ ଭାବରେ ମାନବ ସମାଜର ଭବିଷ୍ୟତ କିପରି ସୁରକ୍ଷିତ ରଖାଯାଇପାରିବ ସେ ବିଷୟରେ ବୈଜ୍ଞାନିକ ଉପନ୍ୟାସ ନିଜସ୍ୱ ଦୃଷ୍ଟି କୋଣକୁ ବିଭିନ୍ନ ସିଦ୍ଧାନ୍ତରେ କଥାବସ୍ତୁ ମାଧ୍ୟମରେ ଉପସ୍ଥାପନ କରିଛି। ଆଗାମୀ ଭବିଷ୍ୟତକୁ ନେଇ ବୈଜ୍ଞାନିକର ବୌଦ୍ଧିକ ଚିନ୍ତାଧାରା ବିଜ୍ଞାନ କ୍ଷେତ୍ରରେ କି କି ନୂତନ ଯାନ୍ତ୍ରିକ କୌଶଳ

ଉଦ୍‌ଭାବନ କରିବାକୁ ସମର୍ଥ ହେବ, ତାହାର ପରିକଳ୍ପନା ବୈଜ୍ଞାନିକ ଉପନ୍ୟାସରେ ରୂପାୟିତ ହୋଇଛି। ବୈଜ୍ଞାନିକ ଔପନ୍ୟାସିକ ଜଣେ ଜଣେ ଦାର୍ଶନିକ ଭାବରେ ଉପସ୍ଥିତ ହୋଇ ମାନବ ସମାଜର ଭବିଷ୍ୟତ ପ୍ରତି ସଚେତନ ରହିଛନ୍ତି ଏବଂ ଗବେଷଣା ଚାଲୁ ରଖିଛନ୍ତି। ତେଣୁ ପାଠକ ହଠାତ୍ ଗ୍ରହଣ କରିପାରି ନଥିଲେ ମଧ୍ୟ ସଚେତନ ହେବାରେ ପ୍ରୟାସୀ ହୋଇଛି। ଓଡିଆ ସାହିତ୍ୟରେ ଡଃ ଗୋକୁଳାନନ୍ଦ ମହାପାତ୍ରଙ୍କଠାରୁ ଆରମ୍ଭ କରି ପ୍ରମୋଦ କୁମାର ମହାପାତ୍ର ପର୍ଯ୍ୟନ୍ତ ଯେଉଁ ବୈଜ୍ଞାନିକ ଉପନ୍ୟାସ ସୃଷ୍ଟି କରିଛନ୍ତି ବାସ୍ତବରେ ତାହା ଆଗାମୀ ଭବିଷ୍ୟତକୁ ନେଇ ଉଚ୍ଚ ମୂଲ୍ୟବୋଧର ସୂଚନା ଦେଇଛି। ଉପନ୍ୟାସଗୁଡିକର ରଚନା ଶୈଳୀ ମଧ୍ୟ ପାଠକଙ୍କୁ ହୃଦୟଗ୍ରାହୀ କରାଇପାରିଛି। ପାରମ୍ପାରିକ ଉପନ୍ୟାସ ତୁଳନାରେ ବୈଜ୍ଞାନିକ ଉପନ୍ୟାସ ନିଜସ୍ୱ ସ୍ୱତନ୍ତ୍ରତା ସୃଷ୍ଟିକରି ମର୍ଯ୍ୟାଦା ଲାଭ କରିବାରେ ସହାୟ ହୋଇଛି।

■

ସହାୟକ ପୁସ୍ତକ

୧. କବି, ଚିନ୍ମୟ- ସାହିତ୍ୟର ଦିଗ୍‌ବଳୟ, ଫ୍ରେଣ୍ଡ୍‌ସ ପବ୍ଲିଶର୍ସ,
ବିନୋଦ ବିହାରୀ, କଟକ-୨, ପ୍ରଥମ ମୁଦ୍ରଣ,୧୯୮୪।

୨. କର, ଡଃ. ବାଉରୀବନ୍ଧୁ- ସ୍ୱାଧୀନତା ପରବର୍ତ୍ତୀ ଓଡିଆ ଉପନ୍ୟାସ,
ଆଶା ପୁସ୍ତକାଳୟ, ବାରାକ୍‌ସ, ବ୍ରହ୍ମପୁର, ନୂତନ ସଂସ୍କରଣ, ୧୯୯୭।

୩. ଧଳ, ଗୋଲକ ବିହାରୀ- ବିଚାର ଆଲୋଚନା,
ବିଦ୍ୟାପୁରୀ, ବାଲୁବଜାର, କଟକ-୨, ପ୍ରଥମ ପ୍ରକାଶ, ମେ’ ୧୯୯୬।

୪. ପଣ୍ଡା, ନୃସିଂହଚରଣ- ଦଗ୍ଧ ଗୋଲାପର ଚିର ବସନ୍ତ,
କଟକ ଷ୍ଟୁଡେଣ୍ଟ୍‌ସ ଷ୍ଟୋର, ପ୍ରଥମ ସଂସ୍କରଣ,୧୯୯୬।

୫. ପାଣିଗ୍ରାହୀ, ଡଃ. ସୁରେନ୍ଦ୍ର ନାଥ- ଓଡିଆ ଉପନ୍ୟାସର କ୍ରମ ବିକାଶ,
ମହାଦେବୀ ପବ୍ଲିକେଶନ୍ସ, ବ୍ରହ୍ମପୁର, ପ୍ରଥମ ପ୍ରକାଶ,୨୦୦୬।

୬. ପଟ୍ଟନାୟକ, ପଠାଣି, ରାଉତ, ଭୋଳାନାଥ- ଓଡିଆ ଉପନ୍ୟାସ ସାହିତ୍ୟର ପରିଚୟ,
ଓଡିଶା ବୁକ୍ ଷ୍ଟୋର ବିନୋଦ ବିହାରୀ, କଟକ, ପ୍ରଥମ ପ୍ରକାଶ, ୧୯୬୯।

୭. ପଟ୍ଟନାୟକ, ଅଧ୍ୟାପକ ପଠାଣି-ଓଡିଆ ପ୍ରବନ୍ଧ ଓ ସମାଲୋଚନା ସାହିତ୍ୟର ପରିଚୟ,
ଓଡିଶା ବୁକ୍ ଷ୍ଟୋର ବିନୋଦ ବିହାରୀ, କଟକ, ପ୍ରଥମ ସଂସ୍କରଣ , ନବବର୍ଷ,
୨୦୦୯।

୮. ବେହେରା, ଡଃ. ଶ୍ରୀକୃଷ୍ଣ ଚରଣ -କେତୋଟି ସାହିତ୍ୟିକ ଅଭିଭାଷଣ,
ଫ୍ରେଣ୍ଡ୍‌ସ ପବ୍ଲିଶର୍ସ ବିନୋଦବିହାରୀ, କଟକ,ପ୍ରଥମ ପ୍ରକାଶ, ୧୯୭୦।

୯. ମହାପାତ୍ର, ଗୋକୁଳାନନ୍ଦ- ପୃଥିବୀ ବାହାର ମଣିଷ,
ବିଦ୍ୟାପୁରୀ ବାଲୁବଜାର, କଟକ, ପ୍ରଥମ ସଂସ୍କରଣ, ଡିସେମ୍ବର, ୧୯୯୩।

୧୦. ମହାପାତ୍ର, ଗୋକୁଳାନନ୍ଦ- କୃତ୍ରିମ ଉପଗ୍ରହ,
ଗ୍ରନ୍ଥମନ୍ଦିର ବିନୋଦବିହାରୀ, କଟକ-୨, ପ୍ରଥମ ସଂସ୍କରଣ, ୧୯୫୮।

୧୧. ମହାପାତ୍ର, ଗୋକୁଳାନନ୍ଦ- ସ୍ପୁଟନିକ୍ ,
ଦାସ ବ୍ରଦର୍ସ ବ୍ରହ୍ମପୁର, ପ୍ରଥମ ସଂସ୍କରଣ, ୧୯୫୮।

୧୨. ମହାପାତ୍ର, ଗୋକୁଳାନନ୍ଦ- ସୁନାର ଓଡିଶା
ନିଉ ଷ୍ଟୁଡେଣ୍ଟସ୍ ଷ୍ଟୋର ବିନୋଦ ବିହାରୀ, କଟକ-୨, ପ୍ରଥମ ସଂସ୍କରଣ, ୧୯୭୩।

୧୩. ମହାପାତ୍ର, ଗୋକୁଳାନନ୍ଦ- ମଧ୍ୟାହ୍ନର ଅନ୍ଧକାର
ନିଉ ଷ୍ଟୁଡେଣ୍ଟସ୍ ଷ୍ଟୋର ବିନୋଦ ବିହାରୀ, କଟକ-୨, ପ୍ରଥମ ସଂସ୍କରଣ, ୧୯୫୯।
୧୪. ମହାପାତ୍ର, ଗୋକୁଳାନନ୍ଦ- ଚନ୍ଦ୍ରର ମୃତ୍ୟୁ,
ଗ୍ରନ୍ଥମନ୍ଦିର ବିନୋଦବିହାରୀ, କଟକ-୨, ପ୍ରଥମ ସଂସ୍କରଣ ୧୯୬୬।
୧୫. ମହାପାତ୍ର, ଗୋକୁଳାନନ୍ଦ- ମୃତ୍ୟୁ ଏକ ମାତୃତ୍ୱର
ଗ୍ରନ୍ଥମନ୍ଦିର ବିନୋଦ ବିହାରୀ କଟକ-୨, ପ୍ରଥମ ମୁଦ୍ରଣ: ଡିସେମ୍ବର , ୧୯୮୩।
୧୬. ମହାପାତ୍ର, ଗୋକୁଳାନନ୍ଦ- ନିଷ୍ଫଳ ପୃଥିବୀ,
ବିଦ୍ୟାପୁରୀ ବାଲୁବଜାର, କଟକ, ପ୍ରଥମ ପ୍ରକାଶ ଜୁଲାଇ,୧୯୯୦।
୧୭. ମହାପାତ୍ର, ଗୋକୁଳାନନ୍ଦ- ନିସ୍ତବ୍ଧ ଗୋଧୂଳି,
ବିଦ୍ୟାପୁରୀ ବାଲୁବଜାର, କଟକ, ପ୍ରଥମ ପ୍ରକାଶ, ଜୁଲାଇ ୧୯୯୩।
୧୮. ମହାପାତ୍ର, ଗୋକୁଳାନନ୍ଦ- ଡାଇନୋସରର ହସ,
ବିଦ୍ୟାପୁରୀ ବାଲୁବଜାର, କଟକ, ପ୍ରଥମ ପ୍ରକାଶ, ୨୦୦୭।
୧୯. ମିଶ୍ର, ଦେବକାନ୍ତ- କୃତ୍ରିମ ମଣିଷ,
କୋଣାର୍କ ପବ୍ଲିଶର୍ସ, ବିନୋଦ ବିହାରୀ କଟକ -୨, ଦ୍ୱିତୀୟ ସଂସ୍କରଣ-ଅକ୍ଷୟ ତୃତୀୟା, ୧୯୯୨।
୨୦. ମହାନ୍ତି, ଜ୍ୟୋତିର୍ମୟୀ- ମୃତ୍ୟୁର ତ୍ରିଭୁଜ
ଗୁରୁଜୀ ବୁକ୍‌ଷ୍ଟଲ୍ ଝାଞ୍ଜିରମଙ୍ଗଳା, କଟକ,ପ୍ରଥମ ପ୍ରକାଶ, ୧୯୮୬।
୨୧. ମହାନ୍ତି, ଜ୍ୟୋତିର୍ମୟୀ -ନିର୍ଝରିଣୀ,
ଗୁରୁଜୀ ବୁକ୍‌ଷ୍ଟଲ୍ ଝାଞ୍ଜିରମଙ୍ଗଳା, କଟକ,ପ୍ରଥମ ପ୍ରକାଶ, ୧୯୮୯।
୨୨. ମହାନ୍ତି , ଜ୍ୟୋତିର୍ମୟୀ- କଳମି ମଣିଷ
ଓଡିଶାବୁକ୍ ଷ୍ଟୋର ବିନୋଦ ବିହାରୀ, କଟକ, ପ୍ରଥମ ପ୍ରକାଶ ଜାନୁୟାରୀ-୨୬, ୧୯୯୬।
୨୩. ମହାନ୍ତି, ଜ୍ୟୋର୍ତିମୟୀ- ବରଫ ତଳୁ ଜୀବନ,
କ୍ୟାପିଟାଲ ଷ୍ଟୁଡେଣ୍ଟସ୍ ଷ୍ଟୋର ଭୁବେନଶ୍ୱର, ପ୍ରଥମ ପ୍ରକାଶ, ୧୯୯୭।
୨୪. ମହାନ୍ତି, ଜ୍ୟୋତିର୍ମୟୀ-ପିରାମିଡ୍ ,
ଓଡିଶା ବୁକ୍‌ଷ୍ଟୋର ,ବିନୋଦ ବିହାରୀ, କଟକ, ପ୍ରଥମ ପ୍ରକାଶ, ୨୦୦୧।
୨୫. ମହାପାତ୍ର, ପ୍ରମୋଦ କୁମାର- କାମୋଡଦ୍ୱୀପର ଡ୍ରାଗନ,
ଓଡିଶା ବୁକ୍‌ଷ୍ଟୋର, ବିନୋଦ ବିହାରୀ,କଟକ, ପ୍ରଥମ ପ୍ରକାଶ- ୧୯୯୬।
୨୬. ମହାପାତ୍ର, ପ୍ରମୋଦ କୁମାର- ବିସ୍ଫୋରିତ ପୃଥିବୀ,
ଓଡିଶା ବୁକ୍‌ଷ୍ଟୋର, ବିନୋଦ ବିହାରୀ, କଟକ, ପ୍ରଥମ ପ୍ରକାଶ, ନବବର୍ଷ ୧୯୯୯।
୨୭. ମହାପାତ୍ର, ପ୍ରମୋଦ କୁମାର- ବିଭୀଷିକାମୟ ମଙ୍ଗଳ ଯାତ୍ରା,

ଓଡିଶା ବୁକ୍‌ଷ୍ଟୋର, ବିନୋଦ ବିହାରୀ ,କଟକ, ପ୍ରଥମ ପ୍ରକାଶ , ୧୯୯୯।
୨୮. ମହାପାତ୍ର, ପ୍ରମୋଦ କୁମାର- ନୀଳ ସାଗରର ଆତ୍ମଲିପି,
ଓଡିଶା ବୁକ୍‌ଷ୍ଟୋର, ବିନୋଦ ବିହାରୀ ,କଟକ, ପ୍ରଥମ ପ୍ରକାଶ , ୨୦୦୦।
୨୯. ମହାପାତ୍ର, ପ୍ରମୋଦ କୁମାର- ଅମର ମଣିଷ,
ଓଡିଶା ବୁକ୍‌ଷ୍ଟୋର, ବିନୋଦ ବିହାରୀ ,କଟକ, ପ୍ରଥମ ସଂସ୍କରଣ, ୨୦୦୪।
୩୦. ମହାପାତ୍ର, ପ୍ରମୋଦ କୁମାର- ଜହ୍ନ ରାଇଜ ପରେ,
ଓଡିଶା ବୁକ୍‌ଷ୍ଟୋର, ବିନୋଦ ବିହାରୀ ,କଟକ, ପ୍ରଥମ ସଂସ୍କରଣ, ୨୦୦୫।
୩୧. ମହାପାତ୍ର, ପ୍ରମୋଦ କୁମାର- ପାତାଳ ମଣିଷ,
ଓଡିଶା ବୁକ୍‌ଷ୍ଟୋର, ବିନୋଦ ବିହାରୀ ,କଟକ, ପ୍ରଥମ ସଂସ୍କରଣ, ୨୦୦୬।
୩୨. ମହାପାତ୍ର, ପ୍ରମୋଦ କୁମାର- ସୁବର୍ଣ୍ଣ ଗ୍ରହରେ ଜନ୍ ଓ ମେରି,
ଓଡିଶା ବୁକ୍‌ଷ୍ଟୋର, ବିନୋଦ ବିହାରୀ ,କଟକ, ପ୍ରଥମ ସଂସ୍କରଣ, ୨୦୦୦।
୩୩. ମିଶ୍ର, ଡଃ. ଦେବକାନ୍ତ- ବିଂଶ ଶତାବ୍ଦୀର ବିଜ୍ଞାନ ଓ ପ୍ରଯୁକ୍ତି ବିଦ୍ୟା,
କଟକ ଷ୍ଟୁଡେଣ୍ଟସ୍ ଷ୍ଟୋର, ବାଲୁବଜାର, କଟକ, ପ୍ରଥମ ସଂସ୍କରଣ, ୧୯୯୯।
୩୪. ମିଶ୍ର, ଡଃ. ଦେବକାନ୍ତ- ବିଜ୍ଞାନ ଓ ପ୍ରଯୁକ୍ତି ବିଦ୍ୟାର ସମସାମୟିକ ଘଟଣା ପ୍ରବାହ,
ପ୍ରାଚୀ ସାହିତ୍ୟ ପ୍ରତିଷ୍ଠାନ, ବିନୋଦବିହାରୀ କଟକ, ପ୍ରଥମ ସଂସ୍କରଣ- ୨୦୦୭।
୩୫. ମହାପାତ୍ର, ଡଃ. (ଶ୍ରୀମତୀ) ସ୍ନିଗ୍ଧାରାଣୀ - ଗୋକୁଳାନନ୍ଦ ମହାପାତ୍ରଙ୍କ ଉପନ୍ୟାସ ସୃଷ୍ଟି ଓ
ସମୀକ୍ଷା, ସତ୍ୟମ ପବ୍ଲିକେଶନ, ଭୁବନେଶ୍ୱର, ପ୍ରଥମ ପ୍ରକାଶ, ଜାନୁୟାରୀ ୨୦୦୭।
୩୭. ମହାନ୍ତି , ଶରତ କୁମାର- ବିଜ୍ଞାନ ଦୃଷ୍ଟି, ଅଗ୍ରଦୂତ,
ବାଙ୍କାବଜାର, କଟକ, ପ୍ରଥମ ପ୍ରକାଶ , ୧୯୭୩।
୩୮. ମହାପାତ୍ର, ରବି- ସମୟର ସ୍ରୋତ ଓ ବିକଶିତ ବିଶ୍ୱ,
ଓଡିଶା ବୁକ୍‌ଷ୍ଟୋର, ବିନୋଦ ବିହାରୀ, କଟକ, ପ୍ରଥମ ପ୍ରକାଶ- ୧୯୯୯।
୩୯. ମିଶ୍ର, ଡଃ. ଦେବକାନ୍ତ- ବୈଜ୍ଞାନିକ ଚିନ୍ତନ,
ଫ୍ରେଣ୍ଡସ୍ ପବ୍ଲିଶର୍ସ, ବିନୋଦ ବିହାରୀ, କଟକ, ଦ୍ୱିତୀୟ ସଂସ୍କରଣ- ୧୯୯୪।
୪୦. ମିଶ୍ର, ଅମୂଲ୍ୟକୃଷ୍ଣ- ମାଇଲଖୁଣ୍ଟ-୧,
ପ୍ରାଚୀ ସାହିତ୍ୟ ପ୍ରତିଷ୍ଠାନ, ବିନୋଦ ବିହାରୀ, କଟକ-୨, ଦ୍ୱିତୀୟ ସଂସ୍କରଣ- ୨୦୧୨।
୪୨. ରାଉତ, ଡଃ. ଭୋଳାନାଥ- ଓଡିଆ ସାହିତ୍ୟ ତତ୍ତ୍ୱ ଓ ତଥ୍ୟ,
ବିନୋଦ ବିହାରୀ, କଟକ-୨, ପ୍ରଥମ ସଂସ୍କରଣ- ୨୦୦୭।
୪୩. ଶତପଥୀ, ସୁଭାଷ- ବିଜ୍ଞାନ ଓ ବିଜ୍ଞାନୀ,
ନ୍ୟାସନାଲ୍ ବୁକ୍‌ଟ୍ରଷ୍ଟ, ଇଣ୍ଡିଆ ନେହେରୁଭବନ, ପ୍ରଥମ ସଂସ୍କରଣ, ୨୦୦୦।
୪୪. ଷଡଙ୍ଗୀ, ଡଃ ନୃସିଂହଚରଣ- ଓଡିଆ ଉପନ୍ୟାସ ସାହିତ୍ୟର ଇତିହାସ, ଓଡିଶା ବୁକ୍‌ଷ୍ଟୋର,
ବିନୋଦ ବିହାରୀ, କଟକ, ପ୍ରଥମ ସଂସ୍କରଣ, ବିଷୁବ ସଂକ୍ରାନ୍ତି- ୧୯୮୯।

୪୫. ସାମଲ, ଡଃ. ବୈଷ୍ଣବ ଚରଣ- ସ୍ୱାଧୀନତା ପରବର୍ତ୍ତୀ ଓଡ଼ିଆ ସାହିତ୍ୟର ଭୂମି ଓ ଭୂମିକା,
ଓଡ଼ିଶା ବୁକ୍‌ଷ୍ଟୋର, ବିନୋଦ ବିହାରୀ, କଟକ, ପ୍ରଥମ ପ୍ରକାଶ, ୨୦୦୪।
୪୬. ସ୍ୱାଇଁ, ଡଃ. ନିତ୍ୟାନନ୍ଦ- ବିଜ୍ଞାନର ବର୍ଣ୍ଣାଳୀ,
ଅକ୍ଷର, କଲ୍ୟାଣୀନଗର, କଟକ, ପ୍ରଥମ ପ୍ରକାଶ- ୨୦୦୦।
୪୭. ସାହୁ, ଡଃ. ନୃସିଂହଚରଣ- ସ୍ୱାଧୀନତା ପରବର୍ତ୍ତୀ ଓଡ଼ିଆ ଉପନ୍ୟାସ,
ଓଡ଼ିଶା ବୁକ୍‌ଷ୍ଟୋର୍, ବିନୋଦବିହାରୀ, କଟକ, ପ୍ରଥମ ସଂସ୍କରଣ, ୨୦୧୧।

English

1. Asimov, Isaac- Science Fiction Writer of America, Bulletin-1951
2. Beach, Joseph Warren-
The Twentith Century Novel Lyall Book Depot, Ludhiana, 1969
3. Foster, E.M.- Aspects of Novel- Apenguin International Edition
London, 1st Print- 1970
4. Hawking, Stephen - A brief history of time from the Big bang to black holes. A Banton Books-1995
5. Mendelson, Farah- In Foundation, : The International Review of Sciencefiction, Issue, 1988.
6. Wells, H.G. - The invisible man, Kalyani Publishers, 1995.

ପତ୍ରପତ୍ରିକା

୧. ଓଡ଼ିଆ ବିଜ୍ଞାନ ପ୍ରଚାର ସମିତି, ବିଜ୍ଞାନର ଅପବ୍ୟବହାର , ୨୦୦୮
୨. ଓଡ଼ିଶା ଫିଜିକାଲ୍ ସୋସାଇଟି, ଦିଗ୍‌ବଳୟ, ୨୦୧୧
୩. ମାସିକ ବିଜ୍ଞାନ ପତ୍ରିକା- ବିଜ୍ଞାନ ବାର୍ତ୍ତା
୪. ଶାରଦୀୟ ବିଶେଷାଙ୍କ ଝଙ୍କାର- ସପ୍ତମ ସଂଖ୍ୟା ଅକ୍ଟୋବର : ୧୯୬୮
୫. ସମ୍ବାଦ (ଦୈନିକ) ତା ୨୬.୦୯.୨୦୧୪ ବିଶେଷ ସଂଖ୍ୟା
ତା ୦୩.୧୦.୨୦୧୭
୬. ସମାଜ ସାପ୍ତାହିକ, ୨୫-୩୧ ଅଗଷ୍ଟ ୨୦୧୮

BLACK EAGLE BOOKS

www.blackeaglebooks.org
info@blackeaglebooks.org

Black Eagle Books, an independent publisher, was founded as a nonprofit organization in April, 2019. It is our mission to connect and engage the Indian diaspora and the world at large with the best of works of world literature published on a collaborative platform, with special emphasis on foregrounding Contemporary Classics and New Writing.

www.ingramcontent.com/pod-product-compliance
Lightning Source LLC
Chambersburg PA
CBHW020528080526
44583CB00013B/784
* 9 7 8 1 6 4 5 6 0 3 3 7 5 *